国家发展和改革委员会“发改英才”系列图书

学思践悟

把文章写在挂职路上

XUE SI JIAN WU

BA WENZHANG XIEZAI GUAZHI LUSHANG

杜飞轮 著

中国计划出版社

·北 京·

图书在版编目（CIP）数据

学思践悟 ： 把文章写在挂职路上 / 杜飞轮著. --
北京 ： 中国计划出版社，2024.4（2024.6 重印）
ISBN 978-7-5182-1666-6

Ⅰ. ①学… Ⅱ. ①杜… Ⅲ. ①干部培养一研究报告一
中国 Ⅳ. ①D630.3

中国国家版本馆CIP数据核字(2024)第030387号

策划编辑：李 陵（40830954@qq.com） 责任编辑：鲍艺星
封面设计：韩可斌 责任印制：李 晨

中国计划出版社出版发行
网址：www.jhpress.com
地址：北京市西城区木樨地北里甲 11 号国宏大厦 C 座 4 层
邮政编码：100038 电话：（010）63906433（发行部）
北京厚诚则铭印刷科技有限公司印刷

787mm×1092mm 1/16 20.5 印张 247 千字
2024 年 4 月第 1 版 2024 年 6 月第 2 次印刷

定价：68.00 元

前　言

江西赣州，俗称赣南，是原中央苏区的主体和核心区域，是习近平总书记多次关心关怀的地方。在习近平总书记的亲自关心推动下，2012 年 6 月，《国务院关于支持赣南等原中央苏区振兴发展的若干意见》出台，明确了支持赣南等原中央苏区振兴发展的一系列政策，实施了如部际联席会议制度、参照执行西部大开发企业所得税政策等高含金量的政策措施，开启了赣南苏区振兴发展的历史新纪元。

自 2013 年起，中央国家机关及有关单位启动实施了对口支援赣南等原中央苏区工作，至今已有五批（共 202 名）挂职干部在赣州与老区干部群众并肩作战，投身赣南苏区振兴发展伟大实践，按照党中央和国务院的部署要求，执行落实好相关战略政策，推动赣州经济社会发展迈入快车道（2022 年赣州市 GDP 列全国百强城市第 62 位，是 2011 年 GDP 的 3.4 倍），特色产业蓬勃发展，城乡面貌焕然一新，民生福祉大幅改善，赣南大地的发展蒸蒸日上。

2022 年 6 月，我怀着对赣南苏区的敬仰之情，带着中央组织部、国家发展改革委的嘱托，来到赣州挂职，执行对口支援工作任务。来之前，我认为赣州是革命老区，是欠发达地区，已做好在这里坚苦工作和生活的准备，当好新时代的“赣南老表”。来之后，我近距离接触了这座城市美丽的生态环境与和谐的人文环境，感受到其不同之处，除了厚重的历史文化、独特的资源禀赋、美丽的城市建设和兴盛的产业发展之外，最为鲜明的特点是其“人文包容、经济欣荣、社会和融”。我曾多次引用毛主席的话“聚会于赣州，极为欣慰！”来赞扬赣州。我也曾情不自禁地这样描述：赣州，一个来了才知道好的地方！那是因为，赣州的确是一座美丽的城市，“客家摇篮”在这里形成，“江南宋城”在这里筑就，红色传奇在这里演绎，诗和远方的最美画卷在这里展现……“东方欲晓，莫道君行早。踏遍青山人未老，风景这边独好！”

随着对赣州的深入了解，我越发热爱赣州，越发觉得这个城市的可爱可敬之处还有着更值得渲染的地方。结合赣南人民的描述，我对赣州的推介词总结概括为“七色赣南”！一是红色圣地，这里是苏区精神的发祥地，中央红军长征从这里集结出发，中华苏维埃政府在这里建立，共和国从这里走来，艰苦卓绝的南方三年游击战争在这里浴血坚持。教科书中提到的革命圣地瑞金、于都、兴国、会昌、寻乌等都在赣州市域范围内，“从于都到首都、从瑞金到北京”！二是绿色福地，全市森林覆盖率达 76.23%，享有“生态家园”美誉。这里空气质量良好，一些区域负氧离子含量接近 20 万个 / 立方厘米。三是古色重地，传说这里 5000 年前有“人”，《山海经》有注：“南方有赣巨人”。2000 年前有“城”，西汉初颍阴侯灌婴筑城设立赣县。1000 年前有“名”，是宋代全国 36 个大城市之一，被誉为“江南宋城”。500 年前有“圣”，是王阳明“立德、立功、立言”的重要实践地，也称为“阳明圣地”。四是金色宝地，是“世界钨都”“稀土王国”，黑钨和中重离子稀土储量均占全世界储量的 50% 以上。五是橙色园地，赣南脐橙享誉世界，品牌价值居全国水果类榜首，全市脐橙种植面积、产量均居世界第一，被誉为“世界橙乡”。六是秀色吉地。这里人秀食秀水秀山秀，赣州四贤（赵抃、刘彝、周敦颐、文天祥）名扬四海，客家美食秀色可餐，三百山、丫山、阳明湖、上堡梯田等秀美景色数不胜数。七是特色阵地，是国家定位的革命老区高质量发展示范区，是江西省域副中心城市，是江西融入粤港澳大湾区的桥头堡。有近 40 个国家部委（局）在这里开展对口支援，深圳—赣州对口合作已上升为国家战略。来赣州投资创业，可享受西部大开发的税收政策。

作为一名对口支援赣州的挂职干部，能在“七色赣南”这片沃土上学习工作生活，得以历练锻炼，是我人生中的一笔宝贵财富，我倍加珍惜这段难得的经历。作为一位科研工作者，我时刻不忘“以文辅政、以智助援”的重要性，充分发挥自身专业优势，围绕当地经济社会发展中的重点难点问题，积极思考研究解决问题的方式办法，陆陆续续写了一些调研报告和思考体会文章，梳理了一些外地和本地的经验做法，推动了一些实际问题的解决。

在第二批学习贯彻习近平新时代中国特色社会主义思想主题教育期间，我对已经形成的研究成果进行了梳理总结，归纳为学习领会、思考谋划、践行落实、感悟体会等四个方面，按照“学思践悟”的逻辑主线进行编排，汇集成册，具体包括：学习领会，主要归集了我学习习近平总书记考察江西重要讲话精神、关于树立全局观念重要论述等方面内容，结合市情实际和岗位职责，撰写的学习体会；思考谋划，主要归集了我对职业教育发展、赣州旅游市场发展、基层医疗体制改革、金融赋能赣南脐橙产业、提高农村人口资源产业适配性等方面的思考谋划，形成的举措建议；

践行落实，主要归集了我围绕破解商贸物流业发展瓶颈、发行公募REITs（不动产投资信托基金）、提高赣南苏区振兴发展政策效应、推动赣州包装饮用水行业高质量发展等方面主题，开展的专项调研，形成的调研报告；感悟体会，主要归集了我对挂职工作、调查研究工作和机关工作等的心得体会，撰写的一些感悟文章。最后，以我工作中发掘总结的20个赣南经验和典型案例结尾，以更好地宣传赣南、推介赣南，让更多人走进赣南、了解赣南，提高赣州的知名度与美誉度。

时光荏苒，光阴似箭，两年的挂职工作即将画上圆满句号。我也将返回原单位工作。悠悠前行路，最忆赣南情。我与赣南老区结下的不解之缘，与赣南人民结下的深厚感情，不会因此而中断，将铭记在我心。在未来的日子里，我将继续关注赣南老区发展，为老区发展提供力所能及的支持和帮助。祝愿赣州明天更美好！赣南人民生活芝麻开花节节高！

杜飞轮

2024年4月

目　录

第一篇　学习领会

第二篇　思考谋划

第三篇　践行落实

第四篇　感悟体会

附录　基层案例

第一篇

学习领会

习近平总书记指出，党员干部一定要加强理论学习、厚实理论功底，自觉用新时代党的创新理论观察新形势、研究新情况、解决新问题，使各项工作朝着正确方向、按照客观规律推进。一定要坚持理论和实践相结合，注重在实践中学真知、悟真谛，加强磨炼、增长本领。

本篇是我在赣州挂职期间，通过理论学习和现场调研，结合自身工作实际所形成的一些体会，部分学习体会在市委中心组理论学习会、专题读书班等活动上进行了学习研讨和交流发言。

在学习贯彻习近平总书记考察江西重要讲话精神研讨会上，我认为要在精准"输血"上下功夫，在助力"造血"上做文章，在激发"活血"上求突破，强化争资争项、双招双引和方式创新，推动赣南苏区在加快高质量发展上走在前。在学习习近平总书记关于树立全局观念重要论述交流会上，我认为要树立全局观念、提升战略思维、坚持系统观念，立足赣州跳出赣州思考赣州发展，在促进"央地联动"、推动"区域共赢"和统筹"融合互动"等方面发力。在挂点学校上思政课期间，我讲述了要吸取赣州红、绿、古、金文化的精髓，以"章"为标，以"贡"为的，合力"章"和"贡"，"干就赣好"！即学习党"章"，"贡"献强力量；遵守规"章"，"贡"献正能量；做好文"章"，"贡"献高质量；续谱荣"章"，"贡"献大容量。

以精神引领致力开展对口支援工作*

习近平总书记在江西考察时强调，要用井冈山精神、苏区精神、长征精神砥砺党员、干部，教育引导党员、干部坚定理想信念、牢记初心使命、积极开拓进取、勇于担当作为。作为对口支援赣南苏区挂职干部，学习贯彻习近平总书记考察江西重要讲话精神，首先要在学习好、传承好、弘扬好井冈山精神、苏区精神、长征精神上下功夫，用革命精神指导实践、推动对口支援工作。

一、学习弘扬井冈山精神，坚定信念锤炼党性修养

坚定信念、艰苦奋斗是井冈山精神的灵魂。理论学习是坚定理想信念、提升党性修养的根本途径。学习贯彻习近平总书记重要讲话精神，传承弘扬井冈山精神，就是要牢牢把握深入学习贯彻习近平新时代中国特色社会主义思想这一主线和根本任务，进一步增强学深悟透的历史使命感，脚踏实地加强理论学习，深刻把握这一思想的严密逻辑、丰富内涵和完整系统的理论体系，领悟贯穿其中的世界观和方法论，知其言更知其义、知其然更知其

* 此文成稿于2023年10月16日，是学习习近平总书记考察江西重要讲话精神的思考体会。

所以然，不断夯实坚定拥护“两个确立”、坚决做到“两个维护”的思想根基。

二、学习弘扬苏区精神，求真务实狠抓工作落实

求真务实是苏区精神的精髓。学习贯彻习近平总书记重要讲话精神，传承弘扬苏区精神，最终要落实到具体行动中，体现到推动工作发展上。对挂职干部而言，挂职工作实效要体现到推动赣州革命老区高质量发展示范区建设上。要在扎实做好分管和协管等各项工作的同时，重点在争资争项、双招双引方面主动担当。抢抓政策窗口期，即时策划如何用好用足中央政策的方案举措，积极争取国家部委的政策支持。思考谋划支持赣州革命老区高质量发展示范区建设走在前的新政策。做好牵线搭桥和联系对接，接续推动前期投资洽谈，协调推动赣州与央企、头部企业等进行战略合作；继续推动有意向参与赣州发展的企业来调研考察，开展宽领域、深层次合作。同时，坚持引进来和走出去相结合，帮助地方开展招才引智，积极对外宣传推介赣州赣品，讲好赣州故事，提升赣州知名度、美誉度。

三、学习弘扬长征精神，严守纪律保障工作推进

严守纪律是长征胜利的基本保证之一，也是长征精神的重要内容。学习贯彻习近平总书记重要讲话精神，传承弘扬长征精神，就是要严守政治纪律和政治规矩，坚定不移听党话、感党恩、跟党走，不断增强政治判断力、政治领悟力、政治执行力。切实把

坚定拥护“两个确立”、坚决做到“两个维护”转化为贯彻落实党中央、国务院和省委、省政府，以及市委、市政府决策部署的具体行动，做到心中有定力、行动见党性。严守工作纪律、廉洁纪律，督促抓好分管领域党风廉政建设各项工作，树立勤政廉洁的良好形象。

努力推动赣南苏区高质量发展*

习近平总书记考察江西重要讲话精神，是习近平新时代中国特色社会主义思想“江西篇”的丰富发展，也是推进新时代革命老区高质量发展的行动指南。作为对口支援赣州挂职干部，要牢记习近平总书记“努力在加快革命老区高质量发展上走在前”的殷殷嘱托，坚持立足岗位、发挥优势，努力在“输血”“造血”“活血”三个方面发力，推动赣南苏区在加快高质量发展上走在前。

第一，在精准“输血”上下功夫，强化争资争项，推动赣南苏区在加快高质量发展上走在前。赣南等原中央苏区振兴发展战略实施以来，党中央、国务院及相关部委给予赣南苏区前所未有的人力、物力、财力支持，推动赣南苏区华丽蝶变。我们要进一步增强抢抓政策机遇期、发展“窗口期”的使命感，密切关注、认真研究把握中央重大战略新取向，及时把中央有关支持革命老区高质量发展的战略与政策信息传递下来。同时，找准与地方工作的结合点，即时策划如何用好用足中央部委政策，加强与国家

* 此文成稿于 2023 年 10 月 26 日，是学习习近平总书记考察江西重要讲话精神的思考体会。

部委沟通汇报，对接赣州发展中的需求诉求，将赣州发展与国家战略和政策部署相融合，争取更多的资金项目支持，以“输血”的形式为老区高质量发展提供支持保障。

第二，在助力“造血”上做文章，强化双招双引，推动赣南苏区在加快高质量发展上走在前。建设赣州革命老区高质量发展示范区，既要“输血”，更要“造血”，而双招双引则是发展的活力源和生命线，抓好了双招双引，就掌握了发展先机。我们要进一步增强做好双招双引的责任感，把双招双引作为实现高质量发展的重要抓手，畅通上下联系的渠道，做好牵线搭桥、沟通衔接等工作。瞄准赣州重点产业“延链、补链、强链、优链、固链”，推动符合本地产业链发展方向的企业来赣州洽谈项目、投资兴业。邀请有意向企业来赣州实地考察和对接交流，寻找合作共赢的空间。帮助赣州搭建招才引智平台，创新人才引进方式，为推动赣州高质量发展、创造高品质生活提供坚强的人才支撑。

第三，在激发“活血”上求突破，强化方式创新，推动赣南苏区在加快高质量发展上走在前。赣南苏区进入高质量发展阶段，经济社会发展外部环境和内部条件发生了明显变化，新时代革命老区发展需要“输血”“造血”“活血”并重，才能实现更高效率更可持续的发展。这就要求我们因势利导，顺势而为，积极回应新时代赣南苏区人民的新期盼以及对口支援政策的新诉求，积极助推对口支援方式创新，不断激发释放对口支援政策的“活血”功能，更加精准地助力革命老区高质量发展。我们要进一步解放思想、开拓进取，开展专题调研，问计于基层、问计于群众，真正摸清赣南苏区人民实现全面小康之后的所忧所盼，为地方党委、政府提供决策参考，掌握地方对支援政策的所需所求，积极向相关部委汇报，助推对口支援政策“迭代升级”。同时，走出去学习其他革命老区高质量发展建设经验，梳理总结其好做法好经验，以他山之石助力赣南苏区振兴发展。

奋力谱写中国式现代化赣州篇章 *

坚持系统观念是习近平新时代中国特色社会主义思想世界观和方法论的重要内容，也是赣州革命老区高质量发展示范区建设必须遵循的思想和工作方法。我们要立足赣州跳出赣州思考赣州发展，坚持用系统观念分析振兴发展工作中遇到的问题，从战略高度思考赣州革命老区高质量发展示范区建设问题，推动示范区建设取得更大成效，谱写好中国式现代化赣州篇章。

一、树立全局观念，在促进“央地联动”上做文章，通盘考虑把赣州革命老区融入中国式现代化建设大局中

习近平总书记指出，领导干部想问题、作决策，要善于把地区和部门的工作融入党和国家事业大棋局，做到既为一域争光、更为全局添彩。党的二十大擘画了全面建设社会主义现代化国家、以中国式现代化全面推进中华民族伟大复兴的宏伟蓝图，吹响了奋进新征程的时代号角。中国式现代化是包括革命老区人民在内的全体人民共同富裕的现代化。这就要求我们在推进赣州革命老区高质量发

* 此文成稿于2023年12月8日，是学习习近平总书记关于树立全局观念重要论述的思考体会。

展示范区建设过程中，要更加自觉地融入中国式现代化建设这个大棋局中，坚定不移沿着习近平总书记指引的方向前进，奋力谱写中国式现代化的赣州篇章。尤其要抓住深化“央地联动”这一关键之举，推动对口支援政策发挥最大效益。一方面，在用好用足用活国家支持政策方面持续发力、深入挖潜，切实把政策优势转化为发展优势。另一方面，在争取国家增量政策时，要站在全局和整体的视角去分析思考，理清发展的基础条件，提出既有助于提升地区自我发展能力，也有利于国家因势利导的帮助支持，以更高效的央地联动，更精准的支持方式促进赣南苏区振兴发展。

二、提升战略思维，在推动“区域共赢”上求突破，通力协作推动赣闽粤原中央苏区振兴发展

习近平总书记指出，要不断提高战略思维能力。以习近平同志为核心的党中央始终高度重视赣闽粤原中央苏区振兴发展，推动赣南等原中央苏区振兴发展上升为国家战略。赣州作为原中央苏区的主体和核心区域，要善于从战略合作的高度思考区域发展问题，要主动扛起赣粤闽湘革命老区协同发展的大旗，牵头搭建构建合作交流的平台机制，进一步找准优势互补、互利共赢的契合点，加强全方位合作，把区域协作推向更宽领域、提到更高层次，让合作成果更好地赋能当地经济社会高质量发展，更多地惠及广大人民群众。比如，在红色文化、客家文化资源保护和开发利用方面，赣州、闽西可以共同搭建原中央苏区红色旅游联盟，共同开发客源市场，建设“赣南—闽西”红色旅游走廊，打造全国最具知名度的红色旅游示范区。

三、坚持系统观念，在统筹“融合互动”上下功夫，凝心聚智打造赣州革命老区高质量发展示范区

习近平总书记指出，必须从系统观念出发加以谋划和解决，全面协调推动各领域工作和社会主义现代化建设。建设赣州革命老区高质量发展示范区，这是党中央、国务院赋予赣州的重大历史使命，也是赣州各县（市、区）加快发展的重大历史机遇。这就要求我们坚持系统观念，站在全市“一盘棋”的高度，统筹谋划推动各县（市、区）振兴发展工作，形成市域融合互动、互促发展的格局。一方面，充分调动全市干部群众的积极性和主动性，发挥挂职干部等外援队伍的创造性和能动性，最大限度地凝聚振兴发展合力。另一方面，加强市级统筹协调，建立健全县（市、区）协商会商机制，进一步加强沟通联系与协作，实现信息互通、资源共享，研究解决振兴发展过程中存在的困难问题，共同推动革命老区高质量发展示范区建设取得更大成效。

以赣州文旅产业发展为例，要实现高质量发展，我认为就是要坚持系统观念，走融合互动发展的道路。为什么要这么做？虽然近年来赣州文旅产业影响不断扩大，但是总体来看，赣州文旅产业整体性不强，辐射其他地区的影响力不足。可以说，虽然有自己的月亮，但是月光比较弱，呈现满天星星的景象。例如，赣州有客家文化、红色文化、宋城文化、阳明文化等四种文化，每种文化都有自身的实体承载，但文化的融合发展不够。在空间上，客家围屋、苏维埃旧址、江南宋城、阳明博物馆等，没有串联起来，目前呈现“东红、西理、南客、北宋”的相互独立格局。在

时间上，100 年的红色文化、500 年的理学文化、1000 年的宋城文化、2000 年的客家文化，相互独立，没有进行融合研究。在文艺上，长征第一渡、长征组歌、龙南客家戏等表演剧目各自为战，没有融合成“一台戏”。因此，走文旅融合互动发展之路迫在眉睫。

赣州文旅产业如何走融合互动发展之路？我理解总体思路是“优化气象亮月光，汇聚星光散月光”，推动文景并联、文艺串联，将赣州文旅串联成完整的链条，整合力量、协同发力，推动赣州文旅高质量发展。具体来说就是做到四个“引”。一是以“客”引客。“客”就是客家文化，客家文化是赣州特色的文化之一，要充分用好客家文化，尤其是借助举办世界客属第 32 届恳亲大会的东风，利用好大会的参观地点介绍赣州，加强与参会人员的沟通联系，通过参会人员宣传推广赣州，吸引八方来客。同时，积极走出去、请进来，邀请更多旅行商、学校团来赣州开展文旅活动，邀请游客品鉴赣州的稀土稀金、品尝赣州的富硒农产品、做一次森林深呼吸、看一看赣州的溪流。二是以“色”引客。“色”就是赣州的色彩、色调。赣州拥有“红色”“绿色”“古色”“金色”等诸多色彩，还有种植面积世界第一的脐橙之“橙”色，各县（市、区）都有自己特色菜的“秀色”。三是以“特”引客。“特”就是特区、特殊政策。赣州是老区中的特区，是全国两个革命老区高质量发展示范区之一。赣州有特别的精神——新时代苏区蕴含的精神。四是以“热”引客。“热”就是热点。新趋势、新业态、新营销、新产品、新供给已经成为现在新的热点，例如，“文旅 + 音乐”“文旅 + 体育”。要抓住新的热点机会，持续用好新媒体开展热点传播，吸引更多旅游达人来赣州找寻城市热点，扩大赣州文旅的知名度，并形成长期热度。

加快建设革命老区高质量发展示范区*

干事创业贵在谋划、重在落实。学习贯彻中央经济工作会议精神以及习近平总书记考察江西重要讲话精神，结合江西省情、赣州市情，结合工作实际，我理解就是要牢记习近平总书记“在加快革命老区高质量发展上走在前”的谆谆嘱托，把握“三个关系”，扭住“三个目标”，干好“四件工作”，以实际行动奋力书写革命老区高质量发展示范区建设优秀答卷。

一、把握“三个关系”

（一）把握好江西省情阶段性特征变化与赣州发展实际的逻辑关系

近年来，赣州发展取得了很大的成绩，但也要清醒地看到存在的困难和问题，在产业发展、基础设施、公共服务等方面还有不少短板。江西省委十五届四次全会立足基本省情，对江西发展的阶段性特征作出了厚积薄发、爬坡过坎、转型升级的

* 此文成稿于2023年12月15日，是学习中央经济工作会议及习近平总书记考察江西重要讲话精神的思考体会。

客观判断。赣州与江西省的发展阶段相似，现代化建设面临这“三个阶段性特征”。我们要自觉把赣州放到全省发展大局中去考量，深刻理解江西发展出现的“四个趋势性变化”，进一步认清赣州经济社会发展态势、走势和趋势，把握好发展机遇，应对好各类风险挑战。

（二）把握好江西“三大高地、五大战略”与赣州“三大战略、八大行动”的内在联系

江西省委十五届四次全会明确了推进中国式现代化建设的江西实践路径，提出了打造“三大高地”、实施“五大战略”重大举措。赣州市委立足全市的基础条件和特色优势，找准制约发展的关键问题和突出短板，提出的“三大战略、八大行动”工作思路，这完全符合省委的部署要求。赣州要坚定发展信心，结合现代化江西建设的重点任务，认真对标对表，找准着力点，细化实化工作举措，在打造“三大高地”、实施“五大战略”行动中作示范、勇争先。

（三）把握好打造江西南部重要增长极与建设赣州省域副中心城市的构架体系

加快建设赣州省域副中心城市，进一步凸显了赣州在全省的重要地位和作用。省委、省政府出台了一系列有含金量的政策措施，支持赣州发展。省委十五届四次全会明确要强化赣州省域副中心城市地位，联动吉安建设江西南部重要增长极。这充分体现了省委对赣州发展的肯定。赣州要抢抓政策机遇，深度融入粤港澳大湾区建设，积极承接产业梯度转移，加快建设现代化产业体系，做大中心

城区，做强县域经济，推进六个区域性中心建设，使赣州成为赣南、闽西、粤北和湘东南大板块举足轻重的中心城市。

二、扭住“三个目标”

（一）咬定短期目标，着力推动赣州经济全面回稳向好

从当前世界经济运行来看，在全球经济总体下行的大背景下，赣州经济发展也面临不少困难。消费需求不足，投资较为乏力，部分企业效益下降，居民收入增长放缓、就业承压，市场风险增大。解决这些问题要从经济发展信心和内生动力入手，抢抓时间窗口，加快出台支持实体经济发展的务实举措，坚定社会信心，增强市场活力，促进民营经济快速健康成长。同时，要强化争资争项、双招双引，尽快形成实物工作量，推动全市经济稳步增长。

（二）锚定阶段目标，加快建设革命老区高质量发展示范区

从发展阶段看，赣州总体发展落后于全省平均水平，经济结构不优、综合（产业和财政等）实力不强，公共服务水平不高，发展不平衡不充分等问题比较突出。解决这些问题需要把推动经济实现质的有效提升和量的合理增长放在更加突出的位置，围绕《赣州革命老区高质量发展示范区建设方案》明确的“六个作示范”要求，从建设现代化产业体系入手，落实省制造业重点产业链现代化建设“1269”行动计划，出台支持制造业高质量发展的政策措施，推动全市“1+5+N”产业集群链式发展，不断壮大优势产业。同时，不断凝聚发展合力、激发释放发展活力和潜力，强化基础设施建设，提升公共服务水平，使经济社会高质量发展成色更足。

（三）坚定长期目标，积极探索中国式现代化赣州路径

从长远发展看，赣州现代化建设与全省总体情况一样，承担着做大总量和提升质量的“双重使命”、面临着开发建设与要素制约的“双重压力”以及加快发展与维护安全的“双重挑战”。解决这些问题需要统筹谋划、通盘考虑，要紧紧扭住发展第一要务不动摇，持续优化营商环境，深化内陆双向开放合作；要加大体制机制创新力度，形成一批可复制可推广的改革成果；要加快促进经济社会发展全面绿色转型，巩固提升生态环境质量；要加快乡村全面振兴，促进农业农村现代化；要提升基层治理能力和水平，持续改善增进民生福祉，在发展中不断化解各类矛盾和防范处置风险隐患。

三、干好“四件工作”

以 2024 年工作为例，结合实际，我将重点干好以下“四件工作”：

（一）聚焦主题、高效答题，做好对口支援苏区工作

习近平总书记在江西考察时强调，要努力在加快革命老区高质量发展上走在前。赣州作为两个革命老区高质量发展示范区之一，做好 2024 年赣南苏区振兴发展工作，要抓住高质量、示范区、对口合作这三个关键词。一是聚焦高质量发展这个新时代的硬道理，不断壮大实体经济，厚植民生福祉。二是聚焦“六个作示范”这个嘱托，努力创造一批可复制推广的“赣州经验”。三是聚焦对

口合作这个重要抓手，深化内陆开放，探索出“特区＋老区”跨区域协同发展的新路子。具体来说，重点做好两方面工作：一是“争资争项”方面，根据苏区振兴发展十年来内部条件和当前外部环境变化，在谋划项目、争取资金时更加注重增强自身“造血”“活血”功能，推动国家部委政策项目更加精准地落地赣州。二是“双招双引”方面，招引的项目要更加符合赣州现阶段特点要求和县域经济特征，以高质量项目推动之“进”，支撑经济发展之“稳”。

（二）科学选题、深度研题，做好研究中心工作

习近平总书记指出，善于观大势、谋大事，站在国内国际两个大局、党和国家工作大局、全面深化改革全局来思考和研究问题。做好2024年赣州发展研究中心工作，要围绕服务省委打造“三大高地”、实施“五大战略”和市委“三大战略、八大行动”，认真开展调查研究，提交有价值、有分量的研究成果，为市委、市政府决策提供重要参考，提高“以文辅政”能力水平。具体来说，重点是：一是走出去学。开展20个革命老区重点城市对比分析，就乡村振兴、生态文明建设、弘扬红色革命精神等领域开展专题研究，学习外部有益的经验做法，以他山之石助力赣州革命老区高质量发展示范区建设。二是沉下来研。围绕制约赣州高质量发展的大事要事、难点堵点，从特色优势产业、改革开放、基本公共服务等方面开展深入研究，进行解剖麻雀式调研，提出解决问题的举措建议，努力当好党委、政府的参谋助手。

（三）创新立题、精准解题，做好国防动员工作

习近平总书记在党的二十大报告中强调，加强国防动员和后

备力量建设。做好2024年赣州国防动员工作，要结合国家国防动员政策的新动向，在项目谋划和推动国防动员体制改革落地见效上下功夫。项目谋划方面，要聚焦国防动员顶层设计路径和国家宏观政策变化，对照国家"十四五"规划和2024年中央经济工作要点，结合赣州发展整体布局，加强项目前期统筹研究，精心谋划储备一批符合国家政策导向和赣州实际的人防工程项目。国防动员体制改革方面，重点关注各县（市、区）的落实成效，强化监督指导，确保机构人员到位、工作运行顺畅、改革事项落实、工作取得实效，切实打通政策落实"最后一公里"。

（四）主动领题、破解难题，做好商贸物流产业链工作

习近平总书记在江西考察时强调，要打造区域性物流枢纽和商贸中心。赣州作为全国首批商贸服务型国家物流枢纽城市、国家功能型流通"支点城市"，在打造区域性物流枢纽中肩负着重要职责使命。做好2024年赣州商贸物流产业工作，要坚持锻长板与补短板相结合，推动商贸物流产业提质、降本、增效。锻长板方面，要强化赣州国际陆港的核心枢纽功能，提升物流园区支撑作用。加强与中国物流集团的战略合作，推动与中国物流集团相关意向项目尽快落地，加快推动商贸物流产业发展。补短板方面，要聚焦制约赣州商贸物流产业高质量发展的物流信息不畅、成本较高、要素制约等问题，完善产业配套措施，优化行业营商环境，建立健全有利于商贸物流产业发展的体制机制，打造高质量的现代商贸物流服务，支撑赣州"1+5+N"产业体系建设。

传承赣州文脉做好新时代建设者*

一、体会赣州文化的深刻内涵

（一）红色：红色圣地，有精神引领

赣州是革命老区，被称作红色故都，是原中央苏区的主体和核心区域、人民共和国摇篮、毛泽东思想主要发祥地和苏区精神主要发源地，也是红军长征出发地、南方三年游击战争的主阵地。当年，赣南牺牲的有姓名可考的烈士达10.82万，占全国烈士总数的7.6%，长征路上平均每公里就有三名赣南籍烈士倒下。习近平总书记在赣州于都考察时强调四个“不要忘”：我们不要忘了革命先烈，不要忘了党的初心和使命，不要忘了我们的革命理想、革命宗旨，不要忘了我们中央苏区、革命老区的父老乡亲们。在这片红土圣地上，孕育了伟大的苏区精神和长征精神。这些宝贵的精神财富，永远是激励我们前进的不竭精神动力。

（二）绿色：生态福地，有颜值支撑

赣州是江西母亲河赣江和香港饮用水源东江的源头，森林覆

* 此文成稿于2022年12月1日，是在挂点学校上思政课的辅导报告的一部分。

盖率达 76.23%，是我国南方地区重要的生态屏障，享有“生态家园”美誉。苏东坡曾对赣州山水留下“山为翠浪涌，水作玉虹流”的赞美诗句。好山好水育好果，赣州被称为“世界橙乡”，脐橙种植面积世界最大、年产量全国第一。

（三）古色：文化宝地，有涵养赋能

赣州是阳明文化圣地，是知行合一的明代心学大师王阳明“文治武功”的实践地，是他立德、立功、立言之“真三不朽”之地（立德，即树立道德；立功，即为国为民建立功绩；立言，即提出具有真知灼见的言论，做到这三点中的一个的就可以死而不朽，流芳百世）。赣州是江南宋城，是宋代全国 36 个大城市之一，是当时海上丝绸之路的节点城市。宋城墙、古浮桥、郁孤台、福寿沟，就是宋朝时候保留下来的。赣州是客家摇篮，是客家先民中原南迁的第一站，是客家民系的发祥地和客家人的主要聚居地之一，客家人勤劳、善良、包容等文化特质体现在赣州这片土地上。

（四）金色：发展高地，有力量保障

赣州是省域副中心城市，是对接融入粤港澳大湾区的桥头堡，资源禀赋和发展势头好，素有“世界钨都”“稀土王国”美称。黑钨储量居世界第一，离子型稀土资源储量占全国同类稀土资源保有储量的 60% 以上，在国内外同类型矿种中位居第一，富含高价值的各种中重稀土元素。自然资源的禀赋支撑了赣州经济快速发展，赣州主要经济指标增幅稳居全省第一方阵。

从“赣”这个字面内容去看，我理解赣州的发展既有文化传承的寓意，又有现实意义。我们应当吸取红、绿、古、金赣州文化的精髓，以“章”为标，以“贡”为的，合力“章”和“贡”，“干就赣好”！即学习党“章”，“贡”献强力量；遵守规“章”，“贡”献正能量；做好文“章”，“贡”献高质量；续谱荣“章”，“贡”献大容量。

二、实践自我青春的价值行动

结合学习党的二十大精神，围绕“胸怀天下、踔厉奋发、笃行不怠、勇毅前行、守正创新”五个关键词，我进行了深入思考，形成了一些体会，可以总结为“5 个数字”和“5 个行动”。

（一）胸怀天下，做一个态度积极的人

第一个数字是 0.5。首先，胸怀天下要保持宽阔胸襟，保持积极乐观的心态。有一个“半杯水理论”的故事：两个人过沙漠，面对半杯水，乐观主义者说我还有半杯水，我还能活，我计划每一口水要坚持多长时间，我最终会走出沙漠；悲观主义者说我完了，我活不成了，沉浸在绝望失败的心情里。乐观者把半杯水当成希望之水走出了沙漠，悲观者让半杯水扰乱情绪陷入了绝境。这个故事说明：在积极的人眼里，所有问题都有答案；在消极的人眼里，所有答案都有问题。

对于在校初高中学生来说，初中和高中加起来共 6 年的时间，将初中阶段看作上半场，高中阶段看作下半场，加起来就是全场（0.5+0.5=1），在这 6 年里，要拥有积极的心态，打好上下两个半场，让两个 0.5 汇聚成一个满满的 1。当我们拥有积极乐观心态，

一切困难挫折都会显得微不足道。从今天开始，遇到困难多换位思考、换角度思考、换方式思考，来一场“积极心态提升行动”。

（二）踔厉奋发，做一个能力提升的人

第二个数字是18。党的二十大报告指出，自信自强、守正创新，踔厉奋发、勇毅前行，为全面建设社会主义现代化国家、全面推进中华民族伟大复兴而团结奋斗。这就需要珍惜时光，努力学习知识本领，提升能力素养，为全面建设社会主义现代化国家、全面推进中华民族伟大复兴添砖加瓦。从“摩尔定律”，我们可以推演出，做任何事情，只要坚持钻研18个月，能力和水平就会提升一倍。初中、高中加起来，一共是6年，按月计算，那就是4个“18个月”。按照上面计算，如果坚持每天努力提升自己，那么到高中毕业的时候，能力水平与初中入学时相比至少提升8倍。

有个“曾国藩读书”的故事，可以看出曾国藩成功的奥秘之所在。曾国藩是晚清时期政治家、战略家、理学家、文学家、书法家，是当时中兴四大名臣之一。他小时候天赋并不突出，有一天在家读书，对一篇文章重复了许多遍，还是没有背下来。这时候有个小偷，藏在他家屋檐下，希望等屋内的读书人睡觉之后捞点好处。等来等去，读书人还是翻来覆去地读那篇文章。小偷大怒，跳出来说：“这种水平读什么书！”然后将那篇文章背诵了一遍。可见曾国藩并非天资聪颖。这个故事告诉我们，一个人不论天资如何，只要后期努力钻研，能力水平就一定能够不断提升，不断超越自我，最终达到人生成功的彼岸。

青少年记忆力好、接受能力强、思维活跃，每天可以无忧无虑地在教室学习知识、增长本领，这是人生的一件幸事。要好好珍惜在校学习时光，从当下开始，可以进行“能力素质提升行动”，每天进步一点点，$1.01^{365}=37.8$，这样一年后的进步就远远大于1。相反每天退步一点点，$0.99^{365}=0.03$，一年后会远远小于1，远远被其他人抛在后面。如果你原地踏步，$1^{365}=1$，一年后还是那个“1”。所以，青少年应该在最该奋斗的年纪选择奋斗，而不是将时间浪费在无意义的事情上；应该在该学习知识的年纪选择握紧拳头，把汗水挥洒在追梦的光明征程之上，而不是甘做一个躲在角落里、在短视频里仰望别人生活的一事无成之人。青少年应当踔厉奋发，在挑战自己、顽强拼搏的过程中，攻克一个个难题，战胜一个个困难，最终实现人生梦想！

（三）笃行不怠，做一个坚韧不拔的人

第三个数字是21。党的二十大报告指出，时代呼唤着我们，人民期待着我们，唯有矢志不渝、笃行不怠，方能不负时代、不负人民。作为新时代的青少年，更要笃行不怠，努力做一个坚韧不拔的人，让青春在全面建设社会主义现代化国家的火热实践中绽放绚丽之花。生物学里有一个基础常识，就是母鸡孵化出小鸡需要21天，把这个时间经历作为一个规律，那就是“21天法则”。以21天为周期不断循环，通过正确的重复练习，养成一个好习惯，或改正一个坏习惯，坚持到最后必然走向成功。

有部电影叫作《国王的演讲》，影片讲述了1936年英王乔治五世逝世、爱德华八世退位后，患有严重口吃的约克公爵阿尔伯特王子临危受命成为英国国王乔治六世，后来在语言治疗师莱纳尔·罗格的治疗下，乔治六世克服重重障碍，付出不懈努力，最

终战胜了口吃这个“魔咒”，在二战前发表了鼓舞人心的演讲。电影告诉我们，只要坚持努力，保持坚韧不拔的意志，不好的习惯可以转变成好的习惯，没有走不到的路，只有不愿走的人！

所以，在初中、高中6年时光里，来个“良好习惯养成行动”，积极正视自身存在的不足和缺点，坚持用“21天法则”努力改正自己的不良习惯，从点滴做起，从小事做起，逐渐养成良好的行为习惯。比如，养成“手不释卷”勤于看书的好习惯，把看书当作每天的必修课，好读书、读好书，久而久之就能养成“胸藏文墨怀若谷”“腹有诗书气自华”的气质。养成勤于思考、不懂就问的好习惯，遇到问题多问个为什么，多想想怎么解决。在平时做题的时候，碰到不懂的地方多向老师、同学们请教，大家相互交流启发，共同成长进步。

（四）勇毅前行，做一个始终如一的人

第四个数字是“90”。党的二十大擘画了全面建设社会主义现代化国家、以中国式现代化全面推进中华民族伟大复兴的宏伟蓝图，吹响了奋进新征程的时代号角，必将激励全国各族人民同心协力、勇毅前行，为实现第二个百年目标而不懈奋斗。青少年生逢其时，施展才干的舞台无比广阔，实现梦想的前景无比光明，希望青少年敢想敢为又善作善成，做一个始终如一的人。数字“90”是时刻保持“行百里者半九十”的清醒，不向困难和命运低头，遇到困难只为解决想办法，不为逃避找借口。

海伦·凯勒是大家熟悉的《假如给我三天光明》的作者，美国现代女作家、教育家、社会活动家。她在不到两岁的时候，因突发疾病猩红热丧失了视觉和听觉，但她并没有因此自暴自弃，

而是以惊人毅力和坚持不懈精神，在不断坚持与努力中掌握了许多知识，创造了生命奇迹，出版《我感知的神奇世界》《走出黑暗》《我的一生》《我的信仰》《中流》《海伦·凯勒日记》等著作，并获得总统自由勋章。这就是坚持的力量，不服输的力量！

希望青少年在学习和生活中，都能够保持最初的执着、韧劲、热情，从今天开始进行“向困难宣战行动”，遇到困难思考如何解决，相信方法总比困难多，只要勇毅前行就一定会越来越好。学习上，要抛弃“90 分”了不起、了不得的想法，不能因考了一次优秀就沾沾自喜，也不能因一次考得不好而一蹶不振，而应静下心来，分析自己比较薄弱的科目和环节，找出原因，提出方法，立即行动，坚持不懈，善始善终、始终如一，就一定会得到一个满意的答案！

（五）守正创新，做一个不断完善的人

第五个数字是 10000。党的二十大报告指出，必须坚持守正创新，以满腔热情对待一切新生事物，不断拓展认识的广度和深度。我认为，守正就是用正确的方法做正确的事情，做到两者的有机统一。创新并非标新立异，而是在正确的道路上，不断创新方式方法，下最大的功夫，追求最好的效果。有个形象比喻：如果把学知识比喻为“箭道”，那么正确的方法就是箭，正确的事情就是靶，最大的功夫就是劲力，效果就是靶环，射中十环为最优。只有目标正确、方法正确、劲力十足，才能百步穿杨、一矢中的。青少年要在守正创新的道路上不断探索前进。数字 10000 是代表“一万小时定律”——任何人要从平凡变成某个领域的专家或者世界级大师，需要付出持续不断的努力，需要 1 万小时的锤炼。1万小时按每周工作5天，每天工作8小时计算，就是5年的时间。

2022年11月29日，举世瞩目的神舟十五号载人飞船成功发射，标志着中国空间站关键技术验证和建造阶段12次发射任务全部完成。我国神舟飞船，从1999年发射神舟一号到2022年发射神舟十五号，历经二十多个年头，之所以能取得巨大的成就，成功的秘诀就是一代代“神舟”团队，坚持守正创新，坚持以正确的方法做正确的事情，下最大的功夫去求最好的效果，才有了一次次让世界惊叹，让国人引以为傲的成就！

青少年在今后的学习和生活中，应该立足当下、着眼未来，来个“自我完善行动”，既怀抱梦想又脚踏实地，做一个不断完善的人，不断挑战自己、超越自己，追求更加美好的自己。在解题过程中，一道题可以这样解，也可以那样解，总结出更快更好的方法，在考场上就能更加得心应手。

最后，希望青少年坚持以习近平新时代中国特色社会主义思想为指导，以正确的方法做正确的事情，下最大的功夫求最好的效果！

第二篇

思考谋划

习近平总书记指出，调查研究是我们党的传家宝，是做好各项工作的基本功。正确的决策离不开调查研究，要深入开展调查研究，摸清情况，找到症结，做到心中有数，不能拍脑袋决策，要真正把功夫下到察实情、出实招、办实事、求实效上。

本篇是我在赣州挂职期间，围绕市委、市政府中心工作，在遍访赣州 18 个县（市、区）和 2 个功能区（赣州经开区、蓉江新区），深入开展调查研究的基础上，对一些重点工作的思考和谋划，形成的一些研究成果，为市委、市政府决策提供了有益参考。为促进赣州新冠疫情（以下简称疫情）后旅游市场恢复与提质发展，我提出了“搭台唱戏扬文气、软硬兼顾汇人气、推陈出新聚财气、优化方式立名气”的工作思路，以及“发好‘一张券’、搭好‘一平台’、推出‘一部戏’、建设‘一个圈’、打造‘一张网’、培育‘一批人’”的“六个一”具体措施。为推动赣南苏区乡村产业振兴，我提出了坚持“调人、活资、优业”的发展思路，通过“缺啥补啥、有啥改啥、宜啥推啥”的方式，着力提升农村人口、资源、产业适配度，争取探索一条人口资源产业融合互动、协调发展的乡村产业振兴新路径。为解决赣南脐橙价格易受市场波动、农户与产业经营主体面临较大风险的问题，我提出了通过金融赋能促进产业转型，积极向上对接争取，推动赣南脐橙作为期货新品种上市的建议。

破解职业教育发展瓶颈的思考与建议*

职业教育与经济社会发展紧密相连，对促进就业创业、助推经济社会发展、增进人民福祉具有重要意义。近年来，赣州市抢抓机遇，大力发展职业教育，通过出台政策支持、培育人才平台、促进校企融合，推动职业教育发展取得了较好成效。全市共有市属中职、高职、本科职业教育院校达 54 所（含本科 1 所、职高 4 所、中职 42 所、技工院校 14 所），在校人数达 16.13 万人，就业率持续稳定在 98% 以上，为赣州革命老区高质量发展提供了高素质的人力资源基础。我近期调研发现，赣州职业教育在发展过程中存在教师待遇不均衡、学生发展受限制、政策落实有困难、体制机制未理顺、产教融合层次低等一些亟待解决的问题，制约了职业教育高质量发展，建议在加强师资建设、优化要素保障、强化统筹协调、深化校企合作等方面下功夫。

一、赣州市推进职业教育高质量发展的做法

（一）出台政策支持

赣州市委、市政府相继出台加快技工教育发展实施意见和促

* 此文成稿于 2022 年 8 月 24 日。

进高校毕业生留市就业创业若干措施，提出 20 条“硬核”举措支持技工教育和技能人才发展，拿出 12 条措施保障高校毕业生求职、生活、就业、创业。将职业院校毕业生、初级及以上技能人才纳入全市人才分类目录，在住房保障、个人发展等方面提供强力支持。着力打通学历通道，市县两级全面落实技工院校全日制中级工、高级工、预备技师班毕业生比照中专、大专、应用型本科学历政策，在事业单位招聘、“三支一扶”招募、应征入伍等方面享受同等待遇。大力推进技能人才评价制度改革，支持企业院校发挥在技能评价方面的主体作用，3000 余人通过自主评价获评技能等级组织职业技能等级认定工作，4 家企业、6 家技工院校备案成为开展职业技能等级自主评价单位。

（二）培育人才平台

强化院校硬件设施建设，改善院校办公、教学条件，全市中职学校生均占地面积达 41.89 平方米，是国家标准 33 平方米的 1.27 倍；生均校舍 20.05 平方米（国家标准 20 平方米），生均设备值 5155 元，是国家标准 3000 元的 1.72 倍。打造就业实训基地，成功创建国家级公共实训基地 1 个，国家级高技能人才培养基地 2 个，省级高技能人才培养基地 2 个，省级技能大师工作室 7 个，市级高技能人才培养基地 2 个，市级大师工作室 10 个。加大培训补贴力度，针对大学生等重点群体开展补贴性职业培训，提高重点群体就业能力，2019—2021 年技能提升三年行动期间，全市开展补贴性职业培训 44.94 万人次，投入资金 2.91 亿元；此外，2019 年至 2022 年 6 月，已累计开展补贴性职业培训 3.41 万人次。

（三）促进产教融合

推行以工业园区为主导，深化校企合作办学机制，创新实施“专业建在产业链，学校建在园区，教室设在工厂车间”的培养模式，努力实现“招生即招工、毕业即就业”的目标。推动院校与企业开展了“订单”培养、“委托”培养等合作模式，技工院校普遍与数家甚至数十家企业建立了校企合作关系，初步形成了“教学合作、管理参与、就业订单、文化融入”的产学一体化模式。在2021年举办的校企合作对接洽谈活动中，各职业院校与吉利科技集团有限公司赣州分公司、格力电器（赣州）销售有限公司、江西金力永磁科技股份有限公司等179家企业签订了校企合作协议，开展订单班、冠名班、新型学徒制等培养模式，2021年订单式培养人数1268人，同比增长23.5%。

二、存在的突出问题

虽然近年来赣州市推进职业教育高质量发展取得了一些成效，但也面临不少困难和挑战，主要表现在以下五个方面。

（一）教师待遇不均衡

一方面，职业教育院校教师工资水平待遇普遍低于普通学校教师，在编制数量、职称评定、表彰奖励、退休保障等方面均与普通学校教师存在较大差距，其中民办职业院校教师待遇差距更为明显，工资收入增长较慢，部分教师生活压力较大，不少民办职业学校教师还需承担学校招生任务，分散了教学精力。另一方面，在职业教育教师队伍内部，技工学校教师与职业学校教师相比，在编制数量、工资水平、退休待遇、评先评优等方面也存在差距，由于技工院校教师招聘未纳入教师统一招聘计划（无编制），因此无法参与教师行业评比表彰，节日慰问也有区别，有技工院校教师抱怨“编制没有、表彰没份、退休没钱”。

（二）学生发展受制约

教育部制定了《本科层次职业教育专业设置管理办法（试行）》等多项政策，打破了职业教育学历“天花板”，但从现实情况来看，职业教育通道建设还不够顺畅。一是受传统“唯学历论”观念影响，有些人认为职业教育“低人一等”，社会认同度低的境况还未根本转变。由于缺乏大量的成功案例作为引导，不少职业教育学校发展仍处在爬坡上升阶段，因此招生能力较弱，家长选择职业教育的积极性不高，一些家长认为，国家的政策都很好，自己也很支持，但就目前职业教育发展情况而言，让其把小孩送去读职业学校，还得考虑考虑。二是大部分中学生仍然缺少对职业教育系统化、体系化培养模式的认识，片面地认为职业教育就是读中专、技校，未来没有晋升空间。

（三）政策落实难操作

国家虽陆续出台多项支持职业教育改革发展相关政策，但地方未结合当地工作实际及时制定出具体实施细则，政策落实“有原则、无细则”，特别是在金融、土地、人才等政策支持上，还未形成较为详细、具体的操作办法。例如，某一民办职业学院为扩大办学规模、改善办学条件，计划将所属企业闲置厂房改为教学用房，但由于缺乏政策依据，进展较为缓慢。

（四）体制机制未理顺

我国职业教育体系由教育主管部门管理的职业院校和由人社相关部门管理的技工学校两个系统组成。在实践中，这种两部门管理有时会出现一些冲突和不完善的地方。一是重复管理与管理缺位并存。一方面，部门职能侧重不同易造成重复管理；另一方面，“两头都能管”易导致“两头都不管”，出现管理缺位。比如，一职业技术学院“三校合一”后仍需保留三块牌子，同时接受教育主管部门和人社相关部门管理；一所“双挂牌”职业学校欲扩大规模，却因同时受两个部门管理，需报两个部门批准，程序复杂烦琐。二是发展规划统筹协调不够。职业和技工院校在规划布局和发展建设中“各唱各的调”，导致有的县（市、区）在院校分布与生源规模上相差较大。三是招生无序竞争。院校之间在招生计划、专业设置等方面沟通较少，为了扩大招生、吸引生源，“各出各的招”，导致出现互抢生源、专业设置重复等现象。有些地方政府受升学率考核等因素影响，对技工教育重视不够，技工院校生源紧缺。有的技工院校为招揽生源，不惜“花钱招生”。

（五）产教融合层次低

职业院校和企业合作意愿“冷热不均”，学校热情高，主动与企业对接，积极推进产教融合，但很多企业对校企合作意愿不强。一方面，企业有“近忧”。职业院校普遍缺经费、缺设备，往往需要企业前期投入大量资金用于提升教学硬件设施，而学生培养周期长，一般需要 2 ~ 3 年才能上岗任用，存在投入成本高、收益慢的问题，而且企业担心学校培养的人才素质、技能水平难以满足企业要求，投资风险较大。例如，有一职业学校发出 70 余封邀企业合作的邀请函，收到的回复不足 1/3，有合作意愿的更是寥寥无几。另一方面，企业有“远虑”。一些企业担心其深度参与的订单培养、学徒制培养的学生留不住，在入职后因个人主观因素或被发达地区高薪酬吸引跳槽离职，不能长期在企业任职。因此，企业在与学校的合作上往往持谨慎态度，大部分只是以培养招录普工为主的较低层次合作，对一些关键性、技术型岗位进行定向培养和招录的较少，校企合作层次还有待加强。

三、意见建议

发展职业教育是完善国民教育体系的必然要求，也是一项复杂的系统性工程，需要政府、学校、企业、社会共同携手、积极探索、深度配合，不断推进职业教育高质量发展。

（一）加强师资建设

一是创新师资队伍管理机制。聚焦优化职业院校师资队伍结构，建立健全技能型人才到职业学校从教制度，完善专业技术职务（职称）评聘办法，探索绩效工资制度改革，稳步提升职业教育教师的福利待遇，把技工学校教师纳入教师队伍统一评比表彰，增强荣誉感和社会认同感。二是拓宽师资引进渠道。用好“编制周转池”和“备案制”等方式，盘活编制存量，加大“双师型”

教师招聘和引进力度。赋予职业学校更多的自主权，通过政府购买服务的方式，允许学校按比例自主选聘专业教师，聘请企业专业人才和能工巧匠到学校兼职任教，逐步加大兼职教师的比例，解决“双师型”教师匮乏、来源单一等问题，推动建设专兼结合、素质优良、结构合理的职业教育师资队伍。三是强化教师队伍培训。坚持将“双师型”教师培养作为职业学校教师队伍建设的核心，进一步完善职业教育教师培养培训制度，通过委托第三方培训、到企业挂职以及组织专业教师集中培训等形式，提高教师专业水平。

（二）强化统筹协调

要实现职业和技工院校融合发展，必须加强统筹协调。一是建立协商机制。建立工作联席会议制度，召集教育、人社、财政、自然资源等相关部门定期会商，研究解决职业教育发展中存在的问题，尤其是统筹协商地方职业教育发展规划、专业设置、招生规模、教师待遇、评比表彰等内容，推动教育资源均衡分配、公平共享。二是理顺部门权责。进一步明确教育主管部门、人社相关部门职责分工，充分发挥好各自优势，形成发展合力。比如，教育主管部门应发挥好教学资源多、师资力量强的优势，强化教育教学职能，做好理论教学、文化教育等工作；人社相关部门应发挥好与市场、企业联系紧密的优势，重点在学生实习实训阵地建设、用工市场信息收集等方面发力，加强学校与市场的衔接。三是推进资源共享。逐步推进职业教育、技工学校在政策支持、教育资源，及教师待遇、学生学历等方面实现统一，逐步变“两张皮”为“一盘棋”，推动职业教育健康发展。

（三）优化要素保障

一是加快政策落实。地方政府要加快政策落实，打通职业教育通道，打消家长和学生在学历方面的后顾之忧，收集一批成功案例并扩大宣传，提高整个社会对职业教育的认同度，倡导用人单位“不看文凭看本领、不重学历重能力”的人才导向，在招录选聘、岗位安排、薪酬确定、职称评定等方面科学考量，对职业技术学校毕业生和普通高校毕业生同等对待。二是用好社会资源。健全多元化办学机制，推动企业深度参与、协同育人，鼓励企业和社会力量参与办学，引导发展股份制、混合所有制等类型的职业院校，积极运用信贷、担保、社会捐助等方式，拓宽办学筹资渠道，引导社会资本投入职业教育发展。三是加强宣传引导。要探索把职业教育，特别是职业规划纳入中小学必修课程，让学生及早认识，改变社会认识，进一步引导家长和学生更新就学观、就业观念，消除普教比职教“更优一等”的偏见，让更多适合走技能成才之路的学子能够自主选择职业教育。

（四）深化校企合作

破解校企合作学校“一头热”困局，推动校企合作互利共赢，关键在于提高企业合作积极性。一是加大政策支持力度。在资金要素投入等方面下功夫、出实招。例如，可加大财政补助，更新改善学校教学硬件设施，减少企业投入成本；在土地出让、用地审批和税费优惠等方面开辟绿色通道、给予更多支持，着力解决企业投入与收益不匹配问题。二是创新合作办学模式。一方面，积极探索股份制、混合所有制等办学模式，校企双方共同参与投入，进行产出分配和风险评定，提升企业参与热情；另一方面，逐步变“政府推动”为“市场推动”，探索学校与市场化平台、行业协会等合作的新模式，发挥好协会平台搭建、资源多、渠道多等优势，提高合作成功率。三是共同参与学生培养。学校要根据企业需求，坚持市场导向，紧扣地方产业发展，合理设置专业和课程，主动邀请企业参与专业建设、实训实习、质量评价、毕业生就业创业等工作，同时要注重加强职业道德培训，提升学生职业素养。例如，赣州于都新长征技工学校采取“月考 + 年考”方式联合企业共同对学生技能掌握情况分阶段进行考察、评定和指导，确保了教学方向正确，教学内容能够对口企业需求、紧跟市场变化。

促进赣州旅游市场恢复发展的思考与建议 *

近年来，在赣州市委、市政府坚强领导下，赣州旅游发展呈现“产业基础坚实、产品供给丰富、要素保障有力、旅游形象鲜明”的良好态势，但受疫情和国内经济下行等多重因素影响，也面临前所未有的困境和挑战。为进一步推动赣州疫后旅游市场恢复与提质发展，找准制约旅游业高质量发展的瓶颈问题，近期，市政府相关部门组成联合调研组深入赣州市章贡区、赣县区、安远县、宁都县、于都县、龙南市、上犹县等县（市、区）开展了专题调研，参考了其他省市经验做法，形成此报告。

一、赣州疫后旅游市场恢复形势研判

（一）基本判断

2023 年 1 月 8 日起对新型冠状病毒感染实行“乙类乙管”后，旅游活动受疫情的影响持续降低，为旅游行业恢复发展奠

* 此文成稿于 2023 年 1 月 8 日，原标题为《扬文气、汇人气、聚财气、立名气——关于赣州疫后旅游市场恢复与提质发展的几点思考与建议》，刊发在赣州《经济分析与情况研究》（2023 年第一期）。

定了基础，赣州文旅市场消费将稳步复苏，进而呈现爆发式增长趋势。

这一趋势的判断，主要基于以下几个因素考虑：一是从潜在的旅游需求看，有需求侧人民精神文化需求的增长支撑。旅游是典型的幸福产业，是体现人民生活水平提高的重要标志。疫情发生以来，人们外出游玩需求的满足受到严重影响，疫情进入“乙类乙管”常态化防控阶段后，积压已久的旅游意愿将被全面激活，相较之前变得更加强烈，文旅消费潜力将加速释放。二是从全国数据看，经文化和旅游部数据中心测算，2023 年元旦假期，全国国内旅游出游 5271.34 万人次，同比增长 0.44%，按可比口径恢复至 2019 年元旦节假日同期的 42.8%；实现国内旅游收入 265.17 亿元，同比增长 4.0%，恢复至 2019 年元旦节假日同期的 35.1%。[①] 三是从全市数据看，2023 年元旦假期，全市接待游客 210.51 万人次，同比增长 5.2%，是 2019 年元旦假期接待游客 140.8 万人次的近 1.5 倍；实现旅游收入 13.55 亿元，同比增长 5.12%，是 2019 年元旦假期旅游收入 7.96 亿元的 1.7 倍。

（二）呈现的主要特点

1. 从出行方式看，以近郊游与中远程旅游结合为主。一方面，近郊游受青睐。近郊游具有路程短、耗时少、自驾便利、消费适中等优势，能让游客在短暂的旅程中放松身心、收获愉悦体验，将成为市民出游的重要方式。2023 年元旦假期抽样调查数据显示，

① 余燕明 . 元旦假期旅游市场强劲复苏 热门城市酒店预订增长逾十倍［N/OL］. 中国经营报，2023-01-03［2023-01-08］. https://baijiahao.baidu.com/s?id=1753965974018614898&wfr=spider&for=pc.

赣州游客以省内游客为主，占比 80.33%。信丰希元休闲农庄、上犹天沐温泉、崇义阳明寨景区、蓉江新区米花谷等近郊游景区人气火爆。另一方面，中远程旅游稳步复苏。携程旅行发布的 2023 年元旦假期总结报告显示，元旦假期近六成的用户选择跨省游，跨省机票预订量同比增长 145%。飞猪旅行数据显示，2023 年元旦假期的跨省游和跨市游订单占比近八成，达到近一年峰值，“90 后”和“00 后”年轻用户成为跨省游、跨市游主力军。

2. 从旅游种类看，以休闲旅游与户外运动为主。一方面，受疫情影响，人们对于身心健康、亲近自然产生了更多诉求，休闲旅游互动性强、体验感好，能与大自然有近距离接触，逐渐融入大众的生活，深受不同群体的欢迎。比如，2023 年 1 月 2 日，安远三百山景区、定南九曲旅游度假村、江南宋城历史文化旅游区、于都中央红军长征集结出发地纪念园景区 4 个景区进入全省景区当日客流前十榜单。另一方面，人们对新冠变种毒株反复感染的戒惧心理仍将在一定时期内存在，户外运动因人群聚集程度相对较低，将受到旅游市场更多青睐。

3. 从旅游体验看，以沉浸式体验为主。全景式的视觉、触觉、听觉、嗅觉交互的沉浸式体验，使游客有一种“身临其境”的感觉。比如，赣州方特东方欲晓打造了“突围”“致远致远”“铁道游击”“东方欲晓”等沉浸式体验项目，让游客在参与、互动、体验的过程中，全方位感受红色文化的力量，开园仅一年接待游客超过 200 万人次，实现营业收入 2.5 亿元。会昌汉仙岩景区打造了大型沉浸体验式实景光影剧《悟道 · 汉仙岩》，为广大游客带来一场寻道、问道、悟道、得道的文化视听盛宴，深受游客喜爱。

二、存在的主要问题

调研中一些景区和企业反映，从短期来看，最主要的问题是文旅市场信心不足、市场需求疲软、经营主体生存发展困难。从中长期来看，赣州旅游业发展的大量精力放在“评☆创 A”方面，对全市旅游业一盘棋总体发展问题考虑不够。概括起来，主要表现为“四多四少”：旅游硬件项目上得多，总体线路设计和软件服务更新少；场地设施建设多，配套业态布局少；单一景点景区设计多，体系化 IP 生态圈融合发展少；县域各自推广多，市域矩阵式营销少。

（一）经营主体经营困难

人们的旅游出行受到因疫情带来的安全风险感知、旅行恐惧心理、感染过后担心再次感染等主观因素的影响，导致出行意愿不强。2022 年 12 月，景区大数据闸机显示，全市 35 个 4A 级以上重点景区接待人数 59.27 万人次，同比下降 24.11%。因出游人群相应减少、旅游消费水平降低，导致旅游设施设备维护压力大、运营成本和难度增加、融资困难等，部分旅游经营主体濒临停工停产的困境。比如，多数景区 2022 年旅游收入同比 2019 年下降超 30%。一些旅游景区针对国庆、元旦假期等旅游节点准备了多项文旅消费促进活动，却因受疫情影响，游客量较少，导致景区出现亏损。如何刺激需求和保经营主体，激发市场活力，成为当务之急。

（二）特色文化彰显不够

文化是旅游的灵魂，旅游是文化的载体，通过文化和旅游的融合发展，文化才能更加富有活力，旅游也才能更加富有吸引力。赣州历史文化底蕴厚重，有“红色故都、客家摇篮、江南宋城、阳明圣地”四大名片，有些县（市、区）依托自身文化特色，制作了一些宣传推介文艺作品，比如《八子参军》《客家儿郎》《一个人的长征》《长征第一渡》等精品剧目。但是相比旅游发达城市，赣州的宣传文艺作品形式较为单一，缺少统筹打造的完整展示赣州四大名片、精彩演绎赣州故事、能给游客留下深刻印象的精品力作。

（三）旅游产品融合 IP 品牌打造不够

受整体经济下行等大环境因素影响，游客消费较疫情前更为保守，更加注重服务的性价比。赣州旅游消费场景打造不多，文旅 IP 生态圈尚未形成，游客消费欲望较弱。目前仅兴国县依托红色动漫《长征先锋》打造红色文创生态产业链，以及南康区启动打造南康城市超级 IP 动画《天才小鲁班》赋能南康家居产业发展。

（四）宣传营销模式有待优化

目前赣州文旅宣传主要通过电视以及高铁、地铁和公交汽车等渠道媒体，以旅游形象广告和举办线上线下推介会为主，宣传聚焦于典型性的旅游资源，新媒体宣传爆款不多，流量热度较低、景区特色挖掘不够、作品品质不高，对游客的吸引力不强。各县（市、区）各自推广多、力量分散，还未形成良好的区域旅游合作机制，“一核三区”各片区联动不够，削弱了整体旅游形象，矩阵式营销还需加强。

（五）文旅产业发展人才支撑不足

相比旅游产业较发达的城市，赣州名家大师、高水平文旅领军人才和优秀青年骨干人才相对较少，紧缺一批能生动讲好赣州故事的“名嘴”“名导”。目前，全市仅有 36 名星级导游，其中三星级导游 32 名，四星级导游 4 名，无五星级导游。

三、有关政策建议

顺应市场需求的变化，转变传统思维模式，从产业业态、产品设计、运营逻辑和商业模式等方面考虑，可以为文旅市场恢复与提质发展提供基本思路：当务之急，应当抓住新的市场机遇，激发市场需求和激活市场活力；同时，适应市场新变化，加快转变发展理念，更新发展方式，搭台唱戏扬文气、软硬兼顾汇人气、推陈出新聚财气、优化方式立名气。具体措施可从“六个一”方面统筹考虑。

（一）促进市场短期恢复：发好“一张券”、搭好“一平台”

1. 发好“一张券”。鉴于短期内文旅市场信心不足、市场需求疲软、经营主体生存发展困难，建议市级政府可再次采取 2022 年发放文旅消费券的举措，不断丰富文旅消费券的涵盖内容、优化发放形式，针对不同恢复阶段，适时发放文旅消费券，让游客和商家均能快速直接受益，提高参与的积极性，有效催化消费需求回补，推动文旅消费市场持续回暖，提振旅游市场信心，助力经营主体渡过难关。

专栏 1

国内部分旅游城市发好“一张券”案例

1. 云南省发放文旅消费券。文旅消费券分为“通用文旅消费券”和“专用文旅消费券”两种券型，其中通用文旅消费券主要在A级旅游景区、旅游演艺休闲、温泉与主题乐园等使用；专用文旅消费券可在相关平台购买机票、高铁票、火车票，或者购买旅游线路产品、民宿酒店住宿产品时使用，有效降低了出行成本、激发了游客消费欲望。①

2. 郑州市通过“云闪付”App、携程旅行、美团App、中原票航、大河票务等第三方平台发放文旅消费券，开展“情暖新春 惠游郑州”活动。同时，联合高德公司推出打车优惠，并为文旅场所提供流量和营销资源等激励，扩大覆盖范围，有力提振了消费信心，助力文旅消费增长。②

2. 搭好“一平台”。由市政府主导，依托现有的赣州新型智

① 李思凡.9月5日至10月15日 云南发放1.24亿元文旅消费券加油券［N/OL］. 昆明日报，2022-09-05［2023-01-08］. https://www.km.gov.cn/c/2022-09-05/4504624.shtml.

② 成燕. 元旦假期，郑州旅游市场节日气氛浓烈［N/OL］. 郑州日报，2023-01-02［2023-01-08］. https://hct.henan.gov.cn/2023/01-02/2665513.html.

慧城市平台，构建赣州全域旅游平台，实现智能导游、电子讲解、实时信息推送，开发建设咨询、导览、导游、导购、导航和分享评价等智能化旅游服务系统，更好满足政府、企业、游客（居民）对文旅行业的多元化需求，为文旅行业的恢复发展提供数字赋能。

专栏2

国内部分旅游城市搭好“一平台”案例

1. 黄山市打造一站式数字化旅游服务平台。该平台整合全市及周边文旅资源和要素，应用“互联网+”、大数据、人工智能等技术，构建集智慧服务、智慧管理、智慧营销于一体的目的地智慧旅游创新运营体系。用户进入官方平台，可一键实现景区景点、酒店民宿、租车导游、土特产品和文创纪念品等全业态文旅产品的预订服务，推介新鲜玩法、特色活动、出游攻略，多端口登入方式满足了不同用户使用需求，提供了高效便捷的旅游服务。[①]

2. 苏州市打造“君到苏州”平台。该平台创新一站式文旅融合服务模式，有效整合服务资源、景区资源、政府信息资源，集信息查询、线上导览、在线预订、信息推送和公共服务于一体，能够让游客“一部手机游苏州、掌上轻松品文化”，为游客提供了串联式、高品质的文旅产品和服务，用户满意度超98%。[②]

---

① 黄秋影．文旅部点赞！黄山旅游官方平台入选2021年智慧旅游典型案例［N/OL］．新民晚报，2022-01-20［2023-01-06］．https://baijiahao.baidu.com/s?id=1722439153939412458&wfr=spider&for=pc.

② 苏州市政府办公室．苏州市助力疫后文旅消费扩容提质［EB/OL］．（2022-06-30）［2023-01-06］．http://www.js.gov.cn/art/2022/6/30/art_76927_10523568.html.

（二）推动市场中长期提质发展：推出“一部戏”、建设“一个圈”、打造“一张网”、培育“一批人”

1. 推出“一部戏”。借鉴丽江、济宁等地市经验做法，聘请国内外知名导演和演艺团队，会同现有的专业文演团体，共同制作推出能够彰显赣州“红色文化、客家文化、宋城文化、阳明文化”的大型实景演艺节目，让游客“白天看景、夜有所乐、乐此不疲”，让游客“留下来、住下来、还要来”，全面激活游客消费潜力，把赣州文气“扬起来”。

专栏 3

国内部分旅游城市推出“一部戏”案例

1. 丽江推出《印象·丽江》《丽江千古情》两台大戏，无形中提升了丽江的文化形象，打响了丽江旅游品牌，实现了丽江文化与文化在丽江的“双赢”。

2. 济宁推出大型演艺活动《金声玉振》，以“礼乐文化”作为演出主体，以“世界的孔子”和“孔子的世界”作为立意方向，将诗、乐、舞等中国古典艺术形式与当代艺术最前沿的舞台装置、大型机械、全息影像等手段相结合，打造了一场极其震撼、绚烂的文化艺术力作。①

---

① 谢学刚. 尼山圣境《金声玉振》大型演出，演绎礼乐画卷［EB/OL］.（2019-09-30）［2023-01-06］. http://jining.sdnews.com.cn/wh/201909/t20190930_2618489.htm.

2. 建设"一个圈"。针对旅游产品融合 IP 品牌打造不够的问题，可大力发展数字文旅，支持各县（市、区）依托当地资源优势，运用元宇宙的增强现实技术，引入特色文化艺术汇演、民俗文化展演、美食节等特色活动，叠加线上线下营销，推出一批特色文创产品，争取打造独一无二的爆款文旅 IP 生态圈，把赣州财气"聚起来"。

专栏 4

国内部分旅游城市建设"一个圈"案例

1. 广东省实施文化数字化战略，"粤产"原创动漫 IP 乘势"出海"，带动衍生品销售，动漫产值占全国的 1/3 份额，稳居全国第一，《熊出没》《猪猪侠》等脍炙人口的"粤产"动漫获得全球观众的持续追捧。①

2. 成都市强化消费场景营造，全面提升春熙路、交子公园等都市级商圈，打造了"双子塔""夜游锦江"等特色 IP，发布"地标商圈潮购场景——交子大道""特色街区雅集场景——玉林东路特色商业街区"等多个示范消费场景，潮购、度假、游憩、娱乐等内容应有尽有，消费多了新体验，以场景营造推动消费增长。②

---

① 杨逸，关雨晴 . 原创 IP、文旅融合、数字技术筑牢广东文化产业"生态圈"［N/OL］. 南方日报，2022-10-09［2023-01-06］. http://www.szss.gov.cn/sstbhzq/ssw/jrss/jryw/content/post_10156801.html.

② 李果 . 成都推出 8 个示范消费场景 计划实施包机专列"抢游客"［EB/OL］.（2022-12-13）［2023-01-06］. https://baijiahao.baidu.com/s?id=1752081233237924102&wfr=spider&for=pc.

3. 打造“一张网”。针对宣传营销模式形式单一、各自为政的问题，树立“全市一盘棋”的宣传理念，坚持传统落地营销和文旅数字营销相结合，构建政府部门、企业、媒体、公众等全域参与的旅游营销机制，打造一张文旅矩阵式营销网。特别是加强旅游宣传营销区域联动，打响区域旅游品牌。例如，大余、上犹、崇义三县可以联合打造“赣南运动生态旅游线”，将丫山、阳明山、阳明湖等优质生态旅游资源和运动康养业态“打包”设计成 3 ~ 7 天旅游线路，开展主题营销，打响“大上崇”运动生态旅游品牌。用好抖音、微博、微信、门户网站等新媒体平台，邀请旅游代言人、大 V、网红等参与讲好赣州文旅故事。积极对接知名企业和商协会在赣州举办各类会展、论坛，承办大型体育赛事，不断提升各类论坛、大型会议等带动效应，把赣州名气“立起来”。

专栏 5

国内部分旅游城市打造“一张网”案例

1. 沙县小吃文旅创意短视频火爆出圈。福建省发布沙县小吃首条文旅创意广告片，采用创新的电影拍摄手法制作，通过“福”文化、将福建文旅品牌与沙县小吃相互赋能，运用搞笑故事、偶像剧、王家卫拍摄手法等风格，从四个篇幅向网友呈现了福建各地的美味佳肴，向全媒体平台推广、展示福建文化和旅游资源，吸引网友关注福建文旅，邀请广大网友“来福建、享福味”，成功吸引大众眼球。[①]

① 李一珊 . 中国旅游日 | 官方整活儿，首条沙县小吃文旅创意广告片正式上线［EB/OL］.（2022-05-17）［2023-01-06］. https://m.thepaper.cn/baijiahao_18129217.

2. 鄂尔多斯市“网红康巴什”出圈。打造人造旅游景点、研发紧跟热点的文创产品、积极和各类名人互动，成为康巴什的“流量密码”。通过轻松、鲜活、更具故事性和话题性的现代表达方式，全方位打造“网红康巴什”，以 rap 致辞、直播带货、康城有约、马上游城等“出圈”新路径，提升公众价值认同，让这座网红城区从“网红”走向“长红”。①

---

4. 培育“一批人”。针对文旅产业发展人才紧缺的问题，坚持内部培育和外部引进相结合，不断优化人才培养体系、完善人才培养机制、创新人才培养模式、拓宽人才培养渠道，下大力气提升整体讲解服务水平，培养“名嘴”“名导”；坚持德才兼备、德艺双馨标准，重点引进、培养国内外文旅领域有良好职业道德，有较高水准、较多成果且有较大影响力的领军人才，把赣州人气“汇起来”。

专栏 6

国内部分旅游城市培育“一批人”案例

1. 浙江采用订单式旅游人才培养模式。深化校企合作，依托浙江旅游职业学院资源，根据企业生产岗位的需求，设置培养目标和教学计划，量体裁衣地培养人才，采用“全程产学交叉”的“2+1”培养模式，即 2 年在校学习、1 年在企业实习，既解决了

① 王智敏，张浩天，常晓慧．鄂尔多斯市康巴什区：网红潜力新星城市炼成记［EB/OL］.（2022-12-08）［2023-01-06］. https://baijiahao.baidu.com/s?id=1751623626858501831&wfr=spider&for=pc.

企业旅游人才短缺问题，又为学生发展提供了广阔空间。[①]

2. 吉安市创新“井冈山精神融入红色旅游”人才培养模式。采取“政校行企”四方联动，共建特色产业学院。牵手全国青少年井冈山革命传统教育基地等10家红色培训单位，聚焦产业需求，搭建实践实训平台，唱响协同育人之歌。聘请“政校行企”专家组成行业协会、旅游专业产学研指导委员会，牵头组建“全国职业院校红色文化研究与教育联盟”，聚焦行业前沿，明晰人才培养方向，共建人才培养平台。[②]

① 娄毅平. 成功案例：“订单式”旅游人才培养成新宠［EB/OL］.（2015-02-04）［2023-01-06］. http://jnds.cteweb.cn/index.php?a=shows&catid=28&id=489.

② 张晓惠，刘红，王霞. 弘扬井冈山精神 创新培养红色旅游人才［EB/OL］.（2022-11-02）［2023-01-06］. http://www.jgs.gov.cn/news-show-24938.html.

提高农村人口资源产业适配性的思考与建议 *

近年来，随着城镇化不断推进，赣州农村劳动力结构发生深刻变化，深层次影响了农村人力资源供给、农村各类资产资源利用，以及各类经营主体发育，对全面推进乡村振兴提出了挑战。为探寻农村人口、资源、产业发展条件变化下的乡村产业振兴路径，市政府相关部门组成联合调研组赴赣州市章贡区、赣县区、于都县、信丰县、会昌县、大余县等地，通过实地走访、座谈交流等方式开展了专题调研，并充分借鉴其他地方经验做法，形成此报告。

一、当前农村人口、资源、产业发展面临的主要问题

（一）农村人力资源面临“四缺”

一是缺“工”，即从事农业生产的普通劳动者较少。农村地区大量青壮年劳动力走出村子外出务工，留在本地的寥寥无几。

* 此文成稿于2023年6月1日，原标题为《调人赋智、活资赋值、优业赋能——关于赣南苏区乡村产业振兴路径的思考与建议》，刊发在赣州《经济分析与情况研究》（2023年第二期）。

调研中，各地普遍反映，由于乡村人员大量外出务工，本地企业“招工难、用工难”的问题较突出。例如，于都县有乡村务工人员 50 万人，其中，县内务工仅 20.1 万人，占比 40.2%。其中于都县禾丰镇 4.1 万户籍劳动力中，1.8 万人在外务工，占比达 43.9%。信丰县正平镇全镇常住人口约 3.8 万人，与十年前相比减少约 30%。两地油茶种植户反映，该产业能够配套机械化、自动化的设备少，对人工依赖程度高，加上“花果同期”，集中采摘时间仅 10 天，往往因多个地区集中大量用工，出现季节性、临时性“用工荒”问题。

二是缺“汉”，即青壮年男性劳动力偏少。劳动力性别比例严重失衡，有的村子甚至出现“妇女顶起整片天”现象。例如，信丰县正平镇户籍人口 6.5 万人，常住人口 20206 人，其中 18 ~ 59 岁的 6779 人，仅占 33.55%，男性则更少。于都县段屋乡一村小组有户籍人口 192 人，其中仅剩极少数男性留村从事农业生产，且年龄偏大。该县梓山镇反映，各村均有大量劳动力外流，留守劳动力多分散在蔬菜基地务工，或从事春耕生产，其中妇女占比超七成。

三是缺“匠”，即有一定专业技能的人才偏少。受农村基础配套、福利待遇、工作环境等各方面因素影响，广大农村引才、留才难度较大，加之传统的泥匠、木匠等拥有一技之长的农民大量进城务工，农村技术型高端人才更是严重不足。“田秀才”“土专家”等“乡土人才”紧缺，于都县村干部反映，村里 20 世纪 90 年代有 30 个泥瓦匠，现在能干手艺活的已寥寥无几。一些种田大户反映，农机手属于“稀缺资源”，农忙时他们大多只能亲自上阵开农机。部分涉农企业反映，核心农技人员往往要到广州、深圳、南昌等地聘请，这类人员不愿签订长期聘用合同，大多是周末技术员，“往来接送、安置招待花的费用不比聘用费少”。

四是缺“干”，即懂管理、会经营的镇村干部偏少。涉农干部往往专业化水平不高，农技应用、项目操盘、市场运作等方面知识和经验欠缺。以信丰县为例，全县有农业农村相关专业背景的干部仅255人，会使用专业仪器并能对数据把关的技术人员寥寥无几。一些镇村干部反映，由于自身专业知识和经验较为欠缺，在带领农民抓生产、上项目、搞经济上作用发挥有限。

（二）农村资源面临“四闲”

一是农房闲置。从调研来看，随着人口不断外流、单向输出，大量房屋被长期闲置。基层干部说，“白天看过去一片房子，晚上看过去没几盏灯，有的地方晚上一大片都不亮灯”。信丰县古陂镇一村小组有户籍人口24户，仅有4户常住。于都县部分乡村旅游点没有系统化设计，“就景点造景点”，没有充分盘活周边闲置农房资源，全县现仅有旅游民宿9家，农家乐6家，且一些农村旅游景点与“长征文化”红色旅游IP结合度较低，借势借力、整体打造不够。

二是宅基地闲置。近年来，赣州市通过“空心房”整治腾出了一批宅基地，这些老房拆除后，除一部分连片的或拆旧建新的得到再利用，一些零散的、难整合的不得已被闲置。例如，信丰县西牛镇双溪村近年来下力气拆除了一批质量不高的“空心房”，但剩余11栋住房及附房20多间的宅基地，由于区位、地势等问题难以处置，被迫闲置。

三是产业设施闲置。一方面，市场行情波动影响经营场地等设施的利用。于都县梓山镇永丰村股份经济合作社蔬菜基地主要种植辣椒，2023 年 1—3 月，因市场价格持续走低，承包经营企业利润被严重压缩，间接导致农民务工收益下降，造成 4 个大棚空茬。信丰县古陂镇太平村肉牛养殖基地，主要从事肉牛养殖，原来有 760 头肉牛存栏，受饲料上涨以及较长一段时间市场供大于求的影响，为减少损失，企业规模不断缩小，现仅有 112 头肉牛存栏。另一方面，经营不善导致设施闲置。信丰县西牛镇塝塘蔬菜基地，承办的企业依赖政府扶持政策，因转型不彻底，产权移交等历史遗留问题未解决，原企业无力持续经营，也没有及时落实新的经营主体，造成一段时间部分大棚闲置。此外，招工不足造成产业设施利用不充分。信丰县虎山乡龙州村俊渤源箱包制造帮扶车间从事箱包生产，虽然能够提供就业岗位仅十余个但仍存在岗位空缺的情况。

四是农业资金闲置。从调研了解情况来看，农村村“两委”部分干部对如何提升资金使用效率，实现“以钱生钱”普遍办法不多，加上受整体经济形势下行的影响，存在“求稳怕亏”心理，造成了一些资金闲置。信丰县西牛镇双溪村每年都有十多万元的公益林补助资金下拨，因村民意见难统一，未能很好使用。

（三）农村产业面临“四散”问题

一是经营主体多而散。有实力的农业龙头企业较少，农民专业合作社空壳化、不规范现象较突出，组织化、规模化程度总体较低，带动作用不强，乡村产业经营主体仍然是多而散的个体户。以信丰县为例，全县依法登记注册的农民专业合作社 1082 家，其中合作社1081家、合作社联合社1家，但其中较有影响力的较少。于都县富硒产业发展中心有关人员表示，该县脐橙常年产量在10万吨左右，但由于种植户多为散户，脐橙销售主要依靠等企业“上门收购”，且缺少能够独立承接1万单（约20万吨）以上订单的经营主体。

二是种养产业规模小而散。目前，赣南地区农业产业除脐橙产业实现了做大做强外，其他产业总体较零散，产业规模不大。例如，于都县开发了富硒大米、蔬菜、茶叶、鸡蛋等11类富硒农产品，建立了富硒农业种植示范基地6万亩，带动富硒农业种植15万亩，获权威机构认证的富硒产品多达80种，但富硒产品精深加工规模小、加工设备落后，大多仅经过人工粗略分级挑选，基本以初级产品形式进入市场，商品化加工率低，产品附加值不高。信丰县红瓜子、草菇等种植和经营主体遍布全县各乡镇，但大多生产规模小、“各自为阵”，农业综合效益和带动力有限。

三是非农产业类型杂而散。全市乡村非农产业集中表现为饲料、纺织服装、数据线、塑料花加工等业态，经营主体主要是返乡创业人员，虽然业态种类多，但“拳头”产业少，大部分规模化、产业链化程度较低，产业之间也存在配套与衔接关系较少、造成“满天星星，不见月亮”的现象。于都县岭背镇非农产业主要有纺织服装、食品加工、家具制造、建筑建材、电子科技及传统手工业（如“三锤三匠”）6类非农产业企业，产业类型较多，但缺乏规范化、规模化发展的产业链集群和有实力的“链主”企业引领，企业大多“各自为阵、单打独斗”，导致企业产值大多在10万～20万元，1000万元以上的企业仅2家。

四是组织机制散。缺乏组织者、领头者及社会化服务。一方面，龙头企业、合作组织带动作用不强。部分产业在生产上以分散的小作坊居多，缺乏龙头企业整合带动，未形成规模品牌效应。企业之间普遍未建立联动机制，同质化竞争现象突出。信丰县有农业产业大户1790余户，与村集体、合作社、龙头企业建立了联结机制的仅占29.2%；萝卜干作为该县特产之一，虽然在市内口碑较好，但在生产上以分散的小作坊居多，缺乏有实力的深加工企业，产业链条短，产品附加值不高。于都县鲜可农产品有限公司、赣州佳欣农业开发有限公司两家企业虽然在全县脐橙产业中体量靠前，但企业之间没有建立联动机制，相互合作不充分，加上农业产业化省级龙头企业没有发挥带动作用，一定程度上影响产业链发展。另一方面，社会服务组织体系发育不健全。信丰县某公司负责人说，赶上用工期，找不到用工服务组织，不得不委托村民小组长作为“中间人”“包工头”帮忙找人做事，自己还要另外抽出精力管理20～30人的队伍。

二、农村人口、资源、产业发展适配欠佳的原因

从调研走访掌握和干部群众反映的情况综合来看，造成目前农村人口、资源、产业发展适配欠佳的原因是深层次、多方面的，按照不同视角大致可以归结为三个方面。

（一）劳动力视角：青壮年“不愿留、不愿回、不愿来”

1.本地青年“不愿留”。新生代农民受教育程度、成长环境普遍高于从前，加上受新媒体、网络媒体宣传的影响，思想认识

发生深刻变化。以“90后”“00后”农民为代表，他们不再局限于老一辈的“农耕思想”，对工作和生活环境、收入水平、个人提升有更高追求，大多选择“逃离”农村前往城市谋生。调研中一位外地返乡务工人员说，“城市一个月的收入差不多是这里县城的三四倍”。

2. 在外青年“不愿回”。在脱贫攻坚与乡村振兴接续努力下，农村经济社会发展水平虽日益提升，但在教育、医疗、社会保障水平上与城市相比仍存在较大差距。一些地方仍然存在饮用水水质不高、生活污水处理能力不够、垃圾清运不到位等问题。在外青年大多已经习惯城市生活与工作节奏，且相当一部分人没有务农经验，加上农村致富门路相对较窄，返乡意愿不强。一些村民提出了新诉求，“有了看得见的乡愁，更需解决看不见的需求”。

3. 紧缺人才“不愿来”。圩镇、乡村基础配套不够完善，普遍只能满足基本生活需求，缺乏提供购物休闲、服务体验、大病医疗等功能的场所，日常生活较为单调，让一些优质人才“望而止步”。调研中有企业诉苦，“技工缺得很，求都不肯来”，有外来技工反映，“晚上10点不到路上就暗嘛嘛，上班外的生活蛮无聊”，是这类现象的缩影。

（二）资源视角：高效利用“牵绊多、整合难、办法少”

1. 农村资产“牵绊多”。表现较为典型的是农村宅基地与农房。一方面，部分外出农民有乡愁情结，“留个老房子当念想，回老家还有地方住”；另一方面，一些宅基地、农房产权不明晰，为避免发生纠纷，部分农民甘愿选择闲置。

2. 分散资源“整合难”。赣南地区是典型的山地、丘陵地貌，不少农户的田地、宅基地零星分布在山腰、山脚等处，集中连片的较少，独立开发价值较低。年轻一代农民普遍不愿种地，一些年纪大的农户离世后，其农房、宅基地因长期无人使用，往往面临闲置。调研中一些干部反映，不少闲置房产“流又流不了，转又转不动，只能放在那”。

3. 合理处置“办法少”。造成这一问题既有历史原因，也有现实因素。一方面，脱贫摘帽之后，一些帮扶车间、农业产业因缺乏政策持续扶持，陷入经营难、盘活难困境。特别是一些寄希望于政府“包销”、单位“兜底”的项目难以为继，生产设施设备闲置。另一方面，一些乡村新项目，政策资金使用效率较低，以致陷入运营销售困境导致“二次闲置”。

（三）产业视角：企业项目“风险高、支撑弱、保障低”

1. 项目投资“风险高”。根据调研掌握的情况，目前农村投资项目仍以农业产业项目居多，虽然随着标准化、智能化种植养殖技术推广普及，农产品产量质量有所提升，但一定程度仍有“靠天吃饭”的倾向、缺乏市场导向。一些农业产业项目盈利周期长，投资过程中仍存在一些不确定性因素的干扰。如脐橙、油茶等从开始种植到结果需 3 ~ 4 年时间，一旦遭遇自然灾害和病虫害等影响，收益难达预期。调研中有农民反映，2022 年 6—7 月赣南地区持续强降雨，“到处都涨水，几十亩大棚蔬菜全部泡冇了”，损失惨重；一些企业主也反映，农村产业链“断链”问题突出，加上农产品市场行情波动大，“一不小心就要亏”。

2. 基础设施“支撑弱”。由于资源分布和权属等原因，一些农村产业项目往往需要“开山平地”进行大片流转，有的甚至要“从零开始”增设基础设施，以适应规模化、机械化、智能化等运作要求，极大地增加了开发成本。有村干部反映，曾有企业有意向在村里开发农旅结合景区，但实地察看后发现水、路、电基础设施等级偏低，周边餐馆、旅店、民宿屈指可数，开发成本太高，打了“退堂鼓”。

3. 政策服务“保障低”。在应对自然灾害、市场风险时抗风险能力低，没有相应的风险对冲工具。现有农业保险品种少、费率高、赔付低，对产业的保护作用有限。此外，当前赣州市内有资质的专业保险公司寥寥无几，定损评估水平参差不齐。信丰县果农反映，2022 年脐橙刚准备上市，眼看就要大丰收，突然持续降雨，“近一个月，脐橙大量吸水，果子都裂开掉落了，直接减产 20% ~ 30%，没有保险赔，损失很大”。在资金保障上，农村投资资金来源渠道相对较窄，金融机构作用发挥不足。在服务保障上，农村“用地难”问题依然突出，上地使用指标、项目环保评审以及施工许可证等手续办理周期较长，一定程度上影响了投资者的积极性。

三、提高农村劳动力资源和产业匹配度的对策建议

结合农村人口、资源和产业发展条件的变化趋势，应坚持“调人、活资、优业”发展思路，适度调整改善农村人口结构，赋予更多智力支持，释放农村资源活力提升资产价值，丰富优化农村产业业态激发发展动能，着力提升农村人口、资源、产业适配度，

不断增强生产效益、组织效率和发展效能，探索一条人口资源产业融合互动、协调发展的乡村产业振兴新路径，实现农民致富、产业创富、农村共富。

（一）“缺啥补啥”，以关键少数带动绝大多数，适度调整改善农村人口结构，提升劳动效率，促进农民增收

通过外引、培育、借力等方式，重点引育用好一批得力“干匠”，通过他们充分调动农民参与产业发展的积极性，构建“政策助能人→能人兴产业→产业带致富”的良性循环。一是创新人才招引、合作模式，由县乡或村集体牵头，通过签订战略合作协议、备忘录等方式，与市内外高校对接搭建平台，柔性引进一批“周末专家”“假日工程师”等。二是探索开展城市人才助力乡村振兴专项行动，引导一批市县医疗骨干、科技特派员、文化工作者、农业专技人员等人才扎根基层履职服务；提高镇村一级相关编制、岗位的职数占比，适当提高待遇水平，提升现有劳动力资源素质；创新乡村人才职称评价机制，开展农技师、农艺师等职称评价，在区域范围内给予相应的政策倾斜和激励措施，提升人才的荣誉感和积极性；探索在职业技术学校开设专门班级，针对农村青壮年劳动妇女开展专项培训，提升乡村劳动妇女资源整体素质。三是通过举办“三请三回”、乡贤座谈会等方式感情留人，引导一批在外人才回乡发展。同时，探索“人才保障房”政策下沉至镇村一级，优先保障农村创业就业人才住房需求，完善周边配套设施，增强村镇吸引力。四是发掘、培养和激励一批具有核心技术、深耕专业领域的“关键少数”、致富带头人及优秀村干部等“领头人”“话事人”，带动就业创业。

五是探索从优秀企业家、专业技术人员、返乡创业能人、在外优秀人才等群体中，选聘致富能力强的能人、乡贤担任特聘村主任，在项目论证、资本运作、技术指导、信息推介等方面提供指导与服务。

专栏 1

发挥能人带动作用、推动农村产业发展典型案例

1. 赣州市信丰县古陂镇农伯乐蔬菜专业合作社理事长、党支部书记赖焕华是华南农业大学的高材生，10 年前牵头组建农伯乐蔬菜专业合作社，创新“双带领、五统一、三不愁”模式（合作社统领、能人带领；统一育苗、统一生产、统一服务、统一农资、统一销售；农户不愁资金、不愁技术、不愁市场），通过“合作社+基地+农户”的方式，吸收农民加盟蔬菜产业，以及农村剩余劳动力参与蔬菜种植、生产环节，辐射带动信丰县 357 国道沿线 5 个乡镇、安远县 6 个乡镇 600 多农户种植蔬菜 3800 多亩，基地务工农民、加盟菜农年增收达 2 万～8 万元。①

2. 赣州市章贡区火燃村返乡创业代表郭学贵当选村党支部书记后，立足区位优势，盘活集体土地资源，组建赣州康之友合作社，引进农业龙头企业，按照“企业+合作社+农户”模式，带领村民发展食用菌产业。除在家门口务工的收入外，村民每年还能拿到土地流转金以及保底分红，实现了从“一次性”收入向“持

① 刘荣东，王晋，林世程．江西信丰：全力打造粤港澳大湾区“菜园子”［EB/OL］．（2023-03-03）［2023-06-01］．http://jx.people.com.cn/n2/2023/0303/c186330-40323772.html.

续性”收入的转变。经过多年发展，火燃村年产金针菇、香菇等鲜菇4000余吨，年产值达6000多万元，鲜菇在赣州市场占有率超80%，并销往广东、湖南、福建等地。村里企业、合作社吸纳当地农民120余人就业，人均年工资收入超2万元。[①]

（二）“有啥改啥”，以存量改革创造增量价值，着力改革释放农村资源活力，提高资源效益，实现资产创值增值

深入挖掘、盘活一批农村“沉睡”的资源、资产、资金，推动转变为农村产业发展的“活水”和“动能”，实现价值倍增、效益倍增。一是联合相关职能部门组建工作专班，综合运用大数据比对、网格化筛选等方式分组分批对农村现有的资源、资金、资产进行分类核查、登记造册，厘清资产现值和使用情况，明确其所有权、经营权、收益权归属，并建立动态信息库。二是统筹用好已经建成的各类交易服务场所、机构和平台，结合农村产权流转交易规范化试点工作，提升农村闲置资源、资产整合、流转效率，实现高效集约利用。三是探索将各级财政投入农村的发展类、扶持类资金等整合为一个“大专项”，用以支持农业产业发展和农村大型基础设施建设，确保涉农资金“集中力量办大事”。四是探索创新资源资产盘活方式，创新方式方法，采取“飞地抱团”“物业租赁”等模式，或设立“村投公司”、产业协会等统一管理方式，让“沉睡资产”活起来，可通过包租、入股等方式，流转、整合

① 章贡区沙石镇政府.【我身边的共产党员】郭学贵：支部发展好舵手，百姓致富带头人［EB/OL］.（2022-07-13）［2023-06-01］. https://www.zgq.gov.cn/zgqxxgk/c109225/202207/1f72cb01e46e41ab914ea17be8073753.shtml.

一批闲置山林、田地、果园、养殖水面等。盘活一批废弃厂房，将老旧办公用房、仓库，或闲置就业车间等打包出租。设立老屋托管站或私人托管中心，倡导农户将需要流转的闲置房屋交付托管，再统一对外出租，帮助农户获得租金收益。例如，会昌县西江镇利用紧邻制衣制鞋电子厂等优势，按照“在集镇边上给每个村一块飞地，用‘飞地模式’为边远村在集镇里建设就业车间”的思路，村集体入股投资约6500万元建设会昌县乡村振兴产业基地，吸纳企业20余家，每年租金收入300万元，全镇村均经营性收入增加13万余元。此外，针对农村用地指标不足问题，还可以考虑采取等价置换方式，探索将农村拆除宅基地置换为乡村中小企业用地，盘活农村闲置宅基地。

专栏 2

盘活农村资产、推动产业发展典型案例

1. 赣州市信丰县金盆山乡村网红主播“山秀子”，通过抖音短视频和直播等开展闲置农房租赁业务，由村民委托其统一宣传并管理，采取“整房 + 部分”出租、“短租 + 长租”结合的方式，租金350 ~ 1000元不等，重点面向粤港澳大湾区、长三角等地旅游、康养、度假的人群。开播以来，吸引北京、广州等地1000余人到金盆山乡实地考察，有租客直接签订5年租赁合同，自费装修，实现农民收入和村子人气“双提升”。[①]

2. 赣州市会昌县按照“整合资源、盘活资产、抱团发展、集

① 根据当地镇、村干部口述内容及山秀子视频信息整理。

中管理”的方法，将盘活后的乡村资产融资资金用于乡村振兴，并通过联农益农利益联结机制，推动实现“县域发展、乡镇增收、村民致富”。主要做法为：由会昌县振兴农业产业集团有限公司（以下简称振兴集团）（国企）和19个乡镇合作分别成立乡镇子公司，每个子公司由振兴集团持股51%、乡（镇）各村股份经济合作社分摊持股49%。将乡村资产全面清查估值，经村民代表大会表决通过并报乡镇备案后统一注入子公司，由子公司统一经营管理。在此过程中，探索形成“盘活乡村资产→融资发展产业→解决龙头企业或种植大户资金难题→乡镇子公司获益→合作社收益→群众增收”的良性发展链条。如，该县小密乡通过“振兴集团＋乡镇子公司＋种植大户＋合作社＋农户”模式，流转整合4个行政村约3万亩土地，投资3亿元打造“独好会昌·小密硒谷”富硒产业带，吸引50多家上市公司认领千亩富硒大米、蔬菜基地，实现镇村增收，农民致富。[①]

（三）“宜啥推啥”，以创新优化涉农和非农产业发展方式，不断丰富产业业态，提升产业融合互促发展效能，实现产业创富

按照“宜工则工、宜农则农、宜游则游”的原则，创新业态模式，走多元化、差异化农村产业发展新路子，提升人口、资源、产业适配性，再造农村经济发展的“动力体系”。一是坚持龙头引领。龙头企业是农村产业发展的“领头羊”和“核心动能”。

① 刘冬萍，邹洪祯，肖国方.会昌县：探索创建“五级主体”经营模式 盘活乡村资产［EB/OL］.（2023-03-28）［2023-06-01］. https://www.sohu.com/a/660321355_121106994.

当前应重点强化龙头企业的带动作用，引导龙头企业主动担当产业链“链主”，打通产业链上中下游各个环节，并加强招商选资，因地制宜布局与农村资源禀赋、人口结构适配的中、下游企业或生产环节。同时，完善联农带农方式，通过巩固契约式、推广分红式、完善股权式，建立利益联结机制，切实增强核心带动能力。二是拓展丰富多样化产业业态。创新或引进种类多样、灵活多变的业态模式，着力增强适配性，让“人有事做、事有人做”。鼓励农户将自家农房改建成民宿、饭店、小卖部、民俗服装店等，引导农村闲散、剩余劳动力参与餐饮、销售、保洁等服务工作，走三产融合、业态补充的发展路子。在具体路径上，既可以采用较为普遍的“企业 + 合作社（基地）+ 农户”模式，也可以创新“中心 + 卫星”模式，以龙头、链主企业为“中心”，吸收小手工、小作坊、家庭农场等小微产业或企业为“卫星”，带动更多经营主体共同发展，还可以采用业态补充模式，即利用现有资源，由村集体牵头带动，引导农民依托景区、景点发展农家乐、民宿、庭院经济等。三是强化服务支撑。通过完善农业技术服务、托管服务、组织服务等，着力解决农业产业发展中的难点、堵点问题。农业技术服务方面，联合企业农业技术人员，组建产业技术服务队，通过“线上 + 线下”相结合的方式，及时为农民答疑释惑；托管服务方面，探索整合现有农事托管服务中心，不拘泥于镇、村等行政体制限制，统筹建立配套更齐、功能更全、覆盖更广的区域性中心，为农民提供更多生产、生活便捷；组织服务方面，探索建立村级劳务服务组织，采取“企业←劳务服务组织→农民”的“一对多”模式，由劳务服务组织进行双向对接，一方面对全村劳动力进行摸底、分类、建档，另一方面收集、发布企业用工需求，并为建档农民购买意外保险，提供就业维权服务。

专栏 3

创新业态模式推动产业发展典型案例

1. 赣州市于都县立足服装纺织首位产业，采取“中心工厂 + 卫星工厂”模式，每年重点孵化 20 家中心工厂，吸纳带动乡镇小手工、小作坊、就业车间等 600 余家成为“卫星工厂”。其中，“卫星工厂”多负责缝纫、熨烫、剪线头、包装等环节，从业人员普遍为 40 岁以上妇女、老人，每月收入可得 2500 ~ 4500 元。①

2. 赣州市大余县丫山旅游度假区通过统筹（代建）民居、聘用村民、统一管理等模式，在土地流转、务工就业、入股分红、产业发展、农产品销售、房屋改造六大扶贫领域里全面激活了丫山的人、力、物及其他闲置资源。当地百姓纷纷吃上了“旅游饭”，实现“三变”，拿到了“三金”。“三变”是身份的变化：村民变员工，员工变股东，股东变老板；“三金”是收入的提升：进村务工拿薪金，资源入股领股金，房地租赁收租金。丫山年接待游客量已达 300 多万人次，直接带动 1760 名农户，间接带动周边 7 个乡镇近万名贫困户增收脱贫致富，占全县总贫困人口的 30% 以上。②

① 胡安华. 于都：建设纺织服装优质高端制造基地［EB/OL］.（2022-12-20）［2023-06-01］. https://www.yudu.gov.cn/yudu/c114716/202301/76504e7ce2804730913d71850f9502c2.shtml.

② 大余县政府办. 大余县“三变三金”打造乡村振兴“丫山样板”［EB/OL］.（2022-09-09）［2023-06-01］. http://www.jxdy.gov.cn/dyxzf/c114005/202208/5f6ac620c4a048eeb71648e9e33b4bf2.shtml.

3. 赣州市赣县区引进深圳君实旅游发展有限公司在湖江镇洲坪村投资3亿元建设“蜜月岛”特色婚旅浪漫景区，周边农户将自家农房改建成民宿、饭店、小卖部、民俗服装店等，吸收闲散、剩余劳动力参与到餐饮、销售、服务等多种工作中。既丰富了景区业态，也促进了农民增收，实现了互利双赢。[①]

① 赣县区政府办．“蜜月岛”，让村民甜蜜蜜［EB/OL］．(2022-01-04)［2023-06-01］. http://www.ganxian.gov.cn/gxzf/tzgg/202201/4c10ab865284470399350fe7cae66266.shtml.

基层医疗体制改革的思考与建议*

完善乡村医疗卫生体系，是全面推进健康中国建设的迫切要求，也是全面推进乡村振兴的应有之义。为进一步研究体制机制改革对基层医疗卫生体系健康发展的影响，近期，市政府相关部门组成调研组以赣州市为例，对基层卫生健康服务能力情况进行了全面深入调研，形成此调研报告。

一、基层医疗体制机制改革的主要做法

近年来，赣州市在医疗卫生领域持续实施“强基层”战略，在人员经费、债务化解、建设用地、发展资金、人才补贴、村医养老保险等方面提出 15 项突破性政策举措，不断健全完善基层医疗机构体制机制，基层医疗机构服务能力持续提升，近三年累计医疗业务收入增长率超 40%。

（一）坚持乡村基本医疗卫生服务公益属性，打通政府主导的跨部门投入机制

2019 年，赣州市政府出台《加强乡村卫生健康服务能力建设

* 此文成稿于 2023 年 7 月 15 日。

实施方案》，涉及财政、人社、发改等8个部门，在实施基层医疗卫生机构公益一类财政供给、公益二类事业单位管理以及执行“两个允许”（允许医疗卫生机构突破现行事业单位工资调控水平，允许医疗服务收入扣除成本并按规定提取各项基金后主要用于人员奖励）的路径上，通过将乡镇卫生院人员经费、专项发展资金、债务化解纳入财政预算，新增划拨建设用地成本由政府负担，优化基层人才引进和帮扶机制等突破性措施，卸下基层医疗机构发展负担，激活基层医疗机构前进动力。2020—2022年，赣州市基层医疗机构业务总量不断增长。增长速度方面，全市三年累计增长41%，其中增长翻番的县（市、区）有寻乌县、定南县、大余县，分别增长164.35%、152.05%、114.10%，信丰县、赣州经济开发区（以下简称经开区）、安远县、龙南市、赣州蓉江新区增长均超过50%。增长总量方面，全市累计增长59479万元，其中于都县增长10028万元，信丰县增长5945万元，寻乌县增长4546万元。

（二）坚持把人才队伍建设摆在重要位置，建立多层级联动的人才引入培育机制

除简化、放宽人才引进手续和条件，建立人才补贴机制外，赣州市委托本地医学院校开展订单定向医学生免费培养项目，由赣南医学院[①]、赣南卫生健康职业学院培养订单生，毕业后统一到基层医疗机构开展为期6年的服务期，基层医疗卫生人才队伍结构得到优化。2022年赣州市乡镇卫生院人员中本科学历占比较2020年提高11.4个百分点，35～45岁占比提高5.7个百分点。

① 2023年11月经教育部批准同意，更名为赣南医科大学。

同时，建立优化县与乡人才双向交流长效机制，促进专家、技术“双下沉”，技术、服务、管理“三提升”，2022 年县级医院派出专家覆盖了 71.03% 的乡镇卫生院。通过双向交流，乡镇卫生院人员中级职称占比较 2020 年提高 5.21 个百分点，高级职称比例提高 1.02 个百分点，基层医护人员业务水平得到提升。

（三）坚持强化乡村医疗卫生规范化管理，完善全方位覆盖的兜底和保障机制

依托“优质服务基层行”活动和一级医院等级评审，加强医疗服务体系标准化建设和规范化管理，赣州市有 240 所乡镇卫生院达到国家服务能力标准，26 所达到推荐标准，服务质量和服务能力均得到提升。2022 年赣州市基层医疗机构手术总量较 2020 年增长 33.4%，达到 30923 例。村卫生室全面实行一体化管理，筑牢农村医疗健康服务网。全面实施乡村医生“乡聘村用”，实行以人员、工资、待遇、业务、药械、财务、培训、考核“八统一”为主的乡村一体化管理模式。目前，赣州市 2796 个行政村 2907 名乡村医生完成“乡聘村用”，财政投入 2300 余万元为“乡聘村用”的乡村医生购买养老保险，投入 3800 余万元提高艰苦边远地区乡村医生生活补贴，有效解决其后顾之忧，2022 年赣州市乡村医生中收入 10 万元以上的占比较 2020 年提高 7.1 个百分点，收入 5 万～10 万元的占比提高 21.8 个百分点。

二、存在的主要问题

虽然赣州市基层卫生健康服务能力得到大幅提升，但还难以

完全满足人民群众日益增长的健康需要。特别是要满足新形势下人民群众对更加便捷、优质、高效的医疗卫生和健康服务的需求，基层卫生健康服务仍然面临许多困难。

（一）基层医疗资源统筹分配机制不够完善

赣州市乡镇卫生院核定床位数 14854 张，每千服务人口床位数 1.65 张（超过国家每千服务人口 0.6 ~ 1.2 张的床位配置标准），基础医疗资源达标，但还存在诸多不足。一是基层卫生人才仍然缺乏。从学历看，赣州市基层医疗机构中专及以下学历的人数 3530 人，占比达到 27.4%；从职称看，初级职称人员占 63%，高级职称人才仅占 2%。人才引不进、留不住的问题普遍存在。二是基层医疗机构设施设备配备不足。赣州市基层医疗机构平均拥有自动生化分析仪 1.1 台、五分类血球计数仪 0.9 台。影像诊断方面，平均配有 DR（X 线）射线机 0.7 台，精密度更高的 CT 设备则平均只有 0.1 台，与县级以上医疗机构存在较大差距。优质资源的缺乏直接导致基层难以提供优质服务，在总体手术量上涨的情况下，2022 年赣州市基层医疗机构二级手术量较 2020 年减少 1106 例，降幅 30%。三是县域间基层医疗资源配置差距较大。全市各基层医疗机构受所在地区经济发展水平、地理位置环境以及人口集聚程度的影响，发展水平差异显著。发展最好的于都县，28 所乡镇卫生院年业务收入超过 1000 万元的有 14 所，达到 50%，全南县、石城县、崇义县、大余县四个县共 60 所乡镇卫生院却没有一所年业务收入超过 1000 万元。赣州全市基层医疗卫生资源配置与群众实际需求的差异，一定程度影响了基层医疗服务的公平性。

（二）基层医疗机构公益性保障机制不够完善

随着发展水平的提升，基层医疗机构对专业技术人才的需求也在快速增长。目前赣州市基层医疗机构卫生专业技术人员核定编制一直沿用2009年的标准，由于编制不足，为维持运转，只能大量聘用编外人员，人才保障不足导致聘用技术人员"跳槽"频繁，基层卫生人才队伍不稳定。目前赣州市现有基层医疗机构人员12868名，在编在岗人员7091人，在编在岗人员仅占全部人员的55%，即平均每个基层医疗机构接近一半的人员是自行聘用的，相关经费需自行解决，基层医疗机构发展包袱沉重，一定程度上削弱了基层医疗机构的公益性。

（三）基层医疗卫生政策协调共享机制不够完善

近年来，赣州市持续推动医疗资源整合共享，但是受限于政策配套制度不够完善，仍有一些具体问题需要解决。纵向上，在用药目录方面，基层用药目录与二级、三级医院用药目录不对称、不同步。目前基层用药局限于基本药物目录，造成一部分在上级医院诊疗后需继续康复治疗的病人，无法在基层配到相应的治疗药物，必须转往上级医院配药。患者对下基层坐诊专家所开具的某些药物，也无法就近购取。横向上，公共卫生、疾病预防控制、医疗服务和医疗保障等之间的政策统筹、信息互动、资源互补不够。不少地区限定基层医疗机构医保报销费用总额，或者采用均次费用限额等方式控费，导致乡镇卫生院医疗服务开展越多，越容易突破总额，开展业务的积极性受到限制，制约了发展。

（四）基层医疗卫生人才引入退出机制不够完善

赣州市乡村医生工龄20年及以上的占乡村医生总数的74.41%，工龄15年以下的只占7.47%；年龄35岁以下的仅占6.9%，年满60周岁及以上仍然在岗的乡村医生占总数的五分之一。一方面，由于乡村医生岗位收入低，年轻的村医和医学毕业生不愿意从事乡村医生工作，乡村医生队伍无法得到及时补充。另一方面，参加职工基本养老保险的村医很少，大多数村医在退休后，除了300元的政府养老补助，没有其他保障；加之没有年轻村医接替，导致乡村医生队伍老龄化，这是制约基层医疗服务能力发展的短板。

三、意见建议

（一）建立体现公益、资源统筹的基层医疗机构保障机制

一是加大财政保障力度，突出基层医疗机构公益属性。设立基层医疗卫生服务机构专项补助，尤其向欠发达地区和边远艰苦地区倾斜，结合区域医疗需求、功能定位等情况，合理增设临床科室，配齐与诊疗科目相匹配的医疗设备，推动医疗服务均等化。二是加大统筹力度，提升基层医疗资源配置效率。市级统筹协调推进县域医疗次中心建设，县域内整合影像、心电、病理诊断、医学检验等远程共享中心，联合共建影像诊断、病理诊断、消毒供应室等科室，实现“基层检查、上级诊断、区域互认”模式，节约基层运行成本，促进区域内诊断标准化。三是打破乡镇医疗卫生资源的行政区划限制，依托县域医疗次中心，在综合考虑区

域位置、人口分布、交通便利等基础上，突破乡镇原有医疗卫生资源布局，服务范围向周边乡镇和毗邻县乡镇拓展，向居民提供二级常规手术服务，以及急危重症、疑难病症的急诊急救及转诊服务。

（二）建立上下联动、全面覆盖的基层医疗人才培养机制

打造“县级公立医院—县域医疗次中心——般卫生院—中心村卫生室—行政村卫生室”梯次带动发展模式。通过人员定期派驻、增加人员招聘、统筹编制使用等途径，配强基层卫生人员，重点配齐县域医疗次中心各科室护理、医师、公共卫生、中医类等人才，配齐县域医疗次中心医学检验、影像、药剂等医技科室人员。通过县域医疗次中心向上联系医疗服务共同体牵头医院、向下服务一般乡镇卫生院，指导片区内各基层医疗卫生机构，向居民提供常见病、多发病的诊疗及康复、护理服务，提升片区整体服务水平。建立全覆盖的培养体系，将辖区内各级各类医护人员纳入培养制度体系。加大基层本土医疗人才培养力度，特别是加大乡村全科医生培养力度。

（三）建立医防融合、中西结合的群众健康保障机制

落实基层医疗卫生机构开展医防融合服务的功能定位，提高防病治病和健康管理能力，以家庭医生签约服务为抓手，以全科医生为主体，将预防、诊断、治疗、康复、管理整合到签约服务包中，鼓励将签约居民的门诊基金按人头支付给基层医疗卫生机构或家庭医生（团队），对经分级诊疗转诊的患者，由基层医疗卫生机构或家庭医生（团队）支付一定的转诊费用。同时，将个

性化签约服务包纳入医保报销，支持一定的报销比例，吸引更多居民参加个性化签约服务，为签约居民提供更为主动、连续的服务。利用好中医药拥有的广泛的群众基础，充分发挥中医药“简、便、廉、验”的特点，以及在常见病、多发病和慢性病防治的优势作用，加大中医药服务的范围和提升中医药技术服务能力，强化基层卫生医疗机构中医药适宜技术推广，更好地满足人民群众多样化的中医药服务需求。

金融赋能赣南脐橙产业的思考与建议 *

赣州被誉为“世界橙乡”，赣南脐橙是赣州农业第一支柱产业，2022 年种植面积达 189 万亩，产量达 159 万吨，种植面积和产量均为世界第一，是中国国家地理标志产品，品牌价值 691.27 亿元。大力发展赣南脐橙产业对推动乡村全面振兴和赣州革命老区高质量发展示范区建设具有重要意义。但近些年来，脐橙价格偏低且市场需求波动较大，农户与产业经营主体面临较大的风险，脐橙产业高质量发展进度放缓，急需通过金融赋能促进产业转型提升。期货作为金融衍生品，能够为企业的稳定经营发展提供价格保险，如果赣南脐橙能够在期货交易所上市，可以增加脐橙价格保险工具，保障种植户的收益，有效推动产业做大做强。

一、推动赣南脐橙作为期货品种上市的重要意义

“一棵脐橙树，相当三头猪”是赣南广为流传的一句俗语。脐橙产业解决了超百万农村劳动力就业，相继带动了苗木、养殖、农资、包装、加工、贮藏、运输以及机械制造、休闲旅游等全

* 此文成稿于 2023 年 7 月 19 日。

产业链发展。赣南脐橙成为赣州名副其实的农业“当家树”、农村“致富树”和农民“摇钱树”。对落实乡村振兴、苏区振兴政策，实现共同富裕的目标具有重大意义。推动赣南脐橙上市期货新品种，有助于推动脐橙产业标准化建设，进一步提升脐橙品牌价值，助力市场自我调节，提高政府信息化治理能力，保障脐橙产业平稳健康发展。同时还可以在全市范围内开展脐橙品种的“保险＋期货”项目。“保险＋期货”项目作为乡村振兴政策中极为有力的抓手，可以在减轻广大种植户保费负担的同时，帮助农户减少价格下跌风险，最终达到保障脐橙种植户收入的目标，帮助农业种植户发展产业，形成持续、稳定的产业收益，促进地方经济发展。

二、推动脐橙期货上市的可行性分析

根据研究情况，一般商品在期货交易所上市需要满足以下四点要求：一是储藏和保存较长时间不易变质；二是品质易于划分，质量规格可以制定统一标准；三是价格波动频繁，行业有价格风险管理的需求；四是商品可供量较大，不易为少数人控制和垄断。

脐橙作为期货品种上市的优势在于：一是赣南脐橙品牌价值位居全国榜首，在全国有较高的知名度，容易被市场认可；二是品种质量好，赣南脐橙的当家品种为纽荷尔，成熟期集中，品质好；三是随着现代物流业的快速发展，可以满足期货交割的贮藏运输条件；四是赣南脐橙耐贮藏，贮藏条件要求不高，常温下可贮藏 2 ~ 3 个月。

不足在于：一是赣南脐橙经济总量小，不到 200 亿元，价格易被人为操控；二是没有统一的市场流通标准，期货交割等级标准难以确定；三是近两年受异常气候因素的影响，果品品质有一定程度的下降。

郑州商品交易所前期对赣南脐橙上市期货品种事宜进行过相关研究，对照农产品期货上市有关要求，目前还存在以下问题：一是脐橙品种多而规模小。从产业规模来看，柑橘是世界种植面积最大的水果，但脐橙在柑橘类总产量中所占比例不到10%，其中赣州纽荷尔脐橙占脐橙类产量的90%。脐橙作为期货上市品种存在品类多、品种杂而小等问题。二是标准体系较难建立。脐橙品种繁多、品控不一，各地都有地方性质量标准体系，且各品级间的标准存在较大差异，生产尚未形成品牌化，需要对脐橙果径大小、色泽、固形物含量等进行标准化交割品的设计。三是存储时间较短。中熟脐橙冷库存储时间为4～5个月，晚熟脐橙存储时间为3～4个月，存储时间和交易时间较短，合约覆盖范围不足半年，而期货品种交割合约期一般在一年以上，存储时间短会出现合约数量较少的问题。四是物流配送体系需完善。推动期货品种上市需要确定现货市场仓储、加工、物流体系等方面的完备性。目前赣州脐橙冷藏仓库数量较少，冷链运输体系尚不完备，仓储管理体系、运输配送系统需进一步完善。

三、下一步工作建议

综合来看，当前赣南脐橙产业发展态势较好，产业规模达到历史新高，品牌价值和知名度越来越高，脐橙作为期货新品种上市具备可行性。若坚持“跳起来摘桃子”发展理念，由赣州市政府推动和统筹协调，进一步调整优化脐橙产业发展路径，持续做大产业规模和优化果品标准，同时加强现货市场的仓储、加工、物流配送体系和质量标准体系建设，针对性地攻克实质难关，赣南脐橙作为期货新品种上市希望较大。

（一）工作思路

可参考苹果、红枣等期货在郑州商品交易所上市后扶贫助农的成功经验，为果农提供有效价格指导和风险管理工具，优化产业资源配置，加快产业标准化进程，促进果农稳收、增收，让脐橙期货成为主产区乡村振兴的金融利器。建议以国家乡村振兴为路径，以“保险＋期货”为抓手，探索农产品价格补贴的支农惠农新路径，为农户稳收增收保驾护航，大力推动赣南脐橙作为新期货品种上市。

（二）实施路径

计划用3～5年时间，通过国家和省级层面高位推动，市级农业、金融等相关部门持续发力，同时明确牵头部门并组建工作团队，扎实做好前期各项准备工作，包括摸清脐橙产业链上下游产量、消费量、成本要素、产值规模、贸易习惯、定价模式、价格等影响要素的情况，详细了解产业底数，对照上市有关要求，有计划、有步骤地推进实施。

1. 坚持请进来和走出去相结合。推动郑州商品交易所农产品板块专业人员来赣州开展实地调研，提出针对性指导意见，共同商讨解决方案，推动赣南脐橙尽早入选储备项目库。同时积极组织当地干部和产业主体参加期货行业相关活动，不断深化对期货促进产业发展的认识。

2. 摸清产业状况，加大扶持力度。一是从主要种植区域、主要品种、质量指标入手，寻找基础品种，调查不同脐橙品质的升贴水，推动脐橙品种标准化，实现品质差异量化，为制定脐橙品种标准提供支持。二是从中间贸易环节与终端消费环节入手，了解产业链上中下游的贸易习惯、定价方式及仓储条件、物流条件，为脐橙期货合约设计、交割仓库区域选择和设立提供支撑。三是从政策端发力，根据脐橙期货品种上市有关要求，针对性地制定有利于脐橙产业健康发展的相关政策。可在标准化品种的种植培育、产业链服务和交割库设立等方面给予更多的政策倾斜，以及在打通大宗农产品、金融、惠农扶持上给予更多的政策支持，从而进一步促进产业做大做强。

3. 稳健推进现货交易平台建设。积极组织相关部门前往山东省有关农产品交易中心开展调研，学习借鉴外省推进现货交易平台建设的成功经验，结合赣州实际情况，探索打造集信息发布、交易、交易后服务等功能于一体的脐橙现货交易平台，促进提升脐橙产业的标准化、规模化水平。

4. 拟提请部际联席会议支持该事项。充分利用好国家支持赣南苏区振兴发展政策优势，积极争取国家和省级层面支持赣南脐橙上市期货品种，建议将推动脐橙期货品种上市作为恳请事项提交支持赣南等原中央苏区振兴发展部际联席会议审议，争取相关部委支持推动脐橙期货品种上市。

第三篇

践行落实

习近平总书记强调，增强狠抓落实本领，坚持说实话、谋实事、出实招、求实效，把雷厉风行和久久为功有机结合起来，勇于攻坚克难，以钉钉子精神做实做细做好各项工作。

本篇是我在赣州挂职期间，结合工作实际，落实岗位职责，围绕制约赣州经济社会发展的难点节点问题，带队赴外地学习考察后，总结相关经验、提出赣州落实的意见建议所形成的调研报告。作为赣州市商贸物流产业链“链长”，我带队赴山东临沂考察商贸物流业发展，从“群、圈、网、链、方”五个维度总结“临沂模式”，提出从“强规划、强市场、强基础、强制度、强平台”五个方面重点发力，通过“以虚促实、内外兼修、统筹协同”的方式，解决物流体系“缺心”、物流企业“少头”和物流要素“短腿”难题，为打造赣州商贸物流产业链升级版提出建议。为抢抓国家支持推动公募 REITs 发展机遇，探寻适合赣州发展的 REITs 领域，我带队赴 5 个城市开展调研，提出选择保障性租赁住房作为赣州发行公募 REITs 的重点突破方向，有针对性地攻克实质性难关，在江西省下好先手棋。为优化完善赣南苏区振兴发展政策，推动赣南革命老区高质量发展示范区建设，我带队赴龙岩、三明及其各县（市、区）调研，提出在用好用足国家政策上下功夫，从政策端和执行端双向发力，不断优化政策方式、进程和机制；在与周边地区联动共赢上求突破，按照“中央搭台、地方唱戏”的基本思路，坚持区域联动共赢发展，争取构建赣南、闽西两个示范区协同发力的新发展格局。

学习临沂商贸物流业发展的经验做法*

临沂市地处“沂蒙山区”，是著名的革命老区。受区位和交通条件制约，曾被称为“四塞之崮、土货不出、外货不入、舟车不通”之地，属于经济欠发达地区。但从20世纪80年代初开始，临沂紧盯商品贸易与物流赛道，发力产业转型升级，经过40年精心打造，华丽蝶变为如今万商云集的“物流之都”“商贸名城”，形成“南有义乌，北有临沂”的发展格局，探索出革命老区快速发展的“临沂模式”，打造出商贸物流转型发展的“临沂样本”。2022年临沂GDP总量达5778.5亿元，在全国城市中排第46位。赣州与临沂同为革命老区，同属全国首批商贸服务型国家物流枢纽承载城市，在发展基础、地域环境等方面有诸多相似之处，但商贸物流产业发展差距较大。为学习借鉴先进经验，探寻破解制约赣州商贸物流业发展瓶颈的有效路径，近期，赣州市政府相关部门组成调研组赴临沂市就商贸物流产业发展情况进行考察调研，形成如下调研报告。

---

* 此文成稿于2023年11月2日，原标题为《“革命老区”何以蝶变“物流之都”？》，刊发在赣州《发展·研究》（2023年第15期）。

一、主要做法及成效

临沂大力实施商贸物流“首善战略”（首位战略、一号战略），从“群、圈、网、链、方”五个维度重点发力，构建起商贸物流产业的发展矩阵。2022年，全市已建成物流园区38个，园区占地总面积3900余亩，物流总额、市场交易额分别达8609.2亿元、5710.1亿元，分别是2012年的4.1倍、3.2倍，连续多年居山东省第一位，走出了一条“大商贸托起大物流，大物流支撑大商贸”的“临沂特色”之路。

（一）三“群”叠加，全域化拓宽产业覆盖

商贸是物流发展的基础，物流是商贸繁荣的支撑，两者相互促进、相辅相成。临沂坚持“商、仓、流”一体化发展，全域布局商贸群、仓储群、物流群。一是放大“商”的优势。通过“买全国、卖全国”的内贸经营方式，推动临沂商贸集群成为全国货物中转型的专业市场。随着商贸市场不断拓展，直播电商、跨境电商迅猛发展，临沂商城呈裂变式增长。货物交易量越大，货物流通量就越大，运输车辆、物流企业、从业人员等要素逐步向临沂聚集，充分的货源和市场竞争造就临沂物流的价格优势、时效优势和线路密度优势，而这些优势又吸引了全国的货物汇聚到临沂并在此进行中转，进一步加快显现规模效应，推动临沂成为全国货物集散中心。二是强化“仓”的功能。临沂大力实施“仓储提质扩容五年行动”，建设国际陆港标准仓储集聚区，累计新建标准仓储面积360.8万平方米；布局13

处海外商城、海外仓，直接服务全市700多家外贸企业。三是提升“流”的内涵。临沂物流经历从最初长途客车“车厢拉人，车顶装货”的运输方式，到“一张桌子、一部电话、一辆货车”的配货站，再到临沂市场汽车站和第一家专业货运配载市场诞生的过程。伴随临沂商贸业的发展，物流专线也逐步发展起来。商贸业10年的高速发展为物流专线提供生存的土壤和环境，而专线也助推临沂商贸业共同成长，形成良性发展的局面。高度集聚的物流产业、积极的扶持政策和宽松的市场环境，激发临沂商贸企业家的探索精神，将触角不断延伸到商品研发、生产、销售等环节，形成更完整的产业链，促进上下游企业间合作与贸易，提高产业竞争力和抗风险能力。

专栏1

临沂建设商贸群、仓储群、物流群典型案例

1. 商贸群：临沂在全市范围内布局120多处专业市场，拥有近100万家商户经营商品超600万种，形成一个个“商贸群”。[①]以“临沂商城”等为龙头，打造以钢材、木材、建材等为主的专业市场群；以市场采购交易为核心，形成以服装、鞋帽、箱包等为主的批零兼营市场群；以新兴电子商务为引擎，培育以网络交易、直播带货等为主的新兴网络市场群；以中国临沂兰华海外商城等为突破，着力发展临沂到韩国等国的双向跨境业务，探索对

① 临沂市人民政府．临沂市人民政府关于印发临沂市废旧物资循环利用体系建设实施方案的通知［A/OL］.（2023-02-22）［2023-11-02］. http://fgw.shandong.gov.cn/art/2023/2/22/art_91531_10386211.html.

外贸易渠道的海外商贸市场群。

2. 仓储群：临沂大力发展智能仓储物流新业态，广泛应用智能装备和智慧化管理，实现资源在线整合、供需自动化匹配，打造“统仓统配、仓配一体”模式，预计2023年智能仓储占新增仓储比例将达35%以上。[①] 积极发展自动化仓储机器人、智慧物流、供应链管理、智能网联等前沿技术，提高仓储、配送物流服务效率，有效降低企业成本。近年来，郑州、长沙、济南、西安等城市都已相继完成专线园区的外迁；2023年，临沂也与这些城市一样，提出“物流西移”战略部署，加快推进商城转型升级，补齐仓储短板，深入解决由于物流专线进城而产生的交通安全、市容环境、大气污染、消防安全、噪声等一系列问题。

3. 物流群：临沂打造以中通快递为代表的快递企业群、以顺和物流为代表的公路运输企业群和以临沂机场为代表的航空运输企业群。临沂专线市场货量多、线路全，发车频次高，配货速度快，运输效率高，物流成本只有周边城市的2/3，吸引全国物流配送企业把临沂作为重要的货物中转站。目前，临沂现有各类物流企业4000余家：其中规模以上物流企业290家，国家A级物流企业42家（含5A级物流企业4家、4A级物流企业22家），省星级物流企业和园区60家，[②] 行业从业人员40万人，大

---

① 临沂市人民政府办公室．临沂市人民政府办公室关于印发临沂市深化新旧动能转换推动绿色低碳高质量发展2023年重点工作任务的通知：临政办字〔2023〕33号［A/OL］.（2023-05-21）［2023-11-02］. http://www.linyi.gov.cn/info/9703/353732.htm.

② 临沂市发展和改革委员会．关于印发《临沂市物流枢纽建设规划》的通知：临发改财信〔2022〕351号［A/OL］.（2023-06-21）［2023-11-02］. http://www.sdwl.org.cn/sdwl/local_technology/20230621/856171267844210688.html.

型运输车辆 14.6 万辆，城市配送车辆 4.6 万辆，运力资源位居全国地级市第一。[①] 庞大的规模、优质的企业成为支撑物流发展的核心竞争力，“网络全、成本低、周转快”成为临沂物流的核心优势。

（二）三“圈”融通，整体化提升保障支撑

临沂全面强化要素保障，整体扩大市场圈、电商圈、资本圈。一是科学规划布局，打造市场圈新生态。构建完整的产业生态与市场环境，以市域“小市场”链接全国“大市场”。打造以高端商贸、供应链金融、直播电商、数字经济、跨境贸易等产业为主的东部临沂商谷片区；以传统物流转型承接区、智慧物流集聚区、多式联运样板区为主的南部国际陆港片区；以高端木业、精装家居和地产品加工等产业为主的西部产业基地片区；以现代服务、高端商住、文旅会展等为主的北部滨水宜居片区。二是开拓线上平台，打造电商圈新业态。敏锐洞悉线上直播产业发展趋势，从单一抓线下市场，发展为“线下＋线上”两抓两促，主动融入“电商圈”。借助物流优势，对传统市场进行电商化改造，搭建垂直电商、跨境电商等平台，发展网红经济、直播带货等新业态。目前，临沂商城已成为北方最大直播电商集聚地，以及山东省最大、长江以北地区最具规模和影响力的跨境电商直播基地。三是集聚金融力量，打通资本圈新渠道。推动成立临沂商城转型升级专项

① 曹松荣．临沂商贸服务型国家物流枢纽 顺和物联平台创新实践［J］．中国物流与采购，2022（16）：31.

基金，搭建“临商通”供应链金融服务平台，打通从商户到配送再到物流专线的全运输流程，整合物流、信息流、资金流等各类信息，为供应链上下游链条企业提供融资、结算、现金管理等一揽子综合金融服务，累计实现外贸金融服务 4 亿元、融资服务 35 亿元。

专栏 2

临沂建设市场圈、电商圈、资本圈典型案例

1. 市场圈：早在 2005 年临沂就提出建设中国现代商贸物流城目标，逐步建立临沂商城。为进一步推动产业发展，临沂商城核心区又规划建设了面积达 176 平方公里的临沂现代物流城，高标准打造兰山商城集聚示范区、兰山区现代服务业集聚示范区两个省级服务业集聚示范区，计划整合搬迁 32 家物流园区、1888 家物流企业。①

2. 电商圈：临沂创新“直播电商 + 专业批发市场”模式，让物流产业“触电升级”。目前，已培育各类电商园区 38 处，电商和信息平台 40 个，发展网商商户 11.79 万户，目前临沂快手注册用户 860 多万，抖音注册用户 600 多万，电商注册量全国第一，交易量全国前三，培育百万粉丝以上主播 500 余人，成为北方最大的直播电商基地。2023 年 1—8 月，实现网络零售额 385.36 亿元，

① 徐启超，付然锋，刘召云，等．临沂奋力打造现代物流城［EB/OL］.（2023-04-24）［2023-06-13］.https://baijiahao.baidu.com/s?id=1764017086947216812&wfr=spider&for=pc.

同比增长 37.3%。[①]

3. 资本圈：已成功举办十届中国·临沂资本交易大会并取得丰硕成果：17 家省级银行与市政府签署战略合作协议，意向 3 年内信贷投放 5100 亿元；签约 30 个重点项目，总金额 492.05 亿元；全市金融机构对 450 个项目达成融资意向，意向金额 328 亿元。[②] 建设应收账款融资服务平台，提高供应链上下游企业融资对接效率，对接上海票据交易所供应链票据平台，促进区域商票、商业信用数字化发展。开展“银担商票保”业务试点，探索解决中小型企业综合信誉弱和融资成本高等问题的新路径。

（三）三“网”互联，立体化搭建流通网络

构建“公铁空海网”立体流通网络，织密运输网、交易网、互联网。积极发挥物流枢纽服务功能全、辐射范围广、资源要素集聚能力强的优势，大力发展枢纽经济、通道经济等融合经济形态，真正实现“买全国、卖全国”。一是畅通交通网络。临沂从最初的城乡客运载货，到城际专线运输，再到“公铁海空”综合物流，实现枢纽协同、衔接成网，构建起以高速公路物流为基础，铁路、临海、航空物流为补充的多式联运立体交通网络体系。公铁联运网络，依托京沪高铁、京福高速、连霍高速

① 张曙红，曹红艳，王金虎，等．商都临沂：践行习近平经济思想调研行［N/OL］．经济日报，2023-09-04［2024-01-05］．http://paper.ce.cn/pad/content/202309/04/content_280362.html.

② 庞尊利．临沂第十届资本交易大会开幕［N/OL］．临沂日报，2023-06-13［2023-11-02］．https://lyrb.langya.cn/paper/pc/layout/202306/13/node_01.html.

等国家干线，通过济铁物流园、公铁联运物流园、高铁物流中心、梅家埠多式联运中心的建设，推动公铁联运发展，临沂公路物流规模位列全国地级市第一，线路多、速度快，而且价格低，目前已建成亚洲最大汽车站及6条过境高速公路；铁路通车里程达到693.3公里，可直达北京、天津等9个城市，实现中欧班列常态运行，目前到发已突破300列/年。公铁海联运网络，临沂港（内陆无水港）年吞吐量约500万吨，通过临沂无水港建设，加强与沿海城市出海口的连接，推进集装箱多式联运发展，推动公海联运和铁海联运。陆空联运网络，依托机场建设门户型综合客运枢纽，临沂启阳国际机场开通航线41条、通航36个城市38家机场，航空口岸已开通临沂至缅甸曼德勒、泰国曼谷等国际航线及临沂至韩国首条全货机航线，通过临沂机场临空物流基地建设，实现陆空联运。二是拓宽交易网络。20世纪90年代末，临沂物流的最初形态是批发市场拉货、送货的货运业务。2005年以来，临沂市对批发市场实施改造提升，整合提升为13个功能交易区和3个现代物流规划区。累计投资100多亿元，整合提升市场58处，新增市场建筑面积近300万平方米。商品交易辐射全国30个省、市、自治区和亚、非、欧等30多个国家和地区，年交易额达到720亿元。经过近三十年的发展，临沂由以前拉货、送货为主的批发市场，发展成为长江以北最大的商流、物流、资金流、信息流中心，拥有各类市场1000多处，日客流量30多万人，国内配载专线3000多条，城市物流网络覆盖全国2100个县级及以上网点，每天发往全国各地的货运配载车辆8000多车次，日均货物发送量90万吨，规模名列全国地级市第一。三是发展互联网络。通过政府主导、市场化运作方式，建设临沂济铁物流园区多式联运平台等信息化项目。搭建面向货主的一站式服务平台、面向多式联运经营人和承运人的信息共享平台、面向管理人员的园区智能化数字管理平台，推动货运信息在场站、公路、铁路、港口、海关等跨方式、跨主体之间信息互联互通，促进跨区域综合联运标准化、智慧化、一体化。在推进网络直播、带货的基础上，鼓励和引导物流企业运用互联网思维打开销路、降低成本，推广“新明辉模式”。目前，类似山东新明辉安全科技有限公司等成长型企业有 10 家。

专栏 3

临沂建设运输网、交易网、互联网典型案例

1. 运输网：运输网络是供应链物流服务的基础，网络的节点包括各类型枢纽、仓库、场站、站点等，是物流供应链企业库存管理、订单履约交付的载体。提升网点密度，可提高商业多业态、多场景的综合履约交付能力。对于区域运输专线网络而言，集散分拨是核心，有研究指出，多式联运货运量占社会货运量的比重每提高 1 个百分点，全社会物流总费用则降低 0.95 个百分点。临沂以国家物流枢纽和“一带一路”综合试验区为依托，推进物流枢纽网络组织运营模式与业态创新，多式联运占比达到 30%。[①] 通过构建大交通网络及完整的多式联运体系，大幅降低物流运输成本，如，一张乒乓球台从上海直接发往新疆需 15 天，运费 320

① 兰山区商城管理委员会 . 对《关于在临沂国际陆港大力发展多式联运的提案》的答复［EB/OL］.（2022-12-15）［2023-11-02］. http://www.lyls.gov.cn/info/2153/220639.htm.

元；而从上海绕道临沂发往新疆只需10天，运费120元。[①] 建立农村现代物流服务体系，推广以农村现代流通服务网络、农村社区服务中心和农村合作经济组织为主要内容的“一网两平台”建设，完善县乡村三级流通网络，推动农贸批发市场改造提升，形成内联生产基地、外接消费市场的流通体系。

2. 交易网：充分释放市场采购贸易方式试点、跨境电商综合试验区建设等两大政策红利，搭建临沂商城跨境电商综合服务平台，探索“市场采购+跨境电商+海外仓”业务模式，深度融入“一带一路”。目前巴基斯坦、德国、匈牙利、沙特、卡塔尔、尼日利亚等9处“海外临沂商城”已投入运营，在霍尔果斯、喀什等边境口岸布局建设了一批边境仓、展示中心，[②] 商品已出口韩国、美国、越南等186个国家和地区；从80多个国家和地区进口商品近万种，打造线上线下相结合的进口商品销售分拨中心，实现贸易网络全覆盖、全球化。

3. 互联网：得益于临沂商城对市场的深耕，新明辉安全科技有限公司由最初的传统批发零售逐渐发展为全新的数字供应链平台，创新了“新明辉模式”，打造了“新明辉市场”。“新明辉市场”是在传统批发市场的基础上，紧抓现代商贸物流产业发展前沿趋势，打造基于垂直电商的数字供应链平台，构建“数字化平台、智慧化仓储、一体化物流、链式化产品、展示化交易”五种

① 张曙红，曹红艳，王金虎，等. 商都临沂：践行习近平经济思想调研行［N/OL］. 经济日报，2023-09-04［2024-01-05］. http://paper.ce.cn/pad/content/202309/04/content_280362.html.

② 临沂市发展和改革委员会. 关于印发《临沂市物流枢纽建设规划》的通知：临发改财信〔2022〕351号［A/OL］.（2023-06-21）［2023-11-02］. http://www.sdwl.org.cn/sdwl/local_technology/20230621/856171267844210688.html.

业态聚合的数字供应链体系，将产业延伸至生产定制、撮合交易、订单处理、仓储租赁、物流配送等多个环节，以数字供应链统筹“商仓流园展”多业态融合发展，大幅提升产业效率和效益，拓展产业发展空间。10年间，新明辉安全科技有限公司从年产值不足2000万元，跃升至37亿元，蹚出一条可借鉴、能复制的商城转型发展新模式。[①]

（四）三“链”融合，系统化壮大产业生态

把商贸物流业作为一个大生态系统来打造，构建产业链、创新链、服务链闭环。一是产业链条融合延伸。以“商品贸易+物流”为内核，推动商贸物流和资金、人才、技术、信息等要素与制造业、农业、服务业等产业深度融合，形成从原材料采购、产品加工、商品销售到物流配送、售后服务等一体化的完整产业链条，服务区域产业发展，推进“干支仓配”一体化运作，开创“商贸物流+”多种业态模式。2022年，临沂物流产业总产值、快递业务量均居山东省第一位。二是创新链条融合赋能。以创建“中国物流科技城”为目标，以科技创新为引领，有力发挥科技赋能产业作用，规划智能物流园区，成立物流科技研发中心，建设物流大数据平台，实现物流基础设施从传统园区到超级分拨中心，物流技术装备从人工机械到自动化、无人化，物流信息从信息孤岛到大数据信息化智能化，及物流商业模式从单打独斗到物流平

① 徐启超，贺可功，邢晓敏. 临沂商城：绘制商贸物流发展新坐标［EB/OL］.（2023-10-12）［2023-10-31］. https://baijiahao.baidu.com/s?id=1779514287369720878&wfr=spider&for=pc.

台公司四个方面的转型升级。通过搭建顺和物流大数据平台，塑造智慧园区平台、智能分拨平台、三方物流平台、运力资源平台、供应链金融平台、共同配送平台“六大赋能平台”，实现同城配送网、城际分拨网、国内干线网“三网融合”，为物流企业提供更加高效便利的信息服务。三是服务链条融合优化。以优化营商环境为关键，制定出台一系列政策措施，对重点物流项目立项、规划许可、施工许可和竣工验收审批设置时限要求，最长不超过 10 个工作日；以沂蒙精神为核心，以“商贸名城”“物流之都”等城市品牌为依托，打造“亲情沂蒙 · 红色临沂”“好客沂蒙”等服务品牌，进一步发挥城市品牌和服务品牌的相互支撑与带动作用，推动商贸物流与法治建设、公共服务、文旅发展等方面相融合，形成从政策支持、市场规范、社会认可到全方位、多维度、高水平的服务链条。

专栏 4

临沂建设产业链、创新链、服务链典型案例

1. 产业链：临沂专线的货源结构有三个组成部分，即商贸市场货源、地产品厂家货源、中转货源，其构成比例约为 60% : 15% : 25%。临沂通过发展“商贸物流 + 地产品”模式，向地产品加工延伸，聚焦木业板材、五金制品等优势产业，科学制定地产品加工支持政策，对优势地产品加工行业进行精准服务、重点保护，规划布局贸工联动型地产品加工园，打造“前店后厂”，为加工园区和市场业户搭建交流沟通平台，实现“本地产品就地卖”，让地产品成为商贸物流产业链条延伸的重要一环。目前，

木材及制品、五金电料、建筑及装潢材料3类产品的地产品率分别达77.7%、61%和54.7%。[①] 发展"商贸物流+会展经济"模式，建设总面积10万平方米的国际会展中心，承办两届RCEP（《区域全面经济伙伴关系协定》）区域（山东）进口商品博览会，每年举办各类会展100多场（次），影响力大大提升。2022年，临沂物流产业总产值、快递业务量均居山东省第一位。[②]

2.创新链：临沂与中国科学院空天信息创新研究院就"北斗技术赋能物流产业的应用示范"项目开展合作，智慧物流北斗技术研究中心借鉴"智能工厂""黑灯工厂"模式，通过仓储系统的智能化升级，实现智能仓储、智能配载、智能运输调度的全自动、无人化作业，可将商贸物流企业的运营成本降低10%、作业效率提高10%，提升物流配送的精准性和时效性。通过不断扩大智能仓储、高位货架、自动分拣等先进设备的应用范围，推广应用IC卡、二维码、RFID等信息化管理系统和物流公共信息平台，实现物流信息的实时查询和全面共享、全程跟踪和精细化管理，增强物流运输的安全性。

3.服务链：推进审批事项"一网通办"和线下"一站式"服务，全面展开"7×24小时不打烊"政务超市建设，上线运行沂蒙政务云客服"7×24小时"导服平台，通过视频对讲、文件传输等方式，实现从线下到线上、从"8小时"到"7×24小

---

① 临沂市委改革办."商仓流"一体化发展 临沂商城实现"全链条"转型升级［EB/OL］.（2021-12-21）［2023-03-09］.http://sd.people.com.cn/n2/2021/1221/c399662-35061337.html.

② 纪伟，王鹤颖，张文婷.临沂快递量连续三年全省第一［EB/OL］.（2023-03-09）［2023-11-02］.http://fgw.linyi.gov.cn/info/1540/12919.htm.

时”的迭代升级，让企业、群众办事像“网购”一样方便。搭建“12345·临沂首发”融媒平台，建立3分钟智能派单、2小时见面沟通、普通诉求3天办结的“3+2+3”首发快办模式；建立2小时到达现场、1天回复情况、15天解决问题的“2115”企业诉求接诉即办模式，开辟企业诉求直达通道，实行热线、媒体、政务、人大和政协、纪委监委“五级督办”，企业诉求平均办理时长缩短3.6个工作日。

（五）三“方”聚力，科学化加强运营管理

坚持因势利导、顺势而为，实现政府、市场、行业协会各守其责又相互协同，携手跑出商贸物流发展加速度。一是政府方面“高位推动+科学规划”发力。举全市之力推动商贸物流“首善战略”实施，成立临沂商城转型发展与国家物流枢纽城市建设领导小组，由市委书记和市委副书记、市长担任“双组长”，领导小组办公室与临沂商城管委会融合办公、一体运行，办公室实行“双主任”制，办公室第一主任由市委常委、常务副市长担任，主任由临沂商城管委会主任担任，有力强化领导力量，提升议事决策能力。成立临沂商城管委会，作为市政府派出机构（正处级），统筹协调各方资源和力量，统一负责中心城区各类商贸物流及市场品牌建设、电子商务、会展经济等的规划和运营服务，推动商贸物流产业发展的战略实施。二是市场方面“自主发展+创新驱动”发力。政府对市场的包容性强，在管理模式上倾向于“放水养鱼”式管理。市级层面将商贸物流产业发展权限和财政收益分成下放至区县，商城所在的兰山区全额保留临沂市市本级税收留存部分，充分调动积极性。在此基础上，兰山区又鼓励企业自主发展，向下“调动”和“放权”，从“管”转向“导”，实现商城企业“交足区里的，留够商城的，剩下的都是自己的”。三是协会方面“行业聚能 + 政企协同”发力。引导行业内领军型、标杆型、创新型企业成立临沂市商贸物流联合会，为行业发展提供服务和支持。政府与协会对接，建立“亲清驿站”“亲清会客厅”制度，定期与政府部门沟通交流，反映行业需求和问题，其中，市委、市政府负责同志每两个月至少 1 次、各产业链链长每月至少 1 次和企业负责人面对面交流，每次交流确定一个主题，实现政企互动“零距离”。协会与企业合作，通过举办培训、交流、考察等活动，促进企业间的学习和交流，让企业与协会共同参与行业相关的行政事务，既提高诉求解决的针对性和实效性，又增强物流企业的归属感与使命感，提升整个行业的凝聚力和生命力。

专栏 5

临沂政府方、市场方、协会方聚力典型案例

1. 政府方：成立临沂商城控股集团，打造市属国有平台成为临沂商贸物流业的重要载体，对临沂商城进行重组整合，实行“居企分离”，各专业市场陆续与原属社区居民委员会分离，组建经营主体，使临沂商城转变为国有主导的混合所有制企业。这种转变，为企业发展模式更新、管理水平提升、盈利能力升级创造良好条件。

2. 市场方：通过推行“政府 + 商协会 + 国企”模式，投资建

设地产品制造业园区，把商贸物流业的商业资本转化为工业资本，以商带工、以工促商、工商一体，打造产销一体、布局合理、链条完整、园区专业、生态良好的地产品制造业发展格局。目前，临沂城区五区规划建设地产品园区 30 个，商城实现地产品年交易额 2295.46 亿元，地产品占有率超 40%。① 政府与企业的宽松关系，激发市场活力和创新动力，促进企业和地区自发自主开展产业转型升级。

3. 协会方：自临沂商城物流协会成立以来，先后与济南、青岛、内蒙古、山西、浙江等二十多个省市物流协会等社会团体加强交流合作，成效显著。与德国汉堡公司签署缔结友好商会备忘录，促进临沂物流行业与国际化接轨，推动临沂市物流业的蓬勃发展。

二、临沂经验启示

临沂商贸物流产业的发展，是“上下协同、内外兼修”合力促成的结果。综合来看，有规划引领、开放合作、市场主导、政府引导、管理创新等方面启示值得赣州学习借鉴。

（一）坚持规划引领，注重定位的“先导性”

商贸物流产业是跨界融合型产业，通过与制造业、电子商务、金融等产业的融合发展，实现产业链优化升级，促进产业协同发

① 徐启超，贺可功，邢晓敏．临沂商城：绘制商贸物流发展新坐标［EB/OL］．(2023-10-12)［2023-10-31］．https://baijiahao.baidu.com/s?id=1779514287369720878&wfr=spider&for=pc.

展，推动经济结构转型。在商贸物流产业链的横向、纵向延伸和跨链条融合发展历程中，规划发挥着不可替代的作用，特别是在预测和指引未来、配置和优化资源、定位和实现目标等方面，彰显引领性力量。

专栏 6

临沂坚持规划先行，系统布局商贸物流产业“四梁八柱”

1. 临沂坚持“定位”先行，围绕打造区域性商贸物流基地的功能定位，在谋划“商仓流园”一体化发展总体规划上着手，线上线下融合“兴商”，标准智能一体“建仓”，供需两端发力“畅流”，工贸配套联动“育园”；优化“布局”，在优化商城核心区、物流科技港片区、国际陆港片区、高铁物流园区“四区建设”空间布局上发力；创新“突围”，在规模效益、基建升级、业态重构、科技赋能、高效联动上突围，持续加大物流产业固定资产投资力度，投资有规模、有质量、有效益，建设有重点、有布局、有协调，让生产力在物流业发展中得到有效释放；系统“整合”，完善以“商贸 + 物流”为主要内容的“临沂模式”，整合打造物流、商贸两大引擎产业，以推动现代物流创新发展和临沂商城建设为重点，持续巩固以物流为核心竞争力的商贸优势地位，发展以物流为核心的产业链组织新模式，加快构建“一核两翼三带多点”现代物流体系。

2. 2017 年，临沂市出台《临沂市物流业中长期发展规划（2017—2025）》，在构建现代物流体系、扩大物流市场范围上下足功夫。2018 年，印发《临沂市新旧动能转换重大工程实施规划》，实施“8+8”产业培育计划、构建形成全面开放新格局，全面优化重构产业链、创新链、价值链，推动产业组织实现服务化、平台化、全球化，促进产业集群发展、园区集聚发展、区域融合发展。2021年，出台《临沂商城转型发展“十四五”规划（2021—2025年）》，先后邀请上海复旦规划设计院、中国社会科学院等研究机构对商城把脉问诊，相继制定了空间布局规划和产业发展规划，努力推进商城转型升级，市场健康发展。2022年，印发《临沂市物流枢纽建设规划》，以物流枢纽基础设施补短板和现代物流枢纽体系建设为着力点，构筑立体化物流枢纽服务网络，提升物流枢纽标准化、信息化、集约化、智慧化发展水平，推动创新发展，持续降本增效，实现物流枢纽新旧动能转换，打造内外开放、智慧高效、绿色低碳、联动融合、规范有序的现代物流体系，旨在将临沂建设成为国家物流枢纽城市典范、国家流通网络战略支点、国际供应链重要节点。

（二）坚持开放合作，强化合作的“融通性”

商贸物流产业是国际性产业，具有跨国家、跨地区交流与合作需求。随着经济全球化深入发展，商贸物流产业的国际合作和交流日益频繁，临沂市积极参与国家级、省级重大战略和规划，抢抓长三角区域一体化发展战略机遇，争取打造山东对接长三角的门户，与长三角等沿海地区企业和机构深化合作，推动商贸物流业与其他行业的联动发展，共同打造现代物流产业链和价值链，实现资源共享、技术交流和市场拓展，提升国际竞争力。

专栏 7

临沂坚持开放发展，构建内外“双循环”物流市场

1. 临沂积极参与“一带一路”建设，加强与国内外重要物流节点城市的合作，推动临沂商城海外园区建设，打造国际物流通道和物流枢纽，建成投资 5 亿元的国家物流枢纽增量项目（山东顺和国际智慧物流园），组织推动济铁物流园等 5 个物流领域项目获地方政府专项债券资金 11.9 亿元，投资 11.3 亿元的兰山财金智慧云仓物流园一期项目获得政策性开发性金融工具基金 1.13 亿元，[①] 实现商贸物流业与国际市场共享发展机遇。以“一带一路”沿线和 RCEP 成员国为重点，布局建设海外商城、海外仓达 16 处，其中，匈牙利中欧商贸物流合作园区被商务部认定为全国首个商贸物流型境外经贸合作区。

2. 临沂新建临沂商城国际博览中心，大力发展品牌会展，临沂国际商贸物流博览会荣获“改革开放四十年中国品牌展会金奖”和“中国十佳品牌展览会”殊荣。通过举办中国（临沂）汽车用品交易会、中国（临沂）不锈钢制品及设备博览交易会、秋季全国五金商品交易展会、RCEP 区域（山东）进口商品博览会等各类国内和国际性会展活动，展示临沂市商贸物流产业的形象和实力，提升国际影响力。2022 年，临沂在中国城市展览业发展综合

① 临沂市发展和改革委员会 . 对市政协十六届二次会议第 41 号提案《关于加快现代物流城建设的建议》的答复［EB/OL］.（2023-08-18）［2023-11-02］. www.linyi.gov.cn/info/6237/365238.htm.

指数排行榜中列第 24，在非省会地级市中列第 3 位。[①]

3. 临沂在长三角地区、环渤海经济区、粤港澳大湾区、海西经济区和中西部大型城市群的重要城市、主要物流枢纽、港口与口岸物流园区设置办事处、展示中心；开展多式联运业务，实现双向对开和信息互联互通，协同分析优化来往临沂货物流量流向，对量大距离远的大宗货物采用多式联运，进一步降低综合运输成本。

（三）坚持市场主导，突出投资的“多元化”

商贸物流产业是区域性特点鲜明的产业，具有明显的地域特色和市场需求。临沂在发展商贸物流业的过程中，坚持“内育”与“外引”相结合，呈现出国有、集体、个体、私营、股份制及外商投资等多种经济成分共同发展的格局，根据自身资源禀赋、文化传统、产业基础等方面的特点，打造出具有自身特色和竞争优势的商贸物流品牌。

专栏 8

临沂坚持市场主导，持续壮大经营主体

1. 20 世纪 80 年代，临沂市政府为鼓励个体私营经济发展，出台“四个一样”（对个体私营经济与国有集体经济一样重视、

① 徐启超，贺可功，邢晓敏. 临沂商城：绘制商贸物流发展新坐标［EB/OL］.（2023-10-12）［2023-10-31］. https://baijiahao.baidu.com/s?id=1779514287369720878&wfr=spider&for=pc.

一样服务扶持、一样支持保护、政治上一视同仁）和“五个不限”（发展速度不限、从业人数不限、经营规模不限、经营范围不限、经营方式不限）的政策。在创建专业市场过程中，临沂打破“市场必须由工商部门投资建设”的通行做法，大胆提出“多元投资、专业经营、放水养鱼、完善服务”的发展思路，促成民营企业开发建设的专业批发市场全面开花。在初期以社区（村）土地等资源作为投资主体建设市场的基础上，整合建成兰田、华丰、华苑、华强四家集团公司，再“四合一”重组临沂商城资产经营有限责任公司，并成功上市，从“三步走”实现“三级跳”。

2.“化零为整”推广“新明辉模式”，整合线下线上专业市场，带动培育10个至20个甚至50个垂直类电商平台专业市场，通过垂直电商平台创新优化行业供需匹配，以数字供应链统筹商、仓、流、园、展资源，打通供应链、产业链各环节，实现市场从单一到多元的裂变、从分散到集约的聚变。

3. 临沂市跨境电商企业成功实现通过快手平台直播跳转淘宝全球购下单，所售商品通过阿里巴巴集团菜鸟保税仓发货，完成快手跨境电商直播全国首单，实现“直播电商+跨境电商”业务模式；完成山东省首单“市场采购+跨境电商”组合拼箱出口业务，实现“市场采购+跨境电商”两种外贸新业态模式融合发展的有益探索；在贸易低迷、交易量和额度均下降的形势下，通过“市场采购+跨境电商+海外仓”的市场采购贸易方式，实现国际物流港业务的快速增长。

（四）坚持政府引导，提升政策的“含金量”

商贸物流产业是一种协同型产业，需要政府引导和社会参与。临沂把推动商贸物流业发展作为“首善战略”，以“品牌化、链式化、数字化、绿色化、国际化”为路径，坚持高位推动、包容发展，出台一揽子“真金白银”的政策文件，彰显党委、政府的决心和信心；通过加强政府支持、组织培育市场新业态，实现产业政策优惠、资源共享、利益协调、风险分担，营造良性发展的行业新生态，实现临沂商贸物流业从“放水养鱼”到“顺势有为”、从“铺天盖地”到“顶天立地”的转型升级，既响应物流业与产业融合发展之需，也适应国内大循环为主体、国内国际双循环相互促进的新发展格局。

专栏 9

临沂积极构建政策体系，营造优质发展环境

临沂出台《临沂市人民政府关于加快现代物流业发展的意见》《临沂商城转型升级扶持政策》《关于疫情期间金融支持商贸物流营运车辆纾困工作的指导意见》《临沂商城转型发展与国家物流枢纽城市建设实施方案》《临沂市深化中国快递示范城市创建实施方案》等政策和实施方案，促进物流行业做大做强。在财政政策上，临沂市财政专门设立市级物流业发展引导资金，重金鼓励物流企业评星评级，并对 100 万元以上固定资产投入给予 5%（一次性不超过 20 万元）的补助；在税收政策上，临沂市税务局对物

流企业自有（包括自用和出租）或承租的大宗商品仓储设施用地，减按所属土地等级适用税额标准的50%计征城镇土地使用税；在土地政策上，优先对物流园区、物流中心用地进行规划预留，物流园区建设需要占用耕地的，合理安排用地计划，解决耕地占补平衡指标，土地出让金按工业用地或交通项目用地标准执行；临沂商城与村集体签订协议，以共同开发集体用地的方式，启动现代物流城项目建设，边建设边办理土地征收和转变土地性质的相关手续，最大限度抢抓项目建设时间；在规模发展上，支持国有平台积极参与标准化仓储建设，以国际陆港片区为主要承载地，实施五年500万平方米智能化仓储建设工程。在疫情期间，以金融纾困措施切实减轻营运车辆车主负担，促进商贸物流业稳健发展。政策的纵合连横、持续发力，推动发展战略的加速落地、快速见效。

（五）坚持管理创新，增进服务的"贴近度"

商贸物流产业是一种集约型产业，具有明显的规模效应和集聚效应，做大才有机会做强。临沂商城既是本地产品的集散地，也是全国各地产品的交易平台；既是内贸为主的传统市场，也是内外贸协同的现代市场；既是线下线上的融合迭代，也是展贸融合的创新发展。临沂商城通过建设大型综合性商品批发市场，逐步实现商品流通的规模化、专业化、网络化，降低交易成本，提高经济效率，从而实现系统融合和功能集成，服务于整个临沂，走向全国乃至全球。

专栏 10

临沂坚持管理“宽严相济”，引导产业健康发展

1. 临沂按照“品牌统一、系统统一、标准统一、服务统一、结算统一”的标准化运行模式，通过临沂商城管委会和临沂商城控股集团相互配合，形成以顺和国际智慧物流园为龙头、以“新明辉专业市场”为代表、以罗滨逊智慧物流园为典型的现代商贸物流园区和企业群体，构建强大的运营和服务体系。这些园区和企业不仅提供商品交易、物流运输、仓储配送等基础服务，还提供金融、保险、信息、咨询等增值服务，通过引入智能设备和技术，实现商贸物流的全链条覆盖和全方位服务。

2. 临沂在市场管理上，按照“一个规范四个一律”管理，即规范市场建设最高只建 4 层，一楼为门店，其余为仓库；一律不搞商住楼和写字楼开发，一律不准在市场商铺门店内住人和办公，到晚上 6 点门店一律由物业实行封闭式管理，一律不准炒卖商铺，市场商铺门店只出售 30%，其余 70% 门店产权为商城所有，只用于出租，避免炒卖门店、不务正业等现象发生。

三、工作建议

商贸物流产业发展是一项综合性、系统性、长效性工程，赣州应把握“临沂模式”的核心和内涵，在“强规划、强市场、强基础、强制度、强平台”五个方面重点发力，着力打造商贸物流

产业发展的“升级版”。

（一）擘画好蓝图，确保方向不偏、力度不减

赣州发展商贸物流产业规划，要兼具远见卓识、战略前瞻、系统思维和创新意识，充分发挥“东出西联、承南接北”的区位和交通优势，高起点制定现代物流总体规划，高水平建设“群、圈、网、链”等要素体系，争取实现“一年拉框架，三年见成效，五年成枢纽”。一是一体化布局。全方位对标粤港澳、江浙沪等全国“一线方阵”，科学编制《赣州市现代流通体系建设中长期规划（2023—2032年）》。按照“城内大商场、城郊大市场、城外大物流”发展战略，推进“商、仓、流、园”一体化发展，加速商流、物流、信息流、资金流汇聚融通，形成“群、圈、网、链”融合聚变的新格局，全面降低交易成本和物流成本，促进生产，扩大消费。二是协同性推进。注重长远目标和近期任务、顶层设计和具体措施、宏观指导和微观调节、战略规划和项目策划的相统一，重点是实现赣州商贸流通体系规划与“支点城市”建设方案（2023—2025年）的有机衔接，做到同步出台和实施。支持中国物流集团等5A级国家综合物流龙头企业积极参与赣州物流“支点城市”规划制定，将物流枢纽重大项目投资与整体规划同时酝酿、同步谋划、深度融合，以产业发展和市场需求为导向，全面整合现有物流资源，实现物流基础设施与城市空间、产业体系的协同匹配。三是全方位落实。坚持一张蓝图绘到底、一年接着一年干。物流业作为先导性、基础性、战略性产业，需要大量的前期投入和后期运营，要显现成效绝非一朝一夕。建议市委、市政府重点推动规划落地，大力整合物流集聚区，形成规模集聚效应，

提升规划的执行力、推动力、落实力。针对赣州“十四五”现代物流业规划实施以来，部分基础设施未如期开建并投入运营、部分预指标未达预期等问题，启动监督和评估机制，及时发现和解决难点、痛点、堵点问题，确保规划的有效实施。引导自办物流的传统工业园区转型升级为专业物流园，全面实现省级工业园区配套公共物流保障服务，形成集聚点和规模效应，促进产业链拉长做强。借鉴临沂物流西迁的经验做法，推动主城区物流外迁至经济功能区，扶持物流数字化升级赋能，助力物流产业链高质量发展。着力推动大量物流零担专线移出主城区，引导周边的国家级开发区成为经济主战场，做好物流外迁的承接、规划与集聚。通过促进现代物流园区集群集聚发展，有效解决赣州物流园区建设标准不高、分布散乱、集聚度不高、用地性质不匹配、设施不健全、存在安全隐患、缺乏物流上位规划等问题。

（二）融入好大湾区，聚力培育载体、明确路径

赣州作为赣粤闽湘四省通衢之地，江西南大门、珠三角直接腹地，交通基础设施完备，后发优势明显。一是加速商贸物流融湾。对接粤港澳大湾区市场。利用深赣对口合作国家战略机遇，找准承接粤港澳大湾区产业转移的结合点，加快推动“飞地”园区及配套物流园区建设落地，承接并培育发展新兴产业全产业链和供应链，打造重点产业平台和供应链服务平台，吸引大湾区现代化物流龙头企业和项目进驻赣州，壮大赣州对接大湾区的“朋友圈”；借鉴临沂商城“混改模式”，支持赣州国企投资专业市场，引入深圳交易集团等战略合作者，与特色产业集聚区、物流园区、配送中心对接合作，大力发展国有企业供应链集采集供服务，推

动商贸与物流深度融合；开发更多高品质产品品类和交互运输专线，探索发展赣深高铁物流和航空物流，推动赣州商贸物流业与大湾区市场对接，实现商贸物流业与大湾区协同发展。完善本地物流产业体系。经过多年培育，赣州形成“1+5+N”产业体系，但在产品商贸物流环节还存在短板，产业配套的专业市场和物流园区还比较欠缺。建议推行“政府＋商会＋企业”模式，依托赣州相关产业集群的物流配套设施，如赣州金属物流中心、恒泰家具城物流中心、会昌氟盐化工物流中心等，推动地方产品市场进物流园区。培育本土特色产品品牌。赣州是传统农业大市和全国柑橘、全省畜禽优势主产区，是粤港澳大湾区重要的农产品生产供应基地，本地蔬菜、水果产量较大，市场已辐射到周边各市。建议加大培育富硒水果蔬菜品牌力度，建设若干蔬菜、水果批发市场，将农产品集散功能落在赣州本地，提高产业集聚度。依托农产品市场，促使农产品企业、合作社与冷链物流企业开展合作，逐步补齐冷链物流短板，提升冷链运输配送水平，打通城乡物流通道。二是拓展海外市场。布局海外仓。海外仓既是跨境电商的境外重要节点，又是带动外贸发展的重要平台，也是“强链、补链、延链”的关键环节，对于提升国际供应链的稳定性、创新性和竞争性有着重要作用。建议鼓励本地传统外贸企业、跨境电商企业和物流企业等各类主体参与海外仓建设，共同探索“跨境电商＋海外仓”新模式，解决跨境电商物流难题，打破生产端、贸易端壁垒，构建以赣州跨境电商综合试验区为核心，快递仓储配送网络为支撑的跨境电商物流体系。布局海外商城。目前，赣州实现了“木材买全球、家具卖全球”，下一步应推动实现更多产品买全球、卖全球。建议借鉴临沂海外商城和市场采购贸易方式试点经验，探索在赣州国际友好城市建设南康家具海外商城，依托统一的海外商城平台发展跨境贸易业务，开发应用跨境征信查询、优惠税率查询和原产地规则预判、跨境金融结算等功能，提供境外法律、金融等综合服务，通过贸易便利化创新、友好城市互动化合作，服务相关产品和品牌“走出去”，推动赣州商贸物流业与国际市场对接；探索“跨境电商＋产业带”发展模式，促进跨境电商与产业集群深度融合，推动赣州跨境电商综合试验区建设提档升级，实现跨境电商倍速发展。三是建设多式联运枢纽。与深圳盐田港集团有限公司和深圳国际控股有限公司等大湾区国企开展合作，推广“赣深组合港”“跨省、跨关区、跨陆海港”通关模式，争取多实现港口功能前置，配套建立专业的仓储运营、干线运输、城市配送、环保/危化物流服务等基于“仓配运＋价值链延伸”的综合物流服务平台，打造集货物储存、运输、加工、配送、信息、金融于一体的现代化陆港型智慧物流示范基地。加速推进赣州航空口岸和“空铁公”多式联运枢纽建设，引进中国物流集团等航空货运基础设施投资、建设、运营一体化战略合作方，拓展航空物流通道，依托现有电子信息产业，开通至东南亚的全货机航线。

（三）涵养好生态，推进多流汇聚、多元发展

树立“大商场、大市场、大通道、大物流、大产业”理念，下决心破除不利于发展的思想观念和制度规章，移除阻碍改革发展的“政策雪山”和“市场围墙”，积极打造更具吸引力、更有竞争力的营商环境，推动赣州商贸物流产业加快发展，进而拉动赣州经济快速、健康、高质量发展。一是加速升级传统业

态。公路物流方面，建议进一步推广银企对接移动支付、第三方在线支付等技术手段在物流资金结算方面的应用。鼓励物流企业获取 TIR（《国际公路运输公约》）运输资质，打通公路直接出境通道。铁路物流方面，建议依托赣州东站和赣州南站加快铁路配套物流园区建设；围绕融合空港高铁场站连接线，规划建设高铁快运物流园区；积极争取国际铁路货物联运口岸政策，推进国际货运班列“内外贸”混编、集拼集运等模式创新应用，布局更多的铁路专用线接入大型工矿企业和物流园区。二是全面应用新兴业态。加快建设高标仓，建议在“支点城市”实施方案中明确任务，要利用三年时间新建 100 万平方米（目前全市仅为 71.5 万平方米左右），大力招引沿海发达地区特别是杭州、义乌等地电商企业、加工企业、电商云仓等一批物流、快递供应链企业进驻，并在赣州设立集散仓或前置仓。建设智慧化园区，以智慧应用系统平台为支撑，加快物流基础设施智慧化升级，推动自动化立体仓库、自动分拣系统等先进设备的应用，通过人、物、系统、资源等多方数据传递和交换，实现物流园区管理、服务、运营的全面数字化和智慧化。发展第四方物流，依托南康区现有家具物流，由赣州国际陆港开展物流运力撮合综合信息平台建设，推广同城配送 O2O（线上线下商务）业务模式及服务众包信息平台，降低配送成本。做强分拨配送中心，在改造提升现有综合物流园区基础上，吸引更多的国内外快递巨头设立区域分拨中心。鼓励物流企业向新能源车企定制换电的甩箱运输纯电车，并利用租赁融资形式向专线暨短驳物流提供运力资源和调配；利用现代物流园区普及光伏的优势，完成光储充换电站一体化网络布局，为司机提供优质低成本的短驳运力生态。开放航空口岸后，谋划建设海关国际航空快件监管中心，吸引航空物流企业来赣州建立国际、国内分拨中心。建设稀有金属交割仓，积极参与中国稀土集团与中国物流集团合作，加快打造集稀土现货交割仓储、有色金属期货交易和特种物流于一体的综合性物流园区，建设有色金属物联网监管仓和交割仓储中心；通过电子监管和风险强控赋予仓库金融属性，联合银行等金融机构开展提供仓单质押、动产融资、价格风险管理和套期保值等供应链金融业务，实现存货资本化；集合期货订货、现货挂牌、竞价销售、代客采购等模式，发展线上线下一体化交易结算和物流配送，探索建立稀有金属价格指数和衍生品体系。三是实现多元共生发展。大力发展会展经济，加快赣州国际会展中心建设，规划建设于都纺织服装会场场馆，打造系列精品展会，实现以贸促展，以展兴贸，展贸融合。打造特色数字供应链平台，建议以钨与稀土等稀有金属、南康家具等产业为先导，打造数字化供应链平台，综合利用大数据、数字孪生、物联网等技术，纵连货源组织、干线整合、仓储建设、信息平台运营、大数据分析与预测、金融服务、贸易销售等环节，形成“数据驱动 + 平台赋能 + 智能终端 + 场景服务 + 敏捷供应”模式，打通企业供应链的信息壁垒，加强跨部门、跨区域、跨层级业务协同，加快实现专业市场“线上 + 线下”融合迭代、转型升级，通过精细化、数字化运营方式提高效率、降低成本。盘活商贸物流数字化资产，支持中国物流集团、京东集团、百度集团等交通物流信息化龙头企业，与赣州国有平台合作成立交通数字资产运营公司，开发建设基于交通线路和物流线路的综合信息平台，梳理、归集、盘活全市交通商贸物流数字资源和数据资产，整合道路两侧智能灯杆、传感器、摄像头及红绿灯等数据源和配套基础设施，形成并积聚可增值、可估值、可融资的国有数字化资产。

（四）建设好高地，坚持凸显优势、彰显特色

加强制度设计，制定完善物流业发展的配套措施，在政策导向和制度保障上扶优扶强，对市场准入、税收优惠、招商引资、规划减免、财政金融价格、土地供应、交通运输、信息化体系建设、人才培养引进等方面进行全面规范，为物流业发展提供全方位的制度保障，促进政府和企业实现“双赢”。一是优化政策措施。建议结合近期计划出台的“支点城市”建设方案，研究提出物流业引领性、破局性、倾斜性的“赣州政策”，切实降低企业外贸物流成本，推动赣州现代物流产业发展，做到既能“吸引眼球”，又让企业“尝到甜头”。二是强化集聚效应。全力打造“客家商都·拥抱世界”商贸物流品牌，赣州已开通家具物流专线1800多条，通达全国除西藏之外的所有设区市。建议利用已有家具物流线路资源，逐步尝试拓展承运货品种类，实施“引货入赣”行动，吸引周边货源向赣州组织集散，着力解决商贸流通“货源”短板，以规模效应提升全市物流体系整体配发货效率和效益。三是提高运营效率。推广应用多式联运“一单制”，依托物流枢纽，推行集装箱多式联运电子化统一单证，按照一次托运、一票到底、一个费率、一次保险为客户提供“门到门”“门到港”“站到站”多式联运解决方案与联运服务，提升物流整体运作效率，通过打造物流集散地，进一步降低成本。发挥本地产品规模化生产优势，依托本地较大的交易市场，进一步掌握议价权，强化货源吸附能

力；在基金投资、税收优惠、土地支持、管理费用压降等方面出台支持政策，努力降低商户的经营成本，通过集约化、信息化、智能化等转型发展提升运营效率。

（五）搭建好平台，着力破除藩篱、集聚力量

树立“一盘棋”理念，推行“商贸＋物流”模式，明确“走在前、勇争先、善作为”目标要求，坚持以变革求发展，打破体制机构束缚，积极创新管理体制，努力实现“弯道超车”“换道超车”。一是选好领航人。将商贸物流产业链链长制战略提升为“商贸＋物流”产业链链长制，统筹协调现代商贸市场和现代物流融合发展职能，支持范围从体量仅占“大物流”1/10的“商贸物流产业分支”提升为“大商贸＋大物流”的产业集群。建议参考临沂商城管委会模式，重组现有事业单位或成立赣州商城发展委员会，作为市政府派出机构，统一负责中心城区“五区”范围内各类商贸物流、建设项目、电子商务、会展经济等方面的规划和运营服务，重点负责出台商贸、流通、会展产业扶持政策和奖励资金。对标临沂市兰山区，重点规划将一个中心城区打造为现代商贸城集聚区，集聚商贸物流发展优势，融入双循环发展格局。按照降低环境污染和交通拥堵的要求，实施老城区物流西移工程，把物流园区向高速路口、生产加工地集聚和仓储配送区集聚，尽快全面完成老城区物流搬迁升级。二是集成大平台。建议对标临沂商城集团，明确一个市属国有平台承担全市商贸物流产业发展职责，积极整合赣州口岸、保税区、空港、铁路、水运码头物流园等物流枢纽资源和商贸物流资源。重点拓展商贸、物流、仓储、金融等多元口岸经济业务，实现

铁路场站资源、组织机构、业务、资金等要素整合，建立统一平台运营“一港多区”，实现整合资源、抱团发展。按照“政府主导、市场运营”方式，打造赣州物流公共信息平台，实现“车货智能匹配”、实时跟踪运输情况及运输业务结算等功能。打造赣州南服务区物流园区一体化运营等示范项目，有效降低物流成本，缓解城市交通拥堵问题，实现平急两用功能，探索国企在物流领域的投资方向和模式。三是激发内驱力。建议借鉴临沂的“放水养鱼”模式，层层“放权”，增加城市功能区和市属国有平台的灵活性和自主权，激活市场的“一池春水”。在市级层面强化综合考核的“指挥棒”作用，在产业发展、经济增长、招商引资等方面合理设置考核指标，鼓励和引导各县（市、区）分赛道错位式、互补式、梯度式发展，减少内耗式同质化竞争，避免在县域范围形成零和博弈局面。

附件

在山东临沂调研考察商贸物流产业发展的思考体会

今天，我带队到山东临沂考察学习商贸物流产业发展，其间考察了中通快递、兰山财金智慧云仓、顺和国际智慧物流园、新明辉智慧物流园、临沂港等，参观了中国大集展厅和临沂商城，刚才又听临沂市相关领导介绍了商城的总体情况和一些经验做法，临沂商贸物流产业给我的总体印象是“预期之中的大，预料之外的好”。

临沂作为革命老区20个重点城市中的“老大哥”，是赣州学习的标杆。虽然我们看到了赣州和临沂有很多相似点，但也看到了很大的差距。经过这次的考察学习，我主要有两个方面的思考和体会。

一、临沂商贸物流产业带给我们什么启发？

临沂，主动发展商贸业，探索出具有生命力、竞争力的“商贸＋物流”发展模式。

（一）生产力在商贸流通领域的大解放

一是生产力在规模效应中释放。临沂“群、圈、网、链”经济的高度活跃，体现了生产力在商贸领域的集聚效应和规模效应。临沂商贸物流产业形成了“群、圈、网、链”经济格局，群即商铺群、仓储群、物流群；圈即市场圈、电商圈、资本圈；网即运输网、交易网、互联网；链即产业链、供应链、服务链。临沂拥有近2800条公路物流专线，覆盖全国县级以上网点，通达全国所有港口和口岸；拥有近200个专业市场，涵盖钢材、建材、五金、机电、服装、家纺、日用品等各个领域；拥有近100万家商户，其中外地户籍商户占60%以上；拥有近40万从业人员，其中外来务工人员占70%以上。临沂商贸物流的这种规模化、集约化发展格局，在集约、有序规划的城市空间中，形成了巨大的规模优势，有利于资源的聚集和优化配置，提高生产效率和效益。

二是生产力在基建升级中释放。临沂塔吊群的林立，体现了生产力在商贸领域的持续增长，代表未来临沂欣欣向荣、蒸蒸日上的发展趋势。临沂商贸物流产业固定资产投资规模不断扩大，商贸物流的园区建设和基础设施建设不断升级迭代，新建、改建、扩建项目不断涌现，不仅打造了覆盖全国、连接全球的物流网络，为商品贸易提供了广阔市场空间，而且为产业发展提供了源源不断的新动力。

三是生产力在科技赋能中释放。临沂商贸物流企业积极采用现代科技手段，打造智能仓储物流新业态，开辟了物流发展新天地，提高了运营效率和服务水平。例如，临沂商城实施标准仓储建设五年行动，目前已新建360.8万平方米。广泛应用智能装备和智慧化管理，实现资源在线化整合、供需自动化匹配，打造“统仓统配、仓配一体”模式，2023年智能仓储占新增仓储比例将达35%以上。临沂商贸物流企业通过发展自动化仓储机器人、智慧物流、供应链管理、智能网联等新技术，以科技赋能提升了产业效能，提高了仓储、配送物流服务效率，降低了企业成本。

（二）生产关系在商贸流通领域的大调整

一是政府与企业关系的调整。临沂政府的“放水养鱼”管理模式，与我国20世纪70年代末期80年代初期的家庭联产承包责任制相似，通过“承包责任制”激发了各方面的积极性和创造性，将商贸物流产业发展权限和财政收益分成下放到区县，区县又鼓励企业自主发展，层层向下“调动”和“放权”，从“管”转向“导”，企业实现“交足区里的，留足商城的，剩下的都是自己的”。例如，通过推行“政府+商协会+国企”模式，建设地产品制造业园区，打造产销一体、布局合理、链条完整、园区专业、生态优良的地产品制造业发展格局。目前，临沂城区五区规划建设30个地产品园区，商城实现地产品年交易额2295.46亿元，地产品占有率超过40%。政府与企业关系的调整，激发了市场活力和企业创新精神，促进企业和地区自发自主开展产业转型升级。

二是企业与企业关系的调整。临沂商贸物流产业链条的延伸和融合，形成了新的生产关系。临沂商贸企业不断延伸到商品研发、生产、销售等环节，形成了更加完整的产业链，促进了上下游企业间的合作和贸易，提高了产业的竞争力和抗风险能力。

三是企业与市场关系的调整。临沂商贸物流的“群、圈、网、链”经济模式，促进了商贸物流人才和资本的聚集和流动，形成了一定的社会网络，积累了社会资本，促进商贸物流产业市场化程度不断提高，在市场竞争中充分发挥了企业主导作用。

（三）生产方式在商贸流通领域的大变革

一是横向看，工业与商贸互促互补。从最初的城乡客运载货，到城际专线运输，逐步发展为“公铁海空”综合物流，临沂商城已成为全国重要的物流周转中心。目前，已建成物流园区 39 家，物流园区占地面积 353.98 万平方米，经营面积 201.81 万平方米，商铺 3141 个，经营业户 1852 户，3000 余条国内配载线路覆盖全国所有县级以上城市，通达全国所有港口和口岸，物流价格比全国平均低 20% ~ 30%。临沂商贸物流产业链条的横向延伸，不仅仅是物流运输空间距离的延伸，同时也将商贸物流与商品研发、生产、销售等环节相结合，实现了工业与商贸的互促互补。

二是纵向看，市场与产品互动互通。临沂商贸物流产业链条的纵向延伸，将商贸物流与资金、人才、信息、技术等要素相结合，实现了市场与产品的互动互通。临沂商贸物流产业以“商贸 + 物流”模式为特色，打通了商贸和物流之间的壁垒，形成了融合发展的新格局。例如，临沂“新明辉市场”在传统批发市场的基础上，延伸到生产定制、撮合交易、订单处理、仓储租赁、物流配送等环节，形成了“生产＋商贸＋物流＋结算”的产业链闭环，产品随着市场需求快速变化和迭代，市场随着产品更新而快速拓展，大幅提高产业效率和效益，拓展了产业发展空间。像“新明辉”这一类的“线上＋线下”专业销售市场，是企业面向市场开发的商业模式，这种新型商业模式的调整，使我们看到未来临沂经济，特别是临沂民营经济的活跃潜能。

三是分链条看，传统与现代互融互创。临沂商贸物流产业链条的融合发展，将商贸物流与电子商务、多式联运、智慧物流等新业态相结合，实现了传统与现代的互融互创。临沂商贸物流的新业态，涵盖了商品批发、零售、展销、配送、仓储等，深化了产业链与资金链、创新链、科技链、人才链的相互融合，实现了业态多元化、链条协同化发展，满足了不同层次、不同群体的市场需求。

二、我们要向临沂学什么，怎么学？

（一）学习临沂的发展理念和思路

临沂把商贸物流产业作为一种现代化的产业来发展，而不是一种传统的行业来经营。打造商贸和物流相互促进、良性发展的循环，这是一个根本性的转变，也是一个战略性的选择。商贸活动需要物流运输来实现商品的流通和交付，而物流运输的发展又会为商贸业态的创新和发展提供支持。随着商贸市场发展成为一个现代化的市场，依托其规模大、功能齐全、信息透明等特点，能够提供更好的交易环境和服务，吸引更多的商贸活动和商贸企业；商贸市场的发展也会带动物流体系的现代化，包括现代物流设施的建设、物流技术的应用、物流管理的提升等，能够提供更高效、更便捷的物流服务，支持现代化商贸市场的运作和发展，而现代化的市场意味着更高的效率、更强的竞争力。临沂把商贸物流产业作为一种现代化的产业来发展，就意味着要从传统的作坊式的、前店后厂式的、地摊式的模式转变为现代化的、规范化的、集约化的模式，从单一的商品交易转变为多元的服务提供，从低端的价值链转变为高端的价值链，从封闭的自给自足转变为开放的互联互通，从粗放的增长转变为集约的效益。这种理念决定了临沂商贸与物流的结合非常紧密，形成了独具特色的“临沂模式”，不断适应市场变化，不断满足客户需求，不断提升自身竞争力。赣州和临沂同为第一批物流枢纽城市，发展差距却很大，所以我们要学习临沂这种发展理念和模式，把商贸物流产业作为一种现代化的产业来发展，而不是一种传统的行业来经营，通过推行“物流 +”模式打开物流产业新局面。

（二）学习临沂的发展方法和做法

方法是宏观上的，做法是微观上的。从宏观上看，临沂在发展商贸物流产业过程中，有总体安排，有通盘考虑，有前瞻布局。从中观上看，临沂按照“一核两翼三带多点”的总体规划，形成了以临沂国际陆港为核心，以山谷片区和陆港片区为两翼，以京沪高速公路、岚罗高速公路和新台高速公路为三带，以各县（市、区）为多点的商贸物流空间布局。从微观上看，临沂按照“品牌统一、系统统一、标准统一、服务统一、结算统一”的标准化运行模式，形成了以顺和国际智慧物流园为龙头，以“新明辉专业市场”为代表，以罗滨逊智慧物流园为典型现代商贸物流园区和企业群体。这些园区和企业不仅提供了商品交易、物流运输、仓储配送等基础服务，还提供了金融、保险、信息、咨询等增值服务，实现了商贸物流的全链条覆盖和全方位服务。赣州也要通过体制、机制、模式的不断创新和变革，实现科技的赋能、链条的融合、区域的整合、产业的带动。比如，临沂“化零为整”推广“新明辉模式”，整合线下线上专业市场，带动培育出10个到20个甚至50个这种垂直类电商平台专业市场，实现从单一到多元的裂变、从分散到集约的聚变。又如，临沂“化整为零”发展跨境电商，在贸易低迷、交易量和额度均下降的形势下，通过“市场采购+跨境电商+海外仓”的市场采购贸易方式，实现了国际物流港业务的高速增长。再如，临沂逐步完善会展硬件设施，投资建设了一系列高标准的会展场馆和设施，包括临沂国际会展中心、临沂商城会展中心等，提供了先进的展览空间、展位设施和展示设备，以及会展场馆周边区域的交通、餐饮、住宿等配套设施，满足了各种规模和类型的展览需求；在软件方面不断提升，建立了专业的会展服务机构和团队，加强了会展策划、组织和管理能力，提供了一站式的展览服务，为参展商和客商提供了高水平的服务和优质的体验，实现了每年办会办展100多场次的火爆场面。

（三）学习临沂的发展主题和主线

临沂明确了商贸物流产业的定位和方向，打造了一张响亮的名片和一顶醒目的帽子。临沂以“中国商贸物流之都”为主题，以国内贸易、商品采购、专业市场为主线，以“数字化、国际化、绿色化、品牌化、链式化”为路径，以“现代商贸物流城市”为愿景，形成了一张清晰的发展蓝图。这个主题既体现了临沂商贸物流产业的特色和优势，又体现了临沂市委、市政府的决心和信心，也体现了临沂人民的愿望和期待。赣州也要找准商贸物流产业的主题，明确主打的产品、商品，如脐橙、家具、稀土等，打出赣州商贸物流产业的名片，树立商贸物流产业的形象和品牌。

（四）学习临沂的发展目标和重点

既要有阶段性的目标，又要有长期的目标。临沂现在物流总额是8000多亿元且很快就上万亿元，市场交易额是5000多亿元且中长期目标也是上万亿元。临沂以“双万亿”为目标，抓住了商贸物流产业发展的关键环节和突破口，形成了一些有效的抓手和样板。临沂成立了商贸物流产业发展领导小组和管理委员会，统筹协调各方面资源和力量，推动商贸物流产业发展的顶层设计和战略实施；临沂加强了商贸物流产业与金融、科技、人才等要素的对接和融合，推动商贸物流产业的创新驱动和转型升级；临沂加大了对商贸物流产业的政策支持和优惠激励，推动商贸物流产业的投资引导和市场培育。这些重点工作既体现了临沂市委、市政府对商贸物流产业的重视和支持，又体现了临沂各级各部门对商贸物流产业的服务和保障，也体现了临沂各类经营主体对商贸物流产业的参与和贡献。赣州也要抓住商贸物流产业发展的重点环节和突破口，通过完善基础设施建设、更新软硬件设备，提供强有力的政策、资金、土地、人才要素等支撑，形成商贸物流产业发展的重点抓手和杠杆，各方形成合力去实现目标。

破解赣州商贸物流产业链发展瓶颈的基本思路*

近年来，赣州市大力发展商贸物流产业，产业呈现规模不断扩大、主体快速成长、设施日益完善、体系持续优化的良好发展态势，但也存在资源整合不够、整体实力不强、产业体量与经济体量不匹配等问题。为进一步找准当前制约赣州商贸物流产业高质量发展的瓶颈问题，促进商贸物流产业链升级，近期，市政府相关部门组成调研组，通过召开企业、园区和物流节点座谈会及深入实地调研等方式，就此开展了专题调研，并充分借鉴了其他省市的经验做法，形成此报告。

一、以虚促实，加快解决物流体系“缺心”问题

调研中，走访的企业和专家普遍反映，相比较物流业发展好的城市，当前赣州物流体系存在一个明显的短板，即既缺少大体量的、标志性的商贸物流集散中心（枢纽）、物流园区（基地）等“实体心脏”，也缺少智慧物流数字化运营平台等“虚拟心脏”，

* 此文成稿于 2022 年 11 月 24 日。

这在很大程度上造成赣州物流信息不畅，物流成本居高不下；也导致企业“各搭各的台、各唱各的戏”，有效资源难以整合。

从国内物流业发达城市看，各地都十分注重物流体系“心脏”建设，在“实体心脏”和“虚拟心脏”方面进行了积极探索，努力夯实物流产业高质量发展基础性支撑。

专栏 1

国内部分城市物流“心脏”建设经验

1. 北京新发地农产品批发市场，是北京交易规模最大的专业农产品批发市场。这一“实体心脏”，不仅是北京市民的“大菜篮子”和“大果盘子”，也是全国农贸市场的“地标”，交易量、交易额连续近 20 年均居全国第一位。①

2. 常熟市通过国有物流企业主导，联合 2 家民营企业共同出资成立江苏云企供应链管理有限公司，开发了“运融通”智慧物流平台，以数字技术打通物流新体系，打造了价格透明、统一管理、合理分配的快运体系，为客户降低约 30% 的物流成本。②

从赣州市域范围看，现有的物流园区普遍规模较小、配套不全、信息化程度不高，对产业发展的带动能力较弱。虽然全

① 王乙雯. 新发地是个什么“地”？[EB/OL].（2020-06-14）[2023-11-02]. https://m.thepaper.cn/baijiahao_7840993.

② 吴婷怡，张谞. 常熟智慧物流，为城市发展提速“加油”！[EB/OL].（2022-10-14）[2023-11-02]. https://mp.weixin.qq.com/s?__biz=MjM5MTYzNzY0NA==&mid=2664053211&idx=2&sn=d8f9707f5571a1cf20c8da35751676b8&chksm=bd8c10388afb992e8fc446f76836d3bb74a23bad31fb6e9710623cb886d52cbbdf2e2404af18&scene=27.

市建有 52 个各类物流园区和物流站点，但省级物流园区仅 7 个，除赣州国际陆港外，大部分园区和枢纽体量小，集聚辐射联动效应不强。为了解决企业物流成本高、运输效率低的问题，部分县积极探索资源整合模式，通过打造智慧数字化平台，推动形成物流枢纽等方式，实现了降本增效。比如，安远县建成乡镇物流分拨集散中心，打造集“客运站 + 中转仓储 + 分拨配送 + 综合服务”于一体的综合物流中转站，大大提高了乡村物流配送效率。

鉴于当前赣州的现状，以及新建“实体心脏”短期内投资压力大、成本高、发展壮大周期较长等实际情况，建议解决的总体思路是：坚持“以虚促实”，先行建设一个具有一定公共属性的智慧物流数字化运营平台，通过建强“虚拟心脏”，借助信息赋能，不断做大物流产业规模，形成集聚效应，进而带动和促进“实体心脏”的形成。具体来说可以通过“三个一”举措实现。

（一）打造一个智慧物流数字化运营平台

由赣州市政府主导，依托市属国有企业，采取“市属国有平台 + 物流企业”合作运营模式，共同参与打造一个集仓储、运输、配送、数字服务等多功能于一体，多单位集约化高效管理的市级物流公共服务信息平台。

（二）建成一张全市数字物流信息网络

在各物流企业现有的信息平台基础上，整合社会个体、物流园区、物流企业资源，打破“信息孤岛”，实现全市物流信息“一张网”，为各需求方共享市场供应链信息，提供物流运行监测、资质查询、信用管理、通关查验等增值服务，最大程度减少运输中间环节，优化运输线路，降低运输成本。

（三）推进一批物流重点项目建设

加快建设韵达现代物流智能产业园、定南港扩容升级项目、兴国县赣闽国际陆港、龙南综合物流园（北区）建设项目（一期）、瑞金市国际陆港二期建设项目等一批有破局性、具备“实体心脏”功能和大型集散能力的现代物流项目，切实提升赣州商贸物流现代化水平。

二、内外兼修，着力破解物流企业“少头”命题

调研发现，当前赣州商贸物流仍处于发展初期，物流企业小而散特征明显，尤其缺少有影响力、有带动能力的“链主”企业、“头部”企业（赣州全市A级物流企业仅占物流企业总数的3.7%）。

立足市情，专家和物流行业企业建议解决物流体系“少头”问题，推动物流产业转型升级的总体思路是：坚持“内外兼修”，内部培育和外部招引“链主”企业相结合，通过推动内培“慢变量”与外引“快变量”有机融合、相得益彰，放大头部效应的引领拉动作用，推动物流产业转型升级、进位赶超。

（一）内部培育一批“链主”企业

立足现有物流企业，强化政策引领，着力扶大扶强，推动实现5A级物流企业“零的突破”，建成一批本土“链主”企业，有效带动物流产业链全链条发展。

1. 出台一揽子扶持政策。整合现有的相关政策，制定用地、融资、人才引进等方面的系列措施，重点扶持赣州国际陆港、江西万年青物流有限公司、赣州顺丰速运有限公司等本土物流企业晋升为5A级企业。

2. 形成一整套培育制度。结合赣州实际，着重在“链主”企业认定、推荐“链主”企业争创国家和省级相关物流试点等方面建立刚性制度。建立制度，将符合条件的“链主”物流企业优先纳入上市后备企业名单、优先安排项目建设资金支持和优先纳入招才引智活动。通过综合施策，集中发力，培育出一批从赣州走出去、参与国际国内市场竞争的物流龙头企业。

3. 整合一批分散的企业。做好内部合并文章，引导重组整合一批规模小散、产能低下、业务相似的小微企业，提高资源利用整体效能。

专栏2

国内部分城市出台支持商贸物流发展政策

1. 临沂市出台主要支持政策。主要体现在平台支持、财税支持、金融支持、土地支持四个方面。比如，在平台支持方面，整合临沂商城控股集团和临沂商城集团等商城相关服务平台，集成中国物流科技城企业综合服务平台。在财税支持方面，市财政每年设立2亿元临沂商城发展专项资金，用于支持物流科技城建设重点工作、重点项目。

2. 赣州市寻乌县出台主要支持政策。制定《寻乌县现代物流产业发展优惠政策十一条》，在物流车辆落户、物流企业规模化、标准化、信息化建设、专线物流发展、企业经营贡献、营运税收、车辆购置等方面予以奖励和优惠，通过财政、金融、用地、信用评价等多方面提供政策保障。

（二）外部招引一批“链主”企业

依托现有优势产业链条，大力招引头部物流相关企业落户赣州，推动产业集聚、集群发展，构建产业新生态，全力打造全省乃至全国有影响的物流产业高地。

1. 围绕头部企业来招引。重点引进世界 500 强、国内 50 强及 5A 级知名品牌企业来赣州设立赣南总部中心，如争取京东“亚洲一号”、苏宁、菜鸟等一批重大项目落地赣州。

2. 围绕重点产业来招引。聚焦南康家具、新能源汽车、格力电器等物流需求量大的重点产业，招引一批具有专业资质、契合产业需求、引领行业发展的现代化物流企业。

3. 围绕短板弱项来招引。针对仓储物流、冷链物流、应急物流等薄弱环节，招引一批仓配一体的补链延链项目，切实提升赣州物流产业整体水平。

三、统筹协同，积极攻克物流要素“短腿”难题

不少专家和企业反映，赣州商贸物流产业发展主要存在缺地、缺钱、缺人等要素瓶颈，这些已成为制约物流企业发展的“短腿”问题。用地方面，主要体现在用地指标不足，企业难以扩产增产。例如，有的地方现有物流企业多数无固定经营场所，搬迁频繁，

不愿意加大硬件和软件设施投入。资金方面，大部分企业为轻资产，现有的资产抵押方式难以获得大额融资，政府也暂未设立产业引导资金，企业融资困难。人才方面，企业普遍缺乏综合性管理人才和专业型技术人才，现有管理人员大部分缺乏专业知识，学历不高，未经过系统的专业物流知识培训。据统计，全市通过物流师职业能力等级认证人员仅388人，现有A级物流企业76家，平均每家A级物流企业拥有专业型人才仅5人。

积极攻克物流要素“短腿”难题，建议总体思路是：坚持“统筹协同”，综合考虑土地、资金和人才等支撑要素，立足赣州实际情况，学习借鉴各地经验做法，强化部门联动，合力解决物流产业发展的瓶颈问题。主要是做到“三个结合”：

（一）存量优化和增量调节相结合，着力化解土地瓶颈

对符合单独选址要求的物流项目，争取列入省大中型项目、省重点建设项目清单，争取国家配置新增建设用地计划指标。对未列入省重大项目清单的，积极通过盘活现有存量土地资源等方式获得用地指标优先保障，或者采取土地置换、存量厂房出租等方式增加物流用地供给，实现物流产业集约节约用地。

（二）融资纾困和金融赋能相结合，着力破解资金困扰

鼓励银行创新资产抵押担保贷款，创新采用信贷产品、多种类物流保险、企业授信等融资模式，满足企业短期融资需求。例如，赣州银行突破传统授信瓶颈，采取个性化白名单形式，推出“乐惠贷”“流水贷”“虔诚贷”等新产品，为物流企业发放贷款，解决物流行业融资“小、短、频、急”的特殊需求。探索设立产

业发展基金，加大市级财政专项资金、专项债对重大物流基础设施的支持力度，满足企业中长期融资发展需要。

（三）内部培养和外部引进相结合，着力缓解人才不足矛盾

实施物流专业人才培养引进工程，鼓励地方院校设置物流专业，推动校企合作，联合设立实训基地，采取订单培养模式，增加物流人才供给，以满足物流产业发展需要。注重引进高技术职称人才、高水平管理人才，加强与国内外发达地区的物流人才培养交流、学习调研，对引进高层次复合型管理人才给予奖励补助，在人才落户、子女入学等方面提供便利。

专栏 3

国内部分城市破解土地、资金、人才要素瓶颈主要举措

1. 土地方面：芜湖市对物流行业涉及新增建设用地的，合理安排建设用地指标，对国家及有关部门、省确定的国家物流枢纽、铁路专用线、冷链物流设施等重大物流基础设施项目给予重点保障。支持制造企业在不改变用地主体和规划条件的前提下，利用存量厂房、土地资源开展生产性物流服务，可暂不变更土地用途。试行租让结合、先租后让、弹性年期等多种方式保障物流用地供应。[1]

2. 资金方面：吉安市设立物流业发展专项资金，市财政每年安排 2000 万元资金专项支持物流业发展，对新投运的物流园区

① 芜湖市发展和改革委员会.关于印发芜湖市“十四五”现代物流业发展规划的通知：芜发改规划〔2021〕573 号［A/OL］.（2021-12-16）［2023-11-02］. https://whfgw.wuhu.gov.cn/openness/public/6596311/32957211.html.

和新开的物流企业，前三年按不低于企业年度地方经济贡献部分的85%给予奖励。[①]

3. 人才方面：厦门市对为大专以上院校物流与供应链专业在校学生提供实践实习岗位一个月以上且年满30人以上的企业，按每人2000元给予企业奖励。[②]

① 吉安市人民政府．吉安出台“29条”措施！推动现代物流业高质量发展［EB/OL］．（2022-11-05）［2023-11-02］．https://mp.weixin.qq.com/s?__biz=MzIxNzQxNjg2MA==&mid=2247675447&idx=1&sn=4b03e3f9cfb4500ce134edf103fb07c9&chksm=97f67bc4a081f2d278d04f6bac994299bb206571939df57cd762dba7f86efebcc0523abd5c65&scene=27.

② 厦门市人民政府．厦门市人民政府关于印发进一步降低物流成本促进现代物流产业高质量发展若干措施的通知：厦府规〔2023〕3号［A/OL］．（2021-06-25）［2023-11-02］．http://www.xm.gov.cn/gazette/22314007.

拥抱公募 REITs 的现实路径 *

基础设施领域不动产投资信托基金（以下简称 REITs）是一种创新的金融工具，以发行收益凭证的方式汇集不特定投资者的资金，由专门投资机构进行基础设施投资经营管理，并将投资综合收益按比例分配给投资者，旨在盘活存量资产，扩大有效投资，利用资本市场服务实体经济高质量发展。

为抢抓国家支持推动公募 REITs 发展的战略机遇，探寻适合赣州发展的 REITs 方向领域。自 2023 年 4 月起，市政府相关部门和赣州相关企业组成课题组，开始谋划启动 REITs 学习调研工作。6 月以来，课题组先后赴北京、上海、深圳、厦门、合肥 5 个城市开展了为期 3 周的专题调研，通过与当地政府部门、相关企业、专业机构深入研讨，重点了解掌握了保障性租赁住房、收费高速公路、产业园区设施三类资产发行 REITs 的总体情况和部分地方的经验做法等。7 月，组织小分队专门赴重庆参加由中国 REITs 论坛举办的“民生、消费、产业 REITs 发展峰会”，通过会议培训与交流，重点学习了解了当前中国 REITs 市场发展前沿动态及未来发展方向。通过此次深入学习调研和实

* 此文成稿于 2023 年 7 月 24 日。

地考察，对照5个城市发行REITs的相关经验，课题组就赣州推行此项工作的必要性可行性进行系统分析，形成此报告。

一、五城的实践：把握公募REITs发展的启示

公募REITs作为新时代我国金融市场发展实践创新，有利于深化金融供给侧结构性改革，助推国家战略举措的落实；有利于地方政府盘活存量资产，抢占城市和产业发展先机；有利于引领企业发展思路革新，提升资产管理质效，建立良好的发展品牌和形象。5个城市的发行实践表明，公募REITs意义大、作用强、效果好、启示多，已形成一批可复制可推广的经验，可供尚未发行公募REITs的城市参考借鉴。

（一）意义大，是践行落实国家发展战略的务实举措

一是助推国家重大战略实施。发行公募REITs，有助于吸引各类社会资本积极参与国家“十四五”规划重大战略，不新增政府债务，公募REITs可以筹集项目建设资本金，加快推动重大项目建设。二是能够成为国有资产管理体制改革的重要抓手。通过REITs构建区域资本运作平台，有利于引入市场化机制，促进同类优质资产整合重组，优化配置资源要素，从“管资产”到“管资本”的转变，实现国有资本的高效管理和保值增值。三是可以作为深化金融供给侧结构性改革的手段工具。建立公募REITs平台，利用权益型融资工具，引入外部权益资金偿还项目对外负债，有利于提高直接融资比重，防范金融风险，降低宏观杠杆率，防范金融风险。

专栏 1

广州交通投资集团有限公司通过发行公募 REIT 有效降低负债风险

广州广河公募 REIT 项目发行规模为 91.14 亿元，扣除项目存量贷款 26.19 亿元及自持公募 REIT 投资 46.48 亿元后，可用资金达 18.47 亿元。通过发行公募 REIT，原始权益人广州交通投资集团有限公司资产增加逾 46 亿元，负债减少 26 亿元，资产负债率从 68% 降低至 63%，融资空间增加逾 200 亿元，[①] 直接降低了广州交通投资集团有限公司的资产负债水平，以及地方政府持有基础设施项目的杠杆率，有效防范了区域性金融风险。

（二）作用强，为地方政府构筑三大优质资产平台

一是搭建优质资产的上市平台。发行公募 REITs，将缺乏流动性的优质资产打包上市，转化为证券化的金融资产，通过向投资者售卖基金份额，回笼资金再次投资，进而打通资产运营“投融管退”闭环，实现资产盘活和价值再发现。二是打造存量资产的融资平台。发行公募 REITs 可以根据意愿和实际情况选择是否将存量资产从资产负债表中剥离，有助于增强地方政府和国有平台的财务透明度、强化约束机制，规范债务管理和风险防控，提

① 两广大地那些事儿.【国企改革三年行动】广州交投集团：开辟基础设施万亿级蓝海 广河 REIT 正式启航［EB/OL］.（2023-01-18）［2023-11-02］. https://roll.sohu.com/a/631651908_121106875.

高地方国企债务偿还能力和信用评级。赣州是基础设施建设大市，存量基础设施资产规模达 900 亿元，新建基础设施也面临巨大的资金需求和融资难题。部分存量基础设施可以通过发行 REITs 等方式盘活，进行市场化融资，释放财政沉淀资金用于再建设，实现基础设施的可持续、高质量发展。同时，可以进一步提升赣州财政资金周转效率，有效解决政府在基础设施建设中面临的资金缺口和融资难题，增强投融资能力。三是形成扩募资产的运营平台。公募 REITs 持续扩募，原始权益人可实现从重资产持有者向轻资产运营者的转型。同时，构建私募 REITs 权益性金融产品、类 REITs、资产支持证券（ABS）等多层次债务性融资工具体系，可以推动政府融资平台公司和基础设施投资企业通过市场化方式规范运作，加快向重经营、低杠杆的精细化运营新模式转型。

专栏 2

张江光大园 REIT 借力扩募促进园区运营模式转型

2023 年 6 月，上海张江光大园 REIT 作为全国首批 4 支扩募 REITs 之一成功扩募上市。扩募后，张江光大园 REIT 规模从 14.95 亿元提升至 30 亿元，规模效应进一步凸显。更重要的是，此次扩募助力张江集团有效链接整合了优势产业资源，后续原始权益人张江高科技园区开发股份有限公司将携手张江集团持续不断整合注入优质成熟资产，推动产业园区从既建又管“双重角色”向聚力专业化、精细化管理运营方转变，加快从“重资产”向“轻资产”运营模式转型的步伐。

（三）效果好，助推企业发展动力转型提质

一是帮助企业改善资产估值。发行公募 REITs，明确企业资产的定价基准，实现轻重资产分离和价值重估，使资产隐藏流动性溢价得以真实体现。同时，企业既能保留完整的运营权和管理权，又充分享有轻资产运营带来的高附加值，通过可持续性的轻资产服务运营形成新的业务品牌优势。二是促进企业提质增效。配套 REITs 发行引导国有企业着力提升运营管理能力，针对符合市场化条件的项目和资产，围绕溢价率、收益率等指标建立激励机制，为企业引入市场化机制，促进企业提升运营管理质量和效率，有利于建立可持续的投融资模式。三是推动企业投资逻辑革新。公募 REITs 为企业打通资产退出渠道，既提供资产定价之“锚”，也提供投资收益测算的“参考坐标”，改变以往“持有至（特许经营权式使用权）到期”的投资逻辑，通过“以退定投”实现“精准定位”。

专栏 3

招商局集团借助公募 REITs 盘活存量引活水

招商局集团所属招商局蛇口工业区控股股份有限公司（以下简称招商蛇口）通过出售旗下产业园资产相关权益，获得税后收益 14.58 亿元，实现优质资产重新定价盘活。蛇口产业园 REIT 上市后，招商蛇口作为原始权益人持有 32% 的份额，能够持续享受份额增值和收益分红，截至 2023 年 4 月底，蛇口产业园 REIT 二级市场增值达12.90%，合计分派超1.38亿元，招商蛇口获得超4400万元分红。[①]同时，招商蛇口所属招商创业和招商物业分别作为蛇口产业园REIT的运营管理机构和物业管理机构，可获取稳定的运营管理及物业管理收入。

（四）启示多，形成了可复制可推广的经验

一是政府部门高位推动是前提条件。5个城市政府和相关部门对公募REITs发展均高度重视，厦门、广州等地成立了市级工作专班，发改部门牵头，相关职能部门协同发力，着力简化各类行政程序，为公募REITs成功发行打通了道路、打牢了基础。二是优质资产选择是关键因素。优质的底层资产是公募REITs可持续发展的核心要素。已成功发行上市的28支公募REITs产品，都是各类型资产优中选优的代表，收益稳定、分红较高，具有较强的创收潜力和较好的增值前景。三是规范运营管理是重要环节。运营管理是维持公募REITs“生命力”的重中之重。必须审慎确定资产运营方，强化与基金管理人沟通协作，不断提升运营管理水平，保证底层资产收益，以维护二级市场价格稳定，推动实现公募REITs持续健康发展。四是专业机构赋能是有效保障。5个城市都选择了中金公司、中信证券等头部券商作为发行指导机构，为公募REITs发行提供全生命周期的重资产业务服务；以深创投红土资管、国泰君安证券资产管理、博时基金、平安基金等基金

① 纪伟，王鹤颖，张文婷.临沂快递量连续三年全省第一［EB/OL］.（2023-03-09）［2023-11-02］.http://fgw.linyi.gov.cn/info/1540/12919.htm.

管理公司作为基金管理人和计划管理人，参与和监督 REITs 项目的运营和管理。优秀的中介机构能够在资产估值、财产管理和财务分析等方面提供更专业的支持，通过与其建立良好沟通渠道、及时沟通协调上市要点，促成项目快速发行，并能够吸引更广泛的投资者，获得更有优势的上市价格。

专栏 4

厦门市用好专业机构力量助力 REIT 申报发行

厦门安居 REIT 是福建省首单公募基础设施 REIT，得益于专业机构助力，从酝酿、筹建到上市用时仅 10 个月左右，在同类型申报发行 REITs 中用时最短。2021 年 12 月，在成立市级保障性租赁住房 REIT 工作专班后，厦门市立即聘请中金公司、金圆统一证券等多家专业机构约 40 人同时入驻安居集团开展尽职调查、申报等工作。中介机构人员根据业务性质分为税务组、审计组、评估组、银行组、运营组、权证组等小组，实行多组联动、整体推动，快马加鞭历时半年，协助高效完成了资产重组、上报审核等多项重点工作。[①] 为确保顺利发行，安居集团还会同中介机构多次组织投资人前往项目现场考察交流，连续数月举办线上线下路演，助力拟发行底层资产，获得投资者高度认可。

① 柳玉琳.起底中金厦门安居 REIT［EB/OL］.（2022-11-18）［2023-11-02］.http://www.eeo.com.cn/2022/1118/567641.shtml.

二、面临的形势：揭开公募 REITs 市场的面纱

国家发展改革委、中国证监会联合多部委共同鼓励支持公募 REITs 试点多元化，财政部和税务总局联合发布相关税收制度等利好政策，各地抢抓机遇开展基础设施 REITs 试点。特别是 2023 年 3 月，国家发展改革委就规范高效做好 REITs 项目申报专门下发通知、中国证监会就进一步推进 REITs 常态化发行相关工作下发有关通知，REITs 市场建设进入了新的阶段。从五城调研情况来看，公募 REITs 发行持续升温、扎堆申报现象明显，呈现出市场比较热、发行条件高、审核要求严、地方需求迫切等态势。

（一）发行市场"热"

各地发行积极性非常高，自 2021 年 6 月国内首批 9 支公募 REITs 成功发行，截至目前，已有 28 支产品成功上市，首批 4 支产品完成扩募，REITs 市场已达千亿元级规模，底层资产涵盖产业园区、收费高速公路、保障性租赁住房等多种类型。长三角、珠三角等地区已发行多支基础设施 REITs 产品，中部城市合肥和武汉的 REIT 项目也分别于 2022 年 10 月和 2023 年 6 月先后成功上市，广州、苏州、南京等地均已出台支持公募 REITs 发行的专项政策。截至目前，从各省公募 REITs 发行情况来看，广东的规模和数量均列第一位（见图 3-1）。公募 REITs 市场成为备受关注的热门投资品种，越来越多的投资者开始关注和参与公募 REITs 投资，市场热情高涨。例如，安徽交控 REIT 拟认购基金份额总

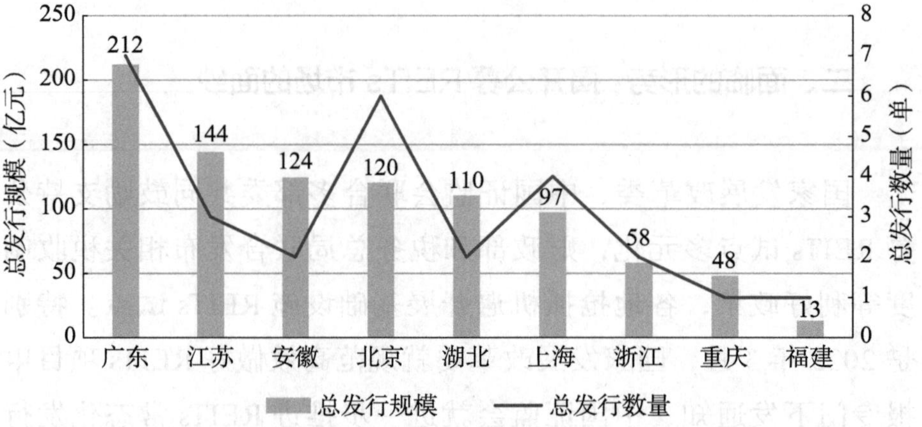

图 3-1　部分省份发行公募 REITs 情况

量是发售份额数量的 45.12 倍，出现市场“狂热”申请抢购。国家部委和交易所也出台一系列政策，积极推动公募 REITs 发展，如出台所得税递延政策，减少原始权益人税费负担，降低发行成本，发行积极性得到进一步提升。

（二）发行条件“高”

一是首发规模较大。根据发行要求，保障性租赁住房资产首发规模不少于 8 亿元，其他类型资产首发规模不少于 10 亿元，同时还要储备首发规模 2 倍以上的扩募资产用于后期发行。从 28 支已上市公募 REITs 产品看，发行规模中位数近 20 亿元，其中发行规模最大的安徽交控 REIT 项目，达 108.8 亿元。二是资产收益不能低。公募 REITs 始终强调优质资产上市。对特许经营权、经营收益权类项目，要求内部收益率原则上不低于 5%；非特许经营权、经营收益权类项目，要求未来 3 年净现金流分派率不低于每年 3.8%。例如，当前高速公路 REITs 项目的全周期内部收益率为6.6% ~ 12.5%，其中，广州广河高速项目约为12.5%，中国交建项目约为11.0%，安徽交控项目约为9.8%，均高于监管规则中原则上不低于5%的要求，也高于企业内部决策高速公路新建项目时5% ~ 6%的门槛要求。三是分红比例不能小。REITs的一大特色是鼓励或强制分红。根据《公开募集基础设施证券投资基金指引（试行）》，REITs应当将年度可分配金额的90%以上以现金形式分配给投资者。据统计，首批9支公募REITs产品上市以来平均涨幅超过10%，上市两年来合计分红约35亿元，分红占比超过98%；28支已上市公募REITs产品，有14支进行一次及以上分红，7支实现3次及以上分红。

（三）发行流程"严"

一是发行涉及的协调部门较多。公募REITs发行对底层资产合法合规性要求高，在明晰产权、厘清债务、资产评估、补缴土地出让金、税务筹划等方面涉及部门较多，需要协调发改、国资、自然资源、住房城乡建设、交通运输、市场监管、金融、税务等部门共同参与和配合。二是发行审核流程严格。公募REITs对项目合规性的审核把关非常严格。目前，公募REITs采用"公募基金+资产支持证券（ABS）"的交易结构，通常需经省级发展改革部门按照"聚焦合规优质资产"原则，严格把关项目质量后报送国家发展改革委，由国家发展改革委对底层资产、项目投资等进行实质性审核通过后，方可推荐到中国证监会，再由证监会机构部、交易所分别履行公募基金、ABS的募集注册、上市审核等程序。其发行流程严格、程序规范，需要与多个上级部门反复沟通协调。三是专业性规范度强。REITs发行要求项目在试点范围内、资产规模达标、有足够的现金分派、产权结构清晰、手续依法合规、土地产证齐全、资金用途明确、运营成熟稳定、明确可以转让等。这对原始权益人、基金管理人以及牵头券商专业能力要求非常高。四是发行时间要求进度快。公募REITs发行有询价环节，相比普通公募基金发售更加复杂，在寻找匹配的机构投资者、合理定价方面，相比股票发行要求更高。调研了解到，公募REITs注册批文生效后，基金募集、询价发售、权益转让等一系列的发行行为需要在8～12个月的黄金窗口期完成；若超过1年，公募REITs往往难以发行成功。

（四）发行需求“切”

公募REITs是基于看得见用途的资金、可改进效益的方案、可复制渠道的融资，一些地方把成功发行REITs作为提升城市发展形象和优化营商环境的重要途径。一方面，全国许多城市发行需求迫切。从全国其他省市发行来看，目前，大部分发行REITs成功的案例集中在沿海或一线城市，中西部地区成功发行公募REITs上市的城市仅有合肥和武汉，江西省目前还没有发行，全国革命老区重点城市中目前尚无一单成功发行。从公募REITs发行资产分类来看，各省市交通类、园区类、能源类基础设施由于短时间内发展快、投资期相对集中、项目资金规模需求大，所以对公募REITs发行的需求更大、更为迫切，交通类规模最大，园区类数量最多（见图3-2）。赣州作为革命老区高质量发展示范区、融湾桥头堡、省域副中心城市，为在城市竞争中率先取得突破，下好公募REITs的先手棋，显得尤为重要和迫切。另一方面，全国拟申报的项目储备很多。公募REITs

成功上市案例为各地盘活基础设施资产提供了新思路、新路径和新模式。据了解，全国已入库储备高速公路 REITs 项目约 100 单，产业园区 REITs 项目 100 单，保障性租赁住房 REITs 项目 50 ~ 60 单，以及文旅项目和新基建项目等基础设施项目若干。据评估，我国第一阶段 REITs 发行产品总规模预计约为 100 支各地正在积极储备和筛选本地优质资产抢发公募 REITs，以求获得先发优势。例如，深圳市虽已成功发行多支 REITs 项目，但还有 10 余支基础设施 REITs 重点项目也在蓄势待发，预计盘活存量资产超百亿元。

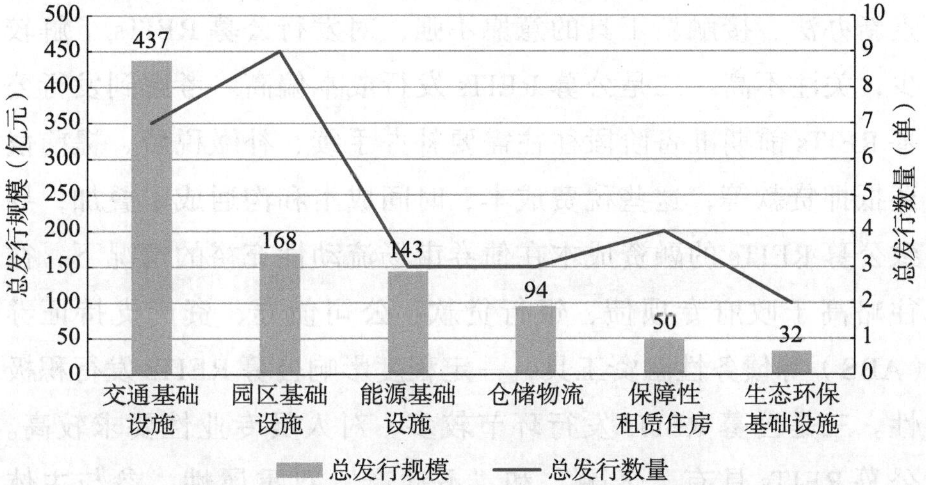

图 3–2 国内公募 REITs 发行资产分类情况

三、赣州的现实：厘清公募 REITs 发行的问题

对照公募 REITs 发行要求，立足赣州实际情况，赣州市属国企持有的保障性租赁住房、收费高速交通、产业园区等资产，均

属于国家发展改革委规定的发行公募 REITs 行业“白名单”范围，但仍面临四个主要问题。

（一）发行动力不足，存在畏难情绪

一是对公募 REITs 认知较少。部分地区和单位不愿将优质资产证券化，2022 年，赣州债务占 GDP 的比重处于警戒线以下，即使在城市投融资政策趋紧的形势下，仍可以采用政策性开发性金融工具、专项债、设备更新改造专项再贷款等工具，来拓宽项目建设资金来源。因此，大部分县（市、区）和政府融资平台公司认为举债仍有空间，把发债当成主要的融资方式，探索新办法、接触新工具的意愿不强，对发行公募 REITs 了解较少，关注不高。二是公募 REITs 发行成本偏高。考虑到发行公募 REITs 前期准备阶段往往需要补办手续、补缴税费、提前偿还抵押贷款等，这些税费成本、时间成本和沟通成本叠加，导致公募 REITs 的融资成本在债券市场流动性充裕的情况下，往往略高于政府专项债、银行贷款、公司债券、资产支持证券（ABS）等债务性融资工具，一定程度影响公募 REITs 发行积极性。三是公募 REITs 发行环节较多、对人员专业性要求较高。公募 REITs 具有“金融”和“不动产”双重属性，参与主体和交易环节较多，产品结构设计、财务会计处理和估值定价体系比较复杂。不同于到期还本付息的金融产品发行逻辑，公募 REITs 的原始权益人不仅要能够算清楚资产总额、资产负债率等“小账”，更要能够统筹考虑同类资产发展规划、运营成效、扩张节奏等“大账”，这对地方政府、国有企业相关人员的跨平台视野和专业素养要求较高。

（二）资产质量不够优，发行能力条件受限

一方面，资产流动性偏弱。近年来，市级政府融资平台公司资产规模不断壮大，却基本沉淀在工程建设领域。2022年赣州发投集团（已并表赣州交控集团、城投集团等）资产总额达2840亿元，增速超过6%，资产负债率为62.7%，稳中有降。从资产构成看，市政基建工程和土地等存货占40%，增速约13.7%；高速公路等固定资产、投资性房地产、县市区转借款等长期应收款合计的非流动资产占比约24%。总体而言，市属国有企业资产流动性偏弱，资产盘活手段有限。另一方面，资产收益率偏低。市级政府融资平台公司近年来不断做大资产规模，维持负债适度匹配，但资产运营能力仍然偏弱。2022年赣州发投集团并表净资产收益率仅为1%。市属国有企业基础设施资产中大多数为公益性、民生类基础设施项目，资产收益率低。例如，保障性租赁住房和人才住房收益率仅为2%，而廉租房收益率还不足2%。这与公募REITs底层资产表现优异（收益率不低于4%）、现金流成熟稳定的要求有较大差距。

（三）市场化程度不够高，达规程序手续复杂

一是部分资产权属不清。公募REITs要求项目权利完整、边界清晰。赣州市属国有企业可用于发行公募REITs的底层资产尚有部分存在权属分离、边界不明等问题。例如，赣州城投集团名义并表市级保障性租赁住房，但该类资产的运营管理权穿透后仍属于市住房城乡建设管理部门。二是部分资产运行依靠补贴。发行公募REITs要求底层资产的现金流主要来源于市

场化运营的收入，不依赖于第三方直接补贴等非经营性收入。目前，赣州市属国企、各县（市、区）对部分基础设施资产的运营往往采用财政直接补助等行政手段。以标准化厂房运营为例，部分地区采取一定期限免收租金或政府奖补金直接折抵租金等模式，这与公募REITs要求的“市场定价、租补分离”原则差距较大。

（四）资源权益不够集中，整合难度较大

一是部分资产管理分散。公募REITs区分不同类型底层资产，并要求扩募资产原则上与首发资产属于同一类型。赣州除高速公路外，保障性租赁住房、产业园区等资产运营管理大多归属不同主体，尚未成立相对统一的资产建设运营主体。二是单体资产能量较弱。公募REITs通常会将底层资产未来的运营净收入折现求和计算估值，因此，打包同类资产，可以增厚未来现金流，有利于公募REITs发行。目前，赣州相关资产不够集中，规模化、专业化、高效化发展程度不足，虽然拥有多个国家级、省级开发区，但单个园区资产收益较少，经多次摸排，仍较难筛选出符合条件的产业园区储备项目。例如，南康产业园区项目虽纳入省发展改革委储备库，但因现金流和收益率不达标等问题，无法进行实质性推进。三是资产发展规划不明。发行公募REITs可以理解为资产的首次公开募股（IPO），与公司上市一样，需要明确业务定位和发展战略，在精细化运营原始资产的同时，不断纳入优质同类资产，才能支撑二级市场的价格和走势。目前，赣州投资建设、移交运营等资产管理模式较为简单粗放，缺少同类资产发展的目标定位和相应的“融投管退”路径规划。

四、预期的方向：透析公募 REITs 可行的领域

从美国、新加坡、中国香港等境外成熟市场情况看，公募 REITs 产品数量少、资产规模大，估计我国公募 REITs 的“牌照”供给相对有限。对于三线城市而言，筛选出优质资产并确定首位资产类型培育至关重要且迫在眉睫。参考先进地区发行经验，结合赣州实际，现就公募 REITs 发行可能性分析如下。

（一）保障性租赁住房：有条件有机会，跳起来摘桃子可以够得着

一是符合国家政策方向。“十四五”规划明确要求，以人口流入多、房价高的城市为重点，扩大保障性租赁住房供给，着力解决困难群体和新市民住房问题。赣州常住人口近 1000 万，中心城区连续多年人口净流入，与居民收入相比，房价总体偏高，系江西省发展保障租赁住房重点城市之一。全市“十四五”期间，计划新增保障性租赁住房不少于 5 万套（间），其中，中心城区不少于 4.5 万套（间）。2022 年，全市完成省政府下达筹集任务数 1.67 万套，2023 年，全市新筹集保障性租赁住房工作目标为 11.49 万套。二是试点模式将迎来扩张机遇。北京、深圳、厦门等地保租房公募 REITs 项目试点，打通了租赁住房权益融资通道，为优质项目提供了资本市场退出渠道，实现了保障性租赁住房“融投退管”闭环，创造了良性发展的商业模式。调研了解到，国家发展改革委和住房城乡建设部计划联合打造公募 REITs 市场的保障房板块，很可能出现“一省域一牌照”的良好态势。三是

具备存量和增量同步改造的可能性。一方面，有可以借鉴先进地区成功经验的准备时间。全市保障性租赁住房市场尚处于建设运行初期，可以按照公募REITs发行逻辑，提前谋划资产效用最大化的可行路径，统筹考虑资产的布局规划、投融资模式和运管方式。例如，加大项目用地资源供给，采用市场化租金水平折让或“租补分离”等方式，减少运营成本、加强系统化精细化管理等，这将有利于构建较好的未来现金流，有助于提高资产估值定价。另一方面，发行涉及的问题主要集中在市县两级事权层面，外部沟通事项较少。在保租房认定、用地方式及合规性、收益及经营年限、资产转让及税务筹划等方面虽然涉及部门较多，但主要属市级层面可以协调和调度相关主管部门解决的范畴。

（二）收费高速公路：基础条件好，短期推动有难度

赣州交控集团是江西省内三大高速公路投资建设主体之一，也是赣州市唯一的高速公路建设和运营主体，目前管理6条高速公路，收费里程约480公里。其中，赣定、绕城和兴赣北延3条高速为经营性高速，龙杨、兴赣和寻全3条高速为政府还债高速，上述资产手续齐全、权属明确，合规情况良好。但对照发行上市条件，仍存在一些短板问题，短期推动有难度。主要有四个方面的短板：一是资产选择受限。兴赣北延高速2020年底通车，受疫情等因素影响，亏损严重，不适合作为公募REITs的合格基础资产。即便对现有资产进行组合，如赣定和绕城高速分别于2004年7月和2010年8月通车，收费年限均为30年，收费里程合计170公里，项目总投资约60亿元，与已发行同类REITs资产相比仍存在一定差距。其余三条高速公路由政府还债变为经营

性难度大，存在较多政策障碍。二是融资负担较重。赣州交控集团目前的经营收益基本依靠赣定高速，但因赣定高速用于银行贷款抵押等，资产上设置的融资负担较重，同时，作为企业核心资产，以赣定高速为底层资产发行公募 REITs，必须实现资产并表。这意味着赣州交控集团需要先拿出更多的资金提前偿还银行债务和持有超过 30% 以上的 REITs 份额，发行公募 REITs 的经济性存疑。三是共有资产难协调。目前，绕城高速通行费收入较为理想，但该高速是赣州交控集团与广东省高速公路发展股份有限公司（以下简称粤高速）共同投资项目，若以此为底层资产发行公募 REITs，需提前取得粤高速同意，存在不确定性。四是扩募资产无储备。赣州辖内高速规划网已基本完成搭建，即使成功发行公募 REITs，赣州交控集团目前暂无符合扩募条件和可装入的成熟资产，长期来看，这将影响二级市场稳定运行。

因此，赣州收费高速公路资产具备发行公募 REITs 的部分基础条件，但短期内推动困难，需进一步解决以下难点、堵点事项：一方面，要开展专业分析研判，精确测算赣定和绕城高速的可供分配金额，以此为基准，评估模拟发行规模和成本，确定发行公募 REITs 的经济性。另一方面，要加强外部沟通支持，通过产权受让或转换为持有公募 REITs 份额等方式，主动加强与粤高速的沟通，取得其全力支持，增厚底层资产；同时要取得省级政府和行业主管部门的支持，倾斜优质资源，共同将该公募 REITs 打造为具有省域品牌效应的高速公路类型资产上市运营管理平台。

（三）产业园区：不具备现实基础，发行必要性不强

一是对城市经济发展水平要求较高。已上市的 9 单产业园区

公募 REITs 项目，各分布于上海、北京、深圳、苏州、武汉、杭州、合肥等 GDP 头部城市，共同特点为产业基础好、经济增长点多、优质企业多、园区运营市场化程度高。而赣州产业基础不强、附加值较低，发行产业园区公募 REITs 难度大。二是依托高成长性的多元产业。调研发现，产业园区公募 REITs 筛选资产重点关注园区产业结构和发展前景、租户质量和分散度等，以保证租金收入稳定并预防退租风险。例如，招商蛇口产业园租户以新一代信息技术、文化创意行业为主，张江光大产业园租户集中于在线新经济、金融科技领域，合肥高新产业园面向电子信息、先进制造及现代服务等行业，底层资产均聚焦在战略性新兴产业，兼具集聚性和互补性。相较而言，赣州产业主要分布在产业链中上游和产业集群外围，特别是 2022 年以来，受房地产调控、原材料价格波动等多重因素影响，现代家居、电子信息、新能源等主导产业出现波动或下滑情况。三是国家发展改革委排队同类项目已近饱和。不同于企业上市，同类资产公募 REITs 具有“牌照”稀缺性。调研了解到，国家发展改革委目前对产业园区公募 REITs 项目审批更为严格，全国范围内符合条件的排队项目较多。在赣州产业园区资产分散、局部权属不清、现金流分派率较低的情况下，按照公募 REITs 发行条件进行存量资产整合时间长、跨度大，很可能是“费力赶集，集市已散”。

综合来看，公募 REITs 的优势在于能够盘活存量资产、分散开发风险，契合产业园区开发周期长、资金需求量大的特性，可以吸引社会资本参与园区建设，同时能够解决园区持有主体和运营主体“角色重叠”，开发建设和运营服务“轻重难分”等痛点。建议赣州进一步加强产业园区的市场化规范运行，筛选出资产收益率高、运营能力强的优质项目，挖掘补充风险投资、广告、通信等资源性收入，或以类REITs或私募REITs产品作为起步，带动形成可复制可推广的经验，推动产业园区全面升级，为REITs发行“蓄能”。

（四）新基建、消费等领域：潜力好，但需要从增量上作为

新基建是第四次工业革命背景下的数字经济发展、生产方式变革、生产效率提升的重要物质基础，是一种战略性、结构性力量。“十四五”期间新基建规划投资将达到10万亿元规模，具有巨大的市场需求和强劲的增长动力。从全球市场看，新基建REITs市值占比不断提升，且保持着良好的市场表现。从国内市场看，2021年，国家发展改革委印发了《关于进一步做好基础设施领域不动产投资信托基金（REITs）试点工作的通知》，把新型基础设施纳入试点范围。虽然目前新基建REITs的发行上市尚未取得突破，但是未来形成的大量新基建投资可以借助REITs等金融工具实现资产盘活，形成投融资的良性循环。2023年3月，中国证监会、国家发展改革委再度联合发布通知，进一步拓宽试点资产类型，优化项目收益与规模准入要求，公募REITs已进入常态化发行阶段。近期，国家发展改革委表示，持续推动REITs市场在数量、规模、资产类型和发行主体方面扩容，特别是IDC（互联网数据中心）、文旅等新基建和消费类型公募REITs有望在2023年取得新突破。在新基建领域，专家认为，数据中心、新能源汽车充换电储能设施、通信铁塔等资产具有公募REITs发行潜力。新基建REITs创新探索有六大方向：一是把握REITs核心内涵，拓展资产类型外延；二是植入科技创新元素，加强产品

全生命周期管理；三是基于资产类型与技术框架，向垂直化、专业化发展；四是构建市场化增值支持机制，保障初始产品平稳运营；五是注重行业顶层设计、政策引导、促进市场发育；六是守住信息安全底线，注重平衡 REITs 产品商业需求与行业保障功能。在消费领域，通过 REITs 盘活稀缺的遗产或 5A 级景区等文旅优质存量，有利于文化强国建设，带动优质文旅资产开发，释放文化资源禀赋。赣州拥有丰富的红色、绿色、古色旅游资源，具有可挖掘的发行潜力，但应注意严格把好底层资产质量关，特别是资产合规性、收益稳定性等方面，必须经得起时间和实践检验。

五、我们的建议：抓住公募 REITs 工作的要点

综上所述，研究提出以下建议：赣州作为革命老区高质量发展示范区，应选择保障性租赁住房作为全市发行公募 REITs 的重点突破方向，按照 REITs 发行的功能定位、产品逻辑和条件要求，坚持市场化原则，加快开展市场规划、项目培育和申报准备工作，有针对性地攻克实质性难关，在江西省下好先手棋，力争在革命老区重点城市的公募 REITs 发行中率先取得突破。

（一）靠前发力，解放思想积极抢抓时间窗口

保障性租赁住房 REITs 是金融支持解决新市民、青年人等群体住房困难问题的重要举措，能够有效缓解保障性租赁住房的投资建设资金压力，降低财政债务负担，进一步释放保障性租赁住房投资活力。一方面，统一思想、深化认识。转变担心

REITs融资成本高而不愿改变现有管理和发展模式的守旧观念，鼓励各级干部善于接受新事物，采取新举措，创新融资新渠道。特别是摆脱对债务性融资方式的路径依赖，降低资产杠杆，从根本上解决资产“虚胖”等问题。另一方面，立即行动、积极响应。目前，公募REITs正处于起步阶段，但已总结出一批可复制可推广的经验，在当前市场潜力巨大、投资人投资热情高涨、发行溢价追高的良好形势下，赣州具备良好的现实基础，发行REITs正当其时。建议抢抓机遇、迅速行动，紧跟国家与地方政策窗口，抓紧时间谋划储备，积极做好与上级部门的联系沟通和汇报对接工作，及时掌握国家政策动向，扎实做好前期各项准备工作。

（二）高位推动，统筹协调形成工作合力

一是坚持顶层推动。实施“一把手工程”，建议成立由市委、市政府主要领导任组长的工作领导小组，由党政“一把手”亲自谋划、亲自推动，充分调动各方资源，自上而下强力推进项目进展。二是落实专班推进。参考各地发行经验，建议组建由市发展改革委牵头，联合市住房服务中心、自然资源、国资、财政、税务、金融、行政审批、银保监分局、城投集团等单位组成的工作专班，研究制定保障性租赁住房公募REITs项目培育和发行方案，以问题、目标、效果为导向，明确工作任务，落实工作责任，形成工作合力，强势推进项目培育和申报进展。三是加快出台专项制度政策。研究制定促进公募REITs业务发展相关规范性、制度性文件，建立保障性租赁住房市场化运营管理制度、规则，研究出台项目公司等主体搭建、保租房认定、资产转让、证照补齐等过程中需要的支持性政策等。四是开展专题业务培训。邀请相关监管机构、原始权益人、专业能力突出的中介机构开展公募REITs专题业务培训，提高各部门对基础设施REITs试点工作认识，重点解析保障性租赁住房产品发行过程中面临的主要问题和可行的解决方案。

（三）有序推进，合理依规扎实做好前期准备

一是摸清底层资产情况，做好项目储备。聚焦试点政策要求，在全市范围开展摸排，全面梳理保障性租赁住房资产情况，按照“应入尽入”的原则，完善市级REITs项目储备库，对于暂不符合条件的资产，可以对照政策要求进行培育，建立市级REITs项目培育库。对拟入库项目实施分类管理，推动意向项目、储备项目加快落实发行条件，形成“发行一批、上报一批、储备一批”的良性循环。二是理顺资产权属关系，加强资产合规管理。按照所有权和运营权相统一的模式，采用保障性租赁住房资产项目化管理模式，在项目启动、开发、建设、移交过程中，及时加强资产瑕疵问题梳理，严格落实办理立项、规划、用地、环评、施工许可、竣工验收、节能审查、项目认定等手续，确保资产合法、程序合规。全面整合保障性租赁住房资产，提升资产管理能力，对有意愿参与REITs的项目，提前规划布局。三是优化用地供给模式，提高资产溢价空间。加强供地模式研究，结合城市发展和产业布局规划，从人气、配套、周边房地产市场情况等多个维度，合理确定新建保障性租赁住房选址，形成有助于保障性租赁住房市场发展的用地模式，降低项目建设和土地成本，为后续发行公募REITs提高溢价空间。四是规

范运营管理，提升资产价值。以市场化租金为参考，通过精细化管理服务和商业配套的有效运营，提高保障性租赁住房的承租率，不断赋能资产价值。可借鉴厦门安居REIT园博公寓、珩琦公寓管理模式，注重完善公寓配套设施，实现租户“拎包入住”，并成立物业公司，加强小区日常精细化管理和提升优质化服务水平，打造高品质小区，为租户营造舒适、安全的生活环境。注重运营管理的信息化建设，强化对保障性租赁住房分配制度的监督，确保公正性的同时，实现对出租率和实际居住情况的有效监测，运用信息化手段预判分析未来现金流情况，促进资产价值的有效提升。

（四）专业赋能，借力中介机构提速增效

发行公募REITs是一项复杂专业的系统工程，离不开一流专业机构的指导和支持。目前已上市的4支保障性租赁住房公募REITs产品，均由头部券商和基金公司指导上市并监督REITs运营管理，如聘请中金公司、中信证券、深创投红土资管等。建议尽快邀请专业机构开展赣州相关资产初步盘点和梳理工作，做好尽职调查、税收筹划和交易结构设计，强化项目合规和风险管理。一方面，可通过专业团队在资产估值、财产管理和财务分析方面为赣州发行保障性租赁住房REITs提供专业性的指导。另一方面，借助中介机构拥有良好的沟通渠道优势，帮助赣州沟通协调上市发行有关要求和需重点关注的事项，帮助项目符合上市发行过程中合法性、合规性、安全性、透明性等方面的各项要求，促成项目快速发行。同时，借助专业机构广泛的商业网络和市场地位吸引广大投资者积极投资，以获得有优势的上市价格。

附件

京沪深厦合公募 REITs 发行情况及经验做法

公共基础设施 REITs 是贯彻落实党中央、国务院关于防风险、去杠杆、稳投资、补短板决策部署的有效政策工具，是投融资机制的重大创新。近年来，北京、上海、深圳、厦门、合肥等地纷纷抢抓机遇开展 REITs 试点工作，探索总结出了一批实践经验，值得学习、思考与借鉴。

一、五城公募 REITs 发行情况

（一）发行基本情况

目前，全国已上市发行的公募 REITs 有 28 支，发行总规模近千亿元，主要集中在北京、广东、上海等一线城市，具体数量及发行规模见图 3–1。从市发改、国资、金融等单位近年来摸底情况看，由于产业园区、交通基础设施、保障性租赁住房三个主要领域基础设施资产具有一定规模和基础，发行条件和规则相对成熟，全国已发行的公募 REITs 大多集中于以上三个类别。为全面了解北京、上海、深圳、厦门、合肥五个城市公募 REITs 发行情况，进而了解掌握全国公募 REITs 发行现状，我们梳理出 8 支具有代表性的典型产品并分领域进行对比分析，这 8 支产品分别是：试点首批 3 支产品（蛇口产业园 REIT、张江光大 REIT 和广州广河 REIT，其中前 2 支完成扩募上市），保障性租赁住房首批 3 支产品（北京保障房 REIT、深圳安居 REIT 和厦门安居 REIT），发行规模最大（安徽交控 REIT）、中部地区首单产业园区类（合肥高新 REIT）。

（二）发行条件要求

根据国家发展改革委《关于进一步做好基础设施领域不动产投资信托基金（REITs）试点工作的通知》（发改投资〔2021〕958号）、《关于规范高效做好基础设施领域不动产投资信托基金（REITs）项目申报推荐工作的通知》（发改投资〔2023〕236号）等文件精神，做好公募REITs申报发行，须把握好以下几个重点：一是资产规模方面，首次发行的资产评估净值原则上不低于10亿元（保障性租赁住房REITs不低于8亿元），且发起人（原始权益人）应具有较强扩募能力，发行规模原则上不低于首次发行资产规模的2倍。二是资产收益及经营年限方面，资产运营时间原则上不低于3年，预计未来3年净现金流分派率原则上不低于4%。对已实现长期稳定收益的项目，可适当降低运营年限要求。三是前期准备方面，提前落实立项、规划、用地、环评、施工许可、竣工验收、节能审查、项目认定等固定资产投资管理手续。四是回收资金使用方面，净回收资金（指扣除用于偿还相关债务、缴纳税费、按规则参与战略配售等资金后的回收资金）应主要用于在建项目、前期工作成熟的新项目。其中，不超过30%的净回收资金可用于盘活存量资产项目，不超过10%的净回收资金可用于已上市基础设施项目的小股东退出或补充发起人（原始权益人）流动资金等。两年内净回收资金使用率原则上应不低于75%，三年内应全部使用完毕。

二、三个主要领域对比分析

（一）产业园区类

作为产业落地的基础载体，产业园区REITs与实体经济发展关系极为密切，对推动地方经济发展具有明显的助力作用。调研中，我们重点选取了首批公募REITs深圳招商蛇口产业园REIT、上海张江光大产业园REIT，以及中部地区首单合肥高新创新产业园REIT进行研究分析。三支公募REITs基本信息见表3–1。

表3–1　产业园区REITs信息情况统计

类别	招商蛇口产业园REIT	张江光大产业园REIT	合肥高新创新产业园REIT
原始权益人	招商局蛇口工业区控股股份有限公司	上海光全投资中心（有限合伙）、光控安石（北京）投资管理有限公司	合肥高新股份有限公司
底层资产	万融大厦、万海大厦	张江光大园	合肥高新区创新产业园一期
项目所在地	深圳市	上海市	合肥市
基础设施类别	产权类	产权类	产权类
资产出租率（%）	82	99.51	85
平均租金（2023年一季度）单位：元（m^2·月）	111.33	155.7	研发办公用房：35 商业配套用房：55
资产估值（亿元）	23.58	14.17	13.51
发行规模（亿元）	20.79	14.95	15.33
发行价格（元/份）	2.31	2.99	2.19
发行折溢价率（%）	–6.75	1.7	8.21

综合分析三支产业园区REIT，有以下几个特点值得关注。

1. 产业布局多元高端。为保证产业园租金收入有持续性和增长性，三支产业园区REIT在产业筛选和配比上进行了调控，重点布局高成长、多元化的高端产业。例如，招商蛇口产业园租户以新一代信息技术、文化创意行业为主，张江光大产业园的租户主要集中在线新经济、金融科技领域，合肥高新产业园的租户主要面向电子信息、先进制造及现代服务等行业。底层资产均聚焦在战略性新兴产业，兼具集聚性和互补性，确保入驻企业行业分布多元、结构适度分散。

2. 投资主体积淀深厚。三支产业园区 REIT 均有实力雄厚、经验丰富的央企平台背书，底层资产均为国家级产业园，且普遍拥有不俗的历史运营背景，加上园区存量资产丰厚，为 REIT 的成功申报发行与后续扩募提供了重要支撑。例如，招商蛇口工业区成立于改革开放之初，深圳全市 75% 规模以上企业和 80% 规模以上工业产值集中在产业园区，几十年来创造了诸多“国内第一”，“时间就是金钱，效率就是生命”等理念影响至今；张江光大园 2001 建成投用，位于上海市张江科学城集成电路设计产业园核心区，原始权益人均为国资背景投资管理平台，园内落户众多知名企业；合肥高新区创新产业园一期于 2011 年建成投用，其原始权益人合肥高新股份有限公司是安徽省内一流、国内领先的国控产业园区开发建设主体，位居中国产业园区运营商 50 强、运营商影响力 10 强之列。

3. 推动实现资管转型。三地均通过发行公募 REITs，科学设置交易结构，探索解决产业园区既开发又管理的“双重角色”问题。一方面，通过发行公募 REITs 提供盘活存量资产的渠道，引导、调动社会资本参与园区建设的积极性。另一方面，通过对园区资产进行“轻重分离”，促进产业园区原始权益人重心由开发建设转向运营服务，让原始权益人能够更专注于为园区企业提供服务。

4. 筛选储备优质资产。国家发展改革委目前对产业园区公募REITs项目审批相较其他类型更为严格，一定程度上刺激和推动产业园区不断优化园区产业结构、纳入优质资产，确保始终保持较强的市场竞争力。例如，在筛选和储备潜在优质资产方面，招商蛇口产业园REIT目前已准备19个具体产业园区和其他优质产业园资产，为增发、扩募打好了“提前量”；张江光大产业园REIT也已准备3个潜在底层资产，且其综合实力都较强。

（二）交通基础设施类

高速公路行业因发展成熟、资产规模存量可观、主要持有人股权结构清晰等属性，适合作为REITs的底层资产。因此，在所有REITs类型产品中，以高速公路为基础资产的交通基础设施REITs在数量和市值方面均占据优势。调研中，我们重点选取了广州广河、安徽交控高速公路REIT进行深入剖析。两支公募REIT基本信息见表3-2。

表3-2 交通基础设施REITs信息统计

类别	广州广河高速公路 REIT	安徽交控高速公路 REIT
原始权益人	广州交通投资集团有限公司	安徽省交通控股集团有限公司
底层资产	广州至河源高速公路广州段项目	沿江高速公路芜湖（张韩）至安庆（大渡口）段
项目所在地	广州市	合肥市
基础设施类别	特许经营权类	特许经营权类
开始运营时间	2015年12月	东段：2007年6月 中段：2008年6月 西段：2006年12月
特许经营收费期限	25年	30年

续表

类别	广州广河高速公路 REIT	安徽交控高速公路 REIT
近三年车流量年均复合增长率（%）	13.4	13
资产估值（亿元）	96.74	111.98
发行规模（亿元）	91.14	108.8
发行价格（元/份）	13.02	10.88
发行折溢价率（%）	–5.79	–2.84

两支交通基础设施 REIT 的发行规模达到或接近百亿级，安徽交控 REIT 为目前发行规模最大的 REIT。两支公募 REITs 的发行与运维整体难度较大，与其他类型公募 REITs 相比，呈现出以下几个特点。

1. 存量与增量并重。底层资产方面，两支公募 REIT 底层资产均为经营性高速公路，权属清晰；分别位于长三角、粤港澳大湾区周边或核心区域，为重要交通枢纽，区位优越；车流量年均复合增长率均超过 13%，客车通行率均达 65% 以上，收益稳定。扩募资产方面，两支公募 REITs 存续年限均高于特许经营期年限，基金净值将随着特许经营权到期逐年减少，需及时装入新的优质资产进行扩募。因此，两家公司在 REIT 发行之初就为扩募打好了“提前量”，目前已筛选、培育了一批优质资产，将于适当时候扩募上市。

2. 挑战与收益并存。受疫情封控影响，2021 年、2022 年广州广河 REIT 项目通行费收入明显减少，2022 年上半年同比减少达 8.2%，直接影响当期现金流分派。安徽交控 REIT 上市之初正值债券市场回调，加上发行价超 10 元定价较高，影响投资热情，成为首支“破发”公募REITs，上市首日跌幅达4.5%。受上述因素影响，两支公募REITs上市后二级市场表现不尽如人意，始终徘徊于发行价。但综合来看，两支公募REIT对原始权益人仍然发挥了积极作用。以广州广河REIT为例，从2021年开始，均能按照每年两次的频率进行分红，至2023年一季度已进行4次分红，累计分红金额达10.1亿元。

3. 发行与宣传并行。广州、合肥两地对公募REITs发行均十分重视，成立工作专班专项推进，并从申报之初就同步谋划、推进宣传策略。广州广河REIT积极协调省、市发展改革委及市国资、财政、交通运输等部门联合破题，打通REIT申报发行“绿色通道”。同时，制定“线上+线下”宣传策略，线上通过《人民日报》旗下全景网举办路演直播，吸引观众10万余人；线下前往北京、上海等地与38家投资者面对面沟通，积极争取广州银行、广州国发等本地机构支持，举办9场现场交流会、主题采风活动，做足宣传造势文章。安徽交控REIT建立了发展部门审核、证件部门管理联合工作机制，相关职能部门全程协调服务，从正式启动申报至发行上市仅用时1年，在同类项目申报中速度最快。

（三）保障性租赁住房类

主要指以保障性租赁住房作为底层资产的公募REITs。自2021年7月以来，中央多个部门陆续出台相关政策引导推动保障性租赁住房资产发行REITs产品。特别是2023年在中国证监会《关于进一步推进基础设施领域不动产投资信托基金（REITs）常态化发行相关工作的通知》、国家发展改革委《关于规范高效做好基础设施领域不动产投资信托基金（REITs）项目申报推荐工作的通知》等文件中，明确首次发行保障性租赁住房REITs项目当期目标不动产评估净值由不低于 10 亿元调整为不低于 8 亿元，保障性租赁住房等产权类项目现金流分派率由 4% 调整为 3.8%，适当降低了公募 REITs 发行的标准门槛。

首批保障性租赁住房 REITs 于 2022 年 8 月正式上市，分属深圳、厦门、北京三地，一经上市便受到机构与投资者热捧，发行首日单价均上涨 29% 以上并售空，发行溢价率达 7% ~ 9%，网下投资者、公众投资者认购倍数均达百倍以上。其中，深圳人才安居保障性租赁住房 REIT 公众投资者认购倍数达到惊人的 256.41 倍。三支公募 REITs 基本信息见表 3–3。

表3–3　保障性租赁住房REITs信息统计

类别	深圳人才安居保障性租赁住房 REIT	厦门安居保障性租赁住房 REIT	北京保障房中心租赁住房 REIT
原始权益人	深圳市人才安居集团有限公司（发起人）、深圳市福田人才安居有限公司、深圳市罗湖人才安居有限公司	厦门安居集团有限公司	北京保障房中心有限公司
底层资产	安居百泉阁、安居锦园、保利香槟苑、凤凰公馆	园博公寓、珩琦公寓	文龙家园、熙悦尚郡
项目所在地	深圳市	厦门市	北京市
基础设施类别	保障性租赁住房	保障性租赁住房	公共租赁住房
土地取得方式	协议出让 + 招拍挂	协议出让	招拍挂
资产出租率（%）	99 以上	99 以上	94 左右
较同地段租金比例（%）	60 左右	67 ~ 74	54 ~ 56
补贴情况	不依赖第三方补贴	不依赖第三方补贴	由区县住房保障管理部门直接发放至承租人账户

续表

类别	深圳人才安居保障性租赁住房 REIT	厦门安居保障性租赁住房 REIT	北京保障房中心租赁住房 REIT
资产估值（亿元）	11.58	12.14	11.51
发行规模（亿元）	12.42	13	12.55
发行价格（元 / 份）	2.48	2.6	2.51
发行折溢价率（%）	7.25	7.08	9.04

从调研了解及公开信息来看，首批保障性租赁住房 REITs 呈现出以下几个特点。

1. 做好资产认定。发行保障性租赁住房 REITs 需首先就底层资产取得保障性租赁住房认定书。北京、厦门等城市已发布明确的纳保政策细则，认定标准主要依据《国务院办公厅关于加快发展保障性租赁住房的意见》（国办发〔2021〕22 号）文件中小户型（以建筑面积不超过 70 平方米的小户型为主）、客群（符合条件的新市民、青年人等群体）、租金水平（租金低于同地段同品质市场租赁住房租金）等要求。对尚未发布纳保政策细则的城市，则需采取“一事一议”原则。例如，深圳市采取了原始权益人与住房城乡建设等部门沟通，出具保障性租赁住房项目认定书的方式来进行认定。

2. 注重区位选择。保障性租赁住房收益来源 90% 以上依靠租金。为确保出租率始终维持在高位，三支公募 REITs 十分重视底层资产的区位条件。比如，深圳人才安居保障性租赁住房 REIT 底层资产分别位于深圳市福田区、罗湖区等的核心路段，周边配套齐全，毗邻大型写字楼，租户整体素质较高；厦门安居保障性租赁住房 REIT 底层资产紧邻软件园三期人口密集区域、办公楼聚集地及大型科技（工业）园区周边，吸引了众多大学生、企业年轻人和城市基本公共服务人员等新市民群体。得益于良好区位，三支公募 REITs 住房出租率均达 94% 以上，深圳、厦门两支均达满租状态，且目前仍有较高需求。

3. 坚持品牌打造。三支公募 REITs 在底层资产的户型设计、装修风格、基础配套、社区管理上下足了功夫，力求提升品牌影响力。以厦门安居保障性租赁住房 REIT 为例，一方面，高品质装修住房，除卫生间、厨房等功能性空间配置外，还配备了实木家具、地板以及空调、洗衣机等家电。另一方面，建立“安居·叩叩”网站平台，实行实名登记、系统管理，并加强住房预约、登记、入住全流程监管，客户从预约到办理入住，最快可当天完成。同时，成立厦门安居物业管理有限公司，定期做好小区内环境卫生及安保服务，提升品牌吸引力和影响力。

4. 保持公益属性。三支公募 REITs 所在地为国内一、二线城市，租金水平普遍高于全国其他地市。在租金设定上，三支公募 REITs 均通过租金折让、租补分离的方式，以低于同地段市场租金的价格，保障新市民、新青年市民、中低收入家庭等群体住房需求，在市场化运作的基础上，保证了保障性租赁住房的公益属性。例如，北京保障房中心租赁住房 REIT 通过住房补贴的形式，由区县住房保障管理部门直接发放至承租人账户，降低租户租金成本，加算住房补贴，租金最低控制在周边租房市场价的 54%［52 元 /（m^2·月）］；厦门安居保障性租赁住房 REIT 由于土地、建造成本极低（园博公寓、珩琦公寓项目实际每平方米造价约为 5915 元；每套公寓造价约为 25.21 万元），租金水平仅约为周边市场化租金水平的 66 ~ 74%。

5. 储备扩募资产。三支公募REITs均提前梳理、筛选一批优质资产。例如，深圳人才安居保障性租赁住房REIT为做好REITs的发行与后续扩募工作，盘活了共计1830套保障性租赁住房，且仍在持续筛选与吸收优质资产。目前，深圳市人才安居集团以绝对控股方式持有的可扩募资产预计投资规模已达53.6亿元，是其已发行REIT资产估值的4.6倍。

三、五城主要经验做法

（一）把握一个重点，审慎选择申报类型与底层资产

截至目前，全国仅有28支公募REITs产品上市，多数集中在北京、上海、深圳等经济发达地区。作为国家的试点项目，与其他金融产品相比，REITs在申报与发行条件、程序等方面都有着更严格的标准与要求，申报往往需要倾注大量时间与心血。因此，必须结合本地实际，在全面梳理、综合衡量、比较分析的基础上，量力而为慎重选择申报类型与底层资产。这也是调研中各地专业部门与机构一致认同并实践执行的。首批9个公募REITs中，深圳之所以选择招商蛇口产业园区，就是因为在这块仅22.8万平方米的土地上汇集了苹果、IBM等世界500强企业，深圳市联新移动医疗科技有限公司等独角兽企业逾450家，产业集聚度超70%，拥有大量的优质存量资产支撑REITs发行及后续扩募。此外，厦门安居保障性租赁住房、上海张江光大园等公募REITs，也均为当地极具代表性的优质国有资产。发达地区在申报中如此审慎，赣州作为成长中的Ⅱ型城市，更应在申报类型与底层资产选择上慎之又慎，力求“干就干好，做就做成”。

（二）抓住两大关键，内外发力降低发行与运维成本

作为新兴事物，公募REITs在全国的普及率并不高，且存在一定专业门槛。因此，应从内外两个方面发力，着力降低成本、提高发行效率。一方面，内部科学设置交易结构。一是设立SPV公司（特殊目的公司），采取“股+债”模式构建税盾，减少企业税负成本。以北京保障房中心租赁住房REIT为例，原始权益人设立SPV公司，通过接受资产支持计划股东借款让渡股权之后，收购项目公司100%股权，项目公司反向吸收合并SPV公司（见图3–3）。此举可以通过股东借款使收益以利息方式进行分配，从而减少企业所得税成本。安徽交控REIT、招商蛇口产业园REIT等也运用了该模式。二是基金管理人委托或聘用原始权益人运营管理基金项目，以保证底层资产持续稳定运营，防止国有资产贬值、流失。广州广河REIT、上海张江光大园REIT等产权类REITs一般采用该种模式。另一方面，外部合理借助机构力量。公募REITs的申报发行条件、程序严格，借助中金公司、中信证券等专业中介机构能够有效降低试错成本。从调研反馈的情况来看，五个城市所有公募REITs均聘请了经验丰富的中介机构进行指导。

（三）规避三项风险，全程管控减少矛盾与隐患影响

公募REITs申报与发行中的一些风险点应引起重视。一是“土地瑕疵”风险。在实际操作中，不少公募REITs项目都或多或少存在未取得国有土地使用证、服务区房屋建筑未取得不动产权属证书、土地规划面积与实际证照面积不一致等土地问题，特别是在高速公路REITs中容易出现此类问题。例如，广州广河REIT至发行前仍未取得土地使用证，给基金上市发行和

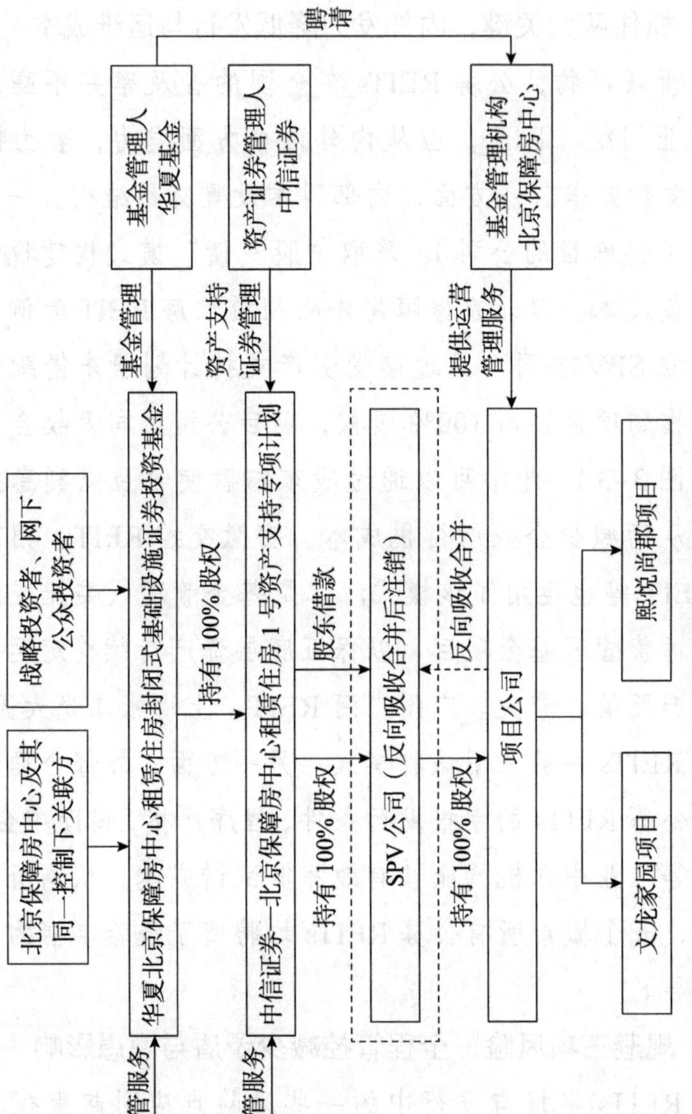

图 3-3　北京保障房中心租赁住房 REIT 交易结构

运作收益带来隐患。应提前介入并协调相关部门妥善处理。二是租约集中到期风险。突出体现在产业园区REITs上。以张江光大产业园REIT为例，受2023年5月12日哲库科技解散事件（OPPO宣布关停旗下芯片子公司哲库科技）影响，基金价格曾一度大跌6.22%。其实在事件发生前几个月，张江光大产业园项目就已经有重要租户退租，导致2023年一季度末的出租率降至70.57%，较2022年末下降22.03%。出现基金价格大跌，与张江光大产业园出租率修复进度较慢有较大关联。实际上，从披露的情况来看，招商蛇口产业园、张江光大产业园未来2～3年均存在同期入驻企业租约集中到期风险，后续签约续租客户情况将直接影响产业园租金收益。这也提示我们，发展产业园REITs前应全面梳理园区企业租赁到期情况，避免企业租约集中到期风险。三是考核措施失衡风险。在公募REITs的存续期内，收入、利润、归属于母公司所有者的净利润波动明显，这种大起大落的财务数据，往往对于国资企业的年度考核影响较大。因此，国资考核部门针对基础设施REITs业务对企业财务指标的影响，应设计相应的考核机制，以提升企业开展公募REITs业务的积极性。

（四）做好四件事情，提前介入解决难点和节点问题

公募REITs申报与运维环环相扣、相互影响，应加强全过程管理，确保发行高效、顺利。一是妥善做好前期准备工作。应尽早梳理项目资产，特别是部分权属不清晰、范围不明确的资产，应尽早进行资产重组，以有效降低税负。例如，广州广河REIT在申报之初，协调联动各部门仅用两个月时间就完成了项目清产核资、签订特许经营权补充协议、银团置换、债务平移、人员划

转等多项工作，为项目申报发行打牢了基础，值得学习借鉴。二是主动做好沟通协调工作。公募 REITs 申报发行涉及中央和省、市多个层面，发改、证监等多个部门，既要做好向上对接联络、沟通协调，也要发挥“一把手”作用，协调本地有关行政主管部门协同作战，凝聚工作合力。三是同步做好宣传造势工作。要确保公募 REITs 发行成功，既要提升市场的“知晓度”，也要提升市场的“认可度”。因此，制定有针对性的宣传、销售策略尤为关键。广州广河 REIT 通过“线上 + 线下”的方式宣传造势，大大提升了市场认同，使原定 2 天的发售时间 1 天完成，值得学习借鉴。四是常态做好资产扩募工作。公募 REITs 扩募有利于促进并购活动，促进投融资良性循环，提升 REITs 整体市场规模及业绩，可以说是公募 REITs 持续健康运营的必要条件。从调研掌握的情况来看，五个城市所有公募 REITs 均有扩募上市的计划。2023 年 6 月 16 日，深圳招商蛇口产业园 REIT 与张江光大产业园 REIT 已作为全国首批扩募 REITs 成功扩募上市。

提高赣南苏区振兴发展政策效应的重点领域*

2012 年 6 月 28 日，《国务院关于支持赣南等原中央苏区振兴发展的若干意见》出台实施，赣南等原中央苏区振兴发展上升为国家战略。该战略实施以来，国家层面先后出台配套政策文件达 260 个，其中国务院印发 20 个，逐步形成系统化对口支援政策支撑体系，构筑起区域性“政策高地”。在国家对口支援政策的强力引导下，赣南苏区发生了巨大变化，进入经济社会发展最快、城乡面貌变化最大、老百姓受益最多的时期。经过十余年的振兴发展，如今赣州的经济社会发展条件发生了显著变化，在新时代推动赣南苏区振兴发展应当因时而变、顺势而为。为更好做好新形势下赣南苏区振兴发展工作，自 2023 年 9 月以来，我围绕“赣州自身如何用好用足国家政策，如何与闽西等周边地区联动共赢发展”主题，坚持问题导向，带领市直有关部门负责同志和部分挂职干部，深入赣州各县（市、区）和福建省三明市、龙岩市等地开展了专题调研，梳理了赣南苏区振兴发展取得的积极成效，分析了政策执行落实中存在的不足，以及赣州、闽西两个革命老区高质量发展示范区协同互促方面的问题，提出了有关意见建议，

* 此文成稿于 2023 年 11 月 30 日。

供市委、市政府决策参考。现将有关情况报告如下。

一、赣南苏区振兴发展取得显著成效

11 年来，赣州抢抓国家部委对口支援等重大机遇，充分释放赣州市执行西部大开发政策（减按 15% 的税率征收企业所得税）等对口支援政策红利，扎实推进对口支援各项任务落实，赣南苏区综合实力、发展动力、增长潜力、保障能力、治理效力“五力”齐发，彰显赣南苏区振兴发展取得显著成效。

（一）综合实力大幅跃升

2022 年，赣州地区生产总值达 4524 亿元，是 2011 年的近 3 倍（见图 3–4）。经济总量跃升至全国百强城市第 62 位，较 2011 年的 108 位前移 46 位。主要经济指标人均水平由 2011 年只有全国平均人均水平的三至四成提升到六至七成。预计 2023 年 GDP、规模以上工业增加值、固定资产投资、利用省外 2000 万元以上

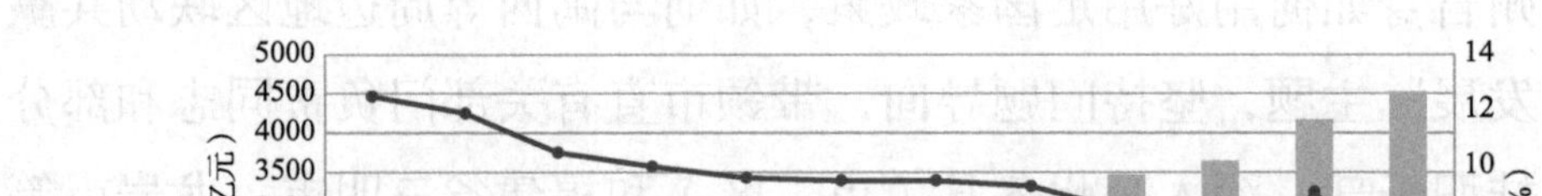

年份	2011	2012	2013	2014	2015	2016	2017	2018	2019	2020	2021	2022
GDP 总量（亿元）	1519.5	1700.9	1917	2123.4	2310.3	2541.2	2805.9	3170.3	3466.1	3645.2	4169.4	4523.6
增长率（%）	12.5	11.9	10.5	10	9.6	9.5	9.5	9.3	8.4	4.2	9.1	5.2

GDP 总量　增长率

图 3–4　2011—2022 年赣州市经济增长情况

项目资金、城镇和农村居民人均可支配收入等6个主要经济指标增幅居全省“第一方阵”。多项工作获国务院激励。

（二）发展动力持续增强

产业结构持续优化，为经济发展提供持续动力。产业体系不断完善，工业倍增升级。“1+5+N”产业集群链式发展，形成现代家居、有色金属、电子信息、纺织服装等4个千亿元产业集群。南康家具产业集群、赣州经开区电子信息产业集群、信丰数字视听产业集群、赣县稀土金属新材料及应用产业集群、瑞金电线电缆产业集群、龙南电子信息产业集群等6个产业集群入选省星级产业集群，国家稀土钨新型功能材料战略性新兴产业集群获评“优秀”等级。2022年全市规模以上工业企业2680户，比2011年的781家净增1899户，是2011年的3.43倍，企业总数和净增数量均居全省第一位；规模以上工业营业收入达5389.18亿元。规模以上工业增加值连年增长（见图3–5），年均增速达10.1%。现代农业量质双升，品牌建设成效积极。2022年全市农林牧渔业总产值首次突破700亿元，达736.85亿元，是2011年的1.97倍。全市规模以上农业龙头企业由2011年的411家增加到2022年的657家。“赣南脐橙”品牌价值连续多年稳居全国区域品牌水果类第一位。现代服务业蓬勃发展，现代物流、金融、文化旅游、信息服务等显著提升。2022年全市社会消费品零售总额2100.01亿元，是2011年的3.37倍。上市公司从2011年的3家增至2022年底的18家。成功入选首批商贸服务型国家物流枢纽建设承载市。推动全域旅游发展，4A级以上景区达35个、实现县县全覆盖。

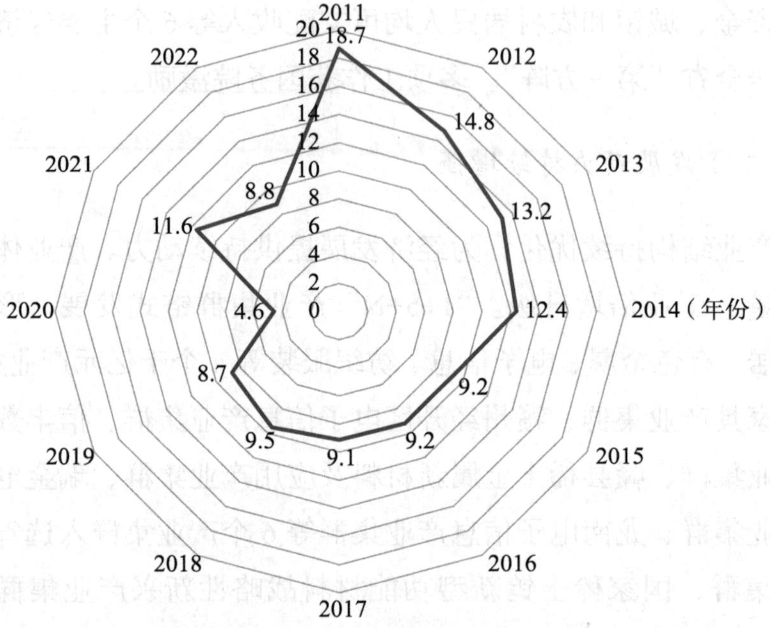

图 3–5　2011—2022 年赣州市规模以上工业增加值增长率（%）

（三）增长潜力积极向好

坚持向改革要活力，向创新要动力。改革蹄疾步稳，开展 200 余项省级以上示范试点，赣州成为国家部委改革创新的“试验田”和获批国家级试点示范平台最多的设区市之一。营商环境评价进入全省前列，对标粤港澳大湾区打造新时代“第一等”营商环境成为全省典型。开放水平提升，赣州国际陆港获批全国第八个内陆开放口岸和全国首个内陆国检监管试验区，2022 年铁路集装箱吞吐量、中欧（亚）班列开行量，进入全国内陆港“第一方阵”。赣州获评全省唯一“中国投资热点城市”。创新赋能发展，2022 年赣州市综合科技创新水平指数 70.66%，是全省 11 个地市中唯一实现创新指数正增长的城市。全社会研发投入占 GDP

比重由2012年的0.43%提高到2022年的1.71%。2011年以来，专利申请及专利授权数量大幅增长（见图3-6）。高新技术企业由2011年26家增至2022年951家，增幅居全省第一位，高新技术产业增加值占规模以上工业比重突破40%。中国科学院赣江创新研究院基本完成筹建，新药创制全国重点实验室获批组建，稀土全国重点实验室启动筹建，新药创制、有色金属两个领域列入“十四五”省级实验室布局。

图3-6 2011—2022年赣州市专利申请及授予专利权情况

（四）保障能力稳步提升

大力保障和改善民生，群众的幸福感、获得感持续提升。脱贫攻坚成效显著，194.88万贫困人口全部脱贫，贫困发生率由2011年的26.71%降为零。累计改造农村危旧土坯房69.52万户，建设农村保障房1.74万套，近300万农民住上新房，解决500多万农村人口安全饮水问题。民生保障扎实有力，获批建设2个国家区域医疗中心，新增卫生机构床位3.91万张，新增学位46.2万个，居民住房难、喝水难、看病难、上学难等问题得到较好解决。2022年，全市城镇居民人均可支配收入、农村居民人均可支配收入分别是2011年的2.5倍和3.1倍。基础设施短板加速补齐，成功入选全国性综合交通枢纽建设城市。拥有3个国家级经开区、1个国家级高新区、1个综合保税区和1个内陆口岸，在全国革命老区地市中，赣州是唯一一个同时拥有铁路口岸、公路口岸和航空口岸的城市。昌赣高铁、赣深高铁等5条铁路建成运营。铁路营运里程达923公里，比2014年增长108.82%。高速公路通车里程1729公里（见图3–7），占比超全省公路通车里程的1/4，实现县县通高速。黄金机场通航北京、上海、广州等27个城市，赣州港五云码头具备运营条件，赣江航道实现三级通航。建成7条59公里高架快速路，预计2023年底通车总里程接近100公里。累计建成新能源装机510万千瓦，装机容量和发电量居全省第一位，实现县县通管道天然气。赣州迄今最大水利工程梅江灌区建设全面推进，入选全省首批水网先行市。

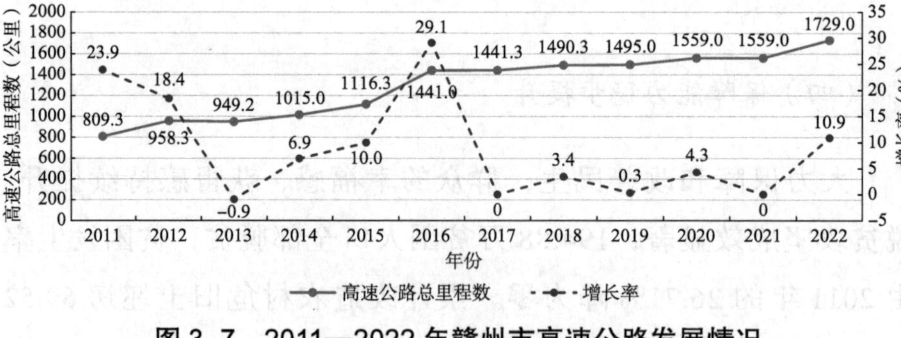

图3–7　2011—2022年赣州市高速公路发展情况

（五）治理效力全面提高

社会环境与生态环境质量实现"双提升"。社会治理更加高效，扎实推进市域社会治理现代化，信访积案化解工作走在全省前列。纵深推进扫黑除恶专项斗争，全力整治电信网络诈骗、养老诈骗等突出问题，公众安全感、公安满意度连续四年位列全省第一，连续七届获评"平安中国建设示范市"，连续五届夺得全国社会治安综合治理优秀地市奖"长安杯"。有效防范化解重大经济金融风险，政府债务控制在合理区间，"保交楼"工作稳步推进，金融运行保持平稳。自然灾害防治近五年实现"零伤亡"。生态治理成果凸显，成为全国首批创建生态文明典范城市，获评 2021 中国最具生态竞争力城市。森林覆盖率 76.23%，位列江西省设区市之首。与 2011 年相比，2022 年森林公园面积和数量均有一定增长（见图 3–8）。18 个县（市、区）空气质量达国家二级标准，5 个县达到国家一级标准。中心城区 $PM_{2.5}$ 年均浓度、

图 3–8　2011—2022 年赣州市森林公园数量及面积变化情况

空气质量优良天数比例均列全省第一位。地表水国考（国家地表水考核断面）和省考（省级地表水考核断面）水质优良率均为100%。国家级水土保持示范创建数11个，约占全省总数的55%，位居全国设区市之首，列为全国水土保持改革试验区和全国水土保持高质量发展先行区。

二、赣南苏区振兴发展要在用好用足国家政策上下功夫

（一）政策执行落实中存在的问题

调研发现，赣州在使用国家政策推动苏区振兴发展方面积累了很多好的经验做法，推动赣南苏区振兴发展取得重大进展和成效，但政策执行落实中尚存一些困难和问题，特别是在均衡性、协同性、创新性、时效性、灵活性“五性”上存在问题，影响发挥政策的叠加优势和集成效应，实现政策“1+1>2”倍增效应上还有一定的提升空间。

1. 政策力度的均衡性问题。新时代对口支援工作方案明确了对口支援结对关系，部分县（市、区）在对口支援部委的援助下，相关领域支持力度大；而有些地区在该领域存有短板弱项，因挂点国家部委无相应职能，仅靠自身争取难度较大，存在对口支援政策力度不均衡的现象。例如，有的县反映，县（市、区）北上进京争资争项主要为本地挂点的国家部委干部，能争取政策支持的范围主要为挂点国家部委职能领域，与其他对口支援部委的对接渠道较少。

2. 政策执行的协同性问题。调研发现，对口支援工作在市、

县、乡三级联动方面还不够充分，且受援地之间开展工作主要以行政区划为界线，采用联合共建、共促等方式联动谋划争取一批带动性强的支持事项的情况较少，未能实现资源互补、利益共享，协同性不够强、思路不够宽。例如，部分县（市、区）反映，市直对口部门作为全市的行业主管部门在统筹发挥对口支援单位资源优势，协调解决全市范围内综合性问题上还有提升空间。又如，部分县（市、区）反映，县与县之间沟通交流较少，发挥多个对口支援部门“乘数效应”不足。特别是在与中央部委对接争资争项过程中，对同时涉及多个部委或多个县（市、区）的重大事项，有关县（市、区）之间未能有效形成对接合力，相互合作、抱团发展的态势尚未形成。由于缺乏政策引导与统一安排，挂职干部到市直对口部门常态化帮助工作局面尚未打开，援县促市作用发挥还不够充分。

3. 政策落实的创新性问题。调研发现，挂点国家部委帮扶工作多集中在给资金、引项目上，在丰富拓展帮扶形式，创造性推动政策落实方面还有提升空间。例如，结合受援地实际创造性开展系统帮扶不够。某县反映，该县一景区成功创建国家5A级景区，但受基础条件、运营能力等影响，目前持续经营较为困难，恳请对口支援部委在相关产业的规划指导、吸客引流、运营操盘，以及基础设施建设等方面加大支持力度。又如，发挥部属的央企、国企、高校资源力量开展对口支援力度还不够。目前央企援赣仅在少数区县和部分领域进行，一些县（市、区）与央企对接渠道不通畅，挂点国家部委发挥部属央企优势不充分，与受援地就拓展产业发展、医疗教育等多方面开展合作应加强。

4. 政策转换的时效性问题。结合挂点国家部委的资金、项目支持，受援地制定了一系列政策措施。但随着时间推移，面对新形势、新问题，部分政策措施更新不及时，时效性有待进一步加强。例如，调研发现，脱贫攻坚战取得全面胜利至今已有 2 年多时间，原省级重点贫困村各类基础设施建设相比其他非贫困村已经更为完善，而部分县（市、区）仍将对口支援帮扶资金向其倾斜。一些基础设施条件较差、亟需资金支持的非贫困村却无法享受相关政策和资金支持。又如，有的基层干部反映，对口支援资金多用于县一级医疗设施提升，对乡村医疗卫生事业支持不足。伴随村民对优质医疗卫生服务需求的增长，乡（镇）中心卫生院、村级卫生室在康复、精神、感染、肿瘤、老年护理等方面存在的短板日渐突显，医护人员较为紧缺。有的村民反映，村级卫生所虽然已经在大部分村设置，但由于医生人数少（多数仅有 1 名医生），且不少医生还需兼职村里其他零工，有时患者不能得到及时有效救治。

5. 政策机制的灵活性问题。部分对口支援措施在执行中灵活性不够，没有完全结合县（市、区）实际情况进行落实，帮扶效果与预期还有一定差距。例如，各个部委对口支援力量主要集中在挂职干部，对口支援挂职干部基本都在县级层面，而挂职干部帮扶力量和精力有限，难以顾及乡镇层面的一些请求事项。调研中，有的县反映，自然资源部、工业和信息化部等部委安排了选调生在受援地乡镇挂职，推动一批在乡镇层面支持事项落地。为此，建议进一步拓展帮扶阵地，除下派对口支援挂职干部外，可参照自然资源部等部委的灵活做法，安排选调生在受援地乡镇挂职，带动镇村经济社会发展。调研中，部分县（市、区）反映，有些申请事项涉及多个县或多个部门，希望建立县际联席会议，采取更加灵活的方式统筹协调，定期对相关事项进行分析研判，并将问题汇总、分类，分别向相应对口支援国家部委反馈，增强协调资源与政策的实效性。

（二）建议

针对上述政策执行落实中存在的"五性"问题，需要坚持问题导向，从政策制定端和执行端双向发力，强化政策对产业发展、民生福祉的支持保障作用，不断优化政策方式、进程和机制，实现对口支援政策更加充分、更加精准、更加有效地助力赣州革命老区高质量发展示范区建设。

1. 优化政策产业支撑作用。建议从以下 3 个方面重点发力，进一步发挥产业支持措施的叠加效应。

一是多渠道集聚资金。以金融赋能为抓手，带动产业能级提升。积极向上争取设立国家级赣南苏区振兴发展产业投资基金，撬动金融资源、社会资本、民间投资，吸引更多资金、人才、技术、信息、数据等各类生产要素向赣南苏区产业发展流动、集聚，加速促进赣州产业结构优化调整，助推特色优势产业、先进制造业和战略性新兴产业发展壮大。同时，赣州可以探索建立"引导性股权投资 + 社会化投资 + 天使投资 + 基金投资 + 基金管理"的多元化投融资体系，推动产业、项目与资本高效对接。探索"一链一基金"思路，着力招引培育一批高能级"链主"企业和项目，牵引带动创新链、产业链、资金链、人才链融合发展。组织开展基金服务实体经济高质量发展高峰论坛，邀请省内外知名投资机构参加，吸引更多头部基金机构关注赣州、投资赣州。

二是多举措引育人才。一方面，争取国家层面支持赣州参照执行珠海横琴、海南自贸港等地的个人所得税优惠政策。对在赣州工作的高端人才和紧缺人才，其个人所得税负超过15%的部分予以免征；实行柔性落户政策，对长期在赣州创业就业的高层次人才及其家庭成员，可通过“三选一”方式，在“生活所在地、深圳市、赣州市”三地中择一地灵活落户，其个人薪酬待遇对标国内一线城市，家庭医疗保障、子女教育等则享受落户所在城市同等待遇。另一方面，赣州要加强人才发展硬、软环境营造。硬件设施方面，大力支持符合条件的单位申报建立院士工作站和博士后科研工作站，并通过提升创业就业、子女教育、医疗保障等基础配套，努力解除人才留赣工作的后顾之忧。软件配套方面，用好国家、省级人才平台，加强“柔性引才”机制建设，以重大项目建设为抓手，柔性引进海内外人才到赣州进行短期科研攻关、创新创业，带出一批优秀的本土科研和管理团队。

三是多举措降低成本。用好西部大开发财税、投资、金融政策，持续增强政策“洼地”效应，并努力降低企业成本。如降物流成本方面，发挥赣州作为国家“一带一路”倡议和长江经济带战略的重要“支点城市”优势，争取交通运输部等部委在物流大枢纽和大通道建设上给予赣州支持，强化数字赋能，推进多式联运。同时，推动与中国物流集团相关意向项目尽快落地，与赣州交控集团在物流产业领域开展全面、深入的战略合作，加强对赣州各主导产业和特色产业空间布局与物流配送能力的统筹协调、赋能提升。

2. 优化政策民生保障功能。始终坚持以人民为中心，在教育、医疗、就业等方面加大支持力度，切实解决一批赣南老区人民的急难愁盼问题。

一是推进教育资源共享。发挥挂点国家部委资源优势，推动受援地区与京沪地区及粤港澳大湾区高等院校、优质学校、教育企业等沟通对接，开展校地合作、校企合作，提升受援地教育知名度、美誉度，让受援地群众在本地就能享受到更加优质的教育资源。同时，加强与京沪及粤港澳大湾区合作学校、中心城区优质学校教学合作，开展对口支援，定期委派教师到京沪及粤港澳大湾区合作学校、中心城区学校学习，提升教育教学水平。

二是提升医疗保障水平。抢抓瑞金市、信丰县获评全国紧密型县域医疗卫生共同体建设试点县机遇，积极争取国家层面支持瑞金市、信丰县纳入国家基层卫生健康综合试验区。发挥挂职干部作用，推动对口受援地加快建设新人民医院、妇幼保健院、疾控中心等，协调京沪地区医疗卫生系统，支持接收对口受援地定期委派医疗救护人员实习进修，进一步提升医疗技术水平。同时，赣州可以探索采取“统一竞聘管理，统一薪酬待遇，统一药品耗材配备，统一财务管理，统一绩效考核管理，统一培训指导，统一信息化管理”七个统一管理模式，推行基层医疗卫生服务乡村一体化管理机制，激发乡村医疗网络活力。探索建立市域内对口支援机制，以市直、县直医院为支援单位，与卫生健康部门、受援单位三方签订帮扶协议，由支援单位派出 1 ~ 3 名卫生技术人员（其中一名挂职院长或副院长），进驻乡镇受援单位开展驻点帮扶工作。

三是加大就业创业支持。全面落实就业优先政策，巩固赣州革命老区高质量就业服务示范区项目建设成果，抓好项目建设的后半篇文章。完善市、县、乡、村四级公共就业服务体系，为高校毕业生、农民工、脱贫劳动力等重点群体创业就业创造良好条件。推进就业帮扶政策落实，确保“零就业家庭”动态清零。进一步发挥市、县创业和创新基地作用，加大创业担保贷款扶持力度，加快培育18个具有地方特色、行业特征和技能特点的劳务品牌。

3. 优化完善政策支持方式。不断丰富完善对口支援形式，提升对口支援实效。

一是拓展对口帮扶阵地。推动部委选调生、新入职干部赴赣南苏区基层挂职锻炼，挂职乡镇副职或村支部书记（村主任）助理。选调生和新入职干部学历高、冲劲足、思路活，在乡镇、村等基层锻炼，对基层而言可以弥补基层高学历人才短板，为基层引来新思路，带来新举措和新办法，能帮助跟进部委支持项目进度，推动相关事项在乡镇层面支持落地等。对挂职干部而言，基层锻炼为其提供了解基层、服务基层的一线干事创业平台，通过分担县级挂职干部工作，参与镇村事务，全面提升自身综合素质。

二是畅通央企对接渠道。大部分央企都是所在行业的龙头企业，对县域产业发展有很强的引领性和带动性。支持央企援赣拓展到赣州市全域，结合各县（市、区）优势主导产业，安排产业对口的央企与县（市、区）建立合作关系，落户一批体量大、带动性强的产业类项目，带动上下游产业链发展，切实壮大优势产业，带动县域经济高质量发展。

三是用好部属资源力量。推动更多部属国企、高校支援赣南苏区。部属高校掌握前沿科技成果，其学科优势和较高的科研水平有利于提升县域科技创新能力。支持部属高校支援覆盖赣州市全域，结合各县（市、区）科技创新短板和产业发展需求，安排部属高校与县（市、区）开展校地、校企合作，通过托管帮扶或合作办学等方式提升当地科教水平，与当地企业合作建立研发中心，推动高校科研成果转化，以科技赋能提升产业整体效益。探索部属高校高精尖人才在企业有偿兼任科技管理岗位负责人，既能发挥部属高校人才作用，也能通过在对口受援地布局优质教育资源，吸引、留住优秀人才。

4. 优化政策执行时效进程。对口受援地要密切跟踪关注政策执行情况，做到与时俱进、及时更新，确保政策精准、落实有效。

一是坚持定期研判。乡（镇、街道）、村（社区）要加强与企业、群众的沟通对接，在日常工作中注意收集政策落实过程中的难点问题，及时汇总反馈职能部门。县级层面要及时对反馈情况进行分析研判，对政策进行修订完善。对暂时无法解决的问题，挂职干部要发挥好桥梁纽带作用，做好协调对接，争取新的政策支持。

二是坚持兼收并蓄。既要定期组织深入基层、企业、群众开展政策落实情况调研，及时采取有针对性的措施对政策进行更新完善；又要积极“走出去”，组织前往长三角、粤港澳大湾区等发达地区，及赣州周边吉安、抚州，福建龙岩、三明等原中央苏区学习考察，了解掌握其他地区在政策更新完善方面的经验做法，兼收并蓄提升政策的时效性、实效性。

三是坚持向上对接。找准国家重大战略和赣南苏区实际的最佳结合点，聚焦新时代赣南苏区振兴发展的重点需求，抓住国家“十四五”规划中期调整重要窗口期，常态化向上对接汇报，谋划争取一批有利于赣南苏区长远发展的大项目、大政策调整纳入相关规划，促成对口支援单位领导前往赣州调研指导，推动落实对口支援工作计划或实施方案，与革命老区“1+N+X”政策体系形成“点面结合”的支持格局。同时加强与历批次挂职干部常态化联系，为加快建设赣州革命老区高质量发展示范区提供强有力的支撑。

5. 优化健全政策实施机制。市、县层面加强与挂点国家部委的沟通对接，在政策灵活实施，延伸政策落实外延上下功夫。

一是健全“引育留用”机制。在加大国家部委下派挂职干部力度的同时，以“下派一个，上挂一个”的方式，常态化选派受援地优秀干部到对口国家部委及有关单位进行挂职锻炼，打通人才“引育留用”双向渠道，拓展地方干部视野，提升地方干部政治素养和业务能力，打造一支“带不走”的人才队伍。

二是建立挂职干部交流机制。定期集中组织对口支援挂职干部到受援地开展专题调研交流活动，分享挂职心得体会，交流国家层面最新的政策动态，探讨制约受援地发展的瓶颈问题，汇聚挂职干部智慧，提出破解问题的“赣南方案”。

三是完善合作协同机制。探索建立县际联席会议机制，定期互通政策信息，会商解决跨区域难点节点问题，在争取政策、项目、资金等支持上形成合力。同时，推动挂职干部兼任对口市直部门党组（党委）班子成员，落实挂职干部每月固定时间在对口市直部门办公和帮助工作的机制，指导市直部门研究吃透部委政策文件，帮助其了解部委最新政策动态，做好项目前期工作，统筹发挥部委政策和资源力量，为赣州争取更多支持。

三、赣南苏区振兴发展要在与周边地区联动共赢上求突破

（一）赣州、闽西两个示范区建设协同互促发展存在的问题

赣州、闽西是赣闽粤原中央苏区的重要组成部分，山水相连、人文相近、发展相融。在调研座谈交流中，赣州各县（市、区）和福建龙岩、三明等地均表示，面对全国各地竞相发展的强劲态势，新时代革命老区高质量发展要转变思想观念，树立联动发展、互利互惠理念，实现政策效应最大化。调研发现，赣州、闽西两个革命老区高质量发展示范区之间交流日益增多，但协同互促效果还不明显。经梳理，主要存在区域联动不够、融合互动不够、融湾入海不够、共保联治不够“四个不够”的问题，亟待央地联动、三地携手破局。

1. 区域联动不够。三地基础设施互联、产业合作、市场互通有待进一步提升，尚未形成示范联动、区域协同发展的格局。例如，连接三地的厦渝高铁等高速铁路通道还未形成，联通三地的公路技术等级普遍不够高、通行能力尚不足，电力余缺互济通道有待进一步拓展，5G、工业互联网、物联网等新一代信息基础设施布局建设尚不够均衡。又如，三地产业结构相近，有色金属、电子信息等产业关联度较高，但产业发展协同效率还不够，产业集聚效应、规模效应不够强。

2. 融合互动不够。三地客家文化同根，红色文化同源，但文化交流互动仍有较大空间，文化融合发展不充分，文化知名度、影响力有待进一步加强。三地均为客家人重要聚居地、客家文化

发源地，客家文化底蕴厚重，但客家文化产品 IP 较为分散、品牌知名度不够高，谋划打造共同客家文化品牌相对较少。三地同属原中央苏区，但在整体利用红色资源发展红色教育培训、红色研学等方面，与延安革命老区相比还有一定差距。

3. 融湾入海不够。赣州是江西对接粤港澳大湾区的桥头堡，龙岩是福建融入粤港澳大湾区的先行区，两地区位优势明显，但对接大湾区渠道有待进一步深化，承接产业转移力度仍需进一步加大，标志性成果较少。《国务院关于新时代支持革命老区振兴发展的意见》明确提出“支持赣州、龙岩与粤港澳大湾区共建产业合作试验区”，而目前两地主要以与对口合作城市深圳、广州对接合作为主，全面深度对接融湾还有待进一步提升。

4. 共保联治不够。三地地处武夷山脉两侧，部分地区同属武夷山国家级自然保护区范围，生态环境休戚相关，应在生态环境领域加强合作。但三地在生态保护修复治理、生态资源开发利用等领域仍有较大合作空间，共同保护治理、联动开发利用需进一步加强。此外，三地在革命文物集中连片保护利用等方面，跨区域合作有待进一步深化。

（二）建议

针对赣州、闽西两个革命老区高质量发展示范区建设协同互促方面存在的“四个不够”问题，要按照“中央搭台、地方唱戏”的基本思路，坚持区域联动共赢发展，通过深化三地内部合作，构建赣南、闽西两个示范区协同发力的新发展格局，进一步放大示范区建设的总体效应。

1. 地方先行探索。不等不靠，主动先行、率先探索，在示范区建设大框架内开展区域大合作。

一是建立区域协作机制平台。拓宽三地沟通渠道，强化多层次互动交流，共同构建联系紧密、协同高效的区域协作机制。例如，《闽西革命老区高质量发展示范区建设方案》提出，“三明市、龙岩市要落实主体责任，完善工作机制，建立健全市域组织实施机制和两市会商协作机制”。可由三地共商建立会商协作机制，共同推动构建赣闽产业合作区、闽西南协同发展区，在生态环境保护治理、生态资源开发利用等领域开展合作，共谋示范区联动发展、高质量发展。又如，可由三地共同搭建内部交流对接、经贸合作等协作平台，可组织举办原中央苏区高质量发展示范区建设论坛、原中央苏区展览展会联盟、原中央苏区红色旅游联盟、原中央苏区客家文化论坛等，进一步提升全社会对示范区建设的认识深度和支持力度。

二是构建区域分工协作体系。立足三地资源、产业禀赋，整合相同或相近产业，破除区域壁垒，推动产业、市场大融合。例如，围绕稀有金属等资源型产业开展密切对接合作，优化稀土等战略资源生产力布局，发挥行业央企优势，依托金力永磁、紫金矿业集团等龙头企业，协商建立三地稀土产业链分工和产业协作配套机制，构建三地稀土产业发展共同体。又如，深挖三地特色农产品资源，以粮食、蔬果、畜牧、水产、茶叶等农产品为重点，共同制定完善区域农产品等级划分、产地准出制度，以及质量追溯、贮藏运输、包装标识等控制标准体系，塑造一批品质过硬、特色突出、竞争力强的农业区域公用品牌，打造面向粤港澳大湾区、海西经济区“菜篮子生产基地联盟”。

三是打造区域共同文化名片。加强三地红色文化、客家文化资源联合保护开发利用合作，推动文旅深度融合，打造全国知名的区域文化名片。例如，共同制定项目需求规划，做好项目储备，探索设立区域性革命旧址专项经费，推进三地革命文物集中连片保护利用工程建设，共促革命旧址保护。又如，整合三地红色旅游资源，共同开发客源市场，联合推出“红色旅游+”系列精品线路，开展红色教育培训、红色研学合作，建设“赣南—闽西”红色旅游走廊，打造全国最具知名度的红色旅游示范区。再如，围绕客家山歌、客家戏曲、客家非物质遗产等展开密切合作，打造若干个富有赣南、闽西特色的客家文化知名品牌；协力推动客家菜传承、创新、发展，共同推动将客家菜列为“中国第九大菜系”，依托“沙县小吃”知名品牌，推动更多客家美食精品走向海内外。

2. 中央并行支持。在地方主导革命老区高质量发展示范区共建合作的基础上，中央给予相关政策支持，凝聚示范区建设正向合力。

一是推动区域基础设施互联互通。支持加快建设一批能够促进三地高效联通的重大基础设施工程，推动三地间跨区域物流枢纽和客货运通道建设，支持加快推进闽赣电力系统异步联网等重大能源工程布点示范区，支持将三地间跨区域的防洪、调蓄、灌溉等重大水利基础设施项目纳入国家相关规划并推动项目启动，加大对三地 5G 网络、工业互联网、物联网、数据中心等新一代信息基础设施的均衡布局建设。

二是加大示范区生态环境保护治理支持力度。加大中央财政对重点生态功能区转移支付力度，通过加大资金分配系数、提高补助标准或降低地方财政投入比例等方式，对三地实行差别化补助，统筹用于生态保护修复、农村环境综合整治、生物多样性保护等领域。进一步加大对三地独立工矿区改造提升以及园区循环化改造等重点领域的支持力度。

三是打造与粤港澳大湾区合作平台。支持三地与粤港澳大湾区共建产业合作平台，支持三地承接电子信息、有色金属、智能家居、轻工纺织等在大湾区具有较强溢出需求的产业，推动实现“大湾区总部＋革命老区基地”“大湾区总装＋革命老区配套”等合作模式。支持将三地纳入粤港澳大湾区政策辐射范围，支持建立省际、市际会商协调机制，推动三地全方位融入粤港澳大湾区建设，打造“老区＋湾区”产业合作样板。

附件

赣州、闽西革命老区高质量发展示范区建设经验做法

一、向“实”先行，壮大实体经济，示范区建设“不空泛”

赣州、三明、龙岩三地坚持把振兴发展的着力点放在实体经济上，深入实施创新驱动战略，打造具有本地特色的现代化产业体系，挺起高质量发展的“脊梁”。

（一）“链式赋能”做强优势产业

立足资源禀赋，聚焦优势产业，完善上下游链条，推动产业集聚发展，扩大规模效应。赣州市瞄准产业高端、产品终端、科技前端，大力实施制造业重点产业链现代化建设“7510”行动计划，培育1个产值超5000亿元、5个超2000亿元、N个超500亿元的“1+5+N”产业集群，其中现代家居产业集群产值实

现从百亿元到超2000亿元的跨越，“南康家具”品牌价值居全国家具行业第一位。三明市围绕产业链部署创新链，推进产业基础高级化、产业链现代化，打造了钢铁与装备制造千亿元级工业产业，其中钢铁与装备制造产业产值突破1400亿元，福建三钢集团年度营业收入超500亿元，成功跻身全球钢铁企业50强。龙岩市坚持引育结合，实施千亿产业铸链工程，突出主链、强链补链、链群齐抓，培育了有色金属、机械装备两大工业主导产业，其中有色金属产业产值超1400亿元，紫金矿业集团入选世界500强。

专栏1

赣州市南康区打造具有全球影响力的家居制造之都

近年来，赣州市南康区充分利用国内国际“两种资源、两个市场”，坚定不移把家具产业作为首位产业来抓，品牌价值已超700亿元，居全国家具产业首位。

做大国际、国内版图。在全国首创“跨省、跨关区、跨陆海港”的通关新模式，高标准规划建设赣粤产业合作区（南康片区）和深赣港产城特别合作区，同时依托“四区合一平台”（赣州国际陆港、综合保税区、跨境电商综合试验区、国家进口贸易促进创新示范区），推动南康家具走出国门、走向世界。实现由“单一内贸”向“买全球、卖全球”的重要转变。

做活线上线下营销。建成全屋整装一站式购物体验馆——家居美学馆，新规划建设红星美凯龙、居然之家、月星环球港等10家泛家居商业综合体，发挥“新电商”优势建立家具直播基地67个，培训孵化电商主播1万余名。中国（赣州）第十届家具产业博览会线下线上交易额突破200亿元、项目签约金额达325.5亿元。①

（二）“抢滩占先”做大战略性新兴产业

聚焦新兴产业挖潜力、求增量、要未来，乘势打造经济新增长点。赣州市实施战略性新兴产业倍增工程，大力发展稀土新材料、高端装备、无人机等新兴产业，培育了金力永磁等全球知名龙头企业，中国科学院赣江创新研究院、国家稀土功能材料创新中心等20个“国字号”科创平台相继落地。以孚能科技（赣州）股份有限公司为龙头、以新能源汽车动力电池生产为特色的锂电新能源产业链条初步形成，正在努力建设全国重要的锂电材料生产基地。三明市推动出台促进氟化工产业绿色高效发展等省级专项政策，打造东南地区最大的石墨产业基地、全国重要的氟新材料产业研发生产基地，六氟异丙基甲醚产品占国内市场近100%、全球市场60%份额，打破高端特种材料被国外大公司垄断市场的格局。龙岩市出台支持战略性新兴产业专项扶持政策及配套举措“十二条”，设立总规模50亿元以上的战略性新兴产业国有投资基金，培育形成锂电新能源材料、含氟新材料等5大新材料产业，福建德尔科技股份有限公司、福建晶旭半导体科技有限公司相继获科技部颠覆性技术创新大赛总决赛最高奖。

① 刘晓慧，陈莉，黄建宁．推动业态从制造向智造跃升：南康家具产业发展速写（下）［N/OL］．赣南日报，2023-08-18［2023-11-30］．https://szb.gnrbs.cn/html/2023-08/18/content_95762_16437895.htm.

（三）“深挖蓝海”发展数字经济

抢抓数字经济历史性机遇，聚力培育新动能，推动数字经济与实体经济深度融合，为产业转型升级插上腾飞的翅膀。赣州市推进数字经济做优做强“一号发展工程”，主攻信息技术应用创新、区块链、“北斗+时空大数据”、新型元器件等7大产业20个细分赛道，获批国家区块链创新应用综合性试点，数字经济规模突破1700亿元，列全国数字经济城市发展百强榜第58位。三明市主动融入国家数字经济创新发展试验区（福建）建设，打造福建最大的工业品交易云平台“闽光云商”，获福建省数字经济领域“独角兽”创新企业授牌，全市数字经济总规模占GDP比重近40%。龙岩市按照“一县一特色”产业布局，重点打造新罗未来城和文秀数字智造产业园两个重点产业园区。超前谋划建设数字经济产业园区，华为云创新中心、神威计算等一批数字经济创新企业签约落地，全市数字经济增加值超1200亿元。

专栏2

福建三钢集团“闽光云商”赋能钢铁产业转型

福建闽光云商有限公司位于三明市，是一家立足福建三钢集团，以三钢集团为核心，依托互联网、物联网、大数据、区块链等技术手段，搭建的集电子交易、供应链金融、智慧物流、智慧仓储、大数据云计算等功能于一体的产业互联网科技服务平台。

2018年以来，闽光云商不断拓展经营范围，从最初的圆棒、中厚板、带钢等钢材料销售，逐步向铁矿石、煤炭、铸管等产品延伸，电子商务平台、供应链金融平台等各项业务发展迅速，2019—2022年度年平均营业收入超过500亿元。[①]

二、向“绿”先行，盘活生态资源，乡村振兴“不空心”

三地牢记习近平总书记提出的“绿水青山就是金山银山”的重要嘱托，加强生态保护，坚持绿色发展，以高水平生态文明建设引领推动乡村全面振兴。

（一）“系统化”推进生态环境治理

因地制宜开展生态修复保护，全面推进综合治理，呵护蓝天绿水青山。赣州市稳步推进水土流失治理、废弃矿山修复治理、低质低效林改造等生态治理工程，在全国较早探索实施跨省流域生态补偿机制试点，初步建成以“废弃稀土矿山环境修复样板、我国南方地区崩岗治理示范、多层次流域生态补偿先行”为特点的山水林田湖草综合治理样板。三明市持续打好蓝天、碧水、净土保卫战，协同推进“降碳、减污、扩绿、增长”，创新建立重点企业、重要水域三维实景监管模式。将“大生态”环保理念融入“环保网格化监管”制度改革，在福建省率先建立生态综合管护队伍，有效解决各类网格“九龙治水”问题。目前，全市已有108个乡镇建立生态综合管护队，约占全市乡镇总数的84%。龙

① 三元区发改局.做大三产、做强三产丨以数字赋能助推三元高质量发展［EB/OL］.（2023-05-10）［2023-11-30］.https://mp.weixin.qq.com/s?__biz=MzU4NTAwODAwNg==&mid=2247489533&idx=1&sn=8f73e85cbde042adda1c85649a48956c&chksm=fd904114cae7c80212e363db169f21143ad8409a22f01e247b5d0ad822da497c2b97a6d49dba&scene=27.

岩市全力打好污染防治攻坚战，实施山水林田湖草系统治理，探索实施土壤污染防治“土长制”，拓展提升水土流失治理“长汀经验”，水土流失率降至6.03%，长汀水土流失治理成为全球生态修复典型，成功创建国家生态文明建设示范区。

专栏3

赣州市打造南方崩岗综合治理新模式

坚持“崩岗＋生态修复”模式。针对分散分布的中小型崩岗和交通不便区域，坚持小治理、大封禁，采取“上截、下堵、中间削、内外绿化”的崩岗治理技术，开挖截水沟、修筑谷坊等工程措施，控制流失、恢复生态。如兴国、龙南、南康等县（市、区）有效融合生态修复型、生态开发型、生态旅游型的治理模式，2300多座崩岗生态植被得到重建，崩岗劣地变身为花果绿洲。

实施“崩岗＋农林开发”模式。对交通便利、集中连片的崩岗群，采取农林开发模式，通过实施土地整理工程、截排拦挡工程、水系路网工程、植被恢复工程，将连片崩岗整治成高标准的农林果业基地，发展脐橙、油茶等特色产业。如赣县区通过“生态修复＋土地整理＋农林开发”，将98座崩岗整成果业基地，新建脐橙园298亩，使“崩岗烂山”转化为“金山银山”。

探索“崩岗＋文旅融合”模式。崩岗是一种特殊的水土流失地貌，对特定区域的崩岗进行保护利用后，连片的崩岗亦可成为引人注目的自然景观。如于都县先后投入1.78亿元，将文旅体元素融入崩岗治理，累计治理崩岗312座，治理面积1150

亩，并将最集中、最严重的200多亩崩岗山进行保护性利用，改造成为地质公园，昔日“生态溃疡”蝶变成“网红打卡”新地标。[①]

（二）“集成化”实施生态文明体制改革

以生态文明体制改革作为推动乡村振兴的强力抓手，让“沉睡资源”焕发新活力。赣州市大力推行生态文明标准化，在江西省率先组建乡镇一级生态环境保护委员会，率先建立环资审判、生态综合执法等制度，率先将生态文明建设纳入市直部门和县（市、区）“双重考核”机制，生态文明建设获国务院办公厅通报表扬。三明市深入推进林业改革发展综合试点市建设，实施深化林业改革“八项创新”，在全国率先探索林票、林业碳票等改革，拓展生态产品价值实现路径，提高生态产品供给能力和整体价值，2022年实现林业产业总产值1258亿元。三明林票、林业碳票等6项创新成果被中共中央办公厅、国务院办公厅印发的《深化集体林权制度改革方案》吸纳和推广。龙岩市创新林业金融服务新模式，林业改革“武平经验”被誉为美丽中国乡村振兴的县域样本。在全国率先推出用林权证直接抵押贷款的“普惠金融·惠林卡”，率先探索建立土壤污染防治“土长制”，推出全国首单林业碳汇指数保险，上线运营福建省首个林业金融区块链融资平台。

① 根据赣南苏区振兴发展工作办公室汇编的《作示范 勇争先——赣州革命老区高质量发展示范区建设典型案例》整理。

专栏 4

三明市以“碳票经济”换来金山银山

通过林权制度改革，三明市建立产权清晰的林权制度体系。林地登记发证率突破98%，实现“山定权、树定根、人定心”。

创新推出林票制度。林票是国有林业企事业单位与村集体或林农开展合作，将合作共有林权份额化、价值化，按村集体或个人占有的股权份额制发的具有收益权的凭证。村集体或林农可以从四种模式（出让经营、委托经营、合资造林、林地入股）自由选择，将自有的部分林地经营权流转给国有林场，获得的林票可用于交易、质押、兑现，即使未进行任何操作，每年也有3%的兜底收益。这种创新的林票制度，以股权形式明确了林农的产权，也有利于实现林业规模化、集约化经营。

2023年，三明市借助上海交易集团专家团队对林票进行升级并首发林票2.0（林业生物资产票据），推动森林资源要素化、资本化、金融化。

之后，三明市开始探索构建林业碳票，采用“森林年净固碳量”作为碳中和目标下衡量森林碳汇能力的基础，开展碳汇计量评估监测，对符合条件的林业碳汇量签发林业碳票。碳票同样也享有交易、质押、兑现等功能。这两张票盘活了三明的林业资源、资产，将生态价值转化为经济效益，实现生态美、产业兴、百姓富的有机统一。①

---

① 杨旋．两张“票据”的魔力丨全国生态日记者行［EB/OL］．（2023-08-17）［2023-11-30］．https://mp.weixin.qq.com/s?__biz=MjM5NTk2MjY1Mw==&mid=2651387690&idx=2&sn=e7ae6011a8750d19570393fbfabe3850.

（三）"品牌化"发展富民产业

按照"打造品牌、突出特色"现代农业发展思路，因地制宜、因势利导发展富民产业，奏响乡村振兴"协奏曲"。赣州市以绿色有机创建和富硒品牌培育为引领，倾力创建农产品基地，全面推进品种培优、品质提升、品牌打造和标准化生产，打响赣南特色区域公用品牌，赣南茶油连续五年登上中国地理标志产品区域品牌百强榜。以"硒+X"布局，培育推出富硒高山梯田米、富硒脐橙、富硒鸭蛋、富硒茶叶等富硒农产品645个。三明市立足良好生态资源，出台《三明市特色产业人才认定标准（2021年）》，打好"人才牌"，赋能产业兴。大力发展沙县小吃、水稻制种、茶叶等特色产业，全国沙县小吃门店超8.8万家，年营业额500亿元，成为享誉世界的特色富民产业品牌。龙岩市培育发展长汀河田鸡特色产业链，闽西禽蛋入选国家优势特色产业集群建设名单，连城县入选国家农村产业融合发展示范园。培育优质农产品标准化示范基地68个、"三品一标"（无公害农产品、绿色食品、有机农产品和农产品地理标志）有效用标农产品499个，国家农民合作社示范社56家，"家门口"的富民产业持续壮大。

专栏5

龙岩市永定区推动矿区"黑煤山"变"花果山"

龙岩市永定区龙潭镇曾是福建有名的矿区，高峰时曾有500多个煤硐。为了加快产业转型，2013年以来，逐步关闭煤矿、煤窑。以打造全国闻名的"蝴蝶兰小镇"为目标，推动矿区绿色转型。

吸引了韩国等外国客商、台湾省和广东省等外地客商考察投资，打造蝴蝶兰“福花”品牌、直播基地、电商之城，走出了一条“黑煤山”变“花果山”的蜕变之路。[①]

三、向“融”先行，深化内陆开放，对口合作“不空口”

三地坚持高水平对外开放，深度对接融入发达城市经济圈，充分发挥各自的比较优势，共促互利共赢，探索出“特区＋老区”“山海协作”等跨区域协同发展的新路子。

（一）“优”无止境打造一流营商环境

推出系列改革举措，全力打造高效便捷、公平有序的营商环境，持续激发经营主体活力和创造力。赣州市按照“粤港澳大湾区能做的，我们也要能做到”的目标定位，从压缩时间、精简流程、提升效率等方面发力，全力提升政务服务效能，政府投资项目审批时间从106个工作日压缩至75个工作日，企业投资项目审批时间从60个工作日压缩至45个工作日，企业开办0.5天“零成本”（半天内完成开办企业所需手续的所有流程，不收取任何费用），对接打通28个省市级业务系统，402个事项实现“一网通办”，打造赣州市营商环境的“金字招牌”。三明市开展“优化营商环境攻坚战役”，建成“秒批秒办”平台，“秒批秒办”事项达47项。在全国全省率先探索实施“三明陆地港出口转关直通业务”“三明提升不动产登记服务助力村业碳汇交易”等一批突破性、引领性改革举措。推行“多测合一”“联合验收”“区域评估”等改革，社会投

① 龙岩发改委.全国生态日丨龙岩永定：推动矿区“黑煤山”向“花果山”绿色蝶变［EB/OL］.（2023-08-17）［2023-11-30］. https://mp.weixin.qq.com/s/X4-1HbA2zByIMnljix478A.

资项目平均审批时限压缩至58个工作日。龙岩市创新制定“一趟不用跑”政务服务地方标准，“一趟不用跑”事项达97.7%。推行“一窗式”服务改革，企业可以一次性完成注册登记等业务。推动286个事项实现“免申即享”，100多项涉及营商环境的创新举措走在全省、全国前列，成功跻身福建省营商环境标杆城市。

专栏6

龙岩市“数据赋能”推进政务服务便利化改革惠企便民

龙岩市深入贯彻落实上级改革决策部署，从数据不断提升政务服务效能。

建成政务数据汇聚共享平台、协同办公系统、行政审批统一平台、全市统一网上公共服务平台，并在福建省率先建成行政审批电子文件实时在线归档系统。

推行“一件事一次办”，在全国率先开发不动产登记一体化平台，率先设立“惠企政策兑现窗口”，累计推出“免申即享”事项286项。

拓宽办理渠道。在全国首创网上办事场景式服务，2491个事项实现网上办事“傻瓜化”。与梅州、赣州、吉安建立跨“三省四市”通办合作机制。[①]

---

① 龙岩市行政服务中心管委会.龙岩市行政服务中心管委会：“数据赋能”深入推进政务服务便利化改革惠企便民［EB/OL］.（2022-11-09）［2024-04-14］.https://mp.weixin.qq.com/s?__biz=MzU5OTI1NTc2Nw==&mid=2247595784&idx=5&sn=b2a442fc75ac234b76363ae615abded8&chksm=feb488b0c9c301a62c8944223e1890eeff066e9158b4326b92bdbf891f3c7a5343b3d8203317&scene=27.

（二）“双城联动”共建产业合作“大平台”

以建设共建产业合作园区为重要载体，推动对口合作走深走实。赣州市与深圳市大力推进平台共建，探索共建“飞地”产业园区，建成运营全国首家深圳精品展销中心（赣州）。开通运营“赣深组合港”，在全国首创跨关区、跨省域、跨陆海港通关模式，至深圳市铁海联运“三同”班列累计开行4000多列。深赣港产城一体化合作区建设提速增效，深圳科技园赣州园区正式开园。三明市与上海临港集团签署共建产业园合作协议，按照“先行启动区＋生产制造基地”的“1+1”模式导入临港集团在产城融合、产金融合、产教融合和产学融合等方面经验做法，着重发展医疗器械、中医药、医美健康等产业，推动上海墨砾新材料科技有限公司的天然石墨负极材料前驱体项目、明溪熙华医药产业园等一批重点项目落地实施。龙岩市与广州市着手共同打造产业合作平台，双方按照“广州企业＋龙岩资源”“广州市场＋龙岩产品”“广州总部＋龙岩基地”“广州研发＋龙岩制造”合作思路，规划龙岩高新区（经开区）高陂片区作为广州·龙岩产业合作的重要基地，建设高端装备制造、电子信息、生物医药、新能源智造和新材料等五大专业园区，打造两地产业契合度较高的五大产业集群。

专栏7

赣州市与深圳市探索共建“飞地”产业园区

深赣“飞地”产业园区选址位于赣州市中心城区，园区合作开发范围包括赣州经开园区和南康园区，统筹面积39.8平方公里，合作区面积16.45平方公里，启动区面积3.12平方公里。

产业园区坚持“政府推动、企业主体、市场运作、合作共赢”的运营思路，重点发展新能源与智能网联汽车、新一代电子信息、新材料、智能家居等产业。设立园区党工委、管委会和园区开发运营公司，以市场化、轻资产合作为主，重资产为辅，按照“共商共建共管共享”模式推进产业园区共建工作。建立合理可行的成本分担和利益共享机制，逐步形成“延伸产业链、形成产业集群、培育产业生态”的园区发展模式。致力于打造“产业转移集聚区、区域合作示范区、机制创新先导区”的特色园区，争创“特区带动老区，老区支持特区”跨省、跨区域的合作样板。①

四、向“暖”先行，厚植民生福祉，高质量发展“不虚高”

三地始终关注老区群众急难愁盼问题，坚持在推动高质量发展中保障和改善民生，更好满足老区人民对美好生活的向往。

（一）破局就业难题

围绕就业这一“基本民生”，创新举措促进高质量充分就业。赣州市在江西省率先全域建成零工市场41家，建立零工“即时快招”服务模式。创新构建优化校内服务、实习对接、岗位对接、创业扶持4个平台，创业孵化基地达37个。依托“赣州人才热线”搭建全市统一智能化招聘平台，打通就业服务“最后一公里”。三明市运用大数据技术手段，实施“政策找人”“政策找企”“免申即享”“直补快办”，推介惠企政策红利上门，限时办结，实现企业申领“零跑腿”，政策享受“快直达”。引入零工人员意外伤

① 根据赣州市相关部门报送的有关材料整理。

害新险种，可最高给予100万元理赔金。龙岩市创新推出人力资源网上超市，在福建省率先建立就业创业全流程线上服务平台，实现“求职—就业（创业）—失业—补贴发放—求职”闭环式、“一站式”网上办理。在全国率先打通职业培训券业务全流程，发券数、用券率居全国前列。

专栏8

龙岩市上杭县打好“组合拳”助群众端牢就业“饭碗”

龙岩市上杭县因地处山区，存在结构性缺工的现实难题。为了更好地吸引人才、留住人才，上杭县针对高校毕业生的“预就业”模式，精准出台稳岗稳工、引才政策，在基层一线建设就业和社会保障平台，2022年，上杭县实现城镇新增就业3483人，完成计划数的267.9%。[①]

上杭县抓住春节返乡重要时点，打出“一二三四五”就业组合拳：突出就地就近就业“一个主题”，抓住高校毕业生和留守儿童家长“两个群体”，举办县级“三场招聘会”，开展“四场圩天送岗”，组织“五拨就业环境参观”，千方百计吸引群众在家门口就业。[②]

（二）打通教育堵点

树牢“抓教育就是抓未来”理念，推进教育创新发展，办人

① 秦宏．福建上杭：就业服务“小妙招”发挥“大用处”［EB/OL］．（2023-01-10）［2023-11-30］．http://www.news.cn/2023-01/10/c_1129270746.htm.

② 张杰．上杭：打好组合拳 缓解用工难［EB/OL］．（2023-01-30）［2023-11-30］．https://fjnews.fjsen.com/2023-01/30/content_31236137.htm.

民满意教育。赣州市强力打造职教高地，推动14所职业院校与粤港澳大湾区17所职业院校建立合作关系，其中，深圳信息职业技术学院与赣州职业技术学院开展深度合作办学。深化产教融合，联合高校企业共建稀有金属、电子信息、脐橙等产业学院31个，稀有金属市域产教联合体获评江西省唯一国家级市域产教联合体。三明市实行“总校制”改革，推行总校带分校的办学模式，探索实行优质分校再带分校的跨县域“二级总校”模式，有效缓解“择校热”问题。实施留守儿童“雏燕”关爱行动，对全市2.1万名留守儿童全部建档立卡，实施相对贫困留守儿童“1+N”师生帮扶全覆盖和“1+1”同伴帮扶机制，让留守儿童自信、从容、有尊严地成长。龙岩市深入推动“职普”融通，整体推进市域内中职学校发展，帮助未被高中录取的初中毕业生继续接受职技院校职业教育；统筹各类编制资源，按照“总量控制、重点保障、单列管理、周转使用”原则，探索建立市县两级中小学校教师编制“周转池”，专门用于保障公办中小学校教师所需编制，解决教师编制出现的阶段性不足和结构性矛盾。

专栏9

三明市“3456”总校制办学改革模式

三个要素保障。党政牵头，成立改革领导小组，基础教育综合改革被列入国民经济和社会发展规划，列入教育改革重大文件和经济改革重点项目。部门协同，定期召开部门联席会议，联合下发《关于进一步推进总校制办学改革十条意见》。督导评估，制定下发《三明市基础教育总校制办学工作考核评价办法（试行）》，每年开展一次全市性专项监测和评价。

四个深度融合。管理融合，实行总校长负责制，委派分校执行校长。教学融合，实行基本同步的教学安排。信息融合，搭建信息交流系统和教育教学资源共享平台。学生融合，定期选派不同年级、不同层次学生进行学习交流。

五个办学模式。形成“名校＋农村校／弱校／新校”“高中＋初中”“初中＋小学”、同一行政隶属和不同行政隶属、紧密型单一法人和联盟型多法人、优质分校再带新校组建的“二级总校制”等五种办学模式。

六个实施路径。着力健全制度体系、推动交流轮岗、强化科研支持、打造特色办学、着力舆论宣传引导。[①]

（三）破解就医瓶颈

深化医疗卫生体制改革，完善公共卫生体系，让群众共享医疗卫生高质量发展成果。赣州市全域启动紧密型医疗联合体建设，打造城市区域3个紧密型城市医疗集团、农村区域15个紧密型县域医疗卫生共同体。加快2个国家级区域医疗中心建设，引入新技术252项，2所赣州市医院三级、四级手术量较2021年增长8%以上，实现在“家门口”享受优质高效医疗服务。三明市持续深化医改，抓好“三医一张网”“无红包、无陪护”医院创建，探索全民健康管理，建立以“两师两中心”为核心的健康促进体系。在福建省率先成立市、县两级中医药管理局和疾病预防控制局，入选中央财政

① 许林海.【教改系列报道】总校制办学丨实施总校制办学 推进优质均衡发展（一）[EB/OL].（2022-01-21）[2023-11-30].http://smjy.sm.gov.cn/ztzl/smjygg/202201/t20220121_1752117.htm.

支持公立医院改革与高质量发展示范项目。与广州市中山大学附属第一医院、北京市中国中医科学院广安门医院合作共建省级区域医疗中心、闽西北区域中医医疗中心。2022年，在福建省卫生健康委组织的第三方满意度调查中，群众就医满意度列福建省首位。龙岩市出台卫生健康事业高质量发展若干措施，加快推进省级区域医疗中心、市第二医院综合康复大楼等项目建设，纵深推进"三医联动"，巩固拓展县域紧密型医疗卫生共同体建设，长汀县入选全国基层卫生健康综合试验区，全市医疗卫生机构达到2851个，每千人拥有医疗机构床位7.63张，高于福建省2.08张。

专栏 10

赣州市依托国家区域医疗中心打造新时代公立医院改革"新样板"

南方医科大学南方医院赣州医院打造"南方医院—赣州医院—县级医院—乡镇卫生院"跨区域一体化医疗综合体，广东省人民医院赣州医院创新"全托管＋一体化"模式，国家级医疗服务走进基层群众。

在此基础上，赣州市持续夯实分级诊疗基础，推进"互联网＋医疗健康"，建成"城市15分钟、乡村30分钟"医疗卫生服务圈。全市24所县级医院先后与国内一流医院建立合作关系，全面提升了县域医疗服务能力和区域医疗卫生水平。[①]

① 王健民，李文涛，陈春美．奋力打造赣粤闽湘边界区域医疗服务高地：赣州国家区域医疗中心建设的探索与启示［N/OL］．赣南日报，2023-10-16［2024-04-14］．https://szb.gnrbs.cn/html/2023-10/16/content_95766_16620405.htm.

推动赣州包装饮用水行业高质量发展的方法举措*

为探究赣州包装饮用水企业整合发展路径，近期，我会同赣州市政府及相关单位人员组成调研组，通过召开专题座谈会以及实地调研等方式，就此开展了专题调研，分析了整合发展的基础条件、整合发展的可行方式，提出了有关意见建议。

一、赣州包装饮用水企业整合发展的基础条件

水企资源整合关系到水行业的市场结构调整、经营主体行为变化，是包装饮用水产业发展的大事。整合之前，需根据市场发展现状算好经济账。调研组结合调研和各地、各相关部门提供的统计数据，对2022年全市包装饮用水产业产能、销售量、销售额等情况，进行了匡算，认为当前赣州包装饮用水产业总体布局较为分散，企业规模普遍较小，市场竞争力较弱，市场占有率偏低。这些特征决定了，对全市包装饮用水企业整合，短期内是难以实现的。具体分析如下：

* 此文成稿于2023年9月13日。

1. 产能及利用率不高。全市包装饮用水设计产能约为 196.5 万吨 / 年，实际产能约为 60.9 万吨 / 年，企业产能释放比例仅为 30.99%。

2. 销售量和销售额总体不大。从企业生产端统计，全市本地包装饮用水企业总销售量约为 58.5 万吨。按市场终端销售价约为出厂成本价的 3 倍，瓶装水出厂均价约为 1000 元 / 吨、桶装水出厂均价约为 240 元 / 吨来推算，全市本地生产包装饮用水销售总额约为 7.69 亿元。其中，瓶装水销售总额约为 4.58 亿元，桶装水销售总额约为 3.11 亿元。

3. 企业规模偏小。本地品牌企业年产量 3 万吨以上的有 3 个、2 万 ~ 3 万吨的有 5 个、1 万 ~ 2 万吨的有 7 个，其余 68 个本地品牌企业年产量均在 1 万吨以下，最大的水企年产量不超过 6 万吨，最小的水企年产量不足 5000 吨。本地品牌企业销售量 1 万 ~ 2 万吨的有 13 家、2 万 ~ 3 万吨的有 8 家、3 万吨以上的有 5 家。销售量最多的为 12.75 万吨 / 年，最少的为 0.09 万吨 / 年。

4. 产品类型主要集中在天然饮用水。全市本地品牌 83 个，饮用水类型为纯净水的 11 个、饮用天然水的 65 个、矿泉水的 7 个，饮用天然水占比 78.3%。

5. 本地市场以桶装水销售为主。全市瓶装水销售量约 15.28 万吨，桶装水销售量约 43.22 万吨。瓶装水销售量占比约 26%，桶装水销售量占比约 74%。本地生产的桶装水约 98% 销往市内，约 2% 销往省内其他地市和广东省。本地生产的瓶装水约 85% 销往市内，约 15% 销往省内其他地市和广东省、福建省。

二、赣州包装饮用水企业整合发展方式分析

调研组借鉴外地水企业整合可供探索的3种发展模式（头部企业引领带动、本地企业自主整合、国资入股联合开发模式），结合前期赣州与华润怡宝、景田等头部企业对接情况，以及对本地企业发展动力和意愿的调研走访情况，进行具体分析，认为当前面临头部水企不愿来、本地水企不愿整、国企整合有难度等问题。

（一）头部水企不愿来

国内知名水企主要考虑以下因素：

一是企业发展潜力因素。头部水企在全国布局建厂，需充分考虑现有布局的销售辐射范围（约300～400公里）。据悉，目前农夫山泉在广东河源、景田百岁山在宜春市宜丰县投资建厂，已能够为赣州在内的周边地区消费市场提供产品。加之，赣州市场现有的销售规模有限，再在赣州布局建厂，短期内难以支撑企业发展。

二是成本产出效益因素。头部水企在全国布局建厂，还需充分考虑水源地矿泉水资源总量以及水的品质，因为水源地决定了包装饮用水产业规模的上限。前期与景田对接时，当问及来赣州投资意愿时，其明确表示，先要查看矿泉水资源详查资料，再作出投资判断。而赣州水资源底数不清，现有水源地分散、探明储量小，已探明的矿泉水储量占全省的5.89%，难以实现大规模生产，无法满足头部水企品牌落户的必备基础条件。

此外，在物流成本方面，赣州也暂未达到头部水企落户要求。目前，没有建设大型包装饮用水集散中心和产业物流配送中心，前端揽收距离长，物流成本大。包装饮用水在快递运输行业属于超重物件，产品价值不高，赣州辖区内包装饮用水线上销售量不大，未形成规模效应，无法专门为包装饮用水开通城市直发线路，物流成本难以降下来。

（二）本地水企不愿整

赣州本地自主品牌水企整合意愿不强的主要原因：

一是不愿打破现有收益格局。调研发现，本地水企之间虽竞争激烈，但在多年经营和资本积累沉淀下，凭借已有的销售渠道，一些企业收益还不错，多数企业即使微利，也能生存下来，有的企业年利润达到六七百万元，有的企业年利润仅二三十万元，却存在“小富即安”思想。而整合带有很大的不确定性，难以完全保证现有利益。

一是不愿自有品牌被其他品牌整合。本地水企不论品牌强弱都期望以“我”为主，认为自己企业有较大的发展空间，即使整合也要有相应的市场溢价。调研中，受访水企负责人表示，品牌是企业的无形资产，创建品牌凝聚自己多年心血，一旦品牌被整合，现有品牌终止使用，企业经营自主权和决策权随之消失。因此，部分企业表示，宁可少挣点，也要慎重考虑谈判条件。

（三）国企整合有难度

行业市场规律表明，目前国企整合存在一定难度。主要原因：

一是现有包装饮用水国有企业不具备整合实力。赣州现有两家国有包装饮用水企业，属于水企“小、散、弱”的代表，2022年实际产能均不足1万吨，营业收入均不足500万元，有的营业收入仅为250万元，缺乏整合实力和能力。

二是市场竞争激烈，新进包装饮用水国有企业整合有困难。一方面，包装饮用水产业是微利产业，水企大多为民营企业。如农夫山泉、景田百岁山、康师傅、冰露、娃哈哈等品牌头部水企均为民营企业或外资企业，赣州79家水企中仅有2家国有企业。另一方面，在包装饮用水市场竞争日趋激烈的大背景下，新进入包装饮用水市场的国有企业，品牌培育、市场开拓等均需较长时间，想在短期内占有一席之地，难度较大。在新进国有水企品牌实力尚不具备强大吸附能力时，整合其他品牌，比较困难。此外，诸多民营企业表示，国有企业运营管理成本相对较高，后续市场开拓公关受多种因素制约，不及民营企业灵活，怕难以达到预期收益。

综上所述，调研组认为，基于当前赣州水企整合背景，以及三种整合发展方式分析情况，建议采取第三种方式，即通过支持国有企业做增量的方式，推动赣州包装饮用水企业整合。具体思路是：坚持市场化原则，由工业和信息化部门牵头会同相关职能部门制定整合方案和政策支持体系，按照“增量带动存量，局部带动整体”的路径，选准细分赛道，突出赣州特色产品特质，重点支持合力创建地方公共品牌，推进国有企业与民营水企合作，分阶段按步骤培育发展壮大1～2家本地优势水企，稳步提升本地水企核心竞争力和市场占有率，力争5年左右把赣州包装饮用水打造成具有一定影响力和市场知名度的区域公共品牌。

三、下一步工作建议

（一）摸清底数

建议市委、市政府聘请有资质的部门对全市水资源储量、空间分布、矿物质含量、可开采量等情况开展勘探评估，筛选可供开发的优质水源地，掌握适宜做饮用矿泉水的地下水储量，适宜做天然饮用水、纯净水的湖泊和水库水量储量及可开发量，把“家底”弄清。在摸清底数的基础上，编制全市包装饮用水产业规划（方案），实现水资源有序开发，促进产业可持续发展。考虑水资源勘探成本高，实际操作中可以考虑引入社会资本共同参与，研究出台吸引社会资本投入矿产勘查开发的相关政策，营造良好的市场环境，鼓励或吸引社会资本投入找矿行动。

（二）创建区域公共品牌

建议采取以增量带动存量的方式，以增量品牌效应吸附存量品牌整合。走差异化品牌培育道路，突出赣州地处赣江源头、东江源头优势，价值定位为“源头之水”，主打饮用水类型为饮用天然水，主打市场为本地市场，打造一款“源头活水”品牌，并持续加大区域公共品牌扶持力度，宣传“饮水思源”“赣州人喝赣州水”等主题，迅速占领赣州本地公共饮用水市场（机关、企事业单位、学校等），同步拓展本地其他市场，积小胜为大胜、以空间换时间；借助赣州深州合作的有利条件，逐步拓展粤港澳大湾区“供港水源地”市场。考虑本地品牌整合意愿，可以采取“区域公共品牌＋存量品牌”模式，持续放大品牌效应，助推“源头活水”品牌走出去、叫得响。

（三）成立行业协会或产业发展联盟

建议成立市级包装饮用水行业协会或产业发展联盟，搭建良性互动的交流平台，推动信息要素充分沟通交流，实现信息互通、资源共享，助力企业找准自身市场定位，实现“抱团发展”。发挥行业协会或产业发展联盟的监督、指导、协调、自律作用，求同存异制定一套统一的行规行约和各类标准，协调水企之间的经营行为，促进企业依法生产、诚信经营，提升整体发展水平。

（四）明确牵头部门和企业实施主体

建议明确由工信部门牵头，负责统筹抓好赣州包装饮用水行业发展工作，编制相关产业发展规划（方案），开展相关业务指导和资源调配，会同相关职能部门制定整合方案和政策支持体系等。企业实施主体方面，建议明确由一个市属国有企业具体实施，推进国有企业与民营水企合作，在政府整体规划指导下，统一对全市的水资源进行整合、运作、提升。

（五）出台系列扶持措施

建议市级层面出台包装饮用水产业扶持措施，整合各部门的相关支持政策，用好、用活、用足各类优惠政策，大力支持包装饮用水产业技术研发、创新和改造，支持产业基础设施建设、物流体系建设、品牌培育及宣传推介等，扶持企业在区域交通枢纽建立区域产品集散地或营销中心，引导银行贷款和社会资本等多元化投入包装饮用水产业，助推产业高质量发展。

第四篇

感悟体会

业精于勤，荒于嬉；行成于思，毁于随。年轻干部要勤于思考、善于思考，只有具备了思考的能力，才会在面对困难和问题时想出最佳的解决办法。只有把思考作为提升综合素质的“助推器”，才能在学懂弄通做实上有收获，从而练就干事创业的真本领、硬功夫。

本篇是我在赣州挂职期间，对挂职工作、机关工作和调查研究工作等的总结和体会。关于基层挂职工作，我体会到赴基层挂职干部要遵循“五线谱”（明确主线、立好标线、紧盯天线、深入前线、严守底线），唱好“三大调”（唱好主责主业工作的基调、次责辅业工作的配调、同责兼业工作的升调），唱准“七个基本音符”，唱响挂职主旋律，和弦工作伴奏音，“三位一体”赋能地方高质量发展。要在“争取政策、导入资源资金、招引项目”等方面主动担当，善于“来去”。关于机关工作，我体会到要善用五种思维（战略、历史、辩证、创新、底线思维）、当好“四机”干部（“电话机”“计算机”“复印机”“传真机”式干部）、善写三类文章，守正创新做好机关工作。关于调查研究工作，我体会到搞好调查研究要“五子登科”（摸底子、搭架子、探路子、开方子、迈步子），以调查研究学习规则章法、引入经验做法、创新工作方法、探寻思路办法，不断增强“以文辅政”能力。

赴基层挂职干部要遵循“五线谱”唱好“三大调”*

习近平总书记指出，好干部不会自然而然产生。成长为一个好干部，一靠自身努力，二靠组织培养。干部挂职作为组织培养干部的重要手段，对锻炼干部有着重要作用。2022年6月至今，我有幸在赣州挂职，深刻体会到中央和国家机关赴地方基层的挂职干部在地方锻炼中一定要找准定位、理清思路、明确方向、把握重点，善于工作、善于作为、善于行事，才能“磨”出火花，“践”出亮点，“挂”出效果。

一、遵循“五线谱”

挂职干部在实际工作中应“明确主线、立好标线、紧盯天线、深入前线、严守底线”，在履职尽责中彰显担当，积极主动作为，行事有原则，行动有路径，行为有规范，才能“炼”出真金。

——明确主线。主线是指贯穿整个挂职期间的主要职责任务。挂职工作的主线应是在为地方高质量发展服务中，提高干部

* 此文成稿于2023年5月30日，发表在“江西组工微讯”微信公众号。

综合素质，实现组织赋予的使命担当。这就需要挂职干部明确到基层锻炼不是去“镀金”，而是去“炼钢”，不是干事挂名、岗位挂号、业务挂靠，而是挂牵工作使命、挂钩工作任务、挂心工作职责。

——立好标线。标线是指工作目标，是完成任务期望达到的效果。组织希望挂职干部在“思想上得到淬炼、政治上得到历练、实践上得到锻炼、专业上得到训练”；干部期待实现“学有所获、践有所得、练有所用、行有所成”。两者统成一条标线，就是在履职尽责、完成使命任务中实现综合素养和能力本领提升。这就需要挂职干部结合“主线”因地因情制宜，预设工作目标，从了解掌握基层情况，到协调解决实际问题，再到统筹驾驭复杂局面，分阶段实现目标。

——紧盯天线。天线是指中央重大战略、规划、政策、改革及有关国家战略性、方向性、全局性的重大问题、项目等。紧盯天线就是要挂职干部及时了解国家发展大局的新动态，关注宏观经济和社会发展形势的新变化，把握内容新取向。既把中央重大决策部署、任务导向等信息传导下来，又要找准与地方结合点，做好对接融入和执行落实工作。

——深入前线。前线是指基层工作的第一线，包括乡间村间的民情社情、地方群众的所想所盼等。深入前线就是要挂职干部深接地气、扎根基层、多讲“方言”。既沉到一线察实情，把老百姓期待的事变成政府要做的事，又虚心向基层干部群众学习，学习攻坚克难的“真功夫”，为基层办实事、解难事。同时，适时把民间的智慧、乡间的方法、村间的经验梳理总结呈报。

——严守底线。底线是指纪律规矩和工作方法原则底线。严守底线就是要挂职干部严守党纪国法和道德底线，上紧守法的“螺丝”，拧紧遵纪的“发条”，做到干成事、不出事。同时，参与地方工作要适当，处理事情要恰如其分，做到参与有度、协助有节。在地方项目建设方面做到“谋”（划）而不“干”（预），在具体资金使用方面做到“知”（晓）而不“掺”（和），做到尽职不越位、帮忙不添乱。

二、唱好“三大调”

挂职干部要正确处理好各类工作关系和具体任务，唱好主责主业工作的基调、次责辅业工作的配调、同责兼业工作的升调，唱准“1 ~ 7”七个基本音符，唱响挂职主旋律，和弦工作伴奏音，“三位一体”赋能地方高质量发展，才能“锻”出真才。

——唱好基调。基调是指工作的主责主业，包括提高政治素养、抓好分管业务工作和发挥桥梁纽带作用等，是岗位职责纵向到底执行落实的必答题。这需要挂职干部站好位、站好岗，把准唱好三个音符。（1）加强理论学习，强化政治引领推动开展工作。积极参加地方党委、政府组织的理论学习、培训授课、专题讲座等活动，提高“政治三力”，推动党委、政府决策部署落实。（2）做好规定动作，抓好分管领域各项工作。熟悉挂职单位分管工作业务内容、流程和任务等，结合既定目标，着力解决主要困难问题，锻长板、补短板，实现分管工作提质增效。（3）把好政策导向和地方要事，积极带动争先创优。发挥自身优势，帮助地方争取更多政策、项目、资金落地。做好牵线搭桥和联系洽谈，帮助地方开展双招双引工作。

——唱好配调。配调是指工作的次责辅业，包括做好各项协管工作、兼管工作和协助受托工作等，是岗位职责横向到边协同配合的问答题。这需要挂职干部补好位、补好台，把准唱好两个音符。（4）为同事同级援一臂，抓好协管工作、兼管工作。掌握协助工作进展、症结等，研究提出新举措，建议并配合分管领导抓好落实。做好班子成员和同事们委托的工作，做到分工不分家。（5）为基层政府搭把手，做好有利于发展安全的协助配合工作。协助地方做好创文创卫、安全生产督导、应急事件处置、矛盾纠纷化解等有关发展安全的事项。

——唱好升调。升调是指工作的同责兼业，包括调查研究、思考谋划和赋能地方发展工作等，是岗位职责从平面到立体全面提升的抢答题。这需要挂职干部跑好位、跑对路，把准唱好两个音符。（6）加强调查研究，助力国家政策落地落实落细。围绕地方产业发展、乡村振兴等问题，找办法提建议，形成高质量调研报告，推动出台相关政策文件和解决方案；研究国家支持地方发展的各类政策，谋划配套措施，加快“纸变钱”，将政策文件转化为更多看得见、摸得着、可触可感的实物工作量。（7）凝聚工作合力，献计地方经济社会发展。加强与其他挂职锻炼的同志联系交流，了解地方发展的好思路、好做法，探讨共性问题，寻求解决方案。主动向基层干部请教，汇集众智、博采众长、凝聚众力，共同探索推动地方发展的新路径。

挂职工作要在“善来去”中展作为*

习近平总书记指出，我们党一步步走过来，很重要的一条就是不断总结经验、提高本领。作为一名中央和国家机关第五批对口支援赣南等原中央苏区挂职干部，我两年挂职时间已过半，稍作停留，总结上半场、展望下半场，十分必要也十分重要，有利于在后半段工作中更加明确、更加坚定、更加扎实地完成挂职目标任务。

一年来，我在实践中锻炼，在锻炼中成长，在成长中总结，更加深刻地领悟到挂职干部除了做好相关规定动作之外，应更加紧密结合地方实际和地方特点，更多在“争取政策、导入资源资金、招引项目”等方面主动担当，善于“来去”，展现作为。

一、善于把政策信息传下来，把请求事项呈上去

这“一来一去”，与其说是上与下即中央与地方的关系，不如说是政策供给与政策需求怎么对接的问题。核心内容是如何找好结合点，以争取更多政策（资金项目）落地的问题。政策信息

* 此文成稿于 2023 年 7 月 31 日，是在第五批中央国家机关对口支援赣州挂职干部一周年座谈会上的感悟体会。

双向反馈，意味着挂职干部不仅要及时了解国家经济社会发展大局新动态、形势新变化，而且要把地方的需求诉求对接融入国家战略和政策部署中。这就要求我们知信息、懂政策、会上报，把中央战略决策及各部委政策转化成一个个可落地的项目。如，一同作为对口支援赣南等原中央苏区第五批挂职干部（以下简称援友）援友甲，积极返京回派出单位对接工作，争取到某部委对江西省水美乡村项目的支持政策，即时策划如何用好用足该政策，及时打开反馈渠道和工作通道，多次赴某部相关司局、省厅、市局沟通汇报，组织编制申报材料，向上争取中央资金和专项债配套资金，获得成功。近期，挂职所在地水美乡村项目已启动开工建设。

二、善于把先进经验引进来，把优质资源推出去

这“一来一去”，与其说是外与内即外省外市、本省外市与本地的关系，不如说是资源和方法怎么双向联动的问题。核心内容是要把本地的好资源转化为受外部欢迎的优势条件，解决如何引来资源的问题。将优秀做法和先进经验互通有无，意味着挂职干部不仅要及时了解外部有哪些好的模式，而且要知道本地有哪些典型经验。这就要求我们知外懂内、引外推内，当好宣传媒介，把可复制案例做法推介出去；把可推广的模式经验及时引进来，转化成为本地的经济社会发展新动能。如，援友乙，把县域旅游与自己的专业结合起来，不断向外宣传推介该县的优质旅游资源，深入研究国家轨道交通管理政策，与外省市发展交通轻轨项目的经验联系起来，多次与某央企投资公司联系接洽，导入外部资源

资金，共同策划了市场化的重大旅游快线项目。为项目获得更多支持，又多次到省直部门和国家部委进行对接汇报，初传捷报。近期，该项目已在抓紧立项申报的路上。

三、善于把谋划方案拿出来，把任务安排落下去

这“一来一去”，与其说是当前与长远统筹兼顾的关系，不如说是工作协同平衡的问题。核心内容是既要为地方发展献计，又要强化地方决议事项的执行落实，解决谋划和推动项目落地的问题。谋划设计方案并推动有效实施，意味着挂职干部不仅要能想出（地方干部尚未来得及思考的）新鲜创意，还要锤炼如同基层干部一样的执行落实能力。这就要求我们把情况摸清楚，把问题搞准确，并提出务实管用有效的工作举措，方能把理念和想法转化为可触可感的务实工作量。如，援友丙，根据挂职地实际情况和对口支援的分管工作，创新跨境电商“前店后仓＋快速配送”模式，探索开展进口商品免税业务，争取市县领导的支持推动，调配整合多方力量，把网络购物、跨境电商与关税原则有机结合起来，合理合规地把进口商品零关税店开到了老百姓的家门口，广受好评。近期，项目已顺利完工，门店已正式开张营业。

善来者善往，福来者福至！我们第五批挂职干部，每一个人都有着自己在挂职历练成长中干事创业的故事。如，有的同志忙前忙后，践行部委体制机制改革举措，把方案转化为项目，落地到基层，推广到乡镇；有的同志忙早忙晚，在赣支援时间已过三年，把政策和技术等纸面文件变成了惠及百姓民生的资金；有的同志忙里忙外，从外地专门请来高端智库、专家院士，为县域特

色产业发展赋智赋能；有的同志忙左忙右，推动政校企深入合作，常态化开展乡村振兴工作；有的同志忙上忙下，为赣州的争资争项、双招双引、督查激励、企业上市等事项不停跑、不停歇、不停顿。这所有的工作背后都离不开赣州风清气正的政治生态、开放包容的社会环境、勤奋实干的工作环境，更离不开市委、市政府领导们的指导指挥、认可信任和高位推动，也离不开赣南等原中央苏区振兴发展工作办公室（以下简称苏区办）等各部门、各县（市、区）领导和同志们的大力帮助支持和强力保障。

方法万千种，路径百十条，目标却是唯一的。我们就是要在履职尽责、完成组织使命任务中担当作为，实现综合能力素养的提升、服务好赣州经济社会高质量发展。当前，挂职工作仍在路上，还有更多的工作需要我们去做。在挂职的下半场，我们要以更加奋发的激情、更加饱满的热情，努力完成自己的工作任务。归结为一句话，回归到这“一来一去”中，就是要不忘初心、牢记使命，凝心聚力，团结奋斗，形成强大的工作合力，把各类风险问题“降下去”，把工作业绩“升起来”！就是要善作善成，在来去中显担当，善于“来去”、“来去”自如，“挂”出更加优秀的成果！

把握“时度效”将挂职工作推向高潮*

深入学习贯彻习近平总书记关于主题教育的系列重要讲话精神，进一步推动主题教育工作走深走实，要坚持联系实际、立足岗位，把主题教育和做好本职工作紧密结合起来，把握好“时、度、效”。对挂职干部而言，“时”就是时点，时间窗口；“度”就是进度，目标任务；“效”就是效能，对口支援质效。具体来说，就是要做到把好主题主线、把好时间窗口、把好目标任务、把好现实需求，以学促干，将挂职工作推向高潮。

一、把好主题主线，增强使命感，推动能力素养锤炼淬炼

学习习近平新时代中国特色社会主义思想是这次主题教育的主题主线。这就要求我们进一步增强学深悟透的历史使命感，脚踏实地加强理论学习，真正做到以学铸魂、以学增智、以学正风、以学促干。

学思想学理论强党性。端正学习态度，优化学习方法，按照制定的学习计划，落实进度安排，沉下心思读原著、学原文、悟

* 此文成稿于2023年9月24日，是学习贯彻习近平总书记关于主题教育系列重要讲话精神的感悟体会。

原理，精读深读《习近平著作选读》，辅读泛读《习近平在宁德》《习近平在正定》等著作，用心体会思想精髓、学深悟透思想源泉，持续做好深化、内化、转化工作，提高政治素养和理论水平，不断筑牢信仰之基、补足精神之钙、把稳思想之舵。

学经验学方法促实干。民间到处有智慧、乡间到处有经验、村间到处有办法。要扑下身子、沉到一线，虚心向最基层的乡村干部和群众学习请教，学习地方干部干事创业的“精气神”、攻坚克难的“真功夫”，学习请教他们的实战经验、工作方法，这有利于帮助我们灵活、全面处事，提高协调解决实际问题和统筹驾驭复杂局面的能力，提升个人综合素养和干事能力。

二、把好时间窗口，增强紧迫感，推动工作业绩见质见效

为期 2 年的挂职工作，时间已过三分之二。若把 2 年挂职工作时间分为熟悉环境期、适应发展期、业绩高潮期和收尾总结期 4 个阶段，当前正处在第 3 阶段，基本与第二批主题教育时间相吻合。这就要求我们珍惜这段既熟悉工作又掌握实践方法的黄金时间窗口期，积极回应地方期待需求，在争资争项、双招双引方面主动担当，在北上南下、牵线搭桥中再发力，续写挂职工作浓墨重彩一笔。归结为一点，就是要发挥自身优势，狠抓工作落实。千条万条，不落实都是白条；千招万招，落不实都是花招。

争资争项见真章。抢抓政策窗口期，即时策划如何用好用足中央战略决策及各部委政策，全力对接，积极争取国家部委、省厅部门等的支持，促进赣州革命老区高质量发展示范区建设。带领赣州市相关部门赴国家部委，就项目入规调整、综合试点申报、

特殊项目工程储备入库、公共基础设施建设等工作沟通汇报，争取支持落地，为赣州高质量发展提供坚强保障。

双招双引见实效。发挥人脉资源优势，做好招商引资牵线搭桥和联系对接，接续推动前期投资洽谈，协调推动赣州市与央企、头部企业等进行战略合作。继续推动有意向企业来赣州调研考察，开展宽领域、多层次合作。联系邀请推动符合赣州产业发展方向的企业来赣州洽谈项目投资。同时，积极帮助地方开展招才引智，争取高端会议、高层次人才来本地落地落户，提升地方经济发展能力、实力和影响力。

三、把好目标任务，增强责任感，推动“以文辅政”走深走实

实干担当促进发展，是学习贯彻习近平新时代中国特色社会主义思想主题教育的具体目标之一。这就要求我们把好解政难排民忧的目标任务，鼓足干事创业的精气神，以强烈的事业心和责任感谋划发展、推动发展，在“以文辅政”方面下功夫，寻找更多更好解决问题的方法。

学习考察引经验做法。坚持眼睛向外看，以开放的心态、虚心的姿态、紧迫的状态，及时了解赣州之外的其他地区在推动经济社会发展方面有哪些好的模式、好的经验，将先进理念和有效做法引进赣州，通过总结消化吸收和完善改进优化，结合赣州实际情况，制定适合本地发展的具体措施，推动“向外”的学习成果“养分”更多更好地内化为发展“果实”，为实现后发赶超积蓄能量。

调查研究解民生实事。用好调查研究“金钥匙”，弘扬“寻

乌调查”唯实求真精神，念好“深、实、细、准、效”五字诀，沉到一线问计于群众，摸清在脱贫攻坚战取得决定性胜利、老区人民实现全面小康之后，赣南苏区人民所思所想、所忧所盼，找准破解群众急难愁盼问题的“幸福密码”，提出更多富有灼见、操作易行的“赣南方案”。扎实做好调查研究“后半篇文章”，积极推动调研成果转化，用新思路、新举措锻长板、补短板。例如，赣州作为全国两个革命老区高质量发展示范区之一，推动革命老区高质量发展示范区建设是工作中心之一，我们要服务保障这个工作中心和大局，多思考当地有何可做示范之处。千示范万示范，左示范右示范，若无实现改革发展和增进民生福祉就很空泛。因此，要多深入调查研究，拉宽尺度去看、去思考、去解决这些问题。可以从三个维度来统筹谋划或思考：从宏观整体上，要考虑经济社会总体发展规划；从中观产业上，要考虑当地首位产业、特色农业、文旅第三产业等领域如何融合发展和高质量发展；从微观主体上，要在改善营商环境，促进民营经济发展壮大等方面下功夫。

四、把好现实要求，增强时代感，推动对口支援求新求变

学习习近平新时代中国特色社会主义思想的目的全在于运用。这就要求我们坚持学思用贯通、知信行统一，把习近平新时代中国特色社会主义思想转化为指导对口支援实践的强大力量，推动新时代对口支援工作开创崭新局面。

助推支援方式创新。把准赣南苏区对口支援工作环境条件、现实需求和工作要求的新变化，顺势而为、与时俱进，以敏锐的

思维、善察的作为，认真研究对口支援工作的新机遇、新特点、新领域、新方法，因时因变谋划推动对口支援方式改革创新，探索对口支援政策如何从资金项目支持逐步转向智力支持，如何从输血式支持逐步转向提高其自身发展能力和造血功能，如何从基础设施等硬建设逐步转向提高其公共服务水平和产业发展能力的软服务，以新的对口支援方式、更加精准地支持服务地方经济社会发展。

传播正能量好声音。坚持外引内联，搭建交流平台，加强对外联络，拓展联系面、扩大朋友圈，讲好赣州故事，展现赣州形象，让更多人了解赣州、走进赣州。向外界传递良好的发展态势、优美的生态环境、舒心的人文环境、一流的营商环境，全面提升赣州的知名度、美誉度。以“请”的姿态，积极参与江西省“三请三回”活动，多渠道、全方位、多形式向赣南乡贤推介家乡的新变化、新形象、新发展，助推乡贤回归共襄发展，最大限度聚乡贤之心、集乡贤之智、凝乡贤之力，助力赣南苏区从振兴走向复兴。

守正创新当好“四机”干部*

办公室三大核心工作是办文、办会、办事。办文即处理文件，要精准；办会即组织会议，要精细；办事即协调事务，要精心。政府办公室工作非常锻炼和考验个人综合能力素质，不仅要求机关干部会听、记、说、写，还要会做、会思考、常练习，更要善用五种思维、当好“四机”干部、善写三类文章。

一、善用五种思维

习近平总书记强调，要切实提高战略思维、辩证思维、系统思维、创新思维、历史思维、法治思维、底线思维能力。本文着重探讨五种思维，即高瞻远瞩的战略思维、以史为鉴的历史思维、蹄疾步稳的辩证思维、与时俱进的创新思维、防患未然的底线思维。这五种思维方式是习近平总书记反复强调的领导干部必备的思维能力，也是指导我们做好机关工作的重要方法。

（一）善用战略思维，做好上下结合

所谓战略思维，指的是从全局、长远的角度思考问题，把握

* 此文成稿于2023年10月30日。

事物发展的总体趋势。习近平总书记把战略思维放在十分突出的位置，多次强调战略思想、战略定力的重要性。善用战略思维，要全局探索和长远探视，从整体上把握党和国家前进的正确方向，增强工作的科学性、预见性、主动性。我们要紧紧围绕党中央的决策部署和习近平总书记对江西的重要指示批示，结合赣州市的实际情况和特点，找准定位、抓住机遇、突出重点、创新举措，坚持“走在前、勇争先、善作为”。一要做到既接天线又接地气。牢牢把握时代特征和社会关切，体现地方特色和特点。党的二十大报告深刻阐明了中国式现代化的丰富内涵，具体是全面建成社会主义现代化强国的“两步走”的战略安排。结合赣州实际，我们要深入贯彻习近平总书记考察江西重要讲话精神，在赣州革命老区高质量发展示范区建设方面下功夫，同时对标对表省委提出的“三大高地、五大战略”和市委提出的“三大战略、八大行动”决策部署，将具体举措落到实际行动中来。从短期来说，地方经济发展的压力、财政收支的压力以及扩大内需的压力都需要具体举措来化解。要根据赣州自身情况来制定政策措施。如刺激消费方面，赣州发行的一系列消费券，要根据自身产业发展特点来设计，除了文旅产业以外，还可以围绕服装、家具等产业来做消费的“大文章”。二要讲求全面性和系统性。研究赣州经济要以大局观、从国际国内视角观察。比如，从赣州实际来看，受国际大宗商品价格波动影响，稀土和钨价格大幅下降，有的价格甚至只有去年的三分之一。如果不观察大势、不从宏观视角看，只着眼于产业发展，有时候会导致投入越多，亏损越多。虽然价格波动剧烈对企业、市场影响大，但可以采取一些对冲方式去应对。要用好战略思维，根据大势来观察赣州区域经济特点，综合考虑大势范围内的实体经济和虚拟经济关系，比如考虑实体经济与货币市场、资本市场等虚拟经济的关系等。

（二）运用历史思维，做好前后结合

所谓历史思维就是要重视历史，正确认识历史，把握历史规律，汲取历史智慧，增强历史自信，明确发展方向。习近平总书记多次指出，历史是最好的老师，历史是最好的清醒剂，中国革命历史是最好的营养剂。我们要深入研究原中央苏区历史，深刻认识赣州革命老区在党和国家发展中的特殊地位和作用；总结原中央苏区发展经验，准确把握赣州革命老区高质量发展的时代特征和发展路径；坚持“用好红色历史、传承红色基因、赓续红色血脉”，推动赣州革命老区高质量发展取得新成效。要以史为镜，总结比较得出“过去怎么看，现在怎么样，将来怎么办”，我们要注重学习历史，了解历史的发展规律和经验教训，从中汲取智慧和力量，指导工作实践。历史是最好的教科书。2008 年国际金融危机发生后，我国实施大规模的经济刺激政策。党的十八大以后，我国的宏观经济政策主要采取的是精准“滴灌”而不搞“大水漫灌”的方法，在主导方向上强调以高质量发展应对新常态下增长换挡、转型升级的问题。党的十九大以后，我们强调要注重现代化经济体系建设，把握经济增长质与量的关系有所不同，面对发展不平衡不充分的问题，强调经济发展要实现质的有效提升与量的合理增长。这些政策完善是运用历史思维看问题、考虑问题后提出的解决办法。

（三）运用辩证思维，做好左右结合

辩证思维是指以唯物辩证法为指导，承认矛盾，分析矛盾，抓住关键，找准重点，洞察事物发展规律并自觉按照规律进行思考的思维方式。习近平总书记高度重视辩证思维并要求，领导干部要坚持并自觉运用辩证思维，不断提高辩证思维能力。我们要注重运用辩证思维，把握好事物发展的内在联系和矛盾变化，处理好各种复杂关系，用联系发展的眼光看问题，分析事物的本质和规律，把握好事物之间的相互联系和作用。要统筹兼顾、协调联动，善于用辩证思维谋划经济社会发展，分析新发展阶段的新机遇、新挑战。一要坚持“中点论”，左右平衡，不偏不倚。提出观点或政策建议，不能眉毛胡子一把抓、芝麻西瓜一起抱，否则就会出现极“左”或极右的问题。凡是思考问题，既要有正向思维，又要有逆向思维。比如，面对中国经济下行风险，有的人提出中国经济悲观论，认为中国经济明斯基时刻就要到来，提出的应对政策非常极端，脱离改革发展来制定经济政策，这就容易导致中国经济进入弱循环。二要坚持“两点论”，一分为二，看清问题。一方面要同时看到事物的利和弊两方面。比如，因中美之间大国博弈，受美国税收限制政策等不利条件影响，不仅要看到我们的部分产业出现转移现象，还要看到这种政策促使我们的产业进行转型升级。另一方面，要同时看到事物的动和静两方面。比如，在全球货币政策调整过程中，美国在疫情之后沿用“次债危机”时的货币政策，即“直升机撒钱”政策，用消费拉动经济增长，随后出现严重的通货膨胀，之后又加速货币政策的收紧。这时我们需要动态和静态相结合地去看待美国的货币政策，如果我们不跟着美国采取货币收紧政策，会对我国的货币汇率产生很大影响；但是如果跟美国一样采取货币收紧政策，又不符合中国当前的经济情况（我国在疫情之后没有采用过度刺激消费的方式，而是通过扩大投资的方式来促进生产，产品出口到主要贸易伙伴国），如果采取货币收紧政策是否会限制生产？这需要一分为二地看待。三要坚持“重点论”，抓住关键，纲举目张。当前国内部分观点对中国经济下行现象的解释是“只见树木不见森林”，这是单一地从某一个点看问题。

（四）运用创新思维，做好长短结合

创新思维是一种不断探索新知识、新方法、新领域的思维方式，要求我们在工作中与时俱进，不断探索新思路、新方法，以求取更好的效果。习近平总书记强调，要树立科学精神、培养创新思维、挖掘创新潜能、提高创新能力，在继承前人的基础上不断超越。创新是推动工作发展的重要动力，只有不断创新才能适应时代的变化和要求。我们要注重创新思维的培养和实践能力的提高，不断探索新的工作方式和方法，提高工作效率和质量。创新思维体现在公文写作的很多方面，如立意的创新、视角的创新、方法的创新等。一要立意创新。立意是文章或报告的灵魂，我们在写作时要有自己的观点和见解，不要陈词滥调，不要雷同模仿。要根据不同的对象、场合、目的选择合适的题目和内容，突出主题和特色，吸引读者或听众的注意力。二要视角创新。观察是获取信息和素材的重要途径，我们在工作中有敏锐的洞察力和发现力，不断从现象中揭示本质，从细节中发现问题，从问题中寻找机遇。例如，前几年，我在做调查研究时发现，在某中部地区企业之间用承兑汇票结算的现象很普遍，扰乱了当地经济运行。据此我写了一篇调研文章，反映过度使用承兑汇票，影响了局部经济发展，加重了小微企业负担等这一新出现的问题。三要方法创新。方法是实现目标和效果的手段和途径，在工作中要善于运用各种有效的方法和技巧来完成任务和解决问题。在研究方面可以运用多种工具和手段，如数据分析、情景模拟、案例研究、专家咨询等，以更好地支撑政策的制定和实施。

（五）运用底线思维，做好内外结合

底线思维是一种居安思危的思维方式，它要求我们在做事情时要考虑到最坏的情况，并做好应对最坏情况的准备，以努力争取最好的结果。习近平总书记多次强调，自觉运用底线思维分析研究工作中面临的风险和挑战。我们要注重运用底线思维，保持清醒和警惕，做到有备无患，遇事不慌，牢牢把握主动权。一要重方式。在办公室工作中，需要将内部和外部的因素结合起来综合考虑问题，内外互动，以外促内。比如，在宣传方面要守住意识形态和舆论的底线，遵守宣传纪律，学会改文风，正面说问题，不要“无底线”吸引眼球。同时也要学会运用市场化的宣传方式，更好地传递群众和政府的声音。二要写观点。在撰写内部或外部文章时，要把握住对内发声和对外宣传不同的底线，也要合理选择不同的视角来表达自己的观点和立场。例如，有一篇报告，内刊标题是《结构之变、动力之变》，外刊标题是《理性看待经济增长“破七”》，市场宣讲或微信文章的标题是《新的 5% 与旧的 8%，哪个好》。这些都是根据不同的对象、场合、目的选择合适的题目和内容。三要讲特点。在撰写文章或进行市场宣讲时，不仅有特别的底线要求，而且需要突出所涉内容的特点。不管选任何角度，都要把握阐述问题的方法。一些重要的报告，要注意把握问题尺度：既要客观反映问题的现状和原因，又要积极提出问

题的对策和建议；既要有问题意识，又要有解决思路；既要指出问题本身，又要提出破解问题的方法。

二、当好“四机”干部

（一）当好“电话机”式干部

电话机的功能是通信，保持沟通联络。这就像办公室工作，重要职责就是做好上传下达、沟通内外、协调左右、联系各方。当好“电话机”式干部，要求我们既要学会联系各方，听清指示，也要学会如何传达、对接事项。一方面，沟通要及时。对领导交办的事情、部署的工作，要快办快处，做到“文经我手不过夜，今日事今日毕；今天再晚也是早，明天再早也是晚”，确保政令第一时间传达到位、沟通及时。另一方面，协调要有力。对内部，要准确处理好科室之间的协同关系，做到补台不拆台；对外部，要敢于协调、善于协调，做到矛盾不上交，有担当、有作为，以协调推动工作，凝聚工作合力。

（二）当好“计算机”式干部

计算机的功能是整合，输入的是资料，输出的是成果。当好“计算机”式干部，要求我们要善于归纳总结，当好参谋助手。一方面，要谋之有方。发挥好领导的“眼睛”“耳朵”作用，及时掌握实际情况，发现症结问题，多观察思考，及时把收集到的信息向领导反馈，为领导提供有价值的意见建议。站在领导角度思考，凡事提前谋划，做事有预见性。另一方面，要参之有度。摆正自己的位置，做到尽职到位，不越位，树立静有其位、动有其规，讲政治、讲规矩的良好形象，把心思集中到“想干事”上，把能力展现到“会干事”上，把目标落实到“干成事”上。

（三）当好“复印机”式干部

复印机能做到不管原件是什么，谁去复印，复印多少份，最后输出的都是一样的，精准无误。当好“复印机”式干部，要求我们要处事细心，做到精准无误。一方面，要有极端负责的态度。办公室工作无小事，任何思想上的麻痹松懈、行为上的偏差纰漏都可能影响工作运转，甚至影响大局。特别是在传达文件过程中要杜绝浮躁心态，避免出差错，写文章要注意用字措辞，表达精准。比如赣南“依靠”脐橙产业……。用“依靠”是否合适？把“依靠”二字改为“依托”，意思就不一样了。还要注意细节，在撰写公文时，要有极端负责的态度，避免硬伤性错误出现。另一方面，要有无怨无悔的奉献精神。办公室工作很繁杂而琐碎，日复一日年复一年，没有奉献精神是很难做好的。在平凡岗位上默默无闻，兢兢业业，不管办文、办会、办事都要一丝不苟、精益求精。正所谓“捧着一颗心来，不带半根草去”，岗位虽平凡但要敬业尽责。

（四）当好“传真机”式干部

传真机能够原原本本地把文件资料传出去。当好“传真机”式干部，要求我们要脚踏实地、真抓实干。一方面，要真实。要实事求是，敢说真话，报真情。向上级报送材料时，不能只当“二传手”，更不能说假话、报假情、瞒上瞒下。另一方面，要务实。要多做实事、求实效。对市委、市政府作出的决策、部署的工作、决定的事情，要雷厉风行、紧抓快办，扭住不放、一抓到底，不能搭花架子、做表面文章。

三、善写三类文章

（一）政务信息是金钥匙

政务信息是领导了解真实情况的重要渠道，也是科学准确决策的参谋助手，更是推动工作落实见效的关键平台。我认为，写政务信息要“六出冰花”，即视角出奇、思路出新、方法出众、理论出色、观点出彩、建议出神。围绕“长江经济带”，我进行调研后，站在交通运输视角，阐明了长江水系存在航道整体等级标准较低、港口功能单一的问题，提出了长江需要疏浚装备设施、运输领域信息化水平较低的问题，建议在长江经济带的设计上思路是“协同发展、融合互动”，在强化统筹协调的同时，要建立优势互补、利益共享的协作机制；在区域任务安排方面，提出要“各显其能、齐头并进”。文章中把长江经济带比喻成一条巨龙，把长三角省份看作龙头，渝、川、黔、鄂、湘、赣、皖看作整个龙身，云南看作龙尾，从战略和策略层面提出了三条建议：一是如何使龙头抬起来？就是要做好服务经济和开放经济这两篇文章，率先为中国高质量发展和高水平开放作示范；二是如何使龙身动起来？就是要做好交通、产业、城镇化这三项工作，依托黄金水道和工业化，打造全国重要的内需增长；三是如何使龙尾摆起来？就是要建设好沿边开放高地和生态屏障，构筑西部地区新的增长极和增长带，根据地方实际促进西南地区发展。为了报告更有说服力，我用了几个方法：一是图解，用图描述长江经济带发展情况；二是表解，用数据表体现发展成果，标注能通过的航道的通行量、需要保护的生态；三是专栏，把一些地方的经验教训做展示；四是数解，用大数据方法，以算账、测算的方式讲明这么做的原因。这篇政务信息不仅内容丰富，还解决了两个方面的问题：一个是"需要"领导知道的，一个是领导"需要"知道的，从而能够把握关键问题。

（二）调查研究是传家宝

坐在办公室碰到的都是问题，下去调研看到的全是办法，高手在民间。有些问题看似是问题，然而民间已有了解决办法，这要求我们既要调查对对象，调查对情况，研究对重点，也要研究对关键。做调研最大的感受就是"智慧在民间，经验在乡间，方法在村间"。我认为，搞好调查研究要"五了登科"，即摸底子、搭架子、探路子、开方子、迈步子。一是摸底子。就是出发前要把背景情况摸清楚。在开展调研之前，通过召开座谈会等方式，把内部、外部的情况了解清楚，分析当地问题是什么，全国发展情况怎么样。二是搭架子。就是把调研报告的框架搭起来，总共写几个部分，每个部分写什么，做到心中有数、有的放矢。搭框架做得充分，后续写作才能更顺畅高效。三是探路子。就是要找到一个新颖的、有价值的、有特色的视角来展开调研，有的方面可以"小题大做"，有的方面可以"大题小做"。例如，在临沂调研商贸物流产业时，就是采取探路子的方式，以新视角总结分析临沂在“群、圈、网、链、方”等方面的经验做法。四是开方子。就是针对调研发现的问题，深入查摆问题根源，对症下药，提出有针对性、可操作性的解决办法。五是迈步子。就是在前人调研的基础上，找到新的问题，提出新的建议。解决方法不能照搬照抄，要站在已有成果的基础上创新和突破。拿来主义不可取，对县里或者相关部门报来的材料要思考加工，站在前人调研的基础上修改完善和总结提升，有自己的思考判断，立足当前、谋划长远。

（三）讲话发言是看功夫

讲话稿和发言稿的写作是最体现功夫，最展示技能的，不仅要有研和视角，还要有思维与高度，三等的讲话发言浅入深出，二等的讲话发言深入深出，一等的讲话发言深入浅出。讲话发言要语言平实、可信、易懂，把复杂问题讲简单，要响应号召，要呼应时代主题，要回应社会关切，既要简洁明了，也要考虑周全，还要融会贯通，纵横结合，视角新颖、深入浅出。围绕“学习贯彻习近平总书记在江西考察时的重要讲话精神”主题，我写了两篇发言。第一篇发言稿聚焦在“在革命老区建设上走在前，在中部崛起上勇争先，在长江经济带发展建设上善作为”上，以一个挂职干部，一个新时代新江西人的角度，结合习近平总书记提出的用井冈山精神、苏区精神、长征精神砥砺党员、干部，思考如何推动工作、狠抓落实。第二篇视角是从具体落实赣南苏区高质量发展战略角度，思考如何更好发挥挂职干部、对口支援政策作用，从精准“输血”，强化争资争项；到助力“造血”，强化双招双引；再到激发“活血”，强化方式创新等方面落实对口支援工作。

总之，做办公室工作一定要“三扬开态”，即扬理念，开眼态，要提升主业，灵活应变；扬方法，开心态，要注重团队，强化交流；扬策略，开状态，立足当前、谋划长远。

以调查研究增强“以文辅政”能力*

调查研究是获得真知灼见的源头活水，是做好工作的基本功。在寻乌参加主题教育集中学习之前，我也做过许多的调查研究，但并不清楚“走马观花”、“驻马看花”和“下马看花”的区别，通过此次集中学习，我进一步深刻理解了唯实求真精神，深刻领会了调查研究不仅是一种工作方法，而且是关乎党和人民事业得失成败的大问题。我将认真学习领会习近平总书记关于调查研究的重要论述，进一步提高调查研究能力，增强“以文辅政”能力，助力赣州革命老区高质量发展示范区建设。

一是以调查研究学习规则章法。基层是最好的课堂，群众是最好的老师，民间处处有智慧、乡间处处有经验、村间处处有办法。在赣州工作一年多来，我深刻感受到基层干部抓具体工作的能力很强，应对处置突发事件的水平很高，我经常向他们学习请教。在挂职期间，我保持学的态度不变、力度不减、劲头不松，花下时间、沉下心思，深入一线向基层干部群众学习。其中，重点学习了地方工作规则和实践方法，比如，通过开展基层治理专题调研，与基层干部进行访谈交流，了解梳理综合治理、矛盾化

* 此文成稿于2023年12月15日，是学习中央经济工作会议及习近平总书记考察江西重要讲话精神的思考体会。

解、信访维稳、应急处理等基层治理方面的典型案例和工作实践，助力推进赣州基层治理体系和治理能力现代化建设。同时，学习借鉴基层协调解决实际问题和统筹驾驭复杂局面的经验做法，举一反三，不断提高做好基层工作的能力水平。

二是以调查研究引入经验做法。他山之石，可以攻玉。善于借鉴他地的好经验、好做法是做好本职工作的重要法宝。这就要求我们坚持眼睛向外，不坐井观天、不固步自封，走出去开阔眼界、取经问道，善于借“外脑”的智慧和力量，探寻适合本地实际的高质量发展路径。挂职期间，我带队赴山东临沂调研，学习考察当地商贸物流产业发展。临沂在依托国际陆港和专业商品市场建设等打造中国物流之都的进程中有不少经验，通过调研，我们总结了一些值得赣州学习的经验做法；还带队赴闽西革命老区学习考察，重点了解其在高质量发展示范区建设方面的典型经验，以他山之石思考谋划助力赣州革命老区探索中国式现代化路径。

三是以调查研究创新工作方法。方法创新是提升能力水平和工作效率的有效手段。赣南苏区经过十余年的振兴发展，当前的经济总量和现实的发展环境、条件都发生了很大变化。这些前置条件变化后，对口支援政策及相关工作也需要有新变化。作为对口支援干部，我经常思考如何实现对口支援方法更精准、政策效应不弱化。为此，我以“优化完善赣南苏区对口支援政策的建议”为题，通过调研分析新时代老区人民的新期待、地方党委和政府的新诉求等课题，提出有关优化对口支援政策的建议，积极报送对接，力求助推对口支援政策举措和方式方法创新，更好地支持服务老区经济社会发展，助力赣南苏区从振兴走向复兴。同时，把宣传推介赣州作为对口支援工作的一种创新方法，多方位向外宣传推介赣州、传播赣州经验模式，提升赣州知名度、美誉度。

四是以调查研究探寻思路办法。勤政为民、惠民利民是政府工作的出发点和落脚点。随着赣南苏区脱贫攻坚战取得决定性胜利、与全国其他地区一起实现全面小康，人民的思想观念日渐更新，人民群众对美好生活的向往和需求出现一系列新变化新特点。这就要求我们多深入基层，近距离接触群众，摸清新形势下老区人民的所思所想、所忧所盼，准确把好人民群众需求变化的“脉搏”，拿出更多务实举措解民忧、纾民困、暖民心。为此，我将坚持问题导向，强化问题意识，持续改进工作作风，积极主动察民情、办实事，深入走访县（市、区）的基层组织，深入城市社区和乡村街道开展调研，抓住人民群众普遍关心和反应强烈的突出问题，解锁百姓“幸福密码”，寻求解民忧排民难的工作办法，提出更多可行的“赣南方案”，助力提升社会公共服务水平，增强人民群众的获得感、幸福感、安全感、满意感。

基层案例

习近平总书记指出，人民群众中蕴含着丰富的智慧和无限的创造力。挂职两年来，我倍加珍惜与基层干部群众面对面沟通交流的机会，深入基层一线走访调研，了解当地的风土人情，学习当地推动经济社会发展的有益做法。

附录这部分20个案例，是我在基层调研期间，发掘提炼的当地在推进产业发展、社会治理、乡村振兴等方面的典型经验，部分案例在国家部委刊物刊载。这些案例，是赣州各个县（市、区）深入践行习近平新时代中国特色社会主义思想，推动党中央和省委各项部署要求在赣南大地落地见效的生动实践。例如，龙南市以一个机构强推进、一个中心强服务、一个平台强监督的"三个一"方式，持续深化改革，优化营商环境，唱响"龙易办"营商品牌。又如，寻乌县通过建体系统筹管理提效益，搭平台共享信息提效能，畅网络整合优化提效率，以物流软保障促进物流硬发展。再如，石城县坚持全景化打造、全链条发展、全产业融合、全社会参与、全民化共享的发展路径，构建起旅游兴旺引领，生态农业、低碳工业、现代服务业齐振兴的发展新格局，成功创建国家全域旅游示范区。

章贡区：探索“低讼”征拆新模式 *

近年来，章贡区全力推进三江口片区建设，创造性地打出一套科学高效指挥、公平公开保障、多角度政策先行、多元预防化解、全方位监督的“组合拳”，攻克人多、房多、塘多、庙多、坟多、宗祠多、预期高（补偿标准与隔江相望的老城区相差两倍）、信心低（曾出现过中途停止征拆的情况）“六多一高一低”难题，实现了2498.5亩土地、2884户52.11万平方米房屋、6600余人和4708穴坟的征拆任务“低诉讼”目标。工作成效获赣州市人民政府专题通报嘉奖。

一、“搭体系”提效能

将指挥部建在项目一线，组建由区长任组长、7位区领导为副组长、11位镇领导任成员的开发推进组，组建48个征拆小组，建立一名领导、一套班子、一套方案、一抓到底的工作机制。实行挂图作战，制定总体计划、月计划、周计划、日计划，对项目进度、签约情况进行日调度、周汇报、月总结。开展征拆擂台大

* 此文成稿于2024年3月10日。

比武活动，将征拆任务分解为三期、71个片区，做到包干到户、责任到人，每日公布征拆进度，并将征拆业绩与干部的培养、奖励、考核挂钩。

二、“重联动”强推进

一是强化宣传联动。开好村组干部会、党员大会、村民代表会、户主会、乡贤座谈会、网格夜话会“六个会”，详细征集群众征拆意愿，深入解读各类奖励政策和困难群体帮扶政策，让群众对政策了解透。动员党员干部、村民小组长、公职人员等“关键少数”带头先拆，同时积极动员其成为“征拆代言人”，推动征拆“提速”。二是强化政策联动。实施先签约、先摇号、先选房的激励政策，科学设置选房序号摇取时间节点，形成愿意搬、想早搬、争着搬的良好局面，成功创造了章贡区单日签约138栋的最高纪录。三是强化服务联动。按照“一户一策”，专门成立服务专班，主动协调解决群众就业、教育、居住等问题，先后开展就业培训2000余人、解决征拆户子女入学问题263人次，把服务送到征拆户的门槛上。充分征求群众返迁房安置规划意见，把群众呼声高、影响大的龙舟文化等专门规划建馆，赢得群众支持。四是强化矛调联动。联合镇村、政法、公安、信访、网信等部门，重点打击阻挠依法征拆、借机敛财、突击建房等行为。组建由律师、“老师傅”、心理咨询师、村组干部、老干部、有威望的乡绅名人组成的“六合一”调解团队，提前介入纠纷，全程参与调解，真正从源头上化解诉讼纠纷。

三、“创机制”促公正

一是建立公开机制。第一时间将房屋征拆范围、征拆预告、补偿标准、征拆流程等信息在政府官网公开，将抽取选房摇号期限直接通知到户。二是建立审核机制。巧妙运用法律程序，创新建立上门宣传政策、下达公证丈量通知书，现场测绘、送达或公示公证书及限期核对数据通知，复核有异议公证书，把无异议公证书作为补偿依据的“公证丈量六步法”，努力把争议在一线解决。建立组级预审、镇级初审、区级联审“三级审核”制度，确保测绘数据、户籍人口等信息准确无误。三是建立公示机制。通过新闻媒体、辖区宣传栏、网格微信群等平台，对被征拆户土地面积、主房面积、安置面积、安置人口、补偿款发放等信息做好实时公示，发动群众相互监督，消除群众的疑虑，确保全过程公开透明。

四、“建哨岗”强监督

成立由区纪委牵头的专项监督组，出台“廉洁征拆工作方案”，设置投诉举报信箱，公布举报电话，把“监督哨”建在一线，全过程监督房屋的丈量、评估、签约、补偿款发放等过程，先后组织 200 余名征拆干部开展警示教育活动 2 次，及时处置群众线索 3 件，约谈征拆工作人员 7 人，下发问题整改交办单、履职提示函 11 份，全力保障群众合法权益。

南康区：普惠金融改革“梅开四度”*

赣州南康区聚焦服务千亿元家具产业和十万户经营主体，大力推进普惠金融改革，出台“地方政府帮扶＋金融机构让利”系列惠民助企政策，以满足小微企业、个体工商户、新市民等群体金融需求为导向，线下高标准建设集“政策宣传、信用服务、信贷撮合、信贷增信、培训咨询”五大功能于一体的县域普惠金融服务中心，线上高质量打造“即申即转即办＋信用信息共享”的专属金融服务平台，实现“中心集中受理＋机构快速响应”的前窗后办模式，通过金融与政务相结合、线上与线下相融合，切实提升了金融服务的可得性和均衡性。

一、强化资源整合，拓宽普惠金融服务广度

高标准建设普惠金融服务中心，设置政策产品宣传区、配套服务区、金融服务专区、路演直播间、金融会客厅等五大功能专区，打造成集政策宣导、信贷对接、融资增信、信用服务、咨询培训功能于一体的“一站式”金融服务平台。配备专业服务团队，

* 此文成稿于2023年2月27日。

组织政策性金融产品牵头职能部门和区内银行、类金融公司等金融机构积极参与，建立“线上+线下”的金融服务模式，各专区共同发力，助推经营主体提升金融工具运用能力。

二、坚持科技赋能，加快普惠金融服务速度

开发“普惠赣融”专属金融服务平台，聚合金融服务资源，快速响应融资需求，加快银企对接效率。“一键式”摸排需求。联合市场监管、行政审批、农业农村等行业主管部门，支持面向经营主体发送电子问卷，“一键式”生成融资需求档案。“一次性”申办贷款。平台链接驻区19家银行机构、148个普惠贷款产品，支持经营主体快速查询、检索、匹配适合自身的普惠贷款产品，可一次性排序申办3家机构普惠贷款。“一对一”金融服务。银行收到融资申请后，按照“立即响应、限时对接、7日办结”的原则，1个工作日内安排专业团队主动联系，3日内决定是否受理，3个工作日内办结，确保融资服务效率。“一条龙”跟踪问效。通过平台实时掌握每笔申贷对接、受理、审批、授信进展，建立按日统计、按周通报和问题督办三项机制，逐笔跟踪机构服务质效，促进提升普惠金融服务水平。平台开放以来，已有313户经营主体通过中心信息平台申办贷款，银行已累计放贷3.26亿元。

三、畅通信息渠道，提升普惠金融服务精度

组织经营主体开展信用信息建档立卡，构建经营主体与金融机构的信息互通机制，努力破解因信息不对称导致的融资难问题。

打通线上渠道，联合“赣服通”平台，支持“普惠赣融”平台接入不动产、动产、社保、医保、公积金等政务信息查询端口，经经营主体授权后，平台可直接将涉及33项个人和28项企业信用信息推送银行。补充线下归集，引导经营主体根据申贷需要依托政务大厅，补充归集用水、用电、纳税、征信等10项信息，同步建立信用信息档案，授权中心转送银行，助力精准画像。普惠金融服务中心开业以来，已累计为85户经营主体建档立卡，向机构转送信用信息960项。

四、加强政策支持，传递普惠金融服务温度

通过政府贴息引导金融机构支农支小、增量扩面，出台“新市民金融贷”、融资租赁等财政贴息政策，减轻经营主体的融资成本。区政府安排专项资金，对通过普惠金融服务中心建档立卡并申办普惠贷款的首贷户和新市民，以每户最高3000元为限额，给予贷款年化利率1%的利息补贴。坚持向市场让利，多个银行机构开通普惠金融服务中心转送业务绿色通道，在现行贷款利率市场定价的基础上给予利率优惠；保险机构积极争取政策支持，面向通过中心申办的信贷保证保险业务给予保费优惠。创新推出“家具贷”“木工贷”“新市民贷”等信贷产品，向特定群体提供特色化专业化金融服务。通过政府增信方式，提供政策性金融服务，解决小微企业贷款抵押不足导致的“贷款难”问题。截止到2022年底，已累计为306户经营主体10.1亿元贷款提供政府增信支持。

赣县区：奏响乡村特色旅游“新乐章”*

赣县区湖江镇洲坪村濒临赣江，近年来，该县依托山水相依的生态资源，以改革为路径，以特色为方向，通过集成农村集体产权制度改革、农村土地改革与管理、创新市场运营模式等方式，打造了全省首个以渔岛风情、浪漫色彩为主线的“蜜月岛”特色婚旅浪漫景区，演绎了一场“村庄变景区、农房变客房、离乡变返乡、田园变游园、农产品变商品”的乡村振兴生动实践。

一、有效盘活土地资源，让“沉睡”资产变现

深化农村土地“三权分置”改革，将农村土地所有权、承包权和经营权分置并行，维护了村集体、村民和经营主体的权益，推动土地资源的规范使用，通过发展特色乡村旅游，促进了土地资源优化配置和生产要素市场化流动，让沉睡的菜地、果园、水域、房屋等资产资源在乡村振兴中发挥效益。引入粤港澳大湾区的经营理念和运营团队，对“蜜月岛”进行统一规划设计、统一建设经营，有效盘活256户村民资产资源，出租果园菜地127亩、房

* 此文成稿于2023年11月10日。

屋11栋合计2450平方米，有效利用闲置土地68亩。保留依山傍水、错落有致的乡村肌理，融入厦门鼓浪屿、爱琴海圣托里尼等特色元素，改造村庄房屋117栋，构筑起独特的渔岛风情和乡村风貌。与本地优质企业合作，打造以婚纱摄影、蜜月民宿、中西式婚庆为主的主题乐园，吸引了大批游客前来参观游玩。村集体通过基础设施投资固定分红、资产增值出租、停车场收益、参与运营管理分红等方式，扩大集体经济增收渠道。2022年通过引进莳花摄影公司作为独家拍摄单位，每年为村集体经济增收15万元，通过建设停车场收取停车费为村集体经济年均增收8.8万余元。

二、创新利益联结机制，促进村民增收

统筹农村集体产权制度改革，发展壮大村集体经济、农村土地改革与管理、发展新型农业经营主体和多种形式适度规模经营等三项改革，整合改革要素在一个项目平台中实施，破解制约农业农村发展的“人、地、钱”问题，积极构建了更加紧密的村民增收机制。以农村集体产权制度改革为先导，按照“村民自主申报、村集体统一规划设计、经营主体统一运营管理”的原则，成立由“村民+集体+企业”三方共同参与的运营平台，将村民、村集体、企业三方利益紧密联系在一起。优化利益分配机制，让村民成为“蜜月岛”景区开发利益共享主体，以利益联结为纽带，通过推行“村民出租闲置资源得租金，村集体回购固定资产村民得补偿金，村民在景区务工得酬金”的“三金”模式，促进村民增收。镇级层面开出“村集体出资入股、政府政策奖补、村民分红返本”的“运营方子”，帮助想创业的村民解决启动资金难题，

针对在外务工无返乡意愿的村民，则采取“村民资源出租、平台基金引导、经营主体经营”的运营模式，让村民吃上“旅游饭”，村民可在景区务工或参与业态经营管理，实现在家门口就业创业。通过参与经营，年增收可达3万余元；通过出租闲置房屋，年增收可达1万元；选择到景区务工，年增收可达2万余元。

三、发挥党建引领作用，提升治理效能

充分发挥村党组织作用，在“蜜月岛”大力推行环境卫生“门前三包”、垃圾日扫日清、雨污分流、线网入地、杂物整齐堆放等系列举措，积极引导、推动全体村民户户行动、人人参与村庄环境提升。依托洲坪村新时代文明实践站，通过乡村夜话、邻里议事、文明家庭评选、志愿服务等新时代文明实践活动，引导村民支持和参与“蜜月岛”建设，推动脏乱变整洁、陋习变新风、落后变引领，群众幸福感和满意度大幅提升。坚持党员带头示范，党员带头盘活闲置资源，带头发展餐饮民宿产业，用实际行动带动村民增收致富。“蜜月岛”启动建设以来，党员开办运营的民宿、美食作坊、好礼小店等经营业态已达一半以上。

赣县“蜜月岛”自2022年元旦假期试运营以来，一度成为网红打卡地，登上抖音赣州“吃喝玩乐游玩榜”第一名、赣州人气景点第二名，全网短视频平台“蜜月岛”话题超1000万次播放量。在2023年的“双岛踏春旅游文化节”期间，景区桃花、李花竞相开放，游人如织的盛景先后登上央视《新闻直播间》《共同关注》《第一时间》等知名栏目。每年吸引游客13万余人次，景区综合收入突破1000万元，有效带动当地村民增收致富。

信丰县：创新项目建设“分段验收”新模式*

近年来，信丰县紧扣“项目为王”目标导向，扭住“竣工即投产”要求精准发力，创新“分段验收”新模式，在审批标准不降、事项不减的前提下，助力全县项目建设跑出了加速度。

一、在“同一表单”内统筹“分段验收”

发挥工程项目审批“一站式”专区作用，打通跨部门审批信息孤岛，完善联合验收审批“一张表单”，将规划核实、竣工验收备案、竣工验收档案验收、消防验收、质量竣工验收监督等事项合并办理，变原先的单一审批为联动审批，同时安排专门人员及时更新表单进度。不同部门在对同一个项目进行验收时，只需锚定同一表单任务和时序进度，统筹安排时间和力量精准发力，大大提高了审批效率。

二、在“同一标准”内开展“分段验收”

为避免跨部门联动带来的审批“标准冲突”，信丰县根据一

* 此文成稿于2024年2月15日。

般工程、改建工程、商业开发建设等不同项目类别，分类制定了分段验收下同一标准，并按照“一个项目、一个专班、一个方案”的模式服务指导项目。组建综合技术服务组，提前向有关部门明确分段验收需注意的事项，全程跟踪指导审批验收和备案等工作。同时由县住房城乡建设部门牵头把好工程质量安全关，对“分段验收”组织形式、验收程序、执行验收标准等情况进行现场监督，发现有违反建设工程质量管理行为的，责令建设单位及时改正。

三、在“同一承诺”内保障“分段验收”

建立工程项目验收告知承诺制，实行“政府依法定标准、建设单位自愿作承诺、事中事后强监管”的验收管理模式。建设单位需要依据政府部门列出的承诺事项和应当遵照的条件标准、技术规范以及相应的监管验收要求作出具有法律效力的书面承诺。各责任部门在规定时间内对申请人履行承诺的情况进行跟踪监督。建设单位在申办竣工联合验收时，如无不履行审批承诺的，可用承诺制办理部分专项验收（备案），提高验收效率，减少企业等待时间。

大余县："乡村共富"之雏形*

近年来，大余县深入践行"两山"理念，坚守与当地百姓"共建、共赢、共享"生态产业成果的初心使命，依托大余丫山丰富的生态资源，创意发展生态旅游，打通"两山"转换通道，实现产业效能转换，打造了大余丫山旅游度假区与村民利益共享的命运共同体模式，探索出了一条革命老区乡村共同富裕之路。

一、共树理念，打通转换通道，群众的参与感全面提高

大余丫山与当地百姓牢固树立绿水青山就是金山银山的理念，从"靠山吃山"到"靠山养山""靠山富山"，聚焦"生态丫山·幸福老家"主题，积极构建"四全"（全景、全业、全时、全民）旅游发展新格局，顺利打通"两山"转换通道，成功将当地的绿水青山变成了流金淌银的金山银山。在"两山"理念的引领下，丫山进行十多年的保护性开发，累计投资超过20亿元，目前已建成了涵盖吃、住、行、游、娱、购、商、学、养等旅游全要素的12大项目，既有绿水青山的"颜值"，又有金山银山的价值，

* 此文成稿于2023年9月28日。

真正唤醒了沉睡的绿色资源，让资源变成了资本，资本带来了收入，百姓获得了实惠，激发了群众内在动力和参与热情。

二、共建基地，转换产业效能，群众的成就感稳步提升

大余丫山与当地百姓按照产业生态化和生态产业化的思路，着力做好“生态+”文章，有效激发“两山”转换的产业效能，将丫山打造成了以森林为载体，融合休闲、观光、度假、运动、养生、养老等特色于一体的森林康养度假胜地，不断提升参与群众的成就感。发展“生态+农业”，整合丫山及周边乡村林田，开发六大生态林农基地，实现蔬果、禽畜等有机食材自给、自足、自销，并建设生态农业加工厂，延伸农业产业链。发展“生态+旅游”，划分森林康养、山地度假、乡村休闲等三大旅游功能区，创意开发农式研学、生态团建、自然科普等研学爆款课题，打造播音主持、书画艺术、红色研培等六大文旅融合基地。发展“生态+康养”，打造50多项健康疗养方式、20多个康养项目，构建旅居养老、“候鸟式”养老、康复疗养、健康管理等完整康养业态。发展“生态+运动休闲”，形成五大类39种特色运动休闲产业集群项目，成功举办或承办国际山地马拉松大赛2021江西森林马拉松系列赛（大余站）、大余梅关国家森林公园丫山景区汽车越野丛林穿越赛等31类300余次运动赛事。

三、共享利益，优化分配机制，群众的获得感不断增强

大余丫山以利益联结为纽带，不断优化利益分配机制，让村

民成为丫山旅游全产业开发利益共享主体，丫山既是村民的家，也是其经营创收的产业，极大增强了群众的获得感。丫山组织村民结合自身实际情况，通过田土、房屋、现金、劳动力等投资入股，获得入股分红。通过资助村民装饰旧宅、空房，改造民居做民宿进行统一管理，以及聘用村民参与经营等形式，利用土地流转、扶持农户经营农家旅馆、鼓励村民发展种养产业为度假酒店和农家餐馆供应农副产品等利益共享的方式，让当地百姓纷纷吃上“旅游饭”，实现了“三金”，即进村务工拿薪金、资源入股领股金、房地租赁收租金。2022 年景区村民人均收入达 4 万元，村集体经营性收入从 2020 年的 23.6 万元增加到 2022 年的 147 万元，村民个人分红从每年 100 元增加到 1000 元。

四、共变身份，稳定促进就业，群众的幸福感更加充实

大余丫山在建设运营中，扎实推进就业这个共同富裕的重要基础，通过就业赋能，让村民成功实现了村民变员工、员工变股东、股东变老板的身份“三变”，让百姓的幸福感更加充实。一方面，稳定促进当地百姓就业，依托丫山丰富的毛竹资源，鼓励村民发展竹制品编制、竹工艺加工等特色工艺项目，让村民在家里就能加工竹制品，将“村民家”变成“小作坊”，促进村民居家就业。创新提供技能培训并提供演出、场务等工作机会，充分发挥群众的艺术创造能力，培训村民学习演奏萨克斯、笛、箫等乐器，通过参加演出增加就业收入。另一方面，积极带动周边村村民就业，每逢旅游旺季，度假区组织当地村民召集周边亲戚朋友前来务工，辐射带动周边村庄就业增收。

上犹县：探索“政产学研用”融合发展新模式*

近年来，上犹县充分发挥教育部对口支援和帮扶优势，探索“政产学研用”深度融合方式，促进科技链、人才链与产业链、创新链有机衔接，走出了一条山区县科技创新的新路子。

一、建章立制，构建政策支撑体系

坚持开放创新的发展思路，全面构建系统化政策体系。一是制度化保障。出台“政产学研用”深度融合制度文件，整合多个部门创新资源，梳理涉及企业和人才事项 100 多项，形成综合集成、高效协同的工作机制。推出科创“23 条”政策礼包，建立财政科技投入逐年增长机制，设立 1000 万元科创基金，对校企合作最高给予 50% 的补贴。二是规范化管理。高校人才在上犹服务期间，由本地人才部门、用人单位协助高校对其进行规范化管理，定期进行成效评估，并将服务期间表现反馈给高校；对表现优异、贡献突出的派出人才，向所在高校推荐优先评优评先、评级评职。

* 此文成稿于 2023 年 11 月 27 日。

三是精准化服务。对高校服务人员，分类建立台账，掌握个人特长、诉求等基本情况，为其提供资金和项目申请、房屋购买、子女入学、医疗保障等方面的“一站式”服务。

二、搭台唱戏，科技赋能产业发展

依托18个研发中心、12个科创基地和6个科技小院，促进产业转型升级。一是兴建一批研发中心。围绕制约企业技术创新关键难题，协调清华大学、厦门大学等17所知名高校，与县内20家重点企业建立合作关系，建设研究院、研发中心、实验室，有效攻克突破一批应用技术难关。二是兴建一批科创基地。发挥高校技术、人才、项目等优势，打造集“科研、生产、营销”一体化科技示范基地，兴建一批大学生实习实训基地。2023年以来，已有清华大学、北京大学、北京师范大学等10多所高校的200余人在县内开展社会实践活动，持续打响“学在上犹”品牌。三是兴建一批科技小院。以“做给农民看、带着农民干、领着农民赚”为导向，积极引导高校在县内农业基地设立茶叶、油茶、沃柑、毛竹大棚蔬菜和桂花苗木等不同类型的科技小院，实现建设一个小院、入驻一支团队、培育一批人才、带动一类产业、致富一方百姓，不断探索新时代科技服务乡村产业振兴的新样板。

三、系统谋划，统筹推进“政产学研用”融合

创新三方合作方式，实现全方位、系统化的深度融合。一是精准匹配高校人员进企业、进学校、进医院。协调相关高等院校

安排从事应用技术研究、行政管理的人才和有资金有项目有技术有团队的专家教授，利用假期和周末时间，为企业、学校、医院解决难点节点问题。二是推行“假日技术员”入车间、入课堂、入田头。协调相关高校安排专业人才利用节假日时间，采取技术指导、项目合作、交流挂职等方式，为企业、学校、医院、乡村引入一批高端人才，解决一批技术薄弱、知识欠缺、人员不足等难题，破解山区小县“引才难、留才难”问题。三是鼓励大学生助营销、助规划、助留守儿童。协调相关高等院校开展大学生“互联网+社会实践”、城乡规划相关专业学生社会实践、“大手拉小手”等系列活动，帮助脱贫群众销售农产品，帮助乡村做好整体规划，帮助留守儿童健康成长。四是创新举措提效益、提学历、提升凝聚力。充分发挥高校教师人员多的优势，动员高校教师私人定制油茶基地、茶叶基地，助力文旅产业发展；针对当前多数在职干部未达到研究生学历的情况，鼓励干部提升学历，做实“固本行动”；充分发挥结对帮扶的高校之一江西理工大学距离较近的优势，组织教师和学生开展篮球、足球等项目联谊赛，以及医疗义诊等各项活动。五是建立“托管式、定向式、捆绑式”帮扶。协调华中师范大学等高校加大托管帮扶上犹中小学的力度，进一步推动高校为县学校量身打造教师培训班；加快相关高校与职业中专捆绑式教育，实现“中等职业教育、高等职业教育、继续教育协同创新”，打通职业教育学生升学通道。

崇义县：探索“两山”转换新路径 *

崇义县地处江西省西南部，生态环境优美，森林覆盖率高达88.3%，位居全国集体林区县之首，是国家“绿水青山就是金山银山”的实践创新基地。近年来，崇义县坚持生态优先、绿色发展，在践行“两山”理念，打通“两山”转换通道上作了有益探索和实践，取得积极成效。

一、守绿换金，探索可持续生态发展路径

把握“有和无”的关系，深入推进蓝天、碧水、净土三大保卫战，守护一方青山绿水，实现目标与结果的“有机统一”。一方面，强化全域保护。创新“生态 + 片区协作”的全域生态保护模式，全县近 50% 的国土面积划入生态保护红线范围，生态公益林面积达 93.8 万亩。成功创建国家湿地公园 1 个、国家级自然保护区 1 个、省级自然保护区 2 个，湿地公园和保护区总面积达 52 万亩。另一方面，注重科学保护。综合运用自然恢复和人工修复两种手段，有序推进重点流域生态系统综合治理。运用“天空地”

* 此文成稿于 2023 年 8 月 26 日。

一体化监测手段，提升生物多样性保护水平，增强生态系统稳定性。2023 年城区 $PM_{2.5}$ 平均浓度为 17 微克 / 立方米，空气质量优良率达 99.7%，地表水考核断面水质优良率 100%，土壤环境风险保持稳定。

二、添绿增金，探索生态环境质量提升路径

把握“进和退”的关系，在提升与治理中为环境减负、为生态添绿，不断擦亮生态底色。一是聚焦森林质量提升。推进“多彩崇义”建设，种植彩化植物 43.45 万余株，成功举办全国森林质量提升工作会议，完成全国首本县级森林经营规划编制，森林资源经营成为全国“林业样板”。二是聚焦生态环境修复。统筹推进岸上岸下、上游下游、水面水下全面保护，重点推进废弃矿山生态修复和流域生态系统综合治理，实现河畅、水清、岸绿、景美。崇义阳明湖大水面生态渔业被评为省级水产健康养殖和生态养殖示范区。三是聚焦农村环境整治。在全省率先开展农村生活垃圾专项治理，深化“两全四化”（全覆盖、全天候、服务市场化、队伍职业化、操作标准化、管理网格化）农村生活垃圾专项治理“崇义模式”。先后获评全国村庄清洁行动先进县、全国第一批农村生活垃圾分类和资源化利用示范县。

三、点绿成金，探索生态产品价值转化路径

把握“舍和得”的关系，放大生态优势，探索保护与发展的“辩证解法”，推动三产多维度融合。一是促进林旅融合。依托丰

富的森林资源，打造以游养、医养为主线的康养度假旅游目的地，获评“中国最美康养度假旅游名县”。二是促进文旅融合。依托阳明文化优势，深入挖掘阳明文化内涵，将阳明古街打造成全国首个阳明文化沉浸式体验综合体，实现文化资源与旅游产业发展互通共享。三是促进农旅融合。推进茶园标准化开发、生态化管理，打造万长山、赤水仙、龙归、馨阳岭品牌及 3 条“茶山行”精品旅游线路。围绕刺葡萄、南酸枣等产业，拓展乡村民宿、农家乐等旅游业态，推动特色水果种植和乡村旅游融合发展。同时，通过培育龙头企业、发展品质种植、推进精深加工等形式，以第二产业带动第一产业提高生态农产品的附加值。全县生态产业对经济贡献度超过 60%，三产融合受惠农民约占全县农村人口的 36%，人均增收近 2000 元。

四、借绿生金，探索生态资源创新发展路径

把握“内和外”的关系，坚持政府主导、社会各界参与、市场化运作的工作机制，推动政府与市场实现价值双赢。一是摸清生态资产家底。制定生态资产与生态产品核算指标体系，推进 GEP（生态系统生产总值）核算试点，搭建 GEP 精算服务平台，精准绘制 GEP 地块级分布图，实现生态产品价值动态监测。二是探索碳汇开发新路。编制了林业碳汇发展规划、碳汇计量技术指南，成功探索国有林场、民营林场、广大林农共同参与的林业碳汇开发“崇义模式”，开发碳汇林面积达 3.8 万亩，已实现碳汇交易 1300 余吨，碳汇收入 6.5 万余元。三是创新绿色金融改革。成立“两山价值转化”服务平台，制定全市首个绿色金融标准体系，

累计发放林业抵押贷款 16.16 亿元，湿地经营权抵押贷款 2080 万元。签订全省首单“林业碳汇遥感指数保险”，为碳汇林提供损失风险保障 237 万元。开发了“碳汇贷”金融产品，发放“碳汇贷”925 万元，连续 3 年获评全省绿色金融先进县。

安远县："两社融合"改壮村集体 *

为解决农村"买难买贵、卖难卖贱、种难种贵"问题，安远县在全国率先成立村级供销合作社，开展村股份经济合作社和村供销联合社"两社融合"发展，采取股份合作、生产合作、服务合作等多种形式，通过构建"三张网络"，盘活"农村三资"，创新"三大机制"，实现村集体经济壮大、供销合作社良性发展、农民共同富裕的多重效果。

一、构建"三张网络"，提升供需服务水平

补齐配强供需服务网络，将经营服务网络向田间地头延伸。一是构建供销集配网络。统筹整合供销、邮政、商贸等经营流通服务资源，与县内大型物流快递企业合作，构建县、乡、村三级"集配中心＋集配网点＋配送站点"的供销集配体系，畅通城乡上行下行物流通道。二是构建农资经营服务网络。与国内大型农资生产厂家合作，获取质优价廉的农资进货渠道，通过直供直销、集采集配降低农业生产成本，构建县、乡、村三级农资经销网

* 此文成稿于 2022 年 11 月 27 日。

络，农资经营网点覆盖全县80%以上的乡村，农资销售额占全县的60%以上。三是构建农机社会化服务网络。整合全县各类资金1650万元，建成大型农机社会化服务平台——供销嘀嘀农机服务中心，为农业生产提供产前、产中、产后全流程服务，配备农业机械设备160余台，组建专业服务队5支包含队员37人，累计开展农田翻耕、插秧、果树病虫害防治等农机作业面积4万余亩，农机服务价格相比其他经营主体平均每亩便宜28元以上。

二、盘活“农村三资”，壮大村集体经济

将村集体资金、资产、资源入股到村供销合作社，推动村集体资源优势和供销合作社经营优势有机结合，以“两社融合”方式盘活村集体闲置资源、资产、资金，壮大村集体经济。一是盘活开发优势资源。盘活村集体土地、林地及农户无能力开发的承包地、山林等自然资源，采取反租承包、合股经营等方式进行合理开发利用，使资源优势转化为经济优势。二是盘活利用闲置资产。整合村集体闲置房产、建设用地，采取自主经营、租赁、抵押、承包、作价入股等方式流转，进行合理开发运作，获得资产性收益。三是盘活使用存量资金。将村集体存量资金、财政扶持资金等参股专业合作社或经营稳定、发展前景较好的企业，按照保底分红、按股分红等方式，获取股金、利息和资产增值收益。试点村供销合作社积极探索农村电商型、经营商超型、农旅融合型等11种经营模式，合计吸纳社员股金约1530万元，预计2022年可分配收益约285万元，平均带动村集体经济增收约6.8万元。

三、创新“三大机制”，探索农民共同富裕途径

建立以村级党组织为核心、股份经济合作社为支撑、村供销合作社为载体、农民群众为主体的村社共建组织模式，鼓励农民出资共建村供销合作社，广泛吸纳社员，建立多样化的利益联结机制，从多方面带动村民增加收入。一是建立多种利益分配机制。建立按交易额返利和按股分红相结合的分配制度，激励社员更多使用村供销合作社提供的服务，获取更多返利和分红收益。二是建立多元联结合作机制。探索农产品保底收购价格、优惠销售价格、会员积分返利等多种方式，保障社员优先享受供销社提供的优惠服务，增加社员“黏性”。三是建立多维辐射带动机制。聚焦买农资、用农机、找农技、卖农产品、转农田、服务农民生产生活“六农”方面，解决村民实际需求，多维度辐射带动村民节支增收致富。2021年以来，累计带动330余名村民实现家门口就业。

龙南市：唱响“龙易办”营商品牌*

赣州龙南市是江西省“南大门”，是江西对接融入粤港澳大湾区“桥头堡的桥头堡”。近年来，按照“凡是大湾区能做到的，龙南也要能做到”的要求，以“三个一”持续深化改革，优化营商环境，让企业和群众在龙南办事“容易办、方便办、最高效、最放心”。

一、一个机构强推进

成立龙南市党政主要领导为双组长的“一号改革工程”工作领导小组，下设“六组一办”工作专班，强化组织领导保障；出台打造“龙易办”营商品牌，推进营商环境优化升级“一号改革工程”实施方案，明确总体要求、主要任务和保障措施；建立“每周一例会、两周一调度、每月一督查”的工作机制，打通制约营商环境工作的痛点、堵点；以问题为导向，强化督导考核，针对指标落后、工作缓慢单位下达提醒函，真正解决一批营商环境领域实际问题。

---

* 此文成稿于2022年9月28日，刊发在《国家发展改革委挂职锻炼工作通讯》（2022年10月总第53期）。

二、一个中心强服务

完善硬件设施。投资2.04亿元，高标准建成总面积达1.2万平方米的龙南数智城市中心，按照“应进尽进”的原则，进驻窗口单位36个，政务服务事项1600多项，实现行政审批、政务服务和数据管理一体化服务。精简审批流程。推动政务服务走实走深，企业开办只需0.5天，做到个体工商户登记实现当场“秒批”。2023年1月至8月，完成企业全程电子化登记497家，新增企业686户，同比增长23.6%。创新启用公共资源线上交易模式，进行“不见面开标”68个，交易金额24.2亿元。落实惠企政策。坚持“一窗受理、一站兑付”，在线下设立惠企政策兑现专窗，线上建设“亲清赣商”政策兑现平台，开通企业网上自助兑现渠道，上线35项“免申即享”“即申即享”政策，并设立6000万元的“惠企资金池”，让资金直达企业，自2021年10月惠企政策兑现专窗运行以来，共为338家企业兑现政策资金2.62亿元。设立“跨省通办”专窗。与广东省广州市番禺区、增城区，深圳市光明区，江门市蓬江区等地建立政务服务区域合作机制，实现182个事项“跨省通办”，让群众办事实现“极简办、集成办、跨省办、就近办”。建立三级“帮代办”机制。成立590余人的市、乡、村“帮代办”专职队伍，将成熟的“七个一”安商服务机制与“帮代办”服务机制深度融合，提供企业开办、项目立项、项目开工建设、惠企政策兑现等全流程“妈妈式”“保姆式”贴心服务。

三、一个平台强监督

运用“互联网＋大数据”技术创新打造推出“e 监督”平台，实时受理各种破坏营商环境的举报和投诉，把监督“探头”架在群众、企业身边，做到“在监督中服务，在服务中监督”，有力推动了营商环境优化升级。同时，开展公职人员不作为、乱作为专项治理行动，严厉打击“吃拿卡要”等腐败行为，通过明察暗访等多种方式，在营商环境领域就腐败和作风问题开展专项整治，整治一批典型案件。

全南县：人居环境与乡村振兴“美美与共”*

乡村要振兴，环境是底色，改善人居环境是实施乡村振兴战略的重要任务，也是人民群众的深切期盼。近年来，全南县把提升农村人居环境品质作为实施乡村振兴战略的关键举措，坚持党建引领、全域推进、建管并重、三产融合，精心打造宜居宜业和美乡村，先后获评全国农村人居环境整治成效明显激励县、“中国天然氧吧”称号、江西省实施乡村振兴战略实绩考核优秀县、“美丽宜居先行县”。

一、党建引领、激发活力，推动颜值美到内涵美

一是强化示范引领。以党建质量提升促进环境整治增效，推进实施“党建＋农村人居环境整治”，开展“乡村振兴模范党组织”创评活动，把村党支部打造成带动群众参与环境整治提升的“火车头”，让每一名党员成为环境整治提升工作中的“一面旗帜”。2022年农村党员带头参与环境整治2200余人次、创评美丽示范庭院1200户。二是激发群众活力。注重发动群众参与，变群众

* 此文成稿于2023年5月8日。

看为群众干。深入开展“赣南新妇女运动”“小手牵大手”等活动，定期组织文明卫生户评比、清洁家庭“五星”评级，建立积分兑换激励制度，村民可凭积分到镇村“积分兑换屋”兑换日用品。2022年评选清洁家庭2800余户，累计发放奖品价值7万余元。三是培树文明乡风。依托108个新时代文明实践中心（所、站）和653支新时代文明实践志愿服务队伍，广泛开展“文明新风进万家”系列活动，引导群众改陋习、树新风，自觉摒弃乱堆乱放、乱丢乱倒等不文明行为，不断增强群众护环境、守公德、美家园的意识。2022年，龙源坝镇雅溪村作为全省唯一入选第三批全国村级“文明乡风建设”典型案例。

二、由点及面，整体推进，推动一处美到全域美

一是加强整体规划。坚持城乡融合、一体设计，制定覆盖全域的乡村建设规划和乡村振兴发展规划，与现代农业、全域旅游发展规划相衔接，与基础设施建设、生态保护规划相统筹，系统谋划精品线路、中心村镇、基础设施等区块布局，实现村庄、景区、产业、环境、配套设施等有机统一。二是突出重点治理。深入推进农村厕所、垃圾、污水专项治理“三大革命”。把“厕所革命”与乡村振兴、全域旅游同步推进，近年来累计完成农户改（建）厕2.8万座，农户卫生厕所占比达98.6%。引进北京控股集团实施城乡环卫市场化一体化运作，建成“户分类、村收集、乡转运、县处理”的城乡一体化生活垃圾转运处理体系，实现“一扫到底”、日产日清。分类推进农村污水治理，累计投入6459万元为所有乡镇建设污水处理站，全县行政村污水治理覆盖率达

91%。三是推动全域提升。结合乡村实际，按照“乡村旅游型、绿色生态型、产业发展型、特色文化型、传统村落型”开展分类整治，通过一村一策统筹抓好美丽宜居系列创建。例如，以古民居、古祠堂、古街巷、古树木“四古”为基础，创建了陂头镇高车村、龙源坝镇雅溪古村等一批古韵乡村；沿通道干线对全县村庄进行组团式、片区化整治提升，串联带动 980 个新农村点建设。

三、建管并重、常治长效，推动一时美到持久美

一是完善管护机制。制定印发《全南县农村人居环境整治提升五年行动实施方案》，建立评估、调度、通报、暗访、约谈等工作机制，压紧县乡村组四级责任。强化对第三方管护公司的运行监管和绩效考核，将考核结果直接与政府付费挂钩，实现政府的政策目标与社会资本的运营效率有效结合。二是落实管护资金。建立“财政补助、市场融资、社会参与”相结合的经费保障机制。县财政每年安排 7000 万元用于城乡环境整治，村均长效管护资金超 22 万元，远高于省定 5 万元 / 村的标准。引入国开金融城乡融合发展基金等各类资本参与农村基础设施建设，2022 年争取乡村振兴融资资金 8 亿元。采取“引老乡、回故乡、建家乡”和以奖代补、先建后补、以工代赈等多种方式，累计募集乡贤资金 2800 多万元用于农村人居环境整治。三是创新管护模式。建立镇村两级网格化管理模式，由乡镇党政负责人和乡镇驻村班子成员分别担任圩镇网格长和村级网格长，统筹抓好环境整治各项工作。在三个中心镇成立城管分局，统筹抓好建房管控、管线整治、车辆规停等工作，圩镇面貌、环境卫生和交通秩序得到全面改善。用好“万村码上通”“5G+”长效管

护平台，通过全员参与、全民监督，实现线上监督、线下整治。

四、产村融合、强村富民，推动业态美到富足美

一是与全域旅游相融合。以全域旅游理念推进农村人居环境整治，大力推进“美丽成果”向“美丽经济”转化。全县4个核心景区和11个乡村旅游点建设呼应融合、一体推进，做到建设一个景点、联动一个片区。2021年，全南县获评全省全域旅游示范区；2022年全县接待游客629.44万人次，实现旅游总收入49.88亿元。二是与特色产业同规划。立足资源禀赋，坚持市场导向，全力构建“有机、优质、高效益”现代农业产业发展新格局。依托江西自然之星农业科技有限公司、全南现代牧业有限公司等农业龙头企业，全力推进高山蔬菜、供港生猪、林下中药材、水产养殖等“4+N”特色产业提质扩面增效。全县蔬菜种植面积稳定在11万亩以上，年出栏生猪56万头以上，先后获评国家级高山蔬菜标准化示范区、国家生猪调出大县。通过“龙头企业+合作社+农户”模式，辐射带动1.8万户农户稳定增收。三是与乡村经济共发展。以农村环境改善吸引在外乡贤返乡创业，以新理念发展新产业、引进新业态，做强做活乡村经济。例如，龙源坝镇寨下村联合返乡人员创办谷源烧冲黄酒厂、龙煜食品厂，主推电商营销，实现集体经济收入翻番式增长。依托“华农兄弟”“小师妹”等本土网红大伽，大力发展乡村电商经济，培育农村电商带头人50余人、电商企业225家，每年农副产品网络销售额超2亿元。2022年全县村均经营性收入40.32万元，同比增长48.62%，为农村人居环境整治提供了有力支撑。

定南县：足球"事业与产业"发展共赢 *

定南县立足毗邻粤港澳大湾区的区位交通和生态优势，抢抓国务院出台《中国足球改革发展总体方案》的大好机遇，另辟蹊径、差异定位、融合发展，以足球为特色、为要素、为催化，将足球与基础教育、全域旅游、相关产业等深度融合，做好"三篇文章"，探索走出一条足球事业创新发展的新路径。

一、坚持运动引领，做好"足球＋赛事经济"文章

定南县每年安排1500万元专项资金支持校园足球发展，编制校园足球教材、设计研发足球课程，引进国际、国内专业教练38人常驻培训，培育本土教练员65人，开展足球培训358人次。定期举办校园体育节，组建足球队伍，构建班级、年级、校际、县级青少年足球赛事体系，形成"每日校级比赛、周末校际比赛、假期县级比赛"机制。与江西省体育机构龙头企业——江西嘉宏体育产业集团全面合作，通过市场化、专业化运作，承接足球长效赛事、活动、培训。2019年以来，已累计承办国家、省、市高

* 此文成稿于2022年7月4日。

规格青少年学生足球赛事17个，引进14支球队常年在县集训，形成“周周有赛事、月月有活动”局面。

二、坚持健康赋能，做好“足球+旅游康养”文章

投入3亿元财政资金新建、改建足球场地42块，建成18所全国青少年校园足球特色学校（幼儿园），实现万人拥有足球场1.91块，提前、超额完成全国2025年达0.9块的目标任务。依托足球品牌，在岿美山镇等3个旅游乡镇建设足球场，重点打造了修建、留輋2个足球村，丰富了足球旅游业态，实现足球元素与乡村旅游有效衔接。争取社会资本在桃源乐境景区、九曲度假村建设社会足球场地及配套设施，引进涵湖旅游度假区、岭南康养谷等5个总投资达58.6亿元的文旅项目落地实施。

三、坚持融合发展，做好“足球+产业升级”文章

定南县将足球事业纳入县“十四五”发展规划，在全国率先成立乡村足球合作社和足球融合发展工作领导小组，大力推动“足球新城”建设。不断延伸足球产业链，争取体育用品生产、加工、推广等上下游企业和赛事策划、体育传媒等企业落地落户。将足球元素与文化激活、乡村振兴、全域旅游相融合，配套建设足球民宿、足球广场、足球名人馆、展示馆等商业综合体，形成产业发展集聚效应。开发足球运动App，吸引足球爱好者来县参赛、训练，引导观赛人群到景区旅游、消费。截至目前，各项赛事累计吸引参赛人数达2万人次，换算成旅游人数约20万人次，

推动 4 家四星级酒店建成运营。

定南县通过做好“三篇文章”，推动足球事业与产业深度融合发展，成功入选全国首批县域足球典型，获评全国社会足球场地设施建设专项行动重点推进城市、全国青少年校园足球试点县，开辟了县级地区通过发展社会足球产业进行换道超车、跨越发展的新路径，实现了足球事业与产业共赢发展。

兴国县：让“养老”变“享老”成为可能*

近年来，兴国县聚焦满足多层次养老服务需求，把养老服务作为重点民生工程，不断补短板、优服务，为养老提供多样化服务供给，实现兜底有保障、普惠有供给、高端有选择，构建了居家社区机构相协调、医养康养相结合的多元养老服务体系。

一、强基础保障，提升“养”的质量

以构建各具特色、高效联动的医养结合服务体系为目标，全面整合辖区医养资源，夯实养老服务基础。一是健全制度机制保障。先后印发了《关于推进医疗卫生与养老服务相结合的实施意见》《关于建立完善我县老年健康服务体系的实施意见》《关于深入推进医养结合发展的实施意见》等文件，从政策资金支持、规划用地保障、人才队伍建设等方面制定具体的保障措施，将工作任务逐项分解到各责任部门，强化督导落实。二是完善经费投入保障。将老龄健康与医养结合工作经费纳入县级财政预算，近三年投入资金1800余万元，提升老年人医养结合服务质量，出台

* 此文成稿于2024年2月28日。

专项政策引导社会资本投入康养事业。截至目前，全县共建成二级及以上医疗机构 4 家、医养结合机构 5 家、养老机构和日间照料中心 29 家、医养结合床位共计 1170 张。2022 年投入 769.24 万元购买特殊困难老年人居家上门服务、分散供养特困人员照料护理服务等。三是强化人才队伍保障。将医养结合人才队伍建设分别纳入卫生健康和养老服务发展规划，积极推进医疗卫生与养老服务紧缺人才培养。截至目前，已培训养老从业人员 1256 人次，人才素质得到明显提升，多名养老从业人员荣获“全省最美养老院长”“全省最美养老护理员”等荣誉称号。

二、强设施保障，提升“养”的水平

以机构养老为支撑、以社区服务为依托、以居家养老为基础，实现康养对象的精确监测、贴心服务和高效救治，构建“三位一体”养老服务新格局。一是创新开展机构医养。创建了 33 所江西省老年友善医疗机构，对 29 所医疗机构开展了适老化改造，在全县 3 所二级及以上综合性公立医院开设老年医学科，均设置老年病床 20 张，建设安宁疗护单位 3 个，全县 25 个乡镇卫生院均设有 3 ~ 5 间老年病房和 1 个医养结合中医馆，为老年人提供健康咨询、慢性病防治、康复护理、热敏灸等中医健康干预服务。二是大力实施社区医养。充分利用社区闲置资源，推动社区养老服务机构新改建社区医养结合服务设施。盘活利用县光荣院闲置用房和县民政大厦闲置资产，累计投入资金 790 万元，建成县百孝颐养中心和平川社区颐养中心，提升改造面积 4945 平方米，新增护理型床位 92 张。三是积极推动乡村康养。引进“颐泰兴园·健康城康养”项目落地建设并投产运营，创新开发适老化“乐活公寓”500套，打造江西省首个专业CCRC（持续照料退休社区）全龄颐养社区，全方位设置“医康护养游学”等养老功能。建设了包含刘启耀精神红色研培中心、乡村康养民宿、网红营地、农耕体验基地等功能区的启耀故里乡村康养基地，发展森林中药材种植产业，推动“森林康养+医疗”发展，满足老年人多方面需求。

三、强服务保障，提升“养”的效能

坚持聚焦重点、集中发力，实现老年医疗健康全方位、全周期管理，促进全县养老服务提档升级。一是深化医养签约服务。规范医疗卫生机构和养老机构合作，建立康复病床、预约就诊、急诊转诊、医疗巡诊等医疗服务绿色通道，按照方便就近、互惠互利的原则，推动全县25所乡镇卫生院与25所乡镇敬老院、266所居家养老服务中心全覆盖开展医养签约健康服务。二是强化特殊群体服务。组织开展特殊群体上门服务，对高龄、失能、行动不便等老年人群体进行摸底、建档、监测，每年提供至少2次医养结合服务。2023年以来，累计接受医养结合服务达8072人次。三是推进居家医养服务。依托民政部对口帮扶优势，积极争取专项资金开展嵌入式医养结合服务，为经济困难的失能、半失能老年人建设家庭养老床位350张，依托田庄上养老服务中心智慧养老服务平台，在龙口镇、长冈乡、埠头乡等乡镇运营11个居家养老服务中心，采取无偿、低偿、有偿的社工和社会组织等，为老年人提供助餐、助医、助乐等居家养老服务，完成21000人次居家养老上门服务，让老年人不离家、不离亲就能享受专业化、个性化、便利化的医养结合服务。

兴国县坚持以人民为中心的发展思想，有序推进养老服务体系建设，社区（村）养老服务设施覆盖率达 80.6%，打造健康主题公园 5 个、健康小屋 3 个，建设健康步道 332 公里。农村失能特困人员集中照护模式被中央组织部列入贯彻落实习近平新时代中国特色社会主义思想、在改革发展稳定中攻坚克难案例。

宁都县：蔬菜“上山”换“金山”*

近年来，宁都县在全力推进防止耕地“非农化”“非粮化”的基础上，创新蔬菜产业发展思路，探索向山要地的突围之路，把蔬菜大棚建在低丘缓坡上，开辟了保护耕地资源的新途径，缓解了粮食安全与产业发展用地之间的矛盾，有效破解“粮菜争地”。

一、盘活土地资源，让蔬菜“科学上山”

一是科学制定土地规划。坚持科学集约的原则，对闲置的海拔200米以下、坡度25度以下的低丘缓坡山地进行摸底调查，按照“三少一无”（即耕地少、林地少、拆迁少、无基本农田）原则，科学制定低丘缓坡土地综合开发利用规划，做到一次规划到位、分片开发利用。二是高效利用闲置荒地。把分散在群众手中的闲置和低效荒山丘陵集中流转起来，进行高效改造、综合整治、成片开发。在开发中坚持开小山留大山、开荒山留绿山，切实做到开发一片、供应一片、见效一片。三是多措并举改良土壤。针对荒山坡地多存在土层浅薄、土壤肥力低、水源不足等问题，

* 此文成稿于2024年1月28日。

通过就近调运“客土”（每亩200立方“客土”、2吨有机肥、2吨谷壳的比例进行混合）建立储水塘、深水井、沉沙井等“天上水、地下水”循环使用机制，因地制宜进行高效改造。

二、创新建设模式，让蔬菜“生态入棚”

一是因地制宜建大棚。根据地形科学兴建，在建棚规模上，宜大则大、宜小则小；在建棚标准上，宜高则高、宜低则低，做到因地制宜建设蔬菜大棚，最大限度利用低丘缓坡开发土地。二是绿色开发护生态。开发过程中，严格实行环境恢复治理方案和水土保持方案，坚持环境恢复治理、水土保持和低丘缓坡开发利用同时设计、同时施工、同时投入使用，变低丘缓坡综合开发为绿色开发，形成了“春有花、夏有荫、秋有果、冬有绿”的绿化格局。三是县企出资优管理。将过去由农户自筹资金的方式，变为以县农投公司作为投资主体，融资开发建设，并持有大棚产权，按照不低于2000元/（亩·年）标准收取大棚租金。推行“县出资、乡建设、村管理、户种植”建管模式，有效调动各方发展产业积极性。

三、赋能种植链条，让蔬菜“高产丰收”

一是推广技术强技能。产前，引进优秀龙头企业在宁都建设育苗中心和蔬菜繁育推广中心，开展各类蔬菜新品种研发和试验示范，建立蔬菜品种试验培育新机制。产中，建立县、乡、基地三级技术服务队伍，制定标准化种植技术规程，实行每月县级培训、每周乡村实践、分片进行巡回指导，示范推广种植技术。产后，组建6支专业销售队伍，分片对接全国各大蔬菜批发市场，达成战略合作关系，形成了半径800公里的销售网络。二是分户经营提产量。结合“公司（大户）+基地+农户”的模式，大力开展职业菜农培育行动，充分调动农户积极性，设立种植试验培训基地，全面推行10 ~ 30亩/户标准化精细化种植管理，有效提升产量和效益。三是强化保障防风险。出台水、电、路等基础配套设施扶持政策，在全省率先出台价格保险、设施蔬菜种植和钢架大棚保险政策，将因火灾、暴雨、洪水、暴风及市场价格波动等因素造成的蔬菜生产、设施、销售受损列入保险理赔范围，保险覆盖设施蔬菜产业全产业链，大大提升农户风险防范能力。

目前，宁都县已在4个乡镇建成10个低丘缓坡大棚蔬菜示范基地，总面积达7000亩，共发展种植户547户，带动周边群众2827人就业，年产值接近2亿元。可以说，“蔬菜上山”新模式，让荒山变“金山”，既有效推动蔬菜产业发展，又实质性促进劳动力就近就业，为农民增收致富开辟了新路径。

于都县："硒品"发展正当时 *

2019 年 5 月 20 日，习近平总书记亲临于都调研指导，嘱托"一定要把富硒这个品牌打好"。近年来，于都县围绕打好"富硒产业"品牌，深入推进扩面种植、产品研发、标准编制、营销推广、品牌建设等"五大行动"，通过夯实产业发展基础，完善产业配套设施，推动富硒品牌建设，全方位推动富硒产业发展。实现富硒产业年产值达 45 亿元，成功申报全省富硒农业先行示范区、全省富硒功能农业重点县（一类县）。

一、夯实产业发展基础

对全县土地开展富硒资源勘探，全面掌握富硒资源分布情况，依托广袤的富硒土壤优势，结合各乡镇产业发展现状，划定富硒生产区域。将特色产业与优势资源相匹配，按照统筹布局、分步推进的原则，高标准打造富硒示范基地 172 个共 20 万亩，被市级认定的富硒农业高标准示范基地 8 个，带动富硒农业标准化种植 30 万亩，其中富硒脐橙产业基地被认定为中国富

* 此文成稿于 2023 年 12 月 5 日。

硒脐橙产业基地。对硒资源丰富的区域内的农业产业基地，按照富硒标准实施标准化建设，推进种养标准化、品种规范化，打造富硒蔬菜、富硒脐橙、富硒稻米、富硒茶叶、富硒鸡蛋五大产业基地，每年新增富硒农业种植示范基地1.2万亩、富硒养殖基地5个以上，逐步带动现有种养基地全面向富硒基地建设转变。积极推广农业农村部“两增两好”绿色富硒、有机肥使用、节水灌溉、病虫害绿色综合防控等集成技术，推进富硒产业做大做强。

二、完善产业配套设施

深入推进“三链协同”“五优联动”，坚持内引和外培相结合，培育涉硒省级农业龙头企业6家，推动富硒产品精深加工，提升科技含量与附加值。加快农资配送中心、冷链物流设施、富硒农产品交易市场等基础设施建设，补齐农资服务、仓储物流、集散交易等产业链短板。重点抓好已开工的农产品冷链物流园、于都县江西茂雄红品文旅项目等一批项目建设，打造以于都东为核心的于都富硒农产品集散中心和精深加工集聚区。开通了于都—广州、于都—长沙等运输专线，富硒蔬菜、富硒大米、富硒茶叶、富硒脐橙等农产品畅销市场。富硒产品相较于普通产品，溢价能力突出，市场售价比一般农产品高出50%左右，部分达到普通农产品价格的3倍以上。如普通大米销售价为2.6元/斤左右，富硒大米销售价为8 ~ 20元/斤；普通赣南脐橙标准果销售价为6元/斤左右，富硒脐橙标准果销售价格为13 ~ 18元/斤，这些品类市场需求走旺，供不应求，市场前景广阔。

三、推动富硒品牌建设

发挥政策扶持引导作用，鼓励企业创建和申报富硒农产品品牌，注重加强品牌管理，提升品牌形象和品牌知名度。在央视《朝闻天下》栏目黄金时段投放于都硒产品宣传公益广告，聘请专业的第三方公司开展品牌营销和策划，推动精准宣传。加强与销售龙头企业合作，多渠道强化市场开拓和营销对接，提高于都富硒产品的市场占有率。制定《“于都硒”产品认定管理办法》，系统策划“于都硒”优选产品品牌运营，建立了于都富硒农产品品牌，15 家企业 37 个富硒农产品申报创建“圳品”（深圳市高标准食品城市品牌）。开发了富硒大米、富硒脐橙、富硒蔬菜、富硒茶叶、富硒鸡蛋 5 个系列富硒农产品，认证富硒产品 218 个，编制发布富硒农业标准 9 项，于都《富硒大米》企业标准入选 2021 年全国粮油产品企业标准“领跑者”名单，填补了全市此项荣誉空白。中国于都 · 硒博馆成为赣州市硒文化研学、硒科普宣传、硒旅游集散的主要平台，富硒脐橙在第五届和第六届中国富硒农业发展大会上连续两年获得了“中国富硒好果”称号，于都富硒脐橙基地被评为中国富硒脐橙产业基地。

瑞金市："三三制"让革命文物活起来*

瑞金市深入贯彻落实习近平总书记关于"用心用情用力保护好、管理好、运用好红色资源"等重要论述精神，探索建立革命文物保护利用长效机制，有效实现革命文物活化利用，改革经验做法入选中国改革2023年度地方全面深化改革典型案例，获评江西省首批革命文物保护利用示范县。

一、"三个坚持"促保护

一是坚持集约化发展。树立"一盘棋"思想，创新"纪念馆+公司"管理模式，委托瑞金中央革命根据地纪念馆对瑞金市文化旅游发展集团有限公司（以下简称文旅集团公司）进行管理，形成统一指挥、步调一致、高效运转的管理体制。通过政府划转、公开出让等方式，将国有旅游景区景点固定资产以及经营性资产划转至文旅集团公司，推动资源集约集聚。二是坚持市场化运营。在依法保障红色景区事业性收入用于革命文物保护利用的基础上，红色景区门票收入的40%分配给瑞金中央革命根据地纪念

* 此文成稿于2024年3月5日。

馆，不足部分由财政兜底保障；其他经营性资产收益全部划归文旅集团公司，用于景区日常管理和产品开发，自负盈亏。三是坚持规范化管理。出台《瑞金市共和国摇篮旅游区企业标准》，推出革命旧址保护、管理、利用等方面的标准化管理措施38项；发布《红色故都·中国瑞金红色旅游指数报告（2023）》，为红色旅游发展提供决策参考；建立覆盖全瑞金市的革命文物守护人制度，制订革命旧址责任名录和革命文物长制工作实施细则，全面筑牢文物防线。

二、“三个创新”强利用

一是创新文物展陈方式。用活革命文物资产资源，增设情景雕塑、苏区标语漫画、主题文化墙，融合声、光、电、媒等现代技术，引入智能讲解员、AR导览系统、VR游戏等数字化手段，提升革命旧址的参与感、沉浸感、体验感。目前，已完善提升40余个旧址的陈列展览，推出“苏区精神 永放光芒”“刘少奇在中央苏区”等20余个辅助陈列展。二是创新特色演艺产品。文旅集团公司通过购买服务的方式，开发特色演艺产品和特色互动体验产品，打造了“苏区精神 永放光芒”情景故事讲演、“童心永向党”小红军体验活动等一批特色红色社教品牌。三是创新文创产品开发。加大文创产品研发和品牌授权合作力度，依托文旅集团公司，通过红色IP动漫《少年家国梦》授权，研发并推出一批具有瑞金特色、受市场欢迎的文创产品，推动革命历史故事化、情景化、生动化。

三、“三个融合”助发展

一是与文化旅游融合，助推红色旅游升级。将革命文物集中连片大保护融入全域旅游建设，完善红色旅游配套，开发精品旅游线路，打造集红色旅游、研学培训、红色动漫、文化创意于一体的红色旅游休闲景区。例如，以中国工农红军学校为核心打造的象湖里街区，在革命文物活化利用中促进历史与现实紧密结合，成为红色故都新晋网红打卡点和夜间消费增长极，助力旅游市场提质增效。2023 年全瑞金市接待游客突破 2200 万人次、旅游收入同比增长 14.2%。二是与乡村振兴融合，助推百姓增收致富。探索“政府 + 社会”融合发展机制，盘活革命旧址资源，打造“共和之根”叶坪村、沙洲坝村等 51 个红色名村。例如，叶坪镇朱坊村将革命旧址与乡村振兴紧密结合，探索村集体与公司、农户利益共享机制，公司负责运营，村集体、农户按比分红，在红色资源转化带动下，带动村集体经济增收，开辟出一条共同富裕新路径。三是与阵地平台融合，助推红色基因传承。以建设长征国家文化公园为契机，实施中央红军长征决策和出发历史陈列等项目，首创“认护革命文物”活动，积极对接国家部委来瑞金“寻根问祖”，把瑞金打造成为“最受欢迎的党史纪念地”和“没有围墙的革命博物馆”，深入推动红色基因代代传。目前，已有 54 个国家部委在瑞金找到“前身”。

会昌县：探索乡村资产盘活新路径 *

会昌县针对县域乡村振兴面临的乡村资产闲置沉睡、管护运维缺位，资金投入不足、融资困难等现实问题，扎实推进乡村资产盘活利用改革，打通了乡村资产转换成资本、资金的渠道，初步构建了一套县域统筹、国企引领、五方主体运营的乡村振兴推进新机制，实现了乡村资产保值增值，形成了“三农”工作高效抓手。通过开展运营业务，会昌县振兴农业产业集团有限公司（以下简称县振兴集团）资产由 55.7 亿元增长至 130 亿元，营业收入由 8000 万元增长至 5 亿元，利润由 1000 万元增长至 5000 万元，并被评为 AA 级信用等级企业。

一、组建体系，搭建运营平台

建立“县振兴集团 + 乡镇子公司 + 村集体合作社 + 龙头企业 + 农户”五方主体运营体系，形成乡村资产盘活利用经营的基本架构。组建县振兴集团，作为全县乡村振兴项目实施主体、产业经营主体和投融资平台。成立乡镇子公司，作为乡镇产业经营、

* 此文成稿于 2024 年 3 月 20 日。

项目实施主体和乡村资产管理平台。发展壮大村集体合作社，作为村级产业经营主体和利益联结主体。培育联结龙头企业，负责吸纳就业、组织生产、提供产品，产品纳入“会昌独好”区域公共品牌进行统一营销。带动农户增收，农户通过土地、林地、房屋等资源入股合作社获得分红，参与发展产业获得收益，为乡镇子公司或龙头企业提供劳务获得薪酬。

二、打通路径，盘活乡村资产

对各级各类资金投入乡村项目形成的固定资产进行清查，按经营性资产、公益性资产和到户类资产 3 种类型，建立县、乡、村三级台账，厘清资产现值和使用情况，明确所有权、经营权、收益权归属。聘请第三方评估机构对清查出的资产进行评估，全县乡村资产估值超 45 亿元。各村通过召开村民代表大会表决的形式，将村集体资产入股注入乡镇子公司。通过清产、核资、评估、注入，解决了金融机构放贷需要的承贷主体、产业项目、抵押资产、现金流等问题，实现双向贴合，打通乡村资产变资金的渠道，2022 年以来，县振兴集团完成市场化融资 24 亿元。

三、创新模式，实现高效利用

坚持不亏本、低风险，聚焦产业发展、形成固定资产、收益稳定可持续的原则，做大“资产型”项目、做活“资源型”项目、争取“垄断型”项目、做好“服务型”项目。比如，采取统建统管方式推进村级光伏发电站建设，既形成固定资产，又助力村集体经济发展和村民增收致富。又如，县振兴集团发挥乡镇子公司作用，把农田水渠、农饮工程、污水处理设施等“社会资本不愿管，乡村管不好”的公益性资产管起来了。再如，西江镇子公司采用“飞地抱团”模式，整合各村资金在圩镇边建设产业基地，吸纳 20 余家企业入驻，每年可获租金收入 300 余万元，带动全镇各村集体年均增收 13 万元。同时，开展了“会昌独好”公共品牌运营、农业生产“大托管”、小微工程建设、建筑材料及农资供应、农贸市场管理、乡村公路养护等业务。

寻乌县：物流“软保障”促“硬发展”*

近年来，赣州寻乌县大力推进“互联网+第四方物流”建设，构建了全域覆盖、全链共赢的县、乡、村三级智慧物流配送体系，通过完善体系、搭建平台、畅通网络等方式强化运营机制建设，实现了物流能级全方位提升。2021年，全县下行到港件和上行出港件分别同比增长29%和25%。全县物流运营成本3年内下降了30%，运输和配送效率得到大幅提升。

一、“建体系”统筹管理提效益

投资6亿元兴建第四方现代物流园区——广寻现代物流园，整合了县内中通、申通、圆通、百世等16家快递企业和红土地物流、赣寻物流等8家贸易流通企业入驻，采取“统一经营形象，统一分拣货物，统一收配送货物，统一结算体系，统一后勤服务”的综合运营体系，一站式解决物流运输、城乡配送、智能分拣、快递分拨、冷链仓储、金融结算、信息共享和住宿餐饮等现代物流需求，大大降低了物流运输成本。目前，全县线上销售的脐橙、

* 此文成稿于2022年10月25日，刊发在《国家发展改革委挂职锻炼工作通讯》（2022年11月总第55期）。

百香果等农产品90%以上通过该平台发往全国各地，快递起步价由8～12元，降低至6～8元，最大降幅达33%。

二、“搭平台”共享信息提效能

寻乌县政府联合赣州“吉集号”科技公司、广寻现代物流园三方合力打造了省内首个县级物流公共信息平台，通过“互联网+”模式，实现物流效能大幅提升。一是“互联网+智慧物流”。建立寻乌物流交易大数据、货源大数据、果蔬产业大数据三大板块资源数据库，实时分析线上物流动态指数，推进货物跟踪定位、交易信息实时共享、区域价格分析等，促进了快递市场的组织优化和效率提升。二是“互联网+车货匹配”。实现货运供需信息在平台的在线对接和实时共享，将分散的货运市场有效整合起来，统一规划配送车辆及路线，既避免了货车空载运行，又加快了货物离港速度。三是“互联网+智能仓储”。推进物流数据与云仓平台互联互通，共享仓储资源与商品库存信息，打造“智能管家”。同时，配套建设了仓储、配送、金融结算、后勤服务“四个中心”，实现集成管理、统一指挥调度、资源分配，有效破解了物流行业信息化程度与效率“双低”和成本与空载率“双高”问题。

三、“畅网络”整合优化提效率

畅通了以县现代物流园为中心，连接县、乡、村三级物流网络体系。整合供销e家电子商务服务网点、乡村网点、快递运营服务网点三套网络，在县、乡、村设立多站合一的快递驿站，打造成形象统一的邻里小超市，实现了供应端“最前一公里集货”、配送端“最后一公里配送”，农村快递送达时效由 7 ~ 15 天缩短至 2 ~ 3 天，运输效率提高了近 80%，实现了县内快递“发件当天出港、派件当天签收”。同时，开通了寻乌至北京、上海、广州、深圳等全国大中城市 23 条直发专线，进一步减少了中转环节，外发快递实现广东、福建等周边九省 1 ~ 2 天抵达，其他省市 3 天抵达。

石城县：县域旅游“全”当家*

赣州石城县位于江西省东南部，是中国白莲之乡、中国灯彩艺术之乡、中国民间文化艺术之乡，也是中央苏区全红县、中华客家文化重要发祥地，“红、古、绿”三色资源交相辉映，发展全域旅游优势独特。近年来，该县积极克服疫情影响，举全县之力推进全域旅游建设，坚持“全景化打造、全链条发展、全产业融合、全社会参与、全民化共享”的发展路径，构建起“旅游兴旺引领，生态农业、低碳工业、现代服务业齐振兴”的发展新格局，成功创建国家全域旅游示范区、获评“中国温泉之城”“全国休闲农业与乡村旅游示范县”“江西省首批全域旅游示范区”等荣誉称号。2022 年累计接待游客 724.1 万人次，同比增长 11.4%，旅游总收入达 68.57 亿元，同比增长 35.9%。

一、坚持全景化打造

紧紧围绕“推门就是风景、出门就是旅游”的建设目标，以“精致县城、秀美乡村、特色景区、集群产业”四位一体推进全

* 此文成稿于 2022 年 8 月 30 日，刊发在《国家发展改革委挂职锻炼工作通讯》（2022 年 9 月总第 52 期）。

域旅游，构筑起一幅景城融合、城乡一体、主客共享的全域旅游新画卷。全县已累计打造国家4A级景区2个，全国乡村旅游重点村1个，省级旅游度假区1个，省级生态旅游示范区1个，省级旅游风情小镇2个，省5A级乡村旅游点1个，省级夜间文旅消费集聚区1个，以及多个3A级景区和乡村旅游点。

二、坚持全链条发展

围绕旅游六要素，加快旅游配套设施建设。以“便捷行”为突破点，开通了南昌、赣州等4地（市）旅游直通车，实现通景区旅游公路、旅游专线及旅游公交班线全覆盖。以“特色餐”为兴趣点，推出具有石城风味的“全莲宴”。以“温馨宿”为着力点，建成一批连锁酒店、文化主题酒店、精品民宿等，全县床位数达到6728张。以“放心购”为情感点，打造了旅游文化街、客家风情商业街、美食一条街等特色购物街区，开发出石城王润生毛笔、石城龙砚、横江重纸、莲子手链等特色旅游产品。以“开心游”为引爆点，推动形成“溯赣江源、赏初心花、登爱情山、爬通天寨、游琴江河、观万亩莲、听钢琴曲、品全莲宴”的旅游品牌。以“欢乐娱”为吸引点，建成康体疗养、茶艺体验等大众娱乐活动场所300多个。

三、坚持全产业融合

做深做实“旅游+”“+旅游”文章，实现泛旅游经济快速发展。与农业融合，打造近百个乡村旅游点，让农业既有“钱景”

也成风景；与工业融合，建成领跑梦想工业旅游示范基地、旅游食品工业园，助推工业转型升级；与康养融合，打造峡谷温泉、森林温泉、花海温泉、天沐温泉等多元化休闲康养产品，构建了“住温泉房、游温泉景、玩温泉水”的旅游新业态；与文化融合，谋划建设一批情景体验项目，常态化开展景区景点非遗节目表演，让旅游有内涵有看头；与艺术融合，建成集艺术演艺、艺考培训、艺术研学等功能于一体的钢琴艺术城；与信息技术融合，建设智慧旅游平台，构建旅游元宇宙，积极开辟新赛道、打造新模式。

四、坚持全社会参与

发挥政府引导作用，积极克服疫情影响，制定一系列促销费优惠政策，在春节、五一等传统节假日期间，县内所有国有景区景点实施免收门票政策，同时面向社会发放了425万元电子消费券，引导80多家商家和涉旅企业及景区推出形式多样的优惠活动，做旺石城旅游人气，做大做强旅行社、酒店、民宿和景区景点等旅游企业。发挥党员干部带头作用，设立旅游产业领导小组、旅规委、乡镇文旅站、村级旅游专干，全县党员领导干部带头落实旅游发展各项工作。发挥全民参与的共向力，出台《石城县旅游产业扶持政策规定（试行）》《石城县重大旅游招商项目商住配套用地若干政策规定（试行）》等政策文件，设立县级旅游发展专项引导资金，激活民间资本200多亿元参与旅游事业；通过征集“金点子”、招募旅游志愿者、扶持发展农家乐和民宿等多形式吸引群众参与全域旅游。

五、坚持全民众共享

把惠民利民作为旅游产业发展的落脚点，切实让群众看到变化、得到实惠，共享旅游发展成果。在旅游的带动下，全县基础设施不断完善，所有景区及乡镇均修建3级以上直达旅游公路，建成了一大批旅游厕所、生态停车场、酒店民宿等。在旅游的带动下，人居环境更加宜居，石城县获评全省、全市人居环境整治先进县。在旅游的带动下，农业逐步向乡村旅游业转变、农村逐步向乡村旅游目的地转变、农民逐步向旅游从业者转变、农产品逐步向旅游商品转变，全县60%的脱贫户进入旅游产业链，越来越多的老百姓直接吃上“旅游饭”。

赣州经开区:“红色物业”赋能社区治理*

人民群众在哪里，民生需求在哪里，党建就应该覆盖到哪里。近年来，赣州经开区不断加强和创新社会治理工作，坚持把“红色物业”作为加强党建引领物业管理服务、提升基层治理水平的重要抓手，着力破解物业管理难题。以党建引领推进社区治理，形成了物业管理服务和居民自治的良性互动，切实提升了物业服务管理效能，增强了居民的获得感、幸福感和安全感。

一、搭建红色平台，提升治理水平

一是搭建多元共治平台。积极推动小区业主委员会筹备、组建和换届选举，让业主委员会和物业服务企业等多元主体共同参与基层社会治理，实现物业管理工作从行业管理向社会治理转变。将党建融入物业管理全过程，推行物业企业管理层和社区“两委”班子成员“双向进入、交叉任职”，形成同频共振、同向发力的组织体系。截至目前，赣州经开区 166 个居民小区中，111 个已组建业主委员会（物业管理委员会），业主委员会中党员数量占一半以上的达 80

* 此文成稿于 2023 年 12 月 28 日。

个,22 人在物业企业和社区双向交叉任职。二是搭建网格治理平台,将辖区 19 个社区划分为 146 个网格,每个网格覆盖 300 ~ 500 户居民,同步整合党建、综治、民政、信访等各领域工作,打造集党建宣传、矛盾调解、文明创建、安全防范、公共服务等功能于一体的“一张网”。通过资源的有效整合,使“小网格”发挥“强作用”,推动居民需求在网格发现、民生实事在网格解决、矛盾纠纷在网格化解。三是搭建联动治理平台。推行以社区党支部为主导,以业主委员会、物业企业、社区在职党员为主体,N 个业务主管部门共同参与的“1+3+N”服务平台,结合“街道吹哨、部门报到”机制,推动执法力量下沉到小区。充分用好物业管理联席会议制度,按照“分层协商、分类解决”原则,发挥社区党组织、社区调解室在组织动员群众、化解矛盾纠纷中的积极作用,做到小事不出社区、大事不出街道、矛盾不上交。2023 年以来,已处理邻里纠纷、治安防控、突发事件、小区维管等各类问题 1200 余件。

二、培育红色队伍,提升服务水平

一是培育红色代办队伍。创新物业服务模式,运用党建将物业服务先锋化、精准化,号召小区党员“亮身份”,聚焦党群、政务、生活、劳动保障、卫生健康等服务板块,梳理“红色代办”服务清单,做到一人接待、全程服务,让居民少跑路,实现“你来点单我来办”的一站式服务。2023 年以来,已累计帮助居民开展代办服务 1957 次。二是培育红色宣传队伍。充分发挥党员先锋队、青年志愿服务队、老兵义工队、老年文艺团、红领巾先锋队作用,积极开展理论宣讲,用群众的语言和丰富的形式,让党的创新理论更好地“飞入寻常百姓家”，同时常态化开展社区文艺活动，丰富居民的文化生活，形成以社会主义核心价值观为主旋律的新时代红色小区文化。三是培育志愿服务队伍。结合在职党员社区“双报到双报告”制度，动员在职党员开展政策宣传、环境整治等志愿服务，积极参与社区治理，帮助群众解决急难愁盼问题。截至目前，赣州经开区在职党员报到人数达 3066，组织服务团队 58 支，认领“微心愿”567 个，开展志愿服务 341 次，帮助解决物业问题 105 个，架起了党群“连心桥”。

三、打造红色品牌，提升管理水平

一方面，发挥示范引领作用。以开展物业管理示范小区、“美好家园”小区创建活动为抓手，树立物业管理行业标杆，积极开展“三美”（最美共产党员、最美楼栋长、最美物业服务人）评选活动，建立“四会”（物业服务中心周例会、业主委员会会议、党群联席会、业主代表大会）工作机制，2023 年已成功推选 6 个小区参与市级优秀示范小区评选。充分发挥物业管理示范项目的引领作用，提升全区物业管理整体水平，成功创建 5 个“红色物业”示范点。另一方面，强化物业企业日常监管。建立物业服务负面清单和物业企业红黑名单制度，将党建工作纳入物业考核重要内容，从党建引领、物业服务全覆盖、提升物业服务质量、物业服务融入社会治理 4 个方面，细化 23 项物业考核指标，将镇（街道）、社区居委会的评价意见及业主满意度纳入物业企业信用评价内容，督促物业企业完善信用档案，压紧压实物业服务企业责任，指导物业服务企业改进服务质量，提升业主居住环境。

赣州蓉江新区：嵌入温馨的“微服务”*

近年来，赣州蓉江新区肩负着建设省域副中心城市主战场的使命。蓉江新区大力推进城市建设，规划建设一批组团安置房来安置拆迁村民，但同时伴随着“村民洗脚”上楼变居民、乡村治理变社区治理等新课题的出现。蓉江新区通过探索以“嵌入式”服务，打造温暖社区改革项目，以温馨家园·福园为改革试点，找准“小切口”，探索嵌入“微组织”“微平台”“微设施”，破解返迁房治理和提升公共服务难题，实现城市功能更全、生态环境更美、人民生活更好的目标。2022年，该改革案例成功入选《中国经济时报》“伟大变革·新发展理念实践案例”，并在《中国经济时报》头版单篇报道。

一、嵌入“微组织”，让社区治理更有力、更高效

聚焦党建引领，调动各方力量、统筹各类资源，构建“党建为引领、自治为基础、法治为根本”的社区治理机制，让群众参与共建共治，实现共享，提升群众获得感。建立社区党委，拓宽

* 此文成稿于2023年12月15日。

服务范围。整合武陵、当塘、坝上3个村，1所小学和1个物业公司的各自党组织，试点成立“狮子岭”社区党委，在福园小区建设党群服务中心，设立8个党小组、组建8个党员先锋队，构建起“社区党委—小区党总支—党小组—党员先锋队—党员”纵向到底、上下贯通的五级社区治理组织架构，打破行政区划界限，凝聚党员力量，为1300余户拆迁安置群众提供“一站通办”服务，让群众少跑腿，实现社区联建、联管、联动、联享。成立议事联合会，优化服务方式。由社区党委牵头，联合居委委员、业主委员会、物业公司及多个结对共建单位，成立“1+3+N”议事联合会，建立“社区议事联合会—网格—楼栋—单元—楼层”五级管理体系，将社区划分为小单元进行管理，建立“五个一”（一个楼栋、一名党员、一名团员、一名楼栋长、一名民警）楼栋结对服务管理体系，实施“四必到、五必访、六必清”工作法，实现“人到单元去、事在单元办、难在单元解、情在单元结”。2023年以来，开展矛盾纠纷调解，防溺水、用气用火安全政策宣传等联户联心联情服务活动116次。建立联合执法队，提升服务质效。深入推进“大综合一体化”行政执法改革，在当塘村党群服务中心设置“综合执法工作室”，统筹市监、城管、交警等执法力量“嵌入”到社区，探索跨部门一体联动执法，提高群众法治意识，提升群众的安全感。2023年以来，开展综合执法6次，查处整治安全隐患问题32个、占道经营11起，帮助群众解决关键小事56件。

二、嵌入“微平台”，让群众生活更便捷、更优质

聚焦民生问题，用好现有资源，搭建服务平台，健全就业创

业平台、生活服务线上下单平台、志愿服务积分兑换平台等，让居民在家门口得便利、享快捷，增强群众幸福感。搭建“就业创业”平台。设立“红色就业服务站”，与12家中心城区企业签订协议，建立用工合作机制，及时发布岗位需求。针对企业用工需求，开展中式烹饪、电子商务、行政办公、农业技术等6期职业技能培训，共200余人参与，帮助150余名群众在家门口实现就业。采取项目方案竞争方式，以低价租金提供一批店铺开设锁具维修店、理发店及缝补衣服店等，提供家门口创业就业机会。搭建“指尖服务”平台。在全省率先将“小修小补”服务引进社区，涵盖快递、修锁、理发、家电维修等11个方面62项与群众生活息息相关的“微服务”，同步将“微服务”上线智慧社区应用，让群众在“指尖上”享受优质便捷服务，全方位满足居民生活、休闲、娱乐需要。修锁配芯、缝补衣裤、家电维修、网购寄存等等都能在福园社区服务中心解决，着力打造“15分钟社区生活圈”。搭建“供需服务”平台。开发“蓉贝”积分App，建立“蓉贝”积分及兑换机制，引导社区党员、居民、志愿者下载并注册，困难群众可以在App上点单发布困难求助和微心愿，志愿者可以接单解决居民困难和帮助实现个人微心愿，将服务时长量化为积分，凭积分兑换物品或服务的权益，营造浓厚的志愿服务氛围。截至目前，线下共13人通过“蓉贝”兑换积分590分。2023年以来，福园小区150余人参与志愿服务，为群众提供各类志愿服务，获得群众一致好评。

三、嵌入“微设施”，让群众居住更安全、更智能

聚焦“住得舒心、玩得开心、养得安心”，通过建设智慧安

防社区，建立文体驿站、设立“幼、医、养”机构，让小区更安全更温馨。一是“智慧安防”进社区。依托智慧城市体系，整合天网工程、雪亮工程等资源，以数字化改革为引领，建设无盲区安全防护网，完善智慧门禁、电子围栏等社区安防设施，实现消防预警、地图定位、一键式求助、联动报警等多项功能。同时，安防终控区安排人员 7×24 小时值守，实现“全天候、全方位、全过程、全时段、全覆盖”的网格化闭环管理，建成智慧安防社区。二是“文体服务”进楼栋。巧用小区楼栋架空层，投资近 13 万元，布局设置村民议事区、儿童娱乐区、室内健身区、棋牌娱乐区、老年人活动区等功能区的“邻聚里”暖心驿站，推进文体设施与社会共享，打造全年龄段的共享空间，丰富居民群众文化生活。福园小区共 7 栋架空层打造成“暖心驿站”，为儿童及老年人提供了丰富的文娱场所。三是“幼、医、养”体系进家门。探索幼儿临时看护、小班式托育等多元化模式，解决上班族幼儿托育难题。打造服务一流的医疗工作站，建立医务人员“下站点、进家门”服务机制，延长服务时间，医疗服务更体贴入微。配套建设专业照护设施，引进星级养老服务机构，提供全托、日托、医疗、护理、餐饮、娱乐等“一站式”专业养老照护服务。2023 年以来，为小区 16 户家庭解决育儿问题，12 名老人享受照护服务。

参 考 文 献

习近平，2022. 习近平谈治国理政 . 第四卷［M］. 北京：外文出版社 .

习近平，2023. 习近平著作选读 . 第一卷［M］. 北京：人民出版社 .

习近平，2023. 习近平新时代中国特色社会主义思想学习纲要［M］. 北京：人民出版社 .

高江，2021. 我国职业教育管理体制：70 年回顾与展望［J］. 河北科技师范学院学报（社会科学版），20（3）：28–33，48.

郭晓彪，2022. 脱贫攻坚与乡村振兴有机衔接的创新方法研究［J］. 农家参谋（15）：22–23，27.

蒋中恒，等，2021. 困局与突破：后疫情时代的赣州市养老旅游市场开发［J］. 现代商贸工业，42（33）：19–21.

李泽正，等，2022. 中国基础设施 REITs 收益与风险特征研究［J］. 宏观经济研究（9）：97–105.

闵旭东，等，2022. 商贸服务型物流枢纽的"临沂样板"［J］. 中国道路运输（5）：56–58.

秦海芳，2023. 他山之石：临沂物流发展［J］. 中国道路运输（9）：41–42.

舒长江，等，2021.“扶教育之贫”与“扶收入之贫”：中央苏区振兴政策的教育精准投入实施效果研究［J］.教育学术月刊（2）：99–105.

吴泽斌，等，2018.赣南苏区振兴发展：基于内部挖潜和区域联动视角［M］.北京：经济科学出版社.

王余万，2022.我国职业教育管理的创新探索：评《职业教育管理》［J］.中国教育学刊（5）：142.

汪三贵，等，2023.乡村产业振兴与农民增收路径研究［J］.贵州社会科学（4）：147–153.

谢再成，等，2013.加强科技支撑力度，助推赣南苏区振兴发展之生态建设［J］.江西林业科技（3）：54–57.

杨清，等，2022.脱贫攻坚与乡村振兴耦合衔接度测定［J］.热带农业工程，46（4）：73–78.

杨学博，等，2024.坚持稳中求进、以进促稳、先立后破（推动高质量发展 实现经济行稳致远）［N］.人民日报，2024–02–28（1）.

张峰，2023.租赁住房 REITs 现状与展望［J］.中国房地产估价与经纪（3）：25–28.

张明林，等，2020.苏区振兴背景下赣南经济差异格局与空间联系研究［J］.地域研究与开发，39（6）：47–53.

张晓东，等，2023.发挥 REITs 在盘活存量资产中的独特作用［J］.中国金融（3）：43–45.

周以升，等，2022.公募 REITs 配套融资工具探讨［J］.中国金融（14）：55–57.

后　记

2022年6月，受中央组织部、国家发展改革委的委派，我有幸来到赣州挂职，在习近平总书记多次关心关怀的地方学习工作。两年的挂职经历，让我终生难忘。这里有热情坚韧、勤恳淳朴的老区人民，这里有可亲可敬的领导和同事们，我在这里工作，得到了很多人的关心、帮助，让我铭记于心。总结两年的挂职工作，正如赣南人民常说的那样——感恩奋进！

来赣州挂职之前，我在国家发展改革委从事宏观经济研究工作，并不知道对口支援具体要干什么，如何去干。但作为一名科研工作者，我深知发挥专业所长，做好"以文辅政、以智助援"，是应有的责任和义务。为此，我在全力以赴抓好分管工作，扎实做好招商引资、双招双引等重点工作的同时，从发现赣州经济社会发展亟须解决的一些实际问题和老百姓的急难愁盼问题入手，边学习边调研，形成了一些思考和建议，陆续撰写了多篇调研报告与研究文章。在2022年底，我萌生了一个想法，用一本书来纪念我这段难忘的工作经历，总结这两年不寻常的挂职岁月，或许自己的感悟体会能为挂职干部们提供一点参考与启示。《学思践悟——把文章写在挂职路上》这本书，从2023年初开始着手，部分文章成稿时间较早，出版时对部分内容进行了更新，这凝聚了许多人的辛勤付出，得到了很多人的鼎力支持，借此机会一并表示衷心感谢！

感谢各级领导的关心与支持，给予我组织大家庭的温暖，让我备受鼓舞、倍感振奋。感谢国家发展改革委及人事司、宏观经济研究院领导的信任和关心，给予我学习锻炼成长的机会；感谢委、院领导和同事们对我的关心支持和帮助，挂职工作让我在淬炼中增长了阅历，提升了能力。感谢江西省委组织部、省发展改革委、省苏区办等省直部门及相关处室领导的悉心指导和帮助，感谢赣州市委、市政府和市人大、市政协领导及相关市直部门领导的关心爱护和支持帮助，让我有幸参与了许多重大项目和重要活动，得以深入了解基层的实际情况，这些经历不仅让我更加熟悉地方的工作，而且让我在实践中得到了很多锻炼和提升。工作中，当我遇到困难困惑时，是你们给予我很多有价值的指导和建议，让我豁然开朗、受益匪浅。感谢县（市、区）领导的不吝赐教，在基层调研交流中，为我提供了很多很好的思路，在你们身上我学到了丰富的经验和智慧的办法，敬佩之余也让我更加坚定了为基层服务的决心和信心。

感谢一同挂职的援友们的倾心帮助，让我在工作中能与大家形成合力，共同推动对口支援工作有效落实。中央国家机关及有关单位对口支援赣南等原中央苏区第五批挂职干部共有 55 人，其中在赣州的有 40 位。援友们相互关心关爱、相互协作配合、相互支持帮助，共担使命任务，集中开展调研活动，聚力谋划对口支援思路举措，在赣南苏区的发展之路上留下了深深的印迹。比如，在龙南、大余、上犹等县（市）开展了“援县促市，共推赣南苏区振兴发展”“科技赋能开创赣州发展新动能新优势”等专题调研，探讨研究推动赣州经济社会发展的方法策略。会同援友们一起集中“北上南下”“东奔西走”，赴北京联系对接国家部委有关重大政策、重大资金、重大项目动向，帮助赣南争资争项争策；到上海、重庆、广东、山东等地招商考察，引进符合地方产业布局的企业和项目落户赣州。

感谢与我并肩作战的赣州同事们，给予我鼎力支持、密切协作，让我更加坚定了写完这本书的信心。在日常工作中，市政府办公室、市政府发展研究中心、市发展改革委、市苏区办等部门的同志们，积极协助我赴外地和赣州各县（市、区）、项目企业一线开展调研，为我撰写书稿收集了很多素材资料，提出了很多宝贵意见建议。比如，我们一起赴深圳、厦门、合肥等城市了解公募 REITs 发行实践，到山东青岛、临沂学习商贸物流产业发展经验，到福建龙岩、三明学习考察闽西革命老区高质量发展示范区建设经验做法。我们一起组织召开调研座谈会，一起思考探寻解决的方法路径，探讨提出务实可行的工作建议。

感谢家人们对我的理解与包容，是你们的坚定支持，给予我无穷的力量，让我在异地他乡不畏艰难，免于后顾之忧地勤奋工作，挂职成果中饱含着你们的无私奉献和默默付出。感谢出版社各位领导及编辑老师的专业指导，使我的研究成果得以完善成书，为本书的顺利出版提供了宝贵的修改意见。

共鸣者共飨共进！希望此书能引发读者更多关注革命老区，为基层工作者提供更多思考启示。限于本人知识结构和研究水平，加之成稿时间较为仓促，书中仍有诸多不足之处，欢迎读者多多批评指正，以使我在今后的研究工作中不断改进。

杜飞轮

2024 年 4 月

博士论丛

生态学视角的城镇密集地区发展研究

Study on the Development of Town-clusters from the View of Ecology

李 浩 著

中国建筑工业出版社

序

《生态学视角的城镇密集地区发展研究》一书，是重庆大学李浩同志在对其博士学位论文《城镇群落自然演化规律初探》作进一步修改完善后形成的学术专著。作为导师，看到他取得的成绩，内心感到由衷的喜悦。

李浩同志博士学位论文的选题，是结合周干峙院士和我共同负责的咨询项目《我国大城市连绵区的规划与建设问题研究》而进行的（该项目于 2006 年初由中国工程院作为重大咨询项目立项，目前已通过专家评议，准备结题）。之所以如此，一方面是考虑到该项目的研究时间与李浩同志的论文工作时间大致吻合，能够为博士生培养创造一定的条件和平台；另一方面则是希望李浩同志能够为咨询项目研究作出一定贡献。从实际的情况来看，这两方面的结果都是令人满意的。至于具体的论文研究方向，即选择从生态学入手开展多学科交叉研究，则是李浩同志在阅读大量中外文献后自主提出来的。他的考虑主要是：国内外城镇密集地区相关研究主要集中于地理学和经济学领域，从生态学、社会学、文化学等出发的研究成果较为缺乏；国内城市生态学相关研究主要集中于城市层面（或城市内部），对区域层面尤其是城镇密集地区层面问题的关注较少或探讨不足；此外，他多年学习和工作的重庆大学在城市规划与生态学相交叉方面已形成一定的学科特色。对此，我是赞同的，因而支持李浩同志大胆地展开研究工作。

就近现代西方城市规划理论的发展而言，将生物学（生态学为其分支学科之一）观点引入城市和区域规划的研究，最早可追溯至 1915 年 P·格迪斯 (Patrick Geddes，1854—1932) 所发表的《进化中的城市》一书。格迪斯是苏格兰的一位生物学家，但他的工作领域远远超脱了生物学领域，而是注重人与环境的相互关系的研究，他较为系统地揭示了决定现代城市成长和发展的内在动力，强调应把“自然地区”作为规划的基本框架，这大大突破了当时常规的城市概念，他提出的关于区域综合研究的理论及“调查—分析—规划”的方法，已成为近百年来中西方城市规划的基本方法。与格迪斯不同，李浩同志首先是一个“科班出身”的规划师，然后才在学习过程中萌发了对生物学的兴趣，并开展学科交叉研究。虽然本书所取得的成绩，尚不能与《进化中的城市》一书相提并论，但是本书的创新之处却是应当肯定的，正如以周干峙院士任主席的论文答辩委员会的评价：“论文作者在对大量中外文献分析的基础上，从生物学视点对‘城市群’开展跨学科研究，论文的选题具有重要的理论价值和实践意义。论文创新点在于：①用生物学中的‘群落’概念和‘城市群’作类比研究，提出了‘城市群落’的概念，并引入了生态学的共生、演替、灭亡等概念，对提高人们对城市和城市群的生态问题的认识有积极意义。②通过对成渝城镇密集地区的案例分析，实证了城镇群落的演化规律，提出了城镇群落规划调控对策，对成渝城镇密集地区的发展具有重要的参考价值。”当然，客观地说，这篇论文也存在一定的不足之处，如对不同地区、不同发展条件下城镇群落空间演化的特殊规律的分析尚不够；由于论文研究内容过于“求全”，在对某些重点问题的探讨上深度尚有待提高。对此，希望李浩同志今后能持续地分析和研究。

本书的写作，是李浩同志在不懈的努力下完成的。论文研究中他多次遇到困难和挫折，甚至曾有更换选题的想法，但在我的“点拨”和鼓励下，都能走出情绪的低谷，重新回到论文工作的轨道。同时这又是作者在不曾中断其本职教学工作的情况下，在短暂的三年时间内完成的。其中艰辛，恐怕只有亲身经历者方能体会。

从李浩同志身上，我看到了青年一代对城市规划专业的浓厚兴趣，看到了青年一代从事学术研究工作的热情。这正是城市规划教育的核心价值所在，也是学习城市规划专业的魅力所在。祝愿李浩同志在今后的工作中能取得更大的成绩！

邹德慈

2008 年 12 月 29 日

邹德慈：中国城市规划设计研究院学术顾问，中国工程院院士，中国城市规划学会常务副理事长

前　言

近年来，我国城镇密集地区发展迎来了前所未有的机遇：国家“十一五规划”中首次出现城市群的概念，党的十七大报告提出培育城市群的要求，“全国城镇体系规划”将城镇群作为我国城镇空间发展的重要载体……在全国上下呈现出一片“城市群热”的情况下，各地正在进行的城镇群规划工作也面临着一些亟待解决的问题，如城镇集群发展的模式存在一定的争议以及我国城镇群发展正面临着前所未有的“生态危机”等。鉴于国内外城镇密集地区相关研究主要集中于地理学和经济学领域，尚缺少从社会、文化、生态等角度进行研究，本书选择从生态学的视角对城镇密集地区的发展现象进行研究，将群落生态学中的“生物群落”概念引入城镇密集地区研究领域，提出“城镇群落”的概念，并借鉴生物群落的自然演化规律，对城镇群落空间发展的自然演化规律进行初探。

本项研究属于城市规划学同区域科学、生态学相融合的多学科交叉研究，在研究方法的运用上主要是一种类比（类推）的方法，采取“提出问题—研究综述—理论建构—规律推演—实证分析”的技术路线。城镇是人类活动的聚居体，人是组成城镇的基本细胞，人和生物的同一性和本质上的一致性，保证了从“生物群落”向“城镇群落”类推研究的可靠性。全书共分四大部分：第1章为绪论，通过对当前“城镇群规划”热潮的冷思考及国内外城镇密集地区研究的综述，建构项目研究的问题和框架；第2～4章为上篇，明确城镇群落研究的逻辑基础，提出城镇群落的概念，探讨城镇群落空间范围的界定；第5～9章为中篇，分别从城镇群落空间环境的选择、空间要素的构成、空间形态的类型、空间关系的组织、空间发展的演替等几个方面对城镇群落空间发展的自然演化规律进行了初探；第10、11章为下篇，探讨城镇群落的空间规划问题，并对项目研究工作进行了总结。

“群落的概念是生态思想和生态应用中最为重要的原则之一”，基于生态学的视角，城镇的群体发展既是一种地理现象，也是一种生物现象。当今世界，由于主导城镇空间发展的因素不断演化，致使区域城镇空间发展日益呈现出一种“群落”的格局。本书研究所提出的“城镇群落”概念，是从生态学视角对城镇密集地区发展现象的一种解读，即在特定空间或特定生境下，由一定的人类聚居单元及其他生物种群所组成，表现出一定的形态特征和空间结构，与区域空间环境之间彼此影响、相互作用并具有特定功能的城乡空间集合体，它是一个相对完整的地域空间和生态学功能单位。城镇群落概念的提出，意味着赋予了城镇密集地区以生命的智慧，这正是区别于城镇群、大都市带、城市经济区等其他相关概念的关键所在。城镇群落的核心思想在于：追求诸多城乡空间要素的群体、整体发展，而非少数城镇的做优、做大、做强；追求多种城乡空间资源的多维度、纵深度充分利用和优化配置，而非对某种类型的空间资源利用有所偏爱；追求一系列城镇空间发展的分工协作和共生共荣，而非城镇之间的无序和恶性竞争；追求群落自身的自我调节和自我更新作用的维持及长期可持续发展利益，而非“先污染、后治理”等近期利益当先的短视行为。

研究表明，城镇群落的空间发展并不是盲目无序的，而是遵循着一定的自然规律：①城镇群落赖以生存和发展的空间环境，具有鲜明的特征，平原（或盆地）的地形环境和近海（或大江大河）的地理区位是其基本的生境要求。②构成城镇群落空间结构的自然生态空间和城镇发展空间是一种相互统一的耦合关系和连续体，城镇发展空间随其规模不同而呈现出营养级别和性质的层次变化。③城镇群落空间形态的影响要素包括自然地形环境、交通运输网络、顶位城市的性质以及城镇间的竞合关系等，基于城镇建设用地的组合形态可将其划分为带型、环型、星月型、放射型、组团型等，基于顶位城市的数量可将其划分为单核型、双核型、多核型等。④共生是城镇群落空间关系组织的基本原理，各种空间要素之间的复杂共生促生共生质，使城镇群落具有任何单一城镇所无法具有的性质和职能。城镇发展空间对自然生态空间是一种典型的寄生关系，自然生态空间是城镇群落可持续发展的生态支撑系统。竞争导致城镇群落不同城镇空间发展“生态位”的产生，是城镇群落空间结构形成和空间形态发展的重要原因。⑤城镇群落处于不断的发展和变化之中，其演替的根本动因在于人类社会生产力的发展和生产关系的不断变革，基本趋向是演变为人类聚居的一种“顶极城镇群落”。在城镇群落的空间规划中，应当明确可持续发展的目标导向，凝聚共赢意识、促进城乡空间发展的区域分工与协作，区划控制自然生态空间、维护城镇群落生态安全格局，构建高效的综合交通体系、引导城镇发展空间的群落式布局，促进城镇群落边缘区空间的健康发展，等等。

本项研究力求在两个方面实现创新：①用生物学中的“群落”概念和“城镇群”作类比研究，提出了“城镇群落”的概念，并引入了生态学的共生、演替、灭亡等概念，对提高人们对城镇和城镇群的生态问题的认识有积极意义；②通过对成渝城镇密集地区的案例分析，实证了城镇群落的演化规律，提出了城镇群落规划调控对策，对成渝城镇密集地区的发展具有重要的参考价值。

目录

中篇

附 录

绪　论

1　绪论

"头脑热的时候，总容易看到一面，忽略或不太重视另一面，不能辩证地看问题。原因就是认识不够。认识不够，自然就重视不够，放的位置不恰当，关系摆不好。"

——周恩来，1964年12月18日在治理黄河会议上的讲话①

"单独提供热，不足以给出推动力，还必须要冷。没有冷，热将是无用的。"

——法国工程师卡诺，19世纪初在研究热机效率时的结论②

① 来源：中共中央文献编辑委员会. 周恩来选集（下卷）[M]. 北京：人民出版社，1984: 438.

② 转引自：翟华. 各种"热"都该泼泼冷水[N]. 人民日报，2006-05-02（11）.

1 绪论

伴随着经济全球化、信息技术发展和知识经济时代的来临，人类社会的聚居环境也在发生着迅速而深刻的发展变化。当前，世界城市发展呈现出区域化、群体化发展态势，城镇密集地区日益成为国内外城市发展和经济增长最具活力的地区。

中国正处在经济制度的转型时期，面临着众多的机遇和挑战。一方面，受到发达国家和地区新一轮产业结构调整的影响，中国正在成为传统制造业的接收地，有可能以较短的时间完成工业化进程，进而改变目前的城市化过程和城乡空间结构；另一方面，由于中国幅员辽阔，各地区发展条件和发展水平差异明显，难以实现全面、均衡的发展，珠三角、长三角、京津冀等城镇密集地区将是相当一段时期内中国城市发展和经济增长最具活力的地区。面对新的形势和发展机遇，树立和落实科学发展观，开展城镇密集地区的规划与建设问题研究，积极推动我国人居环境的建设和协调发展，已是当务之急。

1.1 研究背景：当前“城镇群规划”热潮中的几点“冷思考”

1.1.1 日益兴起的“城镇群规划”热潮

1.“城市群”的概念首次被写入国家“十一五规划”

近两年来，很多人都关注到这样一个重要的事情：在国家的“十一五规划”中，首次出现了“城市群”[①]的概念。2005年10月11日，党的十六

① 关于“城市”和“城镇”的概念，胡序威先生曾进行过深入的讨论，其基本的观点是，城市和城镇都有广义和狭义的理解，对“城镇”的狭义理解，等同于对“城市”的广义理解，与城市规划法中的定义（国家按行政建制设立的直辖市、市、镇）相吻合。参见：胡序威．对城市化研究中某些城市与区域概念的探讨［J］．城市规划，2003，27（4）：28-32．本书中的“城市群”和“城镇群”是同一个概念。

届五中全会通过了《中共中央关于制定国民经济和社会发展第十一个五年规划的建议》，将建国后一直沿用的“五年计划”概念调整为“五年规划”，指出“有条件的区域，以特大城市和大城市为龙头，通过统筹规划，形成若干用地少、就业多、要素集聚能力强、人口分布合理的新城市群”[①]；2006年3月14日，十届全国人大四次会议表决通过了《中华人民共和国国民经济和社会发展第十一个五年规划纲要》，明确指出“要把城市群作为推进城镇化的主体形态，逐步形成以沿海及京广京哈线为纵轴，长江及陇海线为横轴，若干城市群为主体，其他城市和小城镇点状分布，永久耕地和生态功能区相间隔，高效协调可持续的城镇化空间格局”[②]。“城市群”的概念被正式写入国家“十一五规划”，意味着城市群的发展纳入了国家决策视野（杨保军，2006）[③]。这可以被认为是自2003年国家中长期科技发展战略研究中首次纳入“城镇化”研究课题之后的又一重大事情，对于城市和区域规划学科的健康发展相信会起到积极的推动作用。

2. 党的十七大提出培育城市群的要求

2007年10月召开的中国共产党第十七次全国代表大会，是在我国改革发展关键阶段召开的一次十分重要的大会，胡锦涛总书记在十七大会议上所作的报告，对继续推进改革开放和社会主义现代化建设、实现全面建设小康社会的宏伟目标作出了全面部署，是指引全国各族人民夺取全面建设小康社会新胜利、开创中国特色社会主义新局面的行动纲领。十七大报告第五部分“促进国民经济又好又快发展”中明确要求，“遵循市场经济规律，突破行政区划界限，形成若干带动力强、联系紧密的经济圈和经济带……走中国特色城镇化道路，按照统筹城乡、布局合理、节约土地、功能完善、以大带小的原则，促进大中小城市和小城镇协调发展。以增强综合承载能力为重点，以特大城市为依托，形成辐射作用大的城市群，培育新的经济增长极”[④]，这是在党代会的报告中首次出现“城市群”的概念，对于推动我国的区域协调发展和城镇化的健康发展，具有重大的指导意义。

3. “全国城镇体系规划”将“城镇群”作为我国城镇空间发展的重要载体

---

① 中共中央关于制定国民经济和社会发展第十一个五年规划的建议［N］. 人民日报，2005-10-19（1）.

② 受权发布：中华人民共和国国民经济和社会发展第十一个五年规划纲要（全文）［N/OL］. 新华网，2006-03-16. http://news.xinhuanet.com/misc/2006—03/16/content_4309517.htm

③ 杨保军. 城镇密集地区规划专栏主持［A］//中国城市规划学会学术工作委员会. 中国城市规划学术研究进展年度报告2006［M］. 北京：中国建筑工业出版社，2006：5.

④ 新华社. 胡锦涛在党的十七大上的报告［N/OL］. 新华网，2007-10-24［2008-02-01］. http://news.xinhuanet.com/newscenter/2007—10/24/content_6938568_4.htm

从空间研究的角度，属于建设部职能的“全国城镇体系规划”是国家层面最主要的区域空间规划（王凯，2006）。2005年4月以来，建设部以“保持共产党员先进性教育活动”为契机，组织开展了新一轮的《全国城镇体系规划（2006—2020）》编制工作①，规划明确指出“发挥城镇群辐射和带动区域发展的核心作用，提高京津冀、长江三角洲、珠江三角洲三个重点城镇群参与国际竞争的综合能力，加强城镇群之间的经济联系，促进区域互动、协调发展”（文本第十六条），《全国城镇体系规划（2006—2020）》将我国未来的城镇空间发展确定为“以城镇群为核心，以促进区域协作的主要城镇联系通道为骨架，以重要的中心城市为节点，形成‘多元、多极、网络化’的城镇空间格局”（文本第二十八条），“城镇群”②将是我国城镇空间发展的重要载体③（图1-1）。

4. 各地“城镇群规划”工作的蓬勃开展

“城市群”的概念被写入国家“十一五规划”，党的十七大提出培育城市群的要求以及“全国城镇体系规划”将“城镇群”作为我国未来城镇空间发展的重要载体，促使“城镇群”的发展在无形中正逐步演变为一种“国家战略”。受此影响，近年来全国各地竞相提出“城市群”或类似的“城镇群”、“都市圈”等概念，作为实施城镇化及促进区域经济进一步发展的重要战略（图1-2），一股“城镇群规划”的热潮也在全国上下悄然开始。

实际上，“城镇群”并不是一个这两年才刚出现的新名词，早在20世纪末，国内已经悄然开始了有关“城镇群规划”的实践工作。国内较早的

---

① 目前该规划的正式成果已经完成并上报国务院。

② 在《全国城镇体系规划（2006—2020）》中，“城镇群”是一个非常重要的概念，具体指“以一个或多个中心城市为核心，以综合交通网络为联络骨架，构成联系紧密的城镇发展地区，是组织和带动区域经济发展、落实国家区域发展政策的重要地区”（文本第二十四条）。

③ 《全国城镇体系规划（2006—2020）》划定了两个层次的“城镇群”：一个层次是以国家中心城市为核心的重点城镇群（《全国城镇体系规划（2006—2020）》中较早使用了“大都市连绵区”的概念，后来在规划的征求意见和修改完善过程中将“大都市连绵区”的概念调整为了“重点城镇群”的提法），包括以北京、天津为中心的京津冀重点城镇群，以上海为中心的长江三角洲重点城镇群，以及以香港、广州为中心的珠江三角洲重点城镇群，它们是带动整个国家经济发展的核心区域，对提高国家参与国际竞争能力、提高我国的综合实力具有十分重要的战略意义。另一个层次是“地区性”的城镇群，具体包括：①以沈阳、大连为中心的辽中南城镇群，是东北振兴的重要地区；②以青岛、济南为中心的山东半岛城镇群，以福州、厦门为中心的海峡西岸城镇群，是我国东部重要的发展地区；③以武汉为中心的武汉城镇群，以郑州为中心的中原城镇群，以长沙为中心的湘东城镇群，以太原为中心的山西中部城镇群，以南昌为中心的昌九城镇群，是中部崛起的核心地区；④以重庆、成都为中心的成渝城镇群，以西安为中心的关中城镇群，是实施西部大开发的重要发展地区；⑤以南宁—海口为中心的北部湾城镇群，以哈尔滨为中心的哈尔滨城镇群，以乌鲁木齐为中心的乌鲁木齐城镇群，以昆明为中心的滇中城镇群，是我国参与跨国区域合作的主要地区。

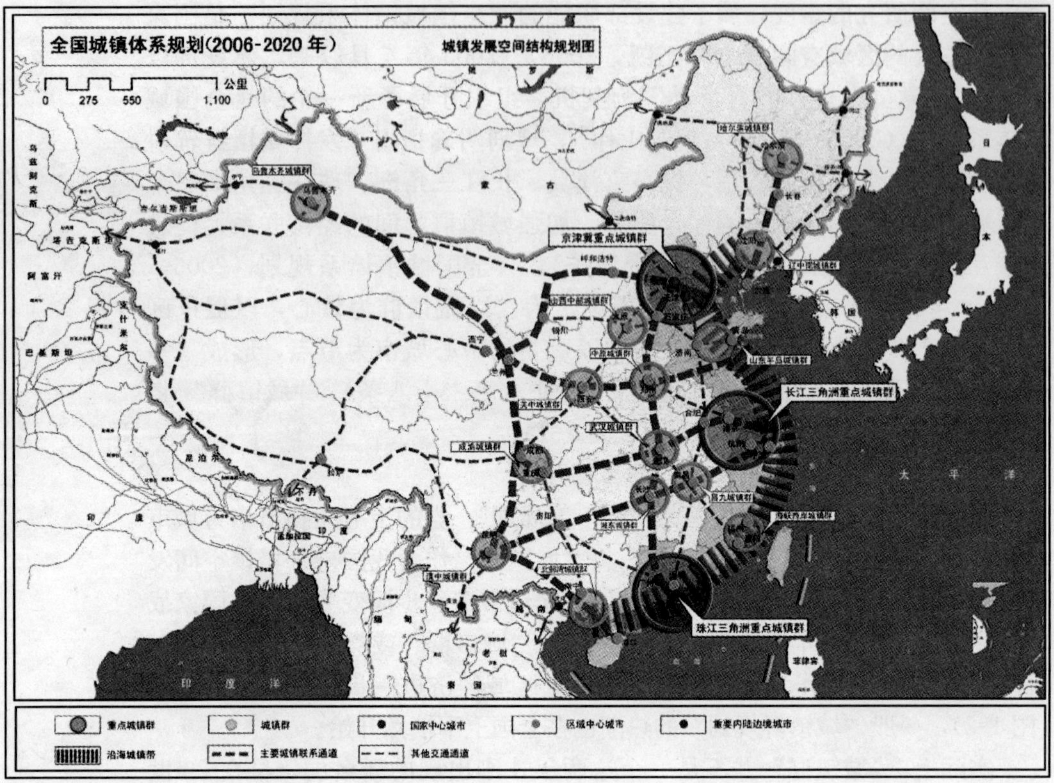

图 1-1　我国城镇发展空间结构规划图

来源：建设部．全国城镇体系规划（2006—2020）说明书［R］，2006-12-24：53.

“城镇群规划”，是由广东省省委、省政府组织，广东省建设厅和广东省城乡规划设计院共同完成的《珠江三角洲经济区城市群规划》，该规划的范围是1994年广东省人民政府所确定的珠江三角洲经济区的范围，行政上包括广州、深圳等共25市3县，总面积4.16万km^2，人口2065万人[①]。该规划实施不到10年，2003年广东省省委、省政府又联合建设部共同组织开展了新一轮《珠江三角洲城镇群协调发展规划（2004—2020）》的编制工作。除此之外，近些年来长江三角洲、京津冀等地区也相继开展了一系列的“城镇群规划”实践，见表1-1的总结。

① 这25市3县分别是：广州市、深圳市、珠海市、佛山市、江门市、中山市、东莞市、惠州市、惠阳市、惠东县、博罗县、番禺市、花都市、增城市、从化市、南海市、顺德市、高明市、三水市、新会市、鹤山市、恩平市、开平市、台山市、肇庆市、高要市、四会市和斗门县。来源：广东省建设委员会．珠江三角洲经济区城市群规划——协调与持续发展［M］．北京：中国建筑工业出版社，1996：2.

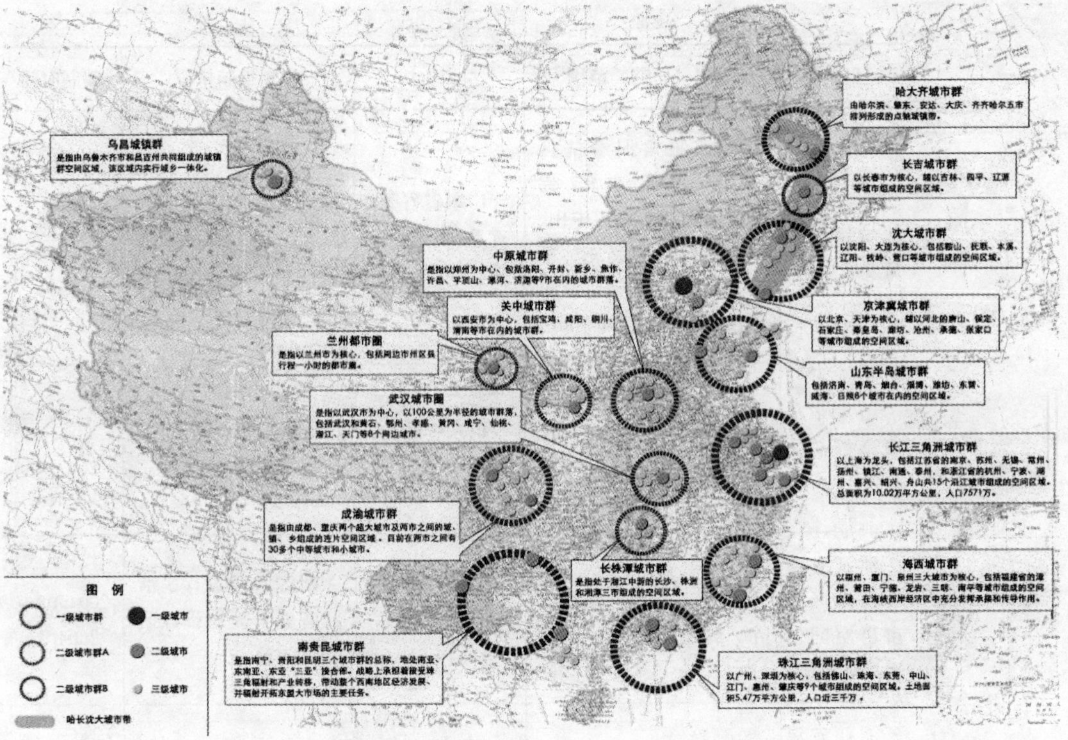

图 1-2　全国各地相继提出“城镇群”发展战略

据不完全统计，全国已有 20 个左右的地区竞相提出“城镇群”（或类似概念）发展战略，“城镇群”已经成为当前各地经济社会发展的新的“流行时尚”。

来源：李迅，靳东晓等．中国工程院重大咨询项目《我国大城市连绵区的规划与建设问题研究》土地利用专题研究初稿，2007-03-28.

我国近年来有关“城镇群规划”的部分项目一览表　　表 1-1

项目名称	规划（研究）范围	组织机构	规划编制单位	编制时间
珠江三角洲经济区城市群规划	珠江三角洲经济区范围，共 25 市 3 县，约 4.16 万 km^2	广东省省委、省政府	广东省建设厅、广东省城乡规划设计院	1994～1995
辽宁中部城市群专题规划	沈阳、鞍山、抚顺、本溪、辽阳、铁岭 6 市的市域，约 5.9 万 km^2	辽宁省建设厅、六市政府	辽宁省城乡建设规划设计院	1999～2000
长株潭城市群区域规划	长沙、株洲、湘潭 3 市，约 2.8 万 km^2	湖南省发展和改革委员会	中国城市规划设计研究院	2002.12～2005.03

续表

项目名称	规划（研究）范围	组织机构	规划编制单位	编制时间
珠江三角洲城镇群协调发展规划	珠江三角洲经济区（广州、深圳、珠海、佛山、江门、东莞、中山、高要、四会、惠东、博罗等市县及惠州、肇庆等市区），约4.17万km^2	广东省省委、省政府、建设部	广东省建设厅、中国城市规划设计研究院、深圳市城市规划设计研究院、广东省城市发展研究中心	2003.07～2005.04
山东半岛城市群总体规划	济南、青岛、烟台、淄博、威海、潍坊、东营、日照等8个设区城市，约7.4万km^2	山东省省委、省政府	北京大学、山东省建设厅	2003～2007.05
浙江省金衢丽地区城市群空间发展战略规划	金华、衢州、丽水3市，约3.71万km^2	浙江省省委、省政府	浙江省建设厅、浙江省城乡规划设计研究院	2004.03～2004.11
浙江省温台地区城市群空间发展战略规划	温州、台州2市，约2.12万km^2	浙江省省委、省政府	浙江省建设厅、浙江省城乡规划设计研究院	2004.03～2004.11
浙江省环杭州湾地区城市群空间发展战略规划	杭州、宁波、绍兴、嘉兴、湖州、舟山6市，约4.54万km^2	浙江省省委、省政府	浙江省建设厅、浙江省城乡规划设计研究院	2004.04～2004.11
山东海岸带空间管制规划	日照、青岛、威海、烟台、潍坊、东营和滨州7市，约1.16万km^2	山东省建设厅	中国城市规划设计研究院	2004.03～2005.05
中原城市群总体规划	郑州、洛阳、开封、新乡、焦作、许昌、平顶山、漯河、济源9市，约5.87万km^2	河南省省委、省政府	河南省发展和改革委员会、国家发改委宏观经济研究院	2004.08～2005.12
武汉城市圈总体规划	武汉、黄石、鄂州、孝感、黄冈、咸宁、仙桃、潜江、天门9市，约5.78万km^2	湖北省推进武汉城市圈建设领导小组	湖北省发展和改革委员会、中国科学院地理科学与资源研究所	2004.07～2006.07

续表

项目名称	规划（研究）范围	组织机构	规划编制单位	编制时间
京津冀城镇群规划	北京、天津及河北2市1省，约21.81万km^2	建设部、北京市政府、天津市政府、河北省政府	中国城市规划设计研究院	2006.09至今
京津冀都市圈区域综合规划	北京、天津，及石家庄、廊坊、保定、唐山、秦皇岛、沧州、张家口、承德等8市，约18.50万km^2	国家发展和改革委员会	中国科学院地理科学和资源研究所	2004.07～2005.09
长三角城镇群规划	江、浙、沪、皖3省1市，约34.78万km^2	建设部、上海市政府、江苏省政府、浙江省政府、安徽省政府	中国城市规划设计研究院	2005.12至今
长江三角洲地区区域规划	上海、南京、扬州、泰州、南通、镇江、常州、无锡、苏州、杭州、嘉兴、湖州、宁波、绍兴、舟山、台州16市，约10.08万km^2	国家发展和改革委员会	中国科学院地理科学和资源研究所	2004.11至今
吉林延吉—龙井—图们空间发展战略规划	延吉、龙井、图们3市，约0.51万km^2	延边朝鲜族自治州建设局	中国城市规划设计研究院	2006.04～2007.04
北部湾城镇群规划	南宁、崇左、防城港、钦州、玉林、北海6市，约7.30万km^2	北部湾（广西）经济区规划建设管理委员会办公室、广西壮族自治区建设厅	中国城市规划设计研究院	2006.06至今
辽宁沿海城镇带规划	大连、丹东、营口、盘锦、锦州、葫芦岛6市，约5.60万km^2	辽宁省建设厅	中国城市规划设计研究院	2006.09至今

续表

项目名称	规划（研究）范围	组织机构	规划编制单位	编制时间
海峡西岸城镇群协调发展规划	福建省全省，约12.14万 km^2	福建省建设厅、福建省发展和改革委员会	中国城市规划设计研究院	2006.12至今
成都平原城市群规划	成都、绵阳、德阳、眉山、资阳5市及乐山、雅安的部分区县，约5.99万 km^2	四川省政府、成都市政府、四川省建设厅	成都市规划设计研究院	2005～2007.05
成渝城镇群协调发展规划	重庆市27个区县和四川省15个地级市，约16.9万 km^2	建设部、重庆市政府、四川省政府	中国城市规划设计研究院	2007.04至今

注：本表仅对国内属于空间规划层面的“城镇群规划”实践项目进行统计，未包括“山东半岛城市群发展战略研究”等类似的科研课题。

分析近年来全国各地所开展的“城镇群规划”实践，主要呈现出以下特点：①从早期的主要以“珠三角”、“长三角”为主，扩展到目前的各种空间尺度（包括跨省域的国家层面，也包括省域内的地区层面，地域面积从不足1万 km^2 到几十万 km^2 不等）的“城镇群规划”争相开展；②早期由建设部系统组织编制“城镇群规划”的单一格局被打破，国家发改委、国土资源部门等其他系统也逐渐开始编制“城镇群规划”或同样意义上的区域规划；③“城镇群规划热潮”呈现出明显的区域差异，自东部向中部和西部依次递减，东部如“长三角”、“京津冀”等不断由多个部门分别组织编制各种规划，而西部地区跨省域的“城镇群规划”的编制则起步较晚。

1.1.2 “城镇群规划”面临的诸多“困境”

在全国上下呈现出一片“城镇群规划热潮”的情况下，实际工作中也逐渐暴露出一些比较突出的矛盾和问题，主要表现在以下几个方面。

1. “城镇群”相关概念在使用上的混乱局面

国内关于“城市群”的定义，较早的是姚士谋等在《中国城市群》(1992，2001，2006）一书中的定义，即“在特定的地域范围内具有相当数量的不同性质、类型和等级规模的城市，依托一定的自然环境条件，以一个或两个超大或特大城市作为地区经济的核心，借助于现代化的交通工具和综合运输网的通达性，以及高度发达的信息网络，发生与发展着城市个体之间的内在联系，共同构成一个相对完整的城市‘集合体’。这种集合体可称之为城市群”[①]。除此之外，《城市规划基本术语标准》（建标［1998］1号）中对城市群（Agglomeration）的界定为“一定地域内城市分布较为密集的地区”，“十一五规划”报告中有关“城市群”的描述则是“有条件的区域，以特大城市和大城市为龙头……用地少、就业多、要素集聚能力强、人口分布合理”[②]。

由于“城市群”一词已经成为国家“十一五规划”及各地政府工作报告中的一个重要概念，目前国内相关研究中对这一概念的使用频率也是比较高的。但是，尽管如此，关于这一名词的准确定义和具体使用，在学术界尚存在有一定的争议。例如，北京大学周一星教授认为，“城市群”是一个通俗的用语，指的是“一些邻近城市的集合，即一群城市”，这一名词之所以在中国得到了广泛的应用，“主要原因是‘新鲜’、‘简明’、‘上口’”，“‘城市群’在运用中的主要问题是没有界定指标，划定城市群范围的任意性太大，空间尺度的概念不明确，小到淮北市一个矿业城市的城镇群体，大到10万km^2、5000多万人的长江三角洲，都被认为是一个城市群，甚至两个直辖市加三个省的‘环渤海地区’也是一个‘城市群’，常常在一个城市群里又包含几个城市群……”[③]

不仅如此，在相关研究中，与“城镇群”相似的一些概念非常多。国内关于城镇群的研究，一般被认为始于1983年于洪俊、宁越敏在《城市地理概论》一书中首次用“巨大城市带”的译名介绍美籍法国城市地理学家J·戈特曼（Jean Gottmann，1915—1994）有关“megalopolis”的学术思想[④]。在戈特曼“Megalopolis”学术思想的“中国化”过程中，由于语言翻译用语、研究目的、学科视角以及广义和狭义理解等方面的不同，国内相关研究中陆续出现了各种各样的一些概念，如大城市连绵区、都市连绵区、大都市连绵带、大都市带、大都市区、都市圈、大都市圈、城镇群体、城镇集聚区、城镇密集区、大城市地区、城市经济区、城市协作区、城市联盟等，近来又出现了都会经济区、大城市走廊、巨型城市走廊等，可谓五花八门、层出不穷，与之相关的学术争议也接连不断，周一星教授

---

① 姚士谋，朱英明，陈振光．中国城市群［M］．合肥：中国科学技术出版社，2001：3.

② “十一五规划”报告中指出，“有条件的区域，以特大城市和大城市为龙头，通过统筹规划，形成若干用地少、就业多、要素集聚能力强、人口分布合理的新城市群”。参见：受权发布：中华人民共和国国民经济和社会发展第十一个五年规划纲要（全文）［N/OL］．新华网，2006-03-16. http：//news. xinhuanet. com/misc/2006-03/16/content _ 4309517. htm

③ 2005年8月27日周一星教授在中国城市规划学会区域规划专业委员会学术年会上的发言。

④ 书中指出“在世界上的某些‘优越’地区，城市化的两种基本形式（城市范围的扩大和城市数目的增多）有着高度集中的表现。致使这些地区城市职能十分强烈，城市用地的比例越来越高，城市与城市间的农田分界带日渐模糊，城市地域相互蔓延，甚至连成一片。这样的区域，称为巨大城市带”。参见：于洪俊，宁越敏．城市地理概论［M］．合肥：安徽科学技术出版社，1983，314-315.

甚至形容“中国城市的基本概念极为混乱，已经难以为继”①。

所谓概念，是借助语词反映对象的本质或特有属性及其范围的思维形式②。通常来讲，作为科学研究所用的术语，与一般词汇相比，其意义应当比较单纯，基本上无一词多义现象（陈祯耀，1984)。《辞海》中关于“术语”的定义即是“各门学科中的专门用语，每一术语都有严格规定的意义”③。由于术语的这种使用特点和要求，在作为一种科学研究工作所通用的学术概念方面，“城市群”（或“城镇群”）一词尚未在国内取得最广泛的认同，这就势必会影响到城市和区域规划学科的健康发展。

2.“城镇群规划”的实施体制及其自身的法律地位问题

“城镇群规划”往往是一种跨行政辖区的区域规划类型，由于不同行政主体的利益难以协调，缺乏实施主体的“城镇群规划”有可能将会成为“一纸空文”，难以得到贯彻和执行。此外，“城镇群规划”出现了建设部、国土资源部和国家发改委三大系统都在同时开展类似性规划的格局，“不少省市由建设部门组织跨行政区的城市群规划（比如珠三角城市群、山东半岛城市群）或者都市圈规划（如南京都市圈、徐州都市圈)，具有较全面的区域规划性质；国土部门正在进行的新一轮土地利用规划的修编，增加了国民经济和社会各项建设对土地需求的预测，同时还增加了因地制宜进行分区管治的内容，使其向区域规划进一步靠拢；发改委将国民经济和社会发展规划定格为对空间规划具有约束功能的总体规划，同时正式打出‘区域规划’旗号”（图1-3)④，这样一来，“部门间相互争夺区域规划空间的现象，尽管名目不一，各有侧重，但其内容多大同小

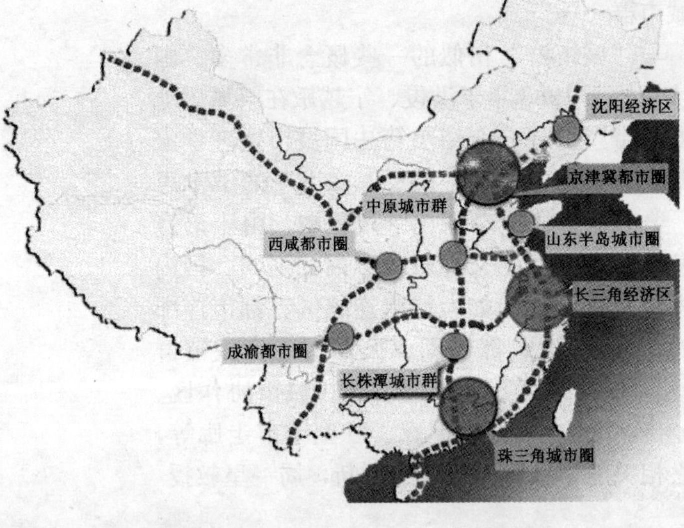

图 1-3　国家发改委提出的“三主六次”基本框架

引自：李迅，靳东晓等．中国工程院重大咨询项目《我国大城市连绵区的规划与建设问题研究》土地利用专题研究初稿，2007-03-28.

① 周一星．城市研究的第一科学问题是基本概念的正确性［J］．城市规划学刊，2006（1)：1.

② 刘韵冀．普通逻辑学简明教程［M］．北京：经济管理出版社，2006：18.

③ 转引自：陈祯耀．城市规划术语浅谈［J］．城市规划汇刊，1984（2)：8.

④ 李兆汝，曲长虹．区域规划：部门的？空间的？——访中国城市规划学会原副理事长、区域规划资深专家胡序威［N］．中国建设报，2006-09-05（2)．

异，导致大量工作重复，资源浪费，各搞各的，互不协调，甚至各不认账，严重影响规划的科学性、实用性和权威性”（胡序威，2006）。

在与城市规划体系的关系方面，“城镇群规划”也是处于一种“尴尬”的境地。“城镇群规划”的区域范围中，往往包括有多个城镇，以建设部组织的“长三角城镇群规划”为例，近年来由于城市规划工作备受社会各方的重视，其所包括的苏、浙、沪、皖三省一市的各级城镇，大都已经编制完成了城市总体规划、分区规划以及大量的控制性详细规划。“城镇群规划”如何协调与这些为数众多的“下位规划”的关系？“城镇群规划”是否要对“下位规划”提出修改措施？如果提出修改措施，势必会引发一系列连锁反应，总体规划、分区规划的修编程序非常复杂，即使是局部性调整也将会进一步引发控制性详细规划的大规模修编，如此一来，这是否会是一种“规划灾难”？当然，如果不提出修正措施，那么编制“城镇群规划”的价值又何在？与城市总体规划等相比更加宏观的“城镇群规划”，理应发挥其对“下位规划”的指导作用，但是，作为一种新的规划类型，“城镇群规划”在国家城市规划体系中尚不具有法定地位，其编制成果大多并不具有“法律效力”，而其之下的城市总体规划、分区规划和控制性详细规划则是“名正言顺”的“法定规划”，“非法定”的“城镇群规划”如何去指导“法定性”的“下位规划”？即使抛开法律地位不谈，仅就审批问题而言，“城镇群规划”与上下位规划的关系也是相当“尴尬”的。以《长株潭城市群区域规划》为例，其中的长沙、株洲、湘潭三个城市的总体规划都是由国务院审批的，但是《长株潭城市群区域规划》则是由湖南省政府审批的，这两者关系如何协调？是要重新修编这些城市的总体规划，还是维持其不变？这无疑给城镇群规划工作带来相当大的挑战。

3. 城镇集群发展的模式存在一定的争议

不难理解，城镇群是一种城镇集群发展的城镇化模式。但是，对于这种发展模式，国内外学者尚存在有一定的争议。

以“megalopolis”学术思想的提出者——戈特曼为代表的城市地理学家，普遍对这种城市化发展现象持积极的评价态度。在 1957 年的论文[①]中，戈特曼将大城市连绵区（Megalopolis）描述为“一个特别有趣的、‘鲜活的’实验室”（an extraordinarily interesting laboratory），在这个实验室内部所发生的很多事物可能会慢慢被公认为成为 20 世纪后期先进文明的某种标准(190页)、“大城市连绵区的出现预示着在人类聚居和经济活

① 戈特曼关于“megalopolis”的研究工作，始于 1957 年在美国《经济地理》杂志上所发表的一篇题为《大城市连绵区：美国东北海岸的城市化》(Megalopolis：or the Urbanization of the North-eastern Seaboard) 的论文。

动分布方面的一个新时代的来临”（200 页）。在 1986 年的一次演讲中，戈特曼则指出大城市连绵区是一个充满“有利于创新、实验以及知识与观点的传播的机遇”的区域[①]。我国学者周一星教授对“都市连绵区”的评价是“生产力高度发展的产物，也是人类社会进步的一种表现形式……有较强的自组织性，是一种高效率的现代城市经济空间组织形式……同时，都市连绵区超越了行政界限的樊篱，在有效组织区内基础设施、实现资源共享方面具有其他城市空间组织所无法替代的优势”[②]。顾朝林教授等也认为“大都市连绵带是发达国家城市化进程中出现的一种新的城市地域空间组织形式，是城市化进入高级阶段的标志”，“这种城市化现象既有其必然性，也有其必要性……大都市连绵带具有强大的政治、经济核心和枢纽功能……是先进工业与高新技术的生长点……大都市连绵带有利于发挥区域综合职能和工业协作优势……有利于控制中心城市盲目增长”[③]。经济地理学家对于城市集群发展现象的这种积极评价，与“十一五规划”中提出的“把城市群作为推进城镇化的主体形态”的指导思想是基本一致的。

对于城镇集群发展现象持批判态度的，更多的是一些具有人文主义精神的城市规划思想家。西方现代城市规划的先驱思想家格迪斯（Patrick Geddes，1854—1932）在 1915 年所出版的《进化中的城市》一书中，既提出了 urban agglomerations（城镇聚集区）的概念，也较戈特曼更早地使用了“megalopolis”一词[④]，并且提前预见了戈特曼的“megalopolis”研究，他描写到“这样的预言并非是荒谬的，即在不久的未来，人们将会真实地看到一个沿着大西洋海岸线、长达 500 英里的巨大的城市链条，在许多点上向后伸展，总共会有……数百万的人口规模”，但是与戈特曼不同的是，格迪斯所领会的这些 megalopolis（或称巨型城市）具有“压抑的生活……疾病而愚蠢……堕落而冷漠……懒散而罪恶……”，“解救的办法是远离（这些城市）而寻找一些小规模的、简单的、真正健康和幸福的社会

① Jean Gottmann. Megalopolis Revisited：Twenty-Five Years Later［M］. Maryland：University of Maryland，Institute for Urban Studies，1987：2.

② 周一星，杨焕彩. 山东半岛城市群发展战略研究［M］. 北京：中国建筑工业出版社，2004：36.

③ 顾朝林. 经济全球化与中国城市发展［M］. 北京：商务印书馆，1999，74：100-102.

④ 格迪斯最早使用“megalopolis”一词是在 1904 年一本题为《科学与信仰的思想》（Ideals of science and faith）的论文集中的一篇有点语无伦次的关于革新教育方法的评论文章，参见：P. Geddes. An educational approach-a technical approach［A］. 见：J. E. Hand. Ideals of science and faith［M］，London：George Allen，1904：201；格迪斯对“megalopolis”用法的注解在出版物中首次出现则是在 1927 年，其定义为畸形发展的城市——city overgrown，参见：A. D. Defries. The interpreter Geddes：the man and his gospel［M］. London：Routledge and Sons Ltd. Defries，1927：199-200.

发展类型"（Geddes，1915：48-49，86）[①]。对于城镇集群发展现象持批判态度的另一位重要学者是芒福德，1938 年他所出版的《城市文化》一书，第 4 章的标题是"Megalopolis 的出现与衰落"。芒福德定义了城市进化的 6 个阶段：从"原始城市"（eopolis，村落）到"城邦"（polis，村落的集合）到"大城市"（metropolis，重要城市的出现），再到"巨型城市"（megalopolis，衰落的开始）和"专制城市"（tyrannopolis，城市系统基于经济发展而产生的过度膨胀），最后到"死亡之城"（necropolis，战争和饥荒，城市被废弃）。在戈特曼出版其名著《大城市连绵区：城市化的美国东北海岸带》（Megalopolis：The Urbanized Northeastern Seaboard of the United States）的同一年（1961），芒福德则出版了《城市发展史》（The city in history）一书，该书第 8 章的标题是"megalopolis 变成死亡之城"（Megalopolis into necropolis），第 17 章的标题是"megalopolis 的神话"（The myth of megalopolis）。在这本书中，芒福德推断了一个"不断重复的城市生长、扩展乃至灭亡的循环"，他认为 megalopolis（巨型城市）象征着城市发展的一个最后阶段，它的"极度的损失惨重的成就"将会带给它自己走向毁灭的种子[②]，"今天每一个畸形发展的 megalopolis 的核心，以及它的生活触及到的每一个外部地区，表现出同样的解体的征兆，伴随着无数的暴力和道德衰败的特征（就像罗马帝国行将灭亡一样）"[③]。在《城市发展史》再版时，芒福德引用戈特曼的观点并对其进行猛烈的抨击，书中写到他们"自欺欺人"，"将作为结果而产生的聚集（城市相互联结）称作 Megalopolis，或者……建议在空间尺度上加以改变……自身有能力产生一种新颖的、更好的城市形态……（这）事实上并不是一种新的城市类型，而是一个反城市。因为在反物质的概念中，城市一旦与之发生冲突，反城市便会将其消灭"[④]。在格迪斯、芒福德等著名的城市规划思想家的眼中，城镇的集群发展似乎将会是一种走向灭亡的悲剧性结果。照此判断，我们是否应该提倡"把城市群作为推进城镇化的主体形态"呢？

4. 美国城镇群发展过程的历史教训及我国城镇群发展所面临的"生态危机"

---

① 转引自：Elizabeth Baigent. Patrick Geddes，Lewis Mumford and Jean Gottmann：divisions over "megalopolis"［J］. Progress in Human Geography，2004，24（6）：687-700.

② Lewis Mumford. The City in History：Its Origins，Its Transformations，and Its Prospects［M］. New York：Harcout Brace and world，1961：599.

③ 同上，277-278.

④ Lewis Mumford. Cities in history：its origins，its transformations，and its prospects［M］. Harmondsworth：Penguin，1975：575.

世界上的城镇群地区，都是在一定的历史条件下形成的，它们一般都是近代历史上农业发达、贸易繁荣、流通条件好的地区，尤其是受到近代工业发展的深刻影响。美国是一个新兴的工业化国家，以美国为例来研究城镇群发展现象，具有一定的典型意义。戈特曼 1957 年发表“megalopolis”论文至今，已经过了整整 50 年，这半个多世纪的时间差，恰好也基本上是我国城镇群发展与美国的“滞后期”。认识和了解美国城镇群发展过程中的经验和教训，对我国的城镇群规划和建设是十分有益的。

美国是一个移民国家。其城市人口，甚至一部分农业人口都是移民而来。19 世纪下半期至 20 世纪 20 年代，是人口向城市集中的城市化鼎盛时期，城市的空间结构形态由小城市发展到中等城市乃至大城市，1920 年城市人口占美国总人口的比重达到 51.2%[①]；1920～1940 年，城市化的发展速度趋缓，但人口向城市集中的趋势没有改变，大都市区（Metropolitan areas）的发展是这一时期的一个重要特征。至 1940 年美国的大都市区已发展到 140 个，大都市区人口占全国总人口的比例为 47.6%，几乎一半的美国人口居住在大都市区内[②]；20 世纪 40 年代以后，大都市区的进一步发展和增长，呈现出大都市区之间的连绵化发展态势，这是我们所重点关注的一个时期。2005 年 6 月美国所公布的一项人口普查报告表明，根据弗吉尼亚工学院大都市区研究所（The Metropolitan Institute at Virginia Tech）的研究，截至 2005 年，美国已经形成 10 个大的城市群地区（Megapolitan Areas，简称 Megas）——即大都市区的集聚网络，每个地区的总人口超过 1000 万，其中 6 个位于美国的东部地区，4 个位于美国的西部地区。这 10 个城市群地区囊括了人口普查署“标准统计区”（Consolidated Statistical Areas）的 60%，全国 50 个人口最稠密的大都市区中的 39 个。2005 年时，这 10 个城市群地区的总人口多达 2.02 亿，是法国、德国和英国的总人口之和[③]。

观察美国 1940 年至今的城镇群发展时期，曾经出现了一些非常突出的问题，主要包括：①受到汽车普及的影响，城镇群的发展过程也是一个郊区迅猛发展的过程（或称郊区化），城镇发展呈现低密度的“蔓延式”扩张态势，吞噬了许多肥沃的农田和旷野，并造成土地资源的低效率使用乃至巨大的浪费。例如，在 1950～1957 年的短短 7 年间，仅仅在底特律的一个郊区县——奥克兰（Oakland），就有 45 平方英里（约 117km²）的土地

① 参见：王旭．美国城市史［M］．北京：中国社会科学出版社，2000：150.

② 参见：王旭．美国城市发展模式——从城市化到大都市区化［M］．北京：清华大学出版社，2006：307.

③ R. E. Lang，D. Dhavale. Beyond Megalopolis：Exploring America's New “Megapolitan” Geography［M］. Metropolitan Institute Census Report，2005：1.

被占用，大约相当于两个曼哈顿的面积。据统计，1970～1980年的10年间，美国被占用的农业用地面积相当于佛蒙特（Vermont）、新罕布什尔（New Hampshire）、马萨诸塞（Massachusetts）、罗得岛（Rhode Island）、康涅狄格（Connecticut）、新泽西（New Jersey）、特拉华（Delaware）等7个州面积的总和[①]。②城市环境的恶化，表现在几个方面。首先，大量使用汽车造成严重的空气污染，美国是温室气体排放量最大的国家；其次，市政设施建设跟不上城镇大范围迅猛扩张的步伐，例如，由于污水处理设施不可能在整个城市群地区大规模兴建，化粪池的过度使用便造成了水源的严重污染；再次，大量的开发建设活动使得绿色植被大量减少，导致了严重的水土流失及洪涝灾害，荒野的缩减尤其是森林和沼泽地的减少，造成野生动物栖息地的急剧减少，鸟类、水禽、乌龟、蛇类、青蛙和鱼类等的种类和数量都在减少。③由于郊区的迅猛发展，城市中心区人口骤减，据统计，1950～1990年间，美国的一些老城市和传统工业城市人口的下降极为迅猛，芝加哥、费城、巴尔的摩、华盛顿等城市的人口减少了近1/4，波士顿减少了1/4之上，而底特律的人口减少几乎接近一半[②]。受人口减少所影响，就业结构和就业规模随之改变，中心区渐趋衰败。④社会问题的加剧。美国的城镇群发展过程，伴随着区域人口结构的变迁，由于郊区化的“过滤”效应，到郊区定居的人口主要是白人富裕阶层和中产阶级，而贫困阶层和少数民族则不断向城市集聚，从而形成一种双向移民过程。白人富裕阶层和中产阶级的迁移，削弱了城市中心区的财政税收，城市中心区的贫困化日益加剧，社会福利不堪重负，从而引发居住条件恶化，贫民窟大量存在，加之种族歧视和居住分离的影响，造成各种社会矛盾激化，导致犯罪活动的猖獗……总结美国的城镇群发展历程，不禁令我们感到：历史的错误是否会在我国未来的城镇群发展过程中重犯？

美国城镇群发展的教训令我们倍感困惑，剖析自我，我国城镇群发展的状况似乎并不乐观。单就生态环境而论，我国的城镇群发展已经面临着严峻的“生态危机”：长三角、珠三角和京津冀是我国经济高度发达的地区，资本密集，市场活跃，城市和人口分布高度密集，然而与此形成尖锐对比的却是，三大城镇群的高速发展引发了资源紧缺和生态环境质量恶化等问题，造成区域生态系统服务功能不断下降，包括大气灰霾、酸雨、缺水、近岸海域污染、水污染、地下水超采等一系列的问题。三大城镇群地区既是我国经济发展的核心地区，也是我国污染最为严重的地区（王凯，

① John Herbeis. The new heartland: America's flight beyond the suburbs and how it is changing our future [M]. New York: Times Books, 1978: 138. 转引自：孙群郎．美国城市郊区化研究［M］．北京：商务印书馆，2005：420-421.

② 孙群郎．美国城市郊区化研究［M］．北京：商务印书馆，2005：390-391.

2006)[①]。城镇密集分布的京杭运河长三角地区段、太湖、长江下游段、钱塘江段等的水质已经受到不同程度的污染，其中以太湖最为严重，目前太湖已被国家列为污染最严重的三个淡水湖泊之一，Ⅲ类水体占太湖面积的70%左右，Ⅳ类和Ⅳ类以下水体占20%～30%，且处于富营养化状态，经常爆发蓝藻，并已严重危及无锡、常州等沿湖地区的城镇供水，上海市主要供水湖泊淀山湖也已全部富营养化，苏州市水源地之一的阳澄湖也发出污染警示[②]。不仅如此，当前我国的环境污染已从陆地蔓延到近海水域，从地表水延伸到地下水，从一般污染物扩展到有毒有害污染物。生态问题的严重性已经不仅仅在于排污总量的增加和生态破坏范围的扩大，而是生态与环境问题变得更加复杂，威胁和风险更大（唐孝炎等，2005）。以空气污染为例，我国东中部地区几乎所有的特大城市大气灰霾现象都日趋严重，华北、中原、华南、华东等地区均呈现出明显的区域性特征，如此严重的区域性灰霾现象，在世界上的其他国家和地区十分罕见。我国城市群发展区域环境污染的另一个重要特征是呈现出复合型污染的并发特征，发达国家在不同发展阶段出现的生态环境问题，我国却在近20年间集中爆发出来，当前我国生态环境问题的复杂性和严峻性是历史上任何国家的工业化过程中所不曾遇到过的[③]。在这样的背景下，我国的城镇群发展如何来应对这些日益严峻的生态环境问题？

1.1.3 "城镇群规划"亟待解决的几个问题

自20世纪90年代以来，面对城市规划的"第三个春天"，中国城市规划曾经有过太多的"热潮"：从"一百年不落后"到"欧陆风"，从"国际性大都市"到"生态城市"，从"步行商业街"到"大学城"，从"CBD"（中央商务区）到"CLD"（金领阶层高尚住区）、"CID"（信息中心）、"COD"（行政办公中心）、"CCD"（文化中心）、"CFD"（金融中心）……虽然每一股热潮在促进城市发展建设方面都有其理性的成分，但似乎更多的是表现出一种"冲动"或"盲从"。当前日益兴起的"城镇群规划热潮"，迫切需要我们有清醒的认识，而不能再像过去那样闻风而动、一哄而上。

在上文中，笔者讨论了"城镇群规划"所面对的一些难题，或称之谓"城镇群规划"的一些"痛处"，而这些"痛处"，正是当前"城镇群规划"工作亟待解决的几个问题，归纳起来主要包括：

---

① 王凯．国家空间规划体系的建立［J］．城市规划学刊，2006（1）：6-10.

② 建设部．我国生态环境支撑条件与城镇发展空间布局研究——全国城镇体系规划（2006—2020）专题研究报告二［R］，2006-2-22：109.

③ 唐孝炎，王如松，宋豫秦．我国典型城市生态问题的现状与对策［J］．国土资源，2005（5）：4-9.

1）如何系统梳理与“城镇群”有关的学术概念，明确“城镇群”的科学内涵，从而规范城市科学研究的学术用语？这是进一步规范“城镇群规划”的性质、任务、内容，以及提高规划的编制质量和发挥规划的实际作用的一个基础性科学问题。

2）如何协调住房和城乡建设部、国土资源部和国家发改委等多个部门在区域规划层面上的职能分工，从而解决制约“城镇群规划”编制工作的深层次矛盾？

3）如何处理“城镇群规划”与现有城市规划体系的相互关系，从而明确“城镇群规划”的法律地位，营造“城镇群规划”工作的制度环境？

1.1.4 本书研究所针对的主要问题

除了上述概念、体制、法律效力等几个方面的问题之外，“城镇群规划”工作还必须解决最基本的认识问题：如何认识“城镇集群”这种特殊的城市化现象，它是一种必然的发展结果，还是一种错误的前进方向？这种特殊的城市化发展现象是否具有一定的规律性？其基本的发展趋势如何？对我国城镇群的未来发展有何借鉴？如何理解城镇群的发展对于区域生态环境造成的破坏？如何解决这些城镇群发展带来的生态环境问题以确保我国区域发展的生态安全？……对城镇密集地区发展现象的基本认识，将在根本上影响到“城镇群规划”的工作态度、指导思想乃至发展定位，是亟待研究的前提问题。本书的研究工作，所针对的正是这些基本的认识问题。希望通过本书的研究，借助生态学的有关理论，探索城镇密集地区发展的客观规律性，从而提高对城镇密集地区发展现象的科学认识。

1.2 国内外相关研究综述

在现代意义上，关于城镇密集地区发展的研究①，一般被认为始于戈特曼于1957年所发表的《大城市连绵区：美国东北海岸的城市化》一文。但是，在戈特曼的这篇论文发表之前，国际上已经出现了关于这种城镇集群发展现象的学术思想萌芽。

1.2.1 城镇密集地区学术思想的萌芽

早在19世纪末20世纪初，现代城市规划的先驱思想家霍华德、格迪斯等曾经提出 Town Cluster（城镇群体）和 urban agglomerations（城市聚集区）的概念，大大突破了传统的思维观念，城市规划工作不再是仅仅重视单一的城镇或其内部的发展问题，而是转向重视对城镇与其周边区域

① 这里对国内外相关研究的综述主要针对中西方的现代城市规划而言，不包括古代城市规划的有关内容。

的社会、经济联系的研究，更加注重一系列城镇之间的密切协作与相互联系，这样的规划观念，可被看作是城镇密集地区发展研究的思想萌芽。

1. E·霍华德关于 Town Cluster（城镇群体）的研究

1898 年，现代城市规划的先驱、英国城市学家 E·霍华德（Ebenezer Howard，图 1-4）出版了《明日：一条通向真正改革的和平道路》（To-morrow：A Peaceful Path to Real Reform）一书，主张将城市周围地域的城镇纳入城市规划的考虑范围，把城市和乡村的改造作为一个统一的问题来处理，从而提出了一个 Town Cluster（城镇群体）的概念，这可被看作是国际上最早提出的与城镇密集地区相类似的概念。

霍华德认为，城市和农村都具有相互交织着的有利条件和不利条件：城市的有利条件在于有获得职业岗位和享用各种市政服务设施的机会，不利条件可以归结为自然环境的恶化；相反，农村有极好的自然环境，但是实质上没有任何机遇。在这样的背景下，霍华德论证了一种新型的居民点——“城

图 1-4　霍华德（1850—1928）

来源：［英］E·霍华德．明日的田园城市［M］．金经元译．北京：商务印书馆，2002：插图．

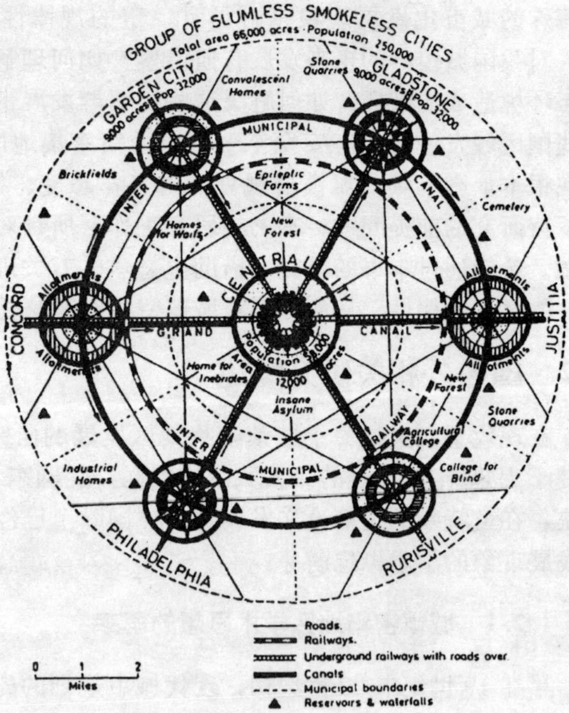

图 1-5　无贫民窟无烟尘的城市群

来源：P. Hall. Cities of Tomorrow：An Intellectual History of Urban Planning and Design in the Twentieth Century［M］. Oxford：Blackwell Publishers Ltd.，1996：184.

市一农村”或田园城市——能够独特地汇集城市的所有有利条件在于“近便”，汇集农村的有利条件在于“环境”，而同时都避免了两者的不利条件。他认为，可以通过对工人和他们就业岗位的有计划分散来达到目的，从而把城市聚集的有利条件整个转移到新居民点上（在现代经济术语中，这被称作“外在事物的内在化”）。这样所形成的新城将在旧城的正常通勤范围之外。这种新城规模很小——霍华德建议3万人，周围还围绕着一个大绿带，对每个人都很容易接近。霍华德建议建设一个新城须购置土地6000英亩，其中至少拿出5000英亩作绿带，其余的给城市用（图1-5）。

霍华德主张当任何城市达到一定规模时，应该停止增长，其过量的部分应当由邻近的另一个城市来接纳。因而居民点就像细胞增殖那样，在绿色田野的背景下，呈现为多中心的、复杂的城镇聚集区。即使城市空间被占地很大的公共设施占据而使人口很密集，霍华德还是只允许绿带地区内每4英亩容纳1个人。霍华德把这种多中心的居民点称为“社会城市”。[①]

与当前人们通常所理解的“城市群”概念所不同的是，霍华德“社会城市”的总人口只有25万人，中心城市5.8万人，每个周边城市3.2万人，显然只是一个小城市群，没有母城与卫星城的关系，目的是想用这种城乡一体的小城市来逐步取代大城市[②]。芒福德曾评价说：“霍华德指出，10个各为3万人口的城市，用高速公共交通联系起来，政治上是联盟，文化上相互协作，就能享受到一个30万人口的城市才可能享受的一切设施和便利；然而却不会像大城市那样效率低下”（芒福德，1961）。[③]

2. P·格迪斯关于urban agglomerations（城市聚集区）的研究

与E·霍华德同时代的另一位城市规划先驱思想家，英国苏格兰的生物学家和社会学家P·格迪斯（图1-6），通过对英国城市的研究，于1915年出版了《进化中的城市》一书。基于对城市发展进化的分析，格迪斯获得了一个在当时来说堪称新颖的结论：一方面，当时城郊的疏散已经造成了城市在更大范围的扩展，但是某些地方性的基本因素（19世纪早期煤矿的吸引，修建铁路、道路、运河后对某些地区留下的天然“节点”，工业的聚集和经济规模的扩大）已经造成一些地区的城市发展显著地集中，诸如英国的西密特兰、兰开夏、中苏格兰或德国的鲁尔矿区等，格迪斯认为在这些地区，城郊的发展造成了一种趋势，使城镇结合成巨大的Urban Agglomerations（城镇聚集区）或称Conurbations（组合城市，也有译作城

---

① 参见：[英] Peter Hall. 西方城市规划的先驱思想家们（上）[J]. 邹德慈译，金经元校. 城市规划，1983（4）：62.

② 参见：[英] E·霍华德. 明日的田园城市 [M]. 金经元译. 北京：商务印书馆，2002：23.

③ 引自：[英] E·霍华德. 明日的田园城市 [M]. 金经元译. 北京：商务印书馆，2002：25.

图 1-6　格迪斯（1854—1932）

来源：金经元．近现代西方人本主义城市规划思想家［M］．北京：中国城市出版社，1998：57.

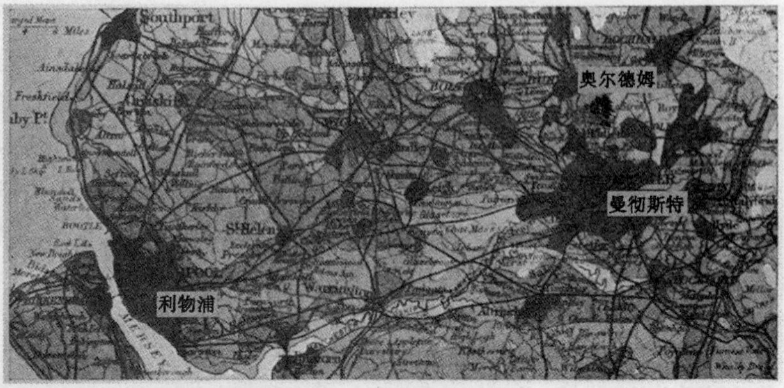

图 1-7　兰开夏的城镇聚集区“兰开斯顿”

一个以曼彻斯特（Manchester）和利物浦（Liverpool）为中心的世界性棉纺织业城镇聚集区：利物浦是海港，曼彻斯特是市场（建有运河港口），而奥尔德姆（Oldham）等许多工业城镇则是生产车间。

来源：P. Geddes. Cities in evolution：an introduction to the town-planning movement and the study of cities［M］. London：Williams and Norgate，1915：31.

市群）——这是格迪斯提出的一个新概念（图 1-7）。

格迪斯主张把规划建立在研究客观现实的基础之上：即周密分析地域环境的潜力和限度对于居住地布局形式与地方经济体系的影响关系，这促使他突破了城市的常规范围，而强调了把自然地区作为规划的基本构架。格迪斯提出了一个合乎逻辑的结论：当发生了，并且继续不断地发生着经济的和社会的压力的条件下，城市规划势将把城市和乡村的规划都纳入进来，或者说成为城市地区的规划，即包括若干城镇和它们四周的影响范围。P·霍尔（Peter Hall）评价道：“霍华德曾经期望过规划范围的变化：他对问题的分析和解决都是就‘地区’而论的。格迪斯的贡献是为这种地区思想的‘骨骼’增添了现实的‘血肉’”。①

1.2.2　现代意义上的城镇密集地区研究

现代意义上国际范围内关于城镇密集地区发展的研究工作，大致以J·戈特曼（Jean Gottman）、P·霍尔（Peter Hall）、J·弗里德曼（J. Friedmann）、C·A·道萨迪亚斯（C.A. Doxiadis）和 T·G ·麦吉（T.G. McGee）等学者的研究工作为代表。

1. J·戈特曼关于 Megalopolis（大城市连绵区）的研究

① 参见：［英］Peter Hall. 西方城市规划的先驱思想家们（下）［J］. 邹德慈译，金经元校．城市规划，1983（6）：56.

1957年，J·戈特曼（Jean Gottmann，图1-8）在美国《经济地理》杂志上发表了著名的论文《大城市连绵区：美国东北海岸的城市化》（Megalopolis or the Urbanization of the Northeastern Seaboard，参见附录A），提出了Megalopolis（大城市连绵区）的概念。戈特曼指出，在大城市连绵区中，支配空间的形式已不再是单一的大城市或大城市地区，而是聚集了若干个大城市，在人口和经济活动等方面发生密切联系的一个多核心、多层次的巨大整体。戈特曼研究中所谓“Megalopolis”，是具备特定条件地区出现的沿着特点轴线发展的巨大多核心城市系统，它由存在着各种形式的密切交互作用、空间形态相连的多个异质子系统（都市区）构成，城市沿交通沿线分布，产业高度集聚，城市间联系非常密切（图1-9）[①]。

图1-8 戈特曼（1915—1994）
来源：Jean Gottmann，Robert A. Harper. Since Megalopolis：The Urban Writings of Jean Gottmann［M］. Johns Hopkins University Press，1990：插图.

戈特曼关于Megalopolis的研究工作，受到了美国20世纪基金（现在称世纪基金）的资助。1961年，戈特曼出版了一本全面、深入地反映其Megalopolis学术思想的著作《大城市连绵区：城市化的美国东北海岸带》（Megalopolis：The Urbanized Northeastern Seaboard of the United States）。这本厚达800多页共15章的著作，从“城市化的动力学”、“土地使用的变革”、“激情洋溢的生活”、“大城市连绵区的近邻者”等四个方面，阐述了戈特曼对于大城市连绵区的独特认识：人类聚居活动方面一个新时代来临的标志。根据戈特曼的研究，他认为当时世界上有6个大城市连绵区：①从波士顿经纽约、费城、巴尔的摩到华盛顿的美国东北海岸大城市连绵区；②从芝加哥向东经底特律、克利夫兰到匹兹堡的五大湖大城市连绵区；③从东京、横滨经名古屋、大阪到神户的日本太平洋沿岸大城市连绵区；④从伦敦经伯明翰到曼彻斯特、利物浦的英格兰大城市连绵区；⑤从阿姆斯特丹到鲁尔和法国北部工业聚集体的西北欧大城市连绵区；⑥以上海为中心的大城市连绵区[②]。

① 参见：Jean Gottmann. Mealopolis：or the urbanization of the northeastern seaboard［J］. economic geography，1957（3）：189-200.

② 此外还有3个地区极有可能发展成为大城市连绵区，分别是：以巴西里约热内卢和圣保罗两大核心组成的复合体；以米兰—都灵—热那亚三角区为中心沿地中海岸向南延伸到比萨和佛罗伦萨，向西延伸到马赛和阿维尼翁的地区；以洛杉矶为中心，向北到旧金山、向南到美国—墨西哥边界的太平洋沿岸地区。参见：J. Gottmann. Megalopolis system around the world［J］. Ekistics，1976（243）：109-113.

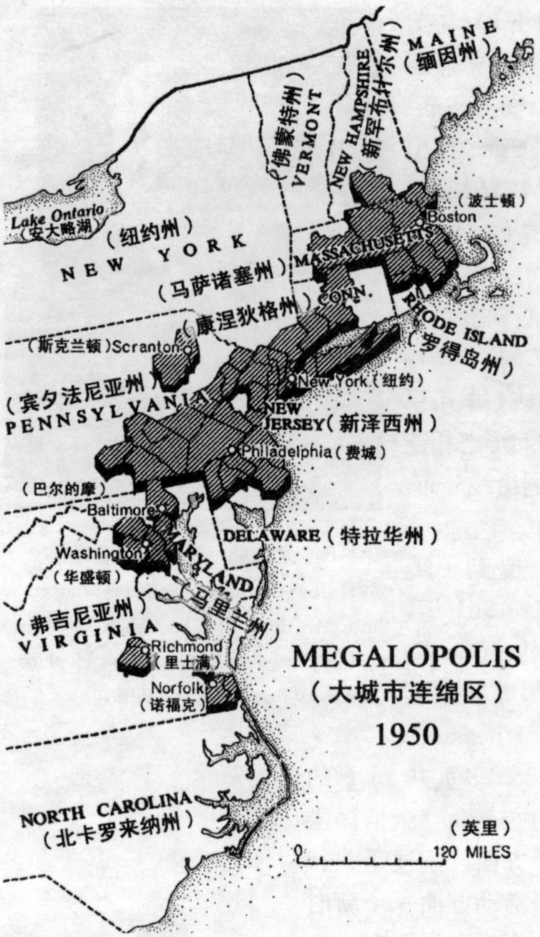

图 1-9　美国东北海岸的大城市连绵区

美国东北海岸的一个城镇密集地区，北起波士顿、南至华盛顿，其间以纽约为中心，排列着普罗维登斯、哈特福德、纽黑文、费城、巴尔的摩等一系列大城市。1950 年时，它长约 600 英里（966km），宽约 30～100 英里（48.3～161km），面积达 5.36 万平方英里（13.88 万 km^2，占美国大陆 48 个州总面积的 1.8%），人口达 3190 万（占美国总人口 21%），称“Megalopolis”。

来源：Jean Gottmann. Megalopolis: or the urbanization of the northeastern seaboard [J]. economic geography, 1957 (3): 191.

在戈特曼 75 岁时，他出版了《自大城市连绵区以来：戈特曼城市研究著述》（Since Megalopolis: The Urban Writings of Jean Gottmann）一书，书中全面收录了他多年来关于 Megalopolis 的系列研究工作的主要观点和结论，可以说是戈特曼 Megalopolis 研究的集大成者。国际上的许多学者，如希腊的道萨迪亚斯（C. A. Doxiadis）、帕佩约阿鲁（J. G. Papaioannou），加拿大的纳什（P. H. Nash）等，都支持、验证和发展戈特曼的 Megalopolis 理论，从而在世界范围内掀起一股 Megalopolis 研究热潮。

2. P·霍尔关于 World Cities（世界大城市）的研究

现代城市在不断发展的过程中所出现的集聚现象，不仅被地理界（以戈特曼为代表）所关注，城市规划界的学者也早就开始了这方面的研究，其中最有代表性的是英国雷丁大学的 P·霍尔教授。

P·霍尔（Peter Hall，图 1-10）关于城镇集聚现象的研究工作，集中体现在 1966 年所出版的《世界大城市》（The World Cities）一书中[①]。与戈特曼使用“Megalopolis”一词不同，霍尔对这一城市化现象的描述所使用的词语是“World Cities”（世界大城市）。霍尔提出了世界大城市的主要标志，它们一般应是所属国家内重要的政治中心、商业金融和财政中心，同时也是巨大的人口中心、文化中心及大型国际航空港所在地。他研究所提出

① 该书于 1977 年、1983 年多次再版，并被翻译成法语、德语、意大利语、西班牙语、瑞典语等多国语言在世界范围内发行，1982 年中国科学院地理研究所翻译了该书的第二版，并由中国建筑工业出版社出版。

图 1-10　霍尔（1932—）

来 源：http：//www.bartlett.ucl.ac.uk/planning/people/profiles/p_hall.htm.

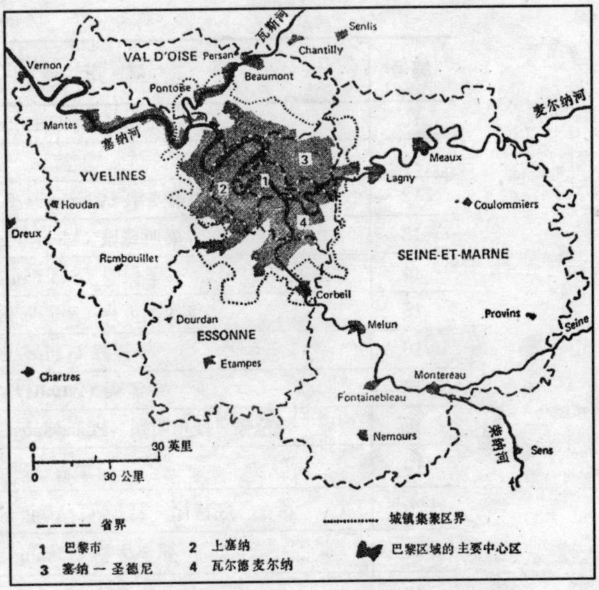

图 1-11　世界大城市中的巴黎区域

来源：P·霍尔．世界大城市[M]．中国科学院地理研究所译．北京：中国建筑工业出版社，1982：33.

的 24 个世界大城市（图 1-11、表 1-2），已经突破了传统意义上的大城市概念，而更多地表现为巨型城市、城市综合体（Urban Complex），书中对 7 个世界大城市（伦敦、巴黎、荷兰兰斯塔德、莱茵-鲁尔、莫斯科、纽约、东京）进行了详细的分析，它们绝大多数是当时世界上最大的城市聚集区。除此之外，近些年来霍尔还对欧盟、亚洲等地开展了一系列有关“Mega-city”的研究工作，可以被看作是他“世界大城市”研究的继续。

世界大城市地区人口（1970 年前后）　　**表 1-2**

编号	城 市 地 区	年份	人口
1	东京—横滨	1970（C）	23873000
2	纽约—东北新泽西（New York—Northeastern New Jersey）	1970（C）	16179000
3	大阪—神户—京都	1968（E）	12300000
4	伦敦	1971（C）	12037000
5	莱茵—鲁尔	1970（C）	10924000
6	莫斯科	1970（C）	10718000
7	洛杉矶—阿纳海姆—圣贝纳迪诺（Los Angeles—Anaheim—San Bernardino）	1970（C）	9593000
8	巴黎	1968（E）	8850000
9	布宜诺斯艾利斯（Buenos Aires）	1968（E）	8600000

续表

编号	城 市 地 区	年份	人口
10	加尔各答（Calcutta）	1968（E）	7900000
11	上海	1968（E）	7800000
12	芝加哥—西北印第安纳（Chicago—Northwestern Indiana）	1970（C）	7612000
13	墨西哥城（Mexico City）	1970（C）	7314000
14	圣保罗（Sao Paulo）	1968（E）	6600000
15	里约热内卢（Rio de Janeiro）	1968（E）	6100000
16	开罗（Cairo）	1968（E）	5900000
17	孟买（Bombay）	1968（E）	5650000
18	费城—特伦顿—威尔明顿（Philadelphia—Trenton—Wilmington）	1970（C）	5621000
19	北京	1968（E）	4750000
20	底特律—温莎（Detroit—Windsor）	1970（C）	4423000
21	列宁格勒（Leningrad）	1968（E）	4350000
22	汉城（Seoul）	1968（E）	4175000
23	旧金山—奥克兰—圣何塞（San Francisco—Oakland—San Jose）	1970（C）	4175000
24	荷兰兰斯塔德（Randstad Holland）	1970（E）	4100000

注：①数据来源：Richard L. Forstall and Vitor Jones in Simon Miles，Metropolitan Problems (1970)，updated in part from 1970/71 Census；②"年份"一栏中C指人口普查数，E为估计数。引自：P·霍尔．世界大城市［M］．中国科学院地理研究所译．北京：中国建筑工业出版社，1982：3.

图 1-12　弗里德曼(1926—)
来源:加拿大英属哥伦比亚大学网站．http://www.scarp.ubc.ca/faculty%20profiles/friedmann.htm.

3．J·弗里德曼关于 Urban Field（城市场）的研究

与霍尔一样被当代西方规划界认为是泰斗级的规划大师、美国区域发展与规划专家J·弗里德曼（John Friedmann，图 1-12）是有关城镇聚集现象研究的另一个重要人物。1965 年，弗里德曼发表《The Urban Field》一文[①]，提出 Urban Field（城市场，或城市区域）的概念。他认为，城市场是一种着眼于未来的、理想的城市空间形式，是一个空间广阔的、由完善的社会经济联系网络深化成的、有着相对低密度的、广阔的多中心（Multinodal）的区域结构，它包括城市居民巨大的生活空间或活动范围。在通常的情况下，大城市的场域可以延伸至离核心城市数十公里以外的范围，这个范围远远超出城市建成区，包括休息区和城市远郊居住

① J. Friedmann，J. Miller. The Urban Field［J］. Journal of the American Institute of Planners，1965 (31)：312-320.

地，形成一个核心城市得以扩张的、整合的功能性或经济性的空间，并囊括了实现城市机能良好运作所不可或缺的种种设施①。

在提出"城市场"概念的基础上，弗里德曼通过对委内瑞拉的实证研究，于1973年提出了区域空间演化的模式（图1-13），将城市与区域的发展分为四个发展阶段：工业化前阶段、工业化初期阶段、工业成熟阶段、空间相对均衡发展阶段。该理论试图解释一个区域如何由互不关联、孤立发展，变成彼此联系、发展不平衡，又由极不平衡发展变为相互关联的平衡发展的区域系统。弗里德曼所指的核心区域即是指城市或城市集聚区，它工业发达，技术水平较高，资本集中，人口密集，经济增长速度快。这一理论又被称作"核心边缘"理论。

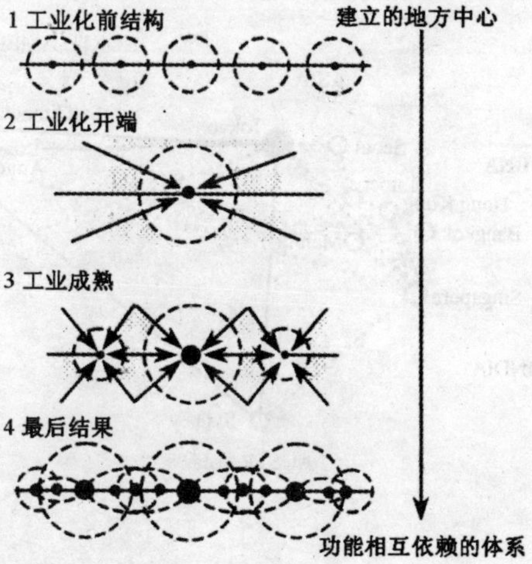

图1-13　区域空间演化模式（J. Friedmann, 1973）

来源：J. Friedmann. Urbanization, Planning and National Development［M］. London: Sage Publication, 1973.

弗里德曼的另一项重要研究工作，是于1986年发表的《世界城市假说》（The World City Hypothesis），假说认为：①城市与世界经济整合的程度及其在新的国际劳动地域分工中的地位，将决定城市的功能与结构重组；②世界上的主要城市如伦敦、纽约、东京等，将成为全球性资本流动的出发点和归结点，资本的空间流动有可能导致国际城市体系的形成；③处于国际城市体系顶端的城市，即是"世界城市"或"国际城市"；④除了经济上的控制功能外，国际城市的另一个重要作用是它们的"榜样效应"，比如纽约、伦敦、洛杉矶、巴黎及东京等国际城市，不仅是生产与消费中心，同时也是信息、娱乐及其他文化用品的生产和传播中心；⑤国际城市还是国际、国内劳动力以及移民的主要集中地；⑥国际城市的空间与阶级分化现象突出；⑦国际城市往往需要高昂的社会成本以保证其正常运转。弗里德曼提出关于世界城市的七个指标：主要的金融中心、跨国公司总部所在地、国际性机构的集中地、商业部门（第三产业）的高度增长、主要的制造业中心（具有国际意义的加工工业等）、世界交通的重要枢纽（尤指港口和国际航空港）、城市人口规模达到一定标准。在此基础上，弗里德曼进一步提出了世界城市体系的概念（图1-14）。

① 参见：谢守红，宁越敏．中国大城市发展和都市区的形成［J］．城市问题，2005（1）：11-15.

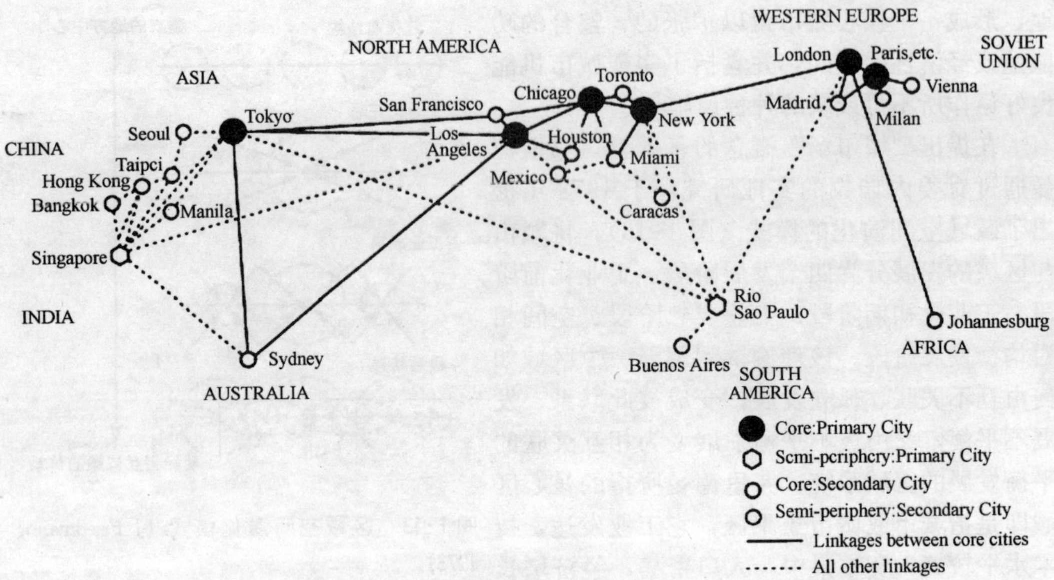

图 1-14 弗里德曼提出的世界城市体系

来源：J. Friedmann. Map of Global City hierarchy and interrelationships，1995. 转引自：Portland State University. Ecolopolis：Making the case for a Cascadian Supercity［R］，2005：5.

4. C·A·道萨迪亚斯关于城市连绵区的研究

著名人类聚居学家、希腊建筑师 C·A·道萨迪亚斯（C. A. Doxiadis，图 1-15），是国际上从人类聚居学的角度对城镇密集地区发展现象进行了科学研究的一个重要学者。

图 1-15 道萨迪亚斯（1913—1975）

来源：吴良镛．环境科学导论［M］．北京：中国建筑工业出版社，2001：220.

1968 年，道萨迪亚斯出版了《人类聚居学导引》（Ekistics：an introduction to the science of human settlements）一书，他以自身丰富的实践经验为基础，经过长期的思考和归纳，提出人类聚居的分类框架，即根据人类聚居的人口规模和土地面积的对数比例，将整个人类聚居系统划分为 15 个单元，分别为人体、房间、住所、住宅组团、小型邻里、邻里、小城镇、城市、中等城市、大城市、小型城市连绵区、城市连绵区、小型城市洲、城市洲、普世城（表 1-3），15 个单元可大致划分成三大层次：小规模的人类聚居（从个人到邻里）、中等规模的人类聚居（从城镇到大城市）、大规模的人类聚居（从小型城市连绵区到普世城）。

在 1975 年出版的《建设安托邦》（Building Entopia）一书中，道萨迪亚斯进一步将 15 个单元归并为 10

道萨迪亚斯所提出的人类聚居系统　　　　表 1-3

人类聚居单元	1	2	3	4	5	6	7	8	9	10	11	12	13	14	15
社区等级				Ⅰ	Ⅱ	Ⅲ	Ⅳ	Ⅴ	Ⅵ	Ⅶ	Ⅷ	Ⅸ	Ⅹ	Ⅺ	Ⅻ
活动范围	a	b	c	d	e	f	g	A	B	C	D	E	F	G	H
人口数量范围			3～15	15～100	100～750	750～5000	5000～30000	30000～200000	200000～1.5M	1.5M～10M	10M～75M	75M～500M	500M～3000M	3000M～20000M	20000M及更多
单元名称	人体	房间	住所	住宅组团	小型邻里	邻里	小城镇	城市	中等城市	大城市	小型城市连绵区	城市连绵区	小型城市洲	城市洲	普世城
人类聚居人口	1	2	5	40	250	1500	9000	75000	500000	4M	25M	150M	1000M	7500M	50000M

注：$M=10^6$. 资料来源：吴良镛．环境科学导论［M］．北京：中国建筑工业出版社，2001：230.

个层次：家具、居室、住宅、居住组团、邻里、城市、大都市、城市连绵区、城市洲、普世城。道萨迪亚斯对“城市连绵区”的定义为：在一个广阔的地域范围内，若干个大小不等、类型不同的动态特大城市和大城市，互相穿插发展形成一种错综复杂的结构，其内部有若干个交通系统、通信系统和各种用途的土地混杂一体，甚至互相冲突的一种规模更大的新的聚居形式①。

经过多年的研究，道萨迪亚斯发现地球上的所有城市都是朝着规模日益扩大、联系越来越密切的趋势发展的，由此道萨迪亚斯认为，现代城市的不断发展及其在结构和尺度上的演变，必将导致一个全球城市——普世城的出现，即在21世纪末，整个地球上的所有城市都将连成一片，成为一个统一的系统，它将如古代城市一样重新达到稳定，其各要素之间也必然达到平衡状态（图1-16）②。

5. T·G·麦吉关于Desakota（城乡融合区）的研究

现代城市发展的聚集现象，西方的学者不仅关注和研究欧美地区，对亚洲地区也在积极进行研究，加拿大地理学家T·G·麦吉（T.G. McGee）便是其中的一个代表。

1985年，麦吉在美国阿克隆大学举行的关于亚洲城市化问题的国际会

① 参见：吴良镛．环境科学导论［M］．北京：中国建筑工业出版社，2001：48-49，230，259.
② 转引自：吴良镛．环境科学导论［M］．北京：中国建筑工业出版社，2001：285，298.

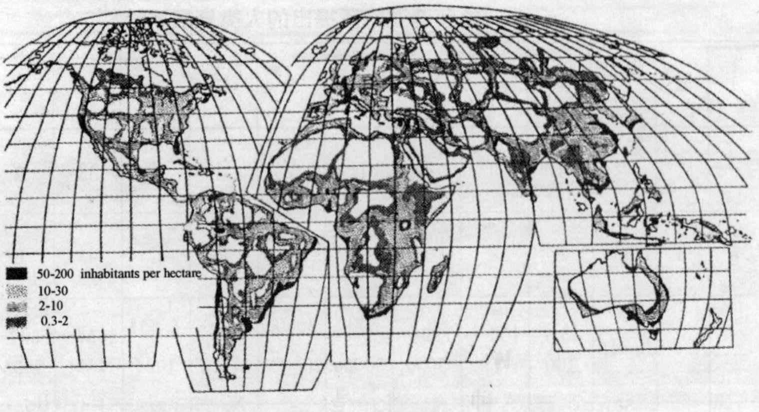

图 1-16　道萨迪亚斯预言 21 世纪末时全世界的城市化地区

引自：邹德慈．西方近现代城市规划发展史纲［CD/OL］．中国城市规划与设计研究院硕士研究生课程讲义．2006 年 11 月．

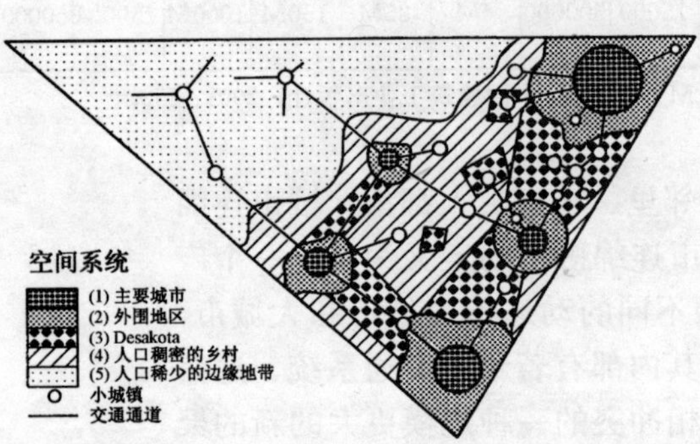

图 1-17　麦吉提出的亚洲国家 Desakota 空间结构

来源：T. G. McGee. The emergence of Desakota region in Aisa：Expanding a Hypothesis[A]//N. Ginburg，B. Koppel，T. G. McGee. The extended metropolis：Settlement transition in Aisa［M］. Honolulu：University of Hawaii press，1991：6.

议上提出了 Desakota 的概念（国内学者将其翻译为城乡融合区、灰色区域等，desa 即乡村，kota 即城市），用以描述亚洲某些发展中国家和地区，如印尼爪哇、泰国、印度、中国大陆和台湾地区的核心区域，出现了与西方的大城市连绵区类似而发展背景又完全不同的新型空间结构。他借用印尼语 Desa－kota 来表示这种出现于人口密集的热带地区，处于大城市之间的交通走廊地带，借助于城乡间强烈的相互作用，以劳动密集的工业、服务业和其他非农产业的迅速增长为特征的原乡村地区（T. G. McGee，1987），后来进一步发展为类似于大城市连绵区的超级都市区（Megaurban Region，MR）概念（图 1-17）。他将其范围定义为包括两个或两个以上由发达的交通联系起来的核心城市，当天可通勤的城市外围区及核心城市之间的 Desa－kota 区域（T. G. McGee，1989）[①]。

根据麦吉的研究，他将亚洲各国的城乡融合区归纳为三种主要类型：①邻近大城市的乡村地区由于人口大量流入城市或转入非农产业部门而形

① 参见：李红卫．Global-Region in China——以中国珠江三角洲为例的区域空间发展研究（博士后研究工作报告）［D］．上海：同济大学，2005.

成的 Desakota，以日本和韩国为典型；②由于两个或多个大城市相互向对方扩散（不是主要向各自的周围地区扩张）而形成的新的发展区域，交通的发展特别是铁路和高速公路的发展最终使这些大城市相互连接起来，从而在这些城市间形成狭长的发展地带，比较典型的是中国的沪宁杭地区、台北—高雄地区，泰国中部平原和印度加尔各答地区；③邻近国家的次级中心城市（如省会），以传统农业为主，人口密集但非农产业发展与经济增长均较为缓慢的内陆地区，引起这类地区空间结构转换的主要原因在于高密度的人口聚集，比较典型的是中国的四川盆地、孟加拉国、印度尼西亚南部的喀拉拉邦和爪哇岛的部分地区[①]（图 1-18）。不过，国内有学者认为，麦吉对于 Desakota 的三种类型划分是建立在对若干特殊因素的把握的基础上的，因此并不是科学分类[②]。

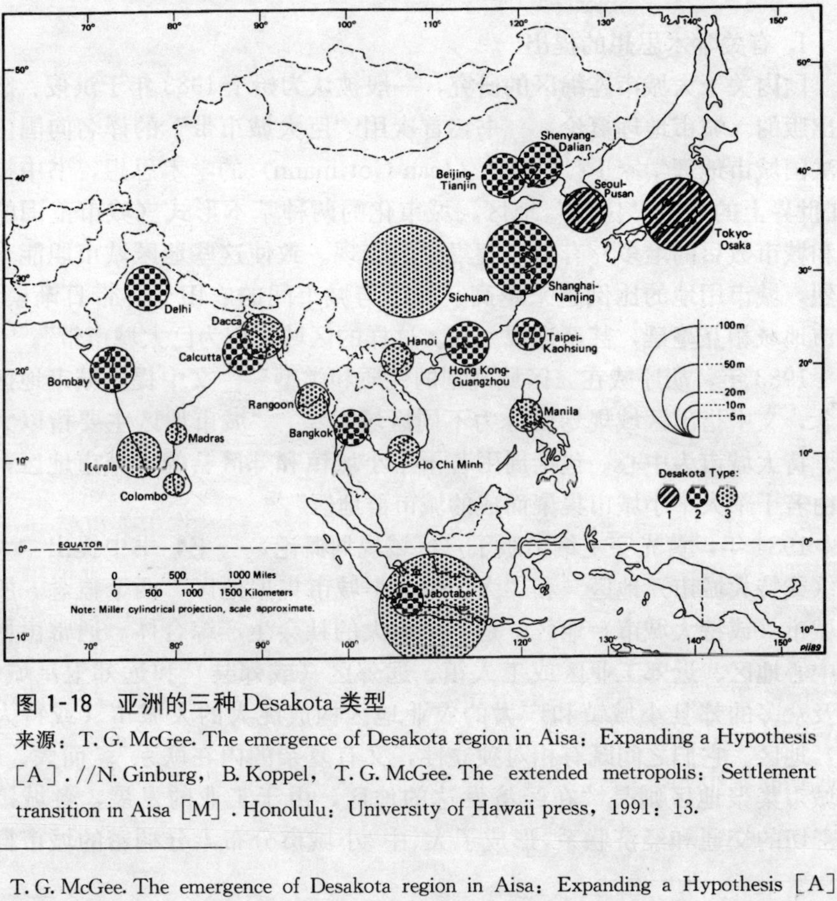

图 1-18 亚洲的三种 Desakota 类型

来源：T. G. McGee. The emergence of Desakota region in Aisa：Expanding a Hypothesis ［A］. //N. Ginburg，B. Koppel，T. G. McGee. The extended metropolis：Settlement transition in Aisa ［M］. Honolulu：University of Hawaii press，1991：13.

① T. G. McGee. The emergence of Desakota region in Aisa：Expanding a Hypothesis ［A］// N. Ginburg，B. Koppel，T. G. McGee. The extended metropolis：Settlement transition in Aisa ［M］. Honolulu：University of Hawaii press，1991：3-25.

② 参见：胡序威，周一星，顾朝林等．中国沿海城镇密集地区空间集聚与扩散研究［M］．北京：科学出版社，2000：35.

6. 其他学者的有关研究

国外学者与城镇密集地区发展有关的研究工作，还包括福塞特关于Built Area（狭义的城市群）的研究（1930），罗伯特、迪金森关于城市区域（City-Region）的研究（1967），贝里、胡顿关于城市通勤区（Daily Urban System）的研究（1970），邓肯关于城镇体系（Urban System）的研究（1950），金斯伯格关于分散大城市连绵区（Dispersed Metropolis）的研究（1961），惠贝尔关于走廊理论（Theory of Corridors）的研究，布鲁恩和威廉斯关于城市系统（Systems of Cities）的研究，怀特汉德关于城市边缘带（Urban Fringe Belts）的研究，莫斯（1987）、萨森（1991）等关于全球城市的研究，等等，限于篇幅，不一一赘述。

1.2.3 城镇密集地区研究的中国化

1. 有关学术思想的提出

国内关于大城市连绵区的研究，一般被认为始于1983年于洪俊、宁越敏出版的《城市地理概论》一书，首次用"巨大城市带"的译名向国内介绍法国城市地理学家J·戈特曼（Jean Gottmann）的学术思想，书中指出"在世界上的某些'优越'地区，城市化的两种基本形式（城市范围的扩大和城市数目的增多）有着高度集中的表现。致使这些地区城市职能十分强烈，城市用地的比例越来越高，城市与城市间的农田分界带日渐模糊，城市地域相互蔓延，甚至连成一片。这样的区域，称为巨大城市带"。①

1983年，胡序威在《区域规划的性质和类型》一文中提出城市地区的概念，文中指出区域规划可分为不同区域类型，"城市地区主要指以大城市、特大城市为中心，包括周围若干中小城镇和郊区县的大城市地区，以及由若干个大中小城市集聚而成的城市群地区"。②

1984年，黄光宇主编出版了《区域规划概论》一书，书中提出"大城市（或特大城市）地区"和"大、中、小城市集聚地区"两个概念。所谓大城市（或特大城市）地区"是一个庞大的社会生产综合体。通常由城市的中心地区、近郊工业区或工人镇、远郊区（或郊县）和远郊卫星城镇，以及众多的郊县小城镇和广大的农业地区构成庞大的大城市（或特大城市）地区。它们之间既有相对独立性，又有复杂的内在联系"。而大、中、小城市集聚地区则是"在经济发达的地区，由于工业的发展，各城镇之间密切的交通和经济联系，形成了大、中、小城市分布十分稠密的城市群地

① 参见：于洪俊，宁越敏．城市地理概论［M］．合肥：安徽科学技术出版社，1983，314-315.

② 参见：胡序威．区域和城市研究［M］．北京：科学出版社，1998：79-105．转引自：胡序威．地理界加盟规划界的历史回忆——为庆祝中国城市规划学会成立50周年而写［R］．征求意见稿．

区……这些地区的城镇居民点体系，有类似于大城市地区的布局特点；但也有不同于大城市地区的布局特点与要求……这些地区，由于城市之间的相互距离很近，各方面的协作与联系十分密切，规划时不能截然将它们分开，有必要通过区域规划，综合平衡，合理解决区域与城市发展中的各种矛盾，全面考虑整个地区的协调发展问题”。①

1986 年，周一星在分析中国城市概念和城镇人口统计口径时，借鉴西方城市不同尺度空间单元体系，较早提出了市中心—旧城区—建成区—近市区—市区—城市经济统计区—都市连绵区这样一套中国城市的地域概念体系。1988 年将其发展成比较完整的中国城市空间单元体系，其中与功能地域概念——都市区相对应的为城市经济统计区（Urban Economic Statistical Areas，UESA），与 Megalopolis 相对应的中国概念则是都市连绵区（Metropolitan Interlocking Region，MIR）。②

1990 年起，薛凤旋等多位地理学家通过不同的亚洲案例的研究而形成“都会经济区”的概念，其英文原词为 Extended Metropolitan Region，亦有译作大都市扩展区。都会经济区这个新空间地域的发展动力来自全球经济一体化的强劲趋势。所在国日趋对外开放的经济政策也使国内经济日渐和国际市场、资金、技术接轨。经济区内的大城市以其全国最通达的对外和对内交通、通信，最大行政及金融中心和优质人才集中地的优势，成为外资进入该国市场、购买或利用其人力和天然资源的地区总部。基于此，它是进出该国的资金流、物流、技术和信息流的最方便门户。但蓬勃的经济发展，使这些大城市的狭小空间不敷应用，因而一些劳动和土地密集型的低增值的经济活动需要转移至外围的城郊和农村，在这些大城市周围形成了一个庞大的“城乡交接带”，或“半农半工贸带”③。

1991 年，南京市城市总体规划（1991—2010）首次引入都市圈概念，随后，《江苏省城镇体系规划（1998—2020）》使用了都市圈的概念，提出在全省建设三大都市圈的设想。与该研究相呼应，2001 年，邹军等在《城镇体系空间规划再认识——以江苏为例》一文中提出江苏省的都市圈界定标准为：中心城市（城市区域）人口规模在 100 万人以上，且邻近有 50 万人以上城市；中心城市（城市区域）GDP 中心度大于 45 %；中心城市（城市区域）具有跨越省际的城市功能；外围地区到中心城市（城市区域）

① 参见：黄光宇．区域规划概论 [M]．北京：中国建筑工业出版社，1984：104-107.

② 参见：史育龙，周一星．关于大都市带（都市连绵区）研究的论争及近今进展述评 [J]．国外城市规划，1997（2）：8.

③ 参见：薛凤旋，蔡建明．中国三大都会经济区的演变及其发展战略 [J]．地理研究，2003，22（5）：532-533.

的通勤率不小于其本身人口的15%。[①] 2005年，邹军等出版《都市圈规划》一书，采用“都市圈”的提法，并将其定义为：以一个或多个中心城市为核心，以发达的联系通道为依托，核心城市吸引辐射周边城市与区域，并促进城市之间的有机联系与协作分工，形成具有区域一体化发展倾向、并可实施有效管理的城镇空间组织体系，其英文可译为Metropolitan Coordinating Region，简称MCR。[②]

1992年，姚士谋等出版了《中国城市群》一书（2001年第二版），提出了城市群（Urban Agglomeration）的概念：在特定的地域范围内具有相当数量的不同性质、类型和等级规模的城市，依托一定的自然环境条件。以一个或两个特大或大城市作为地区经济的核心，借助于综合运输网的通达性，发生与发展着城市个体之间的内在联系，共同构成一个相对完整的城市“集合体”。[③]

1992年，吴良镛应联合国开发署（UNDP）之邀撰写了《中国特大城市的发展与展望》一文，并在东京特大城市会议上宣读，文中提出“城市地区”（City Region or Mega-city Region）的形成，像上海这样的特大城市，不单纯是以某特大城市为核心、若干卫星城相环绕的网络体系，而是以点、线、面相结合，呈多核心的城镇群的方式向区域整体化发展[④]。2003年，吴良镛结合西方两本同名英文论著《Global City Region》（全球城市地区），进一步发展了城市地区理论：当今世界的全球化进程增强了全球与地方之间的经济、文化和政治联系，城市间各种要素流动的迅速增加，使得城市在全球范围内更加紧密地联系在一起；同时，全球城市间的竞争也日益加剧，区域城市往往通过协作或合作等方式，提高整体的综合竞争能力，可以说，城市与城市之间的竞争同时也是城市所在地区的实力的竞争。这种全球性的城市竞争与区域性的城市合作共同塑造了新的城市景观：在很多地区，城市间经济要素与人员等交流频繁，城市以前所未有的速度结合起来，形成“全球城市地区”或“区域城市网络”；在空间结构上，可能包括一个中心城市及其腹地，也可能包括若干相互接壤的城市及其腹地，也可能包括数个地理上独立但相互邻近的中心城市[⑤]。1999～2002年间，吴良镛主持完成国家自然科学基金重点资助项目《京津冀地区城乡空间发展规划研究》，并在其成果出版的序言中明确地将其称之为“城市地区”的规划研究。

---

① 参见：邹军等．城镇体系空间规划再认识——以江苏为例．城市规划，2001（1）：30-33.

② 参见：邹军，王学峰．都市圈规划［M］．北京：中国建筑工业出版社，2005：4.

③ 参见：姚士谋，朱英明，陈振光．中国城市群[M]. 合肥：中国科学技术大学出版社，2001：58.

④ 吴良镛．营造21世纪“人间新天堂”——上海及其周边地区空间发展的启示［J］．港口经济，2002（6）：6.

⑤ 参见：吴良镛．城市地区理论与中国沿海城市密集地区发展[J]. 城市规划，2003(2)：12-16，20.

1995年，孙一飞在《城镇密集区的界定——以江苏省为例》一文中给出了城镇密集区的定义：在一定地域范围内，以多个大中城市为核心，城镇之间及城镇与区域之间发生着密切联系，城镇化水平较高，城镇密集分布的连续地域。城镇密集区从其本质含义上看，不仅存在着城镇间的紧密联系，而且城乡之间也发生着强烈的相互作用。这种联系不仅体现在经济方面，并且反映到社会、历史及文化等诸多侧面。而且，这些联系具有紧密性、高强度等特征。文中指出，城镇密集区是社会、经济及城镇发展到一定阶段的产物。它反映了随社会经济发展，城镇空间不断扩展，影响范围日渐扩大，城镇之间及城镇与区域之间联系逐步加强，城乡社会经济文化等一体化的趋势，是城镇区域化和区域城镇化两种过程相互作用的结果。[①]

1996年，刘兆德、陈素青在《城市经济区划分方法的初步研究》一文中提出了城市经济区的概念，定义为以大中城市为核心，以与其毗连的广大地域共同组成的，在劳动地域分工中形成相对稳定联系的结节地域。中心城市和周围腹地是构成城市经济区不可缺少的两大要素。城市经济区的形成和发展依赖于城市与其腹地间的相互作用，又反过来强化了城市与腹地间的相互作用。城市经济区实乃城市与腹地异质共生的产物。[②]

1996年，王建在《九大都市圈区域经济发展模式的构想》一文中通过对中日、中美大都市地域的对比研究，提出了在我国建立九大都市经济圈的设想，但其并未对“都市经济圈”概念进行专门解释。[③]

1997年，陈立人、王海斌在《长江三角洲地区准都市连绵区刍议》一文中提出“准都市连绵区”的概念。该文划分了城市群体空间的演替阶段：多中心孤散城市阶段、城市集聚区阶段、城市密集带阶段、大都市连绵区阶段，根据与国际情况的比较，对长三角城市群体发育程度进行了测定，认为：从人口规模、人口密度项目看，与国际水平接近；但从内涵上看，无论是城市化水平，核心城市上海的国际化都市发育水平，交通、通信等基础设施的便捷程度，还是城市间内在职能分工、区域一体化形态等都只是初具雏形，以国际标准衡量，差距尚大。对照城市群体发展阶段的划分，长江三角洲城市群体发展程度较符合城市密集带阶段的特征，而不是都市连绵区，是由城市密集带迈向大都市连绵区的进程之中，不妨称之为准都市连绵区。该文同时指出，戈特曼提出的六个“Megalopolis”（包括长江三角洲），事实上包含了两个发展阶段的城市群体形态，因此，不能简单地译为都市连绵区或是城市密集带，而是两者皆而有之。对国内学

① 参见：孙一飞．城镇密集区的界定——以江苏省为例［J］．经济地理，1995（9）：36-40.

② 参见：刘兆德，陈素青．城市经济区划分方法的初步研究［J］．人文地理，1996（10）：38-40.

③ 参见：王建．九大都市圈区域经济发展模式的构想［J］．宏观经济管理，1996（10）：21-24.

者提出的“都市连绵区”即MIR概念，从特征上看，若用国际标准衡量，与本文的城市密集带内涵接近，更确切地说此“都市连绵区”为准都市连绵区。①

1998年，曾坤生在《区域经济论》一书中把城市协作区定义为：“以一个特大城市或一组密切相关的大城市为核心并联结周围地域所组织起来的经济协作区。”城市经济协作区“更讲求中心城市的主导功能和辐射作用”。②

1999年，李耀新在其主编的《长江地区产业经济与可持续发展》一书中把城市经济圈定义为：“以经济比较发达并且有较强城市功能的中心城市为核心，同其有经济内在联系和地域相邻的若干周边城镇所覆盖的区域相组成的，其经济吸引和经济辐射能力能够达到并能促进相应地区经济发展的最大地域范围。”③

2000年，张京祥在博士论文的基础上出版了《城镇群体空间组合》一书，提出了城镇群体的概念。所谓城镇群体，是指一定空间范围内具有密切社会、经济、生态等联系，而呈现出群体亲和力及发展整体关联性的一组地域毗邻的城镇。而城镇群体空间，则是指在这一城镇群体化发展区域内，由这些具体的城镇及分布其间的区域环境共同组成的空间，亦即为一个包括城镇建设占据的实体空间及城镇间的区域基质空间（乡村、生态区域）的有机地域系统，其本质特征是网络性。④

2000年，周玲强在《长江三角洲国际性城市群发展战略研究》一文中提出国际性城市群的概念。国际性城市群是国际性城市发展到较高阶段的产物，当代全球性国际城市无不以周边地缘城市群为其区域发展的空间和广阔腹地，在自身发展的同时，带动了周边相当数量的城市共同完成了现代化和国际化的历程。最终形成了区域内各城市间功能分工明确，经济全面合作、互为依托、网络化发展的，共同参与世界区域经济竞争的城市集合体。⑤

2002年，吴志强提出Global-Region（全球城盟）的概念，他认为针对广州城市的发展，应该以Global-Region的概念来研究和规划珠江三角洲，全球化背景下的城市竞争中广州的战略选择在于：区域性城市联盟，

---

① 参见：陈立人，王海斌．长江三角洲地区准都市连绵区刍议［J］．城市规划汇刊，1997（3）：31-36.

② 参见：曾坤生．区域经济论［M］．长沙：湖南人民出版社，1998.

③ 参见：李耀新．长江地区产业经济与可持续发展［M］．武汉：武汉出版社，1999.

④ 参见：张京祥．城镇群体空间组合［M］．南京：东南大学出版社，2000.

⑤ 参见：周玲强．长江三角洲国际性城市群发展战略研究［J］．浙江大学学报（理学版），2000（3）：201-204.

其核心点在于建立具有独立城市人格的平等的区域性联盟①。李红卫认为，城市具有区域性的特点，Global City是一种最高层次上的区域现象，对区域的发展具有更强的控制和调整的功能。②

2003年，周干峙在《高密集连绵网络状大都市地区的新形态——珠江三角洲地区城市化的结构》一文中提出“高密集连绵网络状大都市地区”的概念，用以描述城市化不仅促使大、中、小城市和建制镇都有增长，而且反映在城镇布局结构上产生的一些新形态。③

2003年，陈耀提出城市经济圈的概念，认为经济学意义上的城市经济圈可以定义为，由一个具有较高首位度的城市经济中心和与中心密切关联且通过中心辐射带动的若干腹地城市所构成的环状经济区域。④

2004年，朱铁臻提出城市圈的概念，认为城市圈一般是由一个或多个核心城市与若干相关的周边城市组成，在空间上密切联系，在功能上有机分工并相互依存的城市群体。城市圈不是行政区概念，主要是经济概念和文化概念，本质上是经济、文化圈。⑤

2004年，沈洁、张京祥给出都市圈的定义，认为都市圈是一定尺度的城市群概念，由一个或多个中心城市和与其有紧密经济、社会联系的临近城镇组成，是具有一体化倾向的城市功能地域，同时又是更大尺度的区域空间组织形式。⑥

……

2. 几个重大科学研究项目

近年来，国内开展了一些与城镇密集地区发展有关的重大科研项目，其中几个主要的研究项目包括有：

1）1992～1996年期间，吴良镛院士牵头组织，清华大学、同济大学和东南大学共同承担了国家自然科学基金八五重点项目——“发达地区城市化进程中建筑环境的保护与发展”的研究工作。课题所谓“建筑环境的保护与发展”事实上就是人居环境科学的研究内容⑦，课题组以沪宁杭地

---

① 参见：李红卫．Global-Region in China——以中国珠江三角洲为例的区域空间发展研究（博士后研究工作报告）［D］．上海：同济大学，2005，15.

② 参见：李红卫．Global-Region in China——以中国珠江三角洲为例的区域空间发展研究（博士后研究工作报告）［D］．上海：同济大学，2005，21.

③ 参见：周干峙．高密集连绵网络状大都市地区的新形态——珠江三角洲地区城市化的结构［J］．城市发展研究，2003，10（2）：10-11.

④ 参见：陈耀．中国三大城市经济圈及其发展前景［N］．中国经济时报，2003-09-01.

⑤ 参见：朱铁臻．城市圈崛起是城市化与地区发展的新趋势［J］．南方经济，2004（6）.

⑥ 参见：沈洁，张京祥．都市圈规划：地域空间规划的新范式［J］．城市问题，2004（1）.

⑦ 参见：吴良镛．发达地区城市化进程中建筑环境的保护与发展［M］．北京：中国建筑工业出版社，1999：9.

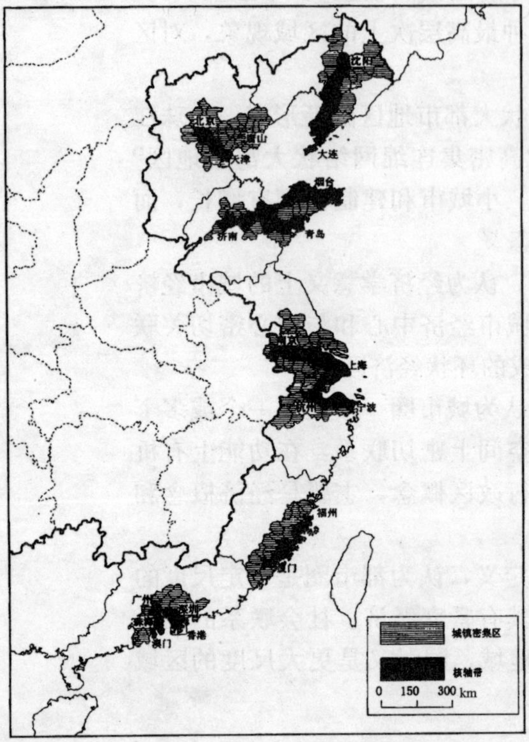

图 1-19　中国沿海城镇密集地区与核轴带分布

来源：胡序威，周一星，顾朝林．中国沿海城镇密集地区空间集聚与扩散研究［M］．北京：科学出版社，2000：23.

区为例，从经济社会发展、物质环境建设、环境保护、区域管理体制和地区建筑学等方面进行了一系列专题研究，提出了沪宁杭地区人居环境建设的基本思路，并培养了一大批专业人才，从而取得了丰硕的成果。课题研究成果最终以《发达地区城市化进程中建筑环境的保护与发展》为题于 1999 年出版。

2）1993～1997 年期间，由胡序威、周一星、顾朝林牵头，中国科学院地理研究所、北京大学、南京大学等 9 个协作单位参与，完成了国家自然科学基金重点项目——“沿海城镇密集地区经济、人口集聚与扩散的机制和调控研究”的研究工作。该课题是我国人文地理、城市地理界获得国家自然科学基金资助的第一个重点项目，对我国东部沿海的珠三角、长三角、京津唐、辽中南等城镇密集地区的空间集聚与扩散的机制和演进规律进行了深入研究，并探讨了因地制宜的空间结构优化模式。课题研究成果最终以《中国沿海城镇密集地区空间集聚与扩散研究》为题于 2000 年出版（图 1-19）。

3）20 世纪 90 年代中期，由顾朝林、张勤牵头，建设部、中国科学院和南京大学等单位合作完成了建设部“八五”重点科研项目“跨世纪中国城市发展战略研究”的研究工作。该课题是建设部为新一轮全国城镇体系规划的编制而作的一项前期研究，对第二次世界大战以后世界城镇发展的趋势作了比较全面的分析，对全球化和信息化背景下的城市发展作了相当程度的研究，并有针对性地提出了中国城市发展的相关对策。课题研究成果最终以《经济全球化与中国城市发展——跨世纪中国城市发展战略研究》为题于 1999 年出版。

4）1999 年至今，吴良镛院士牵头组织，清华大学及北京市、天津市、河北省和建设部等 10 多个单位共同参与，完成了“京津冀北（大北京地区）城乡空间发展规划研究”（即国家自然科学基金九五重点项目“可持续发展的中国人居环境基本理论和典型范例”和清华大学 985 项目“京津冀北地区城乡空间发展规划研究”）的研究工作。该项目研究过程中有多个专业的两百多位专家直接参与，是国内一次大规模的、重要的区域规划研究，主导思想是核心城市“有机疏散”与区域范围内的“重新集中”相结合，实施“双核心/多中心”的发展战略，从而推进北京市的城市建设并带动周边区域的共同发展（图 1-20）。课题研究成果最终以《京津冀地区城乡空间发展规划研究》为题于 2002 年出版，2006 年又推出了《京津冀地区城乡空间发展规划研究二期报告》。

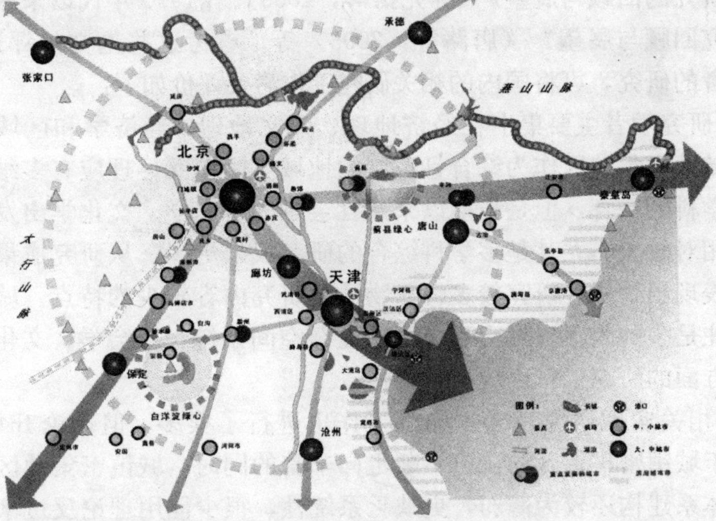

图 1-20　京津冀北城乡空间发展规划结构示意图

来源：吴良镛．京津冀地区城乡空间发展规划研究［M］．北京：中国建筑工业出版社，2002：114.

5）2006 年至今，由邹德慈、周干峙两位院士牵头，正在开展中国工程院重大咨询项目“我国大城市连绵区的规划与建设问题研究”的研究工作。该课题由中国城市规划设计研究院、北京大学、国家发改委、重庆大学等单位共同承担，组织开展了包括人口、经济、土地、生态、交通、文化、管理等方面的多个专题研究、大城市连绵区相关概念研究以及国内外 10 个大城市连绵区的案例分析，项目研究工作旨在为国家相关部门和各级政府的宏观决策提供依据和思路。目前该课题已通过专家评议，进入结题阶段。

3. 相关的规划实践

近十几年来，国内城市和区域规划界陆续开展了一些城镇密集地区的空间规划工作，详见表 1-1。

1.2.4 对国内相关研究的简要评价

综上，在城镇密集地区发展方面，国内外相关研究已经取得了不少可喜的成果，相关研究工作成果的取得，对于正确认识并积极推动我国城镇密集地区的健康与可持续发展，具有十分重要的作用。

针对国内的相关研究，国内学者已经进行了比较系统的评述，如《国外城市密集地区形态发展现象综述》（王雅娟，1994）、《关于大都市带（都市连绵区）研究的论争及近今进展述评》（史育龙等，1997）、《国内外城市群研究的回顾与展望》（林先扬等，2003）、《1990 年代以来国内大都市带研究回顾与展望》（唐路等，2003）等。参考这些论文的评述意见，结合笔者的研究，可将国内的相关研究工作简要评价如下：

1）研究学者主要集中在经济地理、人文地理、经济学和区域规划等领域，城镇密集地区作为综合且独特的地域空间单元，理应有多维度的视角、多学科的综合，但是长期以来从社会学、生态学、文化学出发来研究的成果相对较少，尤其是多学科综合的研究成果更少。从研究成果内容来看，也表现出物质性研究较多、非物质的研究内容较少的特点。城镇密集地区往往是多种因素强烈交互作用的复杂空间系统，社会学、文化学、生态学等方面的研究工作理应得到加强。

2）相关实证研究较多，实际工作也进行了很多，但理论升华不够。人们对于城镇密集地区的认识不断走向丰富的同时，城镇密集地区本质性的理论体系建构还较为薄弱，更缺乏系统性，很少能用理论反过来指导研究和实践工作，专门研究城镇密集地区的经典著作相对较少。

3）对城镇密集地区发展历史进行解释和总结的研究较多，前瞻性的科学预测和发展过程的动态监测等研究有待加强。城镇密集地区的发展异常复杂，不确定因素很多，研究不能只跟在事物发展之后，作出解释和总结，而应更多地走在事物发展之前作出准确预测，为有关部门提供更实际的决策参考，从而更好地对城镇密集地区的发展起到积极的引导作用。

此外，国内与城镇密集地区有关的研究工作还具有下述特点：相关研究工作多停留在定性描述、经验总结阶段，运用定量方法、地理信息系统等新手段的研究较少，对新的经济、社会、技术影响缺乏深度剖析；研究工作多集中于东部沿海经济发达地区的城镇密集地区研究，中西部内陆经济欠发达地区的城镇密集地区研究较少；以单一大城镇密集地区为对象进行的研究较多，不同城镇密集地区之间的对比分析和比较研究较少；正面的、积极的推动性研究较多，侧面的、批判的反思性研究较少；等等。

1.3 项目研究的目的、内容及方法

1.3.1 研究目的与意义

如上所述，国内外有关城镇密集地区的研究工作尚缺乏从生态学视角的系统研究，另一方面，国内有关城市生态与可持续发展的研究工作（包括生态城市、城市规划生态化、城市非建设用地规划等），较多地关注于城市层面（或城市内部）问题的研究，对于区域层面尤其是城镇密集地区层面的研究相对缺乏。为此，本书选择从生态学的视角来研究城镇密集地区的发展问题，设想将生态学研究中的“生物群落”概念引入城镇密集地区的研究中，借鉴生物群落的自然演化规律，对城镇密集地区空间结构的自然演化规律进行初探。全书紧紧围绕“城镇密集地区”这一对象，开展城市规划学与区域科学、生态学相融合的多学科交叉研究，具有一定的理论价值和科学意义。

从我国城镇密集地区发展的实际情况来看，目前正面临着日益严峻的生态危机，如2007年夏季江苏无锡发生的因太湖蓝藻泛滥而引发的水危机事件、湖北武汉发生的1400余亩养殖水域的“死鱼”事件、湖南洞庭湖地区发生的东方田鼠泛滥事件等等，这些生态危机事件一度引起全国的震惊，已经敲响了城镇密集地区可持续发展问题的警钟。生态学（Ecology）作为一门“研究有机体与环境之间相互关系的科学”，为我们科学认识城镇密集地区的可持续发展问题提供了重要的理论指导。针对党的十七大报告所提出的“建设生态文明”的要求[①]，从生态学视角研究城镇密集区的可持续发展问题，也具有重要的现实意义和实践价值。

需要指出，本书研究所谓城镇密集地区的“自然演化规律”，是相对于“人为意志主导下”的城镇密集地区发展进程而言的，并非狭义地仅仅指代城镇密集地区发展的动态过程。在城镇密集地区的发展过程中，始终伴随着自然演进和人类干扰这样两个发展进程。在缺乏对城镇密集地区自然演进规律进行全面研究的情况下，人类对城镇密集地区的规划建设行为正在不知不觉地破坏着城镇密集地区的自然演进过程，过度的人类干扰极易导致城镇密集地区自然生态系统的结构破碎、功能退化与灾变，城镇密

---

① 党的十七大报告首次提出了建设“生态文明”的新要求，报告第四部分“实现全面建设小康社会奋斗目标的新要求”中明确要求“建设生态文明，基本形成节约能源资源和保护生态环境的产业结构、增长方式、消费模式。循环经济形成较大规模，可再生能源比重显著上升。主要污染物排放得到有效控制，生态环境质量明显改善。生态文明观念在全社会牢固树立。”参见：新华社. 胡锦涛在党的十七大上的报告［N/OL］. 新华网，2007-10-24［2008-02-01］. http://news.xinhuanet.com/newscenter/2007-10/24/content_6938568_3.htm

集地区发展的生态风险正日益增加。在这种情况下，积极探索和研究城镇密集地区空间发展的自然演化规律，进而谋求科学的规划与引导，是促进城镇密集地区健康与可持续发展的当务之急。本书以此作为研究工作的目标和任务，拟将群落生态学中的生物群落发展理论拓展至城镇密集地区发展的研究领域，积极探索城镇密集地区空间发展的客观规律性，从而为合理地认识和评价城镇密集地区的发展现象提供理论指导。

1.3.2 主要研究内容

基于作者的专业背景，本书从生态学视角对城镇密集地区发展现象的研究工作，主要着眼于城镇密集地区的空间结构问题。全书共分四大部分：

第1章为研究的绪论。首先通过对当前“城镇群规划”热潮中的冷思考，分析城镇群规划亟待解决的问题，提出本书研究的主要问题，然后就国内外的城镇密集地区研究工作进行综述，通过对国内外研究现状的认识和分析，选定项目研究的方向和研究目标，进而建构项目研究的基本框架。

第2～4章为本书的上篇，即城镇群落的理论建构。第2章主要就本书研究所涉及的两个重要的逻辑前提问题——类比的研究方法是否具有科学性，从生物群落向城镇群落的推论在逻辑上是否能成立（城镇是否是一个生物或者具有生物的一般特征）开展研究，以明确城镇群落研究的逻辑基础。在此基础上，第3章正式提出城镇群落的概念，并就城镇群落与生物群落的关系、城镇群落概念与城镇密集地区相关概念的关系等进行了讨论，第4章就如何对城镇群落的空间范围进行界定作了探讨。

中篇为本书的重点，包括第5～9章，主要就城镇群落空间发展的自然演化规律进行初探。第5章从空间环境分析的角度，讨论城镇群落空间环境的选择，即适宜城镇群落生存与发展的空间环境条件；第6章从空间结构分析的角度，讨论城镇群落空间要素的构成，并对城镇群落不同城镇发展空间的营养级别及空间的层次性进行讨论；第7章从两个主要方面就城镇群落空间形态的基本类型进行讨论和划分；第8章讨论城镇群落空间关系的组织，重点讨论了城镇群落空间发展所存在的共生关系、寄生关系和竞争关系等，并就这些空间关系对城镇群落空间结构的影响进行了分析；第9章从群落动态的角度，分析和研究了城镇群落的发展演替及其基本趋向。

第10、11章为本书的下篇。第10章从城市规划的专业角度简要讨论了城镇群落的空间规划问题；第11章归纳了本书的主要研究结论，并对项目研究的创新点和不足之处进行了说明（图1-21）。

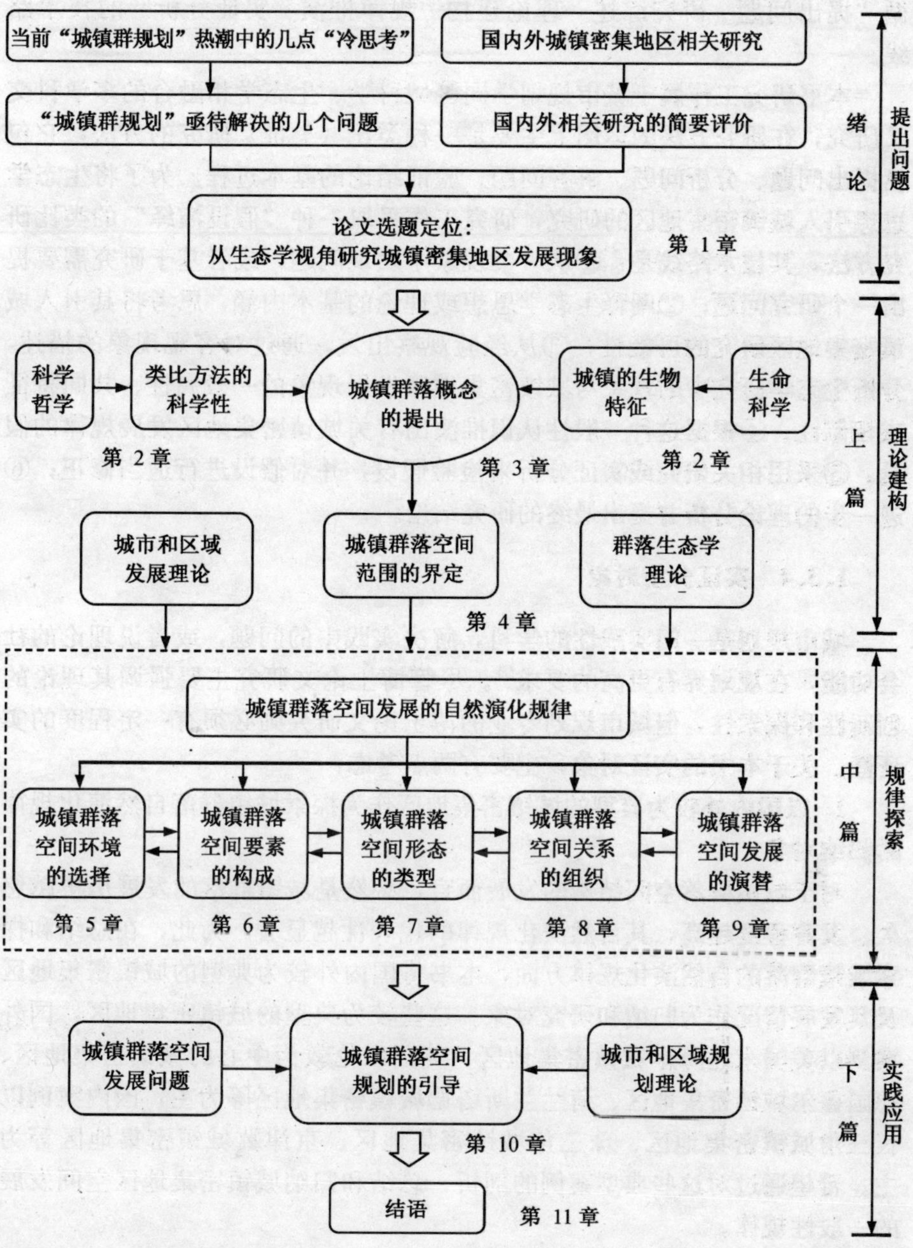

图 1-21　本书研究框架

1.3.3　研究方法和技术路线

科学研究是一个由简单到复杂、由低级到高级，通过已知探索未知，逐渐深化并接近客观真理的过程。根据本书的研究目标和内容，项目研究秉承“以问题为导向”的研究思路，坚持理论与实践并重的基本原则，遵循“提出问题—研究综述—理论建构—规律推演—实证分析”的技术路线。

本书研究工作属于城市规划学同区域科学、生态学相融合的多学科交叉研究，在研究方法的运用上主要是一种类比（类推）研究的方法，它包括提出问题、分析问题、解答问题、验证结论的基本过程。为了将生态学思想引入城镇密集地区的研究，研究工作采取一种“假设演绎”的类比研究方法，其技术路线是：①从一个现象中发现问题，或者基于研究需要提出一个研究问题；②阐释生态学思想或理论的基本内涵，思考将其引入城镇密集地区研究的可能性；③从经验观察出发，通过对客观现象的描述，分析生态学研究中的现象与城镇密集地区发展现象的一般属性、共同特征或相似性；④根据这种一般性认识推演出有关城镇密集地区发展规律的假设；⑤采用相关研究或实证分析来检验假设，并对假设进行适当修正；⑥进一步的理论分析并提出最终的研究结论。

1.3.4 实证分析对象

城市规划是一门实践性的学科，解决实践中的问题，或者说理论的社会功能，在规划界有更高的要求①。尽管博士论文研究主要强调其理论的创新性和探索性，但城市规划专业的博士论文研究则必须有一定程度的实证性。关于本书的实证对象，主要有两点考虑：

1. 以国内外较为典型的城镇密集地区作为探索城镇群落自然演化规律的归纳对象

对于城镇群落空间结构的发展而言，必然是城镇群落的发展历史越悠久、发育程度越高，其自然演化规律的代表性越显著。为此，在总结和探索城镇群落的自然演化规律方面，本书将国内外较为典型的城镇密集地区及其发展情况作为归纳和研究对象。这些较为典型的城镇密集地区，国外案例以美国东北海岸城镇密集地区、英国以伦敦为中心的城镇密集地区、德国鲁尔城镇密集地区、荷兰兰斯塔德城镇密集地区等为主，国内案例以长三角城镇密集地区、珠三角城镇密集地区、京津冀城镇密集地区等为主。希望通过对这些典型案例的剖析，总结和归纳城镇密集地区空间发展的一般性规律。

2. 以笔者求学和工作所在的成渝地区作为重点的实证分析对象

以国内外较为典型的城镇密集地区作为归纳对象，由于案例为数众多，研究工作难免会存在不够具体、不够深入的遗憾，为此，项目研究选择了笔者求学和工作所在的成渝地区作为重点实证分析对象。前文对城镇

① 张兵．城市规划实效论［M］．北京：中国人民大学出版社，1998：11.

密集地区相关研究的综述业已指出，国内城镇密集地区研究工作多集中于东部沿海经济发达地区的实证研究，中西部内陆经济欠发达地区的城镇密集地区研究相对较少，本书以成渝地区作为实证分析对象具有一定的现实意义。

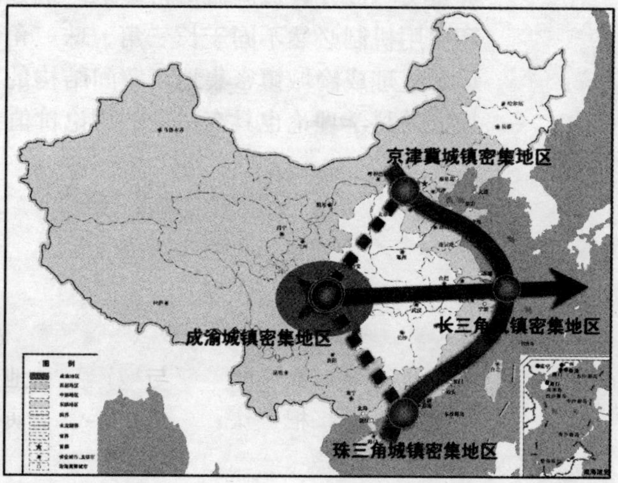

图 1-22　成渝城镇密集地区在我国“弓”形发展格局中的区位示意

成渝城镇密集地区在我国“弓”形发展格局中起着极其重要的战略支点作用（图 1-22），是我国西部大开发“两带一区”的核心①，也是未来我国人口和产业的主要集聚区之一（图 1-23）；2007 年 6 月，重庆市和成都市经国家发展和改革委员会报请国务院批准，成为全国统筹城乡综合配套改革试验区，对成渝城镇密集地区的发展提出了新的要求。加强成渝城镇密集地区的协调发展研究，具有重要的社

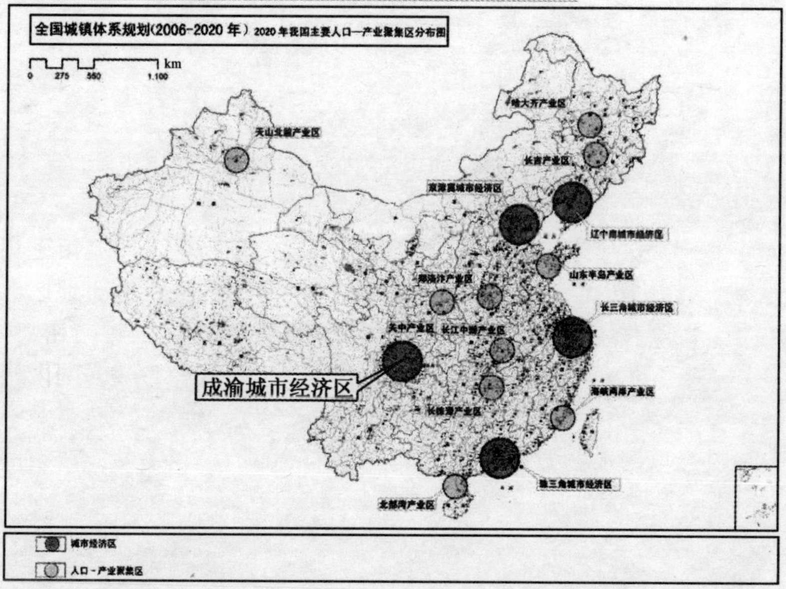

图 1-23　成渝地区是未来我国人口和产业的主要聚集区之一

来源：建设部. 全国城镇体系规划（2006—2020）说明书［R］，2006-12-24：5.

① “两带一区”分别为长江上游经济带、西陇海兰新经济带和南贵昆经济区。

会意义。此外，成渝城镇密集地区地处内陆，其空间结构发展的内在动力和作用机制必然不同于长三角、珠三角、京津冀等东部沿海地区，如何认识和梳理成渝城镇密集地区空间结构的演化规律，对丰富和完善城镇密集地区的科学理论也具有一定的理论价值。

上　篇

2 城镇群落研究的逻辑基础

3 城镇群落概念的提出

4 城镇群落空间范围的界定

“每一次大彻大悟都来自于对另一相似事件理解后的认识。”

——《禅说》[1]

“我们周围的一切，以及我们感官所能感受的一切，在我们面前呈现出无穷无尽的种种现象。毫无疑问，一般人对这些都已司空见惯，平白无奇。但对真正的哲学家来说，却不能无动于衷。奇异活动主宰着整个宇宙，这是任何理由都不能使之削弱的，一切存在的事物看来都永远处于必然的变化之中。”

——拉马克，《主要物理现象起因的研究，初步论断》[2]

① 转引自：邢忠. 边缘区与边缘效应[M]. 北京：科学出版社，2007: 9.

② 转引自：[法]R·达若.生态学概论[M]. 张绅等译. 兰州：甘肃人民出版社，1981: 1.

2　城镇群落研究的逻辑基础

人类所生存的世界，就像是一幅由各种联系和作用相互交织起来的图画，充满了相互联系和相互作用，事物总能在不同层次、不同意义上发生一定的联系，正如《禅说》所言："每一次大彻大悟都来自于对另一相似事件理解后的认识。"源于这种思考，笔者萌发了将生态学中的"生物群落"概念引入城镇密集地区研究的想法，在方法论上拟主要采取一种类比的研究方法：我们可以将某一地域范围内密集分布的一系列城镇及其所依附的城乡空间单元称之为"城镇群落"，根据类比（或类推）原理，"城镇群落"与自然界中的"生物群落"二者之间有可能存在着某些相似性或共通性，据此即能运用"生物群落"的有关理论为城镇群落（或城镇密集地区）的发展提供借鉴。

在正式展开城镇群落自然演化规律的研究之前，有两个十分重要的问题需要给予回答：①本书拟采取的类比研究方法是否具有科学性（或者具有科学价值）？②"城镇群落"概念在逻辑上能否成立？因为在人们的一般观念中，"群落"往往是针对生物而言的，而城镇则是一个相当特殊的事物，似乎与生物的概念差异很大，那么，究竟能否将"生物群落"概念引入城镇密集地区的研究中呢？①

2.1　国内外城市规划研究中的类比思想

在国内外相关的城市规划研究中，重视生物学思想并采取类比研究方法的情况并不少见。就西方现代城市规划理论的发展而言，这方面较为著名的学者当推格迪斯、芒福德、柯布西耶、沙里宁、道萨迪亚斯等。

---

① 在本人博士学位论文开题报告的论证过程中，曾得到多位专家的指点。同济大学赵民教授提醒笔者应当深入思考论文研究的方法论问题；吴志强教授指出"城镇群落"的概念存在一定的逻辑断点，建议对此予以重视并加以阐述。本章内容是对两位专家意见的回应。

地点(地理学)	地点-工作(或地理经济学)	地点-人(或地理人类学)
工作-地点(经济地理学)	工作(经济学)	工作-人(经济人类学)
人-地点(人类地理学)	人-工作(人类经济学)	人(人类学)

图 2-1 地点、工作和人的相互关系

来源：金经元．近现代西方人本主义城市规划思想家（霍华德、格迪斯、芒福德）［M］．北京：中国城市出版社，1998：64.

格迪斯（Patrick Geddes，1854—1932）是一个博学且富于幻想的苏格兰人，他的工作领域远远超脱了城镇规划和教育学的领域，试图将自然科学尤其是生物学的思想应用于社会科学之中。他对进化论非常感兴趣，曾经是生物学家、进化论研究的学术权威和倡导者 T·赫胥黎（Thomas Huxley，1825—1895）的学生（Meller，1990；2004；Boardman，1978）。格迪斯最早注意到工业革命、城市化发展对人类社会所产生的影响，基于生态学的思想和方法，对城市的发展和演化规律进行了深入的研究，于 1915 年出版了《进化中的城市》一书。书中格迪斯强调对于人与环境的相互关系的研究，较为系统地揭示了决定现代城市成长和发展的内在动力。格迪斯的研究显示，人类居住地与特定地点之间存在着一种已经存在的、由地方经济性质所决定的内在联系，因此他认为场所、工作和人是结合为一体的（图 2-1）。

格迪斯提出应把对城市的研究建立在客观现实的基础之上，周密地分析地域环境的潜力和限度对于人类居住地布局形式和地方经济的关系，是城市规划的前提和基础。基于类比方法，格迪斯还对那些制约人类社会发展的内在规律进行了研究，在 1927 年和学生的一次谈话中，他描述了城镇发展的阶段模型："起初是 Polis——即城市，然后发展为 Metro－polis——即大城市，进而又发展成为 Megalo－polis——或者说是畸形发展的城市（City Overgrown），这种城市具有妄自尊大的特征。接下来，随着物质供应能力超越了基本生活要求而更加充裕时，成为了 Parasito－polis（寄生城市），并因此走向衰退。之后，由于物质的、精神的、道德的各种弊病，变为 Pathalo－polis（病态城市），最后变成 Necro－polis——死亡之城，正如长期掩埋的遗存之纪念物所昭示的一切。"[①]

继格迪斯之后，芒福德（Lewis Mumford，1895—1990）对格迪斯的城市进化思想进行了修正和发展，在他所著的《城市文化》（1938）一书中，芒福德定义了城市进化的六个阶段（图 2-2），即从"原始城市"（Eopolis，村落）到"城邦"（Polis，村落的集合）到"大城市"（Metropolis，重要的城市出现），再到"巨型城市"（Megalopolis，衰落的开始）和"专制城市"（Tyrannopolis，城市系统基于经济发展而产生过度膨胀），

① Defries，A. D. 1927：The interpreter Geddes：the man and his gospel. London：Routledge and Sons Ltd..

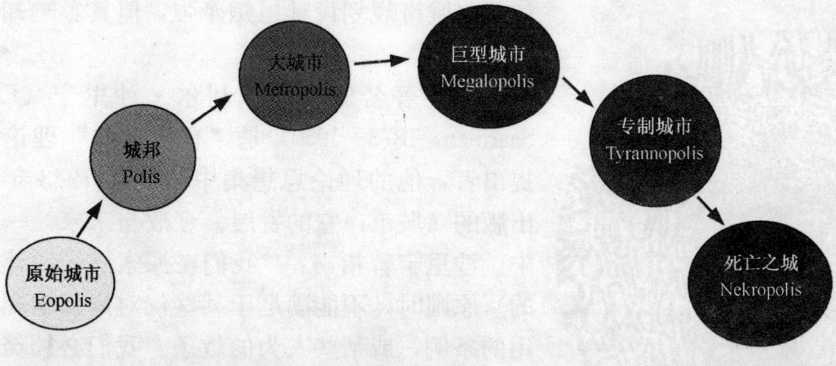

图 2-2　芒福德提出的城市六个阶段进化理论

最后到"死亡之城"(Nekropolis,战争和饥荒,城市被废弃)[①]。

柯布西耶（Le Corbusier，1887—1965）是 20 世纪最著名的建筑大师，同时也是著名的城市规划大师、画家和作家。他对城市规划领域的贡献，最具代表性的是于 1925 年出版的《明日之城市》（Urbanisme）一书[②]，书中阐述了他从功能和理性主义角度出发对现代城市的基本认识，以及从现代建筑运动的思潮中引发的关于现代城市规划的基本构思。柯布西耶对理想城市的诠释、对自然环境的领悟以及对传统的强烈信仰和崇敬都相当别具一格，在《明日之城市》一书的附录中，柯布西耶曾选取多张颇具启发含义的生物学图片，以类比和"验证"他的现代城市理论的合理性（图 2-3）。此外，在柯布西耶所主持的印度昌迪加尔规划中，他以"人体"为象征的类比方法进行城镇结构的规划布局：行政中心当作城市的"大脑"，布置在山麓下全城顶端，可俯视全城；博物馆、图书馆等作为城市的"神经中枢"位于大脑附近，地处风景区；全城商业中心设在作为城市纵横轴线的主干道的交叉处，象征城市的"心脏"；大学区位于城市西北侧，好似"右手"，工业区位于城市东南侧，好似"左手"；城市的供水、供电、通信系统象征"血管神经系统"；道路系统象征"骨架"；城市的建筑组群好似"肌肉"；绿地系统则象征城市的呼吸系统"肺脏"。

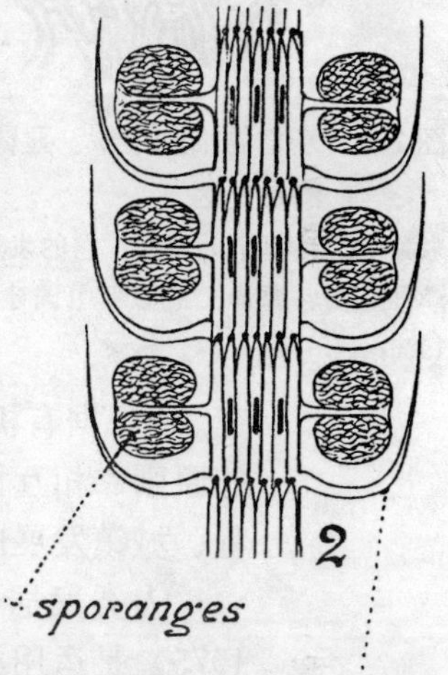

图 2-3　隐花植物孢子囊的实体

我们关于协调的感觉来自于大自然。如果说我们对这些作品有所感觉的话，那是因为我们本身就属于它的体系。

来源：L. Corbusier. Urbanisme [M]. Paris：Les Éditions Arthaud，1980：290.

---

① Baigent E. Patrick Geddes，Lewis Mumford and Jean Gottmann：divisions over "megalopolis" [J]. Progress in Human Geography，2004，24 (6)：687-700. 参见附录 B。

② 该书法文名"Urbanisme"直译为"城市规划"，但国内学者多称《明日之城市》，这主要是受到该书英文版书名"The City of To-morrow And Its Planning"的影响。

如此之城市规划设计虽嫌牵强，但其影响却是深远的。

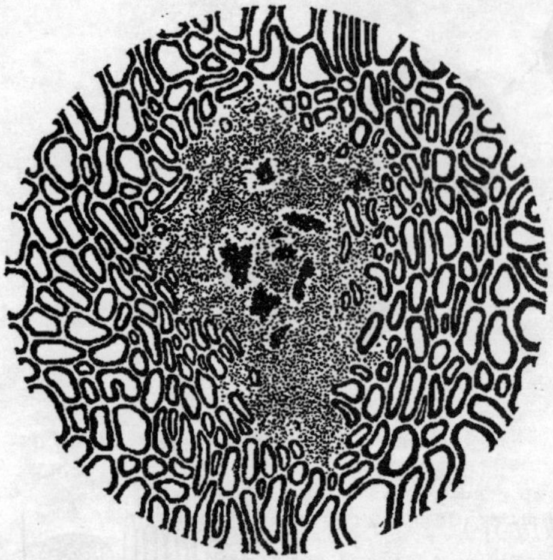

图 2-4　衰亡的细胞组织：显微镜下的“蔓延的贫民区”

来源：E. 沙里宁．城市：它的发展、衰败与未来［M］．顾启源译．北京：中国建筑工业出版社，1986：14.

芬兰著名建筑师伊利尔·沙里宁（Eliel Saarinen，1873—1950）是“有机疏散”理论的提出者，他的理论思想集中体现在 1943 年所出版的《城市：它的发展、衰败与未来》一书中。沙里宁曾指出：“我们在探索（城镇建设的）原则时，不能满足于某些仅对局部情况适用的条例，或某些人为的教条。我们必须努力去发现那些亘古以来自然形成的，而且放之四海而皆准的原则。因此，为了正确地解决问题，必须探本溯源，从大自然中去寻找同城镇建设相类似的变化过程。城镇建设——利用城镇设计——的过程……基本上同自然界任何活的有机体的生长过程相似，而且，既然活的有机体的基本原则，彼此之间并无不同，那么我们完全可以对一般的有机生命的原则进行研究。”[①] 根据有机生命的原则，沙里宁提出了城镇建设的三大原则，即表现的原则、相互协调的原则和有机秩序的原则，进而对城镇发展的一般过程、城镇发展成功或衰败的原因进行了探索（图 2-4）。

人类聚居学家、希腊建筑师道萨迪亚斯（C. A. Doxiadis，1913—1975）是运用类比方法开展城市规划研究的另一代表人物。道萨迪亚斯常常把人类聚居与人、动物等有机物作类比，在人类聚居学的研究中借用了许多医学上的名词，“聚居生理学”就是其中的一个例子[②]。正是基于这种类比研究的思想，道萨迪亚斯剖析了人类聚居的基本属性、发展进化过程以及发展建设的原则等（图 2-5），从而建构了人类聚居学的基本框架。

类比的研究方法不仅为西方学者所广泛采用，就中国城市规划理论的发展而言，也常常采用这种方法。限于篇幅，仅就我国古代城市营建思想略加分析。众所周知，“天人合一”是我国古代城市营建思想最突出的特点之一，所谓“天人合一”，即是要“顺之以天理”，追求与天同源、同构，达成和谐统一的整体。我国古代半坡、北首岭、姜寨等地的仰韶文化遗址布局，就是建立在对以北极为中心的宇宙模式的发现、认同和模仿的

---

① E. 沙里宁．城市：它的发展、衰败与未来［M］．顾启源译．北京：中国建筑工业出版社，1986：9.

② 吴良镛．环境科学导论［M］．北京：中国建筑工业出版社，2001：248.

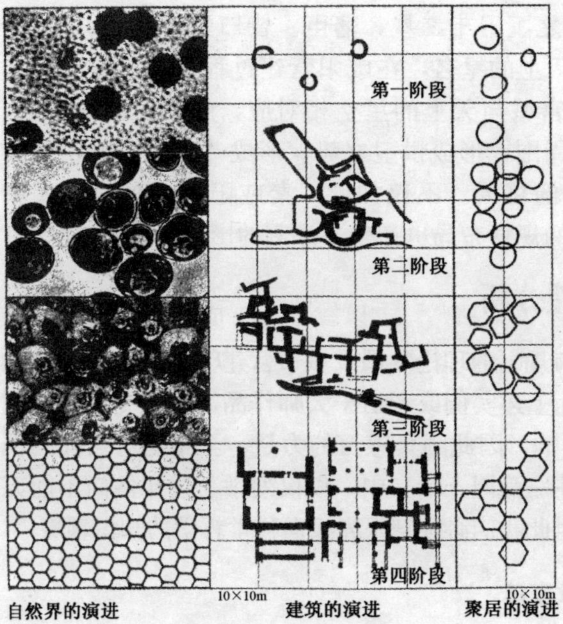

图 2-5　聚居空间形态的演进过程

来源：吴良镛．人居环境科学导论［M］．北京：中国建筑工业出版社，2001：255.

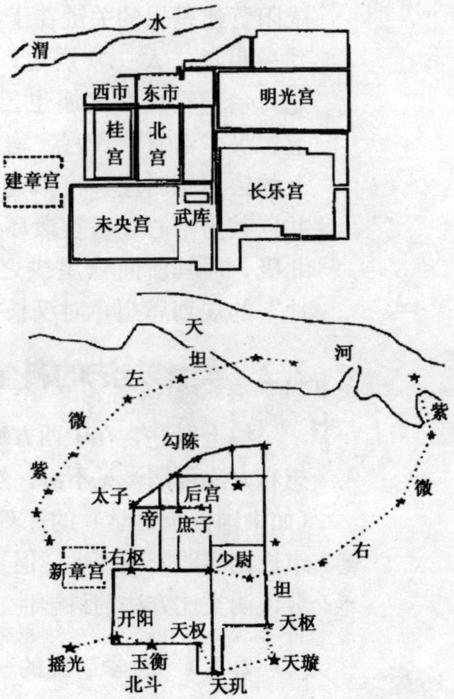

图 2-6　汉长安考古复原图与天体星图比较

来源：李小波，李强．从天文到人文——汉唐长安城规划思想的演变［J］．城市规划，2000（9）：38.

基础上：村落山环水抱的选址是典型的宇宙图式；村落布置成圆形表现出圆以法大的思想；所有房屋的人门都朝向中心广场，表现出对群星拱北极的认同与模仿；村落只朝东方留出道路，反映了东方主生，祝愿部落生机勃勃、繁荣昌盛的思想①。在我国古代传统的文化观念里，自然与人是相互感应并相通的，天、地、人三才共同组成一个统一的有机体，这就是“天人合一”的思想。受“天人合一”思想的支配，古代城市营建活动非常重视“法天象地”的类比手法。古人“仰以观于天文，俯以察于地理”（《周易·系辞下》），唐代孔颖达作疏曰：“仰观于天文，俯以察于地理者，天有悬象而成文章，故称文也；地有山川、原隰，各有条理，故称理也。”（《周易·正义》）观天文，察地理，目的在于弥天地之道，知幽明之故。以秦都咸阳的营建为例，“天人合一”、“法天象地”的思想体现得淋漓尽致。《三辅黄图》曰：“始皇穷奢侈，筑咸阳宫，因北陵营殿，端门四达，以则紫宫，象帝居。渭水贯都，以象天汉，横桥南渡，以法牵牛。”可见，

① 龙彬．中国古代山水城市营建思想研究［M］．南昌：江西科学技术出版社，2001：144.

咸阳营建思想的关键在于“法天”。《史记·天官书》则曰：“中宫天极星，其一明者，太一常居也；旁三星三公，或曰子属。后句四星，末大星正妃，余三星后宫之属也。环之匡卫十二星，藩臣。皆曰紫宫。”天极、阁道、汉、营室、资宫，均是天上的星名，在咸阳营建过程中，将渭河与天上的银河相对应，将拟建的宫城与天上的星空相对应，咸阳宫象征天极，并以其为中心，各宫殿环列周围，形成拱卫之势，形成“为政以德，譬如北极，居其所而众星拱之”的格局。不仅如此，秦咸阳的这种“法天象地”的规划思想，对汉长安的规划布局也产生了深刻的影响（图 2-6）。

2.2 类比方法的科学性分析

综上所述，在中西方城市规划的理论发展及城市营建活动中，类比的思想和方法可谓屡见不鲜。然而上述实例或者出于大师作品，或者受传统文化（如中国传统哲学）的深刻影响，因此颇具感召的力量，至今仍对当代的城市规划实践影响深远，但是在一篇博士论文中，仅仅列举上述实例尚不能充分说明类比方法的科学性，对此我们必须把眼光投向科学哲学的知识领域。

2.2.1 科学研究的一般方法

作为一项高层次的人类认识活动，科学研究必须以一定的方法为指导。而提起科学方法，人们很快就能联想到数学方法、实验方法、系统方法等等。数学方法注重采用公式、函数、方程式等手段，研究事物之间的数量关系、空间关系和结构形式；实验方法，以化学实验方法为例，是实验者运用实验仪器、设备、装置等物质手段，在特定的实验条件下，变革实验对象的状态或性质，通过观察获得各种化学科学的事实以及探究化学问题的一种方法；而系统方法，则是以事物的整体性和系统性为基本思考模式，对事物进行要素、联系、结构信息等分析和综合，有目的地解决问题的一种方法。这些方法都具有一些共同的特点：具体性、精确性和可检验性。这些科学方法的一般特点，统率了人们关于科学方法的一般认识。然而，这里关于科学方法的理解，主要是一种自然科学的认识论。从哲学的层面上，对科学方法应有更为广泛的理解。

从哲学的高度理解科学方法，它既区别于具体研究活动中的技术方法，也区别于某一学科所特有的专业方法。哲学意义上的科学方法，是从科学认识过程中总结出来的规则、规律，是自然科学、社会科学和思维科学所普遍适用的方法，它主要是从世界观、认识论和方法论的角度加以论述的[①]。从哲学的角度，归纳和演绎是两个重要的科学方法。

---

① 刘大椿．科学技术哲学导论［M］．北京：中国人民大学出版社，2005：195.

所谓归纳（Induce），是从事实中概括出一般原理的推理形式和科学方法，即从经验观察出发，通过对大量客观现象的描述，概括出现象的共同特征或一般属性，由此建立理论来说明观察到的各种具体现象或事物之间的必然的、本质的联系[①]。归纳推理是用来整理事实材料，从中得出普遍规律或结论的一种基本方法。人们在经验中接触到的客观事物，是个别的、具体的东西，只有对其进行归纳概括，才能获得关于某种事物的一般性认识，进而把握这一类事物的共同本质和规律性，从而正确地指导实践活动。因此，归纳方法在科学创造和发现方面具有不可替代的作用，它以已知的科学事实作为前提，经过推理概括而扩展认识成果，形成新的科学思想。

与归纳相对应，演绎（Deduce）则是从一般性前提引出个别性结论的推理形式和科学方法，即从一般理论或普遍法则出发，依据这一理论推导出一些具体的结论（假设），然后再将它们应用于具体的现象和事物，并在应用过程中对原有的理论进行验证[②]。演绎推理是一种必然性的推理方法，只要前提正确并遵循了逻辑规则，得出的结论就是可靠的。演绎推理在人们认识过程中有着巨大的作用，通过演绎推理可以为研究提供启示性线索，使之朝正确方向前进，演绎推理还可以为认识的合理性提供严密的逻辑论证。

科学研究是一个由简单到复杂、由低级到高级，通过已知探索未知，逐渐深化接近客观真理的过程。现代科学活动的发展，单纯使用归纳推理或演绎推理，都不足以建立起一门科学的理论，现代科学方法逐渐演变为一种归纳和演绎既对立又统一的方法，即假设演绎法（或称“试错法”），它由归纳推理和演绎推理构成，克服了单纯归纳或单纯演绎的局限性。假设演绎法的基本过程是：①从一个现象中发现问题；②根据已有的一般性认识推演出假设；③通过观察归纳来检验假设；④得出满意的解释。假设演绎法首先从问题出发，为解答问题而提出尝试性的理论假说或研究假设，然后通过大量的观察来检验假说；如果假说与观察到的事实不相符，就要修改原来的理论，提出新的理论假说，再进行新的观察，直到得出满意的结论。

---

① 归纳推理主要由推理前提和结论两部分组成，其前提是由若干个已知的个别事实组成，结论则是从前提中通过逻辑推理而获得的一般原理，是普遍性的陈述或判断。它用公式可表示为：如果对某事物（S）中的很多对象进行观察时发现，所有这些被观察的对象都具有属性（P），那么，可推论出这一事物的全部对象也具有某种属性（P）。

② 演绎推理是由前提、逻辑规则和结论三个部分构成的逻辑原理，前提是已知的一般性判断，逻辑规则是推理中应遵循的形式结构，结论是由前提按照一定逻辑规则推导出来的判断。演绎推理中最常用的推理规则是演绎三段论，它的基本形式是，大前提：所有 X 都是 Y；小前提：X；结论：所以是 Y。

2.2.2 科学研究中的类比方法

在传统的认识论哲学中，人们通常将科学研究视作一个归纳或演绎的逻辑过程。然而，现代的科学哲学家们认为，科学的研究或发现是一个十分复杂的过程，仅依靠观察和对观察材料的归纳和演绎是不足以完成的，它还必须包括进人的主观的创造性活动，而且一种新的科学发现不仅在于观察到了一种新奇事实，同时在于能够解释这种新事实的新理论框架的猜想与建构[①]。一种悠久而独特的科学方法——类比方法，正日益受到人们的重视。

所谓类比，就是根据两类对象或两个对象在一些属性上的相同，并且已经知道一个对象具有某种属性，推出另一对象也具有某种属性[②]。如果说归纳方法是从部分的知识向整体的知识过渡，演绎方法是从整体的知识向部分的知识过渡，那么类比方法则是从一个客体或客体系统的知识，向另一个客体或客体系统的知识的过渡[③]。在逻辑学上，类比方法常常被称作类比推论，简称类推，其基本环节是联想和比较，首先要选取联想和比较的类比对象，然后对研究对象在形态、属性、结构、功能方面，或者理论的原则、形式、方法和内容方面进行联想和比较，一般可用公式表示为：

根据：A 类对象具有 a，b，c，d 属性，B 类对象具有 a'，b'，c'属性

前提：a，b，c，d 属性分别与 a'，b'，c'属性相同或相似

推论：B 类对象可能具有 d'属性（相似于 d 属性）

类比方法由来已久，自古以来人们就萌发了类比的思维意识。在中国传统文化中，《易经》更是类比思维的范式化经典，六十四卦和三百八十四爻的卦象和爻的地位变化，都代表宇宙和人生的某种状态、规律或关联，这是一个高度灵活的、包罗万象的巨大类比网络，充满着颇具神秘色彩的智慧。

类比方法颇具独特性，科学史上的许多发明故事，不少都与类比方法有关。例如，大发明家富兰克林曾把天空中的闪电和地面上的电火花进行比较，发现它们有很多特征相同，如闪电和电火花产生相似的光和声，而且都是瞬时发生的；两者都能燃烧物体；它们都能杀伤生物；两者都有燃烧硫磺的臭味；都能流过导体，并且都集中在物体的尖端；它们都能破坏磁性或使磁体的极性倒过来；电火花和雷电都能熔化金属。同时又知地面上的电机的电可以用导线传导，由此推想天空中的闪电也可用导线传导，

---

① 李建华．科学哲学［M］．北京：中共中央党校出版社，2004：146.

② 王晖．科学研究方法论［M］．上海：上海财经大学出版社，2004：129.

③ 刘大椿．科学技术哲学导论［M］．北京：中国人民大学出版社，2005：195.

后来通过有名的风筝实验，证明天上的雷电与人工摩擦产生的电具有完全相同的性质，并发明了避雷装置。

类比是以比较为基础的。人们为了变未知为已知，往往借助于类比方法，把陌生的对象和熟悉的对象相比较，把未知的东西和已知的东西相比较，进而找出它们之间的相同点或相似点，然后以此为依据，把其中某一对象的有关知识推移到另一对象中去，产生新的理论或知识。

2.2.3 类比方法的科学价值

类比方法是以两个对象之间的类似、对象属性之间的相互联系和相互制约为基础的，但两个对象之间的类似不等于说两个对象的联系是必然的；对象属性之间不仅有相似性，而且存在着差异性；对象中并存的许多属性，有些是对象的固有属性，有些是对象的偶有属性。显然，类比推论属于或然性推论，它的结论只有一定程度的可靠性。正是这个原因，谈到类比的方法，人们的印象中往往没有归纳、演绎等方法那样更具科学性。

不过，我们也应当认识到，在现代科学研究活动中，类比方法具有十分重要的科学价值。类比方法的价值，最直接地体现在现代的工业仿生设计中，例如，人们常常将机械、物理、化学系统模仿生物系统，类比苍蝇的楫翅，研制出用于火箭和飞机导航的振动陀螺仪，类比蛙眼而制造出人造卫星跟踪系统等。

之所以类比方法具有一定的科学价值，是在于它和归纳、演绎等科学方法一样，具有一定的客观基础。类比方法的客观基础，即事物之间普遍联系的本质属性。客观世界具有相似性和统一性，如九大行星运动和电子绕原子核高速运动；电荷间相互作用和磁体间相互作用，正是这种相似性和统一性的启发，奥斯特发现了电流的磁效应，法拉第发现了电磁感应，麦克斯韦建立了电磁场理论。类比方法并非先验的，而是人类思维经验的抽象。事物之间普遍联系的本质属性，正是类比方法具有科学性的重要体现。

对于科学研究活动而言，类比方法具有重要的启发意义。类比方法是立足于已有的知识基础，对陌生对象进行科学概括的试探方法，正如康德所说："每当理智缺乏可靠论证的思路时，类比这个方法往往能指引我们前进。"[①]不仅如此，类比推动着假说的诞生。所谓假说，即是人们以已知的经验事实和科学理论为根据，对未知现象或规律性所作出的推测性解释[②]。对于当代的一些科学前沿问题，由于远离经验、探索性强而无法直

① ［德］康德．宇宙发展史概论［M］．全培嘏译．上海：上海人民出版社，1972：147.

② 王晖．科学研究方法论［M］．上海：上海财经大学出版社，2004：133.

接感知或推测客观事实，就非常需要通过类比方法，提出科学假说，作出科学预言。贝弗里奇曾评价说："类比法在提出线索和假说，以及帮助理解无法看到的现象和情况方面，有着十分可贵的作用。"① 总之，类比方法在人们认识客观世界和改造客观世界的活动中，具有十分重要的意义。

当然，由于类比方法的局限性，在类比方法的使用过程中，应注意提高类比的效能和可靠性，是十分重要的。基本的思路是：所依据的两个对象的共有属性，要尽可能地多；被比较的对象的共同属性是这些对象最典型的、同它们的特殊属性密切联系着的属性；所依据的两个对象的共同属性越是本质的，共同属性与类推的属性相关得越好；被用来进行比较的属性应具有多样性，并且应当是任意地、随机选择出来的。当然，为了进一步提高类比方法的科学性，我们也可将类比方法与归纳方法、演绎方法等相结合，作进一步的验证，以弥补各自的不足，提高科学研究的质量和水平。

2.3 城镇的生物特征

如前所述，类比方法是从两个或两类对象中有某些共有的、相同或相似的属性，推导出一个对象可能具有另一个或另一类对象已经具有的属性，利用已掌握对象的某一属性去理解把握另一个对象的类似属性的科学方法。通过对类比方法的深入理解不难发现，类比推论的应用是有条件的。从逻辑学的角度，两个或两类对象中是否具有一些共有的、相同或相似的属性，是类比推论十分重要的逻辑基础。在将城镇密集地区与生物群落进行类比研究之前，本书必须回答的另一个关键性问题是，从生物群落向城镇群落的推论能否成立？

之所以产生这样的疑问，因为人们都知道，"生物群落"的概念主要是针对"生物"而言，一般来看，城镇与生物体之间，似乎存在有太大的差异：城镇与生物体的尺度差异很大，城镇的规模非常庞大，建成区面积可达数千平方公里，而目前人们所知道的体形最大的动物（远古时期生活于地球的恐龙），体长最大也不过 30～40m，其他一些生物体的尺度都相当有限；生物体一般都具有出生、发展、成熟、衰老、消亡的生命周期，而城镇似乎并不是注定要衰败和死亡的；等等。这样来分析，答案似乎是否定的。

真能够下这样的结论吗？当然是不能如此草率回答的。

问题的关键在于，城镇是否是一个生物？换句话也可以说，城镇是否具有生物的一般特征？

---

① ［英］W. I. B. 贝弗里奇．科学研究的艺术［M］．陈捷译．北京：科学出版社，1979：98.

这就又必须首先回答：什么是生物？它一般具有什么样的一些基本特征？

2.3.1　生物的基本特征

所谓生物，根据《辞海》的定义，即“自然界中具有生命的物体，包括植物、动物和微生物三大类”（《辞海》，1999：4900）。作为生物科学的一个基础分支学科，生态学是研究有机体与其周围环境相互作用的科学（孙儒泳，2002），这里的环境包括非生物环境和生物环境，前者如温度、可利用水、风等，后者则主要是指同种或异种其他有机体。在生态学中，“生物”的概念常常又被称作“有机体”或“个体”等。生物学中有四门基础学科与生态学关系很密切，即遗传学、进化论、生理学和行为学①，而生物学中的这四门基础学科无一不是围绕着“生物”而展开的。

生物的本质在于其生命特征。生物学就是一门关于生命的科学②。所谓“生命”，即“由高分子的核酸蛋白质和其他物质组成的生物体所具有的特有现象。能利用外界的物质形成自己的身体和繁殖后代，按照遗传的特点生长、发育、运动，在环境变化时常表现出适应环境的能力”（《辞海》，1999：4900）。在《自然辩证法》中，恩格斯也曾指出：“生命是蛋白质的存在方式，这个存在方式的基本因素在于它和周围外部自然界的不断新陈代谢。”可是，仅从这些概念出发，我们尚难以理解“生物”和“生命”的内涵。我们需要更加具体的一种解释和说明。

在日常生活中，我们并不难区分“活”的（或有生命的）生物和“死”的（或无生命的）非生物，但是，要给“生物”或“生命”一种准确的解释却是十分困难的，因为生物种类非常之多、数量非常之大，生命现象可谓错综复杂。然而，从错综复杂的生命现象中提出生物的一些共性，或称“生物”或“生命”的一些基本属性，则是可能的。根据生物学的研究，“生物”或“生命”的基本属性主要体现在以下方面：①化学成分的同一性——从元素成分来看，构成各种生物体的元素都是普遍存在于无机界的C、H、O、N、P、S、Ca等元素，并不存在特殊的生命所特有的元素。从分子成分来看，各种生物体除含有多种无机化合物外，还含有蛋白质、核酸、脂、糖、维生素等多种有机物，这些有机物，在自然界都是生命过程的产物。②严整有序的结构——生物体的各种化学成分在体内不是随机堆砌在一起，而是严整有序的。生命的基本单位是细胞（Cell），

---

① 孙儒泳．动物生态学原理［M］．北京：北京师范大学出版社，2001：5.

② ［美］哈尔·赫尔曼．未来世界中的生物学［M］．邱功宗，赵功民译．北京：科普出版社，1983：1.

细胞内的各结构单元（细胞器）都有特定的结构和功能。生物大分子，无论如何复杂，还不是生命，只有当大分子组成一定的结构，或形成细胞这样一个有序的系统，才能表现出生命。③新陈代谢——生物是一个开放系统，生物和周围环境不断进行着物质的交换和能量的流动。一些物质被生物吸收后，在生物体内发生一系列变化，最后成为代谢过程的最终产物而被排出体外，这就是新陈代谢，它是维持生物体的生长、繁殖、运动等生命活动过程的根本特征。④生长和繁殖——生长是指生物体或细胞由小到大，由简单到复杂的过程，而每一种生物都有生有死，其种族的延续不断要靠生物的繁殖。⑤遗传、变异和进化——“种瓜得瓜，种豆得豆”，物生其类，这是生物具有遗传性的表现，同一起源的生物个体间的环境相同而遗传不同时，会出现变异，生物通过遗传和变异的相互作用而得以由低等到高等、由简单到复杂的发展进化。⑥应激性和运动——生物一旦接受外来刺激，能够通过内在的兴奋和调节，而发生合目的的反应，并进一步出现活动或行为，从而对环境进行适应。[①]那么，城镇究竟是否是一个生物或具有生物的一般特征？

2.3.2 根据生物的基本特征对“城镇”进行检验

为了验证城镇是否是一个生物或者是否具有生物的一般特征，我们需要从下述几个方面对城镇的属性加以分析：

1）从构成来看，我们能够认识到城镇是由建筑物、道路、土壤、植被、水系等所构成的，这些成分错综复杂，很多成分基本上都是人类（生命）活动的结果（产物），但是否能够据此而得出城镇“化学成分的同一性”的结论？

2）从结构上来看，不管是否经过了规划设计（自然形成的城镇也会有人类意志的作用而体现出秩序），很多城镇的功能分区、道路网系统、基础设施、环境景观等井然有序，城镇的中心区、工业区、商业区、居住区等结构和功能也可谓严整有序，似乎符合“严整有序的结构”的特征。

3）从物质交换和能量流动来看，城镇的生存必须依赖于自然环境所提供的水、食物以及城市活动所需的各种原材料，城镇的道路和水、电、气、通信等基础设施管道也是城镇各种物质、能量流动的载体，城镇也具有自身的“新陈代谢”过程，这一点似乎不容置疑。

4）从生长和繁殖的角度来看，城镇的用地扩张、规模增长等可以看作其生长的过程，城镇活动不断向周围地区蔓延并形成新的城镇空间的过

---

① 参见：陈阅增．普通生物学——生命科学通论［M］．北京：高等教育出版社，1997：1-3.
陈品健．动物生物学［M］．北京：科学出版社，2001：10-11.
沈银柱．进化生物学［M］．北京：高等教育出版社，2002：19-25.

程也可以看作是其繁殖的过程，但是，如何理解城镇的“生”和“死”？城镇的诞生还相对容易理解，对城镇的死亡应作何种解释？尽管在长期发展的历史过程中，的确有一些城镇在地球上消失（死亡）了，但能否预言所有的城镇最终都将面临死亡的结局？

5）城镇的“遗传、变异和进化”应作何种理解？

6）城镇的“应激性”还容易理解（城镇受到外界的作用后发生反应），但如何理解城镇应激反应之后的“运动”属性？

对照生物（生命）的基本属性来对城镇所作的上述分析，似乎始终是一种“类比”的思想在起作用，总让人觉得有点模棱两可和不可靠。

怎么办？

如果我们继续按照生物（生命）的逻辑分析下去，模棱两可的感觉可能永远无法消失。那么问题究竟出在了哪里？

2.3.3 城镇是一个特殊而复杂的生物体

实际上，在上述分析中我们犯了一个低级的错误，即总是局限于从城市规划的角度去认识城镇：“一定数量的非农业人口和非农产业的集聚地，是一种有别于乡村的居住和社会组织形式”①；“国家按行政建制设立的直辖市、市、镇”②；“以非农业和非农业人口聚集为主要特征的居民点，包括按国家行政建制设立的市和镇”③……

我们进入了一个陷阱。城市规划是一种物质空间规划，我们的思维便总是局限在物质空间的层面。在这样的一个陷阱中，我们自然无法厘清“城镇是否是一个生物”这样一个命题。

而如果我们转变思维观念，用生物学的观念去观察和认识城市，难题就自然会迎刃而解。从生物学的角度，城镇是以人为主体，人口、活动、设施、物质、科技、文化高度集中的开放性有机综合体，它不过是与农村相对应的一种人类聚居形式而已，在本质上它不过是人类的一个聚居体。人是一种高级动物，但人更是众多生物中的其中一员，这是不可否认的。这样来分析，由众多的人所组成的城镇（人类聚居）自然也就具有生物的属性，应当被归入到生物体系的其中某一个层次之中。这也正如著名人类聚居学家道萨迪亚斯曾经指出的：“人类聚居是一些独特的、复杂的生物个体。”④

我们不能拒“人”于“生物”之外。

---

① 中国城市规划学会，全国市长培训中心．城市规划读本［M］．北京：中国建筑工业出版社，2002：1.

② 中华人民共和国城市规划法［Z］，1989-12-26.

③ GB/T 50280—98 城市规划基本术语标准［S］.

④ 吴良镛．环境科学导论［M］．北京：中国建筑工业出版社，2001：232.

“人，这种生物圈的后来者，在其科学和技术发展的过程中，抛弃了对神的信仰，嘲弄了原始的神话，却编造了并坚持着自己的信仰和神话。人相信自己是万物的灵长和主宰，相信自己有高于其他一切存在物的品质和权利，相信自己是或应该无所不知、无所不能；在杜撰的人与外部环境的对立中，人能控制一切，战胜一切；人能控制疾病，干预死亡，人能制天、制身、制心，人能预言未来。”① 在《细胞生命的礼赞——一个生物学观察者的手记》（The Lives of A Cell：Notes of a Biology Watcher）一书中，著名医学家、生物学家、美国科学院院士刘易斯·托马斯（Lewis Thomas）博士曾经从一个独特的角度，根本性地批判了当今人类社会的这种人类自大或人类沙文主义。

在《细胞生命的礼赞》一书中，托马斯博士难以置辩地指出了人和群居性动物的共同性，指出群居性昆虫群是一个生命，鱼群、鸟群是一个生命，社会、城市是一个有机物，甚至连地球也可被看作是一个单个细胞：

“从适当的高度往下看，大西洋城边青天白日下的海滨木板路上，为举行年会从四面八方聚集而来的医学家们，就像是群居性昆虫的大聚会。同样是那种离子式的振动，碰上一些个急匆匆来回乱窜的个体，这才略停一停，碰碰触角，交换一点点信息。每隔一段时间，那群体都要像抛出钓鳟鱼的钓线一样，准确无误地向恰尔德饭店抛出一个长长的单列纵队。假如木板不是牢牢钉住，那么，看到他们一块儿筑起各式各样的巢穴，就不用感到吃惊了。

用这种话来描绘人类是可以的。在他们最强制性的社会行为中，人类的确很像远远看去的蚁群……蚂蚁的确太像人了，这真够让人为难。它们培植真菌，喂养蚜虫作家畜，把军队投入战争，动用化学喷剂来惊扰和迷惑敌人，捕捉奴隶。织巢蚁属使用童工，抱着幼体像梭子一样往返窜动，纺出线来把树叶缝合在一起，供它们的真菌园使用。它们不停地交换信息。它们什么都干，就差看电视了。”②

托马斯博士用富于激情的文字，指出地球上生命的同一性要远远胜过它的多样性，人类跟周围的生命具有共同的基因，因而我们时刻不能忘记自己作为生物的本质。

虽然《细胞生命的礼赞》一书属于“随笔”的性质，文中到处充满着类比和联想的写作手法，缺少学术著作那种严密的推理和论证过程，但是我们必须承认其思想的博大而深邃。“人是由具有独立的生命、独自复制繁衍的细胞和细胞器组成的复杂的生态系统。而宏观地看，人又是社会、

---

① ［美］L. Thomas. 细胞生命的礼赞［M］. 李绍明译. 长沙：湖南科学技术出版社，1992：2（序）.
② ［美］L. Thomas. 细胞生命的礼赞［M］. 李绍明译. 长沙：湖南科学技术出版社，1992：7-9.

城市这些巨大生物的细胞，是无名的组成部分。因而，人的自尊自大是没有根据的，也是不必要的。人与其他生物的同一性比其特殊性更为重要。”①

实际上，我们所关注的城镇的物质空间问题，在生物界同样存在着。我们所居住、工作和游憩其中的城镇建筑、厂房、街道、绿地等，在生物界能够找到同样性质的“物质空间载体”，如蜂窝、蚁窝等，只不过与城镇的物质空间有所差异而已（图 2-7）。我们整日忙碌和从事的各项城镇生产、生活活动，在生物界同样存在着。人类聚居的社会属性和集体智慧，并不被人类所独自占有，生物界同样充满着“社会性”活动和集体智慧。再如托马斯博士所描绘的：

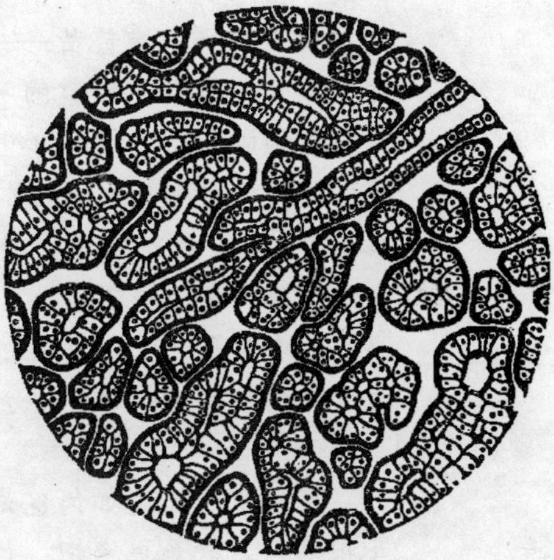

图 2-7　细胞组织：显微镜下的“社区规划”
来源：E·沙里宁．城市：它的发展、衰败与未来［M］．顾启源译．北京：中国建筑工业出版社，1986：10.

“建造蚁丘的时候，有时需要一批一定规格的细枝，这时，所有成员立刻都着魔般搜寻起正合规格的细枝；后来，外墙的建筑就要完成，要盖顶，细枝的规格要改变，于是，好像从电话里接到了新的命令，所有的工蚁又转而寻找新型号的细枝。如果你破坏了蚁丘某一部分的结构，数百只蚂蚁会过来掀动那一部分，移动它，直到恢复原来的样子。当它们觉察到远方的食物时，于是，长长的队伍像触角一样伸出来，越过平地，翻过高墙，绕过巨石，去把食物搬回来。

白蚁在有一个方面更为奇特：群体变大时，其智慧似乎也随之增加。小室里有两三只白蚁，就会衔起一块块土粒木屑搬来搬去，但并没有什么结果，什么也没有建造起来。随着越来越多的白蚁加入，似乎达到了某种临界质量或法定数，于是思维开始了。它们开始把小粒叠放起来，霎时间竖起一根根柱子，造成一个个弯度对称的美丽拱券。一个个穹顶小室组成的晶状建筑出现了。迄今还不知道它们是怎样交流信息的，也无人明白，正在建造一根柱子的白蚁们怎样知道停止工作，全队转移到一根毗邻的柱子，而时候一到，它们又怎样知道把两根柱子合拢，做成天衣无缝的拱券。一开始时它们不再把材料搬来搬去，而是着手集体建筑的刺激物，也许是在它们的数目达到特定阈值时释放的外激素。它们像受了惊一样作出反应，它们开始骚动、激奋，然后就像艺术家一样开始工作。

蜜蜂同时过着几种生活：既是动物，又是动物的组织、细胞或细胞器。

① ［美］L. Thomas. 细胞生命的礼赞［M］．李绍明译．长沙：湖南科技出版社，1992：2（序）．

离巢外出寻找花蜜的单个蜜蜂（根据一个跳舞的小蜂给它的指令："去南偏东南七百米，有苜蓿——注意根据太阳偏转调整方向。"）仍然是如同有细丝系住一样属于蜂巢的一部分。工蜂在营建蜂巢的时候，看上去就像胚细胞在构成一片发育中的组织；离远一点看，它们像是一个细胞内的病毒制造出一排排对称多边形晶体。分群的时刻来到，老蜂王打算带着它的一半家口离巢而去，这时的景象就像蜂巢在进行有丝分裂。群蜂一时来回骚动，就像细胞液里游动的颗粒。它们自动分成几乎一点不差的两部分，一半跟着要离去的老蜂王，另一半跟着新的蜂王，于是，像一个卵子分裂一样，这个毛茸茸晶黑金黄的庞然大物分裂成两个，每一个都拥有相同的蜜蜂基因组。

……

虽然我们无论如何也是所有群居性动物中最具社会性的——比蜜蜂更互相依赖，联系更密切，行为上更不可分，我们却并不经常感到我们的联合智慧。然而，我们也许是被联在一些电路里，以便贮存、处理、取出信息，因为这似乎是所有人类事务中最基本、最普遍的活动。我们的生物功能，或许就是建筑某种丘。"[①]

当然，我们必须承认，作为一种非常特殊的生物形式，城镇（人类聚居）较之一般的生物体具有更为独特、更为复杂的结构和功能。道萨迪亚斯曾借鉴赫胥黎的做法，将地球上的生物体划分成三个等级：第一级为最简单的细胞；第二级为较为复杂的动物和人等自然生物体；第三级是最为复杂的人类聚居。因此就等级而言，人类聚居要比细胞体高两个等级，比自然有机体高一个等级；而它的复杂程度要比其组成部分高出更多的等级。不过，这并不影响我们关于"城镇是一个生物（或具有生物的特征）"这一命题的深入理解。

即使在国内的一些论著中，我们也常常可以看到"城镇是一个有机体"的观点和主张（吴良镛，1996[②]；齐康，2002[③]；等等）。

这正如美国芝加哥学派代表人物帕克（R. E. Park）早在1915年就曾指出的："城市人类在竞争与合作中所组成的各类群体相当于动植物群落"，支配自然生物群落的某些规律同样也可以应用于城市人类社会[④]。

"城市，尤其是现代的美国城市，乍看之下给人的印象根本不像是自然发展的产物，很难把它看作一个活体。比如说，大多数的美国城市，其

---

① ［美］L. Thomas. 细胞生命的礼赞［M］. 李绍明译. 长沙：湖南科技出版社，1992：7-9.

② 吴良镛. 吴良镛城市研究论文集——迎接新世纪的来临[M]. 北京：中国建筑工业出版社，1996.

③ 齐康. 我看城市［J］. 现代城市研究，2002（6）：4-7.

④ 马交国等. 生态城市理论研究进展［J］. 地域研究与开发，2004，23（6）：41.

平面布局图都像一个棋盘，街坊是距离单位。这种几何图形令人觉得，似乎城市是一种纯粹的人工构筑物，可以随意拆开，又可以随意拼合，就像用构件板块拼装房屋似的。

而事实上，城市是根植在它的居民的风俗习惯之中的。这样就形成了城市既有其物质的组织形式，又有其道德的组织形式，这两种形式以其特有的方式互相作用，互相影响，互相调节。城市给人留下的印象，首先就是它那庞大而繁复的结构。但是，这种结构特性终究还是发端于人类特性的，而且也就是人类特性的一种表现形式。另外，这种巨大的组织形式又是居民生活中各种需求的产物，它一经形成便作为一种最粗陋的外在物强加在居民头上，并且把居民按照它自身的利益和形式组织起来。结构和传统只不过是一种单一文化复合体的两个不同侧面，城市有别于农村，有别于乡野生活的特性正是由这种文化复合体决定的。”①

不过，需要注意到一个重要问题，即整个生物界是一个多层次的有序结构，在细胞这一层次之上，还有器官、个体、种群、群落等多个层次，它们的协调活动构成了复杂的生命系统。同时，生物界每一层次中的各个结构单元都有它们各自特定的结构和功能，因此对于前文中所论述的“生物”（或生命）的基本属性，并不全部都为各个层次的生物体类型所具有。例如，为生物（有机体）所普遍具有的“死亡”现象，就不能推演至种群或群落的层次。种群不会像有机体的器官那样因为衰老而消失，它们是通过环境的破坏或变化，或通过竞争而被别的种群部分或全部所取代。因此，一个群落的“消失”或“死亡”和有机体器官机能丧失而自然死亡是不一样的。同样，群落的“生长”和“成熟”过程，也不是像个体发生在器官内的从幼年期到老年期的变化，而是发生在种群的更替上，在通常的情况下，群落的成员不会像有机体的器官或组织那样在结构上直接相关联，群落和有机体不同，它不可能在环境条件不相同的生境或气候条件下繁殖而不丧失其一致性，群落之间缺乏遗传学的基础（宋永昌，2001：28-29）。

关于前文中在运用生物的基本属性对“城镇”概念进行检验时所遇到的种种困难和疑惑，在这里我们可以给出初步的解释。至于“城镇”概念究竟对应于哪个层次（个体、种群、群落等）的生物体，以及“城镇群落”与一般的生物群落的差异性何在，后文将予以讨论。

---

① R. E. Park. The city: Suggestions for the investigation of human behavior in the city environment. 转引自：[美] R·E·帕克，E·W·伯吉斯，R·D·麦肯齐．城市社会学 [M]．宋俊岭，吴建华译．北京：华夏出版社，1987：3-4.

2.4 小结

本章是城镇群落研究工作的铺垫，探讨了城镇群落研究的两个逻辑基础：①类比的方法是否具有科学价值？②城镇是否是一个生物或具有生物的一些基本特征？

本书的研究方法不同于一般的论文研究中所采用的科学方法（如归纳、演绎等），主要是采取了类比的方法。类比方法并不是一种自身极其完美的科学方法，类比推理的结论往往具有或然性，然而这并不妨碍我们对它的合理使用，也正是类比方法的大量运用，推动了众多科学假说的提出。为了提高类比研究的效能和可靠性，本书的后续研究中将注意与归纳方法、演绎方法等的结合使用。

城镇不过是与农村相对应的一种人类聚居形式，它在本质上和农村一样，都是人类的一个聚居体，是一种较为独特且十分复杂的生物个体。由众多的人所组成的城镇（人类聚居）必然也具有生物的属性，可被归入生物体系的某一层次之中。

根据类比研究方法的固有特点，类比研究所依据的两个对象，其共有的属性越是典型的或本质的，那么类推的属性越是相关，类比研究的效能和可靠性越佳。由于人是组成城镇的基本细胞，人本身即属于众多生物中的一种，人和生物具有同一性和本质上的一致性，从而保证了从“生物群落”向“城镇群落”类推研究的可靠性。

3 城镇群落概念的提出

自然界中生长的植物，无论是天然的或是栽培的，既没有一株孤立生长着的个体，也没有一个完全孤立的种群，它们总是和其他植物成群地生长在一起，这种共同生长不论是间断的还是连续的，绝不是杂乱无章的堆积，而是形成了一定的结构，执行着一定的功能——这就是植物生长的群落现象。

自然界中的群落现象，让我们自觉或不自觉地联想到城镇密集地区的发展现象。由此便产生出一个疑问：自然界中的群落现象与城镇密集地区的发展现象，二者之间是否具有一定的类似性？其发展演化规律有何共同性和差异性？关于自然界中的群落现象，是否已经有一些较为成熟的理论？这些理论能否为我们科学认识城镇密集地区的发展现象提供借鉴？

3.1 “城镇群落”的概念

3.1.1 生态学研究中的“群落”思想

在生态学研究中，“群落”是一个十分重要的概念。“群落的概念是生态思想和生态应用中最为重要的原则之一”（E. P. Odum，1971），有生态学家甚至说“生态学就是关于群落的科学”（V. E. Shelford，1913）[①]。“群落”概念为我们从生态学角度认识城镇密集地区发展现象提供了一个新的视角。

所谓“群落”，即“生物群落”的简称，是指在相同时间聚集在一定地域或生境中各种生物种群的集合。一般来说，生物群落这个概念，是德国的生物学家默比乌司（Mobius）于1880年首次使用的（赵志模，1990；

① 转引自：宋永昌. 植被生态学［M］. 上海：华东师范大学出版社，2001：22.

孙儒泳，2001)，他在研究海底的牡蛎种群时，注意到这种动物只能在一定温度、盐度等条件下生活，并且与其他的鱼类、甲壳类、环节动物和棘皮动物类密切相关，构成一个相互联系、相互制约的有机统一体，他把这个统一体称为群落（Biocoenosis)。不过，植被生态学的学者则认为群落的概念可以追溯到洪堡（Humboldt）和Schouw：早在19世纪初，洪堡就已经认识到在一个地点，一定种类的植物总是生长在一起；Schouw则于1822年就提出了植物群落的命名法（宋永昌，2001)。

关于群落的概念，国内外学者还有一些其他的定义，如：

"群落是有一定区系组成、一致生境条件和一致外貌的植物组合。"(Flahault等，1910)

"植物群落（十动物群落＝生物群落）是一个经过生境选择的、由植物（或动物）组成的功能单位，作为一种能够自我调节和自我更新的作用机构，它们处在为了空间、养分、水分和能量而竞争的动态平衡之中，每个成分都作用于所有其他成分，并以生境、产量以及一切生命现象在外观与色彩和时间进程方面的协调一致为特征。"（Tuxen，1957)

"植物群落是在一定地段上的植物组合，它具有均匀的种类组成和垒结，在植物之间，以及植物与环境之间存在着一致的相互关系。"（苏卡切夫，1957)

"生物群落是指一定地段或生境里各种生物种群构成的结构单元。在自然环境中，无论是原始的还是经过人们改造的生境内，有多种多样的植物、动物和微生物生活在一起，虽然它们在分类地位上，亦即在系统发育或亲缘关系上或许相差甚远，但是它们作为生境中各种生物种群松散结合的结构单元，在其内部却存在着极为复杂的相互联系，并由于功能整合原理，即随结构的复杂化而赋予新的性质，使得这个结构单元具有与组成它们种群所不同的静态和动态的特征。"（赵志模，1990)

……

尽管专家学者在对群落概念的表述上不尽一致，但仍然可以从中归纳出作为群落的一些基本特征：①由一定的生物种类组成，这些生物成群生长，形成或多或少明显的集群；②组成群落的各种生物既保持它们各自的生物学特征，同时在生态上又存在着密切的相互影响；③群落与环境具有不可分割的紧密联系，一方面，一个群落的出现总是和一定的环境条件相联系，即群落在一定的条件下才能形成，另一方面，群落对环境也产生很大的影响，会引起一定程度上的环境改变。

不论如何，"群落"一词，是与基因、细胞、个体、种群等概念相对应的一个生物学术语。在生物学各个不同层次的研究对象中，生态学是研究以个体、种群、群落和生态系统为中心的宏观生物学（图3-1)。正如同城市规划学科对人类聚居环境的研究包括建筑单体、社区（建筑群体）、城市片区、城市、区域乃至全球等不同的空间尺度一样，由于研究对象的不同，生态学也有个体生态学、种群生态学、群落生态学、生态系统生态学等不同的分支学科[①]，群落生态学正是生态学中的分支学科之一。

以“群落”为主要研究对象的群落生态学，是集中研究生态系统中有生命的部分——即生物群落的一门科学（赵志模等，1990）。此外，群落生态学在国际上也常常被称作“植物群落学”（Phytocoenology）或“植被生态学”（Vegentation Ecology）。这是因为这一学科领域的研究对象，主要是植物（或称植被），即群落生态学更多的是关于构成植被的植物群落的组成结构、功能适应、动态发展、分类分布以及管理和利用。学术界也有另外一种说法，即对于这一生态学分支学科，由于研究派系不同，欧洲大陆的人们常常称“植被科学”（Vegentation Science，Vegetationskunde），而英语国家的人们则习惯称“群落生态学”（Synecology），于是生态学家 D. Mueller－Dombois 和 H. Ellemberg 于 1974 年提出“植被生态学”（Vegentation Ecology）一词，其目的是为了把欧洲和英美有关本门学科的不同术语和研究方法结合起来，使它既能反映学科研究对象和性质，同时也能有利于学派之间的资讯交流[②]。群落生态学是生态学中最为活跃的分支学科之一，如美国生态学会在 1981 年、1988 年、1992 年等对生态学各分支学科所作的兴旺程度调查，群落生态学一直是最为兴旺的（表 3-1）。

生态学最活跃的研究领域排序（1992） **表 3-1**

研究领域	科研（Research）		科研项目（Grant applications）		专长（Expertise）	
	综合排序	从事专业	申请总数	获准立项数	第一选择人数	第二选择人数
群落生态学（Community ecology）	1	2	2	2	3	1
种群生物学（Population biology）	2	3	1	1	4	3
水生生态学（Aquatic ecology）	3	1	3	3	1	4
植物生态学（Plant ecology）	4	4	9	8	2	1
森林生态学（Forest ecology）	5	6	6	7	6	5

① 现代生态学正朝向宏观和微观两个方向不断发展，研究对象逐渐囊括从分子水平乃至整个全球生态系统。

② 参见：宋永昌．植被生态学［M］．上海：华东师范大学出版社，2001：1.

续表

研究领域	科研 (Research)		科研项目 (Grant applications)		专长 (Expertise)	
	综合排序	从事专业	申请总数	获准立项数	第一选择人数	第二选择人数
自然保护生物学（Conservation ecology）	6	5	5	4	13	6
生理生态学（Physiological ecology）	7	7	4	9	5	10
海洋生态学（Marine ecology）	8	10	6	5	7	13
生态系统研究（Ecosystem ecology）	9	9	8	6	11	7
行为生态学（Behavioral ecology）	10	8	10	13	8	8
湿地生态学（Wetland ecology）	11	11	11	11	9	11
野生动物生物学（Wildlife ecology）	12	14	14	10	10	16
环境与资源管理（Environmental/Resource management）	13	13	16	14	14	9
渔业生物学(Fisheries biology）	14	15	13	12	12	20
生态学模型（Ecological modeling）	15	12	20	19	17	12

在一个分支学科领域中从事研究人员的多寡、申请研究项目的多寡和正在进行的科研项目的多寡，是反映一个领域的科研兴旺与否的重要指标。利用这些指标可以对生态学中各分支领域的兴旺程度做大体排序。美国生态学会对会员的调查表明，群落生态学是最为兴旺的一门分支学科，从生物组织层次的角度看，研究群落、种群的人数和项目数均高于研究个体（第5名）、生态系统（第8名）及更高水平（生物圈等）的人数和项目数。

注：本表是美国生态学会对会员的调查，根据在一领域中从事科研的人员数量、申请科研项目的数量和生态学工作者认定自己专业的数量，对各分支学科的兴旺程度进行排序，表中综合排序值根据其他5项排序值的总合计算。

来源：Holland M M. Lawrence D M. Morrin D J. et al. Profiles of ecologists：results of a survey of the membership of the Ecological Society of America［M］. The Ecological Society of America. Washington，D.C.，1992. 转引自：董全．西方生态学近况［J］．生态学报，1996，16（3）：315-316.

概括来讲，群落生态学是连结种群生态学和生态系统生态学之间的桥梁，其研究内容主要包括：①群落的组成及结构；②群落的性质与功能；

③群落内的种间关系；④群落的发展及演替；⑤群落的丰富度、多样性与稳定性；⑥群落的分类和排序；等等[①]。群落生态学的研究目的在于了解群落的起源、发展、各种静态和动态特征以及群落内及群落间的相互关系，从而深化对自然界特别是对生态系统的认识，为人类充分而合理地利用自然资源、提高生态系统生产力、推动生物群落向特定方向发展、保持生态系统的相对稳定与平衡等提供理论依据。

3.1.2 “城镇群落”的基本概念

基于生态学的视角，城镇群体的密集发展既是一种城镇化发展现象，也是一种特殊的生物现象和群落现象，因而具有一定的自然演化属性。认识城镇密集地区发展的“群落”特征及其自然演化规律，有十分重要的科学意义。

当今世界，由于主导城镇空间发展的因素不断发展演化，致使城镇与城镇之间、城镇与乡村、城镇与区域之间的相互联系和作用不断加剧，区域城镇空间发展日益呈现出一种“群落”的格局。基于此种考虑，本书尝试将“生物群落”的学术思想引入城镇密集地区的研究中，从而提出“城镇群落”的假说。所谓“城镇群落”，即在特定空间或特定生境下，由一定的人类聚居单元及其他生物种群所组成，表现出一定的形态特征和空间结构，与区域空间环境之间彼此影响、相互作用并具有特定功能的城乡空间集合体，它是一个相对完整的地域空间和生态学功能单位。

与“城镇群落”概念所对应的英文解释，应是 Town-Community，这主要是根据“生物群落”所对应的英文解释——Biotic Community 而确定的。当然，Biotic Community 的用法，是英、美等学者常常使用的，对于德、俄等学者则更习惯于使用 Biocoenosis 一词。另外，就“群落生态学”而言，既有 Community Ecology 的称呼，也有 Synecology 的用法，这一词语的前缀 Syn 源于希腊语，与其他词语连用一般有“共、合、同、与、连、类”之意。

对于 Town-Community 的英文译名而言，可能会引起人们的困惑：Community 在城市规划领域已广泛应用，它不是“社区”的意思吗？怎么又被翻译成“群落”了呢？实际上，从 Community 发展到中文的“社区”概念，曾经历过一个漫长的演变过程。Community 一词源于拉丁语 Gemeischaft，意思是共同的东西和亲密的伙伴关系，德国社会学家腾尼斯首次将其用于社会学研究，用之表示一种由共同价值观念的同质人口组成的

① 赵志模，郭依良．群落生态学原理与方法［M］．重庆：科学技术文献出版社重庆分社，1990：4-5.

密切、守望相助、存在一种人情味的社会关系的社会团体；后来英国人将其翻译为Community，到20世纪30年代我国以费孝通为首的燕京大学学生在翻译美国社会学家帕克的论文集时，首次将Community翻译为中文的“社区”一词，这个译名在中国社会学界一直被沿用下来，逐渐成为社会学研究的一个专门概念，而城市规划领域的“社区”研究，亦即源于中国社会学界的研究。Community一词从形成到发展至今，其含义发生了较大的变化，人们在使用这一概念时常赋予它许多的含义，因而关于它的解释也就有多种。翻开比较权威的词典，如《牛津高阶英汉双解词典》，可以查到Community一词主要具有四个方面的含义，除了社区、社会；团体、社团、界；共享、共有之外，Community的另一个基本含义即为群落，其英文解释是“A group of animals or plants living or growing in the same place”（在同一区域内共同生活或生长的一群动植物）①。

应该说，“生物群落”概念在城镇和区域研究中的拓展及应用，由来已久。美国芝加哥学派的重要代表人物之一——帕克即是这方面的杰出代表。R·E·帕克（Robert Ezra Park，1864—1944）生于宾夕法尼亚州鲁泽恩郡一个商人家庭，1887年获哲学学士学位后投身新闻界，曾热衷于城市社会问题和贫民阶层的调查报道，1898年起先后到哈佛大学、海德堡大学深造，师从W·詹姆斯、J·罗伊斯、G·齐美尔等。1904～1905年任哈佛大学哲学助理教授，1914～1934年在芝加哥大学社会学系任教，1925年任美国社会学会主席。著名社会学家E·W·伯吉斯、L·沃思等曾是他的学生。

1916年，帕克在《美国社会学杂志》（American Journal of Sociology）上发表了他的经典名著《城市：对于开展城市环境中人类行为研究的几点意见》（The City：Suggestions for the Investigation of Human Behavior in the Urban Environment）②，将生物群落的原理和观点用于城市研究工作，开创了城市社会学研究的新领域。在该文中，帕克从城市人口高度流动的特性入手，提出了一项广泛而系统的调查研究计划，在此基础上，他进一步对城市社会作了一些有深远意义的理论探索。帕克指出，“城市，从本文的观点来看，绝不仅仅是许多单个人的集合体，也不是各种社会设施——诸如街道、建筑物、电灯、电车、电话等——的集合体；城市也不只是各种服务部门和管理机构，如法庭、医院、学校、警察和各种民政机构人员等的简单聚集。城市，它是一种心理状态，是各种礼俗和传统构成

① 牛津高阶英汉双解词典［M］. 北京：商务印书馆，1997：331.

② R. E. Park. The city：Suggestions for the investigation of human behavior in the urban environment［J］. American Journal of Sociology，1915：20，577-612.

的整体，是这些礼俗中所包含，并随传统而流传的那些统一思想和感情所构成的整体。换言之，城市绝非简单的物质现象，绝非简单的人工构筑物。城市已同其居民们的各种重要活动密切地联系在一起，它是自然的产物，而尤其是人类属性的产物……我们也完全可以把城市——包括它的地域、人口，也包括那些相应的机构和管理部门——看作一种有机体，看作一种心理物理过程（Psychophysical Mechanism）。在这种过程中个人利益与公众利益不仅都能够表现出来，而且互相是联系在一起的。”①

需要注意，“群落”（Community）是相对于“个体”、“种群”等不同空间尺度的一个生态学概念。在一般情况下，生物是以个体的形式存在的，如一头牛、一只鸟、一棵树等，自然界中的生物个体几乎是无穷的。所谓个体（Individual），又称“有机体”或“生物体”，它是指物种②组成中最基本的单位③，而物种则是生物分类的基本单位，简称种，不同物种的生物在生态和形态上具有不同特点（现代汉语词典，2005：1449）。一个物种往往由许多个体组成，同一物种内的个体存在有性别、生长发育阶段等的差异，有些还有群体分工的不同（如蜜蜂、蚂蚁等），这是个体存在的不同形式。所谓种群（Population），指的是生活在一定群落里的一群相同物种的个体④。群落不同于种群，种群是物种的存在形式，是遗传因子交换及以同一生活方式为基础而成立的一个实体，而群落则是由多个生物种群所组成的一个集合体⑤。由此可见，个体是种群的基本构成单位，种群则是群落的基本构成单位。

此外，在生态学研究中，生物群落是一个泛指的名词，可以用来指明任何大小和自然特性的生物种群的集合体（孙儒泳，2001等）。本书提出的“城镇群落”概念，与帕克关于城市社会的研究是有显著不同的：帕克主要是将“生物群落”的概念运用到单个城镇层面（或称城镇内部）的研究，而本书则试图将“生物群落”的概念运用到更加宏观的区域层面——城镇密集地区（或称城镇群体）的研究。在帕克的研究中，城镇居民是个体的概念，社区是种群的概念，以此为基础，每个城镇都是一个群落。在本书的研究中，拟将个体——种群——群落的概念扩大一个层次，即将每个城镇空间视作一个单一的“个体”，每个城镇及其周边具有密切联系的

---

① R. E. Park. The city：Suggestions for the investigation of human behavior in the urban environment. 转引自：［美］R·E·帕克，E·W·伯吉斯，R·D·麦肯齐．城市社会学［M］．宋俊岭，吴建华译．北京：华夏出版社，1987：1-2.

② 从生态学的观点来看，物种是生态系统中的功能单位，如“人”、“蚂蚁”等。

③ 沈银柱．进化生物学［M］．北京：高等教育出版社，2002：181.

④ 沈银柱．进化生物学［M］．北京：高等教育出版社，2002：181.

⑤ 赵志模等．群落生态学原理与方法［M］．重庆：科学技术文献出版社重庆分社，1990：1.

影响腹地（包括规模较小的一些城镇）构成一个“种群”，在此基础上，多个“城镇种群”进一步构成“城镇群落”。关于“个体”、“种群”、“群落”的层次和对应关系，见图 3-1 的简要图解。

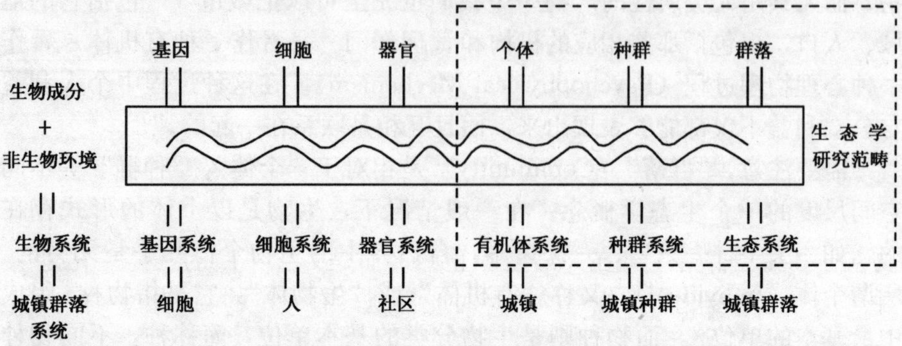

图 3-1　本书研究中城镇群落系统与生物学研究对象的组织层次

注：上图中的“城镇种群”指“某一中心城镇及其周边的影响地区”，类似于国内研究中的“城镇影响区”、“都市区”等概念。

来源：根据“生态学与生物学研究对象的组织层次”改绘。参见：李振基等．生态学［M］．北京：科学出版社，2000：2.

3.2　城镇群落与生物群落的共性、个性及其可类比性

城镇群落与生物群落之间，既存在有本质上的一致性，又表现出十分突出的差异性，从生物群落向城镇群落的类比研究，首先应对城镇群落与生物群落的共性、个性及其可类比性进行认知。

3.2.1　城镇群落与生物群落的本质共性决定了二者的可类比性

之所以能够将城镇群落与生物群落进行类比研究，正是在于城镇的生物特征，或者说城镇群落与生物群落具有本质上的一致性。城镇群落与生物群落的一致性，在根本上是因为城镇群落是由“人”（Homo Sapiens）——诸多生物中的一种，构成城镇群落“个体”（城镇）的细胞——所组成的。尽管人类已从动物界脱离出来而发展成社会中的人，但人在本质上还保持着生物的属性。自从人类脱离动物界发展成社会中的人，所不同的是加上了道德观念①。由于城镇群落与生物群落的构成细胞（人和生物）在本质属性上的这种“同一性”，不难理解，城镇群落属于生物群落的一种（特殊）类型。城镇群落与生物群落具有很多相似性特征，如在群落的结构方面，二者都体现出松散性的特征，这可以通过与更低层次——

① 王兰洲，阮红．人文生态学［M］．北京：国防工业出版社，2006：16.

个体（或有机体）的比较来加以认识。一个有机体如一个动物，由于有皮肤，它与周围环境的边界是十分明确的，同时，其内部的心、肝、肺等形状、构造等都十分明显。城市的结构也是如此，如哪里是工业区、哪里是居民区、哪里是市中心基本上是清楚的，城市的道路、绿化、房屋等结构也是清晰的。然而，群落（包括生物群落和城镇群落）则不是这样，其结构呈现出明显的松散性特征。就城镇群落而言，它虽然包括了一系列有着密切联系的各级城镇，但是这些城镇可能会彼此间隔几公里、数十公里甚至上百公里。然而，这种松散的结构特征并不影响城镇群落各城镇的相互联系和依赖，以及其作为一个共同的整体而体现出的系统属性。其次，生物群落和城镇群落的存在并非是静止的，而是处于不断的运动变化之中，并且这种运动变化是有规律的，有时候甚至具有一定的顺序性。群落的动态性包括群落内部的动态性，如由各个种群之间的捕食关系而形成的食物链，各个种群处于动态的变化之中，同时，群落自身也处于不断的变化和发展之中，即从一个群落，经过一系列的演变而成为另一个群落，以植物群落为例，在原来某一群落存在的地段，由于火灾、水灾、砍伐等不同原因而使群落受到破坏，以后在这个地方，群落就会有顺序地发展，许多暂时性的群落一个跟着一个彼此交替，一直到完成了在该地区特殊的气候、地理等条件下能保持相对稳定的群落类型。和生物群落一样，城镇群落也具有动态性的特征，人口、资金、技术、智力以及交易等各种生产要素的高度集聚和相互交织，导致城镇群落自始至终处于不断的发展变化之中，当然与生物群落相比，城镇群落的发展动态明显比较宏观和缓慢，但这并不影响城镇群落与生物群落的本质共性及由此而进行的类比研究。

3.2.2 城镇群落的独特个性意味着从生物群落向城镇群落的类比不可简单而论

尽管城镇群落属于生物群落的其中一种类型，因此可以将二者进行类比研究，但是应当注意到，与一般意义上的生物群落相比，城镇群落是一种十分特殊的类型，呈现出鲜明的个性特征，因此从生物群落向城镇群落的类比也不可简单而论。城镇群落与生物群落的差异性，在根本上是由于“人”区别于一般生物的特性所决定的。人是一种有思想的（高级）动物，人具有复杂性，常常集理智与情感、善与恶、美与丑等各种矛盾于一身；人具有社会性，人类社会在其长期的发展过程中形成了丰富的人类文明，前人的智慧、经验、文化等可以世代相传、不断积累，推动着人类社会的不断发展和进步；人具有创造性，不仅能够认识自然（包括人类自身的实践活动），适应社会（包括调整自己的行为去适应自然），也能够在一定程度上改造自然和创造自然。人类的这些特性，是造成城镇群落与生物群落之间存在差异性的根本所在，正如希腊建筑师道萨迪亚斯（C. A. Doxiadis）曾指出的："人类聚居和自然生物体之间的最大区别在于人类聚居是自然的力量与自觉的力量共同作用的产物，它的进化过程可以在人类的引导下不断调整改变，而自然生物体仅仅是自然之力作用的结果，它的进化过程是不可变更的。"[①]城镇群落最突出的个性，在于它是人类文明发展的一种载体，城镇群落的形成与发展，在遵循生物群落发展的一般自然规律的情况下，更多地表现出人类社会的一种文化现象。在将城镇群落与生物群落开展类比研究的过程中，一方面应注意探寻城镇群落的形成与发展符合生物群落形成与演化的普遍规律性，另一方面则必须时刻注意分析人为因素对城镇群落形成与发展的各种影响，归纳城镇群落发展与演化的一些特殊规律。

3.2.3 城镇群落研究的目的和意义

如上所述，城镇群落的发展既不同于植物的生长，也不同于动物和微生物等的生存，而是有其自身的一些特殊性，另外，就生物群落概念自身而言，生态学研究中尚存在有"生物群落是具体的或是抽象的"、"生物群落是有机体、拟有机体、物种的系统分类单位或具有'独立性'（个体性）"等的争议，因此生物群落的理论也处于不断的发展和完善过程中。将自然界的生物群落现象与城镇密集地区发展现象进行类比，必然会有一定的局限性，这是不可避免的。

尽管如此，将城镇群落和生物群落进行类比的研究工作仍然具有重要的探索价值和科学意义。辩证唯物主义认为，事物具有普遍联系的特点，城镇群落和生物群落具有一定程度的同一性，而且这种同一性往往比二者的差异性更加重要。人是自然界的一部分，自然界的某些客观规律，如适者生存、优胜劣汰等，同样在我们所生存的人类社会中也普遍存在。本书关于城镇群落的研究工作，目的在于探索城镇群落和生物群落的同一性（类似性），同时，尝试运用生物群落的一些经典理论，对城镇密集地区空间结构发展的自然演化规律进行初探，为我们正确认识和判断城镇密集地区的发展现象，以及开展城镇密集地区的空间规划工作提供有益的借鉴。在这个意义上，本书所提出的城镇群落概念，可以被理解为关于城镇密集地区发展现象的一种生态学假说，它更多地属于"人为"、"虚构"的性质，是为了从生态学视角研究城镇密集地区发展现象的需要而运用的一个"研究工具"，借助这一工具，我们开展学科交叉研究的目的得以实现。

---

① C. A. Doxiadis. Ekistics：An introduction to Science of Human Settlements［M］. New York：Oxford University Press，1968：42. 转引自：吴良镛. 环境科学导论［M］. 北京：中国建筑工业出版社，2001：233.

3.3 城镇群落概念与城镇密集地区相关概念的关系

学术概念的使用是科学研究工作中一件十分重要而严肃的事情，准确、合理地使用学术概念，可以最大限度地消除歧义、避免不必要的争议，有利于促进科学研究工作朝着正确的方向不断发展。城镇群落概念的提出，既需要全面认识生态学研究中的群落思想，需要对城镇群落的内涵进行一定的阐释，同时也需要对城镇群落与城镇密集地区相关概念的相互关系进行必要的梳理。

3.3.1 对城镇密集地区相关概念的简要梳理

所谓城镇密集地区，从字面上进行理解，无非是“一定地域范围内城镇分布比较密集的地区”。然而，在国内外相关研究中专门针对“城镇密集地区”概念的确切阐释却较为少见。近来读到江苏省建设厅王学锋博士所著《城镇密集地区规划编制与管理》一书，她对城镇密集地区的定义为“由数个连续分布的中心城市及其辐射范围组成，城镇密度和城市化水平较高，以综合交通等基础设施为支撑，城镇之间及城镇与区域之间发生着密切联系，具有一体化态势的城市化区域”①。除此之外，与“城镇密集地区”最接近的是“城镇密集区”概念：在一定地域范围内，以多个大中城市为核心，城镇之间及城镇与区域之间发生着密切联系，城镇化水平较高，城镇密集分布的连续地域（孙一飞，1995；刘荣增，2003)。也有学者将城镇密集地区等同于城市群的概念，“城市群，又称为城市密集地区，即在社会生产力水平比较高、商品经济比较发达，相应的城镇化水平也比较高的区域内，形成由若干个大中小不同等级、不同类型，各具特点的城镇集聚而成的城镇体系”（董黎明，1989)②。关于“城市（镇）群”的概念，本书第1章已有讨论，这里不再赘述。

除了“城镇密集区”和“城市（镇）群”之外，国内外相关研究中用以描述城镇间密切联系和集群分布现象的类似概念非常之多，表3-2对其中的一些主要概念进行了归纳。

城镇密集地区相关概念一览表 **表3-2**

概念名称	概念内涵或定义	来源
Town Cluster（城镇群体）	把城市和乡村的改造作为一个统一的问题来处理，建立城乡融合的“社会城市”，居民点有限生长，呈现为多中心的、复杂的城镇聚集区。提出此概念的目的是想用这种城乡一体的小城市来逐步取代大城市	霍华德（E. Howard)，1898

① 王学锋．城镇密集地区规划编制与管理［M］．北京：中国建筑工业出版社，2007：4.

② 转引自：刘荣增．城镇密集区发展演化机制与整合［M］．北京：经济科学出版社，2003.

续表

概念名称	概念内涵或定义	来源
Metropolitan District（MD，都市区）	人口在 10 万以上的城市及其周围 10 英里（约 16.1km）范围内的郊区人口，或与中心城市连绵不断、人口密度达 150 人/平方英里的地区	美国人口统计中首次使用，1910
urban agglomerations（城市聚集区）	城郊的疏散造成了城市在更大范围的扩展，某些地方性的基本因素造成一些地区的城市发展显著地集中，在这些地区，城郊的发展造成了一种趋势，使城镇结合成巨大的集合体	格迪斯（P. Geddes），1915
Built Area（狭义的城市群）	一个为城市功能用地所占用的连续区域，也就是限定在城市建成区的范围	福塞特（C. B. Fawcett），1930
Aggregates of Local Authority Area（地方行政区域结合体）	类似于美国“标准都市区”的空间单元，主要从人口密度、城镇职能及空间景观等方面提出限制条件	英国统计部门使用，1930
Greater Cities（大型城市）	包含大城市以及有较强社会经济联系的周边地区	加拿大发布统计数据所用，1941
Urbanized Area（UA，城市化地区）	全国城镇人口由居住在“城市化地区”（Urbanized Area）的人口及其以外的 2500 人以上“地方”（Place）的全部人口所共同组成。为了确定城市的实体界线以便较好地区分较大城市附近的城镇人口和乡村人口的目的而提出	美国国情普查局（U. S. Census）使用，1950
都市圈	以一日为周期，可以接受城市某一方面功能服务的地域范围，中心城市人口规模须在 10 万人以上	日本行政管理厅统计标准部提出，1950
Canadian Metropolitan Area（CMA，国情调查大都市区）	人口数超过 5 万的城市以及周边有紧密地理、经济和社会联系的地区，整个普查都市区的人口应超过 10 万	加拿大发布统计数据所用，1951
Megalopolis（大城市连绵区）	具备特定条件地区出现的沿着特定轴线发展的巨大多核心城市系统，由存在着各种形式的密切交互作用、空间形态相连的多个异质子系统（都市区）构成，城市在交通沿线分布，产业高度集聚，城市间联系非常密切	戈特曼（Jean Gottmann），1957

续表

概念名称	概念内涵或定义	来源
大都市圈	中心城市为中央指定市，或人口规模在100万人以上，并且邻近有50万人以上的城市，外围地区到中心城市的通勤人口不低于本身人口的15%，大都市圈之间的货物运输量不得超过总运输量的25%	日本行政管理厅统计标准部提出，1960
Urban Field（城市场或城市区域）	一个空间广阔的、由完善的社会经济联系网络深化成的、有着相对低密度的、广阔的多中心（Multinodal，多个城镇节点）的区域结构，包括城市居民巨大的生活空间或活动范围	弗里德曼(J. Friedmann)，1965
城市连绵区	在一个广阔的地域范围内，若干个大小不等、类型不同的动态特大城市和大城市，互相穿插发展形成一种错综复杂的结构，其内部有若干个交通系统、通信系统和各种用途的土地混杂一体，甚至互相冲突的一种规模更大的新的聚居形式	道萨迪亚斯(C. A. Doxiadis)，1968
Desakota（城乡融合区或灰色区域）	人口密集的热带地区，处于大城市之间的交通走廊地带，借助于城乡间强烈的相互作用，以劳动密集的工业、服务业和其他非农产业的迅速增长为特征的原乡村地区。亚洲某些发展中国家和地区所出现的与西方大城市连绵区类似而发展背景又完全不同的新型空间结构	麦吉（T. G. McGee），1985
巨大城市带	在世界上的某些“优越”地区，城市化的两种基本形式（城市范围的扩大和城市数目的增多）有着高度集中的表现。致使这些地区城市职能十分强烈，城市用地的比例越来越高，城市与城市间的农田分界带日渐模糊，城市地域相互蔓延，甚至连成一片	于洪俊、宁越敏，1983
城市地区	区域规划可分为不同区域类型，“城市地区主要指以大城市、特大城市为中心，包括周围若干中小城镇和郊区县的大城市地区，以及由若干个大中小城市集聚而成的城市群地区”	胡序威，1983
大城市（或特大城市）地区	一个庞大的社会生产综合体，通常由城市的中心地区、近郊工业区或工人镇、远郊区（或郊县）和远郊卫星城镇，以及众多的郊县小城镇和广大的农业地区构成庞大的大城市（或特大城市）地区。它们之间既有相对独立性，又有复杂的内在联系	黄光宇，1984

续表

概念名称	概念内涵或定义	来源
大、中、小城市集聚地区	在经济发达的地区，由于工业的发展，各城镇之间密切的交通和经济联系，形成了大、中、小城市分布十分稠密的城市群地区。这些地区的城镇居民点体系，有类似于大城市地区的布局特点，但也有不同于大城市地区的布局特点与要求	黄光宇，1984
都市连绵区（Metropolitan Interlocking Region，MIR）	由多个都市区沿着由多种运输方式重叠形成的综合交通走廊相连展布的空间形态。都市区是都市连绵区的基本构成单元	周一星，1986
大城市连绵区	以若干个几十万以至百万以上人口的大城市为中心，大小城镇呈连绵状分布的高度城市化地带	中国大百科全书建筑园林城市规划卷(叶舜赞)，1988
大城市集群区	许多大都市和城市在发展中逐渐扩张甚至彼此连接而形成的多核城市体系。表现为占地面积大、人口稠密、经济发达、交通方便、彼此联系密切的城市群，是现代城市形态的一种新类型	中国大百科全书地理学卷（严重敏，张务栋），1988
Extended Metropolitan Region（都会经济区或大都市扩展区）	所在国的开放经济区是进出该国的资金流、物流、技术和信息流的最方便门户。但蓬勃的经济发展，使这些大城市的狭小空间不敷应用，因而一些劳动和土地密集型的低增值的经济活动需要转移至外围的城郊和农村，在这些大城市周围形成了一个庞大的“城乡交接带”，或“半农半工贸带”	薛凤旋等，1990
都市圈（Metropolitan Coordinating Region，MCR）	借鉴日本都市圈概念，以一个或多个中心城市为核心，以发达的联系通道为依托，核心城市吸引辐射周边城市与区域，并促进城市之间的有机联系与协作分工，形成具有区域一体化发展倾向、并可实施有效管理的城镇空间组织体系	《南京市城市总体规划（1991—2010）》首次引入；邹军等，2005
城市群（Urban Agglomeration）	在特定的地域范围内具有相当数量的不同性质、类型和等级规模的城市，依托一定的自然环境条件。以一个或两个特大或大城市作为地区经济的核心，借助于综合运输网的通达性，发生与发展着城市个体之间的内在联系，共同构成一个相对完整的城市“集合体”	姚士谋等，1992

续表

概念名称	概念内涵或定义	来源
城镇密集区	在一定地域范围内，以多个大中城市为核心，城镇之间及城镇与区域之间发生着密切联系，城镇化水平较高，城镇密集分布的连续地域	孙一飞，1995
城市经济区	以大中城市为核心，以与其毗连的广大地域共同组成的，在劳动地域分工中形成相对稳定联系的结节地域	刘兆德、陈素青，1996
准都市连绵区	对照城市群体发展阶段的划分，长江三角洲城市群体发展程度较符合城市密集带阶段的特征，而不是都市连绵区，是由城市密集带迈向大都市连绵区的进程之中，不妨称之为准都市连绵区	陈立人、王海斌，1997
城市群（Agglomeration）	一定地域内城市分布较为密集的地区	国标《城市规划基本术语标准》，1998
城镇体系（Urban System）	一定区域内在经济、社会和空间发展上具有有机联系的城市群体	国标《城市规划基本术语标准》，1998
城市协作区	以一个特大城市或一组密切相关的大城市为核心并联结周围地域所组织起来的经济协作区	曾坤生，1998
城市经济圈	以经济比较发达并且有较强城市功能的中心城市为核心，同其有经济内在联系和地域相邻的若干周边城镇所覆盖的区域相组成的，其经济吸引和经济辐射能力能够达到并能促进相应地区经济发展的最大地域范围	李耀新，1999
城镇群体	一定空间范围内具有密切社会、经济、生态等联系，而呈现出群体亲和力及发展整体关联性的一组地域毗邻的城镇	张京祥，2000
国际性城市群	国际性城市发展到较高阶段的产物，区域内各城市间功能分工明确，经济全面合作、互为依托、网络化发展的，共同参与世界区域经济竞争的城市集合体	周玲强，2000
Global-Region（全球城盟）	全球化背景下的城市竞争中广州的战略选择在于：区域性城市联盟，其核心点在于建立具有独立城市人格的平等的区域性联盟	吴志强，2002

续表

概念名称	概念内涵或定义	来源
全球城市地区	全球性的城市竞争与区域性的城市合作共同塑造了新的城市景观：在很多地区，城市间经济要素与人员等交流频繁，城市以前所未有的速度结合起来，形成“全球城市地区”或“区域城市网络”	吴良镛，2003
高密集连绵网络状大都市地区	城市化不仅促使大、中、小城市和建制镇都有增长，而且反映在城镇布局结构上产生的一些新形态	周干峙，2003
城市圈	一般是由一个或多个核心城市与若干相关的周边城市组成，在空间上密切联系，在功能上有机分工并相互依存的城市群体	朱铁臻，2004
城镇群	在一定的地域范围内聚集了具有相当数量的城镇，这些不同职能和规模的城镇，地理位置相距较近，并以一个或多个中心城市为核心，以综合交通网络为联络骨架，构成联系紧密的网状城镇地域组织	《全国城镇体系规划》，2006
大城市走廊（Megacorridor）	发达地区中连接大城市，贯穿城市和乡村，跨越行政边界，以交通基础设施束为轴心的地区，它通常在一个经济区域处于核心地位。大城市走廊是“大都市带”、“都市连绵区”、“大城市地区”的组成部分	赵亮，2005
巨型城市走廊	作为基础设施带的巨型城市走廊被定义为由交通形成和促进的带状发展区域，这种功能在发展或更新相关的基础设施时得到了运用，它可以使交通有序成束，避免混乱的交叉交通等；作为经济发展带的走廊，不同功能的经济活动的空间布局是由相关的基础设施网络所决定的；作为城市化进程轴线的走廊是作为提供工作与居住功能的城市化发展方向的基础	曹小曙等，2006

通过上表不难看出，与“城镇密集地区”相关的概念非常之多。“城镇密集地区”相关概念在学术研究和规划实践中的混乱现象，已是不争的事实。客观地分析，导致“城镇密集地区”相关概念较为混乱的原因是多方面的，归纳起来大致有以下几个方面：

1. 翻译用语的不同

国内关于城镇密集地区的研究，主要是源于对国外一些重要学术思想的介绍。在戈特曼“Megalopolis”学术思想的“中国化”过程中，由于语言翻译工作的理解或用词的不同，直接导致了相关概念的混乱。例如，同样是引介戈特曼的"Megalopolis"学术思想，国内不同的学者所采用的译名是多种多样的：于洪俊、宁越敏（1983）在《城市地理概论》一书中使用的是"巨大城市带"；周一星（1986）在《中国土木建筑百科辞典·城市规划与风景园林》中使用的是"大都市带"；叶舜赞（1988）在《中国大百科全书·建筑园林城市规划卷》中使用的是"大城市连绵区"；严重敏、张务栋（1988）在《中国大百科全书·地理学卷》中使用的则是"大城市集群区"；等等。同时，尽管国内学者所提出的概念大部分是源自戈特曼关于"Megalopolis"的学术思想，但是在国际范围内，有关"城镇密集地区"的研究还有其他一些流派，除了"Megalopolis"一词外，国际上的一些其他学者还使用了一些包括 Town Cluster（E. Howard，1898）、Urban Agglomerations（P. Geddes，1915）、Urban Field（J. Friedmann，1965）、World City（P. Hall，1966）、Desakota（T. G. McGee，1985）等与"Megalopolis"相近似的概念；此外，英语中也存在有与"Megalopolis"比较接近的一些其他词语，如"Metropolis"、"Metropolitan"、"Mega－City"、"Mega-Urban Region"、"Megapolitan Areas"（或"Megas"）等，因此，在我国学者对国外学术思想的相关研究中，就不可避免地出现了各种各样的中文名词，由于汉语在语言方面所固有的语意特点（容易产生歧义），诸多的名词之间非常容易造成混淆。

2. 使用目的的不同

与"城镇密集地区"相关的概念非常之多，其中的一个重要原因是这些概念在使用目的上是有所不同的。就西方而言，Metropolitan District（MD，都市区）、Metropolitan Area（MA，大都市区）、Aggregates of Local Authority Area（地方行政区域结合体）、Urbanized Area（UA，城市化地区）、都市圈（日本）、Canadian Metropolitan Area（CMA，国情调查大都市区）等概念更多的是出于行政管理和统计分析的需要而提出；Megalopolis、Town Cluster、Urban Agglomerations、Urban Field、World City、Desakota、Metropolis、Mega－City、Mega-Urban Region 等概念则主要是在学术研究中使用；而在城市和区域规划工作中，用地名或城市名称等结合上述两类概念去指代某一区域范围（或规划范围）的现象也很常见。

3. 学科视角的不同

城镇密集地区作为一种独特的城市化发展现象，具有多方面的科学内涵，不同学科领域的专家学者由于对这一现象所关注的视角不同，往往偏爱于使用带有一些"学科特色"的概念，甚或提出一些新的名词，这也是导致大城市连绵区概念混乱的原因之一。例如，经济学者关注城镇密集地区的产业集聚和经济发展，往往喜欢使用"城市经济区"、"城市经济圈"

等概念；管理学者关注城镇密集地区各行政组织的分工与协作，往往喜欢使用“城市协作区、城市联盟”等概念。对于城市和区域规划学者，有的关注各类城镇的空间分布密度，倾向于使用“城镇密集地区”的概念，有的关注大城市之间的各种密切联系，喜欢使用“大城市连绵区”的概念，有的关注某一地区的形态特征，倾向于使用“城市带”、“巨型城市走廊”的概念，有的关注区域的整体发展及大城市在地区发展中的地位和作用，则倾向于使用“（大）城市地区”的概念，等等。

4. 广义和狭义的不同

人们的科学认识活动不可避免地会包含一些主观性因素。城镇密集地区作为一种世界城市化发展现象，一方面，它不能脱离其所在的国家或地区而加以讨论，另一方面，它具有不同发展阶段和背景条件的差异，这样，由于人们广义和狭义的理解不同，也会造成一定程度的概念混乱。例如，周一星（1986）主张将戈特曼的“Megalopolis”概念发展为具有中国特色的“都市连绵区”概念，并倾向于对这一概念赋予严格的定义和界定标准，可以被理解为是对大城市连绵区发展现象的一种相对狭义的理解；姚士谋（1992）主张对“Megalopolis”的概念作相对广义的理解，从而提出以定性判断为主的“城市群”概念；而吴良镛（2002）先生所主持的《京津冀地区城乡空间发展规划研究》，在序言中称之为“城市地区”的规划研究，也可以被理解为是一种相对广义的城镇密集地区概念。由于广义和狭义的理解不同，某些概念的广义理解和另一些概念的狭义理解可能是相同的，在未对有关概念进行详细界定的情况下，容易产生对相关概念在理解上的混淆。

3.3.2 关于城镇密集地区相关概念的讨论

通过对“城镇密集地区”相关概念的进一步分析，我们可以将其大致划分为以下三种类型：①统计部门所使用的一些概念，包括“Metropolitan District”（MD，都市区）、“Metropolitan Area”（MA，大都市区）、“Aggregates of Local Authority Area”（地方行政区域结合体）、“Urbanized Area”（UA，城市化地区）、“Canadian Metropolitan Area”（CMA，国情调查大都市区）等，日本的“都市圈”概念实际上也属于这一类型；②不同学科视角的一些概念，包括经济学常用的“城市经济区”、“城市经济圈”，管理学常用的“城市协作区”、“城市联盟”，城市和区域规划学常用的“大城市地区”、“城镇密集地区”，以及最近交通研究中常用的“大城市走廊”、“巨型城市走廊”等；③国内外各类研究所通用的概念。目前国外比较通用的概念是“Megalopolis”，但这一概念的使用主要是在地理学领域的研究工作中，大多数非地理学专业的学者在使用“Megalopolis”

一词时所指意义完全不同[①]。国内虽然已经有一些比较流行的概念，但由于对这些概念存在有较大的争议，尚未形成真正的通用概念。

在上述三种类型的概念中，关于统计部门所用的概念，需要在深入研究我国国情的基础上，考虑与国际接轨的可能性，由国家权威部门研究确定，本书暂不加以评论。关于不同学科视角的一些概念，大都出于各学科的研究需要，基于“百花齐放、百家争鸣”的学术繁荣考虑，主张对这些概念的使用持宽容态度。实际上，完全统一不同学科的学术用语也是极为困难的事情。这样，问题的关键也就集中在如何规范和统一各类研究的“通用概念”上。通用概念应该是最基本的概念，应该被各学科的专业研究、社会大众以及我们的城市和区域规划工作所普遍接受。同时，作为科学研究所用的术语，与一般词汇相比，其意义应当比较单纯，基本上无一词多义现象（陈祯耀，1984）。

于是，接下来要思考的一个问题便是：通用概念保留几个呢？1个、2个还是更多？对它（们）采用什么样的称呼？

不难发现，国内学者在对“大城市连绵区”发展现象的认识上，普遍存在有分类和分级的主张。王兴平（2002）认为在区域空间序列上，存在着“一般城市—都市区—城市密集区—城市群—大都市区—都市连绵区—都市带”的演化过程[②]；赵永革（1995）将大都市带的发展分为多中心孤立集聚、多中心郊区化扩展和乡村非农化发展、多中心强联系导致MIR形成、MIR扩展、两个或两个以上的大都市带或MIR聚合形成MIR联合体、国际性巨大MIR联合体的形成等六个演化阶段[③]；胡序威（2003）认为城市群和城镇密集地区一样，可按其辐射影响半径和发育程度的不同而分成不同的类型和等级[④]；崔功豪（1992）将城市群结构划分为三种类型：城市区域（City Region）、城市群组（Metropolitan Complex）和巨大都市带（Metropolis）[⑤]；代合治（1998）依据面积、总人口、城市人口、城市数量、城市规模等级结构等，将城市群划分为特大型、大型、中型、小型等四个等级类型[⑥]；吴启焰（1999）根据不同的发展阶段和水平、集聚扩散特征，将城市群分为城市区域阶段、城市群阶段、城市群组阶段等三种

---

① Elizabeth Baigent. Patrick Geddes, Lewis Mumford and Jean Gottmann: divisions over “megalopolis” [J]. Progress in Human Geography, 2004, 28 (6): 687-700.

② 王兴平．都市区化：中国城市化的新阶段［J］．城市规划汇刊，2002（4）：56-59.

③ 赵永革．论中国都市连绵区的形成，发展及意义［J］．地理学与国土研究，1995，11（1）：15-22.

④ 胡序威．对城市化研究中某些城市与区域概念的探讨［J］．城市规划，2003，27（4）：28-32.

⑤ 崔功豪，王本炎．城市地理学［M］．南京：江苏教育出版社，1992：58-92.

⑥ 代合治．中国城市群的界定及其分布研究［J］．地域研究与开发，1998，17（2）：40-43，55.

类型[①]；姚士谋（2001）将我国城市群区划分为国家级城市群、地区级城市群、地方级城市群（日常城市群）等不同的类型[②]；刘荣增（2003）则建构了城镇密集区发展阶段判定的指标体系，将城镇密集区划分为相对成熟阶段、过渡发展阶段、初级发展阶段，并对我国几个城镇密集区进行了判定[③]……

应当承认，城镇密集地区的出现和发展，既是一种城市化现象，也是一种地理现象和社会现象，它具有很强的地域性和差异性。城镇密集地区之所以存在，最根本的也就是城市与区域之间、城市与城市之间、城市与乡村之间的相互作用和各种联系比较强烈，这些作用和联系必然会存在有这样或那样的差异或不同，国内学者基于不同的实证分析所提出的一些分类、分级主张并采用一些不同的概念加以称呼，是合情合理的。但是，也应当注意到这样一个问题，即城镇密集地区是城市化发展的结果，是一个不断发展与演化的动态过程，因此划分过多的类型可能意义不大（因为其本身就在不断演化之中），反而有可能会加剧有关概念的混乱。那么，究竟划分为几个类型比较合适呢？

基于国家战略需要的考虑，笔者主张将城镇密集地区的概念划分出两种类型，一类着眼于国际视野：具有较高的外向型经济特征，在世界经济和政治体系中的地位举足轻重，是我国参与国际竞争的主要舞台。对于这类概念，我们主张尽量与国际接轨，与戈特曼的 Megalopolis 概念一脉相承，但要用一个合乎中文语言习惯的词语来称呼。另一类着眼于国家视野，例如成渝地区、中原地区等，虽然这些地区的城镇分布相当密集，可是如果按照戈特曼或者周一星的定义，它们可能还称不上 Megalopolis 或都市连绵区，然而这些地区的发展对于我国的国家战略，特别是西部大开发和中部崛起战略的实施等，却具有举足轻重的地位，其规划和建设问题应当引起学术研究及有关部门足够的重视，对于这类地区，有一个从国家层面考虑的通用概念与之相对应，是非常有必要的。

概念是借助语词反映对象的本质或特有属性及其范围的思维形式，概念之所以具有高度的抽象性，就是由于它借助了词语（刘韵冀，2006）。概念是对客观事物的反映，是人类认识的总结、结晶，词语则是一组笔画或声音，是一个民族习惯或约定俗成的产物。在以自然语言为基础的普通逻辑中，由于语词与概念的密切联系，在研究概念时常常要涉及到语词问题，同时，语言表达或交流中的一些所谓语词问题，也常常就是逻辑中的

---

① 吴启焰．城市密集区空间结构特征及演变机制——从城市群到大都市带［J］．人文地理，1999，14（1）：11-16.

② 姚士谋，朱英明，陈振光．中国城市群［M］．合肥：中国科学技术大学出版社，2001.

③ 刘荣增．城镇密集区发展演化机制与整合［M］．北京：经济科学出版社，2003.

概念问题。语词运用上的混乱，也就是概念上的混乱[①]。正如中国人办事讲究“名正言顺”，所谓“名不正则言不顺，言不顺则事不成”（陈祯耀等，2000)[②]。因而，对“城镇密集地区”通用概念的称呼，必然要考虑中文语言的某些固有特点，考虑相关词汇的基本含义和人们的理解习惯，以避免“词不达意”。

分析前文中所列举的城镇密集地区相关概念（表 3-2)，其词汇构成大致可分为四个部分（图 3-2)：第一部分是形容词，如巨大、巨型、国际性、全球等，意在指其地位的重要；第二部分是城市、城镇、大城市、都市等，强调其作为一种城市（镇）化现象的本质或对象；第三部分是连绵、(高）密集、集聚，是描述其主要的特征；第四部分是群（体）、带、圈、(地）区、联盟等，可以理解为相关概念的词根，具有划界之意。这四部分词汇之间不同的排列组合便形成了城镇密集（地）区、(大）城镇（市）聚集（集聚、集群）区、(大）城镇（市）群、城镇（市）群体、国际性城镇（市）群、全球城镇（市）群、(大）城镇（市）连绵区、(大）都市连绵区、(大）都市连绵带、(大）都市带、(大）都市圈等诸多的概念。

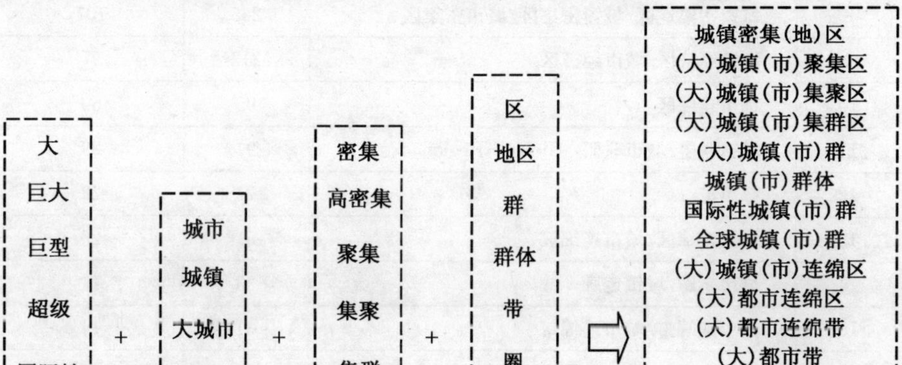

图 3-2 “城镇密集地区”相关概念的构词分析

---

① 刘韵冀．普通逻辑学简明教程［M］．北京：经济管理出版社，2006：21，24.

② 陈祯耀等．城市规划术语正名谈［J］．城市规划汇刊，2000（5）：30-33.

为了对上述概念在国内相关研究中的具体使用情况作进一步的了解，笔者利用“中国期刊网”（http：//www. cnki. net/index. htm）对一些常用概念的使用频率进行了统计，并对其中排前十名的概念在不同时间阶段的使用频率也进行了分析（表 3-3、表 3-4、图 3-3）。

“城镇密集地区”相关概念的使用频率一览表 **表 3-3**

序号	检索内容	论文数量	
		总数量	核心期刊数量
1	城镇群/城市群	4706	1144
2	城镇体系/城市体系	4016	1347
3	都市圈/城市圈	2384	555
4	城市地区/城镇地区	1412	447
5	城镇圈/城市圈	828	178
6	都市区	659	213
7	城镇群体/城市群体	344	136
8	城镇密集地区/城镇密集区/城市密集区	265	107
9	城镇经济区/城市经济区	212	97
10	都市连绵区	95	50
11	城镇联盟/城市联盟/ Global－Region	91	29
12	都市带	77	23
13	城镇连绵区/城市连绵区	51	20
14	城市走廊/城镇走廊	33	11
15	都市连绵带/城市连绵带	31	14
16	城镇集聚区/城市集聚区	21	15
17	城镇聚集区/城市聚集区	10	3
18	城镇集群区/城市集群区	4	2

说明：①本次文献检索工作使用的数据库为“中国期刊全文数据库”（1994 年至今，部分刊物回溯至创刊），检索时间为 2008 年 5 月 25 日 9：30—10：30，通过重庆大学数字图书馆以远程登录方式进行检索。②上表“检索内容”中“/”表示“或者”，检索的“匹配”方式为“精确”。检索内容为概念的核心词汇，未将“大、巨大、巨型、国际性、全球等”形容词列入检索内容中。③本次检索使用的“检索项”为“主题”方式，即题名、摘要或者关键词中出现检索内容均视为有效论文。④由于一篇学术论文的“主题”中存在有同时使用多个概念的可能性，由于概念本身的包含关系（如“城市群”的检索结果中包含有“城市群体”的数据），上表统计数据存在有一定的交叉可能性；此外，由于文献检索方法自身的局限性，也有一些能够检索到上述内容的文章有可能并非在使用这一概念，例如以上述检索方法检索到的一篇题为“热岛效应会增加城市降雨量”的论文，是因为其摘要中出现了“热岛效应会导致城市地区降雨量显著增加”这句话，而这里所谓的“城市地区”一词，与本书研究中的“城镇密集地区”概念可谓相差甚远。

“城镇密集地区”部分概念不同阶段的使用频率统计表　　表 3-4

检索内容	不同年份的论文总数量													
	1994	1995	1996	1997	1998	1999	2000	2001	2002	2003	2004	2005	2006	2007
城镇群/城市群	52	108	109	85	74	100	135	135	199	482	548	504	746	938
城镇体系/城市体系	84	150	125	141	157	239	317	324	350	393	359	246	277	323
都市圈/城市圈	17	21	16	25	21	25	29	55	131	321	316	288	352	528
城市地区/城镇地区	35	52	71	56	52	50	39	57	60	118	86	106	114	153
城镇圈/城市圈	8	8	1	7	8	13	10	11	39	83	87	94	112	219
都市区	15	21	16	28	19	21	31	21	37	62	67	83	64	98
城镇群体/城市群体	8	27	13	16	8	16	11	19	17	31	17	22	24	27
城镇密集地区/城镇密集区/城市密集区	5	12	9	13	7	14	16	15	22	28	29	15	34	29
城镇经济区/城市经济区	5	6	6	7	3	10	13	16	11	21	20	9	13	12
都市连绵区	1	1	1	5	3	3	6	11	11	12	15	9	4	11

说明：①本次文献检索工作使用的数据库为“中国期刊全文数据库”（1994 年至今，部分刊物回溯至创刊），检索时间为 2008 年 5 月 25 日 9：30—10：30，通过重庆大学数字图书馆以远程登录方式进行检索。②检索方法同表 3-3。

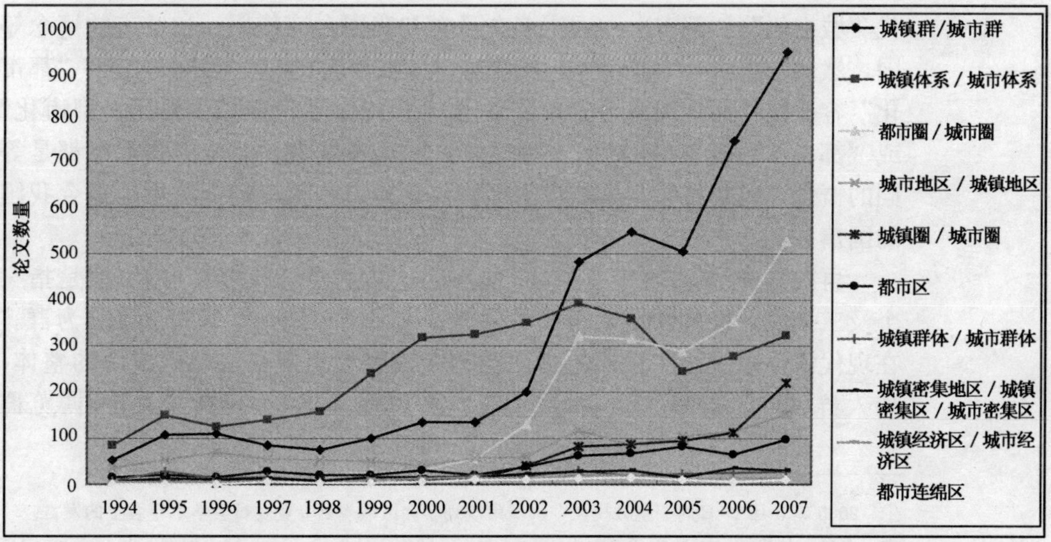

图 3-3　“城镇密集地区”部分概念不同阶段的使用频率统计图

通过上面的文献检索工作可以明显看出，近年来国内使用频率较高的几个概念，即“城镇群/城市群”、“城镇体系”和“都市圈”等，其原因不难理解：用周一星教授对“城市群”的评价来讲①，即这些概念都比较“简明”、“上口”，因而得到了较为广泛的使用。然而，最广泛使用的概念并不一定就意味着是最为科学合理的概念，正如俗语所言，“真理往往掌握在少数人手中”。学术概念是借助通过语词这一形式来反映事物本质或特有属性的，因而只有当语词能够对事物（城镇密集地区）的本质或特有属性作出准确反映时，才是科学合理的规范用法。因此，为了更准确地使用“城镇密集地区”有关概念，需要对构成“城镇密集地区”相关概念的四组词汇逐一加以分析。

首先是作为形容词的巨大、巨型、国际性、全球等，这几个词语旨在形容“城镇密集地区”的尺度非常宏大、地位十分突出。然而，它们在实际的研究工作中并不常用，究其原因，无非是因为科学研究工作讲究客观实在，而这些词语的使用则略显夸张和张扬。况且作为形容词一般来说“可有可无”，若使用这些词语难免有点啰唆。因此通用概念中应不出现此类词汇为好。

其次是城市（镇）、大城市、都市等。胡序威（2003）先生曾深入地讨论过这一组概念，其基本的观点是：城市和城镇都有广义和狭义的理解，对“城镇”的狭义理解，等同于对“城市”的广义理解，与城市规划法中的定义（即国家按行政建制设立的直辖市、市、镇）相吻合，一般情况下可以认为城镇和城市、“城镇化”和“城市化”是等同的概念，但由于“城市化”的提法容易造成不包括小城镇的误解，建议以“城镇化”替代“城市化”；“都市”一词，多在日本和我国台湾使用，和城市的概念等同，然而在国内，“都市”更多地与“大城市”的概念等同，由于“都市化”容易被片面地理解为“大城市化”，国内学者一般较少使用“都市化”或“都市”的概念②。根据这种理解，城镇和城市、大城市和都市都是等同的概念，但是城镇和大城市的提法要比城市和都市的提法更加适合我国的国情。

再次是群（体）、带、圈、（地）区这几个词语。“群”的本意是指三个及三个以上的禽兽相聚而成的集体，《国语·周语》曰：“兽三为群。”在现代汉语中“群”一般是指同类的人或事物聚集在一起组成新的整体，如人群、群居、群体等，也常用于泛指数量众多之意，如群龙无首、博览群

---

① 2005年8月27日周一星教授在中国城市规划学会区域规划专业委员会学术年会上的发言。

② 参见：胡序威．对城市化研究中某些城市与区域概念的探讨［J］．城市规划，2003，27（4）：28-32.

书等。“带”的本意是指束衣的腰带，《说文》曰：“带，绅也。上象系佩之形。佩必有巾，从重巾。”现代汉语中“带”一般泛指狭长形条状物。《登泰山记》（清·姚鼐）曰：“而半山居雾若带然”，另外“带”也常用于指生物地理区的典型带状区，如热带雨林、海洋滨岸带、南方生物带等。“圈”的本意是指曲木做成的饮器，《礼记》曰：“毋没而杯圈不能饮焉，口泽之气存焉尔!”现代汉语中“圈”一般是指环形物品之意，如圆圈、圈套、圈定等，另外也有范围界限之意，如圈地、跳出这个圈子等。“区”的本意是指一种中国古代容器，《左传·昭公三年》曰：“齐旧四量：豆、区、釜、钟。”在现代汉语中，“区”则一般是区域、地区之意，如自治区、解放区、居住区等。《东京赋》（张衡）曰：“造我区夏”，《蜀都赋》（左思）则曰：“茂八区而菴蔼焉”。此外，“群体”、“地区”与“群”、“区”的意思对等，但都没有后者简洁①。通过分析这些词汇可以发现，由于“带”往往具有狭长的形态特征，“圈”则往往带有“圆”的含义，“带”和“圈”在形容“城镇密集地区”的形态方面都容易造成误解，二者在对城镇密集地区的形态描述方面不如“群”或“区”更加确切。

最后是连绵、密集、聚集等。在汉语中，“连绵”是指事物之间（山脉、河流、城市等）不间断、连为一体；“密集”指的是“使紧密、数量很多地聚集在一处”，也有拥挤之意；“聚集”则是“分散的事物集中到一起”之意。在不少概念中，如城镇群、都市圈、城镇体系、大都市区、大城市地区等都没有使用这一组词语，其优点是“简明”、“上口”，但它们都有关键性的缺陷——由于其缺乏对所描述对象的必要限定和阐释，并不能准确地对概念进行科学的描述，因过于笼统而极易产生混淆。正如周一星教授对“城市群”的评价，它“在运用中的主要问题是没有界定指标，划定城市群范围的任意性太大，空间尺度的概念不明确，小到淮北市一个矿业城市的城镇群体，大到10万km^2、5000多万人的长江三角洲，都被认为是一个城市群，甚至两个直辖市加三个省的‘环渤海地区’也是一个‘城市群’，常常在一个城市群里又包含几个城市群……”（周一星，2005）②。基于这种考虑，在通用概念中应当出现这一组词汇为好。对于密集、聚集和连绵等几个核心词汇，根据习惯理解，“连绵”侧重于强调一系列大城市之间密切交织的相互联系，“密集”侧重于从事物的空间分布特征而言，“聚集”则是强调一定数量的城镇从彼此独立发展走向集中联合发展的变化过程，与“连绵”和“密集”的意思略有不同。此外，“连绵”和“密集”在描述城镇之间联系方面具有一致性，二者相比较，则可

① “区”和“地区”两个词语在使用中的差别，还体现在作为学术名词或泛指概念上，例如“城镇密集区”容易被理解为一个学术名词，而“城镇密集地区”则更多地是一个泛指的概念。

② 2005年8月27日周一星教授在中国城市规划学会区域规划专业委员会学术年会上的发言。

以理解为前者强调事物的内在属性，后者强调事物的外在特征。根据一般理解，“内在属性”要高于“外在特征”，据此推理，“连绵”和“密集”可以分别用于指代不同的发展阶段。实际上，在国内不少学者的研究中，已经习惯于使用“连绵”一词来指代城镇化发展的高级阶段，例如姚士谋（2001）认为城市连绵区较城市群、城市地带或大都市地区的空间范围更大[①]；徐清梅等（2002）认为城市连绵区是城市群发展的更高级阶段[②]；胡序威（2003）认为都市连绵区是城镇密集地区的城市化向高级阶段发展后所出现的空间结构形态[③]。

综上所述，本书倾向于使用“大城市连绵区”和“城镇密集区”两个术语来指代前文中所提到的国际视野和国家视野这两个层面的通用概念。当然，由于“连绵”一词具有“连为一体”之意，“大城市连绵区”一词有可能被人们误解为“大城市的建成区不断扩展而连在一起”，在使用“大城市连绵区”概念时，需要强调是指大城市的“内在的”“功能地域”联系在一起，而非建成区的直接相连。此外，笔者就城镇密集地区相关概念的问题求教于导师邹德慈先生时，邹先生曾提醒笔者要注意关于“城镇密集区”也存在有被误解的可能性：在城市规划研究中常常提及居住区、工业区、商业区等概念，与此对应有人会将“城镇密集区”理解为与城镇的中心区、边缘区、开敞空间等相联系的城镇“密集区”概念，或者将多个相距较近的城镇实体空间（建成区）彼此联系紧密甚至直接接壤的情况描述为“城镇密集区”。笔者在阅读有关文章时很快就遇到了此类现象，例如在一篇论文中写道：“浙南地区是以市场为导向、家庭工业为基础、工贸紧密结合的‘温州模式’经济发展道路的发源地。随着经济的高速增长，近年来涌现出一批颇具经济实力的建制镇，这些镇的规模不断扩大，逐步形成彼此联系密切，但又各自为政的城镇密集区，这种城镇密集区不仅在浙南地区，在经济较发达、城镇化速度较快、人口密度较高的东南沿海地区也普遍地存在”（图3-4）[④]。如果按照此种理解，我国的很多大城市其自身就是“城镇密集区”了。为了避免这种误解，最好的办法就是采用“城镇密集地区”一词。不过，笔者认为，此种误解尚在少数，由于“城镇密集区”要比“城镇密集地区”更为简洁，更加符合学术概念的特点，并且根据人们的通常理解，“城镇密集地区”多被认为是一个较为宽泛的概念，可以指代各种不同类型和不同阶段的区域空间形态。使用“大城市

① 姚士谋，朱英明，陈振光．中国城市群［M］．合肥：中国科学技术大学出版社，2001.

② 徐清梅，张思锋，牛玲等．中国城市群几个基本问题的观点述评［J］．城市问题，2002（1）：18-22.

③ 胡序威．对城市化研究中某些城市与区域概念的探讨［J］．城市规划，2003，27（4）：28-32.

④ 何枚林等．城镇密集地区的规划研究［J］．城市规划，1996（4）：40.

连绵区”和“城镇密集区”两个术语作为通用概念是相对比较合理的。

3.3.3 城镇群落概念与城镇密集地区相关概念的关系

本书的研究任务，是从生态学的视角来审视城镇密集地区的发展现象，进而尝试运用生态学的有关理论对城镇密集地区的自然演化规律进行初步的探讨，正是基于这样的研究目的，本书提出了“城镇群落”的概念。因此，“城镇群落”概念的提出，无意要加剧“城镇密集地区”相关概念使用的混乱局面，仅仅是出于项目研究的需要。本书所提出的“城镇群落”概念，是关于城镇密集地区发展现象的一种生态学假说，属于不同学科视角的研究概念。生物群落是一个泛指的名词，可以用来指明任何大小和自然特性的生物种群的集合体（孙儒泳，2001 等），因此在理论上“城镇群落”概念可以指代前文中所列举的各种概念。基于项目的研究目的和学术讨论的需要，本书“城镇群落”概念即对应于上文所讨论的国家视角的“城镇密集区”和国际视角的“大城市连绵区”两个通用概念。

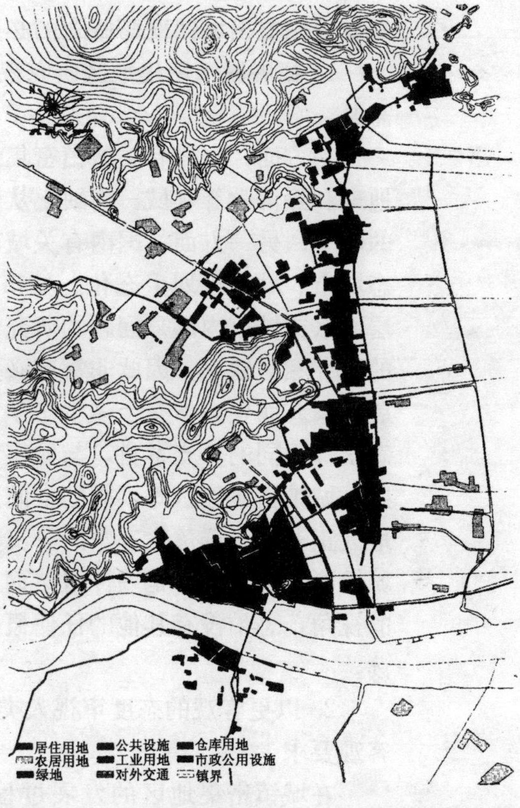

图 3-4 瑞安市东部城镇密集区用地现状图（1996）

图中的“城镇密集区”概念，实际上是指在一个较大规模的城镇中，有多个建成区（或称功能组团，每个建成区也可称作单一的城镇）分布比较密集的一种空间形态，与本文研究的“城镇密集地区”有很大的不同。

来源：何枚林等．城镇密集地区的规划研究［J］．城市规划，1996（4）：41.

3.4 提出城镇群落概念的必要性及其核心思想

3.4.1 提出城镇群落概念的必要性

上文曾指出，在国内城镇密集地区的相关研究中，有关概念的混乱现象已经较为突出，然而有趣的是，本书却又提出了一个新的城镇群落概念，这似乎是一个悖论。笔者从最初将城镇密集地区的研究视角投向群落生态学，萌发“城镇群落”的假想概念，到开展城镇密集地区及群落生态学相关理论知识的交叉研究，直到本书所提出的城镇群落自然演化规律研究框架，经历 2 年多的时间。城镇群落概念的提出，信心也是逐步建立起来的，尤其得到了导师邹德慈先生的支持和鼓励。本书逐渐成形之际，越发意识到提出城镇群落概念的必要性。

1. 拓展城镇密集地区研究视野及与生态学开展多学科交叉研究的基本需要

一方面，国内有关城镇密集地区的研究，主要集中在经济地理、人文地理和经济学等领域，尚缺乏从生态学、社会学、文化学等其他学科视角的研究；另一方面，国内有关城市生态与可持续发展的研究工作（包括生态城市、城市规划生态化、城市非建设用地规划等），较多地关注于城市层面（或城市内部）问题的研究，对于区域层面尤其是城镇密集地区层面的研究相对缺乏，因此非常有必要从生态学的视角研究城镇密集地区的发展现象，而生态学有个体生态学、种群生态学、群落生态学、生态系统生态学等不同的分支学科，与城市和区域规划研究中的单个城镇、城镇影响区、城镇密集地区等不同的空间层次相对应，从生态学的视角，城镇密集地区正对应于群落生态学的分支学科，而从群落生态学的角度出发，提出城镇群落的概念，是一件自然而然的事情，应无可非议，毕竟，从生态学的视角，恐怕没有其他的任何概念更适合于对城镇密集地区发展现象的解读。

2. 以更客观的态度审视人类社会的城镇密集地区发展现象及其规律的客观要求

在城镇密集地区的发展过程中，常常体现出较为强烈的人为主导意志，如“城市群”的概念首次被写入国家“十一五规划”后，国内就有 20 个左右的地区竞相提出“城镇群”（或类似概念）的发展目标，试图将其作为实施城镇化及促进区域经济进一步发展的重要战略，而对于一些基本问题，如这些地区是否都具备“城镇群”发展的客观条件？“城镇群”的发展是否会导致一些不良的负面影响？如何应对“城镇群”发展过程中的负面问题？等等，缺乏基本的思考和清醒的认识。在缺乏对城镇密集地区自然演进规律进行全面研究的情况下，人类对城镇密集地区的某些规划建设行为正在不知不觉地破坏着城镇密集地区的自然演进过程，过度的人类干扰极易导致城镇密集地区自然生态系统的结构破碎、功能退化与灾变，城镇密集地区发展的生态风险正日益增加，2007 年夏季江苏无锡发生的因蓝藻泛滥而引发的水危机事件、湖北武汉发生的 1400 余亩养殖水域的“死鱼”事件、湖南洞庭湖地区发生的东方田鼠泛滥事件等，已经表明了这些方面的问题。党的十七大报告提出了“建设生态文明”的要求，而群落生态学则为我们客观、合理地认识和评价城镇密集地区的发展现象提供了较为成熟的相关理论知识，提出“城镇群落”的概念，有利于我们转变传统的思维观念和思维方式，更加清醒地认识城镇密集地区空间发展的自然规律性，对推动城镇密集地区空间的健康发展无疑是非常重要的。

3. 从大自然界汲取智慧和奥妙以促进城镇密集地区科学规划与健康发展的内在需要

由于城镇密集地区的宏大尺度、系统的复杂性及处于不断的发展变化之中，人类社会对城镇密集地区发展现象的认识往往不足，或存在着盲目性，而大自然界则存在着无穷无尽的知识与奥秘，对我们人类社会的发展与进步常常有着十分积极的启发和借鉴意义。城镇群落与生物群落具有本质属性上的一致性，科学认识生物群落生存与发展的智慧与奥妙，辅以恰当的类比推论，能够对城镇群落空间的规划、建设等提供良好的知识借鉴。

3.4.2 城镇群落概念的核心思想——兼论与其他城镇密集地区相关概念的区别

城镇群落概念的提出，不仅仅只是从生态学的视角审视城镇密集地区的发展现象而已。一旦将群落生态学的知识引入城镇密集地区的研究，一旦提出城镇群落的概念，就意味着赋予了城镇群落以生命的智慧，而这一点，正是城镇群落概念区别于其他的城镇密集地区相关概念的关键所在。

1. 追求诸多城乡空间要素的群体、整体发展，而非少数城镇的做优、做大、做强

生物群落是一个群体的概念并具有整体的力量，以白蚁为例，少数几个白蚁至多只能衔起一块块土粒木屑搬来搬去，而作为整体的一个白蚁，则可以建立起一个个弯度对称的美丽拱券及由穹顶小室所组成的晶状建筑，这就是生物群落的集体智慧。城镇群落同样如此，它不是强调对于少数城镇的做优、做大、做强，而是强调诸多城乡空间要素的群体、整体发展，追求城镇群落所具有的整体实力。

2. 追求多种城乡空间资源的多维度、纵深度充分利用和优化配置，而非对某种类型的空间资源利用有所偏爱

在对空间资源的利用方面，生物群落有着鲜明的集约高效利用特征，例如，在森林群落中，最高大的树木占有森林的最上层，形成乔木层（林冠），往下依次是灌木层、草木层和地被层等，各层之间还会有一些层间植物（如森林中丰富的藤本植物和附生植物），因为阳光从天空射入森林时，不同高度的空间具有不同的光照条件，不同高度的植物具有不同的光合作用特性，从而形成了对空间和阳光的复合型集约利用。对于城镇群落而言，它所强调的也并非是对某种类型的空间资源利用（如城镇建设用地）有所偏爱，而是强调追求多种城乡空间资源的多维度、纵深度充分利用和优化配置。

3. 追求一系列城镇空间发展的分工协作和共生共荣，而非城镇之间的无序和恶性竞争

生物群落存在着显著的分工协作和共生现象，如蜜蜂群落中就有蜂后、雄蜂和工蜂之分，白蚁群落中有蚁王、蚁后、工蚁和兵蚁之分，由于分工，各司其职，大大减少了群落内各组成成员之间的恶性竞争现象。城镇群落的概念，也强调城镇群落内部一系列城镇空间在发展过程中的分工协作和共生共荣，尤其对于城镇群落整个区域内的产业协作而言，必须要形成类似于生物群落的那种协作关系，通过各个城镇发展职能的有机分工和区域协作，一方面减少或避免城镇之间的无序和盲目竞争，另一方面则有效提高了城镇群落的整体性，以及城镇空间发展的适应力。

4. 追求群落自身的自我调节和自我更新作用的维持及长期可持续发展利益，而非“先污染、后治理”等近期利益当先的短视行为

生物群落是一种动态平衡的系统，当群落受到某种干扰而破坏时，它具有再恢复到原来稳定状态的能力[①]，这就是生物群落的自我调节和自我更新机制。城镇群落概念的提出，也立意于强调追求群落自身的自我调节和自我更新作用的维持及长期可持续发展利益，而非“先污染、后治理”等近期利益当先的短视行为。

3.5 小结

本章将生物群落的概念引入城镇密集地区的研究中，从而提出了城镇群落的概念。城镇群落在本质上是生物群落的一种，二者具有内在的同一性，这为下文开展生物群落与城镇群落的类比研究提供了可靠的逻辑基础。但是，城镇群落又是一种非常特殊的生物群落，与一般的生物群落存在显著的差异性。

城镇密集地区是一个泛指的概念，可以指代与之相关的各种概念。城镇密集地区相关概念的混乱现象具有多种成因，从国家战略的角度，应当统一国际层面和国家层面两个通用概念。概念是借助语词反映对象的本质或特有属性及其范围的思维形式，学术概念的规范基于有关语词的正确和恰当使用，从构词分析的角度，建议将国际层面和国家层面的两个通用概念分别定名为大城市连绵区和城镇密集区。城镇群落概念的提出，无意要加剧城镇密集地区相关概念的混乱局面，只是为了从生态学视角研究城镇密集地区发展现象的研究需要，属于假说性质。毕竟，从生态学的角度，恐怕没有任何其他的名词更适合于对城镇密集地区发展现象的描述。

---

① 孙儒泳．动物生态学原理［M］．北京：北京师范大学出版社，2001：405.

4 城镇群落空间范围的界定

本书所提出的城镇群落概念，是从生态学的视角对城镇密集地区发展现象的解读，它必然是一个区域的概念。所谓区域，主要是一个空间的概念，指的是地球表面上占有一定空间的、以不同的物质客体为对象的地域结构形式[①]。任何一个区域概念，除了概念本身的含义之外，一个很重要的问题就是如何对其空间范围的边界进行划定。仅就在世界范围内具有重要影响的戈特曼而言，他从早期开始就因为没有对"Megalopolis"一词的使用意图作出足够的详细说明而受到地理学派的批评，尤其是他在这一词语具体指代一个功能性的定义或者是一个物质性的定义这两者之间摇摆不定，P·霍尔（Peter Hall）曾质疑戈特曼的 Megalopolis 一词"仅仅是一个方便的虚构、一个用来分析的工具，还是具有深刻的作用或物质性的真实?"（Hall，1973：46），戈特曼将 Megalopolis 定义为"城市和郊区连续的延伸，从新罕布什尔州的南部到弗吉尼亚州的北部，从大西洋沿岸到阿巴拉契亚山麓"，霍尔则认为这样一个定义"在物质空间意义上，是明显不真实的。戈特曼不久解释说尽管他没有精确地定义 Megalopolis，但他所考虑的不是一个物质空间的概念，而是……城市化和城市增长的一个功能性定义"（Hall，1973：296）[②]。那么，城镇群落的空间范围究竟应当如何科学地界定？

---

① 崔功豪等．区域分析与规划［M］．北京：高等教育出版社，1999：1.

② P. G. Hall. 1973：The containment of urban England（two volumes）. London：George Allen and Unwin. 转引自：Elizabeth Baigent. Patrick Geddes，Lewis Mumford and Jean Gottmann：divisions over "megalopolis"［J］. Progress in Human Geography，2004，24（6）：687-700. 参见附录 B 笔者对该文的中文翻译。

4.1 区域边界的含义及其划分意义

4.1.1 区域边界的含义

讨论区域空间范围边界的划定，首先必然要涉及到对“边界”的理解问题。在汉语中，“边”的本义是指山崖的边缘，如“边，行垂崖也”（《说文》），“边，垂也”（《尔雅》），它通常指边境、旁边、周边、周缘、尽头之意；“界”的本义是边陲，边境，如“界，境也”（《说文》），“界，垂也”（《尔雅》），它通常是指界线、范围、境域等地域的限界，如“域民不以封疆之界”（《孟子·公孙》）；“边”与“界”连用，则通常是指领土单位之间的一条界线。在英文中，“边界”大致有两种含义：Frontier（边境）和 Border（边界）。Frontier 一词来源于“Front”，系指前缘地带，前缘是向外指向的，含有两区域间接触带的意思，边境区是相对核心区而言的，指尚未开发或开发程度低的外围地区①；Border 也用于 Boundary（来源于“Bounds”），是限制之意，具有领土和空间两种含义，是两个或多个毗邻国家之间在地表上所表现的或隐或显的界线。由此可见，“边界”无非也就是区域划分的界线，正如德语国家大词典的定义：“边界（Grenze）是将本国与邻国分开的外在标志，这种外在标志可以是人为的，如界碑、界墙等，也可以是自然的，如沿山脉脊线或分水岭，沿河流走向等。”②

4.1.2 边界划分的意义

自古至今，边界划分现象在政治学、社会学、生态学和系统学等领域都普遍存在。我们可从不同的视角对边界划分的意义加以理解：从政治学的角度，“边界是国家对领土统治具有排他性权力的最明显的空间表达”，“个体和群体试图喜爱、影响和控制居民的现象，通过在一定地理范围内划定边界并施加控制，空间单元只有通过划定边界并对居民进行控制时，才成为领土”③；从社会学的角度，人类具有群体划分和领土空间划分的本能，在领土空间的划分过程中，人类实现群体的认同和排斥，以实现自我心理的满足④，“人类群体划分在本质上是空间的划分，反映出人类倾向于

---

① 参见：李铁立．边界效应与跨边界次区域经济合作研究［M］．北京：中国金融出版社，2005：19.

② 参见：Gequn Feng. Cross border cooperation，the europegion Upper Rhine，a model for the Tumen project in Northeastern Asia，2003：221. 转引自：李铁立．边界效应与跨边界次区域经济合作研究［M］．北京：中国金融出版社，2005：19.

③ 转引自：李铁立．边界效应与跨边界次区域经济合作研究［M］．北京：中国金融出版社，2005：28.

④ 参见：于显洋．组织社会学［M］．北京：中国人民大学出版社，2001：163.

居住和生活在有界空间的愿望，作为与空间划分伴生的边界在这一过程中是群体分异的标志，也就是说，人类希望并通过划定空间边界来创造属于自己同一群体的领土范围。对人类来说，特定空间被看作是群体成员集合的地域”（Lefebvre，1991）[①]；从系统学的角度，有组织的整体是各类系统的本质特征，任何一个自组织系统的边界均是由其有组织的整体在与外界环境相互作用中所能够自我调整、控制的一定作用范围加以确定的，边界就是系统在与其外界环境相互作用中，整体自我调整、控制的作用范围的一定限度[②]。从生态学的角度，边界也就是划分群落即“一定地段或生境里各种生物种群构成的结构单元”的界限[③]。

在地理学及城市和区域规划的研究中，人们通常认为边界是将地域单位加以区分的线或者带，边界反映了划分地理客体各组成要素的空间结构，是指某一区域隐退其显著特征，同时给出另一毗邻地区显著特征的地带（于涛方等，2005）。区域地理边界与地理区域是相辅相成的，后者是前者存在的基础，前者对后者则有鉴定意义；地理边界是相邻区域的分异标志，又影响区域之间的相互作用，它不仅仅具有分割毗邻区域的分离功能，还具有充当区域之间接触纽带的接触功能等等[④]。

4.1.3 城镇群落的区域范围

城市地域概念主要包括三种类型，即城市的行政地域、实体地域（或称景观地域）和功能地域：行政地域是根据国家行政区划规定的城市的法定管辖区域；实体地域是集中了各种城市设施、以非农业用地和非农业经济活动为主体的城市型景观分布范围，相当于城市建成区；城市的功能地域则一般是以一日为周期的城市工作、居住、教育、商业、娱乐、医疗等功能所波及的范围，它以建成区为核心，包括与城市建成区存在密切社会经济联系并有一体化倾向的城市外围地区（周一星等，1995）[⑤]。就城镇群落而言，由于它常常跨越城市及地区的行政边界，显然并不是行政地域的概念；由于其区域范围内通常存在着幅员辽阔的乡村型景观，它也必定不是实体地域的概念；可见城镇群落只能是一种功能性地域的概念。

---

① 转引自：李铁立．边界效应与跨边界次区域经济合作研究［M］．北京：中国金融出版社，2005：24.

② 转引自：李铁立．边界效应与跨边界次区域经济合作研究［M］．北京：中国金融出版社，2005：21.

③ 参见：赵志模，郭依良．群落生态学原理与方法［M］．重庆：科学技术文献出版社重庆分社，1990：1.

④ 参见：于涛方，吴志强．长江三角洲都市连绵区边界界定研究［J］．长江流域资源与环境，2005（7）：397.

⑤ 周一星，史育龙．建立中国城市的实体地域概念［J］．地理学报，1995（4）：289-301.

通过上述关于区域边界含义的认识，可以进一步将城镇群落边界（区域范围）的一些基本特征归纳为：①人为划分特征。区域边界有自然属性与人为属性（具体与抽象）之分，以自然因素作为边界的划分依据，可称边界的自然属性，例如以自然屏障和景观构成（山脉、河流、湖泊、海洋等）作为划分边界的主要依据，这样的区域边界基本上是具体的。边界的人为属性是指人们有意识地、主观能动地划分边界，这样的区域边界基本上是抽象的。就城镇群落的边界而言，它显然是一种人为的和抽象的属性。②开放特征。从系统学的角度，系统与环境间物质、能量、信息的交换不是无条件的，这种交换是以有利于系统的发展与完善为前提，即系统的自我保护功能，称作边界的封闭属性。同时，一个地区所拥有和控制的资源有限，为实现其发育和发展，需要与外部环境之间进行不断的能量、物质和信息等的交换，要求系统边界具有一定的开放属性。城镇群落作为一个具有自组织功能的相对完整的系统，具有较大的同质性、较为明确的职能分工和合作机制，但其边界既是本区域的外部结构边界，又是更大范围区域系统的内部组织结构边界，需要与更广阔区域进行经济交往和合作，因此具有突出的开放特征。③演化特征。辩证唯物主义认为，世界处在永恒的运动和变化之中，城镇群落的区域发展必然也是一个动态的过程，处于不断的演化进程中，不可能永远保持其基本结构、特性和行为不变，因此，城镇群落的区域边界只能是一定时期内的某种暂时状态，它具有不断发展演变的动态发展趋势。由于人为划分特征、开放特征和演化特征等基本属性，城镇群落的区域范围只能是相对的划分，更多地要服从于人们的研究目的和实际需要，这在根本上决定了城镇群落边界划分工作的复杂性和困难性，这也正如群落生态学中对于“群落界限”的研究，长期以来就有关于群落是抽象的还是真实的、人为的还是自然的等根本认识上的争论。

需要注意的是，关于城镇群落的范围，不能把学术研究中的区域边界划分同规划实践或区域协作中的区域范围混淆起来。规划实践侧重于解决地区发展中的实际问题，其规划范围可依规划目的或组织者意愿灵活确定，范围可大可小，既可以跨越行政边界，也可以局限于地区乃至城市的行政辖区之内，因此对于长三角地区而言，在规划实践中既可以有传统的“15＋1”① 的规划范围，也可以有上海、江苏、浙江和安徽等3省1市的规划范围，即使这些地区中的某些城市开展局部范围的规划研究也是可取的。区域协作也是同样的道理，所以“9＋2”② 的“泛珠三角”区域范围等

① 上海、南京、无锡、常州、苏州、南通、扬州、镇江、杭州、宁波、温州、绍兴、嘉兴、湖州、舟山和黄山市。

② 广东、福建、江西、广西、海南、湖南、四川、云南、贵州等9个省（区）再加上香港和澳门。

的出现也无可厚非。但是，不能因此而将规划实践或区域协作等的区域范围等同甚或取代学术意义上的城镇群落范围。本书所探讨的城镇群落界定标准，正是学术意义上的区域范围，更多地要关注于其较为严肃的科学意义。

4.2 国内外关于城镇密集地区范围界定的相关研究

从国内外学者所提出的城镇密集地区相关概念来看（表 3-2），大多属于一些定性的描述，如“Urban Agglomerations”和“World Cities”（P. Geddes，1915）、“Urban Field”（J. Friedmann，1965）、“Desakota”（T. G. McGee，1985）、“巨大城市带”（于洪俊等，1983）、“城市地区”（胡序威，1983；黄光宇，1984；吴良镛，1992）、“城市协作区”（曾坤生，1998）、“城镇群体”（张京祥，2000）、“Global－Region”（吴志强，2002）等，这一方面是由于城镇密集地区发展现象的复杂性和系统性，另一方面则在于区域边界划分的困难性。由于当代科学发展日益呈现出定量化的基本趋势[①]，因此对于城镇密集地区的范围界定，不能仅仅局限于定性的分析方法。下文主要针对国内外研究中借助了定量分析手段的界定方法加以讨论。

仔细分析国内外学者对城镇密集地区界定标准的相关研究，其描述对象是有明显差异的，大致上可划分为两种类型：一种是“单核心”的地域空间概念，即以某一核心城市为中心的城市影响范围，如美国人口统计中使用的 Metropolitan District（MD，都市区）概念和国情普查局使用的 Urbanized Area（UA，城市化地区）概念、加拿大发布统计数据所用的 Canadian Metropolitan Area（CMA，国情调查大都市区）概念、英国统计部门使用的 Aggregates of Local Authority Area（地方行政区域结合体）概念、加拿大发布统计数据所用的 Greater Cities（大型城市）概念、日本行政管理厅统计标准部提出的都市圈概念等，我国学者周一星提出的都市区概念、刘兆德等对城市经济区的界定、王德对一日交流圈的界定等也是如此；另一种是“多核心”的地域空间概念，如周一星提出的都市连绵区（Metropolitan Interlocking Region，MIR）概念、孙一飞提出的城镇密集区概念、姚士谋提出的城市群（Urban Agglomeration）概念等，这一类概念与戈特曼的大城市连绵区（Megalopolis）学术思想一脉相承（或有所发展），在区域空间结构上突出强调多核心的结构特征。从概念研究的角度，前者是相对单一的城市功能地域概念，可被称作单一概念或非集合概念，后者则是多个城市功能地域的区域整合，可被称作集合概念。集合概念的

---

① 徐冠华．当代科技发展趋势：科技部部长徐冠华在 2002 科技活动周上的报告（节选）[J]．中国信息导报，2002（6）：14-16.

功能显然不能为单一概念的都市区、大都市区或大城市地区等所具备，正如森林的属性并不为单株的树木所具有的道理一样，因此，应当对这两类概念进行合理区分，不能混为一谈。考虑到戈特曼关于 Megalopolis 研究的学术渊源以及城镇密集地区发展现象的独特机制，本书主张在对城镇密集地区范围界定的研究中，必须强调其多核心的空间结构特征。

4.2.1 戈特曼对 Megalopolis 的界定及国外的相关研究

在戈特曼的一系列研究工作中，主张将 Megalopolis 界定为具备特定条件地区出现的沿着特定轴线发展的巨大的多核心城市系统，其特征主要表现在：区域内有比较密集的城市；有相当多的大城市形成各自的都市区，核心城市与都市区的外围县有着密切的社会经济联系；有联系方便的交通走廊把这些核心城市联结起来，使各个都市区首尾连接没有间隔，都市区之间也有密切的社会经济联系；是国家的核心区域，具有国际交往枢纽的作用①，这些内容大多是一些定性的描述。除此之外，戈特曼对大城市连绵区提出的定量指标只有两个，即人口总规模必须达到2500万、人口密度不得低于 250 人/$km^2$②。

在 Megalopolis 研究方面，希腊学者帕佩约阿鲁（J. G. Papaioannou）虽然是戈特曼的热情支持者，但他根据自己划分的15种居住空间类型，认为真正的 Megalopolis 的人口规模应在 3500 万～2.5 亿之间，而戈特曼定义的那些人口规模低于3500万的地区对大城市连绵区特征的反映是不够典型的，因此他建议用 Premegalopolis（准大城市连绵区）来表示人口规模在 1000 万～3500 万之间的城镇密集地区③。而道萨迪亚斯在关于人类聚居的研究中，将城市连绵区的人口数量范围界定为 7500 万～50000 万人（其中人类聚居人口为 1.5 亿），小型城市连绵区的人口数量范围为 1000 万～7500 万人（其中人类聚居人口为 2500 万）④。此外，帕佩约阿鲁和勒曼（A. B. Leman）则认为人口规模在 1000 万以上的大城市连绵区的人口密度不应低于 500 人/平方英里（约 193 人/km^2），其中至少应包含两个围绕密集中心组成的基本单元（Elementary Unit）和一个二级单元（Secondary Unit）聚集体（人口规模在 10 万～100 万之间），通常二级单元所在的区域为基本单元的共同影响区⑤。

---

① 转引自：王学锋．城镇密集地区规划编制与管理［M］．北京：中国建筑工业出版社，2007：2.

② 史育龙，周一星．戈特曼关于大都市带的学术思想评价［J］．经济地理，1996，16（3）：35.

③ 转引自：史育龙，周一星．关于大都市带（都市连绵区）研究的论争及近今进展述评［J］．国外城市规划，1997（2）：4.

④ 参见：吴良镛．环境科学导论［M］．北京：中国建筑工业出版社，2001：230.

⑤ 转引自：史育龙，周一星．关于大都市带（都市连绵区）研究的论争及近今进展述评［J］．国外城市规划，1997（2）：5.

4.2.2 国内学者的相关研究

从国内相关研究来看，对城镇密集地区范围界定的研究主要以周一星（1991，2000）、姚士谋等（1992）、孙一飞（1995）、代合治（1998）、刘荣增（2003）、于涛方等（2005）和《全国城镇体系规划（2006—2020）》（2006）等的研究为代表。

1991年周一星教授提出都市连绵区形成的五个必要条件[①]，2000年进一步确定其成型指标为：①具有两个以上人口超过百万的特大城市作为发展极且其中至少一个城市具有相对较高的对外开放程度，具有国际性城市的主要特征；②有相当规模和技术水平领先的大型海港（年货物吞吐量在1亿吨以上）和空港，并有多条定期国际航线运营；③区域内拥有由多种现代运输方式叠加形成的综合交通走廊，区内各级发展极与走廊之间有便捷的陆上手段；④区内有较多的中小城市，且多个都市区沿交通走廊相连，总人口规模达到2500万以上，人口密度达到700人/km^2以上；⑤组成连绵区的各个都市区之间、都市区内部中心市与外围县之间存在密切的社会经济联系[②]。

1992年姚士谋提出了城市群边界划分的四种方法：城市场引力公式法、经济区划分法、行政区划分法、中心城市经济联系的强度分析法等，对我国大城市群的10个定量指标作了系统分析与计算，进而将我国城市群区划分为国家级城市群、地区级城市群、地方级城市群（日常城市群）等不同的类型[③]。

1995年孙一飞以江苏省为例，提出了城镇密集区的划定方法，即在对城市化地区进行界定的基础上，城镇密集区的区域范围主要包括三部分：①两个或两个以上人口超过30万人的中心城市；②与中心城市相连的连片城市化地区；③与中心城市相邻，或为连片城市化地区所包围，但尚未达到城市化地区标准的个别县市[④]。

1998年代合治提出作为一个城市群应具备三个条件：①必须是一个连续的区域；②具有较高的城市化水平；③达到一定的面积、人口、城市规

---

① 这五个条件是：①具有两个以上人口超过百万的特大城市作为发展极；②有对外口岸；③发展极和口岸之间有便利的交通干线作为发展走廊；④交通走廊及其两侧人口稠密，有较多的中小城市；⑤经济发达，城乡间有紧密的经济联系。

② 参见：胡序威，周一星，顾朝林等．中国沿海城镇密集地区空间集聚与扩散研究［M］．北京：科学出版社，2000：75.

③ 参见：姚士谋，朱英明，陈振光．中国城市群［M］．合肥：中国科学技术大学出版社，2001：103-104.

④ 参见：孙一飞．城镇密集区的界定——以江苏省为例［J］．经济地理，1995（9）：36-40.

模。指出我国城市群的下限标准应为：地域面积在1万km^2以上，总人口在500万人以上，其中城市人口在150万人以上，城市数量在5座以上，其中应有特大城市或大城市。并进一步依据城市群的面积、总人口、城市人口、城市数量、城市规模等级结构等进一步将城市群划分为特大型、大型、中型、小型等四个等级类型①。

2003年刘荣增提出中原城镇密集区的界定标准为：①确定核心经济区的中心城市，非农人口在20万以上；②选取各中心城市所辖县市中符合条件的县市——人均GDP在5000元以上，且非农产业比重70%以上或非农劳动力比重40%以上（两条件满足其一）；③考虑中心城市发展所需腹地及地域完整性、县域行政单元的完整性以及与城镇体系规划中区域范围相协调等问题进行城镇密集区的范围划定。此外，依据综合性和重点突出相结合、全面性和兼顾国情相结合、定性和定量相结合等原则，建构了城镇密集区发展阶段判定的18项指标体系②。

2005年于涛方、吴志强提出了都市连绵区界定的“相关关系”方法，主要从“均质区域”的角度进行都市连绵区的整体范围边界和内部结构边界界定研究：①首先采用主成分数理统计方法、聚类方法等进行区县级地理单元空间结构类型的归类；②在此基础上，判断都市连绵区的基本单元——都市区的结构类型，包括都市区的空间结构类型（都市区的核心地域，外围地域和边缘地域等）和经济结构类型（服务密集区、制造业密集区、旅游密集区、农业区等），然后根据都市区的空间组织和空间关系，分析构成都市连绵区的都市圈或城镇密集轴；③最后，兼顾都市连绵区边界的特性，即动态性、层次性和模糊性等，进行都市连绵区的整体范围边界界定和内部空间结构边界的研究③。

2006年建设部完成的《全国城镇体系规划（2006—2020）》中提出了“城镇群”和“大都市连绵区”的判断标准。“城镇群”的判断标准为：①核心城市指标。至少拥有一座特大城市，根据我国区域经济发展特征，从人口规模、经济规模、交通状况、科技创新等方面综合判断。人口规模方面，城市人口规模200万以上；经济规模方面，核心城市市区（或者都市区）生产总值达到500亿元以上；交通方面，为规划二级以上枢纽城市；科技创新方面，是我国主要的科教文化城市。②社会发展水平指标。所辖地域行政单元（最小为县级单元）内非农产业比重大于70%或者非农从业

---

① 参见：代合治．中国城市群的界定及其分布研究［J］．地域研究与开发，1998，17（2）：40-43，55.

② 参见：刘荣增．城镇密集区发展演化机制与整合［M］．北京：经济科学出版社，2003：35.

③ 参见：于涛方，吴志强．长江三角洲都市连绵区边界界定研究［J］．长江流域资源与环境，2005（7）：397.

人员比重大于65%，或者地区城镇化水平高于45%；并且人均生产总值达到800美元/人以上。③密度指标，作为辅助判断指标。主要从现状人口密度、经济密度以及城镇密度等指标来判断。但由于我国区域发展差异大，因此密度指标不作为硬指标。④通勤指标。区内城镇与最近的中心城市（核心城市和其他中心城市）的交通通勤在2小时范围之内。"大都市连绵区"的判断标准为：①在数万平方公里的特定区域内，以一个或多个特大、超大城市为核心，有十几或几十座甚至更多的不同等级和规模的城市相对聚集；②城镇化水平发达，城镇化水平在50%以上，城乡界线模糊，城乡差距小；③区域内人口密集，总人口超过3000万人，人口密度超过每平方公里800人；④具有国家意义的综合交通枢纽。城市间和城乡间联系紧密，彼此间通达性好，与核心城市间的通勤距离在2小时路程以内；⑤经济高度发达，经济辐射范围广，是国家的经济核心地区[①]。在《全国城镇体系规划（2006—2020）》后续的修改和完善工作过程中，"大都市连绵区"的称谓被调整为"重点城镇群"，但其界定标准未作修订。

4.2.3 国际上相关研究的最新进展

近年来，伴随着全球化的经济发展，区域协调发展已成为国际上共同关注的热点问题，尤其以《欧洲空间发展展望》（European Spatial Development Perspective，ESDP）和《美国2050》（America 2050）等一系列研究工作为代表。不过就城镇密集地区范围界定的研究而言，比较有代表性的应是美国。2005年6月美国所公布的一项人口普查报告表明，根据弗吉尼亚工学院大都市区研究所（The Metropolitan Institute at Virginia Tech）的研究，截至2005年，美国已经形成10个城镇密集地区（Megapolitan Areas，简称Megas）——即大都市区的集聚网络，这10个城镇密集地区囊括了人口普查署"标准统计区"（Consolidated Statistical Areas）的60%、全国50个人口最稠密的大都市区中的39个，2005年时总人口多达2.02亿，是法国、德国和英国的总人口之和[②]。该项研究具有一定的权威性，其成果被"《美国2050》全国委员会"（The National Committee for America 2050）在《美国2050》的研究工作中采纳。

在《美国2050》的研究中，对城镇密集地区的识别标准为：①至少联结着2个或更多的现有大都市区（Metropolitan Areas）；②预计到2040年时总居住人口将超过1000万；③衍生自一系列相邻的大都市区或小都市区

① 建设部．我国城镇群发展研究报告——全国城镇体系规划（2006—2020）专题研究报告七［M］．2006-2-22.

② R. E. Lang，D. Dhavale. Beyond Megalopolis：Exploring America's New "Megapolitan" Geography［M］. Metropolitan Institute Census Report，2005：1.

(Micropolitan Areas)；④组成一个具有显著的历史背景和共性特征的“有机的”文化区域（Organic Cultural Region)；⑤占据大致相近的自然环境(Physical Environment)；⑥通过一些主要的交通基础设施将巨大的城市核心联系起来；⑦由各种货物流和服务流而形成一个功能性的城市网络；⑧创造出一个适合于开展大尺度区域规划的地理单元；⑨位于美国境内（基于统计分析的目的，因为某些大城市连绵区已明显发展到了加拿大和墨西哥的境内)；⑩以县为最基本的构成单元①。

4.2.4 国内外相关研究的基本思路

综上所述，关于城镇密集地区范围的界定，国内外学者及相关机构已开展了诸多研究，并取得了丰硕的成果。通过对各种界定方法的比较分析，可得到如下两点基本认识：

1. 定量或定性的界定手段

从国内外学者的相关研究来看，对于城镇密集地区范围的界定，大多是一种定量分析和定性判断相结合的研究思路，尚没有完全定量化的界定标准问世。这也进一步验证了文章开始时关于区域边界特征的认识和分析，由于区域边界所具有的人为属性、系统属性和动态演化特征等，对于城镇密集地区范围的界定，采取完全定量化的界定标准几乎是不可能的事情。

2. 范围界定的基本程序

国内外相关研究中，对城镇密集地区范围的界定程序是有所差异的，可以划分为“结构分析”和“指标直接检验”两种类型。前者如周一星(1991，2000)、于涛方（2005）等对“都市连绵区”的界定，孙一飞(1995)、刘荣增（2003）对“城镇密集区”的界定，均强调“分步走”的界定步骤，即首先选定区域的中心城市，然后以区县为最基本的分析单元划定其周边地区（或称周围县、城市化地区、影响腹地等)，从而建构“都市区”或“城市化地区”，再以此为分析单元来划定“都市连绵区”等的区域范围。后者则是以区县为最基本的分析单元，直接使用给定的验证指标加以范围划定，如姚士谋等（1992）和代合治（1998）关于“城市群”区域范围的划定，以及《全国城镇体系规划（2006—2020)》（2006）关于“城镇群”和“大都市连绵区”的判别。由于区域空间结构是城镇密集地区的基本骨架，且核心城市对城镇密集地区的发展具有至关重要的引导作用②，笔者主张采用“结构分析”的“分步走”界定程序。

---

① R. E. Lang，D. Dhavale. Beyond Megalopolis：Exploring America's New “Megapolitan” Geography［M］. Metropolitan Institute Census Report，2005：5-6.

② 类似于生物界的“领头羊”、“猴王”和“蚁王”等。

4.3 城镇群落空间范围的界定

城镇群落属于从不同学科视角对城镇密集地区发展现象的解读，具体包括国际视野的“大城市连绵区”和国家视野的“城镇密集区”两种不同的类型。

4.3.1 国际视野的“大城市连绵区”范围界定

根据“分步走”的界定程序，从单一都市区（或城市化地区）和大城市连绵区的整体这两个层面对国际视野的大城市连绵区的界定指标加以分析。

1. 都市区（或城市化地区）的界定指标

1910 年，美国人口统计中首次使用 Metropolitan District（MD，都市区）的概念，此后虽然对划分标准进行过多次修改，如 1949 年定义了 Standard Metropolitan Area（SMA，标准大都市区），1959 年改称 Standard Metropolitan Statistical Area（SMSA，标准大都市统计区），1980 年后改称为 Metropolitan Statistical Area（MSA，大都市统计区），但其内涵并未改变，并在世界范围沿用至今[①]。其他西方国家对都市区的界定大多是仿效美国建立的，如加拿大的 CMA、英国的 SMLA 和 MELA、法国的 ZPIU、德国的 Stadtregionen 和日本的都市圈等（胡序威、周一星、顾朝林等，2000）。在西方比较完善的市场经济体制下，居民对就业和居住地的选择基本上都是通过市场调节来完成的，另一方面，在城市发展进入郊区化阶段后，居住和工作地点的分离现象更为普遍，而便利的城市交通网络和私人小汽车的普及则为通勤创造了条件，在这种情况下通勤成了反映城乡社会经济联系最重要的指标[②]（表 4-1）。

西方国家都市区界定指标的比较 表 4-1

国家与都市区	中心市		外围地区			整个都市区
	规模	其他	非农劳动力	人口密度	通勤率	
美国 MA[①]	＞5 万		相对比＞75％	50 人/平方英里	单向 15％或双向 20％	
英国 SMLA[②]		就业岗位＞4 个/英亩或绝对量＞1万			＞15％	规模＞7 万

① 参见：杨忠伟，范凌云．中国大都市郊区化［M］．北京：化学工业出版社，2006：35.

② 胡序威，周一星，顾朝林等．中国沿海城镇密集地区空间集聚与扩散研究［M］．北京：科学出版社，2000：43.

续表

国家与都市区	中心市		外围地区			整个都市区
	规模	其他	非农劳动力	人口密度	通勤率	
加拿大 CMA③	>10 万				>40%	1. 一产劳动力比例低于全国平均值；2. 人口增长率高于全国平均值
日本都市圈④				>1.5%		
日本⑤	>30 万	白天人口>夜晚人口			>10%	
日本⑥	>10 万	白天人口>夜晚人口	75%		>5%	
日本⑦	>5 万	白天人口>夜晚人口	75%		>10%	

来源：①据 Federal Register（1990）Vol. 55，No. 62，March. 30，1990 整理；②、③、④据石川义孝，1983 整理；⑤富田和晓（1975）；⑥Glickman（1976）；⑦山田浩之等（1983）。转引自：胡序威，周一星，顾朝林等．中国沿海城镇密集地区空间集聚与扩散研究［M］．北京：科学出版社，2000：43.

从国内的情况来看，对都市区（或城市化地区）的界定标准主要以周一星（1991）、孙一飞（1995）、刘兆德等（1996）、王德等（2001）、邹军等（2001）、于涛方等（2001）等的相关研究为代表，本书对此进行了总结（表 4-2）。关于中心城市，有的学者提出了比较系统化但却较为复杂的界定标准（刘兆德等，1995；邹军等，2001），这在实际操作上存在一定的难度；有的学者提出了接近于国外的城镇人口规模标准（5 万人）（孙一飞，1995），这一标准对于我国有点偏小；周一星提出的中心市标准较西方国家高一些，与我国现行的地级市标准一致，这比较符合我国的人口国情，也便于操作。从外围地区的界定标准来分析，一些学者努力建构接近于西方的通勤指标（刘兆德等，1995；王德等，2001；邹军等，2001），但在具体操作上尚存有一定的困难，周一星（2000）认为通勤并不是我国城乡间联系的主要方式，他假设城市与它周围县的社会经济联系强度同其非农化水平有密切联系并得到了验证，从而提出用区县的非农化水平来替代通勤率的指标①。总的来讲，周一星关于“都市区”的界定标准是较为严谨和具体的，也便于操作，适宜于在国内推广。

① 胡序威，周一星，顾朝林等．中国沿海城镇密集地区空间集聚与扩散研究［M］．北京：科学出版社，2000：43-44.

我国学者关于都市区（及相关概念）的界定 **表 4-2**

概念及来源	中心城市标准	外围地区标准	都市区整体界定要求
都市区 （周一星，1995）	（中心市）城市实体地域内非农业人口≥20万的地级市	1. 以县级区域为基本单元； 2. 非农产业 GDP 比例≥75%； 3. 非农劳动力比例≥60%； 4. 与中心市直接毗邻或与已划入都市区的县（市）毗邻。 若某一县（市）能同时划入两个都市区则采取行政原则或联系强度原则	当中心市为大郊区城市时（“整县设市”），整个市域还需满足第三条规定的非农化水平指标
城市化地区 （孙一飞，1995）	中心城镇人口≥5万	1. 乡村非农劳动力比例≥50%或社会非农劳动力比例≥60%； 2. 人口密度≥全国（全省）平均水平； 3. 建制镇密度≥全省平均水平（针对中心县［中心城镇所在县］）	邻近县（与中心县相邻的县）满足上述条件者亦划入城市化地区
城市经济区 （刘兆德等，1995）	城市中心性强度（规模、经济实力等 13 项指标）	1. 计算相邻城市之间的距离（空间距离或交通线距离）； 2. 计算两个城市影响范围的断裂点； 3. 各断裂点相连得到吸引范围	1. 根据断裂点距离进行中心城市影响力的类型划分（经济核心区、直接腹地、间接腹地松散型、过渡地带）； 2. 将某一个或几个中心城市的经济核心区、直接腹地划为同一城市经济区
一日交流圈 （王德等，2001）	——	1. 城市内环线为中心点； 2. 计算两城市间单程交通时距； 3. 两城市间单程交通时距≤2.5h	当两城市间有多条主要干道相通时取其时距最小值
都市圈 （邹军等，2001）	1. 人口规模≥100万且邻近有50万人以上城市； 2. GDP 中心度>45 %； 3. 具有跨越省际的城市功能； （均针对城市区域）	到中心城市（城市区域）的通勤率≥其自身人口的 15 %	——
都市区 （于涛方等，2001）	——	1. 区县级地理单元细分； 2. 根据每个地理单元 15 个行业的就业结构比重和就业人数空间分布密度进行各地理单元空间结构类型的归类（采用主成分数理统计方法、聚类方法）； 3. 判断都市区的结构类型（核心地域、外围地域和边缘地域）	——

国内外关于大城市连绵区（及相关概念）的界定标准　　表 4-3

概念名称		Megalopolis	Megas	都市连绵区	超大型城市群
提出者（来源）		Gottmann，1961	Lang 等，2006	周一星，2000	姚士谋等，2000
规模	总人口（万）	≥2500	≥1000	≥2500	2400～3000
	总用地	——	适合于大尺度区域规划	——	——
	城镇数量	城镇密集；多个都市区	大都市区（MA）数量≥2	较多的中小城市；多个都市区	——
密度	人口密度（人/km²）	≥250	——	≥700	——
	城镇密度（个/1000km²）	——	——	——	——
通勤指标		——	货物流和服务流	——	——
城镇化水平		——	——	——	＞40%
基础设施	交通网密度（km/10⁴km²）	便捷的交通走廊	主要的交通设施相连	大型海港（年货物吞吐量≥1亿t）和空港；多条国际航线	公路：2000～2500；铁路：350～550
核心城市要求	数量（座）	——	——	≥2	＞2
	人口规模	——	——	≥100万	特大超级大城市
	经济规模	——	——	——	——
	交通状况	——	——	——	——
	科技创新	——	——	——	——
县级单元要求		都市区标准	都市区标准	非农产业GDP比重＞77%且非农劳动力比重＞60%	——
其他		国家的核心区域，国际交往的枢纽	文化区域；自然环境相似；美国境内	中心市为实体地域内非农业人口≥20万的地级市	城镇等级规模结构较完整；社会商品零售占全省区比＞45%；工业总产值占全省区比＞75%；等

来源：根据相关资料自绘。

续表

概念名称		特大型城市群	城镇密集区成熟阶段	大都市连绵区
提出者（来源）		代合治，1998	刘荣增，2003	全国城镇体系规划，2006
规模	总人口（万）	≥5000		≥3000
	总用地	≥10万km²	——	数百万平方公里
	城镇数量	≥40座	——	≥十几座
密度	人口密度（人/km²）	——	≥700	≥800
	城镇密度（个/1000km²）		≥10	——
通勤指标			任意点到邻近城市的时间≤0.5h	与核心城市的通勤时间≤2h
城镇化水平		——	≥50%	≥50%
基础设施	交通网密度（km/10⁴km²）	——	公路≥25000；铁路≥3500；电话拥有率≥50部/百人	——
核心城市要求	数量（座）	——	——	≥1
	人口规模	——	——	——
	经济规模	——	全球性城市	——
	交通状况	——	——	国家综合交通枢纽
	科技创新	——	——	——
县级单元要求		——	——	——
其他		城市等级结构完整	人均GDP≥2万/人；人均固定投资额≥6000美元；实际利用外资≥30亿美元；国际旅游收入≥5亿美元；等	城乡界限模糊，城乡差别小；经济高度发达，国家的经济核心地区

2.“大城市连绵区”整体范围的界定指标

在大城市连绵区整体范围的界定指标方面，表 4-3 对国内外学者的一些代表性成果进行了总结。从指标内容来看，国内外学者主要选择“规模”、“密度”、“通勤指标”、“城镇化水平”、“基础设施”、“核心城市要求”、“县级单元要求”等方面对大城市连绵区的内涵加以表述。其中姚士谋等（2000）、刘荣增（2003）等试图建构（城市群、城镇密集区等）较为完整的指标体系，从而提出了“城镇等级规模结构”、“社会商品零售比例”、“工业总产值比例”、“人均 GDP”、“人均固定投资额”、“实际利用外资额”、“国际旅游收入”等其他一些定量指标，其优点是指标体系较为完整、对概念内涵的反映较为全面，当然也不可避免地会存在一些不利因素，主要是界定起来比较复杂，资料的获取和分析存在一定的难度，在作为一个通用概念的界定标准方面存在着大规模推广和普及的一定难度。从其他学者的研究来看，普遍缺少“结构分析”的界定程序（代合治，1998；刘荣增，2003；全国城镇体系规划，2006），不利于反映大城市连绵区的“多核心”结构。总的来说，周一星教授关于“都市连绵区”，一方面界定程序较为明确具体，便于操作，另一方面既考虑了与戈特曼的 Megalopolis 概念一脉相承（多核心的结构特征、国际地位、总人口规模等），同时也结合了我国的国情（人口密度、“通勤指标”的反映），其界定指标和具体标准较为适宜于对“大城市连绵区”通用概念的范围划定，适宜于在国内推广和普及。

4.3.2 国家视野的“城镇密集区”范围界定

相对于“大城市连绵区”而言，“城镇密集区”是较低层次的一个区域空间概念，它主要基于一种国家视角，强调其在国家发展战略（而非国际竞争）中的重要地位，因而对它的界定标准理应略低于“大城市连绵区”的界定标准。从国内的相关研究来看，孙一飞、刘荣增、姚士谋、代合治、“全国城镇体系规划”等关于城镇密集区、城市（镇）群的界定比较接近于这样的要求，见表 4-4 的总结。

国内外关于城镇密集区（及相关概念）的界定标准 **表 4-4**

概念名称		城镇密集区	城市群（其他类型）	小型城市群	城镇密集区过渡发展阶段	城镇群
提出者（来源）		孙一飞，1995	姚士谋等，2000	代合治，1998	刘荣增，2003	全国城镇体系规划，2006
规模	总人口（万）	——	<1500	500～1000	——	——
	总用地	——	——	1～3 万 km^2	——	——
	城镇数量	——	——	5～10	——	——

续表

概念名称		城镇密集区	城市群（其他类型）	小型城市群	城镇密集区过渡发展阶段	城镇群
密度	人口密度（人/km²）	——	——	城市人口密度150～500	500～700	——
	城镇密度（个/1000km²）	——	——	——	6～10	——
通勤指标		——	——	——	任意点到邻近城市的时间：0.5～1h	城镇与中心城市的通勤时间≤2h
城镇化水平		——	＜40％	——	30％～50％	——
基础设施	交通网密度（km/10⁴km²）	——	公路＜2500；铁路：250～400	——	公路：15000～25000；铁路：2500～3500；电话拥有率：30～50部/百人	——
核心城市要求	数量（座）	≥2	≥2	——	——	≥1
	人口规模（万）	≥30	特大超级大城市	——	——	≥200
	经济规模	——	——	——	区域性中心城市	市区（或都市区）GDP≥500亿元
	交通状况	——	——	——	——	规划二级枢纽以上
	科技创新	——	——	——	——	主要科教文化城市
县级单元要求	非农化水平	乡村非农劳动力比例≥50％或社会非农劳动力比例≥60％	——	——	——	非农产业比重＞70％或非农人员比重＞65％或城镇化水平＞45％
	其他	人口密度≥全国（全省）平均水平；建制镇密度≥全省平均水平	——	——	——	人均GDP＞800美元/人

续表

概念名称	城镇密集区	城市群（其他类型）	小型城市群	城镇密集区过渡发展阶段	城镇群
其他	中心城镇人口≥5万	城镇等级规模结构不完整；社会商品零售占全省区比＜45%；工业总产值占全省区比＜70%；城镇人口占省区比＜55%等	城市等级结构不完整	人均GDP1～2万元/人；人均固定投资额3000～6000美元；实际利用外资10亿～30亿美元；国际旅游收入3亿～5亿美元等	人口密度、经济密度及城镇密度等为辅助判别指标

从国内学者对城镇密集区（及相关概念）的界定标准来看，姚士谋（2000）、刘荣增（2003）等的指标体系较为全面，但具体操作和推广普及的难度较大；姚士谋等（2000）、代合治（1998）、刘荣增（2003）、全国城镇体系规划（2006）等均是“指标直接检验”的界定方法，未采取“结构分析”的程序；孙一飞（1995）虽然采取了“结构分析”的程序，但其对于人口密度和建制镇密度的限定均局限在省区的层面上，核心城市规模和数量也较低。由此可见相关研究成果均有一定的局限性，关于“城镇密集区”通用概念的界定尚需要对有关学者的研究成果加以适当的修正。

根据“城镇密集区”的基本内涵，其范围界定宜遵循以下原则：①符合概念的基本内涵，即城镇和人口的分布较为密集，采用适当的指标加以反映；②强调“多核心”的区域空间结构特征，采取“结构分析”的界定程序；③体现我国的具体国情（国家层面上的城镇化空间形态），指标的量化可参考当前我国的平均水平；④操作方便，有利于国内推广和普及，选取最典型的指标，数量不宜过多，界定标准应具体、便捷。

从界定程序来看，“城镇密集区”范围界定的基本步骤应为：① 选择区域分析的大致地域范围，该范围必然要大于最终划定的“城镇密集区”范围，具体操作只能以主观判断为主，例如，对于成渝城镇密集区的分析可首先选择重庆市和四川省行政辖区的全部区域作为分析范围。② 进行“结构分析”，即对每一个“大城市地区”进行识别。“大城市地区”即大城市及其周边的影响地区，类似于西方国家和周一星教授所提的“都市区”概念，但其界定标准应针对“城镇密集区”概念。这一步骤具体分两个环节：首先选定“中心城市”，其次分析中心城市的外围地区。③ 进行“城镇密集区”整体范围的划定。

关于“中心城市”，一般而言，由于城市实体地域内的人口规模能够在总体上反映出一个城市的等级水平及在区域中的地位，因此可将其作为中心城市的主要判别标准。根据我国的国情，借鉴周一星教授的研究，将大城市的界定标准确定为“城市实体地域内非农业人口≥20万”，即与我国的地级市设市标准一致。

“城镇密集区”具有“城镇和人口的分布较为密集”的基本内涵，对此可采取城镇密度、人口密度等指标加以反映。然而在具体操作上，首先需要回答下述问题：①在什么样的尺度上进行判别？国内外相关研究中普遍以区县级行政单元作为最基本的分析单元，但也有一些在整个区域的层面上进行指标判别的情况（如戈特曼提出的人口密度指标）。②城镇密度涉及到城镇的数量，对此应如何判别？就重庆市而言，既可以说它是一个城市（直辖市），又可以说它是由多个城市组成，仅就重庆主城区而言，也是由渝中、江北、渝北、沙坪坝、南岸等多部分组成，它们算一个城市还是多个城市？这些将直接关系到城镇的数量。③人口密度具体选择总人口密度还是城镇人口密度（非农业人口密度）？哪项指标更能确切地反映“城镇密集区”的内涵？

考虑到“城镇密集区”范围界定的程序，似乎应以区县行政单元作为城镇密度和人口密度等指标的基本分析单元，这样也可以避免城镇数量计算上的困难，当然，这两项指标主要应用在对中心城市外围地区的判断上。由于中心城市的外围地区应是与中心城市保持有密切社会经济联系的地区，根据周一星教授的研究，城市与它周围县的社会经济联系强度同其非农化水平有密切联系①，故而可用区县的非农化水平（非农产业GDP比例和非农劳动力比例）替代通勤指标反映其与大城市的社会经济联系。因此，可选用非农产业GDP比例、非农劳动力比例、城镇密度和城镇人口密度这四个指标对中心城市的外围地区进行判别。不过，这又引中出几个问题：①在具体操作上，这四个指标是否都有必要？它们之间是“并且”关系还是“或者”关系。②如果在区县级行政单元的层面上进行分析，城镇数量问题势必简化为建制镇和县城的问题了，那么县城是否计入城镇数量的计算？如果县城是由多个城关镇所组成，这种情况下的城镇数量应如何计算？“城镇密度”指标是否会因此而演变成了“建制镇密度”指标？

“城镇密集区”范围界定的另一个难点是其整体范围的划定依据问题，即在划分出不同的“大城市地区”范围之后，哪些“大城市地区”应当划分在同一个“城镇密集区”之中？整个区域在什么样的情况下才能称其为“城镇密集区”？

---

① 胡序威，周一星，顾朝林等．中国沿海城镇密集地区空间集聚与扩散研究［M］．北京：科学出版社，2000：43-44.

针对上述疑问，由于“城镇密度”指标在实际操作中的难度，本书认为可转换思维方式，使用“城镇间距”指标来替代“城镇密度”，由于“城镇和人口的分布较为密集”，城镇之间的距离必然比较紧凑。当然，如果对所有城镇之间的距离一一作出判别，似乎并无很大必要，本书主张“城镇间距”指标仅针对“中心城市”，并在进行“城镇密集区”整体范围的划定时加以检验，这样也能解决整体范围的划定依据问题。当然，考虑到“城镇密集区”的“多核心”空间结构特征，可以要求“城镇密集区”内“中心城市”数量至少为3个。

对于“中心城市”的外围地区的界定，考虑到“非农产业GDP比例”和“非农劳动力比例”两个指标有一定的相互联系（或重复），本书建议舍去“非农劳动力比例”指标，实际上“城镇人口密度”指标对其也有所反映。

综上所述，本书提出“城镇密集区”的界定标准和具体步骤如下：

1）选择区域分析的大致地域范围。

2）识别“中心城市”，标准为“城市实体地域内非农业人口≥20万”。

3）分析各个中心城市的外围地区，以区县级行政地域作为基本的分析单元，各单元须达到“非农产业GDP比例≥70%”[①]且“城镇人口密度≥60人/km^2”[②]的要求。

根据2）、3）即可得到“大城市地区”的范围。

4）判断不同的“大城市地区”之间空间联系的紧密程度，依据“中心城市”之间的“城镇间距”指标进行判别，要求“中心城市[市中心]之间的直线距离≤100km”[③]，达到要求的两个“大城市地区”可划入同一“城镇密集区”。当同一区域内“大城市地区”数量（即中心城市数量）≥3个时，可称作“城镇密集区”。考虑到“城镇密集区”是一连片的完整地域，如果多个“大城市地区”之间存在有一些未达到中心城市外围地区要求的区县，可将其划入“城镇密集区”。

4.4 成渝城镇群落的范围界定

4.4.1 相关研究中类似区域的范围界定

尽管与珠三角、长三角、京津冀等相比，国内学者对成渝城镇密集地

① 参考“全国城镇体系规划”中对区县单元的要求。

② 根据国家统计局《2006年全国及地方国民经济和社会发展统计公报》，2006年末我国城镇人口为57706万人，全国城镇人口密度为60.11人/km^2。

③ 国内研究中城镇间通勤时间一般以1小时为标准，考虑实际操作的方便，直接以高速公路的平均车速（100km/h）换算空间距离。

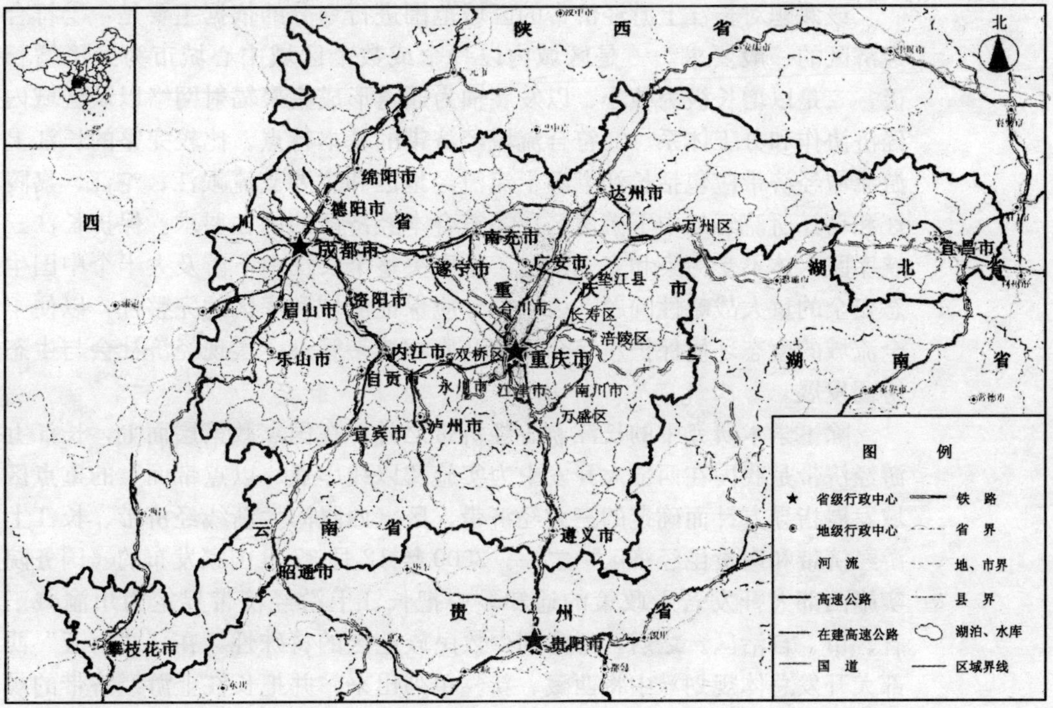

图 4-1　长江上游经济带的区域范围

来源：《长江上游经济带协调发展研究》课题组．长江上游经济带协调发展研究［R］，2005-09：7.

区的相关研究较为缺乏，但近年来正呈现出逐步加强的趋势。相关研究中与成渝城镇密集地区相关的一些范围界定主要包括下述方面：

1．“长江上游经济带”的范围

由重庆市人民政府发展研究中心下达、重庆市社会科学院等单位承担的 2004 年度重庆市重大决策咨询研究重点课题“长江上游经济带协调发展研究”（合同号 2004ZD01，2004—2005）对“长江上游经济带”的区域发展问题进行了深入研究。长江上游经济带系指以重庆、成都两个特大城市及城市群为依托，以重庆、四川、湖北、贵州、云南一批区域中心城市为支撑的经济社会相对发达地区。其区域范围具体为：东起湖北宜昌市、西至四川攀枝花市、南至贵州遵义市、北至四川绵阳市，东西长 896.6km，南北宽 667.6km，涵盖四川、重庆、贵州、湖北和云南五省市中的 188 个区县和县级市（图 4-1）。长江上游经济带的总面积 29.66 km^2，占五省市总面积的 32.57％、我国西部地区的 4.3％；总人口 11685.73 万人，占五省市总人口的 68.09％[①]。

①　《长江上游经济带协调发展研究》课题组．长江上游经济带协调发展研究［R］，2005-09：5.

该课题对长江上游经济带的区域范围进行划分的依据主要是：①符合经济区的一般要求。一是区域内以一个或数个区域中心城市为经济增长极，二是以增长极为核心、以发展轴为通道形成集聚辐射网络以及区域内经济协作和分工体系。②符合流域经济带的基本特点。比较完整的长江上游流域经济带应包括长江上游干流流经地区和主要支流岷江、沱江、嘉陵江和乌江所流经的中下游地区。③符合本经济区的内在要求。保护长江三峡库区水体不受污染和安全营运，是事关整个长江中下游及大半个中国生态安全的重大战略性问题，区域划分应保证流域和库区的完整性，以便于全流域的生态环境保护、综合治理及库坝统一管理，实现经济社会与生态协调发展。

除了学术研究中的长江上游经济带之外，在国家政策层面上，长江上游经济带是我国在西部大开发中为实施“以线串点、以点带面”的重点区域发展指导方针而确定的三大经济带、区（西陇海兰新线经济带、长江上游经济带和南贵昆经济区）之一。2000 年 12 月 27 日国家发布的《国务院实施西部大开发若干政策的通知》中把长江上游经济带界定为川渝藏三省、市、自治区。之后，考虑到少数民族地区的特殊性，在《“十五”西部大开发总体规划》中将西藏、新疆单列出来，并把长江上游经济带的规划范围明确界定为四川省和重庆市[①]。

2.“成渝经济区”的范围

由四川省社会科学院、重庆市社会科学院和重庆工商大学联合承担的国家发改委“十一五”规划招标课题“成渝经济区发展思路研究”（ZBKT035，2003—2005）对“成渝经济区”的区域发展问题进行了深入研究。成渝经济区由四川省和重庆市的部分区域共同组成：重庆部分包括重庆主城区、江津、永川、合川、南川、涪陵、万州以及璧山、潼南、铜梁等 36 个县；四川部分包括成都、德阳、眉山、宜宾、泸州、自贡、资阳、内江、达州、广安、南充、遂宁等市以及绵阳、乐山、雅安市的部分区县（图 4-2）。重庆市未包括在成渝经济区之内的行政单元主要是黔江区和酉阳、秀山两县，四川省未包括在成渝经济区之内的行政单元主要是甘孜藏族自治州、阿坝藏族羌族自治州、凉山彝族自治州等 3 个自治州，攀枝花、广元、巴中 3 市，以及绵阳市的平武县、北川县，乐山市的马边县、峨边县，雅安市的荥经县、汉源县、石棉县、天全县、芦山县和宝兴县[②]。

---

① 林凌．共建繁荣：成渝经济区发展思路研究报告——面向未来的七点策略和行动计划［M］．北京：经济科学出版社，2005：47.

② 林凌．共建繁荣：成渝经济区发展思路研究报告——面向未来的七点策略和行动计划［M］．北京：经济科学出版社，2005：54.

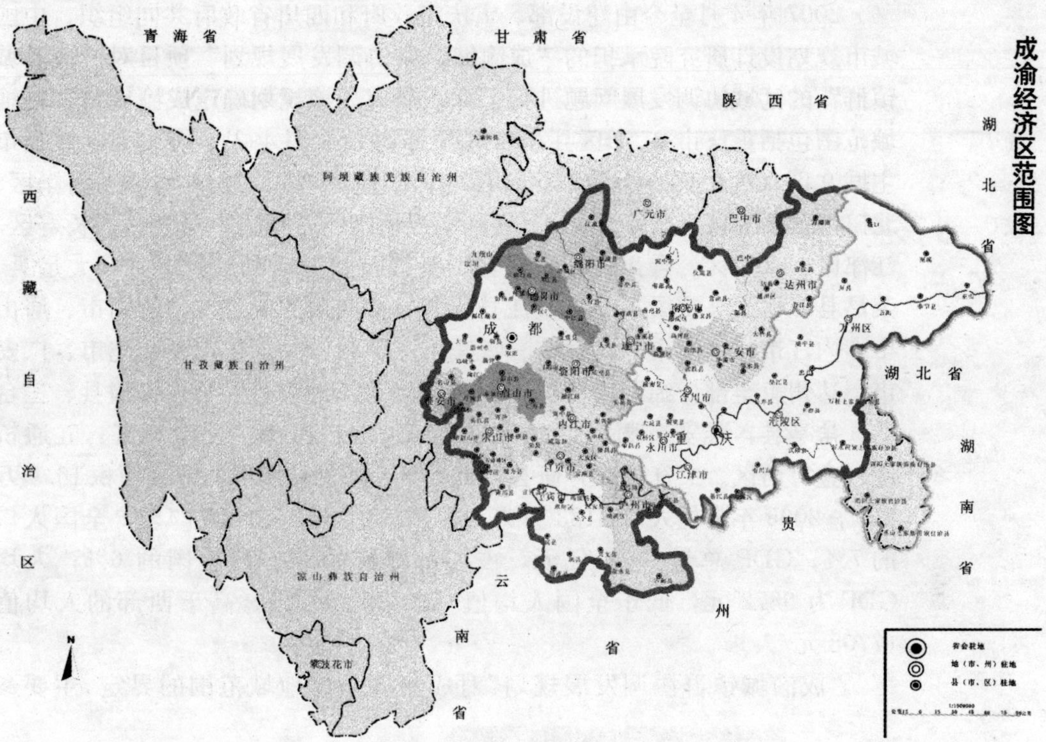

图 4-2　成渝经济区的区域范围

来源：林凌．共建繁荣：成渝经济区发展思路研究报告——面向未来的七点策略和行动计划［M］．北京：经济科学出版社，2005：56.

“成渝经济区发展思路研究”对成渝经济区范围进行界定的原则主要是：①地域连片，自然条件相似，有利于统一进行国土规划和生态环境整治；②经济集聚程度高，分工明显、互补性强；③经济区内有一个或数个大型城市为核心，形成一个或数个城市群和城市带；④经济区内外交通网络基本建立，形成对内联系紧密、对外开放度高的格局；⑤经济区范围保持县及县以上行政单元的相对完整性。

除了“成渝经济区发展思路研究”所确定的成渝经济区范围之外，在政策层面，2007 年 4 月 2 日，四川省委副书记、省长蒋巨峰和重庆市委副书记、市长王鸿举共同签署了《关于推进川渝合作共建成渝经济区的协议》，根据该协议，成都及绵阳等 14 个沿高速公路、快速铁路、黄金水道的市和重庆 1 小时经济圈的 23 个区县进入“成渝经济区”的范围[①]。

3.“成渝城镇群”的范围

① 中国城市规划设计研究院．成渝城镇群协调发展规划总报告［R］，2008-02：2.

2007年4月至今由建设部、重庆市政府和四川省政府共同组织，中国城市规划设计研究院承担的“成渝城镇群协调发展规划”项目对“成渝城镇群”的区域协调发展问题进行了深入研究。该规划确定成渝城镇群的地域范围包括重庆市27个区县和四川省15地市（图4-3），分别是：重庆市主城9区（渝中区、大渡口区、江北区、沙坪坝区、九龙坡区、南岸区、北碚区、渝北区、巴南区）、万盛区、双桥区、万州区、涪陵区、长寿区、江津区、永川区、合川区、南川区、綦江县、潼南县、铜梁县、大足县、荣昌县、璧山县、梁平县、垫江县、开县；四川省成都市、德阳市、眉山市、内江市、资阳市、自贡市、宜宾市、泸州市、遂宁市、南充市、广安市、达州市全部，绵阳市涪城区、游仙区、江油市、安县、梓橦县、三台县、盐亭县，雅安市雨城区、名山县，乐山市市中区、沙湾区、五通桥区、金口河区、夹江县、井研县、犍为县。成渝城镇群的地域面积16.9万km^2，2005年常住人口9183万人，占川渝地区总人口的84%，全国人口的7%；GDP总量9064亿元，占西部地区的24%，全国的6%；人均GDP为9872元，低于全国人均值（12336元/人），高于西部的人均值(7708元/人)①。

“成渝城镇群协调发展规划”对成渝城镇群地域范围的界定，主要参

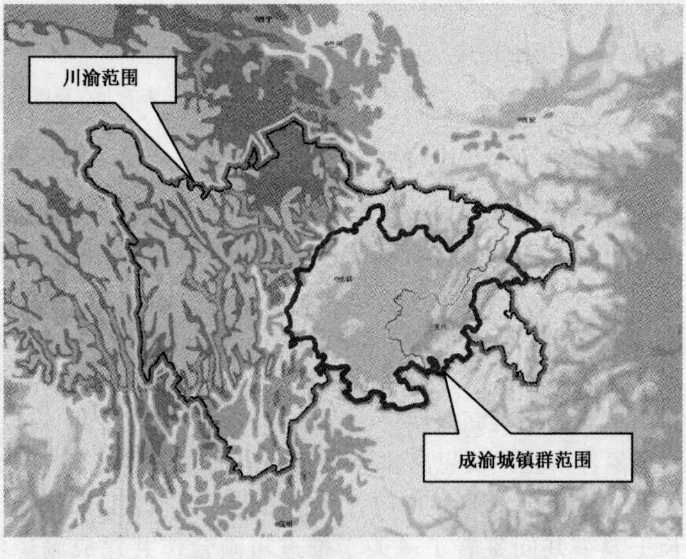

图4-3 成渝城镇群的区域范围

来源：中国城市规划设计研究院．成渝城镇群协调发展规划总报告[R]，2008-02：3.

① 中国城市规划设计研究院．成渝城镇群协调发展规划总报告[R]，2008-02：5.

照《关于推进川渝合作共建成渝经济区的协议》确定的成渝经济区范围，并在此基础上根据地形条件、行政区划完整性以及利于川渝协调的原则略有调整。调整的原则主要有：①考虑划入经济区的各行政市区县的经济社会发展现状；②考虑川渝相邻地区经济社会联系以及建成长江上游生态屏障的任务，将两省相邻地区划入；③加强与“成渝经济区发展思路研究”所确定的成渝经济区范围相衔接。

4.4.2 本研究对成渝城镇群落的范围界定

对于成渝城镇群落而言，由于其地处内陆，缺少大型国际化海港等重大基础设施条件，根据戈特曼、周一星等对大城市连绵区的界定标准，成渝城镇群落在短期内尚难以发展成为国际视野的大城市连绵区，因而它更多地表现为国家视野的城镇密集区概念。依据前文关于“城镇密集区”范围界定的思路和操作方法，本书对成渝城镇群落的范围也进行了划定，基本的程序为：

1）确定区域分析的大致范围，即四川省和重庆市的全部行政范围（以下简称川渝地区），并在此基础上划分为以区县为基本的分析单元（图 4-4）。

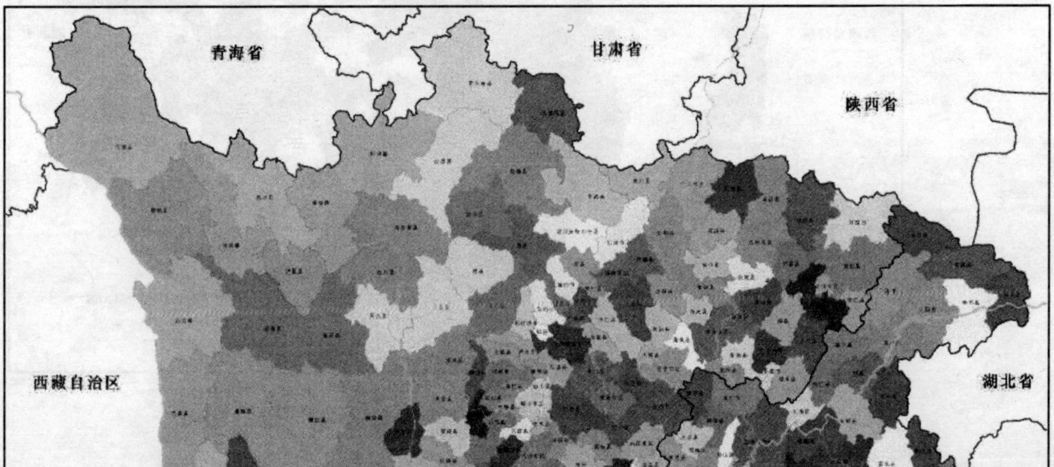

图 4-4 以区县为基本分析单元的川渝地区

2）识别“城市实体地域内非农业人口≥20 万”的中心城市，根据 2005 年重庆市、四川省统计年鉴，得到：重庆主城区、涪陵区、合川区、永川区、江津区、万州区，以及成都主城区、绵阳市区、德阳市区、乐山市区、眉山市区、内江市区、自贡市区、泸州市区、宜宾市区、南充市区、遂宁市区、广安市区、攀枝花市区、广元市区、达州市区、巴中市区。

3）分析各个中心城市的外围地区，以区县级行政地域作为基本的分析单元，各单元须达到“非农产业 GDP 比例≥70%”（图 4-5）且“城镇人口密度≥60 人/km^2”的要求（图 4-6）。

图 4-5　川渝地区非农产业 GDP 比例≥70%的区级单元

4）进行成渝城镇群落整体范围的划定，这一阶段需要考虑包括必要的定性分析及与相关规划衔接的可能性①（图 4-7）。

4.4.3　对几个空间范围界定结果的比较与讨论

就上文所讨论的“长江上游经济带”、“成渝经济区”、“成渝城镇群”

①主要考虑与《重庆市市域城镇体系规划（2003—2020）》、《四川省城镇体系规划（2001—2020）》以及《成渝经济区发展思路研究》等区域范围划定相协调的可能性。

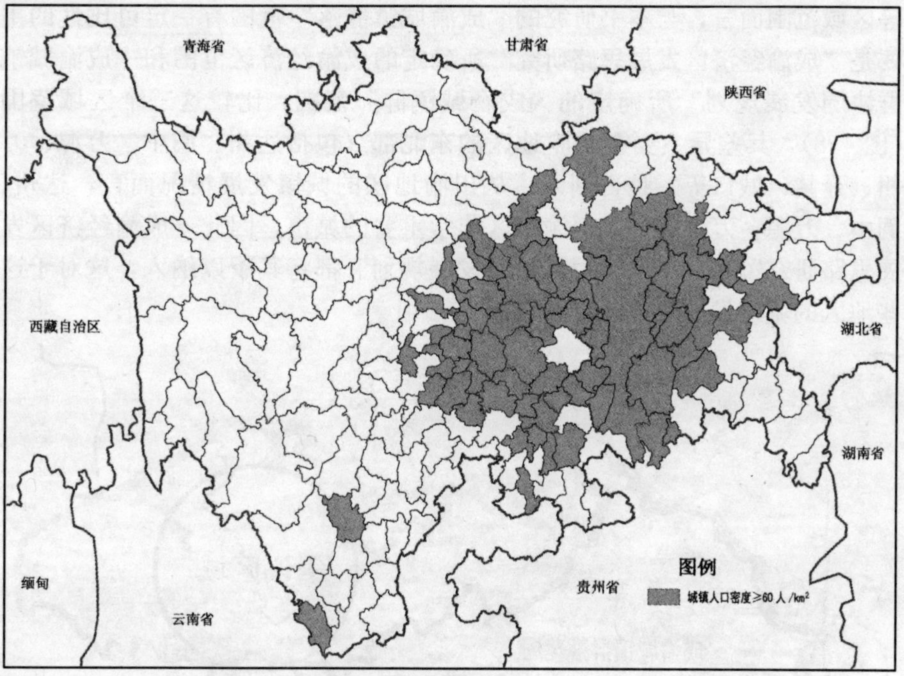

图 4-6 川渝地区城镇人口密度≥60 人/km^2 的区级单元

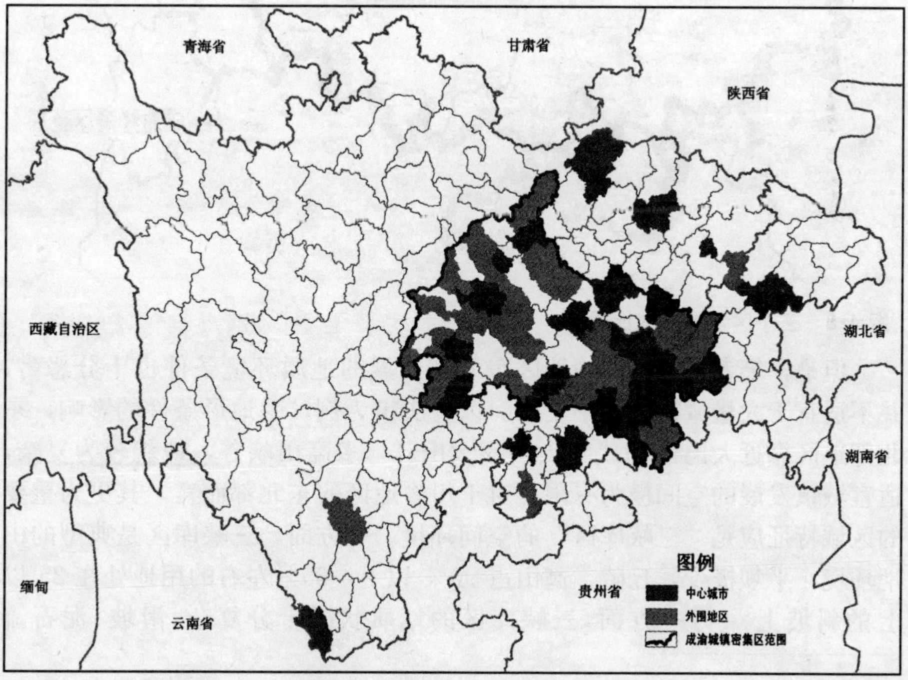

图 4-7 成渝城镇群落（城镇密集区）范围的划定结果

等区域范围而言，与本书研究的“成渝城镇群落”范围有一定可比性的主要是“成渝经济区发展思路研究”所确定的成渝经济区范围和“成渝城镇群协调发展规划”所确定的“成渝城镇群”范围，比较这三个区域范围（图 4-8），其差异主要在川渝地区的东北部（包括达州、阆中、万源、万州、开县、城口等）是否划入。从川渝地区的城镇发展情况而言，达州、阆中、万源、万州等都是川渝地区非常重要的城市，因此“成渝经济区发展思路研究”和“成渝城镇群协调发展规划”都将其予以纳入，这对于这些地区的城镇发展而言是有利的。

图 4-8 三个区域范围的比较

但是，笔者认为，川渝地区东北部区域的地质环境条件也十分恶劣，并不适宜于大量城镇的集中发展。以重庆市为例，受地形条件的影响，东北部地区靠近大巴山和武陵山两座大山脉，多高山峡谷，地貌较为复杂，适宜城镇发展的空间极为有限。对于川渝地区的东北部而言，其更为重要的区域特征应是“三峡库区”的空间环境。一方面，三峡库区是典型的山地环境，平坝极少，丘陵、高山占 90% 以上，35%左右的用地处在 25°以上的斜坡上[①]；另一方面，三峡库区的地质状况十分复杂，滑坡、泥石流

① 中国城市规划设计研究院．成渝城镇群区域背景条件与战略定位——成渝城镇群协调发展规划专题研究［R］，2008-02：28.

频繁，据统计，三峡库区（重庆段）发育各类地质灾害共计2010处，其中滑坡1583处，崩塌及危岩石207处，泥石流21处[①]。在如此恶劣的环境条件下，如果将这些地区纳入“成渝城镇群”或“成渝城镇群落”，有可能会“误导”这些地区定位于城镇重点发展区域，忽视或不太重视其区域生态环境保护的重任，这对于长江中下游地区的生态安全来说是非常不利的（图4-9）。

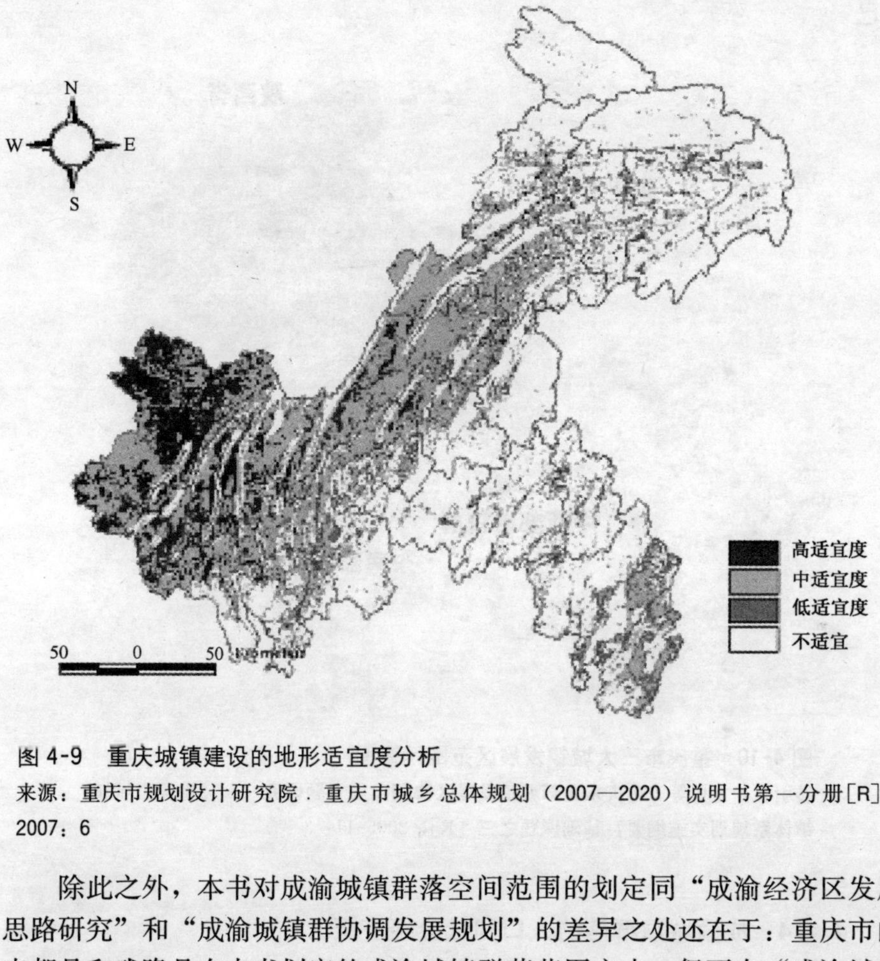

图4-9　重庆城镇建设的地形适宜度分析

来源：重庆市规划设计研究院．重庆市城乡总体规划（2007—2020）说明书第一分册[R]，2007：6

除此之外，本书对成渝城镇群落空间范围的划定同“成渝经济区发展思路研究”和“成渝城镇群协调发展规划”的差异之处还在于：重庆市的丰都县和武隆县在本书划定的成渝城镇群落范围之内，但不在“成渝城镇群协调发展规划”确定的成渝城镇群范围之内，考虑到这两地与重庆都市区的空间关系极为密切，笔者认为将其划入是合适的，另外这样的划分结果与2004年新版《重庆市域城镇体系规划》中关于中西部城镇发展区、东南部城镇发展区和东北部城镇发展区等三大城镇发展区的划分也是相吻合

① 重庆市市域城镇体系规划办公室，重庆市规划设计研究院．《重庆市市域城镇体系规划》专题报告之九——重庆市防灾减灾规划研究［R］，2003-12：17.

的（图 4-10）；四川省南充市、宜宾市、泸州市等的部分区县被划入“成渝经济区”和“成渝城镇群”，但未被划入成渝城镇群落的空间范围，主要是由于这些区县不能满足本书关于城镇密集区的界定条件。当然，由于城镇群落是一个动态发展的过程，笔者认为，随着成渝地区的不断发展，这些地区在未来的某个时间完全能够达到本书关于城镇密集区的界定条件，因此未被划入成渝城镇群落的空间范围也只是目前的一种暂时状态而已。

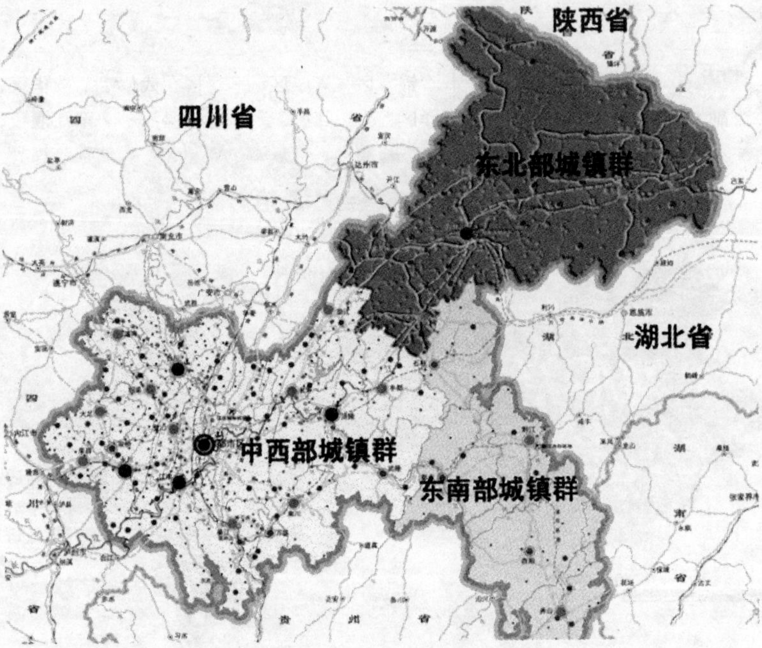

图 4-10　重庆市三大城镇发展区范围示意图

转引自：龙彬等．重庆东北部城镇发展区协调发展专题研究——《重庆市域城镇体系规划实施纲要》基础课题之三［R］，2005-11：3.

4.4.4　成渝城镇群落的人口和社会经济概况

根据本书的范围划定结果，成渝城镇群落的范围包括重庆市的渝中、大渡口、江北、沙坪坝、九龙坡、南岸、北碚、渝北、巴南、长寿、涪陵、万盛、双桥、江津、合川、永川、南川等 17 个市辖区和綦江、潼南、铜梁、大足、荣昌、璧山、丰都、垫江、武隆等 9 个县，以及四川省的成都市和自贡、泸州、德阳、绵阳、遂宁、内江、乐山、南充、眉山、宜宾、广安、雅安、资阳等 13 个地级市的全部或部分区县。成渝城镇群落的行政区划情况见表 4-5。

成渝城镇群落行政区划情况一览表　　　　表 4-5

省份	级别		区县级行政单元	
			数量	名　　称
重庆市	市辖区		17	渝中区、大渡口区、江北区、沙坪坝区、九龙坡区、南岸区、北碚区、渝北区、巴南区、长寿区、涪陵区、万盛区、双桥区、江津区、合川区、永川区、南川区
	县		9	綦江县、潼南县、铜梁县、大足县、荣昌县、璧山县、丰都县、垫江县、武隆县
四川省	副省级城市	成都市	19	锦江区、青羊区、金牛区、武侯区、成华区、龙泉驿区、青白江区、新都区、温江区、都江堰市、彭州市、邛崃市、崇州市、金堂县、双流县、郫县、大邑县、蒲江县、新津县
	地级市	自贡市	6	自流井区、贡井区、大安区、沿滩区、荣县、富顺县
		泸州市	5	江阳区、龙马潭区、纳溪区、泸县、合江县
		德阳市	6	旌阳区、广汉市、什邡市、绵竹市、中江县、罗江县
		绵阳市	5	涪城区、游仙区、江油市、安县、三台县
		遂宁市	5	船山区、安居区、蓬溪县、射洪县、大英县
		内江市	5	市中区、东兴区、资中县、威远县、隆昌县
		乐山市	9	市中区、五通桥区、沙湾区、金口河区、峨眉山市、犍为县、井研县、夹江县、沐川县
		南充市	3	顺庆区、高坪区、嘉陵区
		眉山市	6	东坡区、仁寿县、彭山县、洪雅县、丹棱县、青神县
		宜宾市	3	翠屏区、宜宾县、南溪县
		广安市	5	广安区、华蓥市、岳池县、武胜县、邻水县
		雅安市	2	雨城区、名山县
		资阳市	4	雁江区、简阳市、安岳县、乐至县

成渝城镇群落的幅员面积为 12.20 万 km^2。2005 年成渝城镇群落的总人口为 7318 万人，人口密度为 600 人/km^2，人均地区生产总值为 9810 元，非农业人口比例为 27.08%，二、三产业从业人口比例为 54.59%，

二、三产业产值比例为 84.48%（表 4-6、图 4-11）。

成渝城镇群落与川渝地区的基本情况比较 **表 4-6**

区域		辖区面积（km²）	年底总人口（万人）	非农业人口（万人）	从业人员（万人）	二、三产业从业人口（万人）	地区生产总值（亿元）	二、三产业生产总值（亿元）
川渝地区		573395	11741	2700	6554	3190	9281	7537
其中	重庆市	82411	3144	786	1724	890	2566	2163
	四川省	490984	8597	1914	4830	2300	6715	5374
成渝城镇群落		121978	7318	1982	4158	2270	7179	6065
其中	重庆部分	35980	1974	626	1121	647	2090	1814
	四川部分	85998	5345	1357	3038	1623	5089	4251

成渝城镇群落以川渝地区 21.3%的面积，容纳了 62.3%的川渝地区人口，创造出 77.4%的川渝地区生产总值（表 4-7）。

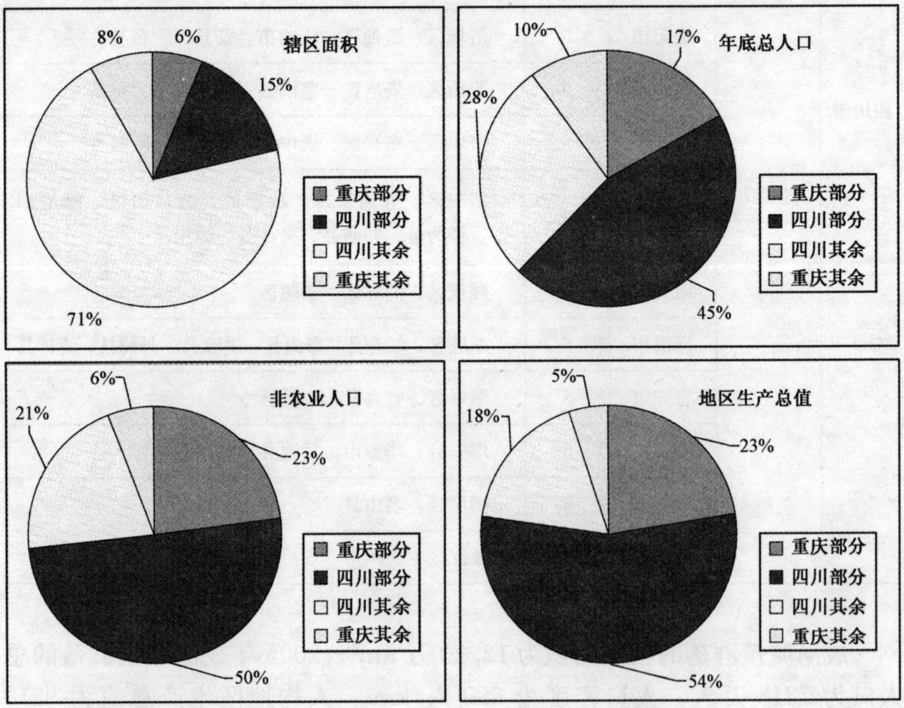

图 4-11 成渝城镇群落与川渝地区的基本情况比较统计图

成渝城镇群落面积、人口、产值在川渝地区所占比例表　　表 4-7

	面积（km^2）	总人口（万人）	非农业人口（万人）	从业人员（万人）	二、三产业从业人口（万人）	地区生产总值（亿元）	二、三产业生产总值（亿元）
川渝地区	573395	11741	2700	6554	3190	9281	7537
成渝城镇群落	121978	7318	1982	4158	2270	7179	6065
成渝城镇群落所占比例	21.3%	62.3%	73.4%	63.4%	71.2%	77.4%	80.5%

4.5 小结

综上所述，城镇密集地区是一个区域空间概念，其界定标准的争议是导致相关概念混乱的重要原因之一。在当代科学呈现定量化发展趋势的情况下，对于城镇密集地区空间范围的界定应当加强量化研究的内容，但由于区域边界的人为划分特征、开放特征、演化特征等基本属性，范围界定的定量化又有一定的限度，因此只能采取定量和定性相结合的界定手段。城镇密集地区的内涵具有突出的“多核心”空间结构特征，应与“单核心”的地域空间概念加以区分，在界定程序上宜采取以“单核心”地域空间界定为基础的“结构分析”方法。

城镇群落属于从不同学科（生态学）视角对城镇密集地区发展现象的解读，具体包括国际视野的“大城市连绵区”和国家视野的“城镇密集区”两种不同的类型。对于国际视野的“大城市连绵区”界定指标的选择，既要能够反映概念的基本内涵，又要在针对我国国情的情况下考虑与国际接轨的可能性，同时必须便于实际操作。在国内外学者的相关研究中，周一星教授关于“都市连绵区”的界定标准适宜于在国内推广和普及，可作为国际视野的“大城市连绵区”的范围界定标准。对于国家视野的“城镇密集区”的界定，则宜采取相对简化的方法，并适当降低其界定标准。

中　篇

"隐藏的规律并不否认我们的概率规律，
但是它以为原子、星辰和人类就是这般如此，
当我们撒谎时它也一言不发。
这就是为什么政府无法制定法典、科律条文毁损隐藏的规律。
它宽容大度，不会制止，哪怕我们走向毁灭。
当我们驱车逃离它，当我们买醉忘却它，
这些也就是隐藏的规律对我们的惩罚。"

——奥登,《隐藏的规律》①

① 该诗作于1941年1月，作者奥登（W.H.Anden，1907—1973）为英国著名剧作家和诗人，牛津大学教授。转引自：张勇强. 城市空间发展自组织与城市规划[M]. 南京: 东南大学出版社，2006: 45.

5 城镇群落空间环境的选择

观察生物群落的发展现象，我们能够很容易地注意到这样一些事实：骆驼、羚羊等一般出现在沙漠之中，而荒漠则大致分布在北纬 30°和南纬 30°之间；旱獭、黄鼠等通常出现在草原之中，而草原则总是出现在降水量介于荒漠和森林之间的区域；从地球的赤道到极地，依次分布着热带雨林、常绿阔叶林、落叶阔叶林、泰加林（或北方针叶林）和冻原（或苔原）；从沿海向内陆深处，依次能够看到湿润性的森林、半干旱的草原和干旱的荒漠；在热带山区，随着海拔的上升依次会出现热带雨林、山地季雨林、常绿阔叶林、落叶阔叶林、针叶林、高山草原和草甸、永久冰雪等生物景观；就山地的阴坡和阳坡而言，其生物景观也存在着显著的差异……

无须举出更多的例子，就能说明生物群落与环境条件之间的密切制约关系。生态学的观点认为，生物群落的本质特征之一，即群落中的生物与环境之间存在着一定的相互关系（宋永昌，2001）。环境既是形成群落的要素，同时也是群落存在的条件：一方面，群落的组成、结构、功能、成因、动态、分布等都受到环境的制约；另一方面，群落生活也影响着环境，决定着环境的许多特性，并创造着群落的内部环境。既然如此，就城镇群落而言，其与区域环境的关系又是如何？城镇群落的空间环境有何特点？什么样的环境适合于城镇群落的形成与发展？本章试就这些问题进行讨论。

5.1 生境条件对生物群落发展的影响

生态学是一门研究有机体与其周围环境（包括非生物环境和生物环境）的相互作用（交互作用）的科学（Haeckel，1866）[①]。所谓环境，即

① 转引自：李振基等．生态学（第三版）[M]．北京：科学出版社，2007：2.

"周围的地方"（现代汉语词典，2005：594），"围绕着人类的外部世界，是人类赖以生存和发展的社会和物质条件的综合体，可分为自然环境和社会环境"（《辞海》，1999：3418）。在生态学中，环境（Environment）一般是指生物有机体周围一切的总和，它包括空间以及其中可以直接或间接影响有机体生活和发展的各种因素，包括物理化学环境和生物环境①。由此可见，环境的概念是与生态学研究的主体对象——生物相互联系和相互对立的。

群落生长地点的环境，特称"群落生境"，简称"生境"（Habitat）②。群落生境是由许多相互作用的物理因子、化学因子和生物因子综合而成的。就环境因子的性质而言，包括气候因子、土壤因子、地形因子、生物因子等，就环境因子的作用而言，主要有光、温、水、化学物质、机械作用等（图 5-1）。

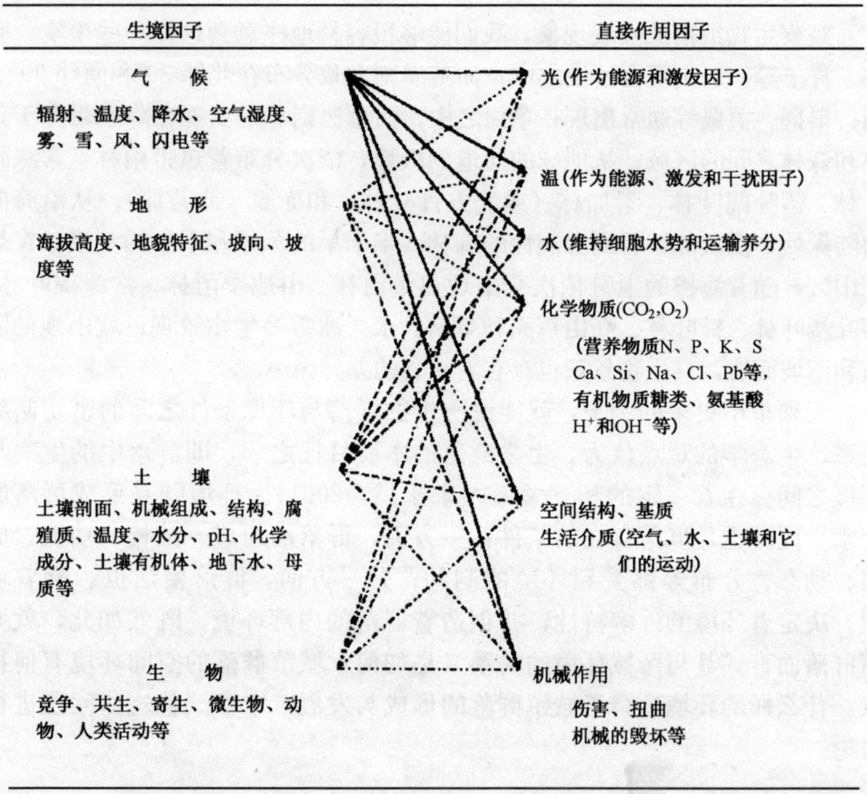

图 5-1　植物群落的环境因子

来源：宋永昌．植被生态学［M］．上海：华东师范大学出版社，2001：143.

① 孙儒泳．动物生态学原理［M］．北京：北京师范大学出版社，2001：21.

② 宋永昌．植被生态学［M］．上海：华东师范大学出版社，2001：142.

以气候因子为例，在生态学中常常根据其范围和影响因素的差异而将其区分为“大气候”、“中气候”和“小气候”：大气候（Macroclimate）又称“区域性气候”（Regional Climate），它是地理和地形位置作用的结果；在一个大气候的背景下，由于中等地形、大片植被等局部的影响，使得气候产生了范围较小的变化，如森林和丘陵坡地的气候，称之为中气候（Mesoclimate）或地方性气候（Local Climate）；小气候（Microclimate）则是与有机体在同一水平上的气候，如发生在群落内部、湖岸、某一建筑物附近的气候。由于中气候（地方性气候）和小气候之间很难有清楚的界限，因而常常被人们统称为小气候。气候对植物的生存及其在地球表面的分布起着重要作用，尤其是温度的极值及其在全年期间内的分配，是决定植物能生存多长时间的重要因素，如 7 月的＋10℃等温线大约与北半球的森林北界相吻合，雨绿灌木的分布与 1 月的温度有关（W. Szafer，1958）。植物的生长除了温度之外，还需要水分，水热的配合是决定地球表面植被分布的关键因素[①]。再以地形对生物群落的影响为例，包括海拔高度、坡向、坡度以及局部的小地形等，虽然其本身对植物群落的生长并不产生直接的作用，但却通过对气候、土壤等因素的作用而产生间接的影响。众所周知，由于海拔升高，气温便相对下降，海拔每升高 100m，年平均气温下降约 0.56℃，这一数字在不同地区有所不同。雨量和相对湿度在一定的高度上则随海拔升高而增加，同时辐射强度和光谱中波长成分也随着高度而改变，空气流动也发生了显著的涡动现象，其他如土壤的性质等，在山顶和山麓都有很大的不同，这一切必然会影响到植物群落的组成和分布，因而，在一个海拔高度足够高的山地上，人们就能看到从山麓到山顶有不同的植物群落随着海拔高度而成带状分布。

正是由于生境条件对了生物以及生物群落生存的这种决定性影响，导致生物群落在地球表面的分布有其客观规律性，各种生物群落大都有其相对稳定的“分布区”，如木兰在世界的分布（图 5-2）、三种蜻蜓在世界范围及英国和爱尔兰的分布（图 5-3）。这种情况充分说明，任何生物群落的环境都是由一系列极其复杂的、一切生物的和物理的因子相互作

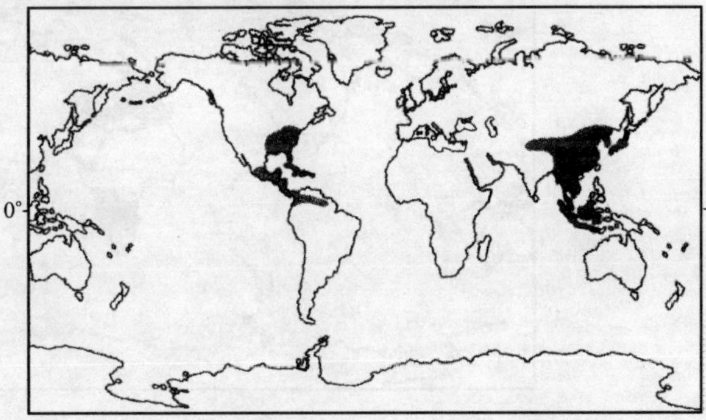

图 5-2　木兰的世界分布图

来源：（英）C. B. Cox，P. D. Moore. 生物地理学（第 7 版）［M］. 赵铁桥译 . 北京：高等教育出版社，2007：75.

① 宋永昌 . 植被生态学［M］. 上海：华东师范大学出版社，2001：144.

用的梯度组成，并且这些因子深刻地影响着生物的分布和多度，换句话说，生物群落只在影响它的环境梯度的有利部分重叠的那些地区生活。分析研究生物群落与空间环境的关系，是生物群落研究的一项基础工作。

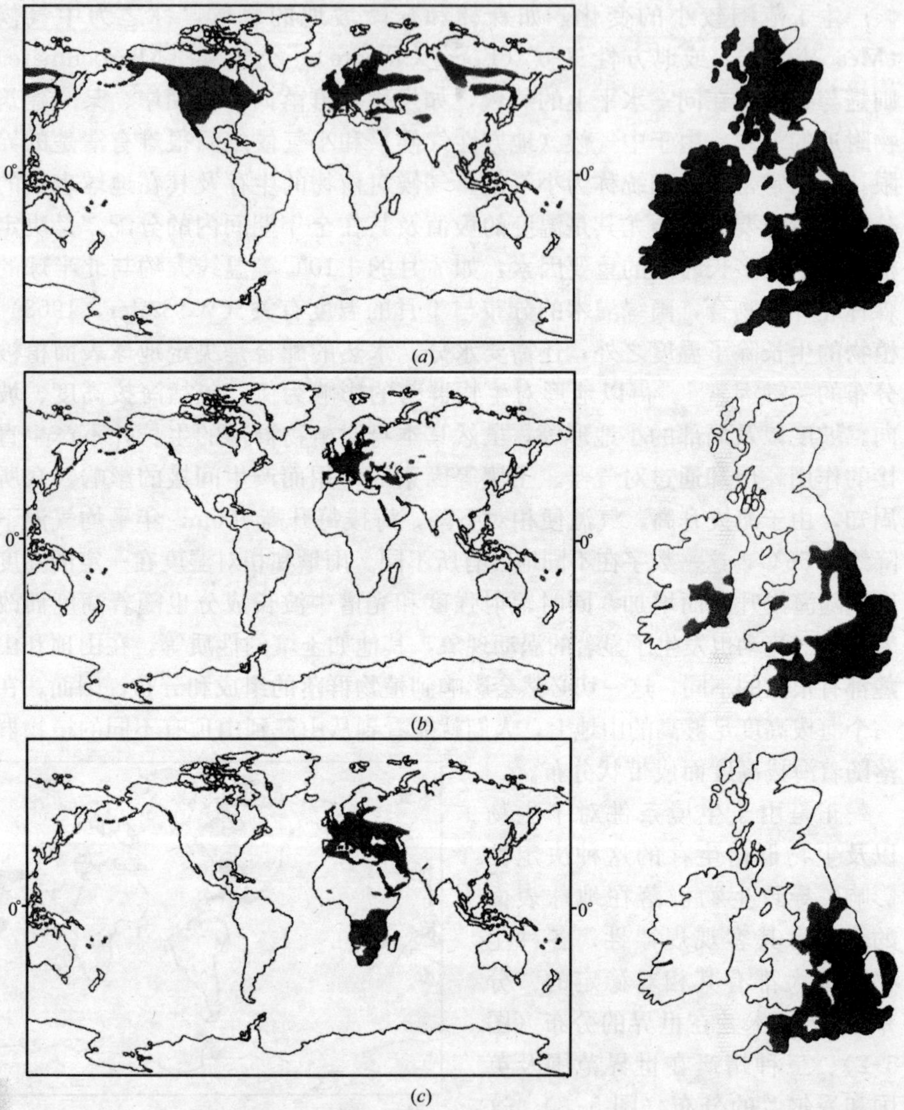

图 5-3　三种蜻蜓在世界范围及英国的分布

(*a*) 蓝色豆娘（*Enallagma cyathigerum*）；(*b*) 血红蜻（*Sympetrum sanguineum*）；(*c*) 王蜓（*Anax imperator*）。来源：（英）C. B. Cox，P. D. Moore. 生物地理学（第 7 版）[M]．赵铁桥译．北京：高等教育出版社，2007：73.

5.2 城市形成与发展的空间环境要求

受到城市群概念被写入国家“十一五规划”以及党的十七大报告提出培育城市群的要求等的影响，国内已有 20 个左右的地区竞相提出“城镇群”（或类似概念）发展战略，试图将城市群作为进一步推动地区经济发展的目标（图 1-1）。我们不禁要问的是，这些地区是否都具备城市群发展的客观条件？换句话也可以这样说：在城镇群落的出现和进一步发展的过程中，区域空间环境（生境）条件是否具有一定的制约作用？对于这一问题，首先需要认识城市形成与发展的环境要求，其次应在把握城镇群落特征的基础上对其适宜的生境条件进行分析。

5.2.1 一般城市的要求

城市是一种有别于乡村的居住和社会组织形式，高度集聚了大量的人口和社会经济活动。城镇是一种区域现象，它占据着地球表面上的一部分用地，虽然面积不大，但作为人类活动的中心，它同周围广大区域保持着密切的联系，并发挥控制、调整和服务等机能[①]。城市的形成与发展是社会、经济、政治及自然环境等因素共同作用的结果，但自然环境的影响特别独特，且呈现显著的规律性（图 5-4）。城市布局所依赖的地理环境是大气圈、水圈、岩石圈、生物圈相互作用的结果，也是人类作用于自然环境的最直接的媒体，人类的一切生存活动：吃、穿、住、行等，都离不开自然环境。纵观人类最古老的城市，大多出现于尼罗河、底格里斯河、幼发拉底河、黄河、印度河等亚热带、暖温带的河流流域的河谷地区，原因在于这些地区具有优良的自然条件，气候、土壤适合于动植物的生长繁殖、水量充足、建筑取材方便、便于和外界沟通等等，人居环境条件极为优越。

就城市发展所依赖的自然环境条件而言，地质地貌、气候水文、土壤植被等是人类生存的先决环境条件，通过影响人口分布而影响城市的形成和发展。世界上不少城市的分布现象明显反映出自然环境条件的影响[②]。以地貌条件为例，它不仅是决定城市景观的主要因素，同时在某种程度上还影响着城市的进一步发展。《管子》曰：“凡立国都，非于大山之下，必于广川之上。高毋近旱，而水用足；下毋近水，而沟防省。因天材，就地利，故城郭不必中规矩，道路不必中准绳”（《管子·乘马第五》），反映的正是古人的城址选择思想。世界上的很多城市大多建立在平原、河谷阶

① 周一星．城市地理学［M］．北京：商务印书馆，2003：142.

② 周一星．城市地理学［M］．北京：商务印书馆，2003：142.

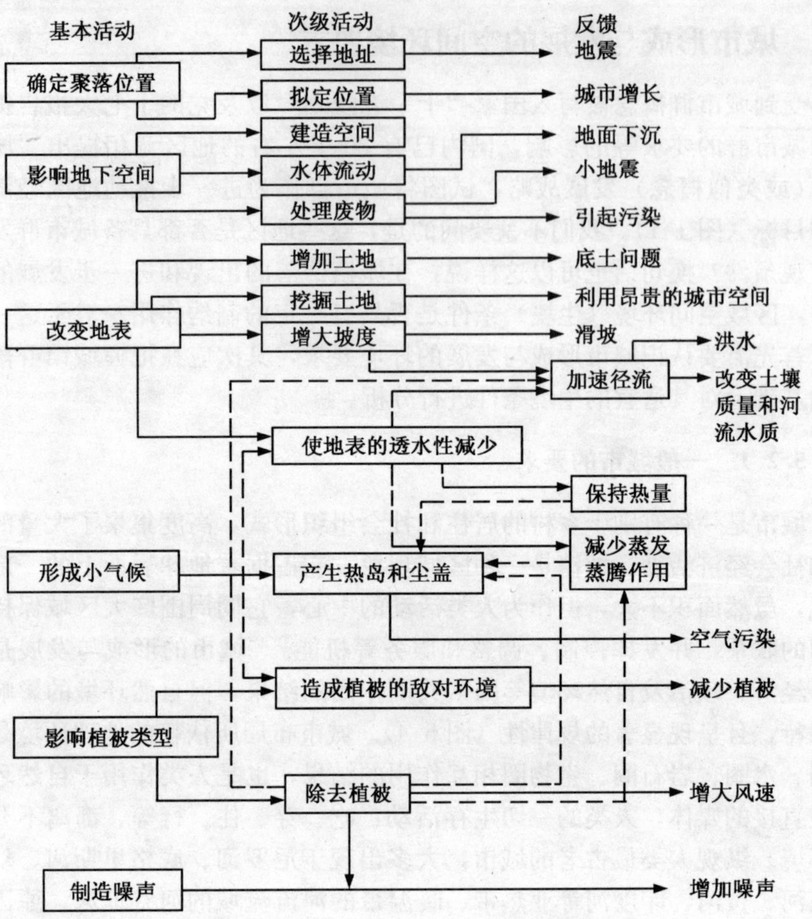

图 5-4 自然环境与城市发展的关系

来源：许学强等．城市地理学［M］．北京：高等教育出版社，1997：218.

地、山间盆地以及平缓丘陵上。地貌对城市的影响还涉及到沉积和侵蚀的作用，侵蚀对城市中的建筑物具有破坏作用，如果侵蚀发生在地势较高、坡度较大的地理环境中，还可能造成滑坡、泥石流等灾害，威胁城市的生态安全。此外，作为城市建设的自然条件，不仅影响城市的发展，而且影响城市的形态及内部结构，按照地貌类型的不同，城市可划分为滨海城市、沿江城市、水乡城市、平原城市、丘陵城市、山地城市、盆地城市以及高原城市等各种类型，其中山地城市的空间结构就包括有“糖葫芦型”、“长藤结瓜式”、“绿心生态型”、“指掌型”、“树枝型”等多种类型①。

在《全国城镇体系规划（2006—2020）》中，根据高程、年平均降水

① 黄光宇．山地城市学原理［M］．北京：中国建筑工业出版社，2006：62-77.

量、大于等于10℃积温、土地利用类型、土壤侵蚀、坡度、地貌、森林、河湖水体、耕地等指标对我国国土地域范围内的人居环境的适宜性作了全面评价（图5-5、表5-1），从高到低划分为三类：适宜度Ⅰ类地区、适宜度Ⅱ类地区、适宜度Ⅲ类地区。适宜度Ⅰ类地区占国土面积的19％，尽管这些地区适宜人类聚集，但是耕地也基本分布在这里；适宜度Ⅱ类地区占国土面积的29％；适宜度Ⅲ类地区约占国土面积的52％，这些地区主要分布在西部地区（即爱晖—腾冲线以西），也包括东部的湿地、沿海滩涂等。

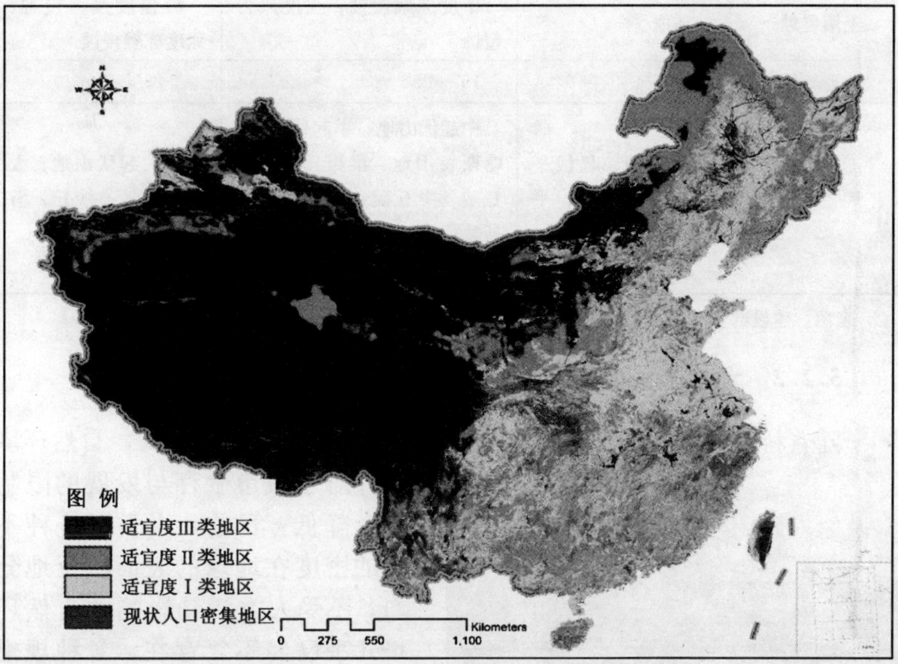

图5-5　我国人居条件的适宜性分析图

适宜度Ⅰ类地区是我国未来城市发展的潜在空间（适宜城镇发展的地区）。适宜度Ⅱ类地区由于受自然环境条件所限，容纳人口能力有限，因此需要逐步引导产业结构调整，促进消费方式转变，减少对生态系统的破坏。适宜度Ⅲ类地区大部分为生态敏感地区和不适宜人类活动的地区，虽然目前存在一定数量的居民点用地，但考虑到我国经济、社会、生态和环境的整体发展利益，需要采取限制性对策。

来源：建设部．全国城镇体系规划（2006—2020）说明书［R］，2006-05-28：11.

人居条件的评价指标一览表　　表5-1

评价因子	适宜度Ⅰ类地区	适宜度Ⅱ类地区	适宜度Ⅲ类地区
高程（m）	＜2000	2000～4000	＞4000
年平均降水量（mm）	＞200	＜200	＜50

续表

评价因子	适宜度Ⅰ类地区	适宜度Ⅱ类地区	适宜度Ⅲ类地区
大于等于10℃积温	≥1600	1300～1600	<1300
土地利用类型	其他	有林地、高覆盖草地	沙地、戈壁、盐碱地、沼泽地、冰川和永久积雪、水体、滩涂
土壤侵蚀	其他	中度冻融侵蚀、强度风力侵蚀	极强度风力侵蚀、强度冻融侵蚀
地形（坡度）	<15°	15°～25°	>25°
地　貌	低台地、起伏平原、倾斜平原、平坦平原、微洼地	中起伏山地、小起伏山地、喀斯特山地、梁峁丘陵、高丘陵、中丘陵、低丘陵、喀斯特丘陵、高台地、中台地、微高地、其他高原	极大起伏山地、大起伏山地、沙丘、雪域高原

来源：建设部．全国城镇体系规划（2006—2020）说明书［R］，2006-05-28：11.

5.2.2 大城市的要求

随着科学技术的进步，人们克服自然的技术力量日益强大，自然环境条件对于城市生存与发展的限制趋于降低。目前，人类以各种不同的密度在地球的表面广泛地分布，不受人类活动影响的自然环境几乎已经不复存在。各种规模较小的城镇在世界各地随处可见，即使是一些自然条件极为残酷的地区，也逐渐产生出城市发展的可能性。如据最近的媒体报道，在阿拉伯联合酋长国的首都阿布扎比，一个典型的沙漠环境中，人们正在规划建设一座只依靠太阳能、风能等绿色能源的“零碳城市”（Zero-carbon）——“马斯达”（Masdar）新城（图5-6）[①]。

图5-6　沙漠之城——马斯达新城

来源：福斯特将打造沙漠“绿色乌托邦”［N/OL］．苏州市规划局高新区（虎丘）分局网站，［2008-02-18］．http：//www.snd.gov.cn/ghj/xxnr.jsp? ID=37780&ItemID=1195&webID=113

① 福斯特将打造沙漠“绿色乌托邦”［N/OL］．苏州市规划局高新区（虎丘）分局网站，［2008-02-18］．

然而，对于集聚了大量人口的大城市而言，城市的分布就没有如此“自由”了。对于城市形成与发展对自然环境条件的要求而言，一般来说，城市规模越大，对自然环境条件的要求也就更为苛刻。由于农林牧副渔自然资源供给、城市建设投资经济等因素的影响，大城市在世界上的分布只能在一些自然环境条件比一般城市更加优越的地区。

正是由于大城市的形成与发展对自然环境条件的要求更加苛刻，其对自然环境条件要求的表达和反映也更加典型。据研究，世界上百万人口以上大城市的分布，其平均纬度在 20 世纪 20 年代初是 44°30′，在 20 世纪 50 年代初是 36°20′，20 世纪 70 年代初则是 34°50′，具有在中纬度范围内向低纬度方向缓慢移动的趋势（图 5-7），1981 年初，全世界有 100 万人口以上

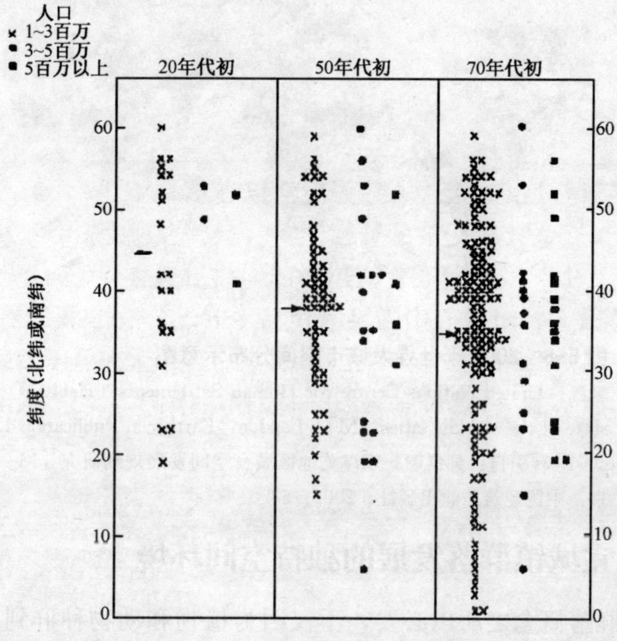

	20年代初	50年代初	70年代初
城市数	24	80	151
平均纬度	44°30′	36°20′	34°50′
总人口	51.4×10^6	192.5×10^6	378.7×10^6
平均人口	2.14×10^6	2.41×10^6	2.52×10^6
世界人口	1800×10^6	2.550×10^6	3.632×10^6
与世界人口百分比	2.86	7.67	10.43

图 5-7　世界上百万级城市的纬度分布

来源：周一星．城市地理学［M］．北京：商务印书馆，2003：143.

---

http：//www. snd. gov. cn/ghj/xxnr. jsp？ ID=37780&ItemID=1195&webID=113

丰采．阿布扎比：沙漠里建“绿洲”遮阳系统规划成重点［N/OL］．中国遮阳网，2008-01-15［2008-02-18］．http：//www. topsunshade. com. cn/Articles/2008-1-15/5171. html

城市 197 个，其中近 90%（175 个）在北半球。在北半球的这些大城市向北不超过北纬 60°，其中 137 个（占总数的 78%）在北纬 25°以北，南北纬 25°之间的低纬度地区一共只有 50 个，这一现象所反映出的就是中纬度地带气候适中，适宜于人类生存。大城市的分布，既要求气温适中，又要求有适度的降水。中国近 60 个 50 万人口以上的大城市，只有包头、兰州、西宁、乌鲁木齐等 4 个城市是在年降水不足 400 mm 的西北部干旱、半干旱地区。美国 10 万人口以上的城市，绝大多数分布在 762～1270mm 降水量的较湿润地区[①]。这些事实充分说明了区域空间环境对大城市形成及发展的深刻影响（图 5-8）。

图 5-8　2000 年世界大城市空间分布示意图

来源：United Nations Centre for Human Settlements（Habitat）. The state of the world's cities［M］. London：Earthscan Publication Ltd.，2001. 转引自：吴良镛. 京津冀地区城乡空间发展规划研究［M］. 北京：中国建筑工业出版社，2002：53.

5.3　适宜城镇群落发展的独特空间环境

生物群落概念之所以必要，不仅因为植物和动物种群到处都交织在一起，而且也因为它们在景观上的分布具有一定的吻合性。当涉及那些“移动性”较小的动物时，尤其如此。相对于植物群落和动物群落而言，城镇群落的“移动性”显然要更小，因此其空间环境研究的必要性也就更强。植物的分布主要受环境的物理因子所制约，然而，动物的分布往往更多地取决于植被类型所提供的食物与栖息场所的类型，而较少地受物理因子所决定，因此它们的分布趋向于与植物群落的模式相一致[②]。在这个意义上，城镇群落的空间环境与植物群落和动物群落的模式是相通的。

城镇群落是从生态学视角对城镇密集地区发展现象的一种解读，它是

① 周一星. 城市地理学［M］. 北京：商务印书馆，2003：142-145.

② 赵志模等. 群落生态学原理与方法［M］. 重庆：科学技术文献出版社重庆分社，1990：6.

众多大中小城镇密集分布的区域空间，其十分突出的特征在于一定地域范围内人口和城镇的密集分布，较任何大城市的空间规模更大、人口更加密集，城镇群落形成和发展的空间环境条件必然要较单一的大城市更为苛刻。从典型研究的角度，可以认为，越是发达的城镇群落，其对空间环境条件的要求必然更加典型。基于这一认识，关于城镇群落空间环境特征的研究，可以主要围绕发达的城镇群落展开。

城镇群落的生境，即城镇群落生存与发展所依赖的空间环境，客观上必然要能够提供有利于大量的人口和城镇集聚的自然条件和空间载体。纵观世界上最为发达的城镇群落——即本书第 3、4 章中所讨论的“大城市连绵区”概念，主要包括美国东北部、北美五大湖、英国英格兰东南部、欧洲西北部、日本东海道太平洋沿岸以及我国的长三角等地的大城市连绵区（图 5-9）。观察和分析这些城镇群落的区域空间环境，其突出的特征主要在于下述两个方面：

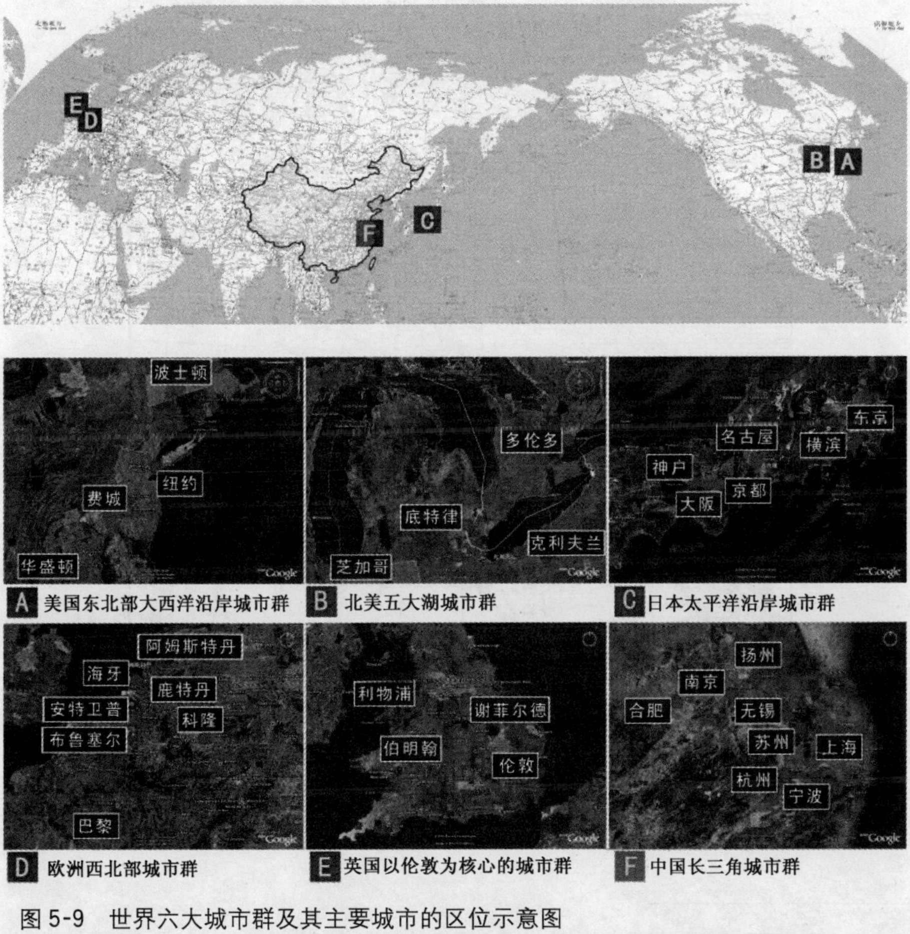

图 5-9　世界六大城市群及其主要城市的区位示意图

来源：中国城市规划设计研究院．长江三角洲城镇群规划（2007—2020）[R]，2007-08：9.

5.3.1 平原（或盆地）的地形环境

众所周知，地形对城市的影响是多方面的，从城址选择、用地选择、功能区组织到道路、工程管网、绿地布局以及城市景观的组织无一不受地形的影响。就城市建筑工程经济角度来看，影响最广的是地面坡度，从建设角度考虑，平原最为有利，丘陵困难较多，山地则需要更大的工程措施和投资，正因如此，区域地形条件与城市的分布有密切的联系。据统计，1981年世界197个百万人口以上大城市的80%以上（即160个）分布在海拔不足200m的濒海、濒湖或沿河的平原地带，其中又以位于海拔100m以下的居多。中国的设市城市分布在第一、二、三地形阶梯上的比例大致分别是1%、32%、67%（1983年）[①]。

平原（或盆地）地区，往往地形平坦、土壤肥沃，水网密集、水源丰富、灌溉条件良好，同时也是城镇建设活动的最适宜地区，具有城镇空间

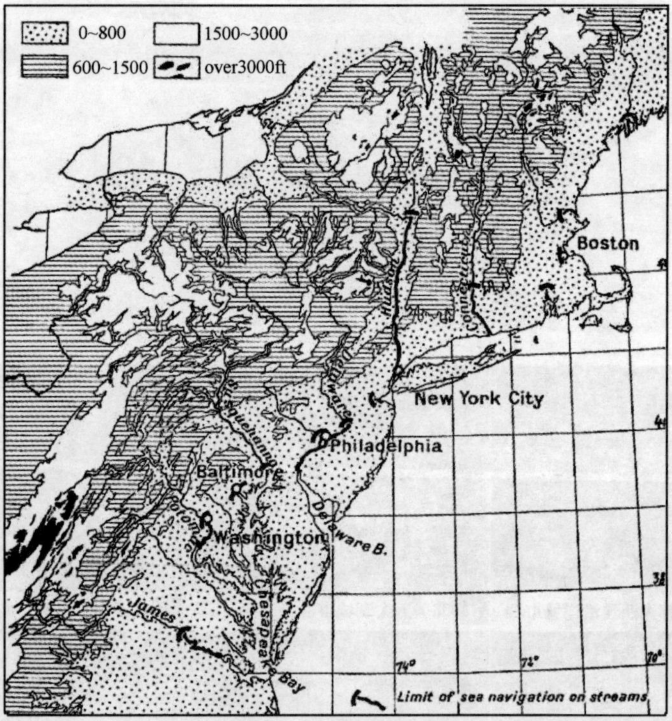

图5-10 东北海岸大城市连绵区的地形环境

来源：J. Gottmann. Megalopolis：The Urbanized Northeastern Seaboard of the United States［M］. New York：The Twentith Century Fund, 1961：83.

① 周一星. 城市地理学［M］. 北京：商务印书馆，2003：145.

大规模发展的可能性，能够为城镇群落的发展提供必要的支撑条件。图 5-10 所示为最具有代表性的美国东北海岸城镇群落的地形环境，这里的地形环境正是典型的沿海山前洪积冲积平原，地形平坦，土壤肥沃且有一定的坡度，对于大规模的城镇建设是极为有利的，这也正是东北海岸城镇群落得以蓬勃发展的先决优势条件。

此外，平原（或盆地）地区，通常是农业较为发达的地区，发达的农业生产能够为众多城镇的集群发展提供良好的生命保障，如粮食、瓜果、蔬菜等物质供应。从我国城镇的分布情况来看，平原（或盆地）地区基本上是我国城镇分布的主要地区（表 5-2、图 5-11）。以国内发育较为成熟的长三角城镇群落为例，该地区在历史上是我国农业最发达的区域之一，农业生产集约化程度高，素有“鱼米之乡”、“粮仓”的美称，如此发达的农业发展条件正是城镇群落发展的坚实基础。

图 5-11　我国现状城镇分布图（2005）

来源：建设部．全国城镇体系规划（2006—2020）说明书［R］，2006-05-28：25.

中国城镇在不同区域地形类型的分布（1983）　　**表 5-2**

编号	地形类型	城镇数量（个）	分布频数（%）
1	滨海平原/丘陵	21	7.3
2	三角洲平原	17	5.9
3	平原中腹	29	10.0
4	山前洪积冲积扇平原	63	21.8
5	平原与低山丘陵邻接地带	20	6.9
6	低山丘陵区的河谷	76	26.3
7	高平原	6	2.1
8	高原山间盆地或谷地	41	12.2
9	中山谷地	15	5.2
10	高山谷地	1	0.3
全国城市		289	100.0

来源：周一星．城市地理学［M］．北京：商务印书馆，2003：143.

据《全国城镇体系规划（2006—2020）》的研究，我国的一些平原（或盆地）地区是我国城镇发展的最适宜地区，这些地区正是我国城镇群落发展的潜在空间（表 5-3）。就珠三角城镇群落所在的珠江三角洲而言，该区域东、北、西外围地势高，南部低，由外围向珠江口，呈阶梯状分布，地貌类型包括山区、丘陵、剥蚀台地、堆积地形等四大类，山区、丘陵地带一般分布在诸河的上部、中部，下部为冲积平原，剥蚀台地零星分布在三角洲平原中而呈残丘状，堆积地形以河谷冲洪积平原和三角洲平原为主，基本上由西、北、东江冲积而成。珠江三角洲平原北部地势平坦，高程稍大（>2.4m），潮水难以入侵；中部低洼地多开辟为稻田和桑基鱼塘湿地，高程在 0.4～2.4m 之间；南部平原的高程较低，大部分在 0.4m 以下，为近千年淤积而成，河网稠密，湿地发达，正是适宜城镇群落发展的良好空间环境（图 5-12）。

各种城镇发展适宜度的用地在我国的分布情况　　**表 5-3**

城镇发展适宜度	分布地区	面积比例（%）	耕地比例（%）
适宜度Ⅰ类地区	主要位于平原盆地地区，现以耕地覆盖为主，也是地势平坦、水资源较为丰富的地区，主要分布于东部地区的东北平原、三江平原、华北平原、长江中下游平原，以及四川盆地和西部的河西走廊、天山南北的河流冲积扇地区。是我国未来城市发展的主要空间	19	55

续表

城镇发展适宜度	分布地区	面积比例（%）	耕地比例（%）
适宜度Ⅱ类地区	主要分布于坡度较高的山地丘陵地区、降水较少的半干旱地区、积温较低不适宜农作物生长的地区，以及以林地和草地等覆盖为主的地区	29	20
适宜度Ⅲ类地区	主要分布于西部地区以及中部的内蒙古和西南地区和东部的沿海滩涂、湿地等地区，包括塔克拉玛干沙漠、藏北高原、内蒙古的中央戈壁等地区。这些地区主要受高程、坡度、土壤侵蚀、降水等因素制约	52	5

来源：建设部．全国城镇体系规划（2006—2020）说明书［R］，2006-05-28：12.

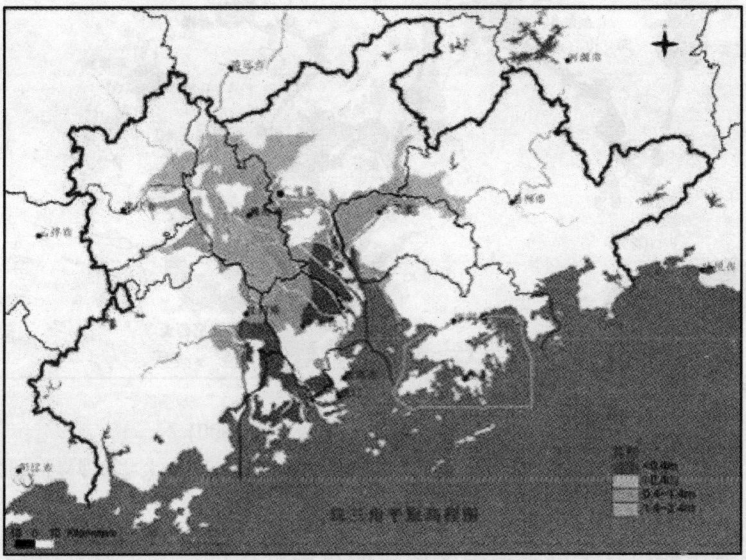

图 5-12　珠江三角洲地形分析图

来源：珠江三角洲城镇群协调发展研究人居环境课题组．珠江三角洲城镇群协调发展规划（2004—2020）——人居环境专题研究［R］，2004：30.

5.3.2　近海（或大江大河）的地理区位

除了平原（或盆地）的地形环境之外，近海（或大江大河）的地理区位是对城镇群落形成具有决定性作用的另一关键因素。据联合国《21 世纪议程》记载，“全世界一半以上的人口居住在海岸线以内 60km 的地方，到 2020 年，这一比例可能提高到 3/4。”[①] 图 5-13 为亚洲沿海地区的“百万人

① 转引自：邢忠．边缘区与边缘效应［M］．北京：科学出版社，2007：3.

级”城市分布图。就两个不同层次的城镇群落而言，近海是国际层面上的大城市连绵区形成的决定性条件，而近大江大河则是国家层面上的城镇密集区形成的重要条件。

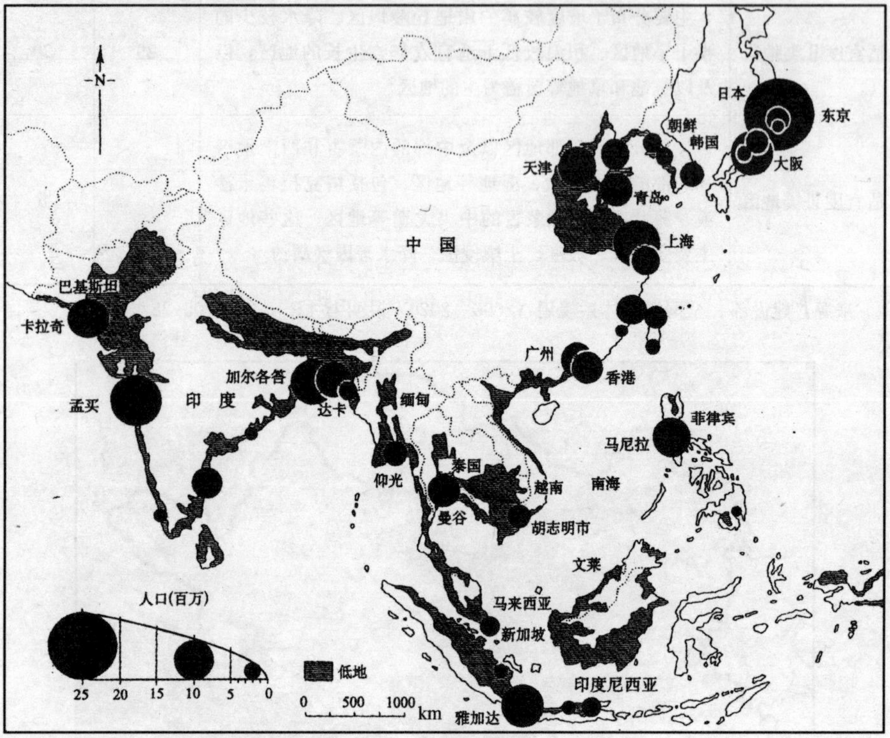

图 5-13　亚洲沿海地区的“百万人级”城市分布（约 1990）

来源：Eisma（1999：59）改制。转引自：杨汝万．全球化背景下的亚太城市［M］．北京：科学出版社，2004：36.

近海之所以是大城市连绵区形成的决定性条件，这主要是由于全球化经济发展的特点所决定的。世界上率先从全球化发展中受益的地区，往往是一个国家开展对外国际贸易以及辐射国内市场的“枢纽”地区，这样的地区则必须具有沿海的优势，因为在现代国际贸易中，尽管汽车运输、铁路运输、航空运输等交通条件极为发达，但是从货物运输量和运输成本的角度，国际贸易最重要的交通运输方式仍然在于海运。

概括而言，海运的优势主要在于：

1）运输量大——主要原因是船舶的大型化发展，如 50 万～70 万 t 的巨型油船，16 万～17 万 t 的散装船，以及集装箱船的大型化，船舶的载运能力远远大于火车、汽车和飞机，是运输能力最大的运输工具；

2）通过能力大——海上运输利用天然航道四通八达，不像火车、汽车要受轨道和道路的限制，因而其通过能力要超过其他各种运输方式，如果突遇政治、经济、军事等条件的变化，还可随时改变航线驶往有利于装卸的目的港；

3）运费低廉——船舶的航道天然构成，船舶运量大，港口设备一般均为政府修建，船舶经久耐用且节省燃料，所以货物的单位运输成本相对低廉，据统计，海运运费一般约为铁路运费的1/5，公路汽车运费的1/10，航空运费的1/30，这就为低值大宗货物的运输提供了有利的竞争条件；

4）对货物的适应性强——海上货物运输基本上能适应各种货物的运输，特别是石油井台、火车、机车车辆等超重大货物，其他运输方式是无法装运的，而船舶则一般都可以装运。

由于国际货物运输是在全世界范围内进行的商品交换，汽车、铁路等交通方式难以实现跨海运输，而航空运输的成本则极为昂贵，难以适应大规模国际贸易往来的成本要求，地理位置和地理条件决定了海上货物运输是国际货物运输或国际贸易的主要手段。有关资料显示，国际贸易总运量的75%以上是利用海上运输来完成的，有的国家的对外贸易运输海运占运量的90%以上①。这样，近海地区就能较其他地区获得显著的海运优势，能够使特定的区域在全球化的国际竞争中获得长足发展，这对于城镇群落的发展而言是极其重要的（图5-14、表5-4）。

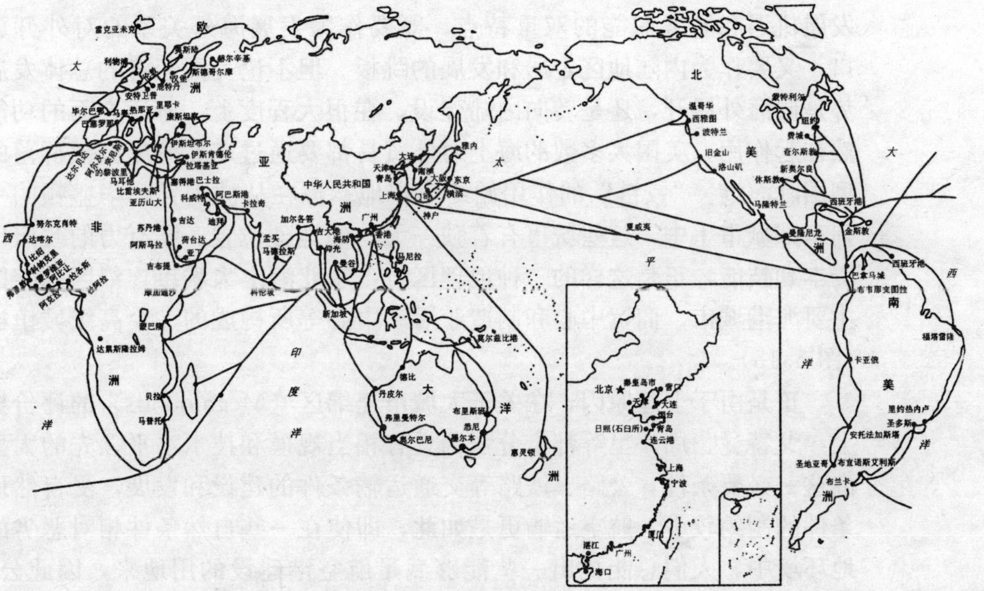

图5-14　中国远洋运输主要航线示意图

来源：顾朝林．经济全球化与中国城市发展——跨世纪中国城市发展战略研究［M］．北京：商务印书馆，1999：244.

---

① 苏州永泰货运有限公司．国际货物运输的方式［R/OL]，2006-06-22［2007-11-20］
http：//114. wangha. com/model/temple305/newsshow. asp? id=163&newsid=160

2006 年我国各种交通运输方式周转量增长情况　　表 5-4

类　别	项　目	实际完成量	比上年增长（%）
旅客周转量（亿人公里）	全社会	19203.5	9.9
	民航	2370.7	15.9
	铁路	6622.0	9.2
	公路	10135.9	9.1
	水运	74.9	10.5
货物周转量（亿吨公里）	全社会	85603.1	8.1
	民航	94.3	19.5
	铁路	21954.0	5.9
	公路	9647.0	11.0
	水运	53907.8	8.5

来源：中国民用航空总局．中国航空运输发展报告（2006/2007）［R/OL］．中国民用航空总局网站，http：//www.caac.gov.cn/.

以美国东北海岸城镇群落为例，自从美国成立之初，沿海一带就具有发展机遇和服务职能的双重特点，既要作为发展海外关系的对外开放窗口，又要作为内陆地区定居和发展的跳板。但不论美国经济的总体发展趋势是向海外展开，还是转向内陆建设，在很大程度上，海运方面的功能仍然在起作用，美国大多数的海上对外贸易都要通过东北海岸城镇群落的大型国际海港。“铰链”的作用始终牢牢地掌握在从波士顿到华盛顿的一系列东部城市手中，这些城市有着独一无二的地理位置、强有力的政府以及资本和技能，正是这样的一种地理区位，东北海岸大城市连绵区是美国的主要海港城市、商贸中心和制造业活动中心等所构成的一个高级城镇群落（图 5-15）。

正是由于上述原因，在关于大城市连绵区（Megalopolis）的评价标准上，戈特曼、周一星等都十分强调具有相当规模和技术水平领先的大型海港这一必要条件。公路、铁路等交通运输条件的建设和发展，受自然地理条件的制约较少，航空运输更是如此，即使在一些自然条件相对恶劣的山地环境中，人们总能找出一些能够满足航空港建设的用地来，因此公路、铁路、航空运输条件具有相当程度的“人工选择”属性，而大型海港的运输条件则不为一般地区所能具有。从这个角度，我国的成渝地区、中原地区等的城镇密集地区，在短期内尚难以发展成为国际层面的大城市连绵区。

但是，尽管如此，虽然海运的条件有限，但成渝、中原等地区只要通过公路、铁路、航空等运输条件的综合发展，配合适当的产业定位，也是

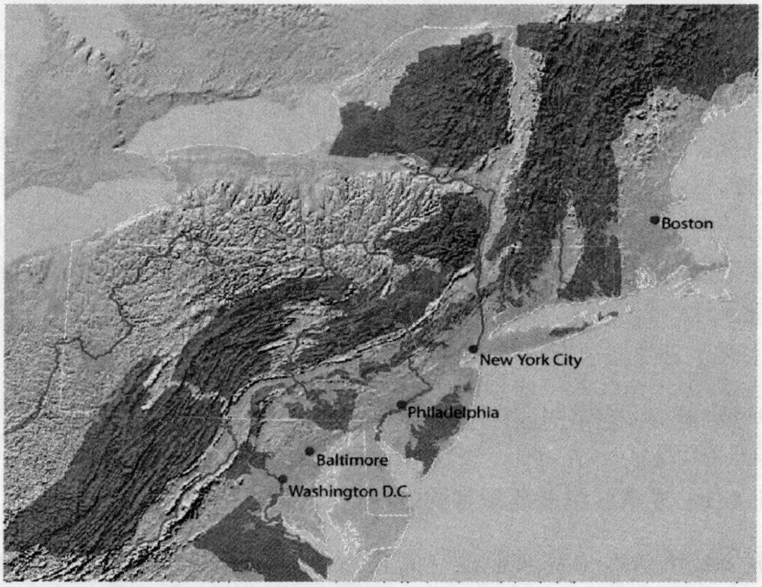

图 5-15　美国东北部大城市连绵区的区域环境

资料来源：University of Pennsylvania. Uniting People，Places & Systems：Megalopolis unbound［R］，2006：5.

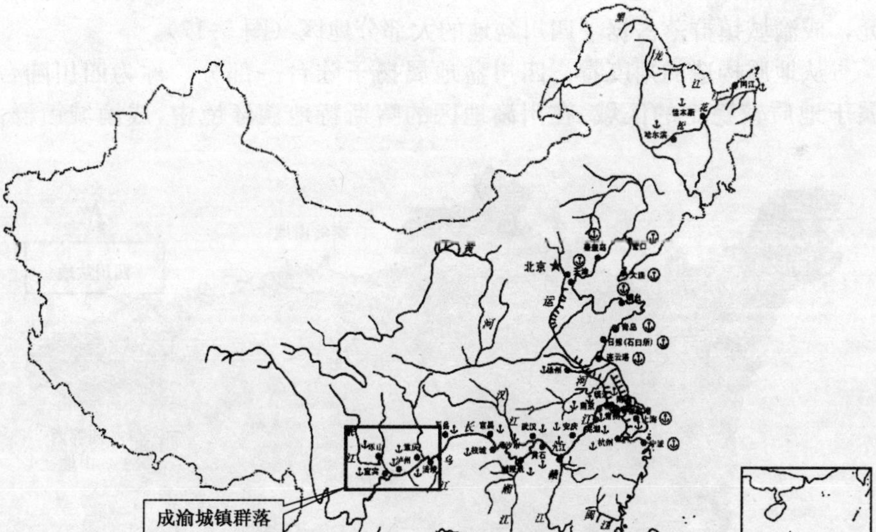

图 5-16　中国内河、沿海航运示意图

来源：顾朝林．经济全球化与中国城市发展［M］．北京：商务印书馆，1999：244.

能够在全球化的国际竞争格局中争得“一席之地”的，特别是这些地区有条件发展成为国家层面上的城镇密集区，当属可能。特别是就成渝地区而言，其独特的优势在于长江水运航道贯穿其中（图 5-16）。长江是我国横贯东、中、西部的“黄金水道”，也是世界上运量最大、水运最繁忙的内河。目前虽然由于长江下游航道上的桥梁跨高的限制等因素，长江的水运尚处于“萧条”状态，但是，随着未来长江水运条件的逐步好转，长江水运航道的潜能必将会得到释放，加之成渝地区已有的公路、铁路、航空基础设施条件，未来水、陆、空多位一体的综合交通运输网络将会得到完善，这对于成渝城镇群落的发展而言是至关重要的。

5.4 成渝城镇群落的空间环境

5.4.1 成渝城镇群落孕育的宏观空间环境——四川盆地

成渝城镇群落孕育的宏观空间环境，介于我国自西向东三个台阶的一、二台阶的过渡地带，大致上即是四川盆地的范围。四川盆地位于上江上游地区，由四周联结的山脉（大凉山、邛崃山、岷山、大巴山、巫山等）环绕而成，北靠秦岭山地，西邻青藏高原和横断山地，南望云贵高原，东接湘鄂西山地而出长江三峡，四川盆地是相对独立的自然地域单元，成渝城镇群落占据了四川盆地的大部分地区（图 5-17）。

从地质构造的角度看，四川盆地属扬子陆台一部分，称为四川陆台，属于地质较稳定的区域。在川渝地区的喀斯特地貌环境中，成渝城镇群落

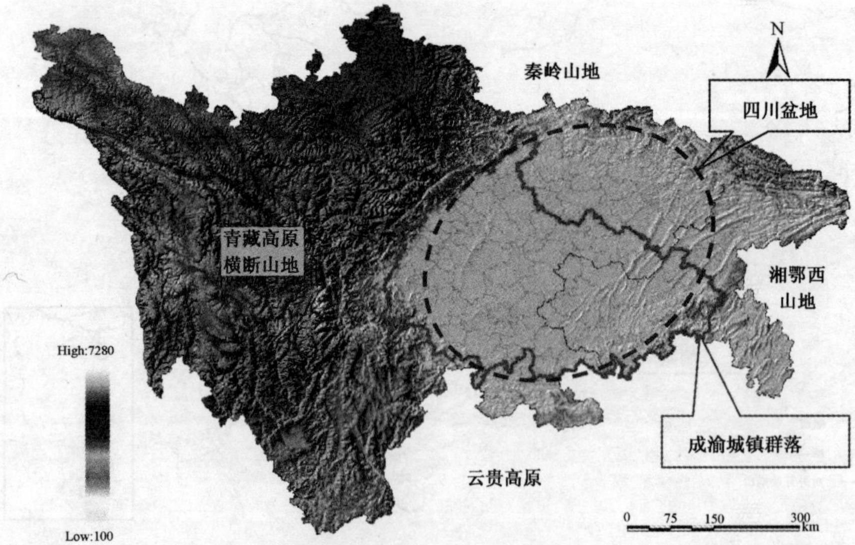

图 5-17 成渝城镇群落的范围大致与四川盆地相统一

所占据的四川盆地区域基本上是地质条件较为良好的区域（图 5-18），满足大量城镇密集建设与发展的客观条件。

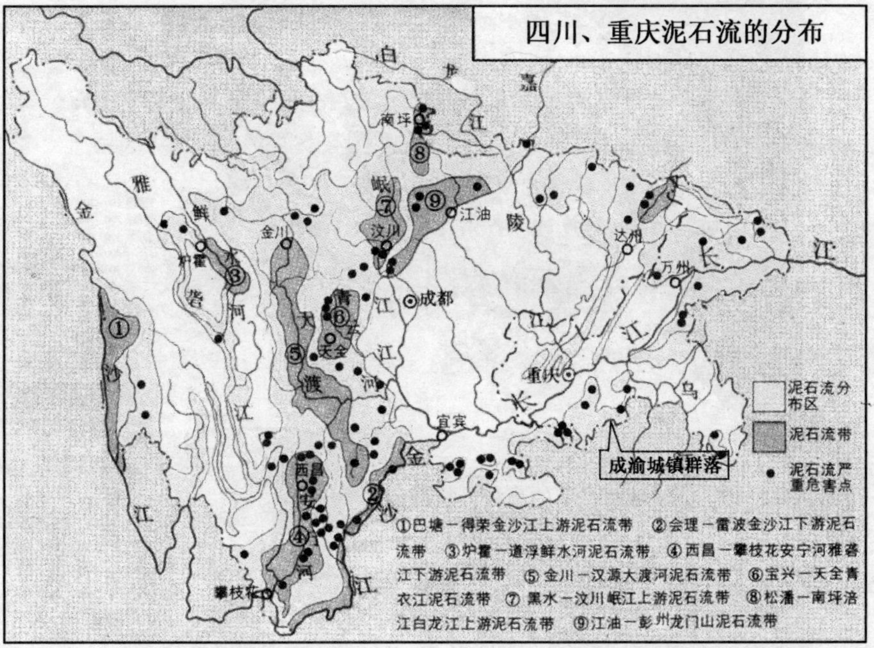

图 5-18　川渝地区的泥石流分布图

注：根据《中国自然地理图集》绘制。参见：刘明光．中国自然地理图集［M］．北京：中国地图出版社，1998：156.

5.4.2　成渝城镇群落的自然地形环境

就成渝城镇群落的自然地形环境而言，其大部分区域的海拔在 800m 以下，四周与外围山地交界处有部分山地环境，海拔在 1000～1500m 左右（图 5-19）。成渝城镇群落的自然地形环境，自西向东地势起伏逐渐加大，较为明显地分为东部平行岭谷（渠江东南）、中部丘陵（成渝两地之间）、西部平原（成都平原）三个部分。从地貌类型来看，成渝城镇群落具有一定比例的冲积平原和缓丘平原，但其总体上仍以丘陵、山地地形环境为主，浅丘、低山的地貌类型有较大的分布比例（图 5-20）。

在我国西南显著的山地地形环境之中，由于成渝城镇群落相对较为平缓的地形地貌，加之其地处亚热带湿润季风气候区，全年温暖湿润，年均降水量充沛（多数地区年降雨量在 900～1200mm），是我国西部最适宜人居住的地区之一。

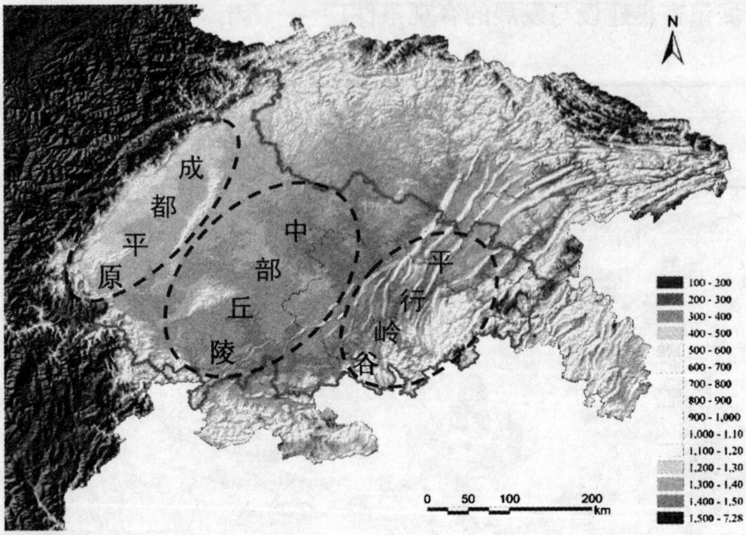

图 5-19　成渝城镇群落的高程分析图

图 5-20　成渝城镇群落的自然地貌类型

注：根据《中国自然地理图集》绘制。参见：刘明光．中国自然地理图集［M］．北京：中国地图出版社，1998：156.

5.4.3 成渝城镇群落与长江流域的空间关系

就成渝城镇群落的空间环境而言，除了与四川盆地的吻合关系之外，另一显著的特征在于其流域特征，即成渝城镇群落的城镇空间发展与长江流域具有十分密切的关系。成渝城镇群落地处长江上游地区，是长江流域最重要的城镇密集地区之一（图 5-21）。在成渝城镇群落的区域范围内，长江干流自西南向东横穿而过，长江上游的重要支流岷江、沱江、嘉陵江分布在长江以北，乌江则分布在长江以南，长江支流水系分布呈现不对称的向心状（图 5-22）。

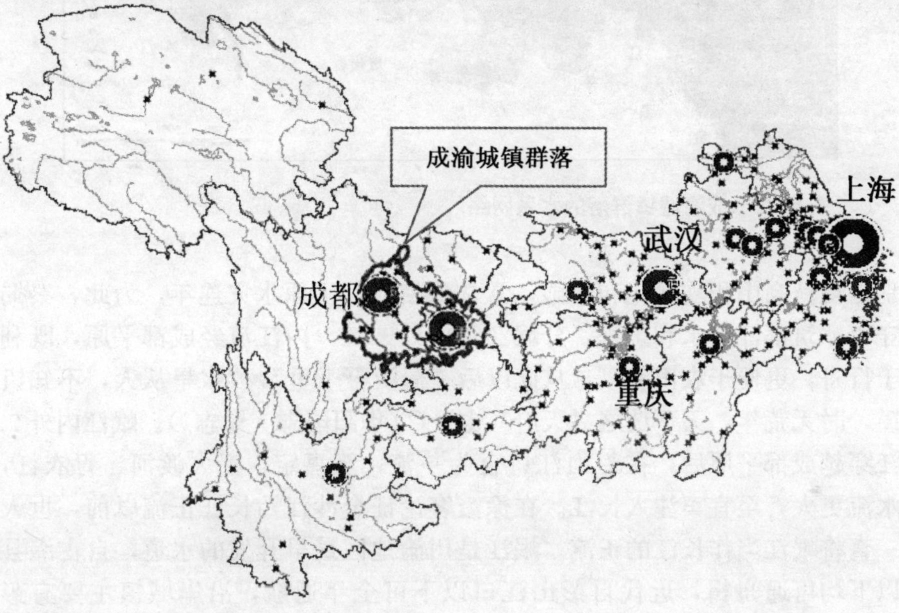

图 5-21　成渝城镇群落在长江流域的区位

注：根据《重庆市城乡总体规划》改绘。来源：重庆市人民政府. 重庆市城乡总体规划（2007—2020）说明书第一分册［R］，2007：11.

岷江发源于岷山弓杠岭和郎架岭，全长 735km，流域面积 14 万 km^2；全河落差 3560m，水力资源 1300 多万千瓦。岷江是长江上游水流量最大的一条支流，都江堰以上为上游，以漂木、水力发电为主；都江堰市至乐山段为中游，流经成都平原地区，与沱江水系及众多人工河网一起组成都江堰灌区；乐山以下为下游，以航运为主。岷江有大小支流 90 余条，上游有黑水河、杂谷脑河；中游有都江堰灌区的黑石河、金马河、江安河、走马河、柏条河、蒲阳河等；下游有青衣江、大渡河、马边河、越溪河等。因岷江发源于山区，此后旋即流至成都平原，落差较大，因而河流湍急，特

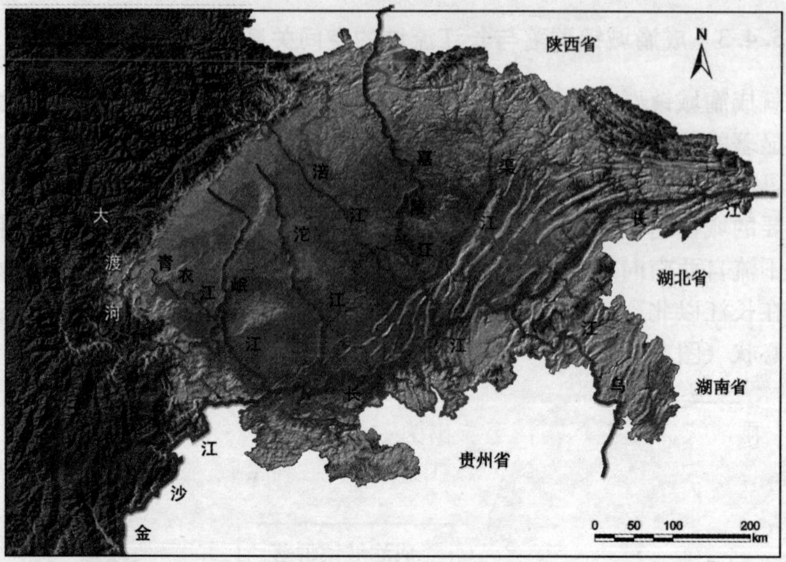

图 5-22 成渝城镇群落的水系网络

别是夏秋高山积雪融化和暴雨，常常致使成都平原水灾连年，为此，秦蜀守李冰筑都江堰水利工程，分岷江为内外二江，内江流经成都平原，既利于行舟，更便于农田灌溉，从此以后“蜀沃野千里”，“水旱从人，不知饥馑，时无荒年，天下谓之‘天府’也”（《华阳国志·蜀志》）。岷江内外二江穿越成都平原后，在彭山江口合为一流，至嘉定，汇大渡河、青衣江，水流更大，至宜宾注入长江。在徐霞客论证金沙江乃长江正流以前，世人一直将岷江当作长江的正流。岷江是川渝地区最早开发的水道，自古灌县以下均可通舟楫，近代自彭山江口以下可全年通航，沿岸城镇主要有彭山、青神、眉山、乐山、犍为等，加之流经成都，成为四川对外交流的主要通道，文献记载“委输之利，通西蜀之宝货，传南士之泉谷。建帆高挂则越万艘，连墙直进则倏逾千里，为富国之资，助经邦之略”（《全蜀艺文志》），“民船无论大小，四时上下不绝”（《四川》第一号），描绘了岷江航线船舶如梭的繁忙景象。

沱江发源于四川盆地西北缘的九顶山（又名茶坪山）南麓，绵竹市断岩头大黑湾，南流至金堂县赵镇接纳沱江的昆河、青白江、湔江及石亭江等四条上游支流，后穿龙泉山金堂峡，经简阳市、资阳市、资中县、内江市等至泸州市汇入长江。沱江全长 712km，流域面积 3.29 万 km^2，从源头至金堂赵镇为上游，长 127km，又称绵远河；从赵镇起至河口称沱江，长 522km。沱江干流长年可通木船、机动船，中下游支流多已渠化。沱江航道开发虽较岷江略晚，在川渝地区的地位也不如岷江重要，但沱江一直是川渝地区主要的盐、糖等外运通道，沱江沿岸的主要城镇有赵家渡、简阳、资阳、资中、内江、富顺、自贡，其中自贡位于沱江支流釜溪河畔，是一个典型的传统手工业城市，其所产之盐90%靠水运外销，1939年因盐设市。

嘉陵江是长江水系中流域面积最大的支流，古称阆水、渝水，发源于秦岭南麓，因流经陕西省凤县东北嘉陵谷而得名。上源为白龙江和西汉水，前者发源于四川省若尔盖县的郎木寺；后者发源于秦岭西南，因在汉江之西，故称西汉水。直至陕西省略阳县两河口以下始称嘉陵江，与白龙江相汇于四川省广元县昭化。嘉陵江全长1119km，流域面积16万km^2，超过汉江，居长江支流之首；昭化以上为上游，流经高山地区，多暴雨，有“一雨成灾”之说；昭化至合川为中游，有航运之利；合川以下为下游段。嘉陵江切穿华蓥山南延三支脉后，形成风光奇丽的沥鼻、温塘、观音三大峡谷，于重庆朝天门汇入长江。嘉陵江支流众多，属树枝状水系，最大支流有涪江（又称遂河）和渠江，涪江和渠江在合川汇入嘉陵江。嘉陵江广元至重庆段的1006km可全年通航木船，其支流涪江从江油至合川615km，渠江三汇镇至合川446km亦可全年通航。流经陕、甘、川三省的嘉陵江是四川与北方中原联系之要道，其航道开发亦仅次于岷江——长江航线。与航道的开发同步，嘉陵江沿岸的城镇发育亦较早，早在战国时期巴国就先后以嘉陵江沿岸的垫江（今合川）与阆中作为国都，建立了城镇；其后随着嘉陵江水运的繁荣，沿岸城镇星罗棋布。嘉陵江沿岸的城镇主要有广元、昭化、苍溪、阆中、南部、蓬安、南充、武胜、合川、重庆，其支流涪江沿岸的城镇主要有江油、彰明、绵阳、三台、射洪、遂宁，渠江沿岸的城镇主要有广安、渠县。

乌江又称黔江、延江，是长江南岸最大的支流。乌江有南北两源，南源三岔河，发源于贵州威宁自治县境内乌蒙山东麓的香炉山，河源海拔高程2241m；北源六冲河，发源于贵州赫章县境内西北的大坡山，河源海拔高程2153m；两源在贵州黔西县化屋基乡会合，汇合处海拔862.1m。乌江在化屋基以上为上游，以下至贵州思南县为中游，思南县至重庆涪陵为下游，乌江在重庆涪陵汇入长江。乌江全长1018km（其中重庆境内144km），重庆境内流域面积1.55万km^2。支流众多，呈羽状水系分布，主要支流有六冲河、猫跳河、清水江、濯河、洪渡河、芙蓉江等，乌江在贵州余庆县以下可通航。

岷江、沱江、嘉陵江、乌江最终均汇入长江。以长江为主干，集合各个支流，就形成了网罗川渝地区的水系网络和交通网络。长江沿岸城镇十分发达，主要包括宜宾、南溪、江安、纳溪、泸州、合江、江津、重庆、长寿、涪陵、丰都等。

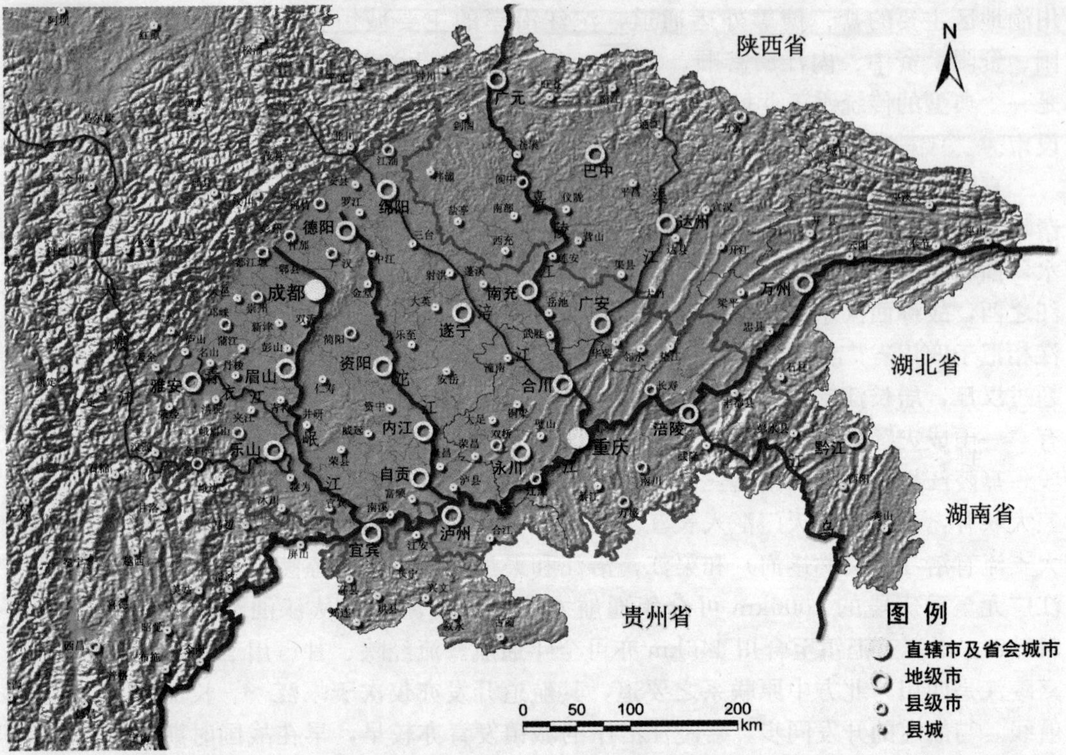

图 5-23　成渝城镇群落城镇发展与长江上游干支流水系的关系图

从成渝城镇群落的城镇空间布局而言，绝大多数城镇都是沿长江干支流水系结合布置（图 5-23），城镇的水流特征非常突出（表 5-5）。一方面，沿江城镇的交通相对于非沿江城镇更为方便和发达，这就致使沿江城镇有条件成为大大小小的地区物资集散地，从而在贸易上占尽先机；另一方面，沿江城镇具有工业发展的独特优势。就企业来说，其厂址的选择除了要考虑原料外，尚需考虑运输及销售网络等问题，而沿江城镇比非沿江城镇更容易满足企业发展的空间要求。交通、贸易及工业的发达，更加强了四川沿江城镇的竞争力和吸引力，强者恒强，川渝地区的沿江城市也就较非沿江城市有更大的发展动力和潜力。

成渝城镇群落部分城镇水流特征表　　表 5-5

城市	河流	水流量（m^3/s）		
		年均	旱季平均	旱季最少流量
成都	柏条河	86.8	35.0	17.7
	府河	27.0	11.3	4.6
	毗河	25.7	11.9	0.4

续表

城市	河流	水流量（m³/s）		
		年均	旱季平均	旱季最少流量
乐山	岷江	368.3	90.8	43.7
	大渡河	1326.8	511.6	408.1
	青衣江	478.8	184.3	117.8
宜宾	金沙江	4408.6	1537.5	1236.3
	岷江	2706.9	944.0	707.4
德阳	绵远河	77.7	24.1	21.4
	青白水渠	50.9	16.9	6.3
都江堰	岷江	207.4	56.7	42.2
内江	沱江	300.6	71.2	58.1
自贡	釜溪河	21.8	3.9	1.6
泸州	长江上游	7855.0	2813.0	2406.0
	沱江	407.5	171.0	614
	长江下游	8262.0	2984.0	2467.0
绵阳	涪江	244.0	89.0	67.0

来源：四川省人民政府．四川省城镇体系规划（2001—2020）基础资料汇编［R］，2003-11：19.

由于成渝城镇群落的城镇空间发展与长江流域具有十分密切的关系，一方面，通过长江上游干支流水系的“自然联系”，将成渝城镇群落的诸多城镇整合为一个统一的整体；另一方面，长江上游的干支流水系为成渝城镇群落的城镇交通运输、贸易往来以及工业发展等创造了良好的基础支撑条件（表5-6）。川渝地区地处中国内陆，四周崇山峻岭，交通不便，自古有“蜀道难，难于上青天”的说法，致使川渝地区的城镇千百年来一直自成体系地发展着。然而，川渝地区河流纵横，相对发达的水运成为川渝地区城镇发展的大动脉，并有力地推动了成渝城镇群落的形成与发展。

近代川渝地区河道交通概况表（1939）　　**表5-6**

河流名称	干支流别	航程（km）		备　注
		轮船	木船	
长 江	干流	793	1852	包括金沙江及长江小支流大宁河、东瀼河、小江、綦江、赤水河、永宁河、长宁河、符黑水等航线
岷江	干流	162	339	
	支流		364	包括大渡河、青衣江、南河等航线

续表

河流名称	干支流别	航程（km）		备　注
		轮船	木船	
沱江	干流		483	
	支流		209	包括井河、釜溪河等航线
嘉陵江	干流	97	919	
	支流		261	包括东河、白水河等航线
渠江	干流		457	
	支流		443	包括筠江、前江、后江、南江等航线
涪江	干流		648	
	支流		241	包括梓潼河、罗河、茶坪河等航线
乌江	干流		275	
	支流		113	包括唐岩河、郁河等航线
合计		1052	6604	

来源：根据《四川省统计提要》绘制。参见：民国四川省政府统计处．四川省统计提要[R]，1944：78.

综上所述，成渝城镇群落的空间环境，鲜明地反映出城镇群落生存的区域环境要求，即平原（或盆地）的地形环境和近海（或大江大河）的地理区位。良好的自然条件、丰富的自然资源、众多的区域人口，造就了成渝城镇群落得天独厚的城镇发展和人居环境条件。正是在如此优越的区域空间环境中，成渝城镇群落得以形成和发展起来，这也正如法国学者谢和耐所指出的，“最发达的农业形式可以使人口得到最迅速的增长，组成了丰盈的储备并形成了组织完善的国家。这样一来，那些伟大文明便开始了”[①]。从现实基础和发展潜力看，成渝城镇群落无疑是我国西部地区资源环境承载能力最强、经济和人口集聚条件最佳的区域，是四川、重庆乃至西部地区承接优化开发区域的产业转移、承接限制开发区域和禁止开发区域（如三峡库区）的人口转移的依托地，积极推动以成渝城镇群落为主体形态的城镇化发展，不仅有利于川渝地区城镇的健康发展，也是国家实施区域发展战略的内在要求。

5.5　小结

城镇群落赖以生存和发展的空间环境，具有鲜明的特征，平原（或盆地）的地形环境和近海（或大江大河）的地理区位是其基本的生境要求。

① ［法］谢和耐．中国社会史［M］．南京：江苏人民出版社，1997：13.

尽管人们克服自然和改造自然的技术手段和技术力量日益强大，自然环境条件对于城市生存与发展的限制趋于降低，然而就人口规模极为庞大、城镇分布异常密集的城镇群落而言，仅凭人类的意志和科学技术的力量，尚难以“任意地”、“无拘无束地”规划建设城镇群落。因此，在城镇群落的规划建设过程中，应充分认识空间环境对于城镇群落形成与发展的重要影响，“了解自然、尊重自然、适度改造自然并保护自然”，只有这样，才能从自然中得到城镇群落规划建设的“自由”。

6 城镇群落空间要素的构成

生物科学的研究经常是从研究有机体的形状结构开始的，这不仅在于有机体的形状结构比较具体，容易为感官所识别，而且还在于它确实能够反映生物体内部的某些本质差异，人们根据形态结构对生物进行分类，同时也借助于形态结构认识它们对环境的适应，并通过形态结构去了解或推测演化的亲缘关系，正因为通过对结构的研究，进而才使得与该结构有关的机能研究得以迅速发展[①]。关于城镇群落空间发展的研究，也必然要首先对城镇群落空间的构成要素进行分析，这是认识和研究城镇群落空间结构与空间关系的重要基础。

6.1 生物群落的结构要素

生物群落的结构要素，即群落的组成，是指群落由哪些生物所构成，亦即组成群落的有机体的种类。群落组成是影响群落特征的一个显著的因素。在一个群落中，物种是多种多样的，生物的个体数量也是极其丰富的。生态学家 Williams（1941）曾估计一英亩的森林群落面积中除原生动物和其他微生物外，就有 400 多个物种，4000 多万个生物个体。由于生物群落是一个泛指的名词，它可以用来指明各种不同大小及不同自然特征的有机体的集合：从一块土壤，一片草地，一块农田，一个果园甚至一根树干直到广大的森林、海域，所以一个群落中包括的物种会有很大的变化。

在一个植物群落中，由于植物的种类组成通常是大量且较为连续的，因此植物群落在一年之中的表现具有一定的规律性。但是动物群落的组成不甚明显，即使比较明显，种的数量也会比较少，并且倾向于从一个群落类型向另一个群落类型自由移动[②]。

---

① 宋永昌．植被生态学［M］．上海：华东师范大学出版社，2001：90.

② 赵志模等．群落生态学原理与方法［M］．重庆：科学技术文献出版社重庆分社，1990：6.

组成生物群落的各种要素成分，在决定整个生物群落的性质和功能上，其作用和地位是有一定差异的，一般来说，群落中常常只有一个或几个生物种群的数量和大小，以其在食物链中的地位，深刻地影响甚至决定着生物群落的性质，这样的生物种常常被称作群落中的“优势种”（Dominant）。优势种通常在群落中不仅占有较广泛的生境范围，利用较多的资源，具有较高的生产力，而且还具有较大的能量，即生物量大、个体数量多等方面的特点。如果把群落中的优势种去除，必然导致群落发生重要变化，而如果把非优势种去除，群落则只会发生较小的变化。

除优势种之外，群落中的其他物种被称为“从属种”（Subordinat）。生态学家 R. Daubermir（1968）把植物群落中的从属种区分为两个类群：一个类群是依赖性从属种，它紧密地依赖于优势种所提供的条件，如果优势种被排除，则迟早导致它在生境中灭绝，如附生性植物、寄生生物、专性菌根真菌和专性阴地植物等，这些有机体显然只有在优势种定居于某一个地区之后才能进入生境；从属种的另一个类群是指那些不论优势种存在与否，都能在该群落生境中存在的物种，这些物种多是一些耐阴性的，但却不需要那些由优势种加诸于该生境的特殊条件①。

当然，这里关于“群落结构”的分析，主要局限于生物群落物种组成的角度。在群落生态学的研究中，也有学者把“群落结构”限定在群落的外部形态，诸如组成群落的植物个体的垂直结构、水平结构以及时间结构等（Dansereau，1957；Fliervoet，1984；Kershaw，et at.，1985；Dierschke，1994）。也有学者对“群落结构”有更宽泛的界定，即将群落结构和群落功能相对应，从这一角度出发，把群落的种类组成、种的数量特征、物种多样性、种间结合、层片、生活型、生态位、群落空间结构和时间结构等都作为群落结构的组成部分（Whittaker，1970，1975；Mueller-Dombois & Ellenberg，1974；王伯荪，1987）。由于群落结构是一个极为复杂的概念，本章关于城镇群落结构要素的分析，主要着眼于城镇群落空间构成的角度，关于城镇群落的空间形态、空间关系等相关内容将在此后的章节中进行讨论。

6.2 城镇群落空间构成的两种实体空间

城市和区域规划通常意味着是一种空间或地域的规划，其一般的任务是为各种活动（或土地利用）提供空间结构，这种规划的核心是一种空间要素，它最终只能以空间的形象来表述（P. Hall，2002）②。这里的“空间结构”，一般可通俗地理解为人类的各项活动作用于地球表面所形成的空间组

① 赵志模等．群落生态学原理与方法［M］．重庆：科学技术文献出版社重庆分社，1990：6.

② （英）彼得·霍尔（Peter Hall）．城市和区域规划（第4版）［M］．邹德慈，李浩，陈熳莎译．北京：中国建筑工业出版社，2008.

合和空间组织形式。其中“空间”是指与时间相对的一种物质存在形式，由长度、宽度、高度表现出来，而“结构”则指系统诸要素所固有的、相对稳定的组织方式或连接方式[①]，结构体现为要素的组合，要素通过结构形成系统。

从城市和区域规划的角度，关于城镇群落的研究，重点正是在于城镇群落的空间结构问题。所谓城镇群落的空间结构，系指城镇群落主要物质构成要素在空间分布上表现的特征及其组合、发展、演化规律。作为多种空间要素的组织格局，城镇群落的空间结构是复杂的人类社会经济和文化活动在特定环境条件下的地域投影，是人类聚居组织方式在空间上的具体体现。城镇群落的空间结构在根本上影响和决定着城镇群落的发展方向。反过来，城镇群落的空间结构对于人类社会经济和文化活动的健康和协调发展也具有特殊的反作用和深刻影响。而城镇群落空间结构研究的首要问题，则在于对城镇群落空间结构构成要素的解读。

城镇群落在空间上的表现即区域的土地利用类型。“结构分析中最重要的关系，也是最简单的：即二项对立，无论语言学的典范还起过什么别的作用，毫无疑问的是它鼓励了结构主义以二项对立的方式思考，无论他们研究什么材料，都在其中去寻找功能上互相对立的两面”（J. Culler，1991）[②]。从宏观的二元分析的角度，城镇群落的空间要素主要由两种实体空间所组成：自然生态空间和城镇发展空间。

6.2.1 自然生态空间

在城镇群落的空间构成中，占据大片面积的是自然生态空间，即以自然风貌景观为主的实体空间。自然生态空间是相对于城镇发展空间而言的。相对于城镇发展空间而言，自然生态空间则往往具有人口稀少、以自然景观风貌为主等基本特征。相对于城镇而言，乡村一般具有更多的“自然”特征，同时考虑到城镇的概念通常系指国家按行政建制设立的直辖市、市、镇（城市规划法中的定义），在城镇群落的空间分析中，可以将以农业生产和农民聚居为主的乡村（乡和农村）空间划入城镇群落自然生态空间的范畴。

城镇群落的自然生态空间，主要包括阳光、空气、水、土壤、植物、动物等构成要素，构成了城镇空间的生存所依托的自然环境，是人类赖以生存的基本物质条件。以珠三角城镇群落为例（图 6-1），珠江三角洲地区拥有优越的自然环境条件，东、北、西三面有山岭包围，南临南海，西江、北江、东江等珠江水系横贯其中，为珠江三角洲地区的城镇群落发展提供了长盛不衰的自然地理基底，创造了富有岭南特色的生存环境。从土

① 余颖．城市结构化理论及其方法研究［D］．重庆大学博士学位论文，2002：14.

② J. Culler. 结构主义诗学［M］．上海：译文出版社，1991：14. 转引自：余颖．城市结构化理论及其方法研究［D］．重庆大学博士学位论文，2002：13.

地利用分析的角度，通常将城镇群落的自然生态空间划分为耕地、林地、园地和牧草地等不同的类型。在空间数量上，自然生态空间要远远大于城镇发展空间的面积（图 6-2、表 6-1）。

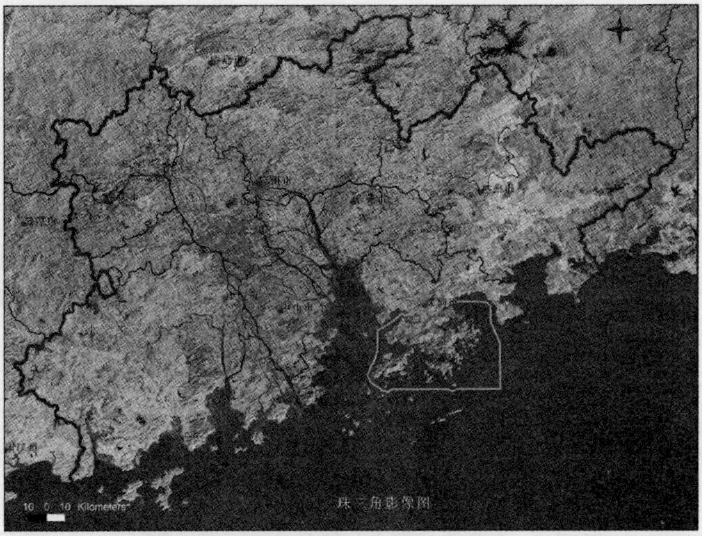

图 6-1　珠三角城镇群落卫星影像图

来源：珠江三角洲城镇群协调发展研究人居环境课题组．珠江三角洲城镇群协调发展规划（2004—2020）——人居环境专题研究［R］，2004：1.

图 6-2　2002 年珠江三角洲各市土地资源利用情况

来源：珠江三角洲城镇群协调发展研究人居环境课题组．珠江三角洲城镇群协调发展规划（2004—2020）——人居环境专题研究［R］，2004：10.

2002年珠江三角洲各市土地资源利用情况　　表6-1

城镇	总面积（万 hm^2）	农用地（万 hm^2）				建设用地（万 hm^2）	未利用地（万 hm^2）
		耕地	林地	园地、牧草地	其他		
广州	72.87	15.53	27.13	7.79	4.27	12.82	5.33
深圳	19.49	0.6	6.05	2.52	1.13	7.49	1.70
珠海	15.98	2.5	4.05	0.4209	2.26	3.71	3.04
东莞	24.72	1.56	3.72	4.877	2.50	9.21	2.85
中山	18	5.18	3.53	0.44	2.52	3.42	2.91
江门	95.41	20.76	44.8	2.8865	7.38	9.45	10.13
佛山	38.48	5.72	7.18	1.492	9.58	10.67	3.84
惠州*	90.89 (113.56)	12.93 (15.19)	54.93 (72.47)	4.58 (5.06)	2.92 (3.21)	9.69 (11.22)	5.84 (6.41)
肇庆*	41.02 (148.22)	6.95 (18.16)	23.62 (108.9)	0.89 (2.2)	1.97 (4.04)	3.66 (6.85)	3.93 (8.07)
合计	416.86 (546.73)	71.73 (85.2)	175.01 (277.83)	25.90 (27.69)	34.53 (27.06)	70.12 (74.84)	39.57 (54.11)

*括号内数字为（包括）肇庆市、惠州市市域范围统计数据。

来源：珠江三角洲城镇群协调发展研究人居环境课题组．珠江三角洲城镇群协调发展规划（2004—2020）——人居环境专题研究［R］，2004：9.

6.2.2　城镇发展空间

城镇群落的城镇发展空间，即一系列规模大小不等、性质各异的城镇，其空间表现为以人工建筑环境为主的城市建成区。

相对于自然生态空间而言，城镇发展空间往往具有如下基本特征：以非农业人口为主；人口聚居规模大于乡村，人口密度和建筑密度高于乡村；有相对较好的公共设施和较高的物质、文化水平；往往是一定地域范围内（包括周围乡村）的政治、经济、文化活动中心。城镇发展空间是城镇群落众多人口的居住生活和生产劳作的主要载体。

6.2.3　自然生态空间与城镇发展空间的统一性

必须强调指出，本书关于自然生态空间和城镇发展空间的划分，仅仅出于城镇群落空间结构分析的研究目的和需要。英国地理学家A·J·赫伯森认为“将整体分割为人及自然环境是一个自杀行动。如此分割后，活的整体将不再存在，而只留下某种死的和不完整的残缺部分”①。在本质上，

① 转引自：张京祥．城镇群体空间组合［M］．南京：东南大学出版社，2000：28-29.

城镇群落的自然生态空间与城镇发展空间是互为环境、相互统一的，是一个城乡耦合的连续系统。随着新的《城乡规划法》获得通过并正式实施，公众对城乡统筹问题的认识已有很大的提高。

城镇群落中的自然生态空间与城镇发展空间，如同自然界中的细胞结构一样，有着绝佳的生态耦合关系。在地球上的各种生命活动中，细胞是一个基本的组织单位，除病毒之外，一切有机体均由细胞所构成。而细胞的结构，则大致上由细胞核和细胞质两部分所组成。原核生物在进化过程中形成了膜系结构，形成了核膜，从而使细胞核和细胞质隔离开来：细胞核是细胞内最大的细胞器，由核膜、染色质、核仁和核液几部分组成；细胞质在生活状态下为透明的胶状物，主要由基质（细胞质内呈液态的部分，主要含有多种可溶性酶、糖、无机盐和水等）、细胞器（包括线粒体、内质网、内网器、溶酶体、微丝、微管、中心粒等）和包含物（细胞的代谢产物和营养物质等）组成（图 6-3）。有机体各种生命活动的完成，都要依赖于细胞核和细胞质的共同作用。一方面，细胞核是核酸代谢的中心，DNA 在这里复制，RNA 在这里转录合成，并输送到细胞质中，将信息传送出去，细胞核主持着细胞分裂、生物繁殖和遗传分化的主要职能。另一方面，细胞核生活在细胞质的环境之中，细胞核物质代谢所需的原料，如核苷酸、葡萄糖、各种小分子和离子等，都要依赖于细胞质；细胞核内大分子合成过程所需要的能量，在很大程度上要靠细胞质的线粒体在氧化磷酸化过程中形成的 ATP 来供给；构成细胞核的许多蛋白质，如核仁蛋白质、核糖体蛋白质等，也都是在细胞质中合成的。细胞组织的这种结构关系，向人们展示了细胞核和细胞质在维系生命活动运转过程中的相互作用和紧密联系，正是这两种不同形态的“空间组织”分工合作和相互依存，共同实现了有机体的各项职能。

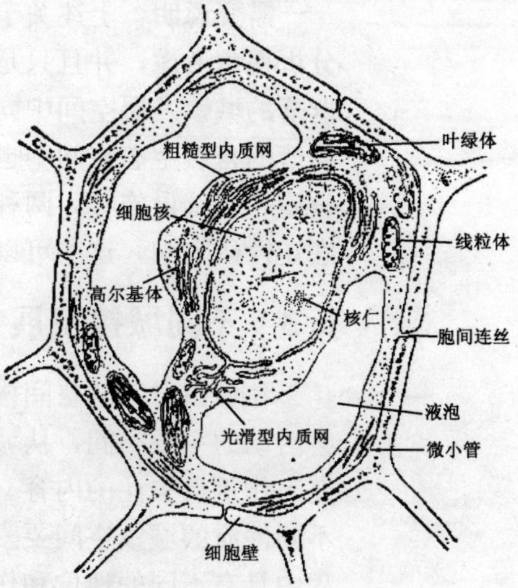

图 6-3　电子显微镜下的植物细胞模式图

来源：梁天干．植物细胞学［M］．福州：福建科学技术出版社，1984：13.

从对细胞的认识转向对城镇群落的分析，可以惊奇地发现，城镇群落的空间结构特征，与细胞生命的组织结构是多么相类似：如果我们把城镇群落比作细胞，那么城镇空间就是其中的“细胞核”，自然空间则是其周围的“细胞质”；城镇空间是人类聚居活动的中心，决定着城镇群落的主要职能和发展方向，而自然空间则是人类聚居活动的资源中心和能量转化中心，是城镇群落发展的腹地及重要的支撑系统。

需要说明，上述关于城镇群落空间构成的分析，主要是从宏观的空间分析视角考虑，并且只是一种出于研究目的的粗略划分。严格地讲，城镇群落的城镇发展空间中同时也包括有许多动、植物群落等自然环境，城镇群落的自然生态空间中也有一些人类聚居的村落以及人类活动所需的公共设施和基础设施等，两种空间之间存在着一定程度的交叉，但在大尺度的宏观性研究中，这些可以忽略不计。

6.3 不同城镇发展空间的营养级别

在城镇群落的空间构成中，城镇发展空间是人类聚居及各项生产和社会活动的主要空间，从城市和区域规划的角度，城镇发展空间也是科学研究工作重点关注的内容。仅就城镇群落的城镇发展空间而言，又可划分为不同性质的城镇空间要素，这些不同的城镇空间要素在城镇群落的发展过程中具有不同的地位和作用，对城镇群落空间结构的影响各异，这样的情况，类似于生物群落中的多个物种，不同物种在生物群落中占据不同的营养级别，其对生物群落的性质和功能的影响各不相同。

6.3.1 生物群落营养级别的概念

一般而言，多个物种在一个群落中的地位是各不相同的。群落中各种生物有机体在食物链或食物网中所处的位置，亦即存储于有机体内的物质和能量，在作为其他有机体的营养和能量而沿着食物链移动的过程中，这些移动的物质和能量在食物链中暂时停留的位置，叫作营养级别或营养水平[①]。在生物群落中，所有的绿色植物都处于最低的营养级别，它们是其后各营养级别动物最初的也是唯一的能量来源；构成第二个营养级别的完全是以植物为食的动物或寄生性真菌、细菌，大约一半以上的昆虫物种都处于这个营养级别中，它们靠取食植物而生存，在生理上对于消化植物纤维具有特殊的适应性；构成第三个营养级别的主要是一些较小的肉食动物，所谓天敌昆虫，无论是捕食者还是寄生者都属于这个营养级别；第四个营养级别的动物常常是以其他肉食动物为食的一些体形较大的肉食动物；一般处于最高营养级别的是那些不再被其他动物所捕食的动物，这些动物又称为顶位肉食动物（Top-carnivores）。

营养级别的概念实际上是把食物网错综复杂的取食关系简化为物质和能量移动的级别关系。当然，这种营养级别的分类只是机能上的分类，而不是物种方面的分类。同样地，在城镇群落的城镇发展空间中，也可作出类似的划分。

---

① 赵志模等. 群落生态学原理与方法［M］. 重庆：科学技术文献出版社重庆分社，1990：11.

6.3.2 城镇群落城镇发展空间的营养级别

对于任何城镇发展空间而言，一般来说，其规模大小与它的城镇性质（或职能）有显著的相关性。城镇群落中不同的城镇发展空间，由于人口和用地规模上的不同，导致其在性质和职能上有显著的差异。我们可以根据城镇发展空间的规模大小对其营养级别进行划分和研究。

我国现行的设市和设镇标准，按照人口分布密度的不同类型地区，采用非农业人口聚居规模、经济发展水平和基础设施水平等多种复杂指标，其中比较硬性的是人口指标，规定从事非农产业的人口聚居规模的最低限度，要求一般设市的市政府驻地不少于 8 万人，设镇的镇政府驻地不少于 2000 人[①]。在原《城市规划法》中，将市区和近郊区非农业人口超过 50 万的城市称作大城市，20 万～50 万之间的城市称作中等城市，20 万人口以下的城市称作小城市。建设部在发布有关设市城市的统计资料时，又在此基础上将市区非农业人口在 100 万以上的城市称作特大城市[②]。此外，在城市和区域规划的研究中人们还常常用到一个“县城”的概念，其规模介于建制镇和小城市之间。这些不同人口规模的城镇共同构成了城镇群落的城镇发展空间体系。因此，根据城镇规模的不同，可将城镇群落不同的城镇发展空间划分为“建制镇——县城——小城市——中等城市——大城市——特大城市”六个“营养级别”。这里所谓城镇发展空间的营养级别，即城镇发展空间在城镇群落的机能中所处的状态或水平。

另外，就城镇群落中的特大城市而言，往往还会有 1 个或多个非农业人口规模远远超出 100 万的“巨型城市”，它们与城镇群落内其他城镇的首位度较高，并且具有较强的国际性（或全球化程度）。在城镇群落的空间结构中，这些巨型城市的发展方向对其他城镇的影响非常突出，尤其是在当前社会经济呈现公司化、集团化的时代背景下，巨型城市的发展会与其他城镇的发展形成一种无形的链条，而这些巨型城市则通常处于生态链中“营养级别”最高的地位。这样的情形，与自然界中的一些现象极其相似，巨型城市就好比蜜蜂群落中的“蜂王”、猕猴群落中的“猴王”、山羊群落中的“领头羊”，或者是植物群落中的一些“优势种群”，它们的存在，可以使城镇群落中的（城镇）个体在觅食、迁徙、抵御天敌等活动中形成“有机组织”，并产生整合力量，避免散乱的个体因“群龙无首”而被“自然选择”的进化规律所淘汰。以珠三角城镇群落为例，早在新中国成立之前，该地区内最核心的城市便是拥有2000多年历史、具有“海上丝绸之

---

① 胡序威．对城市化研究中某些城市与区域概念的探讨［J］．城市规划，2003，27（4）：28-32.

② 见：建设部城乡规划司，建设部城乡规划管理中心．二〇〇六年全国设市城市及其人口统计资料［R］，2007：1.

路发源地”之称的广州市：在先秦时期广州已有港市出现，到了秦代更成为中国南方外贸中心和政治要点——番禺南海郡；自汉代起更成为全国经济、政治和外交的重要城市，第一个专责处理外贸和外交的官署便是在广州设立；广州亦是全国最大贸易中心，全国九成的关税收入来自广州[①]；广州的工业发展也很强盛，如纺织业和造船业，橡胶厂和缫丝厂亦在广州相继开办，足见广州对珠三角城镇群落发展的举足轻重地位。借鉴生物群落中关于营养级别的研究，本书将这些“巨型城市”称作城镇群落的“顶位城市”。这样，关于城镇发展空间的营养级别，即可调整为“建制镇——县城——小城市——中等城市——大城市——特大城市——顶位城市”这七个层次。

6.3.3 不同营养级别的城镇发展空间的性质和职能变化

生态学家 Elton（1927）和 Price（1975）总结从植食动物到顶位肉食动物一般有如下趋势：种类减少；种群水平渐低；繁殖速率渐慢；体形增大；觅食范围增大，可利用的不同生境增加；更高的扩散能力；更大的寻找能力；更高的维持成本（能量）；食物利用率提高；更高卡值的食物；取食的专一性降低；更复杂的行为；更长的寿命期[②]。类似地，我们也可以对城镇群落内不同营养级别的城镇发展空间的性质变化作出描述。归纳起来，在城镇群落内，从建制镇到顶位城市，随着城镇规模的增大，城镇的性质和职能主要呈现出如下的差异性（图 6-4）：

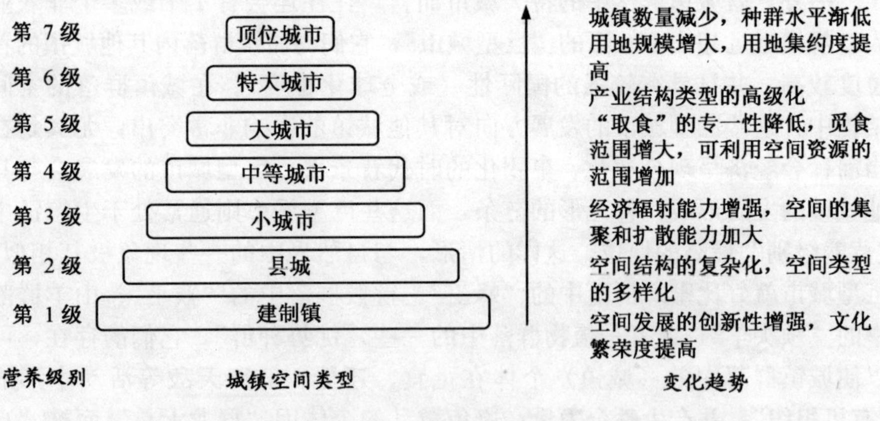

图 6-4 城镇群落不同营养级别的城镇发展空间及其性质变化

---

① 王光振，张炳申，赵瑞彰．珠江三角洲经济社会文化发展研究［M］．上海：上海人民出版社，1993：13.

② 赵志模等．群落生态学原理与方法［M］．重庆：科学技术文献出版社重庆分社，1990：11.

1. 城镇数量减少，种群水平渐低

在一个城镇群落中，为数众多的是一些规模较小的建制镇、县城和小城市，大城市和特大城市的数量明显要少得多，顶位城市数量更是寥寥无几，有的甚至只有1个。由于城镇数量的减少，城镇的种群水平逐渐降低。以长江三角洲城镇群落为例，人口规模大于500万的城镇只有上海一个，人口规模在100万～500万之间的城镇是南京、杭州，其种群水平相对于20万～50万和20万以下人口规模的城镇的数量而言要显著偏低（表6-2）。

长江三角洲城镇群落的城镇规模结构　　表6-2

规模等级（万人）	城镇数量（个）	城镇名称
大于500	1	上海
100～500	2	南京、杭州
50～100	4	无锡、苏州、常州、宁波
20～50	15	南通、镇江、扬州、湖州、嘉兴、绍兴、舟山、泰州、通州、海门、江阴、宜兴、溧阳、如皋、常熟
小于20	27	兴化、泰兴、江都、吴江、昆山、仪征、张家港、姜堰、武进、余姚、高邮、靖江、海宁、慈溪、太仓、诸暨、上虞、桐乡、句容、建德、富阳、金坛、平湖、扬中、嵊州、奉化、临安

来源：陶松龄，甄富春．长江三角洲城镇空间演化与上海大都市增长［J］．城市规划，2002(2)：43-47.

2. 用地规模增大，用地集约度提高

城镇用地规模与城镇的人口规模有一定的正比关系，随着城镇人口规模的增加，其用地规模必然增大。在用地规模增大的同时，其土地利用的集约度也显著提高。以长三角城镇群落为例，根据同济大学赵民教授主持的“长江三角洲城镇群规划”专题研究——《紧凑型城镇发展的土地利用模式研究》，上海、南京、杭州、苏州、无锡、常州等规模较大的城镇，其用地的集约利用程度要显著地高于人口和用地规模较小的其他城镇（图6-5）。

3. 产业结构类型的高级化

随着城镇规模的增大，城镇空间的产业结构类型呈现高级化的趋势。规模最小的建制镇的营养级别最低，产业类型往往以农业或矿业为主，兼具镇域政治、经济、文化中心职能。随着城镇规模的增大，县城、小城市的产业逐渐向工业发展，农业在产业结构中的比重和地位逐渐降低。发展到中等城市和大城市，城镇产业结构中第三产业的比重开始增加，农业的比重大大降低。到了最高级别的顶位城市，其产业结构基本上以工业和第

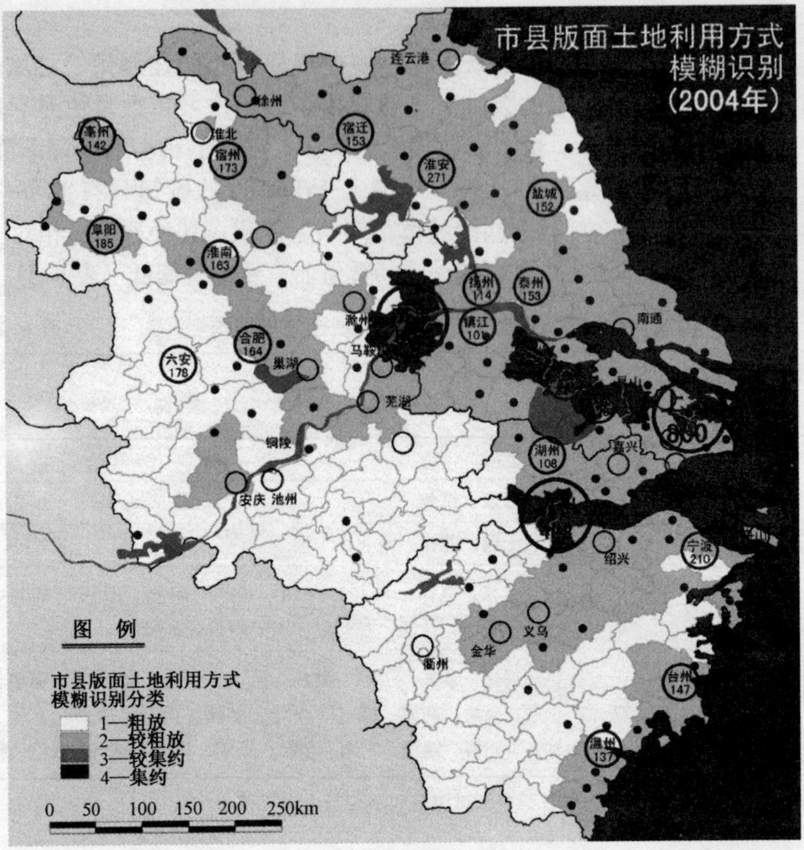

图 6-5　2004 年长三角经济区土地利用方式模糊识别

来源：赵民，韦亚平等．紧凑型城镇发展的土地利用模式研究——“长江三角洲城镇群规划”专题研究报告［R］，2006-07：8.

三产业（服务业）为主，且第三产业的比重越大，顶位城市及城镇群落的国际化程度越高。图 6-6 为珠三角城镇群落中各城市的产业结构比较图，从图中可以明显看出，广州和深圳的产业结构的高级化程度最高，产值比重也最大，当之无愧是珠三角城镇群落的顶位城市。

4．“取食”的专一性降低，觅食范围增大，可利用空间资源的范围增加

随着城镇规模的增加，城镇对各种产业活动的取食的专一性降低，相对于建制镇和中小城市而言，特大城市和顶位城市等几乎能够吸纳各种各样的人口和产业。由于城镇取食的专一性降低，城镇的觅食范围增大，大城市和特大城市能够较多地利用行政地域之外的空间资源，顶位城市更是如此，几乎可以利用全国甚至全球的空间资源。

5．经济辐射能力增强，空间的集聚和扩散能力加大

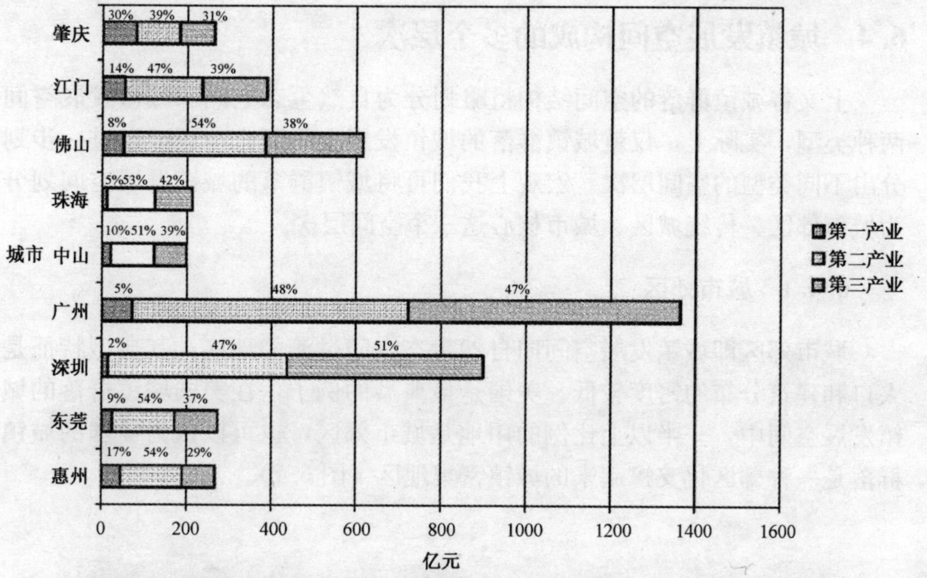

图 6-6　珠三角城镇群落各城市的产业结构比较

注：依据 1991—2001 年间国内生产总值总和之平均数进行绘制。转引自：珠江三角洲城镇群协调发展规划工作组. 珠江三角洲城镇群空间结构演变分析——珠江三角洲城镇群协调发展规划（2004—2020）专题研究［R］，2005-04：16.

随着城镇规模的增加，城镇的区域化程度提高，对所在区域的经济辐射能力不断增强，同时，作为一定区域内的空间核心，城镇空间的集聚和扩散能力加大。大城市和特大城市的空间集聚和扩散能力要显著大于各类中小城市。

6. 空间结构的复杂化和空间类型的多样化程度提高

随着城镇规模的增加，城镇的空间结构趋于复杂化，规模较小的城镇一般呈现同心圆的圈层结构、单核心模式和简单网格状道路系统形态，而规模较大的大城市和特大城市的空间结构可以有组团型、散点型、放射型等多种结构。在空间结构复杂化的同时，规模较大城镇的空间类型也显著增多，特大城市和顶位城市中的很多空间现象，如摩天大楼、大型会展建筑、大尺度广场、大型商务中心等，在较小规模的城镇中则比较罕见。

7. 空间发展的创新性增强，文化繁荣度提高

随着城镇规模的增加，城镇空间发展的创新性增强，现代城市发展过程中的很多新事物，如“电梯”、“轻轨”、“超市”、“连锁店”等均首先出现于一些营养级别较高的特大城市或顶位城市，这些特大城市或顶位城市往往是一个城镇群落的创新文化集聚核心，文化繁荣程度较一般城镇显著提高。

6.4 城镇发展空间构成的多个层次

上文将城镇群落的空间结构粗略划分为自然生态空间和城镇发展空间两种类型，实际上，仅就城镇群落的城镇发展空间而言，还可以进一步划分出不同类型的空间层次。宏观上我们可将城镇群落的城镇发展空间划分为城市郊区、传统城区、城市核心这三个空间层次。

6.4.1 城市郊区

城市郊区即城镇发展空间向自然生态空间过渡的地区，其典型特征是人口和建筑分布的密度较低。美国是最典型的例子，在美国城镇群落的城镇发展空间中，一半以上比例的用地是城市郊区，也可以认为美国的城镇群落是一种郊区化支撑起来的城镇密集地区（图 6-7）。

图 6-7　美国新泽西州莱维敦—费尔莱思山的郊区

美国大西洋沿岸"天女散花"式的郊区建设，低密度独户住宅占据着很多地块。在这些地区，上下班和各种活动几乎全部依靠私人汽车。

来源：P. Hall. Urban and Regional Planning［M］. London：Routledge，2002：195.

在我国城镇群落的空间结构中，虽然没有像美国那种大规模的郊区化空间，但城市郊区的空间现象也是显著的，这主要是在最近二三十年的快速工业化和城镇化过程中，很多城市中迅速建立起来的工业园区、大学城或新城区等，其空间形态、人口及建筑密度与传统的城区有明显差异，也是城镇群落城镇空间拓展的重点地区。

6.4.2 传统城区

这里所谓的传统城区，是相对于城市郊区而言的，主要指在快速工业化和城镇化的浪潮来临之前，城镇中也已发展起来的城镇空间，类似于人们常说的“中心城区”或“主城区”概念（图 6-8）。对于很多规模较大的大城市和特大城市而言，虽然其城镇空间处于不断的拓展之中，其范围也较大，但这些城市大都经历了相当长一段时期的“静态城市”的相对稳定发展阶段，城镇空间的迅速拓展甚至说城镇密集地区的形成与发展，基本上是工业化中后期出现快速城镇化发展现象条件下的产物。

图 6-8 巴尔的摩市的传统城区

来源：D. C. Outen. From the URDL to Green Renaissance：Smart growth and environmental management in Baltimore county [R]，2007：4.

6.4.3 城市核心

在城镇群落城镇发展空间的构成中，最核心的空间即城市核心。对于一些大城市和特大城市而言，城市核心常被称作城市中心区，它是涉及城市地域结构的一个概念，即城市结构的核心地区和城市功能的重要组成部分，是城市公共建筑和第三产业的集中地域，为城市及其所在区域集中提供经济、政治、文化、社会等活动设施和综合服务空间，在空间特征上有别于城市其他地区。城市中心区是城市的社会、经济、文化、信息中心，是一个复杂的综合体，作为物质实体，它满足人们各种日常生活和消费需求；作为经济实体，它是城市生产——消费链中关键的一环；作为社会文化实体，它则是人们社会交往的主要场所，它可能包括城市的主要零售中心、商务中心、服务中心、文化中心、行政中心、信息中心等各类型城市中心，集中体现着城市的社会经济发展水平和发展形态，承担经济运作和管理等功能。

关于城镇群落的城市核心，还不能不提到中心商务区①的概念。在现代意义上，“中心商务区”一般是在一个比较重要的大城市内，集中了大量的商务、金融、文化、服务机构和商务办公酒店、公寓等配套设施，具备完善便捷的交通、通信等现代化基础设施和良好的环境，便于开展大规模的商务活动的核心城市区域。中心商务区是城市经济、金融、商业、文化和娱乐活动的集中地，除商业用房之外，还有大量的商业办公、保险公司、证券交易所、咨询机构、文化及娱乐场所等，能为城市提供大量就业岗位和就业场所（图 6-9）。

图 6-9　美国东北海岸城镇群落的核心——曼哈顿中心商务区

来源：阿里巴巴博客．走近高楼林立的曼哈顿 CBD［N/OL］．新华网，2007-08-22［2008-03-16］．http：//blog. china. alibaba. com/blog/oishiko/article/b-i2504691. html.

---

① 所谓“中心商务区”，即“Central Business District”的中文译名，简称 CBD，又译作“中央商务区”或“商务中心区”，它最早是由美国社会学家伯吉斯（E. W. Burgess，1886—1966）于 1923 年在研究城市“同心圆”的空间结构模式时提出的一个概念。伯吉斯将城市空间结构分为五个圈层，最中心的为城市地理及功能的核心区域，功能包括百货和其他零售商店、办公机构、娱乐场所以及公共建筑等（其余四层由内向外依次是转换区、职工住宅区、高级住宅区和城市边缘转换区）。此后又有学者提出了城市空间结构的“扇形模式”（霍依特［H. Hoyt］，1939）和“多核心模式”（哈里斯［C. D. Harris］和乌尔曼［E. L. Ullman］，1945）。

对于城镇群落的空间结构而言，中心商务区的概念之所以重要，在于中心商务区是城市中商务活动集中的地区，是掌控全球或地区经济活动的神经中枢，一般只是在一些工业与商业经济基础强大、商务和金融活动量大、并且在国际商贸和金融流通中有重要地位的国际化大城市中才有中心商务区。因此，将中心商务区形容为城镇群落的“神经中枢”，是毫不为过的。著名城市经济学者弗里德曼（J. Friedmann）曾提出全球性 CBD、区域性 CBD 和国家级 CBD 等概念，其级别和城市的经济地位及实力有关。不难理解，国际性的城镇群落（即第 3 章所讨论的大城市连绵区概念）必然具有全球性 CBD 或区域性 CBD，国家级的城镇群落（即第 3 章所讨论的城镇密集区概念）必然具有国家级 CBD。反过来说，在衡量一个城镇群落所处的状态和级别时，也可以将中心商务区的发育程度作为一项重要的判别指标。

上述从城市郊区、传统城区、城市核心等三个层面对城镇群落中城镇发展空间层次的描述，属于大致的分类，由于城镇群落空间结构的连续性和渐变性特征，根据对不同空间特征的不同认识或不同描述，还可将城镇群落的空间结构作出更详细的划分。如在“长三角城镇群规划”中，就将长三角城镇群落的空间结构分为城市中心、中心地区、外围中心地区、低密度过渡地区、有集聚趋势的边缘地区、低密度边缘地区等多个层次（图 6-10）。其中，城市中心地区是经过历史的长期演化以及 20 世纪 80 年代以来的发展所形成的城市商业和服务最集中的核心地区，这里基础设施的条件优越，综合交通系统的可达性好，建设强度和经济活动的密度很高，发育比较成熟；外围中心地区是 20 世纪 90 年代至今城市空间扩展的地区，随着改革开放的深入，城市功能扩张，通过新市区或者工业园区建设，城市在原有的城市中心外围形成新的中心地区或者城市的副中心地区；低密度过渡地区是在中心地区外围、目前尚未有大规模建设和开发的地区，人口和产业的密度相对于中心地区很低，但是由于到中心地区的可达性较好，面临较大的发展压力和开发可能，是典型的城乡过渡地区，随着人口和产业一定规模的集聚，从空间形态上促进了中心城市之间的连绵；有集聚趋势的边缘地区是在低密度过渡地区的外围，通常沿着交通走廊（公路）有较为活跃的开发建设活动，成为未来城镇密集地区扩张的备用空间，通常这些地区内部的县城或中心镇成长有一定的活跃性，周边的乡村城镇化过程也比较快；极低密度的边缘地区即长三角三省一市整体发展的基质地区，由广大的农业地区和自然山体、湖泊、河流构成，建设活动的密度极低[①]。

---

① 中国城市规划设计研究院．长江三角洲城镇群规划（2007—2020）[R]，2007-08：34-35.

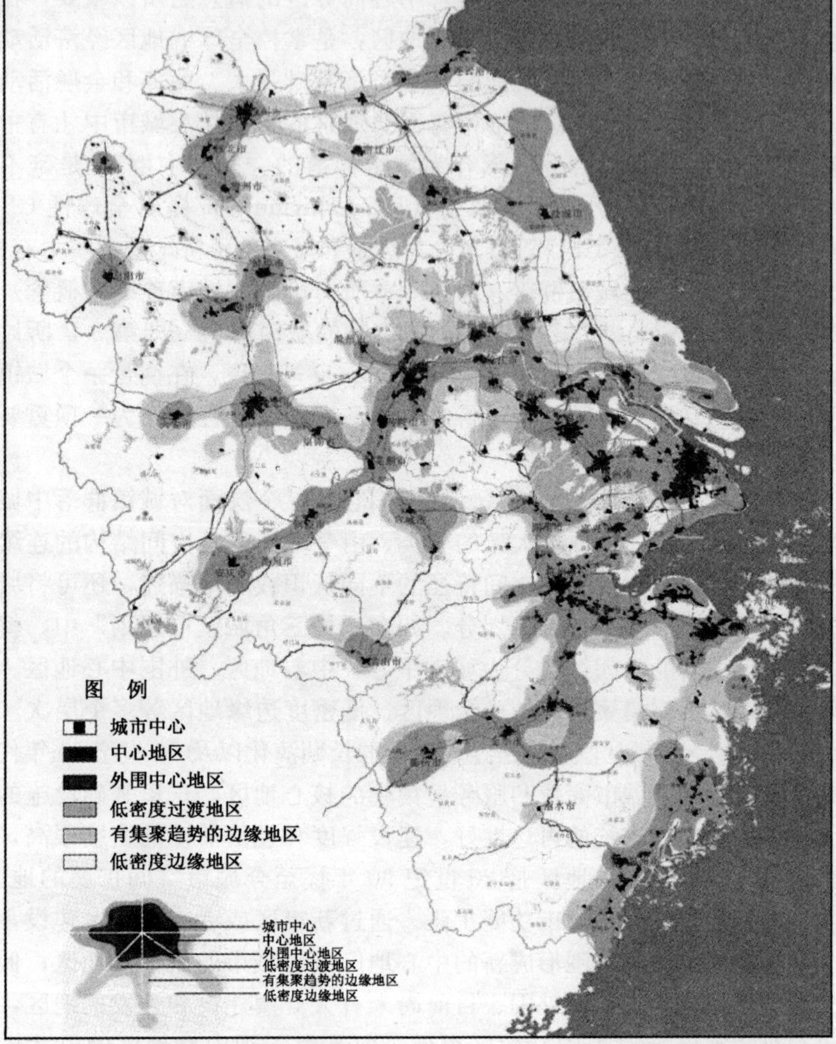

图 6-10　长三角城镇群落空间结构的层次

来源：中国城市规划设计研究院．长江三角洲城镇群规划（2007—2020）[R]，2007-08：36.

再以美国东北海岸的城镇群落为例，宾夕法尼亚大学（University of Pennsylvania）在对其空间结构的研究中，将东北海岸城镇群落划分为中心城（Center Cities）、内环（Inner Ring）、郊区（Suburbs）、外郊区（Ex-burbs）、乡村（Rural）、自然（Natural）共六个层次（图 6-11），其中的乡村空间和自然空间对应于本书研究中的自然生态空间，郊区空间和外郊区空间对应于城市郊区，中心城空间和内环空间对应于本书所称的传统城区 概念。就各种空间类型占城镇群落的比例而言，在用地方面，中心城和

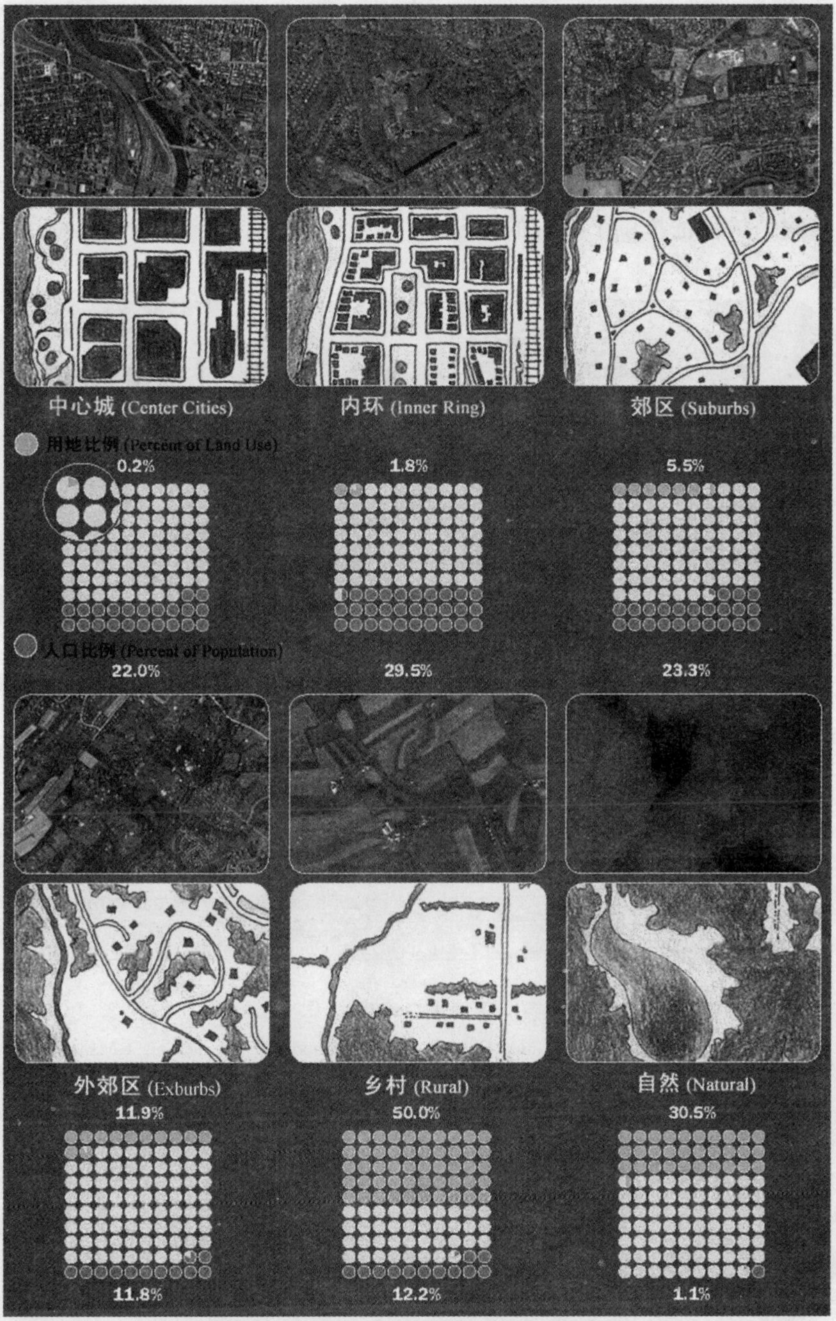

图 6-11 美国东北海岸城镇群落不同空间类型的构成比例

来源：根据《The northeast Megaregion》编译改绘。参见：University of Pennsylvania. Reinventing Megalopolis：The northeast Megaregion [R]，2005：20-21.

内环的用地占城镇群落总用地的2%，郊区和外郊区的用地占城镇群落总用地的17.4%，乡村空间和自然空间所占用地比例最大，为80.5%；在人口聚居方面，中心城和内环的人口占城镇群落总人口的49.5%，郊区和外郊区的人口占城镇群落总人口的35.1%，居住在乡村和自然空间中的人口比例最少，合计为13.3%（图6-12）。宾夕法尼亚大学对于美国东北海岸城镇群落空间结构的这种分类和统计，为我们更清楚地认识美国城镇群落的空间结构特征提供了很好的证明。

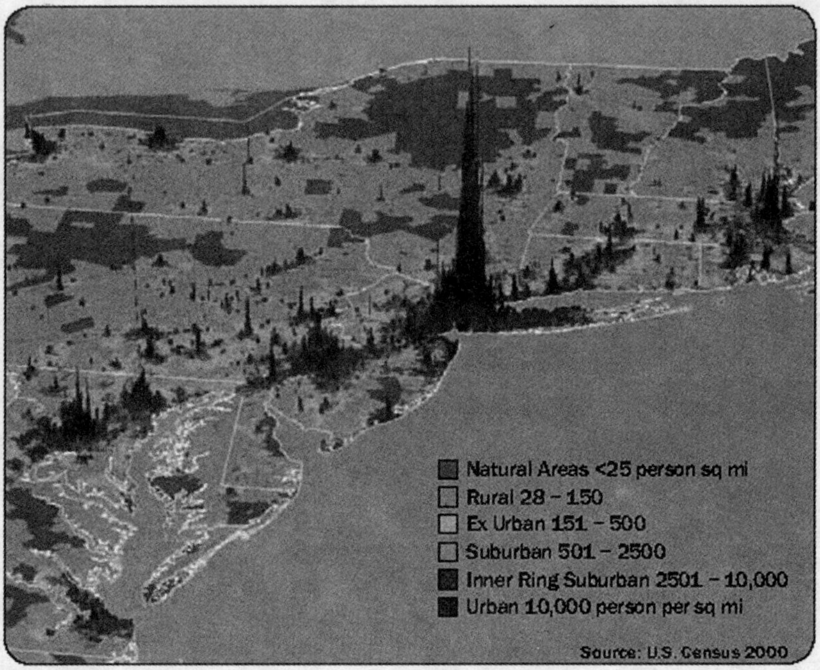

图6-12　美国东北海岸城镇群落的人口密度

来源：University of Pennsylvania. Reinventing Megalopolis: The northeast Megaregion [R]，2005：29.

6.5　成渝城镇群落的空间结构

6.5.1　不同营养级别的城镇发展空间垂直结构

就成渝城镇群落而言，目前已经形成包括2个顶位城市、3个大城市、18个中等城市、17个小城市、41个县城（建制镇未作统计）等的垂直结构（表6-3）。

成渝城镇群落的垂直结构（2006） **表 6-3**

等　级	规模（万人）	数量	城市名称（非农业人口规模）
顶位城市	—	2	重庆都市区（357.5）、成都都市区（327）
特大城市	＞100	0	—
大城市	50～100	3	南充市区（57）、绵阳市区（56）、自贡市区（54）
中等城市	20～50	18	泸州市区（44）、乐山市区（42）、江津区（36.8）、内江市区（34）、新津县（33）、遂宁市区（33）、宜宾市区（32.9）、涪陵区（30.47）、德阳市区（29.3）、眉山市区（27.5）、合川区（27.05）、仁寿县（26.6）、永川区（26.51）、射洪县（25.9）、江油市（23.9）、富顺县（21.1）、綦江县（20.41）、广安市区（20.1）
小城市	＜20	17	简阳市（19.6）、资阳市区（18.4）、长寿区（17.76）、峨眉山市（13.7）、广汉市（13.4）、雅安市区（13.3）、万盛区（12.08）、都江堰市（10.8）、绵竹市（10.4）、南川区（9.3）、什邡市（8.9）、华蓥市（8.6）、彭州市（6）、崇州市（5.9）、邛崃市（4.1）、双桥区（2.25）、金口河区（1.5）
县城	—	41	金堂县（17）、荣县（16）、隆昌县（16）、三台县（15.9）、荣昌县（15.84）、大足县（15.27）、资中县（15）、中江县（14.6）、双流县（14.3）、威远县（14.2）、璧山县（13.97）、安岳县（13.8）、铜梁县（13.14）、蒲江县（13.1）、岳池县（12.8）、垫江县（12.63）、大邑县（11.9）、丰都县（11.88）、邻水县（11.5）、乐至县（11.4）、彭山县（10.8）、潼南县（10.61）、合江县（10.6）、武胜县（10.2）、郫县（10.1）、蓬溪县（10.1）、宜宾县（9.6）、犍为县（8.9）、泸县（8.7）、洪雅县（8.2）、大英县（7.8）、安县（7.3）、南溪县（7.1）、夹江县（6）、井研县（5.7）、武隆县（5.22）、罗江县（3.5）、沐川县（3.5）、青神县（3.4）、丹棱县（3）、名山县（2.6）
建制镇	—		略

注：人口规模采取非农业人口指标，建制镇未详细统计。

6.5.2　引领成渝城镇群落整体发展的顶位城市

在成渝城镇群落的空间结构中，重庆和成都为两个顶位城市，二者在成渝城镇群落中的地位至关重要，在很大程度上影响和决定着成渝城镇群落的性质。

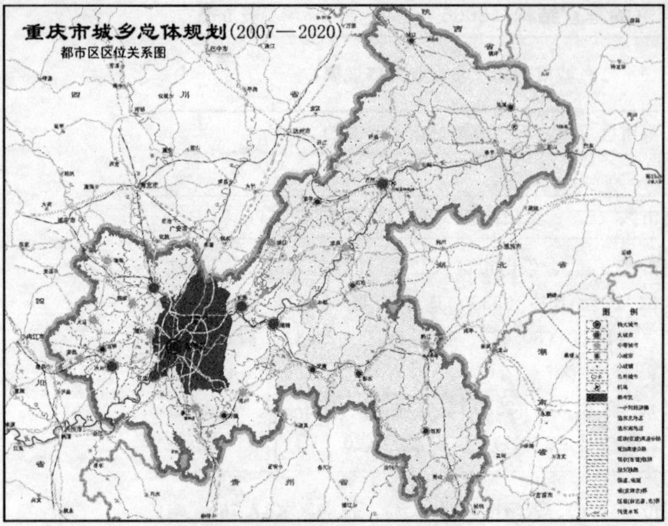

图 6-13　重庆都市区在市域内的区位

来源：重庆市人民政府．重庆市城乡总体规划（2007—2020）[R],2007.

重庆是我国重要的中心城市之一，国家历史文化名城，长江上游地区经济中心，国家重要的现代制造业基地，西南地区综合交通枢纽，1997 年 3 月 14 日经八届全国人大五次会议审议批准成为中国第四个直辖市。在成渝城镇群落的空间层次上，作为顶位城市的重庆即《重庆市城乡总体规划（2007—2020)》中的“重庆都市区”概念，在以山水环境为特色的 8.24 万 km^2 重庆市域内，重庆都市区为人口最密集、城镇建设条件最佳和建城历史最悠久的区域（图 6-13)。

重庆都市区在空间上分为主城区和郊区两个部分，主城区为集中进行城市建设的区域，范围为 2737km^2，郊区范围为 2736km^2；在重庆主城区内部还有一个中心城区的概念，即位于中梁山和铜锣山之间、主城建设的主要区域和旧城所在地，范围为 1062km^2；在中心城区的空间结构中，长江与嘉陵江交汇之处为最核心地带，即重庆市努力建设的中心商务区，根据《重庆市城乡总体规划（2007—2020)》，它主要由江北城、解放碑、弹子石等三地的滨江地区共同组成，江北城地区主要承担中央商务区的商务功能，解放碑地区主要承担中央商务区的商贸功能和部分商务功能，弹子石滨江地区则是以文化娱乐、旅游休闲等功能为主的配套服务区（图 6-14)。截至 2005 年末，重庆都市区的户籍总人口为 577.06 万人，占重庆市总人口的 18.21%；其中非农业人口 357.51 万人，占都市区总人口的比重为 61.95%①。重庆都市区是重庆市经济区划上的都市发达经济圈，具有较强的综合实力，经济水平在全市处于领先地位，初步形成了以重工业为主导逐步向轻工业转向的产业体系，水陆空综合交通系统和现代化通信系统，具有相对较好的产业基础和明显的科技、教育及人才优势，具备领先我国西部地区并与东部地区基本同步发展的基础条件，是重庆建设长江上游经济中心的核心区。

成都是四川省省会，西南地区科技、金融、商贸中心和交通、通信枢

① 重庆市人民政府．重庆市城乡总体规划（2007—2020）说明书第二分册 [R]，2007：1.

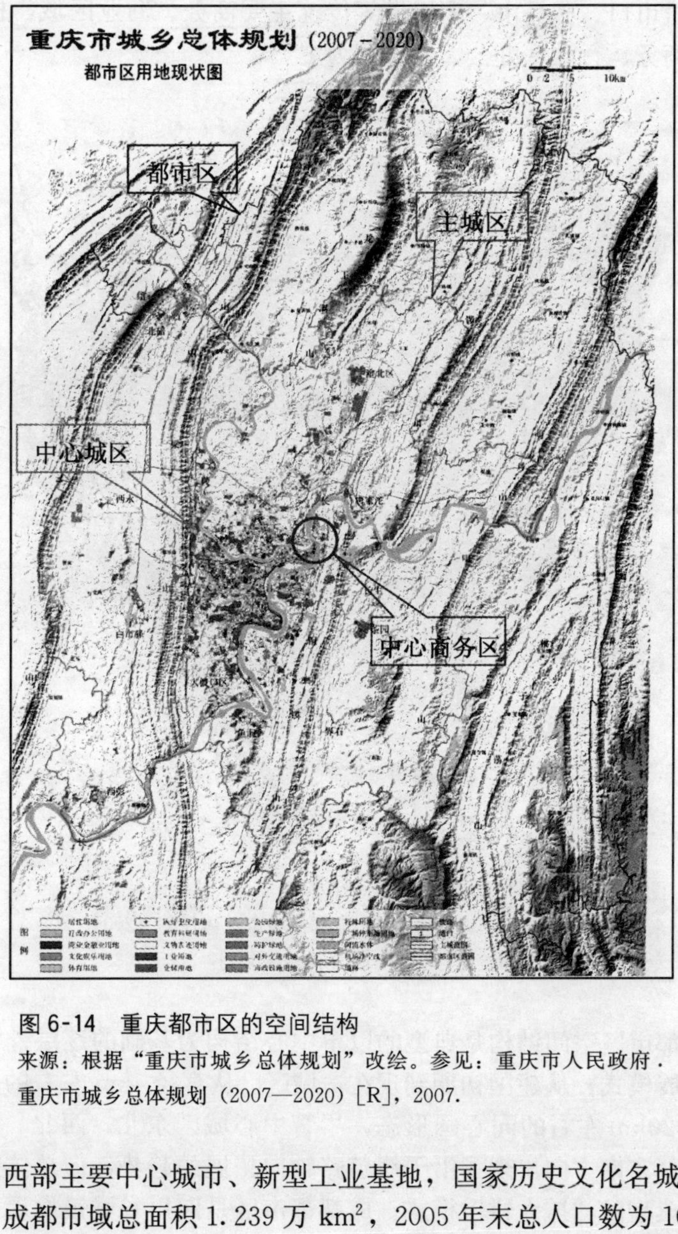

图 6-14　重庆都市区的空间结构

来源：根据“重庆市城乡总体规划”改绘。参见：重庆市人民政府．重庆市城乡总体规划（2007—2020）[R]，2007.

纽，中国西部主要中心城市、新型工业基地，国家历史文化名城和旅游中心城市。成都市域总面积 1.239 万 km^2，2005 年末总人口数为 1082 万人，其中非农业人口 543.9 万人，占总人口的比例为 50.26%。《成都市城市总体规划（2004—2020）》将成都市都市区界定为规划城市建成区范围，即以成都绕城高速公路（四环）为界，分为中心城区和新都、青白江、龙泉驿、华阳、东升、温江、郫县等七个周边组团，其中中心城区为成都绕城高速公路以内（含道路外侧 500m 绿化带）的用地范围，面积 597 km^2（图 6-15）。成都市的中心商务区，北起新华大道、南至府南河、东起红星路、西达东城根街，总面积 5.5km^2，其中核心区域 2.45km^2，包括了春熙路、红星路、盐市口、骡马市、顺城街等传统主要商务、商业区域，核心区将以金融、商务、行政、办公、宾馆等为主①。

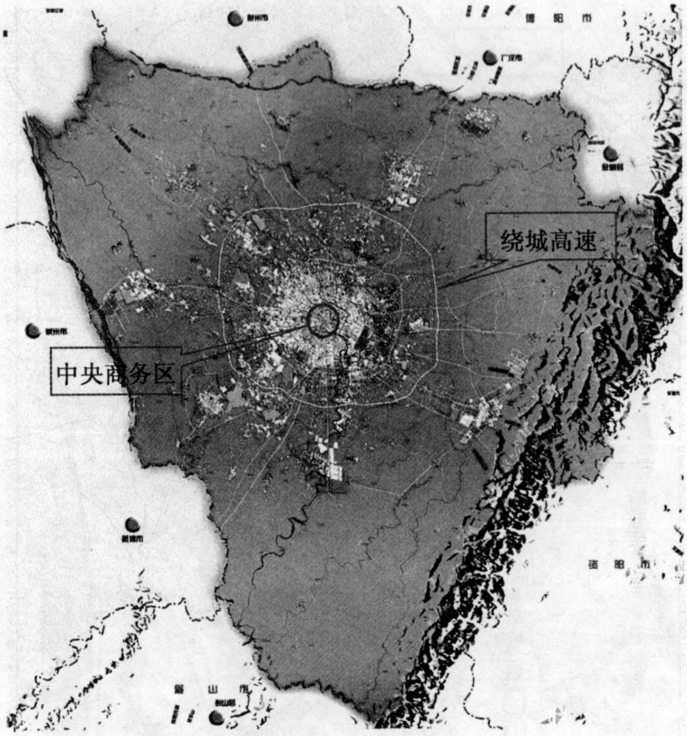

图 6-15　成都市都市区的空间结构

来源：中国城市规划设计研究院. 成都市城市总体规划（2004—2020）专题研究——成都土地与城镇空间发展研究［R］，2005：68.

成都都市区空间结构是典型的以单中心结构为基础的逐层外溢“摊大饼”式拓展模式，从建国初期到现在，城区已从直径 4km 左右的同心圆扩展到直径 20km 左右的同心圆形态，尽管中心城区东北、西北、正西、西南、正南、东南方向出现了沿干线道路轴向拓展的趋势，但总体上仍强烈地表现出典型的“摊大饼”模式。成都都市区是四川省城镇发展条件最好的地区，近几年人口和经济的增长显著快于其他地区，典型的首位城市地位决定了其强大的集聚和扩散效应，在四川省城镇化发展中的战略地位十分重要。

① 山传海．成都 CBD 规划与发展解析［N/OL］．搜房网，2004-11-17［2008-05-16］．http://soufun.com/news/2004-11-17/344511.htm.

6.5.3 城镇发展空间分布的四个主要片区

成渝城镇群落的城镇发展空间，主要分布在四个主要片区（图 6-16）：①以重庆都市区为中心的重庆片区，包括重庆都市区、江津、永川、合川、涪陵、綦江等城市，这一片区大致是重庆一小时经济圈的区域范围，城镇发展受重庆市的行政体制和区域发展政策的影响较为突出，是重庆都市区职能集聚和扩散的主体空间；②以成都都市区为中心的成都片区，包括德阳、绵阳、江油、眉山、乐山、雅安等城市，这一片区大致是成都平原的地理范围，城镇发展受到四川省行政体制和区域发展政策的影响较为突出，是四川省经济最为发达和城镇化发展的先导区域；③内江—自贡片区，包括内江、自贡、宜宾、泸州、富顺等城市；④南充—遂宁片区，包括南充、遂宁、广安、射洪等城市。内江—自贡片区和南充—遂宁片区处于成渝两地的中间位置，能够受到重庆市和四川省行政体制和区域发展政策的双重影响。

图 6-16 成渝城镇群落的城镇发展空间分布图

6.5.4 城镇群落空间结构发展的空心化现象

关于成渝城镇群落的空间结构，一个值得关注的现象是其区域发展的“空心化现象”——尽管成渝城镇群落具有良好的协作发展条件，但是不可否认的是，由于川渝地区行政区划的调整，已造成川渝地区长达十余年的“隔阂历史”，导致处于成渝两地之间的区域城乡空间，不仅没有受到川渝两地的共同辐射和积极推动，相反这些区域的发展却几乎陷于停滞的状态，成渝两地中心区域的发展速度已大大不如1997年重庆直辖之前的态势（图6-17）。在成渝城镇群落的未来发展中，对于中心区域的发展如何进行科学的定位，进而推动成渝城镇群落城乡空间的协调与可持续发展，是一个需要深入研究的问题，在本书的后续章节中，将就这一问题继续展开讨论。

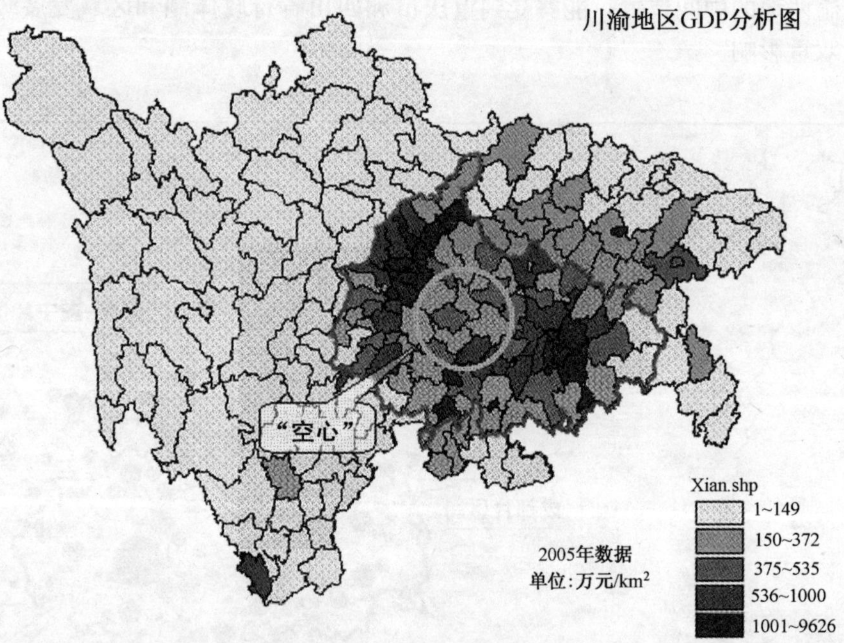

图6-17 成渝城镇群落空间发展的“空心化”现象

6.6 小结

城镇群落空间主要由自然生态空间和城镇发展空间构成，二者是一种相互统一的耦合关系和连续体。城镇群落的城镇发展空间因其规模的大小不同而呈现出营养级别的变化，即从建制镇——县城——小城市——中等城市——大城市——特大城市——顶位城市，城镇性质具有如下变化趋势：城镇数量减少，种群水平渐低；用地规模增大，用地集约度提高；产业结构类型的高级化；“取食”的专一性降低，觅食范围增大，可利用空间资源的范围增加；经济辐射能力增强，空间的集聚和扩散能力加大；空间结构的复杂化，空间类型的多样化；空间发展的创新性增强，文化繁荣度提高。城镇群落的城镇发展空间也呈现出一定的层次变化性，可划分为城市郊区、传统城区、城市核心等空间层次，不同空间层次的城镇发展空间的土地利用具有不同的特征。

7　城镇群落空间形态的类型

空间结构的概念总是和空间形态问题有着密切的关联。研究有机体的形状与结构的科学称为形态学（Morphology）①，作为生物学的一个重要分支学科，形态学在生物学研究中的重要性是众所周知的，它是进化、分类的基础，也是生理、生化研究的基础。形态学的研究目的和任务是描述生物的形态和研究其规律性，且往往是与以机能为研究对象的生理学相对应。认识和了解城镇群落的空间结构，既需要对城镇群落空间要素的构成有清晰的认识，也应当对城镇群落的空间形态进行深入的了解。

7.1　生物群落的形态学研究

广义地来说，形态学包括研究细胞阶段形态的细胞学的大部分，以及探讨个体发生过程的发生学，而狭义的形态学则主要是研究生物的成年个体的外形和器官构造（解剖学、组织学和器官学）。将生物形状和结构研究的对象从有机体扩展到生物群落的层次，就产生了“群落形态学”(Synmorphology)，即一门研究生物群落的形态和结构的科学。结构的外部表现即外貌，因此，在一些生态学著作中，群落形态学也被称作“群落外貌学”（Phsiognomy)②。群落形态学的重点是植物形态学（Plant Morphology)，这是因为相对于动物群落而言，植物群落的形态特征更加稳定。植物群落的外貌是植物群落与外部环境长期适应的结果，植物群落的外貌是认识植物群落的基础，也是植物群落分类的传统依据。

在进行群落形态学研究方面，生态学家巴克曼（Barkman，1979）指出可以从两个方面加以考察：其一是组分（Texture)，即构成群落形态的

① 孙儒泳．动物生态学原理［M］．北京：北京师范大学出版社，2001：387.

② 孙儒泳．动物生态学原理［M］．北京：北京师范大学出版社，2001：387.

成分，如叶子大小、生活型种类和数量等，植物形态学上的各种特征都可以作为植物群落的结构组分加以考察，如植物在地上部分的叶子（质地、大小、生活期、方位等）、花（花形、花序、构造、颜色、花期等）、茎干、芽 、果实、种子以及在地下部分的根、储藏器官（块茎、鳞茎、根茎等）和种子潜能（发芽能力、分布深度等）；其二则是构造（Structure），即构成群落形态的成分在垂直和水平方向上的空间配置①。在植物形态学中，植物的生活型和生长型是两个重要的概念：生活型（Life Form）是指有机体对环境及其节律变化长期适应而形成的一种形态表现，是根据生态适应划分的；生长型（Growth Form）则是指控制有机体一般结构的形态特征，是根据总体形态即习性而划分的②。一般来说，同一生活型的物种，不但体态相似，而且其适应特点也往往相似，如生活于北美洲、非洲、大洋洲和亚洲的许多荒漠植物，虽然它们可能属于不同的科，但是，为了适应高温和缺水的环境，它们大都具有叶子细小等形态特征③。生态学家 Whittaker (1970，1975) 认为植物的形状类别即生长型，植物的许多特征，如高度、茎的木质化程度、茎型、叶型以及落叶或常绿等，都可用于确定生长型，他还拟定了一个在确定群落结构中最重要的生长型系统，包括乔木（较高大的木本植物，大多数高度在 3m 以上)、灌木（较矮小的木本植物，大多数高度在 3m 以下)、亚灌木或矮灌木以及藤本植物、附生植物、草本植物、叶状体植物等④。图 7-1 为生态学家 Raunkiaer 所提出的高等植物的生活型系统。

作为一种空间现象，城镇或城镇群落的发展也必然有空间形态的问题。然而，与群落形态学中的生活型、生长型等研究相比，城市和区域规划中关于空间形态的研究却有显著的不同，后者的关注点在于城镇建成环境的物质空间形态，更多地强调其在地球表面的投影形态。

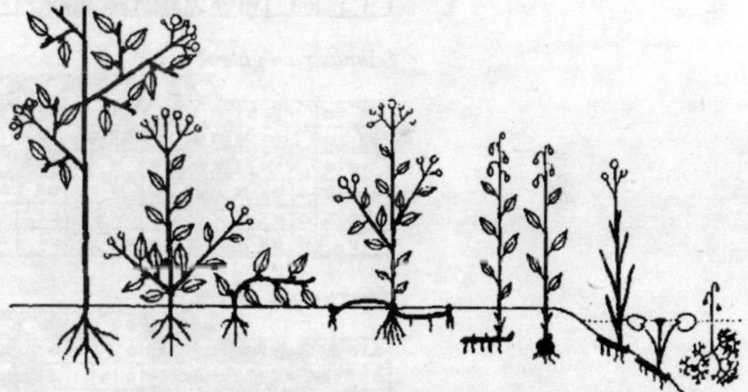

图 7-1　高等植物的生活型系统（Raunkiaer）

1—高位芽植物；2、3—地上芽植物；4—地面芽植物；5、6—隐芽植物；7—沼生植物；8、9—水生植物

引自：Raunkiaer，1973。来源：宋永昌．植被生态学［M］．上海：华东师范大学出版社，2001：100.

与城市和区域的空间形态研究较为接近的是生物群落的水平结构概念。所谓生物群落的水平结构（Horizontal Structure），即群落在水平空间上的分化，具体表现为组成群落的各种植物或

① 宋永昌．植被生态学［M］．上海：华东师范大学出版社，2001：90.

② 宋永昌．植被生态学［M］．上海：华东师范大学出版社，2001：99.

③ 林文雄．生态学［M］．北京：科学出版社，2007：121.

④ 宋永昌．植被生态学［M］．上海：华东师范大学出版社，2001：102-103.

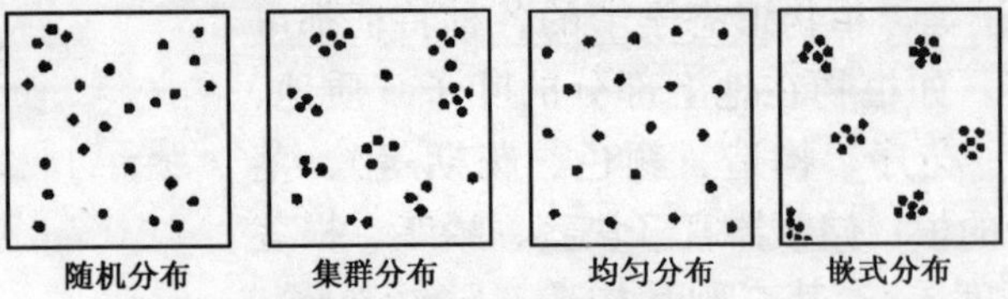

图 7-2　生物种群分布格局的四种基本类型

来源：宋永昌 . 植被生态学［M］. 上海：华东师范大学出版社，2001：128.

生活型在群落中的水平分布格式①。生物群落的水平结构是由物种的生态学特性、种间相互关系以及环境条件综合决定的，在构成群落的形态、功能和动态中都有重要的作用。

生物种群在群落内水平分布的格局一般被划分为随机分布、集群分布、均匀分布和嵌式分布等几种基本类型（图 7-2），不同生物种群在不同的生境条件下，其水平分布格局各不相同。生物群落作为多种生物种群的集合，其分布格局要比单一生物种群的分布更为复杂（图 7-3）。

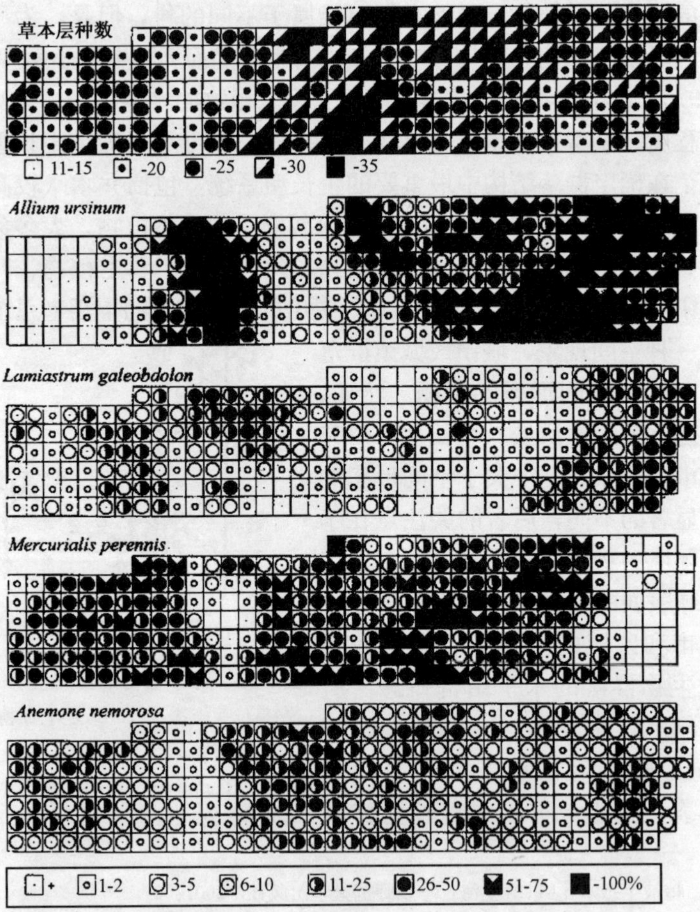

图 7-3　欧洲水青冈林中草本层平面分布图解

来源：宋永昌 . 植被生态学［M］. 上海：华东师范大学出版社，2001：137.

① 宋永昌 . 植被生态学［M］. 上海：华东师范大学出版社，2001：127.

7.2　城镇群落的空间形态

形态即“事物的形状或表现”（现代汉语词典，2005：1526）。城镇群落是一定地域范围内的空间实体，其产生、生存及发展具有内在的空间秩序和特定的空间发展模式，城镇群落各方面物质要素的空间分布特征及其不同的地理环境会产生出不同风格的城镇群落空间形态。城镇群落的空间形态以其独特的方式记录着城镇群落自身发展的历史脉络，在不同的时代、不同的发展水平、不同的文化背景下，城镇群落的发展进程和空间形态具有很大的差异性，因此世界上不可能存在完全相同的城镇群落空间形态，正如同“世界上不存在完全相同的树叶或指纹”。城镇群落空间形态的研究重在对特定历史条件下和特定自然地理环境中诸多城镇群落空间秩序作总体层次上共同规律的抽象和概括。

由于城镇群落空间是由自然生态空间和城镇发展空间共同组成的连续统一体，因此在根本上，城镇群落的空间形态为城镇群落的自然生态空间和城镇发展空间的分布格局，或称城镇群落的土地利用状态在地球表面上的投影，理论上的城镇群落研究必然要同时关注于城镇群落的自然生态空间和城镇发展空间。不过，由于城镇发展空间是承载城镇群落的绝大部分人口和产业活动的主要场所，从城市和区域规划研究的角度，可以从城镇群落中城镇发展空间的外部空间轮廓的角度着手城镇群落的空间形态研究。实际上，由于自然生态空间和城镇发展空间之间的生态耦合关系，二者的空间形态呈现出“自构”和“被构”的反映与被反映关系，从城镇发展空间外部空间轮廓的角度研究城镇群落的空间形态，以及将自然生态空间和城镇发展空间作为共同的连续统一体进行城镇群落空间形态的研究，二者是辩证统一的。

类型学研究是从总体层次上对城镇群落空间形态的共同规律进行抽象和概括的需要，关于城镇群落空间形态的类型，首先涉及的一个问题，究竟依据什么标准开展城镇群落空间形态的分类？就个体层面的城市研究而言，国内外城市规划理论对城市形态的分类存在许多不同的归纳分析方法和意见，如按照城市建成区主体平面的形状或三维空间特征，按照城市扩展进程的模式，按照城市活动中心和功能分区布局，以及按照城市道路网结构等多种分类方法，但在城市规划学界较多采用的形态类型分析方法是比较直观、简单易行的“图解式分类法”（赵炳时，2002），即以城市行政区划边界以内主体建成区的总平面外轮廓形状为差别标准，城市主体周围距离较远或面积规模较小的相对独立的分区或村镇不参与差别[①]。赵炳时

① 邹德慈．城市规划导论［M］．北京：中国建筑工业出版社，2002：25.

先生曾总结出“带型”、“放射型”、“星月型”、“组团型”、“散点型”等城镇空间结构类型①，黄光宇先生针对山地城市的一些特殊性而提出“糖葫芦型”（串联式）、“长藤结瓜式”、“绿心生态型”、“指掌型”、“树枝型”等其他的一些城镇空间结构类型②。

由于城镇群落是由一系列规模不等、性质各异的城镇共同组成，从城镇发展空间外部空间轮廓的角度研究城镇群落的空间形态，即探讨城镇群落中诸多城镇的空间形态在群体组合上的布局规律。从城镇群落的特征出发，本书认为可从两个方面开展城镇群落空间形态的类型研究：一方面可基于城镇建设用地的组合形态进行城镇群落空间形态的类型研究，另一方面可基于顶位城市数量的差异对城镇群落的空间形态类型进行划分。

7.3 基于城镇建设用地组合形态的类型划分

基于城镇建设用地的组合形态，城镇群落的空间形态可归纳为带型、环型、星月型、放射型、组团型等五种基本形态类型（图 7-4）。

7.3.1 带型（冰糖葫芦型）

诸多城镇发展空间的组合呈长条形的带状发展。这种城镇群落的空间形态往往受到自然环境条件的限制，譬如地形环境即为狭长的带状形态，也有的是沿着海岸线或大江大河的岸线延伸发展，抑或完全适应和依赖区域内某一主要交通干线（高速公路、铁路等）而形成。这种空间形态的平面布局和交通流向的组织较为单一，空间形态上的优点在于城镇群落整体上的各个城市个体均能很好地接近周围的自然生态空间环境。如果考虑到区域主干交通廊道对城镇群落空间形态的影响，带型城镇群落也可称作“冰糖葫芦型”。这方面最典型的案例是美国东北海岸的城镇群落（图 7-5）。

美国东北海岸城镇群落位于美国东北部阿巴拉契亚山脉与大西洋之间的狭长区域，城镇群落发展所依托的区域可建设用地环境呈现出狭长的带状，其南北绵延约 900km，东西宽约 150km，因此从城镇建设用地组合形态的角度，城镇群落的空间结构呈现出鲜明的带型，波士顿、纽约、费城、巴尔的摩、华盛顿等五个大城市以及众多的中小城镇呈狭长的带状分布，美国 95 号州际高速公路（I-95）为其脊梁，城镇群落内诸多城镇发展空间呈现出“背山面水”的环境特征，既有良好的区域生态环境背景保障，又能便利地在大西洋沿岸建立大型海港作为对外口岸而发展国际贸易。

---

① 赵炳时．城市空间形态与布局结构［A］//邹德慈．城市规划导论［M］．北京：中国建筑工业出版社，2002：24-27.

② 黄光宇．山地城市学原理［M］．北京：中国建筑工业出版社，2006：62-77.

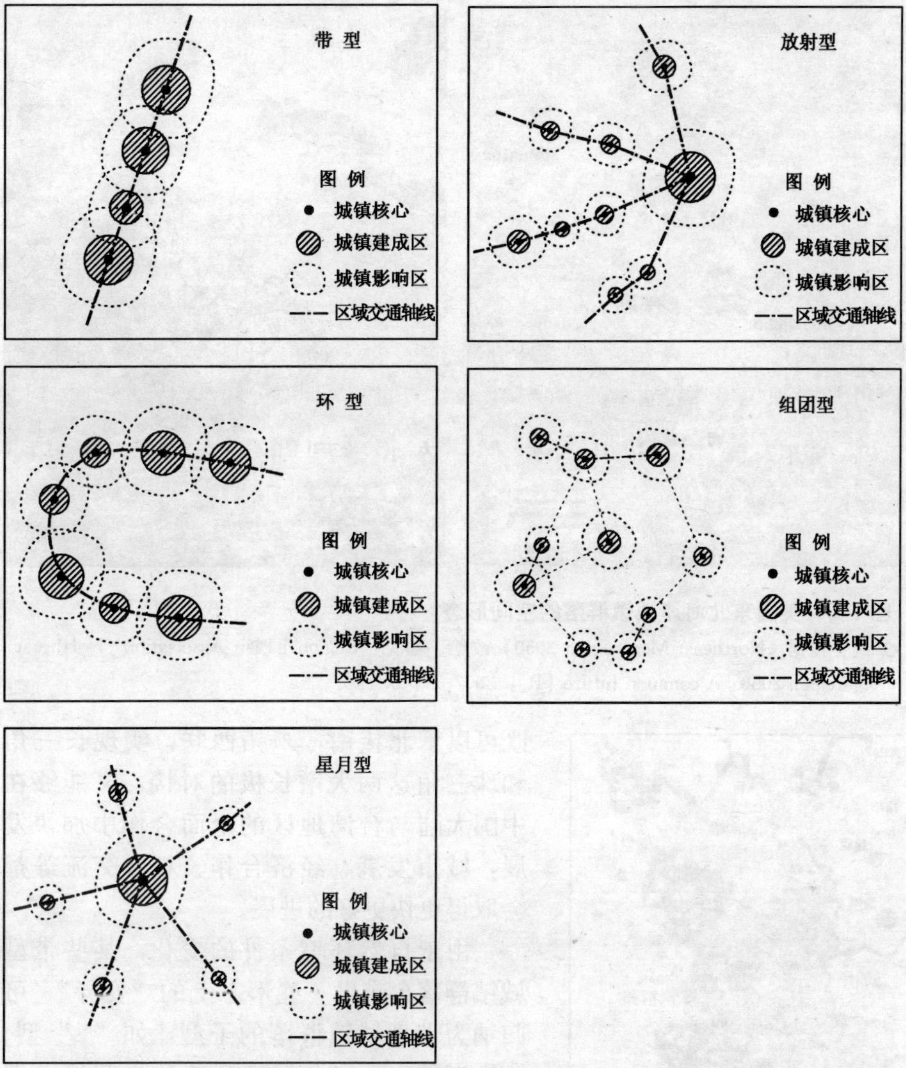

图 7-4　城镇群落的空间形态类型示意图

从我国的情况来看，海峡西岸城镇群落的空间形态呈现出较为典型的带型特征（图 7-6）。海峡西岸城镇群落位于中国东南部沿海，与台湾岛隔海相对，形成以福州、厦门市为中心，漳州、泉州、莆田、宁德等一系列大中小城镇带状分布的空间形态。在 2008 年台海形势发生好转的情况下，海峡西岸城镇群落发展的独特优势在于，作为我国开展对台合作、促进和平统一的基地，其健康发展将进一步促进海峡两岸经济紧密联系，互利共赢，推进祖国统一大业，另一方面，海峡西岸城镇群落北承长三角、东临台湾省、南接珠三角，这一独特的地理位置，使其在国家政策的支持下，

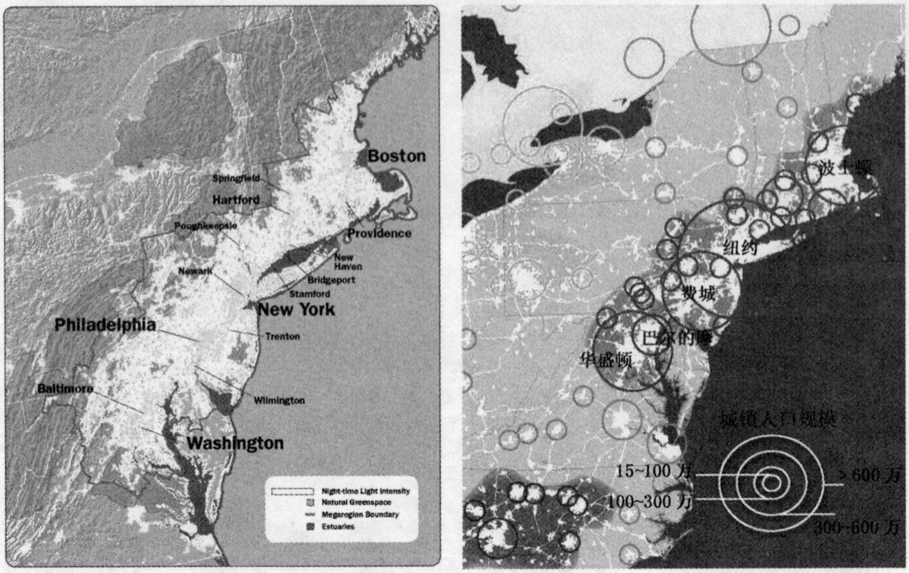

图 7-5 美国东北海岸城镇群落的空间形态

来源：根据《Northeast Megaregion 2050》改绘。参见：Regional Plan Association. Northeast Megaregion 2050：A common future [R]，2007-11：8.

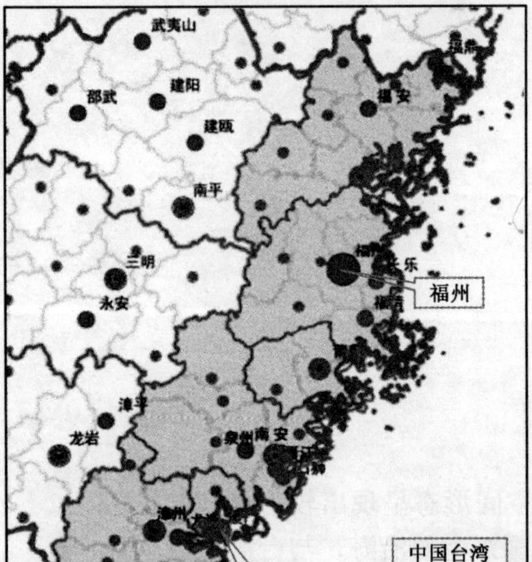

图 7-6 海峡西岸城镇群落的空间形态

来源：中国工程院．我国大城市连绵区的规划与建设问题研究综合报告 [R]，2008-05.

既可以承北接南，东拓西联，实现长三角和珠三角这两大增长极的对接，又能够在中国大陆与台湾地区的全面合作中加快发展，城市发展、经济合作、对台交流等都会取得更快更好的进展。

由于自然环境条件的变化，某些带型城镇群落会产生一些形态上的“变异”，可归纳为带型城镇群落的子型，如“L”型、“S”型等。珠三角城镇群落的空间形态即可描述为“反 S 型”（图 7-7），城镇群落内的各个城镇沿珠江三角洲分布，城镇间交通走廊两侧的城镇空间发展迅速，诸多城镇的建设用地的组合形态呈现出“反 S 型”。

7.3.2 环型（马蹄型）

城镇群落城镇发展空间的组合呈圆环状发展，也可称为“圈型”。当然，这种空间形态类型也可看作是带型城镇群落的一种变异，由于其空间形态特征较为独特，特将其单独归为一种代表类型，因其形态酷似马蹄，也可称其为“马蹄型”。荷兰兰斯塔德城镇群落是这一类型的典型代表。

兰斯塔德城镇群落位于荷兰西部，地跨南荷兰、北荷兰、乌得勒支、弗莱福兰四省，是一个由大中小型城镇集结而成的马蹄状城镇群落，包含了阿姆斯特丹、鹿特丹、海牙和乌得勒支等荷兰四个最大的城市，是世界上人口最稠密、城镇化程度最高的地区之一（图7-8）。兰斯塔德城镇群

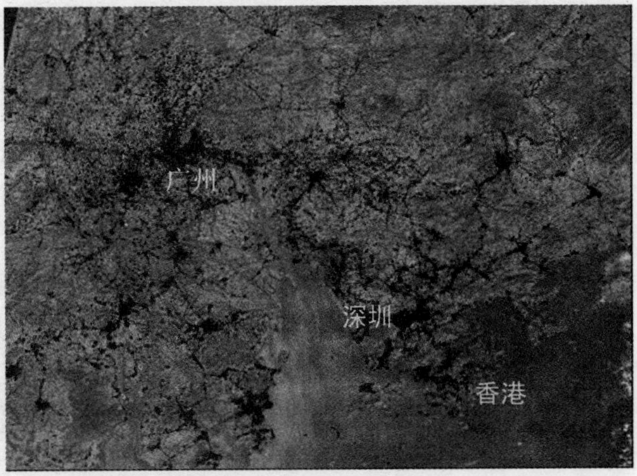

图7-7　珠三角城镇群落的空间形态

来源：珠江三角洲城镇群协调发展研究人居环境课题组．珠江三角洲城镇群协调发展规划（2004—2020）——人居环境专题研究［R］，2004：40.

图7-8　兰斯塔德城镇群落的空间形态

来源：Hans van der Cammen（ed）. Four Metropolises in Western Europe: Development and urban planning of London Paris Randstad Holland and the Ruhr region［M］. Assen: Van Gorchum，1988：123.

落空间形态的突出特色是城镇建设用地向东南开口，中央地带保留了一块不规则形状的面积约 1800km^2 的农业地区，是荷兰精细农业（如温室园艺业）和精细畜牧业最为发达的地区，也是周围城镇间的游憩缓冲地和区域性开敞空间，称为绿心（Green Heart）。另外，由于环型空间形态的影响，城镇群落的空间结构也呈现出多中心的特征，很多大城市中心的传统经济职能，如政府、贸易、金融职能以及文化教育、工业与零售商业的发展，不是集中在一个中心，而是分散在相距很近、彼此独立的几个不同规模的城市，如阿姆斯特丹是荷兰的首都，是重要的经济、文化、金融中心和港口城市，分布有相应的加工工业和轻工业；海牙是政府所在地、亦是重要的国际事务及外交活动中心，这里不仅聚集了众多跨国公司设在荷兰和欧洲的总部，而且是第四大“联合国城市”，是许多欧洲和全球组织的机构所在地；鹿特丹是重要的批发商业和重工业中心，是世界吞吐量最大的港口；乌特勒支市位于国家主要的铁路、公路干线交会点，是重要的交通运输枢纽城市和全国性会议中心；这四个荷兰最大的城市是兰斯塔德城市环的主要城市节点，围绕它们的还有一系列的中小城镇，如莱顿（Leiden）、哈勒姆（Haarlem）、希佛萨姆（Hilversum）等等，另外沿海的许多城镇成为世界旅游中心，这些城镇共同组成了职能分工明确、专业化特点明显、相互联系密切的多中心的城镇群体。此外，每一城市与相邻城市之间都有一个空地缓冲带相分隔，并与中央的“绿心”形成空间渗透和联系。可见，城镇群落的环型空间结构使得许多城镇在形态、环境、经济等方面都保持着独特的性质，城市居民与外部绿色空间有很好的接触。这种独特的空间结构受到世界各地规划界的广泛关注，许多学者认为兰斯塔德地区是世界上多中心区域空间结构的最好样板之一。

7.3.3 星月型（众星捧月型）

城镇群落的城镇发展空间由一个相当大规模的主体团块以及周围三个以上较次一级的基本组团组成，由于主体团块与周围基本团块的尺度变化较大，诸多城镇发展空间的组合呈现“众星捧月”状。这种类型的城镇群落通常出现在一些大国的首都地区，首都城市强劲的集聚和扩散能力致使周边地区的城镇受到一定的“压制”，然而首都城市规模的“畸形膨胀”却容易造成交通拥堵、环境恶化等诸多问题，为此常常在首都周围地区的一定距离内规划建设若干相对独立的新区或卫星城镇（或称新城），同时必然也要建设许多联系首都中心地区及周边城镇的道路交通网，从而形成复杂的城镇发展空间综合体。英国以伦敦为中心的城镇群落为这一类型的典型代表。

关于以伦敦为中心的城镇群落，可从两个层面上进行分析，一是大伦敦地区的概念（图 7-9），即以伦敦为中心，包括周围一系列“新城”所构成的城镇群落，另一个层面则是以伦敦为中心、包括英国东南部地区诸多城镇在内的城镇群落概念（图 7-10），无论是哪个范围，其空间形态都是呈现出以世界城市——伦敦为中心的“众星捧月”状。同英国类似，法国以巴黎为中心的城镇群落也是星月型城镇群落的典型代表（图 7-11），当然，也有专家认为巴黎城镇群落发展的轴线特征较为明显，属于“双心双足”的空间形态。笔者认为这一理解主要是从巴黎市域的层面上的认识，本书将巴黎城镇群落的空间形态归为星月型，是从更大的空间范畴、主要着眼于区域城镇建设用地的组合形态而作出的划分，二者并不矛盾。

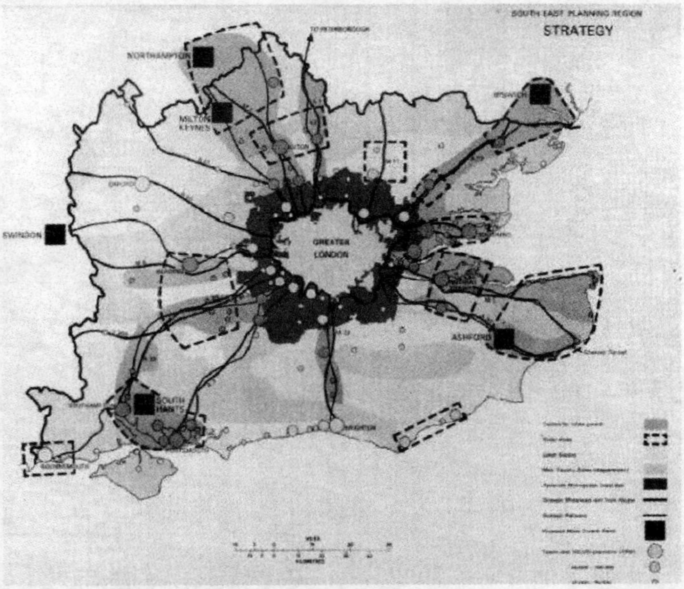

图 7-9　大伦敦地区的空间形态

来源：Hans van der Cammen（ed）. Four Metropolises in Western Europe：Development and urban planning of London Paris Randstad Holland and the Ruhr region［M］. Assen：Van Gorchum，1988：46.

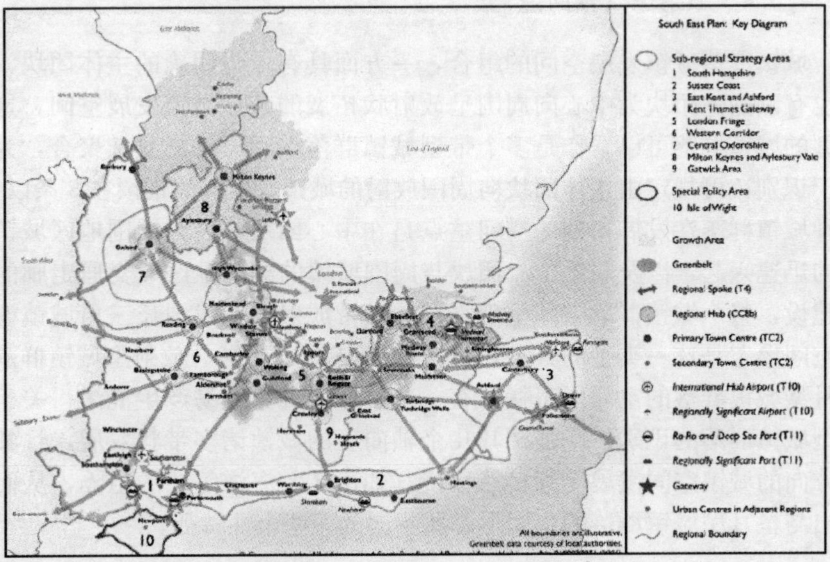

图 7-10　英国东南部城镇群落的空间形态

来源：于立．走向可持续发展的英格兰东南部区域专题报告［R］，2007：19.

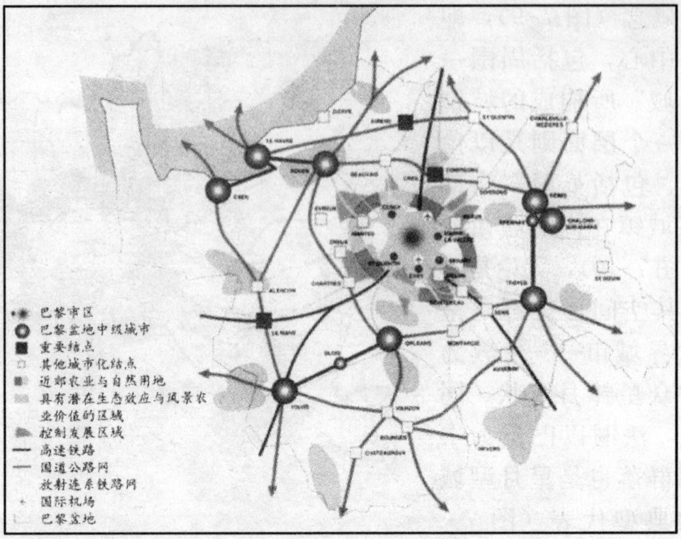

图 7-11　巴黎城镇群落的空间形态

来源：吴良镛．京津冀地区城乡空间发展规划研究 [M]．北京：中国建筑工业出版社，2002：97.

另外，除了大国的首都地区之外，一些具有较强集聚和扩散能力的区域中心城市也会形成星月型的城镇群落，如我国以武汉为中心的武汉城镇群落、以哈尔滨为中心的哈尔滨城镇群落等。

7.3.4　放射型（轴向型）

城镇群落城镇发展空间的组合，一方面具有较为明确的主体团块，同时也有以主体团块为中心向周围呈放射状拓展的带形城镇发展空间，这种类型的城镇群落可以看作是多个带型城镇群落空间形态的复杂聚合，为了便于识别，可规定由主体团块向周围放射的城镇发展空间带须在 3 条以上。这种城镇群落在发展初期的空间重点是在中心团块，后因周围地区城镇发展的迅速兴起，以及联系中心团块与周围城镇的放射性区域交通走廊的规划建设，整个城镇群落空间呈现复杂的轴带放射形。我国长三角城镇群落的空间形态是这一类型的典型代表（图 7-12）[①]。当然，放射型城镇群落与星月型城镇群落的空间形态特征有一些类似之处，容易产生混淆，关于放射型城镇群落的识别，应强调其几个轴向上的城镇诸多带状发展，且某一个方向的城镇空间发展受到自然环境（如山体、海洋等）的阻隔，从而体现出与星月型城镇群落的空间形态所不同的一些个性特征。

① 关于长三角城镇群落的空间形态，学者还有“之”字型、反“K”型等多种描述。

7.3.5 组团型（散点型）

城镇群落的城镇发展空间由多个相对独立的基本团块共同组成，主体团块的空间形态不十分突出或者没有明确的主体团块，多个基本团块虽然呈现相对较为分散的布局形态，但不同基本团块之间由于社会经济联系和协作关系而形成城镇群落的空间形态。这种城镇群落主要出现在下述几种情况：城镇群落中的诸多城镇大多是资源分散布局的矿业城镇；城镇群落的地形属于有一定起伏的丘陵或山地环境，或者中心城市之间相距相对较远，多个城镇空间的联系有一定程度的阻隔；此外，在城镇群落空间关系发育的初期，由于社会经济及交通通信条件欠发达，也可能呈现组团型的空间形态。德国鲁尔城镇群落的空间形态是这一类型的代表（图 7-13）。

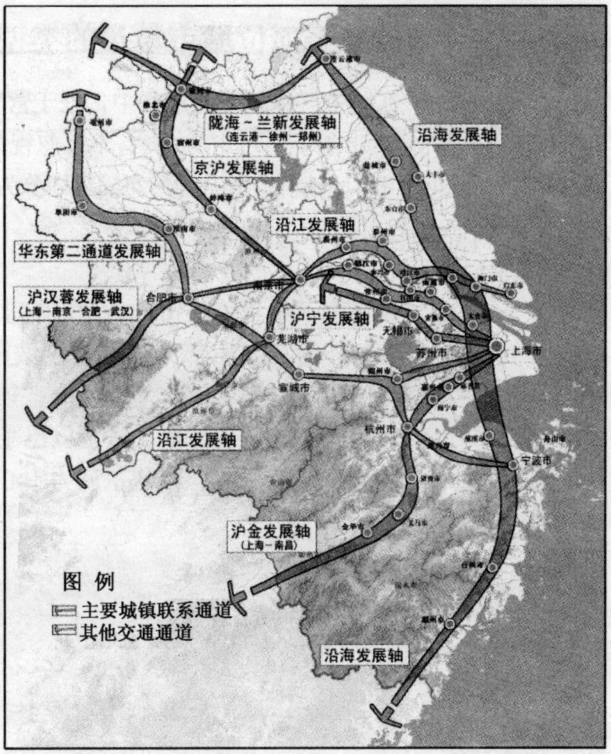

图 7-12　长三角城镇群落的空间形态

来源：中国城市规划设计研究院．长江三角洲城镇群规划（2007—2020）［R］，2007-08：71.

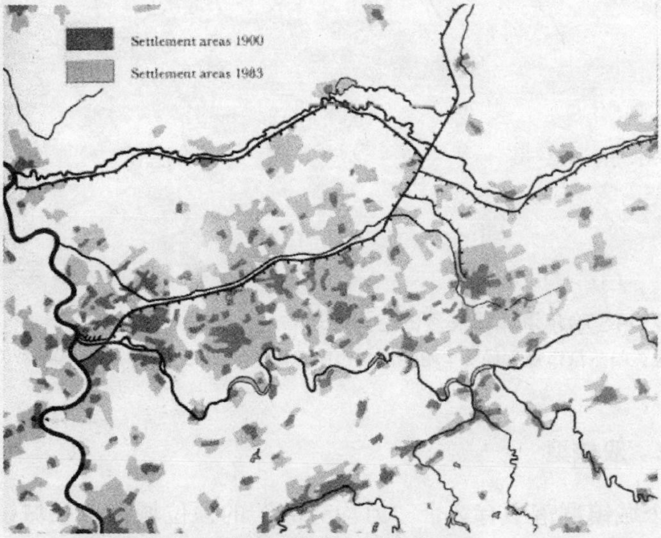

图 7-13　德国鲁尔城镇群落的空间形态

来源：Hans van der Cammen（ed）. Four Metropolises in Western Europe：Development and urban planning of London Paris Randstad Holland and the Ruhr region［M］. Assen：Van Gorchum，1988：209.

7.4 基于顶位城市数量的类型划分

在城镇群落的发展过程中，处于营养级别最高端的顶位城市对整个城镇群落的空间结构和空间形态具有不可忽视的重要影响。基于顶位城市的数量的不同，可将城镇群落的空间形态简单划分为单核型、双核型、多核型等三种类型。

7.4.1 单核型

城镇群落中顶位城市的数量只有 1 个，其他的一些城镇不论在规模、职能、辐射能力等方面都无法与顶位城市相“抗衡”，这种类型的城镇群落与上文讨论的星月型城镇群落空间形态较为接近。典型代表案例如英国东南部以伦敦为中心的城镇群落、法国以巴黎为中心的城镇群落以及我国以武汉为中心的武汉城镇群落、以哈尔滨为中心的哈尔滨城镇群落等（图 7-14）。

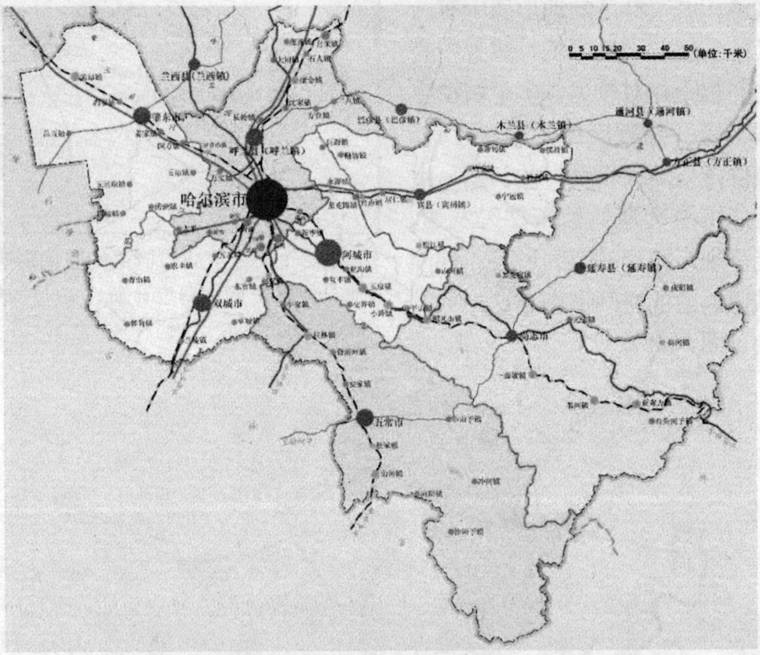

图 7-14　哈尔滨城镇群落的空间形态

来源：哈尔滨市规划局等．哈尔滨都市圈总体规划纲要［R］，2005-08-27.

7.4.2 双核型

在一个城镇群落中有 2 个“力均势敌”的顶位城市，在城镇群落的发展过程中，2 个顶位城市的发展对城镇群落的整体空间结构都具有重要影响。典型代表案例如我国的珠三角城镇群落、成渝城镇群落（下文将单独讨论）等，京津冀城镇群落也可归入这一类型（图 7-15)。

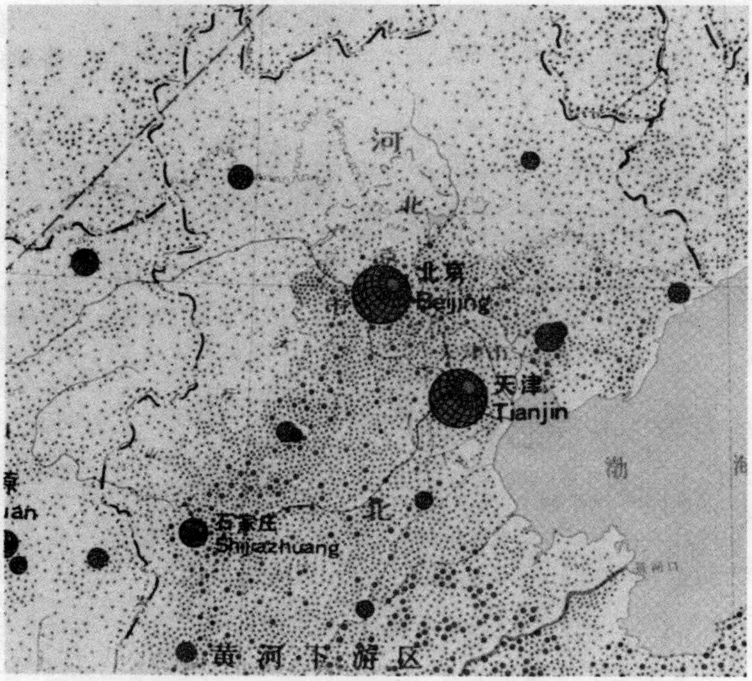

图 7-15　京津冀城镇群落的空间形态

来源：吴良镛．京津冀地区城乡空间发展规划研究［M］．北京：中国建筑工业出版社，2002：58.

7.4.3　多核型

在一个城镇群落中具有 3 个及 3 个以上的顶位城市时，城镇群落的空间结构和空间形态也呈现出一些鲜明的特征，这方面的典型案例如美国东北海岸城镇群落（图 7-16)、荷兰兰斯塔德城镇群落等。

7.5　影响城镇群落空间形态的关键要素

以上从城镇建设用地的组合形态及顶位城市的数量两个方面对城镇群落空间形态的基本类型进行了归纳。应该讲，城镇群落处于区域城镇化发展的动态过程中，作为地域空间组织投影的城镇群落空间形态必然也处于动态的发展和变化之中，例如某一城镇群落在发展的初期可能是某一种类型的空间形态，到了它发展的成熟阶段后有可能又是另外一种类型的空间形态，因此在城镇群落空间形态的认识问题上必须克服“僵化思维”。

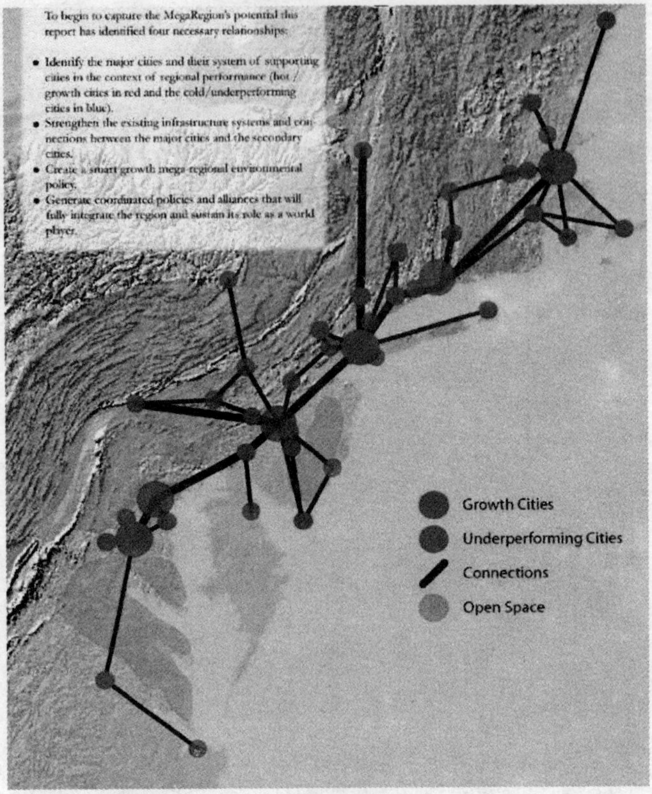

图 7-16　美国东北海岸城镇群落的空间形态

来源：University of Pennsylvania. Reinventing Megalopolis：The northeast Megaregion [R]，2005：18.

城镇群落的空间形态是一个国家或地区的政治、社会、经济、自然等因素作用于城乡空间的产物，不同的政治、社会、经济或自然条件下会产生不同的城镇群落空间形态。通过上述关于城镇群落空间形态的分类及描述，可将影响城镇群落空间形态的关键要素归纳为自然地形环境、交通运输条件、定位城市的性质、城镇间相互作用的关系等几个主要方面。

7.5.1　自然地形环境

自然地形环境不仅对城镇群落的形成条件具有决定性影响（第 5 章），它对城镇群落空间形态的影响也是十分突出的。城镇群落地域范围的基本形态在根本上决定着城镇群落空间形态发育的可能性。例如，美国东北海岸城镇群落的带型空间形态，在根本上就是城镇群落所处的大西洋海岸带的狭长带形所决定的。

7.5.2 交通运输网络

在任何城镇群落中，区域交通运输网络是城镇群落空间结构的“骨架”，是联系诸多城镇发展空间的桥梁和纽带，城镇群落交通运输网络的形态是城镇群落空间形态的重要“构形”要素，交通运输网络对城镇群落的空间形态具有直观的“显性”影响。以美国的 10 个城镇群落（Megas）为例，其区域交通运输网络的格局基本上就决定了城镇群落的空间形态（图 7-17）。

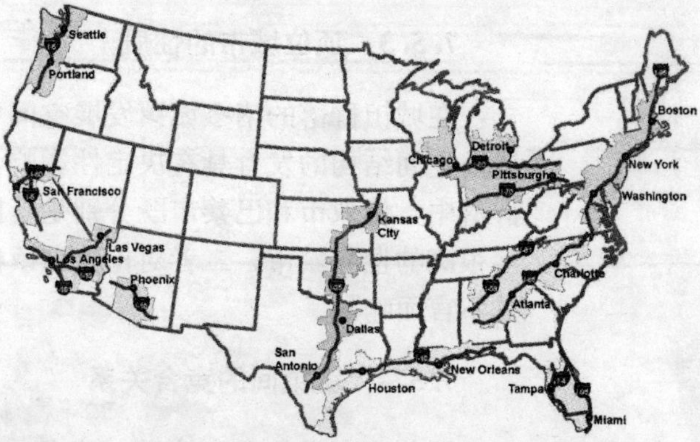

图 7-17 美国十大城镇群落的核心城市及区域交通骨架

来源：R. E. Lang，D. Dhavale. Beyond Megalopolis：Exploring America’s new “Megapolitan” geography [R]，2005：14.

另一方面，城镇群落交通运输网络的变革也必将引发城镇群落空间形态的改变，如 2008 年 5 月长三角杭州湾跨海大桥的建设运行（图 7-18），对长三角城镇群落的空间形态产生重要的影响，传统的“之”字城市空间布局结构将出现新的变化，处于新兴发展带上的城镇将快速成长，区域城镇体系布局将与新的交通网络结构相吻合，南北向的新兴城市走廊也将形成。

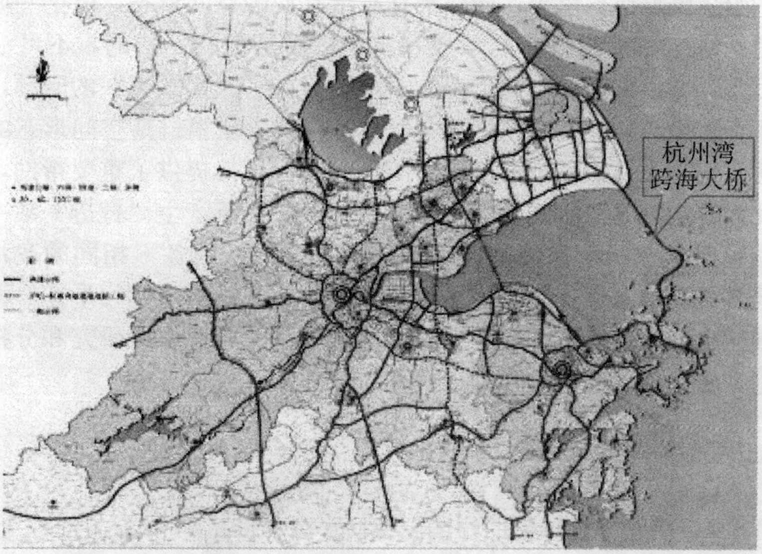

图 7-18 杭州湾跨海大桥示意图

来源：孔令斌等．中国工程院重大咨询项目《我国大城市连绵区的规划与建设问题研究》综合交通体系专题研究 [R]，2007-06.

7.5.3 顶位城市的性质

在城镇群落的诸多城镇发展空间中，顶位城市对城镇群落的形成、发展及空间结构的发育具有决定性影响，例如，在伦敦城镇群落和巴黎城镇群落中，伦敦市和巴黎市既分别是英国和法国的首都，同时也是全球化程度很高的世界城市，二者对伦敦城镇群落和巴黎城镇群落空间形态的影响是不言而喻的。

7.5.4 城镇间的竞合关系

群落生态学的研究表明，竞争是形成群落结构的重要力量[①]，城镇群落的空间形态也自然如此，城镇群落内诸多城镇之间的竞争和协作关系对于城镇群落空间结构和空间形态的形成具有重要影响，这方面的内容将在第 8 章作进一步的分析和讨论。

7.5.5 相似的形态背后，有各不相同的故事

尽管不同国家或地区内城镇群落的空间形态格局呈现出一定的规律性，但关于城镇群落空间形态的研究，必须谨记“相似的形态背后，有各不相同的故事”。例如，英国东南部以伦敦为中心的城镇群落、法国以巴黎为中心的城镇群落以及我国以武汉为中心的武汉城镇群落、以哈尔滨为中心的哈尔滨城镇群落等，同样都具有星月型的空间形态，但这些城镇群落的空间结构和空间形态的形成和演化机制是截然不同的，不可混为一谈。另外，城镇群落的空间形态也不可能存在“孰优孰劣”的问题，世界上并不存在绝对理想的城镇群落空间形态模式。城镇群落空间形态的研究虽然为我们深入认识城镇群落空间的自然演化规律提供了重要帮助，但不能因此而转向对某一空间形态类型的“偏爱”甚至产生“打造”某一“著名”城镇群落空间形态的冲动。不同国家或地区因各不相同的政治、社会、经济或自然条件，会产生出相似或不同的城镇群落空间形态，不同国家或地区在城镇群落空间形态方面的问题，只能通过深入研究和分析本国或本地区实际状况的手段而加以研究和解决。

7.6 成渝城镇群落的空间形态

7.6.1 成渝城镇群落的组团型空间形态特征

从城镇建设用地组合形态的角度，成渝城镇群落的空间形态表现为组

① （英）A. 麦肯齐等. 生态学（第 2 版）[M]. 孙儒泳等译. 北京：科学出版社，2004：222.

团型特征，这是因为成渝城镇群落的很多城镇发展空间相距甚远，彼此相对独立，空间布局呈现出较为分散的组团型格局。

在《成渝城镇群协调发展规划》的研究过程中，根据成渝地区 TM 卫星影像对成渝城镇群的土地利用状况进行了分析，成渝城镇群（其范围大于本书研究中成渝城镇群落的范围）的建设用地面积约 8187km^2，占土地面积的 4.8%；耕地面积约 6.3 万 km^2，占土地面积的 36.4%（约 3/4 左右的耕地面积为丘陵坡地）；林地面积约 4.6 万 km^2，占土地面积的 26.9%（图 7-19）。可见成渝城镇群的城镇建设用地比例明显要少于东部沿海发达地区珠三角、长三角等城镇群落，较少比例的城镇建设用地布局在相对较为辽阔的成渝城镇群区域范围之内，分散式的组团型格局十分突出。

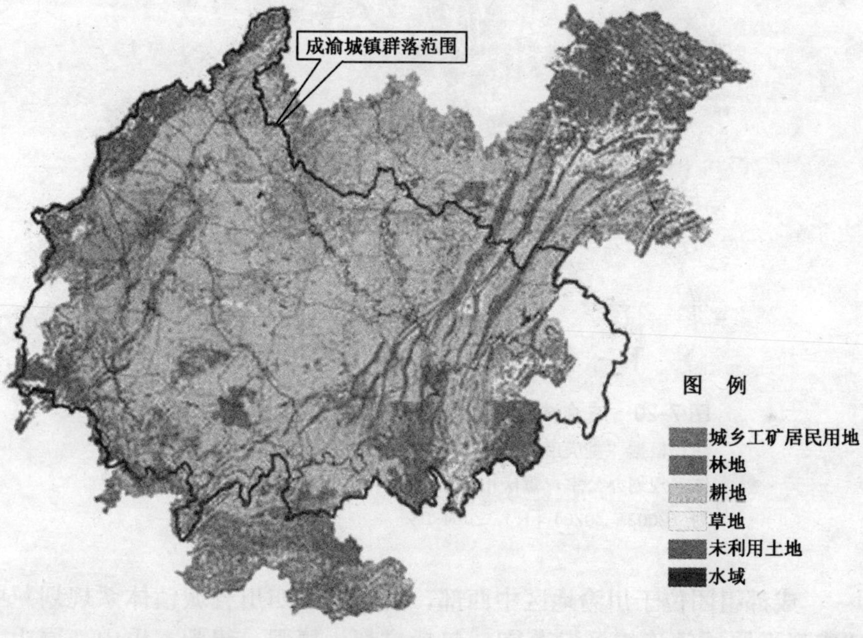

图 7-19　成渝城镇群落土地利用现状图（2007）

注：根据“成渝城镇群协调发展规划”改绘，部分区县缺乏数据。参见：中国城市规划设计研究院．成渝城镇群协调发展规划总报告［R］，2008-02：10.

就成渝城镇群落空间形态的组团格局而言，大致上与本书第 6 章中所讨论的成渝城镇群落城镇发展空间分布的四个主要片区相吻合，即以重庆都市区为中心的重庆组团、以成都都市区为中心的成都组团、内江—自贡组团和南充—遂宁组团。

重庆组团位于川渝地区中东部，基本上是《重庆市域城镇体系规划》中的中西部城镇发展区（图 7-20），它是以重庆都市区为核心，距重庆都市区1个半小时车程左右时空距离内的城镇构成的核心紧凑、边缘弹性拓展的网络状城镇发展地区，是重庆市域内经济最发达地区，规模集聚效益较为显著。该组团主要包括重庆都市区和涪陵、江津、合川、永川、长寿、綦江、大足、潼南、荣昌、铜梁、璧山、南川、万盛、双桥、垫江、丰都、武隆等17个大中小城市和300余个小城镇，幅员约3.6万km^2，是以特大城市为中心的高人口密度和高城镇密度的城市地区。

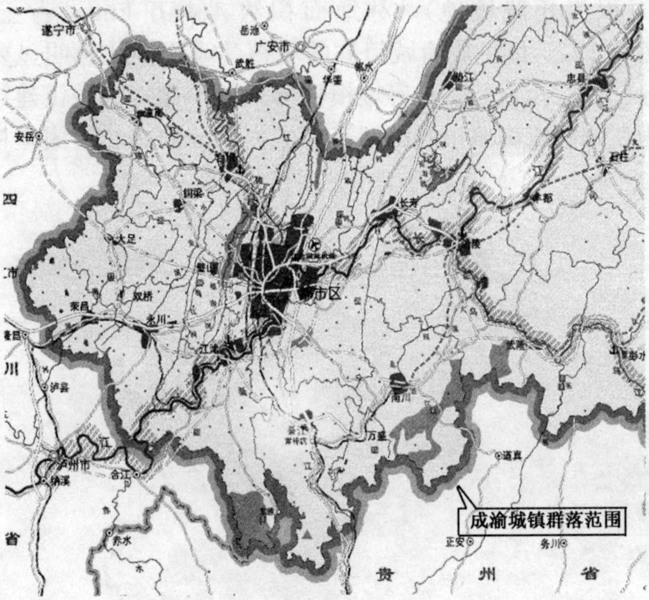

图7-20 成渝城镇群落的重庆城镇组团

注：根据“重庆市域城镇体系规划”改绘。参见：重庆市市域城镇体系规划办公室，重庆市规划设计研究院．重庆市市域城镇体系规划（2003—2020）[R]，2004-08.

成都组团位于川渝地区中西部，大致是《四川省城镇体系规划》中的“成都平原城镇连绵区”范围，包括成都、德阳、绵阳、乐山、眉山、雅安和资阳等1个特大城市、3个中等城市、13个小城市、34个县城和700余个建制镇，幅员约8.19万km^2（图7-21）。该组团地形以平原和丘陵为主，大部分属都江堰灌区，宝成、成昆、成渝、成达四条主要铁路和成渝、成广、成攀、成南等国道、省道高速公路在此交汇，双流国际机场是全国重要航空港，基本形成以成都为中心的立体交通、通信网络。成都组团城镇密集，中心城市突出，经济技术基础雄厚，基础设施较为完善，产业方面以电子信息、现代医药、生物制品和重型机械、冶金、化工、建材、轻纺等为主要特色，基本形成以成都为中心，绵阳、乐山为次级中心，绵—成—乐为聚合轴线的发展格局，是四川省城镇发展的重心。

内江—自贡组团位于川渝地区中南部，大致是《四川省城镇体系规划》中的“川南城镇群密集区”范围，主要包括内江、自贡、宜宾和泸州等4个中等城市、资中、威远、隆昌、富顺、荣县、合江、叙永、筠连、珙县等18个县城和300多个建制镇，幅员3.53万km^2（图7-22）。该组团的地形以丘陵和山地为主，成渝铁路、高速公路和长江横贯东西，内昆、隆泸铁路和川云中路、川云东路等干道纵贯南北，宜宾、泸州均有中型机场，水、陆、空交通比较方便。内江—自贡组团的资源较为富集，煤矿、硫铁矿、天然气、盐卤、石灰岩、水能和农林、风景名胜等资源十分丰富，自贡、宜宾、泸州均为国家历史文化名城，产业方面以无机化工、机械电子、名酒食品和能源、建材等为支柱。

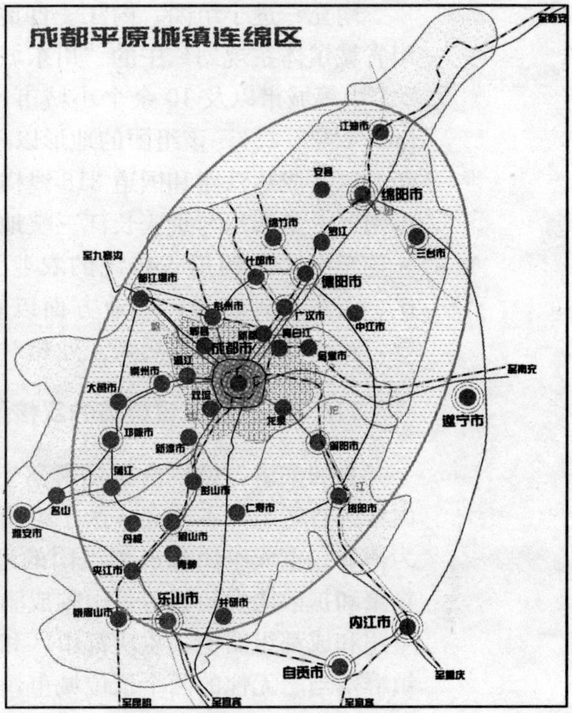

图7-21 成渝城镇群落的成都城镇组团

来源：四川省人民政府．四川省城镇体系规划（2001—2020）[R],2003-11.

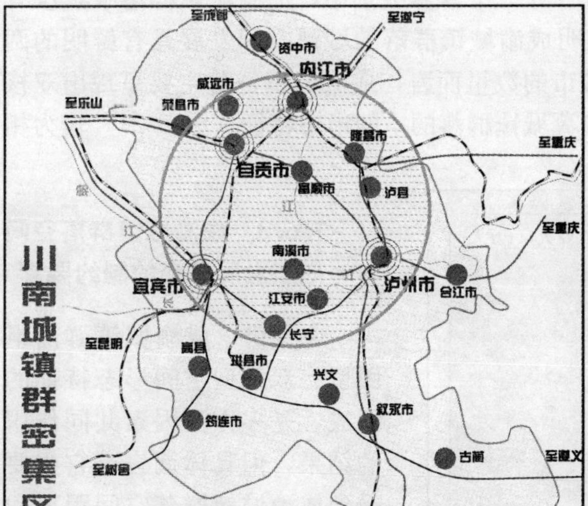

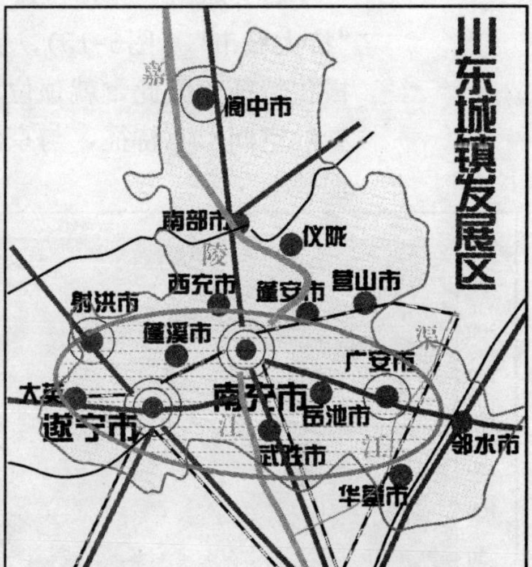

图7-22 成渝城镇群落的内江—自贡城镇组团

来源：四川省人民政府．四川省城镇体系规划（2001—2020）[R],2003-11.

图7-23 南充—遂宁城镇组团

来源：四川省人民政府．四川省城镇体系规划（2001—2020）[R]，2003-11.

南充—遂宁组团、内江—自贡组团位于川渝地区中北部，大致是《四川省城镇体系规划》中的“川东城镇发展区”范围，主要包括南充、遂宁2个中等城市以及10余个小城市、县城和300多个建制镇，幅员2.41万km^2（图7-23）。该组团的地形以丘陵和山地为主，涪江、嘉陵江和渠江流经全区，成达铁路和国道318线横穿东西，襄渝铁路和国道212线纵贯东部南北，是四川与重庆长江三峡地区及川东北地区联系的重要通道。南充—遂宁组团是四川省传统的农业大区，有一定盐卤、天然气、煤炭和铁矿、石灰岩等资源，产业方面以轻纺、食品、能源、化工和建材等为主导，社会经济比较落后，工业相对薄弱。

7.6.2 成渝城镇群落的双核型空间形态特征

总的来讲，就成渝城镇群落空间形态所呈现出的四大城镇组团而言，内江—自贡组团和南充—遂宁组团的经济发展相对落后，城镇间的联系较为薄弱；重庆组团和成都组团的经济实力较强，城镇间的联系较为紧密、集聚和扩散能力较强，是引领成渝城镇群落整体发展的重要两极。在重庆组团和成都组团中，重庆都市区和成都都市区是其核心城市，也是成渝城镇群落当之无愧的两个顶位城市，二者对成渝城镇群落空间形态的影响极为突出且“不相上下”，除此之外没有任何其他的城镇能够达到顶位城市的级别。换句话说，成渝城镇群落空间结构的典型特征之一，是顶位城市的首位度较高，在“建制镇——县城——小城市——中等城市——大城市——特大城市——顶位城市”等7个营养级别中，成渝城镇群落唯独没有“特大城市”（图6-15），表明成渝城镇群落的城镇空间发展具有鲜明的两极化特征。因此，就顶位城市的数量而言，成渝城镇群落主要呈现出双核型的空间形态特征，与京津冀城镇群落的空间形态特征（图7-24）较为相似。

图7-24 成渝城镇群落城镇规模结构散点图

7.6.3 成渝城镇群落空间形态发展演变的制约要素

应该讲，成渝城镇群落组团型、双核型空间形态特征的形成，是多方面因素共同作用的结果，但具体而言，它主要受到成渝城镇群落空间距离和城镇间的竞合关系的深刻影响。

从成渝城镇群落的空间距

离来看，其南北宽约420km，东西长约531km，成都和重庆的直线距离约268km，成渝两地以及成渝城镇群落其他城镇之间的空间距离都相对较大（图7-25），成渝两地之间虽有成渝铁路、成渝高速公路和渝遂蓉高速铁路等联系，但城际交通的耗时很大，两地之间人员往来和社会经济交流受到交通联系的很大限制，诸多城镇空间之间不像珠三角、长三角等地区的城镇群落那样具有便捷的通达性。从理论分析的角度，城市中心性与辐射场强是经济地理学中常用的反映城市辐射力的指标与方法，其原理是利用若干个无纲量化的指标加权求和，并利用类似于重力模型的数学计算方法求得城市的中心性与场强距离。国内外学者对西部地区城市的场强与辐射开展过一些研究，如周成虎等人对成渝地区部分城市中心性与场强的计算（表7-1），成渝城市场强距离在200km已大幅度衰减，辐射范围逐渐变小。由此可见，成渝城镇群落“组团型”空间形态的形成有其客观必然性。

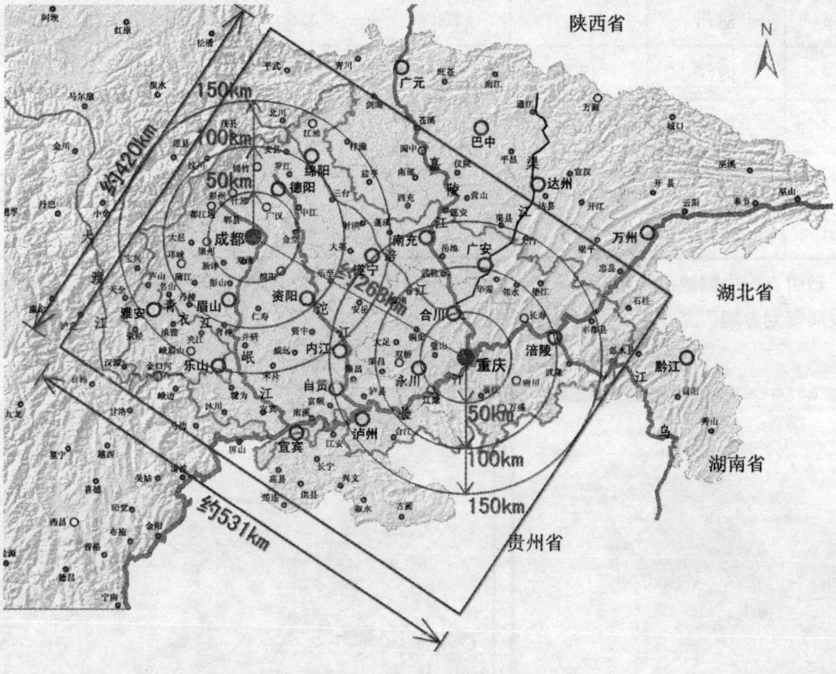

图7-25　成渝两地的空间距离分析

此外，受到1997年重庆直辖、川渝分治的影响，川渝两地城乡空间发展战略发生改变的重要影响，两地的“竞争”意识致使重庆市和四川省分别以自己行政地域内的重庆和成都为中心谋求“省（市）域发展战略”（图7-26），重庆和成都的关系由省内合作关系转向省间竞争关系，缺少彼此之间相互协作和联系沟通的意识及行动，这就更加加剧了重庆和成都的两极化发展趋势，使得成渝城镇群落“双核型”的空间形态特征更为突出。

成渝城镇群落部分城镇的中心性强度及场强范围表　　表 7-1

序号	城　市	中心性强度	场强距离 50km	场强距离 100km	场强距离 150km	场强距离 200km
1	重庆都市区	86.0	34	8.6	3.8	2.1
2	成都都市区	72.4	28.9	7.2	3.2	1.8
3	绵阳	52.6	21.0	5.2	2.3	1.3
4	宜宾	50.5	20.2	5.0	2.2	1.2
5	自贡	49.5	19.8	4.9	2.2	1.2
6	达州	49	19.7	4.9	2.1	1.2
7	内江	49.1	19.6	4.8	2.1	1.2
8	资阳	48.7	19.4	4.8	2.1	1.2
9	眉山	4737	19.1	4.7	2.1	1.1
10	乐山	47.7	18.9	4.7	2.1	1.1

转引自：中国城市规划设计研究院．成渝城镇群区域背景条件与战略定位——成渝城镇群协调发展规划专题研究［R］，2008-02：33.

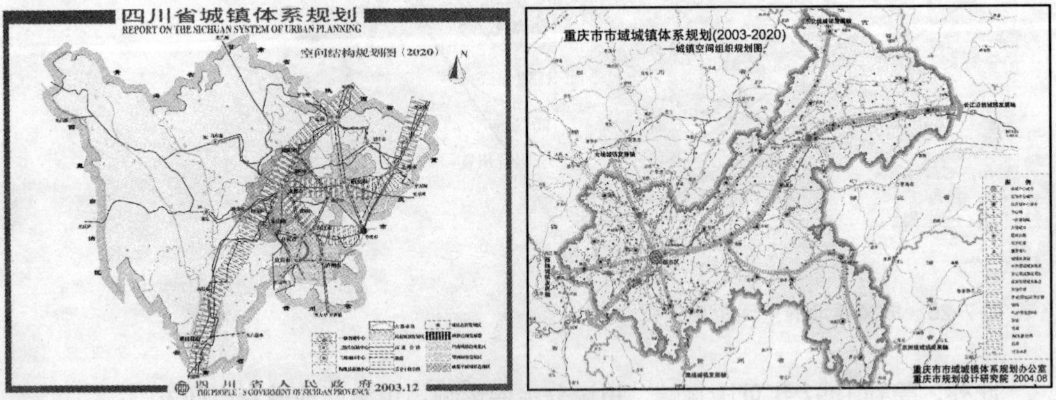

图 7-26　川渝两地的省（市）域城镇空间组织结构比较

来源：左图：四川省人民政府．四川省城镇体系规划（2001—2020）［R］，2003-11. 右图：重庆市市域城镇体系规划办公室，重庆市规划设计研究院．重庆市市域城镇体系规划（2003—2020）［R］，2004-08.

7.7 小结

城镇群落是一定地域范围内的空间实体，其产生、生存及发展具有内在的空间秩序和特定的空间发展模式，城镇群落的空间形态是城镇群落各项社会经济活动在地球表面的投影，不同国家或地区内城镇群落的空间形态格局呈现出一定的规律性。基于城镇群落内城镇建设用地的组合形态，城镇群落的空间形态主要包括带型、环型、星月型、放射型、组团型等五种基本类型；基于顶位城市的数量，城镇群落的空间形态主要包括单核型、双核型、多核型等三种基本类型。影响城镇群落空间形态的关键要素主要包括自然地形环境、交通运输网络、顶位城市的性质以及城镇间的竞合关系等。了解和辨识城镇群落空间形态的基本类型，有助于我们科学认识城镇群落空间的自然演化规律。

8 城镇群落空间关系的组织

生物群落并非不同生物种群的偶然堆积，而是经过竞争、适应和选择的结果，群落的本质特征之一，即组成群落的生物之间存在着一定的相互关系，正是这种相互关系造就了一定的生物群落结构和空间组织肌理，使得不同类型的动植物能够共同生长在同一个环境之中，并且推动着生物群落的发展和演化。就城镇密集地区的空间结构而言，其之所以能够成为一种“群落”的格局，而不是一系列大中小城镇杂乱无章的排列组合，最根本的原因也是在于城镇密集地区内所存在的众多复杂而微妙的空间关系，这些空间关系最终导致了城镇群落空间发展的组织结构化。

8.1 生物群落空间关系组织的基本原理——物种共生

自然界中的任何生物种群，大都不是孤立存在的，它们总是同其他生物之间保持着密切的相互联系与制约。例如，就蟹与腔肠动物而言，腔肠动物着生于蟹背，作为蟹的伪装或保护（因为腔肠动物具有刺细胞），而腔肠动物则以蟹为运输工具，并且得到蟹捕捉或取食其他动物时残留下来的食物颗粒；又例如，就蚜虫和蚂蚁而言，蚂蚁取食蚜虫排泄的蜜露，而蚜虫则因受到蚂蚁的保护而减少了被捕食或寄生的机会；再就组成地衣的真菌和绿藻而言，真菌为绿藻提供保护层，这样藻类不至于被晒或干死，而藻类则以其光合作用所获糖分的剩余部分提供给真菌……这就是自然界中随处可见的种间合作——“共生”现象。这种普遍存在的物种共生现象，正是生物群落空间关系组织的基本原理。

作为生态学研究中的一个重要概念，“共生”思想由来已久。早在唐代，我国学者就已经知道生物之间的共生（共栖）现象，《岭表录异》中曾记载海蜇与小虾、窗贝与小蟹共栖的现象①；1859年，达尔文就在他的不朽巨著《物种起源》一书中阐述了“三叶草——土蜂——田鼠——猫”之间错综复杂的相互依存和制约关系（图8-1）②；1879年，德国真菌学家德贝里提出“共生”概念，将其定义为不同种属生物生活在一起，并指出短期的种群联系并不是共生关系③；1949年，美国生态学家麦克道尔（W.B.Mcdougall）在《植物生态学》中提出了“合体共生”（Conjunctive Symbiosis）和“离体共生”（Disjunctive Symbiosis）的概念，指出牛与草之间的关系，是一种离体共生的关系……

图8-1 猫、田鼠、土蜂和三叶草之间的依存关系
来源：沈银柱．进化生物学［M］．北京：高等教育出版社，2002：8.

所谓共生，即“共同生活”之意。生态学研究中的“共生”概念，一般有广义和狭义之分，广义上的“共生”，是物种间各种相互作用的统称；狭义上的“共生”，则是物种间“互惠共生”（又称“互利共生”或“专性共生”）关系类型的简称。

理论上讲，两个物种间相互作用的基本形式大致有三种：正作用（表示对存活或其他种群特征有益）、负作用（表示对种群增长或其他特征有抑制）、无作用（表示两个物种之间的关系无关紧要），可以分别用符号表示为“+”、“-”、“0”。它们之间的组合类型共有六种情况：

1）“0，0”——中性作用（Neutralism），即两个物种间的关系很不密切，两个种群的存在对各自的增长没有什么影响，例如群落中处于相隔很远的营养级别的两个物种之间的关系。

2）“-，-”——竞争作用（Competition），即两个物种的存在对各自的增长都有抑制作用，可以进一步区分为两种情况，一种是两个种群彼此主动地抑制另一种群，称为相互抑制竞争型（Mutual Inhibition Competition Type），另一种是在共同的资源缺乏时的间接作用，称为资源竞争型（Resource Competition Type）。

3）“+，+”——互利作用，即两个物种的存在对各自的增长都有促进作用，又包括两种情况。在一种情况下，虽然相互作用对两个物种都有利，

① 辞海编辑委员会．辞海（1999年版缩印本）［M］．上海：上海辞书出版社，2000：3517.

② ［英］C.Darwin．物种起源［M］．谢蕴贞译，北京：科学出版社，1972：49.

③ 转引自：曲亮，郝云宏．基于共生理论的城乡统筹机理研究［J］．农业现代化研究，2004，25（5）：371-374.

但这种协作并不是必需的，即使离开协作时双方仍然能够独立生存，称为原始合作（Protocooperation）。另一种情况是相互作用对两个物种必然有利，并且发展到两个种群彼此不能离开对方而独立存在的程度，称为互惠共生（Mutualism，又称“互利共生”或“专性共生”）。

4）“－，0”——偏害作用（Amensalism），即两个物种存在时，A 物种对 B 物种的增长有抑制作用，而 B 物种对 A 物种的增长没有影响，如异种抑制作用（Allelopathy，指某些植物分泌一种能抑制其他植物生长的化学物质）或抗生作用（Antibiosis，指一种微生物产生某种化学物质来抑制另一种微生物的过程）等。

5）“＋，0”——偏利作用（Commensalism），即两个物种存在时，A 物种对 B 物种的增长有促进作用，而 B 物种对 A 物种的增长没有影响。

6）“＋，－”——寄生或捕食作用（Parasitism 或 Predation），即一个物种是寄生或捕食者，对另一个物种（食饵种或寄生种）的增长有抑制作用，食饵种或寄生种对寄生或捕食者的增长有促进作用。

当然，如果考虑到某些种类，当两个物种结合在一起的时候是一种关系，而当它们分开时又是另一种关系，那么两个物种间相互作用的基本类型还有更多。例如，生物学家 Burkholder 曾于 1952 年将两个物种间相互作用的基本形式归纳为 10 种类型（表 8-1），这 10 种类型中的其中 3 种类型在理论上应该存在，但由于目前还没有确定，故尚未定名。在生物群落中比较常见的是其他 7 种类型。需要注意的是，在实际生活中，两个物种间的相互作用关系并非是固定不变的，就某两个具体的物种来讲，在不同的条件下，其相互作用类型可能发生变化，也可能在其不同的生长阶段表现为不同的类型（包括一些过渡类型）。

种间相互作用的类型 **表 8-1**

相互作用类型	接触		分离		相互作用的一般特征
	A	B	A	B	
中性共处 (Neutralism)	0	0	0	0	两个种群之间互不影响
竞争 (Competition)	－	－	0	0	两个种群之间互相抑制
偏害共生 (Amensalism)	0	－	0	0	接触时一方受抑制，一方无影响；分开时皆无影响
寄生、捕食 (Parasitism)	＋	－	－	0	接触时一方有利，一方受抑制；分开时一方受抑制，一方无影响
偏利共生 (Commensalism)	＋	0	－	0	接触时一方有利，一方无影响；分开时一方有害，一方无影响

续表

相互作用类型	接触		分离		相互作用的一般特征
	A	B	A	B	
互惠共生（Mutualism）	+	+	−	−	接触时彼此有利，如果没有对方，在自然条件下不能存活
未定名	+	+	0	−	接触时彼此有利，分开后一方无影响，一方不利
原始合作（Protocooperation）	+	+	0	0	接触时彼此有利，分开时双方没有影响
未定名	+	−	0	0	接触时一方有利，一方有害；分开时双方无影响
未定名	+	0	0	0	接触时一方有利，一方无影响；分开时双方无影响

来源：宋永昌．植被生态学［M］．上海：华东师范大学出版社，2001：62-63.

尽管物种之间存在多种类型的相互关系，但是从总体上来讲，物种之间相互作用的基本类型大致可以归纳为两大类，即负相互作用（Negative Interaction）和正相互作用（Positive Interaction），前者一般包括竞争作用、偏害作用、寄生和捕食作用，后者则主要包括偏利作用和互利作用（包括原始合作和互惠共生）。一般来说，在群落的发展过程中，负相互作用趋于减少，正相互作用趋于增加，从而增加了两个相互作用的种同时存活的可能，群落发展大多会朝向一个适合众多物种和谐“共生”的主要方向而进化；然而在达到某种平衡的生态系统中，种群之间的负相互作用和正相互作用会像方程式一样，最后达到一种平衡[①]。

作为生物群落空间关系组织的基本原理，共生思想和有关理论在人类的各项生产活动中一直有广泛的应用。生物固氮——豆科植物根瘤的共生固氮，在我国古代和古希腊早就为人们所认识和利用，近代人们还发现个别禾本科植物（如看麦娘属等）也生有固氮根瘤；生物防治——利用生物防治农林业病虫害，是当前农林业生产的重大课题之一，生物防治一方面要利用生物种间的寄生关系，同时也要注意生物种间的互惠共生关系，如西印度群岛咖啡树上的咖啡绿蚧（Coccus Viridis）与可可臭蚁（Dolichoderus Bituberculatus）有共生关系，要治蚧必先清除与之共生的蚁，才能提高生物防治的效率[②]；菌根应用——大多数的树木都有菌根，通过接种

① 赵志模等．群落生态学原理与方法［M］．重庆：科学技术文献出版社重庆分社，1990：74，120.

② 向前．“生物共生”理论及其在实践上的意义［J］．湖南第一师范学报，2004（4）：89-91.

真菌形成菌根，能有效提高苗木的成活率和加速苗木的成长，菌根的研究和利用对于植树造林尤其是对荒山、沙漠等贫瘠土壤上的绿化工作具有特别重大的意义。此外，我国学者倪达书通过对稻田养鱼的长期研究，于1984年提出了“稻田共生理论”，指出在水稻生长季节，人工妁合稻鱼共生于稻田生态系统中，二者相辅相成，相得益彰，促进了稻鱼双丰收；我国经济学家袁纯清将生态学中的“共生”概念向社会领域扩展，力图以辩证唯物主义和系统科学思想为指导，运用“共生理论”来指导小型经济的发展（袁纯清，1998）；日本建筑和城市规划学者黑川纪章从后工业社会生产和信息的共生出发，探讨了发达国家与发展中国家、经济和文化以及农业、工业和信息技术等的共生问题，指出全球已经进入一个共生时代(黑川纪章，1997)[①]……在哲学意义上，共生不是共生单元之间的相互排斥，而是相互吸引和合作；不是自身状态和性质的丧失，而是继承与保留；不是一种相互替代，而是一种相互补充和相互依赖。生物群落空间关系的共生组织规律对于认识城镇群落空间关系的组织结构特征有着积极的借鉴意义。

8.2　城镇群落空间发展的共生关系

城镇群落并非一系列大中小城镇杂乱无章的偶然组合，其城镇发展空间之间、城镇发展空间与自然生态空间之间，以及城镇群落与外部城镇群落之间，同样存在着复杂而微妙的共生关系，这种共生关系和共生网络的存在，致使城镇密集地区内的诸多城镇发展空间和自然生态空间等相互结成一个共生共荣的组织系统整体——即城镇群落。

8.2.1　城镇群落空间发展的共生关系

城镇群落是一系列城镇的复杂聚合，而城镇则是承载人类社会、经济、文化活动的主要场所。伴随着社会的不断发展和时代的极速变迁，现代城镇的性质和概念也在发生着显著的变化，在空间形态方面最突出的表现便是城镇从封闭走向开放，从地方性城镇走向区域化城镇，现代城镇早已没有像古代城堡的城墙的那种边界，即是最好的例证。现代城镇再也不是那种固步自封、自给自足的空间单元，而是通过复杂的自然、经济、技术、社会、行政管理等空间联系构成相互依存的共生体（表8-2）。

城镇群落空间结构的自组织共生原理，反映出的正是大自然界事物间联系的一种普遍规律。正如儒家经典《中庸》所言，“万物并育而不相害，道并行而不相悖。”尽管共生包含了竞争和冲突，但它强调了从竞争中产

---

① 转引自：刘荣增．城镇密集区发展演化机制与整合［M］．北京：经济科学出版社，2003：57.

城镇空间联系的基本形式　　表 8-2

类型		形式
自然联系		自然综合体、地理单元、河流水系及流域、生态相互关系、灌溉系统
经济联系	基础设施及贸易联系	铁路网、公路网、水运网、航空网、管道运输网、能源供应网、商品供应网、卫生医疗网、工作通勤流、市场网络、部门及区际物资流、内外贸易网等
	产业联系	生产联系（包括产前、产后和横向联系）、原材料及半成品流
	资金联系	财政金融网、资金流、收入流
技术联系		技术扩散形式（集聚型和分散型）、电信系统等
社会联系		人口迁徙及移民流、旅游流、亲属关系、风俗、礼节、社团组织及其相互作用
行政管理联系		行政机构隶属关系，政府预算过程及实施程序，议案—批准—监督管理机构、日常政策制定—执行—监督管理机构组织等

来源：顾朝林．中国城镇体系——历史·现状·展望［M］．北京：商务印书馆，1992：276.

生新的创造性合作关系；共生强调了存在竞争的双方的相互理解和积极态度；共生强调了共生系统中的任何一方单个都不能达到的一种高水平关系；共生是在较大的社会、经济和生态环境条件下，各个共生单元寻求自己合理定位的一种途径。

在现代社会中，由于当代城镇的区域化发展，城镇群落内各个城镇与其他城镇之间存在着各种各样的“流”，如人流（城镇居民的往来或日常流动）、物流（城镇与城镇之间的货物运输和商品交换等）、信息流（城镇之间的通信联系和信息交换）、技术流（城镇之间的技术转移、协作和服务等）等，这些“流”的相互联系和作用，加之其与乡村空间的依赖关系，形成了城镇群落赖以生存的“共生网络”（图 8-2）。

城镇群落的“共生网络”之所以存在，从经济地理学的角度，源于在城镇与区域空间结构的演化中有两种显著的机制贯穿于始终，即集聚和扩散这样一种既矛盾又统一的空间过程。作为一种主导性的作用方式，集聚和分散既反映了一种运动的过程，也显示了一种空间形态的存在，是城镇作为整体运动方式在时空系统中的连续展开（顾朝林等，2000）。集聚是城镇空间存在的基本特征，表现为向心聚合的倾向和人口增

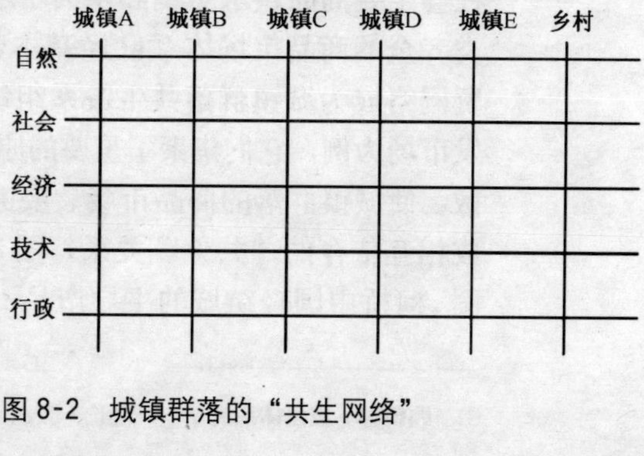

图 8-2　城镇群落的“共生网络”

加的趋势，其诱导因素主要包括：交往活动的需要、经济收入的限制、较高的可达性、产生经济规模效益的需求、城市中心区的地位的象征性和吸引力等；扩散则表现为一种离心的运动趋势，是城市空间向外扩张、蔓延和创新的行为在地域空间的传播过程。在集聚和扩散的双重机制作用下，城乡空间格局发生着演化和交替，当临近的城镇不断集聚和扩散达到一定程度时，区域经济发展和城市化水平也得以提高，逐渐形成城镇群落的独特空间格局。

8.2.2 城镇群落共生关系组织的主要动力

城镇群落空间发展的共生关系，并非凭空产生的，而是现代社会经济发展模式使然。概括来讲，城镇群落共生关系组织的动力主要在于三个方面：工业化、市场化和全球化。

伴随着18世纪产业革命的发生，人类社会迎来了工业化的大发展，社会生产开始从工厂手工业逐步向机器大工业过渡。工业化不仅带来了人类社会生产率的提升和社会生产关系的变革，也促使现代城市的空间结构发生了深刻的变化。一方面，工业化大生产的规模经济要求，城市中开始出现专门的工业生产活动空间——工业区，另一方面，工业化的大生产，从原材料的挖掘、加工、运输到工业生产、销售等，是一个复杂的系统工程，在某一城镇内完成所有这些程序基本上是不可能的，这就对不同城镇发展空间的专业化和生产协作提出了较高的要求，这样的工业分工和协作要求，致使不同的城镇发展空间逐渐成为相互联系的统一整体。

城镇群落共生关系组织的另一大动力是市场化的推动。市场经济是一个不同利益取向的经济主体在产权明确界定的条件下进行公平自由交易的经济系统（顾朝林，2005）。市场经济是当今世界各国经济体制的主要形式，由于市场化的发展，对流通体制改革提出要求，现代化的流通方式改变了计划经济条件下流通渠道单一、供应短缺、运行僵硬的局面。据研究，我国95%以上的商品资源都由市场来配置，国家定价的商品不足5%，社会主要商品供求平衡和供大于求的已达99%，四通八达、服务周到、种类齐全的商品市场体系已经基本建立①，市场化发展产生的物资流通和商贸网络成为城镇群落共生关系组织的重要动力。以城镇群落的各种专业批发市场为例，它们集聚了重要的原材料、各种名优土特产品，然后再向外扩散，使城镇群落的商品市场、要素市场的辐射能力加强，促进各城之间形成相互依存的“共生”关系，图8-3是柯桥中国轻纺城的商品批发辐射力图，柯桥中国轻纺城的主导产品——布匹的辐射能力可达全国除台湾、西藏

---

① 顾朝林．城镇体系规划——理论·方法·实例［M］．北京：中国建筑工业出版社，2005：67.

以外所有省区的主要城市。

除了工业化和市场化以外，全球化也是城镇群落共生关系组织的一大动力。国际资本的全球扩张、国际产业分工深化和信息技术革命促进了世界经济的全球化发展，生产系统与全球金融和全球市场相连接，导致了全球性的生产组织、市场扩展和资本流动。日益增长的资本流动不仅仅导致制造业生产和金融市场网的地理空间变化，而且带来了对这种制造业新生产方式和新金融体系的管理、控制和服务的最新需求，全球城市活动的管理呈现高层次集聚的特征，典型表现即是跨国公司的迅速发展并日益成为经济活动空间扩散、专门服务日益增长需求的主要形式，在多个城市分布的跨国公司不仅促进了新型产品的开发和产品市场的控制，而且多地点的制造业、服务业和银行业的发展也为组织和控制全球的工业网络、服务业和分支办公机构的专门服务活动产生更多的需求。与此同时，世界金融活动与生产服务业在一些国际化程度较高的城市迅速集聚，促进了国际金融和商务中心的形成，由银行、投资公司、法律机构、保险公司和证券交易所等组成的中心商务区综合体日益成为全球经济一体化发展的重要节点。另外，在全球化的推动下，产业总是朝着成本比较低的地方流动，从而形成了一系列产业集群，这种产业集群使得较小的企业、较小的城市也能切入全球生产链之中，这种切入对形成跨国空间、跨地区、跨国界的城镇辐射功能起到了重要的作用。总之，全球化的发展使得世界各地城镇的集聚和扩散不断加强，一个前所未有的全球城市网络正在形成，而世界各地出现的城镇群落正是这个全球城市网络中的重要结构单元。

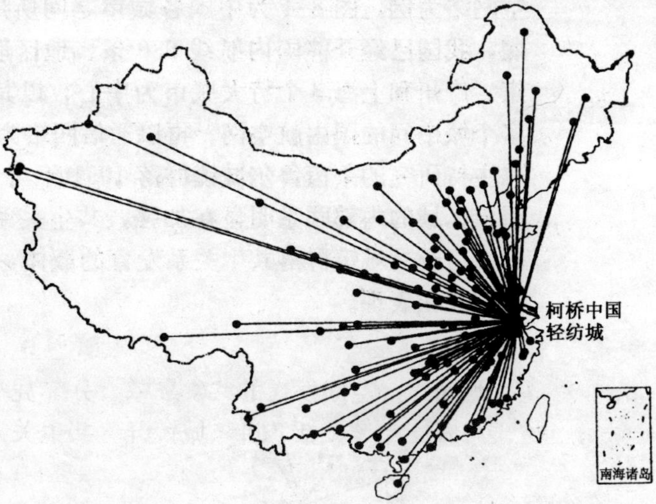

图 8-3　柯桥中国轻纺城商品批发辐射力图

来源：朱英明．城市群经济空间分析［M］．北京：科学出版社，2004：147.

8.2.3　城镇群落共生关系发育的载体

城镇群落内共生关系的组织发育，必然要依赖于一定的载体。概括来讲，这种载体主要表现为城镇群落内外部空间日益发达的综合交通运输网络（公路、铁路、航空、水运等）、通信网络（电话、互联网等）等“硬载体”以及国家或地区协作政策等的“软载体”。以综合交通网络中的航空网络为例，图 8-4 为中国各城市之间所形成的航空网络，截至 1994 年底，我国已经开辟国内航线 630 条、地区航线 13 条，基本上形成了以北京、广州和上海 3 个特大城市为中心，以其他大中小城市为基础的共 100 多个城市间的国内航空网。再以通信网络为例，图 8-5 为著名城市学者霍尔主持研究的莱茵鲁尔城镇群落 1991 年与 2001 年通信联系强度比较，表明该区域的内部联系明显在加强，共生关系趋于发达①。区域综合交通运输网络既是城镇群落共生关系发育的载体，也是城镇群落共生关系发育程度的外在表现。

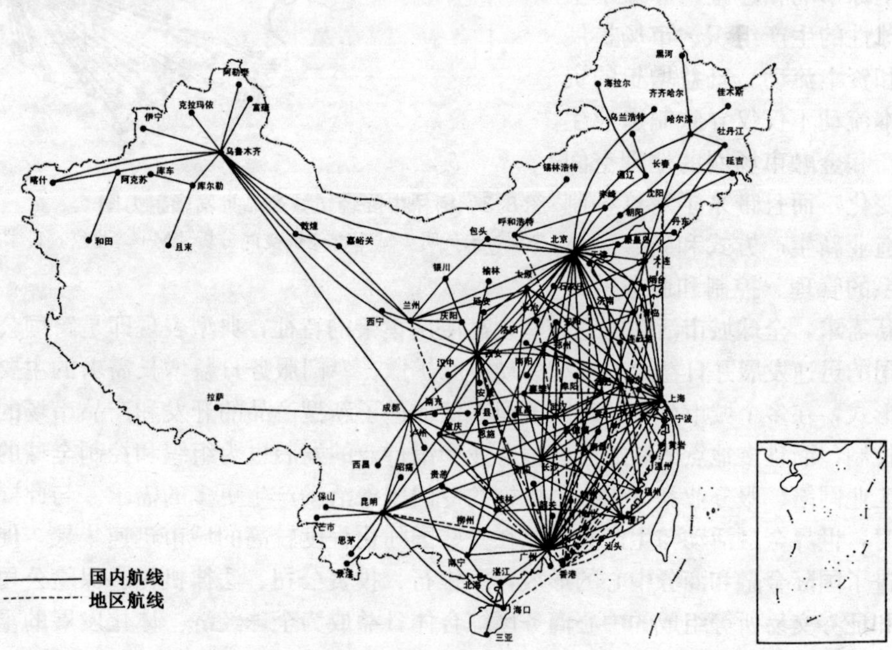

图 8-4　中国各主要城市之间所形成的航空网络（1994 年底）

来源：顾朝林．经济全球化与中国城市发展［M］．北京：商务印书馆，1999：233.

以美国东北海岸城镇群落为例，2000 年美国人口普查显示，东北海岸城镇群落所有通勤人员中，约 8.5%需要在上班时穿越州界②。各个城镇内部各活动中心之间、相邻城镇之间，以及中心城镇与远郊县之间日益频繁的通勤来往，以及日渐紧密的物流、信息流、服务流等联系，对连绵区这一网络化的功能地域不断起到加密与扩展的作用，东北海岸城镇群落逐渐形成了城乡交融、地域连绵的银河状结构（图 8-6）。

---

① 但是，由于缺少中层组织实体，莱茵鲁尔城镇群落在空间协作上的发展却并不乐观。

② 参见：U. S. Census 2000. Journey to Work Data.

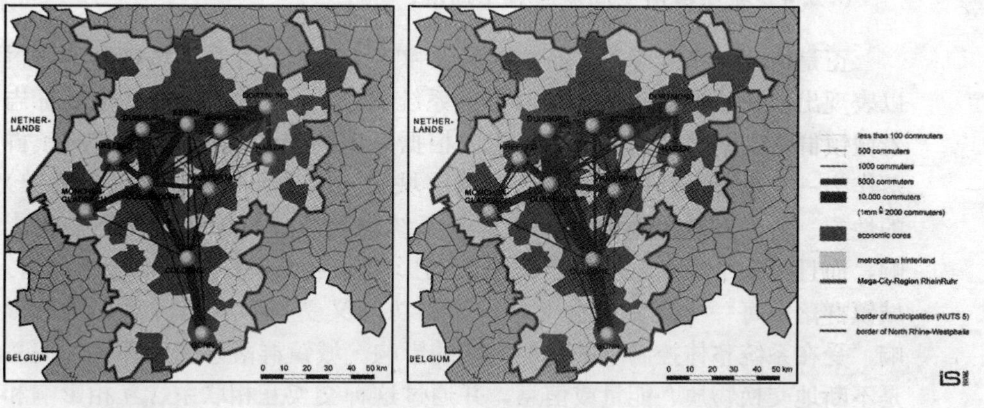

图 8-5　德国莱茵鲁尔城镇群落 1991 年（左）和 2001 年（右）的通信联系强度比较

来源：于泓．德国鲁尔区城市群——我国大城市连绵区的规划与建设问题研究国外案例［R］，2007-09-18：15.

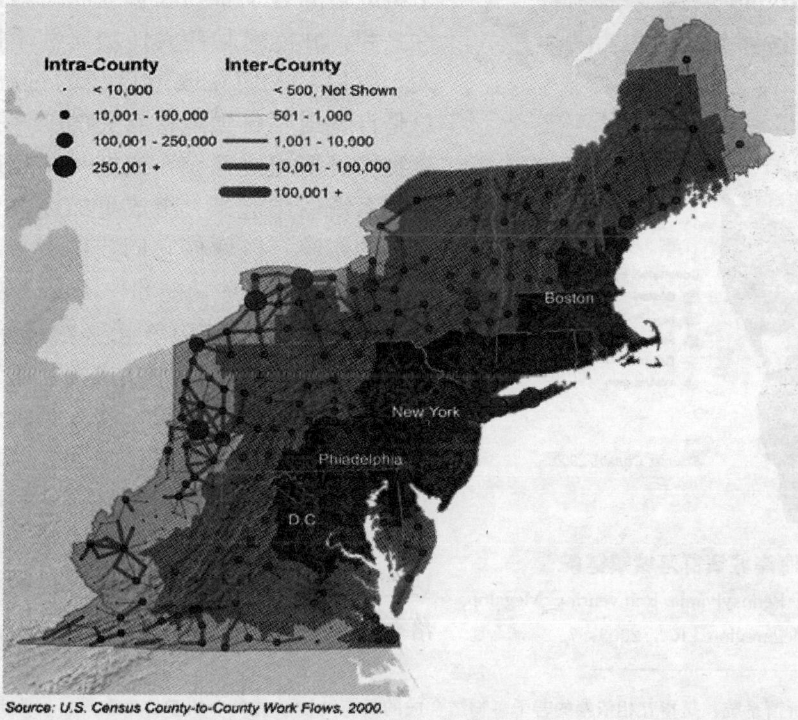

图 8-6　美国东北海岸城镇群落内部通勤网络

来源：University of Pennsylvania. Reinventing Megalopolis：The northeast Megaregion［R］，2005：22.

8.2.4 城镇群落空间发展共生质的产生

正是由于城镇群落各方面共生网络和共生载体的存在，城镇群落才得以表现出单一城镇空间所无法具有的系统属性①，这种系统属性也就标志着城镇群落空间发展共生质的产生。根据系统的整体实现原理②，城镇群落作为一个系统，其中的每一个元素（城镇空间单元、乡村空间单元等）的性质、行为和功能对整个城镇群落系统的性质、行为和功能都产生影响，而且每一个元素对城镇群落系统的影响都至少依赖于其他一个元素。城镇群落中每一个元素的性质、行为和功能又受整个城镇群落系统的影响，受在系统整体控制下的其他元素的影响。城镇群落系统和环境之间总是不断地交换物质、能量或信息，并通过这种交换互相联系、互相影响和互相作用。系统的整体实现原理揭示了系统作为一个客观实体存在的重要意义，对人类能动地改造世界有着极大的指导作用。正由于系统的属性总是多于组成它的各个事物在孤立状态时的属性之和，并能对某些具体的属性予以放大，所以，人们在改造世界的过程中，总是自觉或不自觉地将有关的一些孤立事物尽可能组成系统，或把一些相对孤立的系统联结起来，组成更加庞大更加复杂的系统，以便使它们获得更多新的属性，或对其某些功能和作用加以放大。城镇群落中各个结构单元（城镇单元、乡村单元等）按照某种方式相互联系而形成一个城镇群落系统，这一系统会产生出单个结构单元（城镇单元、乡村单元等）的总和所没有的新性质，可称作城镇群落的共生质（系统质或整体质），达到“1+1 > 2”的效果，这是城镇群落赖以存在的基本原理。图8-7为美国

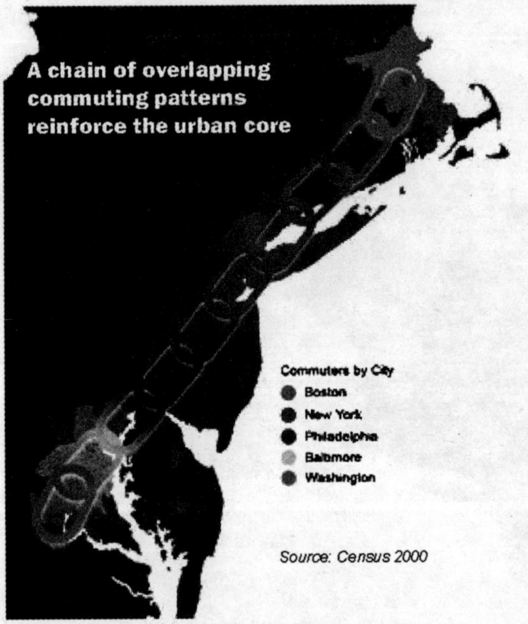

图8-7 美国东北海岸城镇群落城镇链条

来源：University of Pennsylvania. Reinventing Megalopolis: The northeast Megaregion [R], 2005: 7.

---

① 所谓系统，是指互相依赖的若干事物结合成的具有特定功能的有机整体。参见：杨士尧. 系统科学导论 [M]. 北京：中国农业出版社，1986：18.

② 事物通过一定的关系联结在一起组成系统后，便产生了各组成要素在孤立情况下没有的新属性，因此系统的属性总是多于各组成要素在孤立状态时的属性之和，即通常所讲的“1+1 > 2”，系统的这些新属性是组成系统的各个元素联结在一起后共同作用的结果，这就是系统的整体实现原理（或称整体性原理）。由于系统的整体实现原理在系统科学体系中的突出地位，因此它又被称作系统科学的第一定律。

东北海岸城镇群落所形成的城镇链条示意，正是由于波士顿、纽约、费城、巴尔的摩、华盛顿等多个城市之间的相互协作和功能互补，造就了东北海岸城镇群落在全球城市体系中的强劲竞争力。

8.3 城镇群落空间发展的寄生关系

共生关系是从总体上对城镇群落空间关系的一种描述，更深入地研究可以发现，在城镇群落空间发展的过程中，还存在着十分重要的寄生关系和竞争关系等，这些空间关系对于城镇群落空间结构发展的影响也是至关重要的。

就城镇群落空间发展的寄生关系而言，其大体上表现为两个主要方面，一是城镇群落城镇发展空间对自然生态空间的寄生关系，其次是一些城镇发展空间之间的寄生关系。由于当前我国城镇群落发展过程中城镇发展空间与自然生态空间的关系日趋紧张，这里重点讨论城镇发展空间对自然生态空间的寄生关系。

8.3.1 城镇发展空间对自然生态空间的寄生

就城镇群落空间结构的两种主要构成要素——城镇发展空间和自然生态空间而言，二者的关系明显是一种寄生的关系，即城镇发展空间寄生于自然生态空间。城镇群落的自然生态空间是一个系统性的整体概念，它是城镇群落乃至周边区域内各类森林、湿地、农田、河流湖泊、山体谷地、草场、果园等诸要素的集合，它是城镇群落可持续发展的生态支撑系统，各类构成要素在对城镇群落发挥生态支撑功能方面的作用各不相同，不同要素的共同作用满足了城镇群落发展的各种生态需求。

自然空间对城镇群落可持续发展的生态支撑作用，不是一种纯学理上的或者象征意义的支撑作用，而是有其具体的、实实在在的表现内容：①自然空间中的森林、河流、湖泊等蕴藏着丰富的地表水和地下水，为城镇空间提供饮用水源，是城镇群落的“血液系统”。②自然空间中的农田、菜地、鱼塘、果园、经济林地等，具有较高的初级生产力（生物量产出能力），为生态城市提供了粮食、蔬菜、瓜果及副食品等，是城镇群落人类生存必需的“粮仓”和“菜篮子”。③自然空间中大量的绿色植被是氧气的生产者，是城镇群落的“氧气库”，对城镇群落的氧气平衡起着重要的调节作用。④自然空间中的土壤、植被、水域等自然要素，对城镇群落的各项建设活动具有容纳、缓冲、净化、还原等生态调控功能，能够削弱城镇群落各项建设活动的不良影响，如调节小气候、降低“热岛效应”等，是城镇群落的“天然处理场”。⑤自然空间环境是人类重要的景观资源，自然界的山水环境、自然风貌能够给人们带来无穷的乐趣，是人们的户外娱乐、活动和观赏空间，是城镇群落重要的“游憩场所”。⑥自然空间环境也是人类重要的文化资源，人类自古热爱大自然、赞美大自然，渴求人与自然的协调、回归大自然，崇尚“天人合一”，自然空间可以消除城镇居民的工作紧张情绪和精神压力，缓解疲劳，提高审美情趣，是人们不健康心理的“净化器”，可以有效调节城镇群落的社会生态和人文生态……

就自然生态空间的构成要素而言，以森林为例，它是陆地生态系统的主体，对维持陆地生态系统的平衡起着决定性的作用。森林对城镇群落发展的生态支撑作用，除了为人类提供木材及各种丰富的物产之外，还有一系列的生态作用[①]：①调节气候，增加雨量。森林是地球陆地上一种特殊的下垫面，对小气候产生极其重要的影响。森林林冠层在日间可吸收30%～75%的太阳辐射，20%～25%被反射，因此日温差较小，减弱了冬季的霜冻和夏季高温日灼的危害。森林经过蒸腾作用，在生长季节每天每公顷森林蒸腾到空中的水分约20t，可比无林空旷地平均增加15%～20%的空气湿度。因为森林上空空气湿度相对增大，气温又相对较低，因而空气对流现象就减弱，水蒸气凝结成雨的条件就充分，经常降雨。②涵养水源、保持水土。森林被誉为“绿色海洋”、“看不见的绿色水库”。当降雨时，森林的庞大树冠可截留部分雨水，其地表深厚的枯枝落叶层和发达的根系可减少地表径流，改善土壤性质，增强土壤渗透力，从而使地面雨水流速减慢，大量渗入土壤并转变为地下水。据测定，每公顷森林可以含蓄降水1000m^3，1万hm^2森林的蓄水量即相当于1000万m^3库容的水库。山西有一民间谚语：“山上多栽树，等于修水库。雨时能蓄水，旱时它能吐”，形象地说明了森林涵养水源、调节降水的作用。③防风固沙、保护土地。森林或林带通过阻挡和摩擦作用，可阻止流沙的扩展，分解空气的流动方向，改变气体结构，削弱风力，降低风速达37%～55%，从而起到了防风固沙、抑制沙尘暴的作用。④吸碳制氧，缓解“温室效应”。研究表明，陆地生态系统中90%的碳自然储存于森林之中，森林在不停地吸收二氧化碳并放出氧气，每公顷森林平均每生产10t干物质，可吸收16t二氧化碳，释放12t氧气，可促进全球二氧化碳的平衡。⑤环境和污染的净化作用。森林植被对有毒气体具有很强的吸收能力。据测定，树木每生产1kg干物质就要过滤3111m^3的空气，森林能降低氟化氢浓度48%～70%，减少大气中氯含量70%～97%。森林枝叶茂密，可减低风速，叶子表面能分泌黏性油脂及汁液，从而吸附大量的飘尘，据研究，林带对降尘的阻滞吸附率达23%～52%，对飘尘的阻滞吸附率达37%～60%。森林植物的芽、叶、花、果分泌出的挥发物质，部分为杀菌素，可直接杀死细菌，如白桦、冷杉等树

① 参见：邢喜云，段树森，肖柏辉．森林的生态功能［J］．内蒙古林业调查设计，2005（6）：10-11.

木能杀死空气中的白喉、肺结核、伤寒、痢疾等病原菌。⑥保护生物多样性，防止物种减少。地球上有500万～5000万种生物，其中一半以上在森林中栖息繁衍，森林是陆地上最丰富的生物资源库和基因资源库。科学家们断言，假如森林从地球上消失，陆地90%的生物将灭绝，全球90%的淡水将白白流入大海，生物固碳将减少90%，生物放氧将减少60%，许多地区的风速将增加60%～80%，人类将无法生存。联合国粮农组织原总干事萨乌马更是鲜明地指出："森林即人类之前途、地球之平衡。"

再以湿地为例，湿地是地球上最重要的生态系统之一，湿地是初级生产力最高的生态系统，被众多国内外学者赞誉为"地球之肾"，世界自然保护联盟（IUCN）将湿地生态系统与森林生态系统、农田生态系统并称为陆地三大生态系统[①]。关于湿地，国际上尚无统一的定义。1971年《国际重要湿地特别是水禽栖息地公约》将其定义为"沼泽地、湿源、泥炭地或水域，水域无论是天然的或人工的、永久的或暂时的，其水体是静止的或流动的，是淡水、半咸水或咸水，包括低潮时水深不超过6m的海域"；1979年美国鱼类和野生动物管理局在《美国湿地和深水生境分类》的研究报告中将湿地解释为："湿地是陆生生态系统和水生生态系统之间过渡的土地，在这些土地上，水位经常接近地表，或为浅水覆盖地表……湿地必须具有以下三个特征中的一个或一个以上：①土地上至少周期性地生长着优势的水生植物；②基质中不透水的水域土壤占优势；③基质非土壤，在生长季的某些时候被水所饱和或被浅水所覆盖。"[②]湿地可以存留大量的雨水、雪水和地表径流，并将它们慢慢释放到地下蓄水层或砂石含水层中，盆底湿地则像水库一样具有调节洪水的作用；湿地还相当于一个水过滤系统，湿地植物可吸收地表径流中过量的氮、磷、硫、铜、铁等重金属并使其进入植物生物链，湿地可以适量地发挥对城镇污水和工业废水的净化功能；此外，湿地是大量两栖动物和爬行动物的生存之地以及很多野生动物的营巢地和越冬地；产自湿地的硬木树种和木材在园艺学上具有特殊的利用价值等等。

正是由于这样一系列的原因，自然生态空间在根本上支撑着城镇群落的存在和发展。当然，自然生态空间并不是城镇群落"一个为人类表演的舞台提供装饰性的背景，或者是为了改善一下肮脏的城市，而是把自然作为生命的源泉、社会的环境、诲人的老师、神圣的场所来维护"[③]，它与城

---

① 吕宪国，姜明．湿地生态学研究进展与展望［A］//李文华，赵景柱．生态学研究回顾与展望［M］．北京：气象出版社，2004：319-335.

② 黄光宇．山地城市学原理［M］．北京：中国建筑工业出版社，2006：31-32.

③ （美）麦克哈格．设计结合自然［M］．芮经纬译．北京：中国建筑工业出版社，1992：32.

镇发展空间形成相互包容、共生互补的图底关系，形成阴阳相济、虚实相生的对立而平衡的统一体。在本质上，自然生态空间协调了城镇空间发展与自然的演进，促进城镇空间发展与自然的共生。正是在这个意义上，自然生态空间的存在地位和形态格局最能反映城镇群落的生态环境质量和可持续发展能力，是城镇群落生态安全格局的重要标志。

从历史的角度来看，我国古代城市营建活动，受到《周礼》“体国经野”制度的深刻影响，历来重视城镇发展空间对自然生态空间的寄生关系。据《周礼》营国制度，所谓“营国”，除建城外，尚需规划其所属的郊野地域，城是这一地域的主体，而郊野则是城所依赖的发展基础，两者相互促进，构成一个有国有野的城邦，这就是古代城市营建活动的国野之制或乡遂之制。《管子·小匡篇》曰：“制国以为二十一乡，工商之乡六，士农之乡十五。”就国野体制而言，“国中”（城）和四郊的地方建制属“乡”，而郊又有远近之别，远郊外一定范围内的地方建制属“遂”。因“遂”居郊外，故又可称“野”。国野之别在身份上是国人与野人之别，在地域上也就是城市与农村之别。乡遂地区实际上是建“国”的基地，也是“国”的近卫区。可见，早在先秦时期，我国的城市营建活动就已充分认识到周围广阔的乡村土地对于城市的依托作用，并将其作为城市建设的一个重要组成部分而备加珍视。在某种程度上，古代所营建的城，是一个以城为中心，城乡一体化发展的地域单元。这种质朴的“生态意识”源于中国传统文化的深刻影响。《论语》曰：“礼之用，和为贵”，作为中国传统文化的一个重要特征，“和”的生态学意义就是维持生态平衡，它在时间、空间两方面的表现是“时”和“依”（龙彬，2001）：所谓“时”，是指要尊重自然的季节规律，所谓“依”，则是指人与自然所具有的“唇亡齿寒”的生态关联，只有生物资源的持续存在，人们才能永久地获取物质财富并繁衍生息。《逸周书·文传解》曰：“山林非时不升斤斧，以成草木之长；川泽非时不入网罟，以成鱼鳖之长；不麛不卵，以成鸟兽之长。是以鱼鳖归其渊，鸟兽归其林，孤寡辛苦，咸赖其生。”在对“得养则长、失养则消”生态规律的认识基础上，古代城市营建活动一直保持着对区域自然空间的尊重与维育，形成了“草木零落，再进山林”，“钓而不纲，弋不射宿”，“往来井井，涣其群吉”，“得地则生，失地则死”等资源保护思想①，谋求城镇发展空间与自然生态空间的“天人合一”与“永续发展”。

尽管自然生态空间对城镇群落具有重要的生态支撑作用，然而这种生态支撑作用并非是无穷的。在一定的地域范围内，自然生态空间的生态支撑作

---

① 参见：张云飞．天人合一：儒学与生态环境［M］．成都：四川人民出版社，1995. 转引自：龙彬．中国古代山水城市营建思想研究［M］．南昌：江西科学技术出版社，2001：145.

用是有限的。1972年，以马萨诸塞州理工学院梅多斯（D. L. Meadows）教授为代表的多位科学家撰写出《增长的极限》一书，指出人口增长、粮食生产、工业发展、资源消耗、环境污染等的增长速度将使地球的支撑力达到极限，向人们展示了在一个有限的星球上无止境地追求增长将会带来的后果；同年6月份，《人类只有一个地球》作为联合国人类环境会议的一份非正式报告而出版，书中将污染问题与人口问题、资源问题、工艺技术影响、发展不平衡以及世界范围内的城镇化困境联系起来，从整体的角度来探讨资源和环境问题……这都是我们认识城镇空间发展与自然生态空间之关系的经典教材。

从生态学的角度，可以将自然生态空间对城镇群落的支撑作用称为"生态系统服务"（Ecosystem Services），即自然生态空间对城镇群落发展作出的各种贡献和服务。而自然空间对城镇群落的"服务能力"的大小，则可称作自然生态空间的"生态系统服务价值"。美国马里兰大学生态经济学研究所所长科斯坦萨（R. Costanza）曾于1997年在《自然》杂志发表了《世界生态系统服务和自然资本的价值》一文，率先研究了全球生态系统服务的总价值。他们采用的方法是：首先估计出各种生态系统的单位面积服务价值，然后用各种系统在地球上的面积与单位面积相乘，获得各种生态系统价值，最后彼此相加即得到全球生态系统服务总价值。科斯坦萨根据已出版的研究报告和少数原始数据进行最低估计，得出全球生态系统服务总价值为每年平均33.3亿美元（表8-3）。

全球生态系统服务的总价值 **表8-3**

生态系统	面积（百万 hm^2）	价值〔美元/(hm^2·a)〕	全球价值（万亿美元/a）
海　洋	33200	252	8.4
近海水域	3102	4052	12.6
热带森林	1900	2007	3.8
其他森林	2955	302	0.9
草　地	3898	232	0.9
湿　地	330	14785	4.9
湖泊河流	200	8498	1.7
农　田	1400	92	0.1
全球总价值			33.3

转引自：孙儒泳．动物生态学原理［M］．北京：北京师范大学出版社，2001：569.

正是由于城镇发展空间对自然生态空间的依赖性以及自然生态空间对城镇发展空间生态支撑作用的有限性，城镇群落的可持续发展必须以区域自然生态空间的承载力为最基本的前提。日本关西都市圈的建设计划正是基于这样的思想。日本关西地区具有以大阪湾为中心的、稠密的水系网络所形成的风土地貌，这个水系网络同时也是生物圈的轴心，它自古以来也是承担地区间联系的城市活动及人们日常活动的生活走廊。这个水系网络恰好可以表达为大树状的系统网络，由根、干、枝、叶所构成——“根”即大阪湾地域、“干”即承担关西都市圈区域活动的城市轴、“枝”即各城市区域、“叶”即是地区组团，其中“根”（即大阪湾地域）吸收着地球大自然的养分，必须首先保持其健康。这株大树是关西都市圈受太阳、雨、风以及生物相（Biota）所构成的大自然的养育而成长，同时随着地区组团、城市区域、城市轴、海湾地域的各种地域活动而保持生命力，并形成优美均衡的树形。这样的构想、行动、技术开发将会创造新的文明，实现城镇与自然的共生，如果其中一部分失去生命力，大树全体的平衡就会崩溃，而如果其一小部分过分肥大化也会导致全体的异常。关西都市圈的建设计划正是这样一个健康的生命体（图 8-8）[①]。

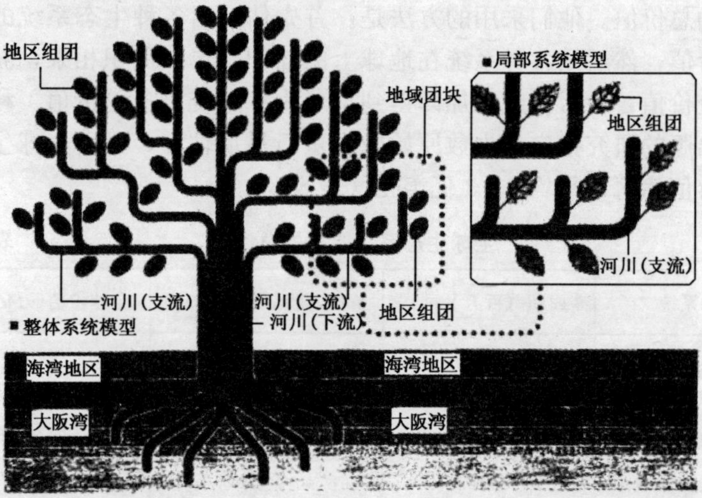

图 8-8　日本关西都市圈发展构想模型

来源：（日）纸野桂人．面向 21 世纪的城市——有持续发展性的关西都市圈建设方案与大阪湾开发，1994．转引自：黄光宇，陈勇．生态城市理论与规划设计方法［M］．北京：科学出版社，2002：91.

---

① （日）纸野桂人．面向 21 世纪的城市——有持续发展性的关西都市圈建设方案与大阪湾开发［A］//烟台城市规划国际研讨会论文集［C］，1994：22-23．转引自：黄光宇，陈勇．生态城市理论与规划设计方法［M］．北京：科学出版社，2002：91.

总而言之，作为一种人工建成环境的城镇发展空间，是在自然生态空间的环境基础上建设起来的，其形态格局本身也是与自然生态空间系统相互作用产生的结果。自然生态空间作为城镇发展空间的载体，为城镇群落的发展提供用地，提供其生存所必需的水、气、粮食、能源及资源，同时也容纳了城镇生产与生活产生的大量废物。随着城镇群落的不断发展，城镇发展空间对资源的需求在不断增长，生活与生产废物也在成倍增长，城镇发展空间的生态足迹越来越大，在一定地域一定程度上会超出自然生态空间的支撑能力，甚至出现各种资源供给（质量与数量）危机、生态环境危机。在城镇群落的规划建设过程中，必须深入认识城镇发展空间对自然生态空间的寄生关系，正确处理城镇发展空间和自然生态空间的冲突和矛盾，只有这样才能推动城镇群落的可持续发展。由美国区域规划协会等主导的东北海岸城镇群落发展研究，即是在深入认识城镇发展空间对自然生态空间的寄生关系的基础上，对城镇群落的自然生态空间进行辨识和保护（图 8-9）。

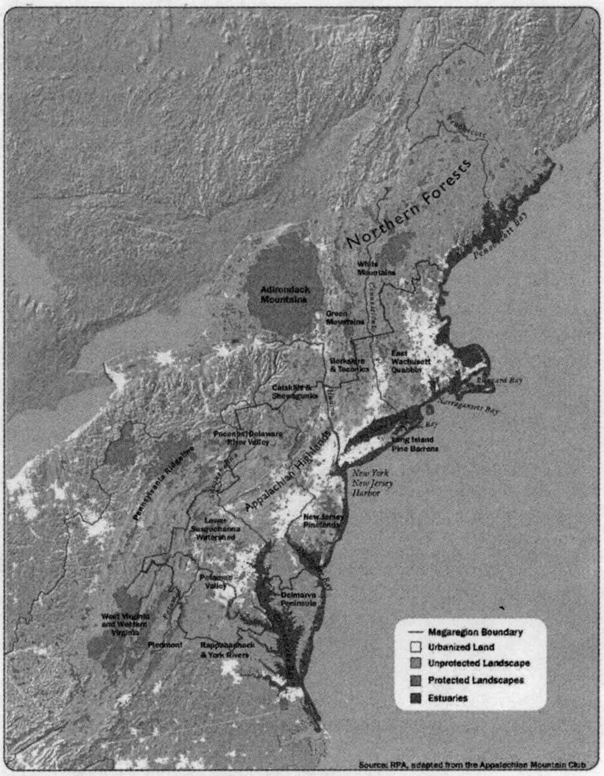

图 8-9　美国东北海岸城镇群落的自然生态空间保护

来源：University of Pennsylvania. Reinventing Megalopolis：The northeast Megaregion [R]，2005：23.

8.3.2　城镇发展空间之间的寄生

在城镇群落内，除了城镇发展空间对自然生态空间的寄生之外，不同的城镇发展空间之间也存在一定程度的寄生关系，尤其是在不同营养级别的城镇发展空间之间表现更为突出。根据不同营养级别的城镇发展空间的性质和职能变化规律（见第 6 章），规模较大的城镇发展空间，其产业结构类型逐渐高级化，如城镇群落中的顶位城市往往以服务业等第三产业为主，其周边的许多中小城市处于营养级别相对较低的水平，产业类型往往以第一、二产业为主，这些城市的第一、二产业，尤其是作为经济支柱的工业，对于顶位城市往往具有较强的依赖性，具体表现在金融、商贸、管理等方面顶位城市对下位城市的控制作用，以及在技术、信息、人才等方面对下位城市的支撑作用等等。当然，不同的城镇发展空间之间的寄生关系，并不是绝对的，由于“作用力和反作用力”的关系，从某种角度也可以认为营养级别较高的城市对其下位城市也具有相对的寄生关系。

8.4 城镇群落空间发展的竞争关系

如同生物群落一样，在城镇群落空间关系的组织中，竞争是一个至关重要的概念。就物种之间相互作用的基本类型而言，所谓竞争（Competition），即指生物群落内普遍存在的种间相互作用形式，广义地讲，它是指两个或更多的生物争夺同一对象的相互作用[①]。自然界中的一切生物都具有高速率增加其个体数量的倾向，这就必然会导致生存斗争：同物种内个体与个体之间的斗争，或是不同物种的生物之间的斗争，抑或是生物与其所生存的自然环境条件的斗争。正是由于群落中的生物都有不断繁殖后代、扩大分布的能力，然而空间和资源在某种程度上都是有限的，这就使得植物在对它们都适宜的地区内、为了生活必需的资源和空间如日光、水分、养料等产生了竞争[②]。

20 世纪 30 年代，生物学家高斯（G. F. Gause）首次用实验的方法观察了两个物种的竞争现象，他将在分类和生态上极相近的两种草履虫——双小核草履虫（*Paramecium aurelia*）和大草履虫（*P. caudatum*）作为实验材料，以一种杆菌为饲料进行培养，当单独培养时，两种草履虫都出现典型的逻辑斯蒂增长[③]；当混合在一起时，开始两个种群都有增长，但双小核草履虫增长快些。16 天后，只有双小核草履虫生存，大草履虫完全消亡（图 8-10）。另外，由实验条件可以保证，两种草履虫之间只有食物竞争而无其

---

① 宋永昌．植被生态学［M］．上海：华东师范大学出版社，2001：63.

② 由此可见，虽然在大多数情况下，人们常常用“竞争”一词来表示两个物种由于对资源的争夺而带来的各种负面影响，但在生态学意义上，它更多地是一个中性的词汇。

③ 在没有人为干扰的稳定的自然环境中，各个种群在物理因素和生物因素的制约下，出生率和死亡率一般说来是平衡的，因此种群的体积（个体数）是稳定的。但是，如果没有环境因素的制约，如在实验室中，给以充分的食物和其他条件，来培养单一的生物如细菌或原生动物等，就可看出，生物的出生率多是大于死亡率的。在有充分的食物供应，并且没有其他生物与之竞争的适宜环境中，种群的增长是直线上升的。但是，尽管物种具有如此巨大的增长潜力，在自然界中，种群却不能无限制地增长。因为，随着种群数量的增长，制约因素的作用也在增大。种群密度增高会引起传染病流行而使死亡率增加，捕食者也会因捕食对象增多而更多捕食，而更重要的是食物的供应将越来越不足，所以在自然界，种群总是在增长到一定限度后，增量和减量的差异逐渐消失而达到平衡。这样，在自然环境中所有生物的种群增长曲线不是直线而是一个 S 形曲线，即开始时经过一个适应环境的延滞期后，随后进入指数增长期（即个体呈指数增长），然后增长速度变慢，最后增量和减量相等，种群不再增长而达到最高密度的稳定期，种群生长全过程的这种 S 形曲线称为逻辑斯蒂曲线（Logistic Curve）。

他关系。通过这一实验，高斯认为大草履虫的消亡是由于其增长速度（内禀增长率）比双小核草履虫慢，因为竞争食物，增长快的种排挤了增长慢的种，这就是当两个物种利用同一食物资源时产生的竞争排斥现象，又被称作著名的高斯假说。近代生态学家进一步对高斯假说进行了概括：在一个稳定的环境里，两个以上受资源限制的但具有相同资源利用方式的种，不能长期共存在一起，亦即完全的竞争者不能共存。

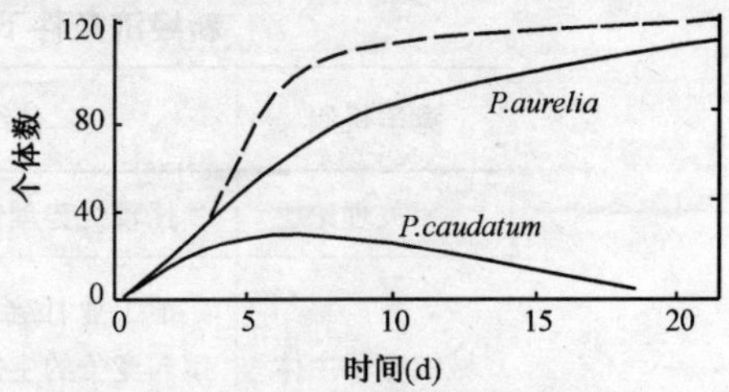

图 8-10　两种草履虫的竞争过程

注：虚线表示双小核草履虫在单独培养时的种群状态。来源：尚玉昌．普通生态学［M］．北京：北京大学出版社，2002：164.

8.4.1　城镇发展空间之间的竞争与协作

同生物群落一样，城镇群落也存在着广泛的竞争现象，例如城镇群落内诸多生物之间的竞争、人类与其他生物之间的竞争、城镇与城镇之间的竞争、城镇与乡村之间的竞争等等。更广义而言，不同的城镇群落与城镇群落之间，同样也存在着复杂的竞争关系。基于本书研究的需要，这里主要就城镇群落内典型的城镇与城镇之间的竞争进行分析。

城镇，在根本上是社会生产力发展到一定阶段的必然产物。作为人类最重要的聚居环境，城镇的存在和发展以满足人类各项生产和生活需要为最根本的目的。因此，城镇群落内城镇与城镇之间的竞争关系，与人类的各项生产和生活活动是息息相关的。一方面，城镇必须从周边的区域中获取其自身生存和发展所需的食物、原料、燃料和劳动力等，另一方面，作为人类所控制的场所，不同地区、国家、民族的人们之间的竞争，也是导致城镇群落内城镇与城镇之间的竞争的重要方面。和国家竞争、产业竞争、企业竞争一样，城镇竞争始终贯穿于城镇发展的整个历史过程。就生物群落而言，其竞争主要表现为对阳光、水分、土壤及食物等自然资源的争夺，相比较而言，城镇群落内城镇之间的竞争关系则要复杂得多。同时，由于社会经济的不断发展变化，城镇竞争的方式和机制也会存在显著的差异，表 8-4 为不同社会经济条件下城镇竞争的机制。

由于“人”对城镇群落发展的深刻影响及重要驾驭作用，城镇群落内诸多城镇之间的竞争关系，与人类活动的神经中枢——城镇政府有着密不可分的关系。在市场经济条件下，城镇发展的内外部环境不断变化，城镇之间的竞争日趋激烈，由于城镇国有资产从隐性到逐渐显化，从无偿使用到有偿使用，使得城镇政府也从过去较为消极的公共财产“守夜人”的资产管理角色，转变为承担国有资产和公共资源升值责任的“资本运作者”、

新经济条件下和传统经济条件下城镇竞争机制的比较　　表 8-4

竞争机制	传统经济时代	新经济时代
相关理论	比较优势理论，城镇定位理论	竞争优势理论与城镇核心竞争力理论
城镇竞争主体	前工业社会里家庭、政府成为城镇弱竞争的主体；工业社会中企业、政府则成为城镇竞争的主要行为者	以企业、政府为主，其他公私合作部门等为辅
城镇竞争环境特征	城镇内外环境不确定性小，组成环境和城镇单元之间的差异性小；单元的变化节奏基本相似同步	城镇内外环境变化快，偶尔还有质变，不同的单元是异质的，这种异质性可以持续较长的时间；流动空间和地方空间相互交织、影响
城镇竞争优势来源	独特而准确的目标定位：政策、领导人素质，以及目标定位所依据的内外部环境和区域资源条件（比较优势条件）	新的国际劳动分工，使得许多新兴工业城镇成为全球制造业新的集聚点，传统发达城镇的比较优势不在，它们重新塑造独特、不易模仿的战略资源和竞争能力
城镇竞争方式	由于资源的稀缺性，因此工业经济时代的竞争是对抗的战争性竞争，基于比较优势的“价格竞争”是主要的竞争手段	企业和政府以能力建造和能力提升为主要内容的能力竞争是重要的方式，城镇之间形成宽容性竞争、合作型竞争为主导的竞争方式
城镇竞争范围	城镇竞争往往局限于区域范围内，因而传统的城镇定位理论往往以邻近的竞争对手城市为参照构思的战略	全球范围内竞争。对现有的城镇竞争力的主要威胁，并不仅仅来自已经存在的竞争对手，而是来自于拥有崭新思维的“创业型城镇”

来源：于涛方．城市竞争与竞争力［M］．南京：东南大学出版社，2004：61.

城镇竞争关系的“代言人”。在城镇经济发展领域，政府代表国家管理和运作国有企业的资产，同时为城镇经济运行制定整体的规则和提供环境的支持；在城镇建设领域，政府从单一的城镇建设者变成城镇开发活动的组织者；城镇政府的行为呈现越来越明显的市场化和企业化特征，城镇越来越像一个巨大的按照市场规则运作的企业；政府实际扮演着城镇法人的角色，要为其行为承担有限责任；城镇内部不同的组成部分则日益车间化和部门化，共同构成有机分工协作、追求外在绩效的统一的综合经济体①。

① 王兴平．城市企业化与城市战略规划［J］．城市规划，2002（6）：70.

与此同时，城市的运作方式也趋向市场化，政府按照市场导向来调整自身的行政行为，在市场导向、局部利益意识和竞争机制的氛围中，城镇政府的能动性一方面是促进城镇发展的强劲动力，另一方面也是造成地方主义和引起地区冲突的重要原因。

8.4.2 城镇发展空间“生态位”的形成

竞争对生物群落的发展具有不可忽视的影响，突出地体现为不同物种之间“生态位”的出现。所谓生态位（Niche），通常可以理解为一个生态学空间，但它不是一个简单的物理空间，而是由物理环境和种群的生物学特性（结构的、生理的、行为的综合特征）共同决定的多向度空间①。生活于同一物理空间的不同种群占据不同的生态位，因为不同种群的生物学特征不同，它们利用物质、能量的方式不尽相同。占据不同生态位的物种种群在生态系统中起不同的作用。

“生态位”一词对应的英文是“Niche”，20 世纪 50 年代我国引进这一概念时，采用的是“生态龛”的译名，后又出现了“小生境”的译名，这两种译法比较强调“Niche”一词的空间含义。在 1982 年举行的中国大百科全书生态学分册编写会议上，不少专家提出“生态位”的译法，这种观点获得通过并沿用至今。“位”字既有空间含义又有功能含义，能够比较准确地表达“Niche”一词的原意。

生物之间的竞争可能产生两种结局：一种情况是，较强的一方在对方尚未能作出生态调节之前就已取胜，从而导致较弱一方的灭绝或双方灭绝；另一种情况是，较弱的一方找到其避难所，或迅速作出生态调节，以至于任何一方都不能消灭对方，从而双方继续共存。一般来说，竞争的趋向是造成一方不利的影响，主要表现为种群增长率的下降。不论在什么情况下，只要有可能就避开另一方的竞争，对于两者之中的任何一方总是有利的，因而竞争通常会促进对不同资源的利用，并导致生物多样性（Ecological Diversity）的增加（宋永昌，2001）。“生态位”理论的产生正是基于这一原理。

作为生态学中的一个重要理论，生态位的思想由来已久。早在 1917 年，生态学家格林内尔（J. Grinnel）第一次使用了“生态位”（Niche）一词，把它看作是生物在群落中所处的位置和所发挥的功能作用，后来将其进一步定义为“物种在群落和生态系统中所占据的最后分布单元（Ultimate Distributional Unit）”②；1927 年，生态学家埃尔顿（C. S. Elton）强调生物有机体在群落中的功能，把动物的生态位定义为“该物种在其生物环境中的地位以及

① 沈银柱．进化生物学［M］．北京：高等教育出版社，2002：222.

② J. Grinnel. Geography and evolution［J］. Ecology，1924（5）：225-229.

它与事物和天敌的关系”，后来又指出“一个动物的生态位在很大程度上决定于它的大小和取食习性”[①]；1954年，生态学家克拉克（G. L. Clarke）把生态位区分为功能生态位和地点生态位，指出“在生态群落中，不同的动植物执行着不同的功能，但是在不同的地理区域内，同样的功能生态位也可被完全不同的物种所占有”[②]；1957年，生态学家哈钦森（C. E. Hutchinson）利用数学上的点集理论，把生态位看成是一个生物单位（个体、种群或物种）生存条件的总集合体，并将生态位拓展为既包括生物的空间位置及其在生物群落中的功能地位，又包括生物在环境空间的位置，即所谓的多维生态位，此外，他还把生态位区分为基础生态位和现实生态位[③]；1959年，生态学家奥德姆（E. P. Odum）把生态位定义为“一个生物在群落和生态系统中的位置和状况，而这种位置和状况则决定于该生物的形态适应、生理反应和特有的行为（包括本能行为和学习行为）”，他形象地把生物的生境比作生物的“住址”，而把生物的生态位比作生物的“职业”；1983年，生态学家皮亚恩卡（E. R. Pianka）指出，一个生物单位的生态位（包括个体、种群或物种生态位）就是该生物单位适应性的总和，生物环境与生物生态位之间的差异，仅仅在于在生物生态位的概念中，包括生物开拓和利用其环境的能力，也包括生物与环境相互作用的各种方式[④]……

通过上述关于生态位概念的论述不难理解，生态位理论强调的是一种趋异性进化，即物种与其在同一区域相互争夺有限资源，不如通过改变自身来开拓广泛的资源空间，去利用尚未开发的资源。在生态位分化过程中，各物种在时间、空间、资源的利用以及相互关系方面都倾向于用相互补充来代替直接竞争，从而使由多个物种组成的生物群落更有效地利用环境资源。

与自然界的生物物种相类似，城镇也处于自然、经济、社会、文化等因素构成的生态环境里，由于城镇之间不断发展的竞争关系，它们在城镇群落的发展过程中也逐渐发展出自身的“生态位”——或可称之为“城镇发展位”。正是由于城镇发展的“生态位”原理，使得城镇群落内的各个城镇在其发展过程中自觉地寻求其适宜的发展目标和发展途径，具体表现则是城镇群落各城镇自发的职能分工现象（表8-5）。由于城镇群落中包含了若干不同的城镇，因此，“城镇生态位”是指城镇在特定时期特定生态环境里能动地与环境及其他城镇相互作用过程中所形成的相对地位与功能作用。城镇生态位既反映城镇在特定时期、特定环境中的生存位置，也反

---

① 尚玉昌．普通生态学［M］．北京：北京大学出版社，2002：284.

② 尚玉昌．普通生态学［M］．北京：北京大学出版社，2002：284.

③ 庄悦群．从生态位到可持续发展位：概念的演进［J］．中国人口资源与环境，2005，15（4）：1-4.

④ 尚玉昌．普通生态学［M］．北京：北京大学出版社，2002：285.

映城镇在该环境中的自然资源、社会资源、经济资源等城镇生态因子所形成的梯度上的位置，还反映城镇在生存空间中的物质、资金、人力、技术和信息流动过程中扮演的角色。

珠江三角洲各城市定位一览表　　表 8-5

城市	城市定位	主导产业
广州	发挥中心城市政治、文化、商贸、信息中心和交通枢纽等城市功能，巩固、提高广州作为华南地区的中心城市和全国的经济、文化中心城市之一的地位与作用，发展成为国际性区域中心城市和山水型生态城市	电子及通信设备制造业、汽车制造业、石油化工
深圳	建设成为区域性金融中心、信息中心、商贸中心、运输中心和旅游胜地，以及我国南方的高新技术产业开发生产基地。完善城市功能，建成社会主义现代化国际性城市	计算机软件产业、通信产业、微电子及基础元器件产业、视听产业、机电一体化产业、重点轻工产业和能源产业等
东莞	珠江三角洲东部副中心城市，东莞市的政治、科技、文化及商贸服务中心，以高新技术产业为主导，环境优美的综合性现代化城市	电子家电、通信设备、纺织服装、机电、建材、医药保健、食品饮料等
惠州	重要的风景旅游城市、石化产业基地和珠江三角洲向粤东、粤东北地区辐射的“门户”城市	电子信息、软件技术、机电一体化、新能源、新材料等
珠海	建设区域性商贸、服务和金融中心、区域性交通枢纽和珠江三角洲西部临海产业基地	电子资讯、电器机械、精密制造、生物制药、石化等
江门	五邑侨乡的政治、经济、文化中心，区域性制造业中心，珠江三角洲西部的商贸科教中心城市之一	电子信息、电气机械及设备、纺织化纤及服装、食品加工、交通设备等制造业
佛山	珠江三角洲西翼经贸中心城市；以高新技术产业为主导的现代化、开放型城市；国家级历史文化名城	纺织、电子、陶瓷、塑料、电器、建材、食品饮料、机械等
肇庆	西江中下游的中心城市，市区以发展市域中心的行政、商业金融、科技文化、旅游服务等职能为主，发展成为西江中下游中心城市之一	食品轻工、副食品加工、医药等
中山	在珠江三角洲西部城镇群体的发展中起到次中心城市的作用	电子信息、化工、电器机械

注：依据各城市总体规划（或概念规划）整理。来源：深圳市城市规划设计研究院．珠江三角洲城镇群协调发展规划（2004—2020）——调控机制专题研究［R］，2004：38-39. 本表中惠州的城市定位为作者根据规划文本的有关内容所加。

再以美国东北海岸城镇群落为例，由于极为开放的市场经济环境条件，东北海岸城镇群落的诸多城镇间存在着发达的竞争关系，这种竞争关系使得城镇群落内的大部分城市都保持着各自的个性特征，形成各具优势的产业部门，构成一个既有分工、又有密切联系的有机整体，城市间的要素流动极大地增强了各大都市区之间的网络化发展趋势。例如，华盛顿是美国首都、政治中心，是世界各国中少有的仅以政府职能为主的中心城市，具有突出的行政和文化职能，集聚着大量的法律、咨询公司、非营利组织和信息技术企业。纽约以金融服务部门著称，吸引了许多大型投资银行、法律服务以及各种媒体和文化企业，在经济、政治方面都发挥着重要的国际职能。波士顿是高技术与高等教育集中的文化科技型城市，128环形公路科技园区已成为仅次于硅谷的全美微电子技术中心，医学研究、生物科技和医疗服务等领域也具有明显的优势。费城和巴尔的摩都是重要的海港和工商业城市，在医疗服务和教育方面也较具优势（表8-6）。

美国东北海岸城镇群落各城市的主导产业 **表8-6**

城　市	最大产业部门	次级产业部门
华盛顿	专业与商业服务	信　息
巴尔的摩	教育与医疗服务	专业与商业服务
费　城	教育与医疗服务	金融活动
纽　约	金融活动	信　息
波士顿	教育与医疗服务	信　息

注：Short，J. R. Liquid City：Megalopolis and the Contemporary Northeast［M］. Washington，D. C.：Resources for the Future，2007.

8.4.3 竞争对城镇群落空间结构和空间形态的影响

群落生态学的研究表明，在生物群落空间结构的形成过程中，物种间的“竞争”关系发挥着决定性的影响作用①。在生物群落中，生态位概念涉及食物资源、空间利用情况以及形态差异等影响因素，其中对空间的需求是最重要的，例如在具有领域行为的动物中，往往是少数个体把一片适宜生境分割为几部分分别占有。在生态学研究中，空间可以被分割为取食生态位（Feeding Niches）。从植物或植被的垂直剖面上看，动物常常仅局限于在一定的范围内觅食，不同的物种可以借助于把一种资源分离为许多部分而共同占有它，这种分离可以是空间的，也可以借助于食物特化来完成（图8-11）。空间分离是由动物的行为和形态特化引起的，这种特化可以使每一个物种限定于生境的一定部位和利用特定部分的资源。

① 李博．生态学［M］．北京：高等教育出版社，2000：136.

在很多生物占有同一特定环境的情况下，资源常常被这些生物以下述方式所瓜分，即全部资源将被充分利用并将容纳尽可能多的物种，同时还能使种间竞争减少到最低限度。1963年，生物学家H. F. Lampery在坦桑尼亚的Tarangire自然保护区所进行的研究工作是关于生态位分离的经典研究之一。在这个自然保护区中有3种基本生境类型：稀疏草原、稀疏林地和稠密森林，共同生活着14种主要的食草动物，其中有8种几乎生活在同一生境中。虽然如此，各种动物之间并没有发生利害冲突。据H. F. Lampery的研究，这是因为它们的生态位借助于以下几种方法而发生分离：①不同的食草动物吃不同种类的食物；②不同的食草动物吃同一种植物的不同部位；③不同的食草动物在距地面的不同高度上取食；④不同的食草动物出现在同一地区的时间（一天内）和季节不同；⑤在任一特定的季节内分散在不同的地点取食[①]。

图8-11　在空间分隔基础上的生态位关系

A. 食物特化——绿啄木鸟和椋鸟都在地面取食，但前者吃蚂蚁，后者吃昆虫幼虫；B. 空间的垂直分离——䴓在树干和大树枝上取食昆虫幼虫，而鹟从一停歇点起飞捕捉飞虫；C. 空间的水平分离——森莺和柳莺各有自己的领域，互不入侵；C′. 空间的水平分离——红尾鸲和鹟各有自己的取食范围，在空间分离的情况下，如果一方不存在，另一方就会扩大自己的垂直或水平活动范围（B′和C′）。

来源：尚玉昌．普通生态学［M］．北京：北京大学出版社，2002：290.

正是由于竞争关系对生物群落空间资源利用的这种影响，形成了生物群落独特的空间结构特征——垂直分层现象。例如，在森林群落中，最高大的树木占有森林的最上层，形成乔木层（林冠），往下依次是灌木层、草木层和地被层等，各层之间还会有一些层间植物，如森林中丰富的藤本植物和附生植物。一般而言，阳光从天空射入森林时，绝大部分被树冠所截取，越是底层的植物，所获得的阳光越少。据统计，分配到灌木层的阳光大概只有10%，而到达地面的阳光还不到1%[②]，最底层的植物只能在微弱的阳光条件下进行光合作用（图8-12）。

除了植物群落的结构中存在垂直分层以外，动物群落中也有同样的情形。在我国珠穆朗玛峰的河谷森林里，白翅拟蜡嘴雀总是成群地在森林的最上层活动，吃大量的滇藏方枝柏的种子，而血雉和棕尾虹雉则是典型的森林底层鸟类，一般吃地面的苔藓和昆虫，煤山雀、黄腰柳莺和橙胸鹟则喜欢在森林中层营巢。

① 尚玉昌．普通生态学［M］．北京：北京大学出版社，2002：288.

② 李振基等．生态学（第三版）［M］．北京：科学出版社，2007：174.

图 8-12　福建南靖南亚热带雨林自然保护区内森林群落的垂直结构

1—红栲；2—乌来栲；3—红磷蒲桃；4—厚壳桂；5—黄桐；6—华杜英；7—翅子树；8—鹅掌柴；16—罗伞树；17—九节木；18—斜基粗叶木；19—柏拉木；21—刺桫椤；22—海芋；23—华山姜；25—单叶新月蕨；26—密花豆藤；27—扁担藤；28—花皮胶藤；29—白背瓜馥木（其余略）

来源：林鹏和丘喜昭，1990。转引自：李振基等．生态学［M］．北京：科学出版社，2007：174.

如同生物群落一样，竞争对城镇群落空间结构形成与发展的影响也是极为突出的，这种影响除了城镇发展生态位的形成（表 8-3）之外，还突出地体现在城镇群落空间结构的垂直分层现象，以及城镇群落各不相同的空间形态等方面。

城镇群落内的诸多城镇，由于所处区位不同，区域环境、资源等条件不同，影响到不同城镇在人口集聚、交通运输、产业发展等多个方面的“适应性”和“竞争力”显著不同，因而城镇发展的规模、速度、空间格局等各不相同。诸多城镇在区域相互竞争的生存环境之中，其营养级别和营养水平逐渐分异，导致从建制镇到县城、小城市、中等城市、大城市，直到特大城市、顶位城市等不同营养级别的城镇群落结构的形成。在城镇群落之中，不同营养级别的城镇发展空间，其区域发展的竞争力和生态位各不相同，一般来说，城镇的营养级别越高，其区域竞争力越强，其生态位较显著地分布于城镇群落空间结构的“上层”（或高端），因此城镇群落的空间结构逐渐呈现垂直分层的现象，典型地体现为城镇群落的等级结构。以珠三角城镇群落为例，作为我国对外开放的试验基地，珠三角地区具有较早的区域经济一体化进程，随着各地之间的社会经济联系逐渐增多，对珠三角区域内有限发展空间和资源的争夺也日趋激烈，各地在产业发展、大型基础设施建设及土地开发等方面逐渐形成了自身的生态位，不同城镇发展空间的垂直分层现象是十分明显的。

城镇群落内的竞争关系对城镇群落的空间形态也具有显著的影响。最有代表性的是，我们可以对美国东北海岸城镇群落和我国京津冀城镇群落的空间形态进行比较，不难发现，两者的空间形态类型是显著差异的，美国东北海岸城镇群落的空间形态是一种多核心的带型结构，我国京津冀城镇群落的空间形态则是一种双核心的星月型结构，两种城镇群落空间形态类型的差异，不能不说是两个城镇群落竞争关系的不同所导致，美国东北海岸城镇群落处于一个高度发达的完全市场经济环境之中，城镇群落的竞争关系是一种市场经济的自由竞争格局，致使城镇群落内不同城镇的空间形态也体现为相对均衡的多核心结构，而我国的京津冀城镇群落则处于一种中央集权色彩较浓的经济体制下，城镇群落的竞争关系受到城镇的政治地位和行政关系的深刻影响，北京作为我国的首都，其行政方面的竞争力要显著强于京津冀城镇群落内的其他城镇，京津冀城镇群落空间形态的“极化现象”是显而易见的。因此，在认识和分析城镇群落的空间结构和空间形态时，对城镇群落的竞争体制和竞争关系进行深入剖析是十分必要的。

8.5 成渝城镇群落的空间关系

8.5.1 相对发达的区域共生关系

相对于国内其他的一些城镇群落而言，成渝城镇群落的空间关系表现出较为发达的共生关系，这种共生关系尤以成渝地区经济发展的依存关系最为突出。从产品市场看，重庆产品开拓川西乃至西北地区市场，主要以成都为依托，重庆的长安汽车、嘉陵摩托等支柱产品和日用消费品都是以成都为重要的批发集散地，近年来重庆的一些大中型企业在市场开拓上，进一步加大了以成都为依托的力度；同时，成都的产品如电子、量具、刃具等名优产品，还有自贡、内江两市的产品辐射川东以及长江流域地区，也主要以重庆为依托，特别是在交通方面重庆是成都的重要依托，通过长江流域出海，是成都提高通江达海能力的重要通道，加强了成都与长江流域的经济关系，增强了成都在长江流域中的地位和作用。在市场经济条件下，四川与重庆虽然在国家投资、资源配置上存在着一定的竞争，但两者的自然资源各具特色，产业、经济以互补为主，各自的产品共同服务于盆地内1亿多人口。同时，四川与重庆共同构成一个大的经济地域单元，四川产品以重庆东出、重庆产品以成都西进，共同作用的市场范围达3亿人左右。

成渝城镇群落相对发达的区域共生关系，还可从成渝城镇群落同区域内外部的联系方面进行判断。从铁路货流的统计数字来看（表8-7），重庆的到达货流主要来自城市群内部和攀枝花，对外联系以南部昆明和北部兰州为最多，但其货流总量也仅为6.7%和5%；重庆的发出货流也以城市群内部和攀枝花为主，与西部地区的货流主要以贵阳、兰州和昆明为主但所占比例仍然较低（均在8%以下）。成都与重庆也非常相似，无论是发出货流还是到达货流均以城市圈内部为主，与西部地区除了昆明以外，货流联系均很小。同样，城市群内的其他城市对外辐射与联系作用也不是十分明显（个别城市除外）。总体来说，成渝城镇群落的对外联系仍然较弱，与整个西部地区的铁路货流总量远不如成渝城镇群落内部的铁路货流量大。

成渝城镇群落主要城镇的铁路到发货流比例结构表（单位：%） 表 8-7

类型	区域	重庆	成都	自贡	德阳	绵阳	内江	乐山	宜宾	资阳
到达	川渝地区	57.7	35.5	47.3	41.2	20.3	34.3	15.4	35.8	32.4
	西部地区	20.5	35.2	24.5	36.1	27.4	22.5	47.4	42.1	47.1
发出	川渝地区	55.4	34.0	32.7	34.7	43.4	19.9	7.8	44.3	42.9
	西部地区	26.2	41.7	22.3	17.1	35	42.9	54.5	40.1	40.5

来源：中国城市规划设计研究院．成渝城镇群区域背景条件与战略定位——成渝城镇群协调发展规划专题研究［R］，2008-02：33.

8.5.2 个性突出的城镇发展生态位

就成渝城镇群落的空间关系而言，不仅区域的共生关系相对发达，其内部的各个城镇在长期的发展过程中也逐渐形成了个性较为突出的城镇发展生态位，具体表现在成渝城镇群落长期以来城镇发展方面一定程度的职能分工现象。

就重庆都市区和成都都市区而言，随着国家的产业布局和两市经济的发展，成渝两市都形成了各自的产业特点。从两个城市的产业结构来看，重庆以第一、第二产业为主体，第一、第二产业的比重大大高于成都，第三产业的比重则明显低于成都，成都则以第三产业的迅速发展为主要特征，两城市间的产业分工明显；从第三产业的发展来看，重庆的相对优势在金融、保险、医疗、物流、影视、科技等方面，而成都的相对优势在餐饮、批发零售、高等教育等方面；从第二产业的内部结构看，重庆至今仍以重型为主，而成都则长期以轻型为主，在产品发展战略上看，重庆以重型为主，重庆以汽车、摩托车等产品为支柱，而成都则以轻型为主，以电子及信息、医药、食品、机械产品为支柱。成渝两市产业各具特色，互不干涉，工业成轻渝重的基本格局已基本形成。在全国许多城市都出现产业趋同弊端的情况下，成渝两个顶位城市仍保持了良好的产业分工。这种明显的功能互补关系，对于两市今后的发展是十分有益的。

就成渝城镇群落内的其他城镇而言，其城镇发展的生态位也是非常突出的。例如，绵阳是全国著名的中国科技城，德阳是全国重型机械装备工业基地，自贡、泸州等地是全国重要的化学、工程机械工业基地，宜宾则是重要的食品工业和能源工业基地，等等。这种较为明显的职能分工关系，对成渝城镇群落的产业发展与协作是十分有益的。反过来说，成渝城镇群落各个城镇的发展情况，也非常典型地体现了城镇群落城镇空间发展的生态位自然演化规律。

8.5.3 城镇群落共生关系发育的内在动力

之所以成渝城镇群落具有良好的区域协作和共生关系，并非偶然形成的，而是受到一些关键因素的影响和推动。概括而言，这些促进因素主要包括以下几个方面：

1. 同处四川盆地的自然环境统一性，长江上游干支流水系将诸多城镇联系成一个整体

成渝城镇群落的一系列城镇同处于四川盆地的地理区域，在外表现为盆地地形的封闭性，在内表现为地域联系的紧密性。盆地地形环境的封闭性使得这些城镇在自然地域上的联系具有先天优势，作为盆地东部的经济中心——重庆仍然是四川东部广大地域的人口、货物进出四川的重要港口，同时，四川与重庆之间又有着多渠道、多方位的交通、通信联系，从而使得四川与重庆的经济、社会联系也是非常密切的。四川和重庆同处于我国西部前缘的位置，相近的经济基础和各具特色的资源环境条件，使两地有着共同的发展机遇，十分有利于成渝城镇群落的优势互补、劣势互济、加强合作和共同发展。

2. 巴蜀文化的同一性

文化是城镇发展的巨大动力。成渝城镇群落共生关系的发育，与巴蜀文化的长期熏陶和影响也是密不可分的。成都、重庆两市分别为蜀文化、巴文化的中心，巴文化、蜀文化的成长有许多相同的历史背景和地域背景，两者互为补充、互相交流，构成了几千年来成渝城镇群落城乡空间发展的精神支柱。

当然，就巴、蜀文化而言，早期是较为独立的，不论在地域范围、人类群体，还是在古国、古族等方面，巴、蜀之间都有清楚的分野，以成都平原为中心的"蜀地"和以川东岭谷为中心的"巴地"，都形成了自己相对独立的地理区域。但是，在秦灭巴蜀（公元前316年）[①]之后，巴与蜀皆属中原王朝，致使巴文化和蜀文化皆融入汉文化之中，日渐趋同，没有多大区别[②]。当然，就文化而言，还有楚文化乃至"巴楚文化"之说，但总体而言，楚文化对川渝地区的影响主要集中在长江三峡地区，地处四川盆地的成渝城镇群落，在文化上主要呈现出具有同一性的巴蜀文化之影响。共同的文化氛围，促使成渝城镇群落有着共同的民情风俗、共同的生产、生活、消费方式，还有共同的"四川话"和共同的意识取向，共同的文化传统促进了两地人民在经济、技术、文化、人才等许多方面的合作与交流，有力推动了这一地区的经济发展和社会进步。

---

① 周慎靓王五年，秦国张仪、司马错等率军攻灭巴、蜀的作战。

② 薛新力. 重庆文化史（远古—1949年）[M]. 重庆：重庆出版社，2001：10.

3. 建国后近半个世纪的“大四川”同治历史

在新中国成立之后、1997 年重庆直辖以前，重庆一直是四川省的一部分，四川省实施“两点、两线、两翼”的发展战略，促成了成渝之间一体化发展的基础条件，特别是成渝高速公路的建成通车，更形成了以高速公路为纽带的成渝一体化发展新格局。经过大四川地区近 50 年的一体化建设，初步形成了川渝地区以机械（含军工）、电子、冶金、化工、建材等工业为主的、轻重工业门类比较齐全的工业体系和统一的基础设施网络体系。成渝两地一体化关系的形成、完善和发展，产生了一加一大于二的系统整合效果，增加了成渝城镇群落的辐射能力和带动能力。

4. 城市经济辐射的内在影响

就川渝地区的一些城镇而言，四川省的一些城镇和地区在重庆市的经济吸引和辐射范围之内，如达州市、广安市的各县市和南充、遂宁地区的部分县市，长期以来与大重庆及相关城镇形成了密切的产业配套和经济合作。川渝两地经济发展长期以来一直密不可分，在新的行政归属中，随着两地经济共同发展，经济协作会不断加强，这些经济联系不但会依然存在，而且还会不断增强，重庆市与川东地区的产业协作和经济互动，大大加强了成渝城镇群落的共生关系。

8.5.4 近年来无序竞争的不良趋向

对于成渝城镇群落的空间关系而言，整体上是一种较为和谐的共生关系，在重庆直辖之前，由于“大四川”的行政体制，即使有一些竞争关系的存在，也表现为一种统一管理下的“有序竞争”。然而近些年来，随着川渝行政区划的调整，川渝两地分而治之，导致成渝城镇群落的竞争关系发生重大转变，对成渝城镇群落的空间结构和空间形态产生了深刻影响，这些影响有其积极的一面，但也逐渐凸显出一些较为突出的问题。从区域发展战略的角度，直辖前原四川省的区域发展部署是“依托两点、发展两线、开发两翼、带动全省”，重庆直辖后，四川省认为其“带走了其中的‘一点、一线、一翼’，使得‘两点、两线、两翼’的发展战略格局发生了很大变化”[①]，因此重新调整战略部署为“一心”、“四轴”、“四区”，其发展重点逐渐转向以成都为核心、绵阳和乐山为两翼的成都平原城镇连绵区的发展。由于隶属关系和城市地位的不同，成都和重庆都在以成为区域性的中心城市为发展目标，因此双方竞争大于合作。首先以城市利益为驱动的产业发展方向存在部分雷同；其次是长远发展定位的目标重合。成都在

① 参见《四川省城镇体系规划（2001—2020）》专项研究之“四川省与重庆市及周边省区关系分析”，《四川省城镇体系规划（2001—2020）》第 3 页。

上版总体规划提出了建设西南地区“三中心、两枢纽”的发展目标，重庆从四川省分离成为直辖市后，定位于国际化大都市的发展目标，更是想要成为长江上游的经济中心城市，势与成都“一分高下”，连一些基本的名词如“成渝城镇群”的习惯提法，竟也有不少学者提出所谓“渝蓉城镇群”等新的名词，希望重庆能够排在成都的前面。在新版《重庆市城乡总体规划（2007—2020）》中对成渝城镇密集地区的描述，采用的就是“渝蓉城市群”、“长江渝蓉城镇产业聚合带”、“渝蓉综合交通枢纽”等提法[①]。面对近年来国际贸易增加、世界发达国家新一轮产业结构调整等的发展机遇，由于成渝两地未能达成协作共识、形成整合力量，不仅两地的发展已大大落后于长三角、珠三角等，而且也影响到成渝两地之间的“交错区域”并没有得到协调发展，甚至出现成渝两地之间空间发展的“空心化现象”(图6-17)，地处成渝两地之间交通廊道节点的内江、遂宁等城市，本来可以受到成都、重庆的双重辐射而得以快速发展，但是近年来这些城市的发展却始终较为缓慢。这种空间发展现象不能不说是成渝城镇群落较强的竞争关系使然。

从一些具体的事件中，也可以体会到重庆直辖后成渝城镇群落所出现的无序竞争趋向：在成渝两地的中小城市中，长寿、南充、广安、达州、泸州等一系列城镇均提出要建设大规模的天然气化工基地，其中长寿提出建设世界级的天然气化工基地，泸州曾提出要建设我国最大的天然气化工城，达州要成为“中国气都”，南充则要成为亚洲第一气田；重庆以汽摩制造和重型机械为支柱产业和优势产业，但汽摩制造中的核心之一——汽车电子却是重庆的弱项，没有与成都合作而是从湖北、广东或国外进口，成都的电子科技虽然比较发达，但却并没有寻求与重庆的合作，而是在想办法自主引进大型汽车制造企业；宜宾、泸州、永川、江津在争夺长江岸线资源，都想建设成区域性物流中心，依托长江的各港口大规模扩建，遂宁、南充、合川也在争夺区域性中心城市和物流中心；重庆的“重庆啤酒”和四川的“蓝箭啤酒”，这两种啤酒在川渝的市场正常竞争，总是受到非市场因素的干扰，导致川渝啤酒市场的各自封闭，不能形成良性的市场竞争环境……这种无序竞争趋向的存在，对于成渝城镇群落的健康发展是极为不利的。

8.6 小结

共生是城镇群落空间关系组织的基本原理，城镇群落内各种空间要素之间复杂的共生关系是城镇群落赖以存在的基础，由于诸多空间要素的共

① 参见《重庆市城乡总体规划（2007—2020）》说明书第一分册的第13页、第54页、第60页等。

生，导致城镇群落共生质的产生，使得城镇群落具有任何单一城镇所无法具有的性质和职能，从而成为某一国家或地区参与全球竞争的主体。城镇群落存在典型的寄生关系，一方面是不同城镇发展空间之间的寄生，另一方面则是所有城镇发展空间对城镇群落的自然生态空间的寄生。自然生态空间是城镇群落可持续发展的生态支撑系统，城镇群落的生态安全格局有赖于对城镇群落自然生态空间的严格保护。竞争是城镇群落一种普遍的空间关系类型，竞争关系导致城镇群落不同城镇空间发展“生态位”的产生，竞争也是导致城镇群落空间结构形成和空间形态发展的关键要素。

9 城镇群落空间发展的演替

生物群落都不是静止不变的，而是随着时间的进程，处于不断发展和变化之中，并且这种运动变化是有规律的，有时候甚至是有一定的顺序性的，即从一个群落，经过一系列的演变阶段而进入另一个群落。例如，在原来群落存在的地段，由于火灾、水灾、砍伐等不同原因而使群落受到破坏，以后在这个地方，群落就会有顺序地发展，许多暂时性的群落一个跟着一个地彼此交替，一直到成了在该气候条件下能相对稳定的、其组成与结构往往与原先那个相邻近的群落，这种在一定地段上，群落由一个类型转变为另一个类型的有顺序的演变过程，即为群落演替①。任何科学的目的都是为了实现预见和控制，既然群落是动态的，那么，只有通过对群落演替过程的精心研究，人类才能取得预见群落自然发展趋势的能力，并在改造它们的过程之中，取得发展这种可以实现的目标的能力（赵志模等，1990）。从群落动态的角度认识城镇群落空间发展的规律性，不仅是城镇群落空间结构分析的重要内容，也是科学进行城镇群落空间规划的基本前提。

9.1 生物群落发展的演替

演替一词来源于拉丁语 succession，意指“继承、继续前进”。作为生态学研究中的一个基本概念，群落演替（Community Succession）首先出现于植物生态学的研究之中，1825 年法国的生态学家 Durean dela Malle 首次将演替一词应用于植物生态学研究中，而关于植物演替的基本概念和演替学说，则是生态学家 Clements 直到 20 世纪 20 年代才系统地提出的②。

群落演替属于群落动态的范畴。群落动态是一个广泛的概念，可以指代

---

① 孙儒泳．动物生态学原理［M］．北京：北京师范大学出版社，2001：417.

② 林文雄．生态学［M］．北京：科学出版社，2007：142.

群落在时间上的任何变动，从群落的生理状态直到整个群落种类组成的改变，包括群落的物候节律、波动、演替等：群落的物候节律（Phenologic Rhythm）即群落的季节性变化，主要表现为群落结构和外貌随着季节的更替依次出现的改变现象，如发芽、开花、结果、种子散布等；群落的波动（Fluctuation）指生物群落年际间发生的变化，这种变化不涉及新种的侵入，而是围绕着一个平均数的波动，并且是可逆的①。相比而言，群落演替不同于群落的物候节律或群落波动。群落演替又称生态演替，是指生物群落经过一定的历史发展时期，由一种类型转变为另一种类型的顺序过程，或者说是在一定区域内生物群落的替代过程②。演替是生物群落的一个重要的动态特征，即在生物群落不断的发展变化过程中，由低级到高级、由简单到复杂、由一个阶段到另一个阶段，从一个群落代替另一个群落的自然演变现象。生物群落的演替是生物群落的组成向着一定方向、具有一定规律、随时间而变化的有序过程，因而它往往是可以预见或观测的（图9-1）。

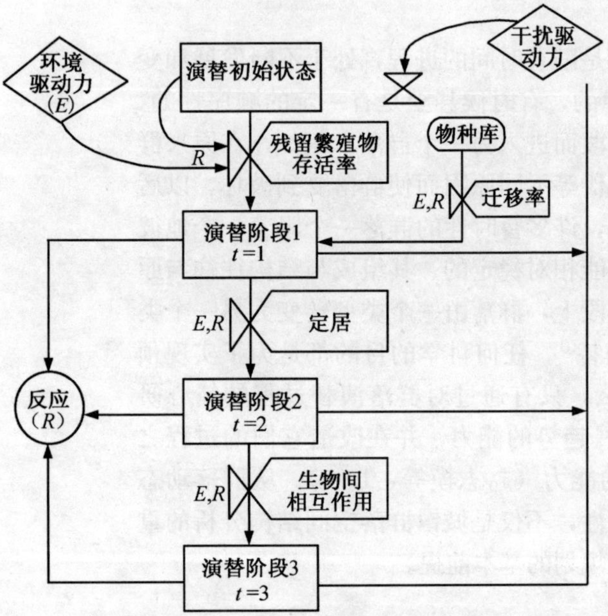

图9-1　群落演替（生态演替）的概念框图

来源：MacMahon，1980. 转引自：宋永昌．植被生态学［M］．上海：华东师范大学出版社，2001：272.

演替具有多种类型，可以从不同角度加以划分。按照裸地性质，可以将群落演替划分为原生演替（Primary Succession）和次生演替（Secondary Succession），原生演替如沙丘演替、岩石堆上的演替，这类演替由于母质往往未经风化，基质上没有土壤结构，养分严重不足，繁殖体要靠外来输入，群落形成的过程和演替速度一般是缓慢的；次生演替则是发生在次生裸地③上的群落演替，由于保留了部分的原先群落繁殖体和土壤条件的影响，这些演替的过程将受原先群落的影响，速度

① 宋永昌．植被生态学［M］．上海：华东师范大学出版社，2001：241-250.

② 赵志模，郭依良．群落生态学原理与方法[M]．重庆：科学技术文献出版社重庆分社，1990：40.

③ 裸地是指没有植物生长的地段，包括原生裸地和次生裸地两种类型，前者是指从来没有生长过植物的地面，如水流侵蚀沉积所形成的沙洲、冲击滩以及风积作用所造成的沙丘等，后者是指原先曾有植物生长的地段，由于不同的原因（如气候作用、生物作用、人为因素等），原来的植被遭受破坏而泯灭，但是原先植物生长影响下的土壤结构仍基本保存，其中还残留着一些植物的繁殖体。

一般要比原生演替快 5～10 倍（Mueller Dombois & Ellenberg，1974；Major，1974），如火烧演替、放牧演替、采伐演替等。按照基质性质，可以将群落演替划分为水生演替（Hydrarch Succession）和旱生演替（Xerarch Succession），水生演替是指在潮湿的或水生的生境中开始的演替，如池塘中的水生演替；旱生演替则是指在旱生的或干燥的生境中开始的演替，如干燥岩石表面或沙丘上的演替。按照演替趋向，可以将群落演替划分为进展演替（Progressive Succession）和逆行演替（Retrogressive Succession），进展演替是生物个体数量增多、群落结构复杂化、群落利用自然界的生产力不断增强的过程，如在湿润的亚热带地区，从一片原生的或次生的裸地上开始，从草本植物群落经过灌丛而发展到常绿阔叶林的演替；逆行演替与之相反，群落结构趋于简化、群落利用自然界的生产力降低、生物数量减少，并出现了一些能够适应不良环境的种类，这种演替多是由于人类对自然资源的不合理利用或气候等环境条件改变而促成，如在亚热带地区的森林经过砍伐后，历经森林→灌丛→草灌丛→草丛→裸地的变化过程。图 9-2 是对主要演替类型的归纳。

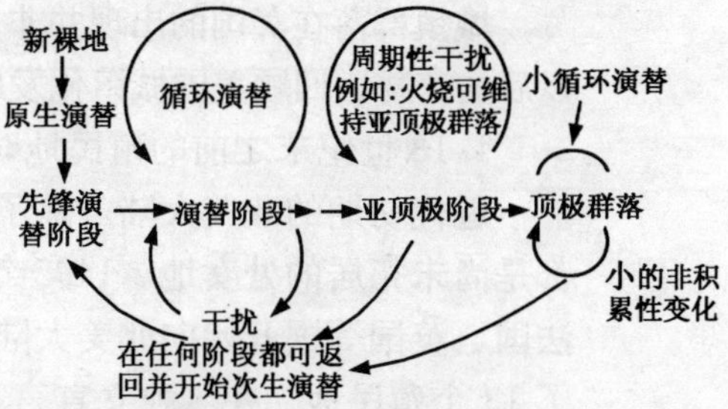

图 9-2　演替的主要类型示意图

来源：Barbuor，et al.，1980. 转引自：宋永昌．植被生态学［M］．上海：华东师范大学出版社，2001：251.

9.2　城镇群落发展的动态演替过程

同生物群落一样，城镇群落也处于动态的发展演替过程之中。城镇群落的发展演替既符合生物群落演替的一些基本规律，也呈现出一些鲜明的个性特征。

9.2.1　典型城镇群落发展过程剖析——以美国东北海岸城镇群落为例

关于城镇群落空间发展演替的研究，客观上要求我们对城镇群落发展的全过程有所认知。纵观世界上的城镇群落，大都是在一定的历史条件下形成的，它们一般是近代历史上农业发达、贸易繁荣、流通条件好的地区，尤其受到了近代工业发展的深刻影响。从目前国际上比较有代表性的城镇群落来看，美国东北海岸城镇群落是较早发育形成的，从 1957 年戈特曼开创著名的 Megalopolis 研究领域至今，已经过去 50 余年，这半个世纪的时间正是美国东北海岸城镇群落不断发展演替的过程，以美国东北海岸城镇群落作为实证分析对象来认识城镇群落发展的一般过程，具有较强的典型性和代表性。

城镇群落在美国的出现并非是偶然的，而是在城镇化发展步入成熟阶段以后的产物。回顾美国城镇化发展的历程，其大致经历了以下几个阶段：

1. 18 世纪末之前的殖民地时期——美国城镇的诞生

近代初期的北美大陆，除了少量印第安人聚居部落以外，大部分区域都是尚未拓居的处女地。1492 年哥伦布发现新大陆以后，西班牙、荷兰、法国、英国等国开始向北美大陆移民，尤其是英国在大西洋沿岸陆续建立了 13 个殖民地。在《独立宣言》通过（1776 年 7 月 4 日）之前的殖民地时期，“美国”逐步诞生了一些城镇，它们“并非是因农业发展所促成的，而是推动农业发展和向内陆开发的同时又能保持与欧洲大陆联系的枢纽”(C. N. Glaab，A. T. Brown，1967)①。这些城镇多分布在大西洋沿岸的港口地区，如波士顿、纽约、费城、新港和查尔斯顿等，城镇发展的速度较低、规模较小，基本上是“步行城镇”（Walking City）。

2. 19 世纪上半期——区域范围的城镇化发展

受到工业革命的影响，19 世纪上半期的美国开始了区域范围的城镇化发展。运河、汽船和铁路等交通运输网的逐步形成，以及 19 世纪二三十年代开始的农业革命，为它提供了基础条件和发展动力。这一时期美国城镇的布局开始从东北部的沿海地区向中西部的内陆地区展开，1860 年密西西比河以西 5000 人以上的城镇已有 22 个，且很多城镇的人口规模开始扩张，据统计，1840 年 1 万人以上和 10 万人以上的城镇分别只有 12 个和 2 个，1860 年则发展到了 101 个和 8 个，纽约市人口更是突破了 100 万。

3. 19 世纪下半期至 1920 年——城镇化发展的鼎盛时期

美国发生内战（1861～1865）之后，由于工业化的迅速发展，开始出现人口向城镇集中的城镇化快速发展。1790 年美国联邦政府首次进行人口普查时，城镇人口仅占全国人口的 5.1%，1800～1900 年间，城镇人口占全国总人口的比例从 6.1%上升到 39.6%，1920 年更是发展到 51.2%。这样的城镇化发展速度是空前的，城镇的空间结构逐步由小城镇发展到中等城市乃至大城市，1920 年的美国已成为一个高度城镇化的国家（表 9-1）。

1790～1920 年美国城镇化发展情况 　　**表 9-1**

年份	所有城市		2500～25000 的城市		2.5 万～25 万的城市		25 万以上的城市	
	数量	占美国总人口的%	数量	占美国总人口的%	数量	占美国总人口的%	数量	占美国总人口的%
1790	24	5.1	22	3.5	2	1.6	—	—
1800	33	6.1	30	3.7	3	2.4	—	—

① C. N. Glaab，A. T. Brown. A History of Urban Amercia [M]. New York：Macmillan Company，1967：3.

续表

年份	所有城市		2500～25000 的城市		2.5 万～25 万的城市		25 万以上的城市	
	数量	占美国总人口的%	数量	占美国总人口的%	数量	占美国总人口的%	数量	占美国总人口的%
1810	46	7.3	42	4.1	4	3.2	—	—
1820	61	7.2	56	3.9	5	3.2	—	—
1830	90	8.8	83	4.7	7	4.1	—	—
1840	131	10.8	119	5.3	11	3.7	1	1.8
1850	236	15.3	210	6.4	25	6.7	1	2.2
1860	392	19.8	357	7.9	32	6.7	3	5.2
1870	663	25.7	611	10.5	45	7.0	7	8.2
1880	939	28.2	862	11.0	69	8.4	8	8.8
1890	1348	35.1	1224	12.9	113	11.2	11	11.0
1900	1737	39.7	1577	13.6	145	11.6	15	14.5
1910	2262	45.7	2034	14.7	209	14.2	19	16.8
1920	2722	51.2	2435	15.5	262	16.0	25	19.7

来源：王旭．美国城市发展模式——从城市化到大都市区化［M］．北京：清华大学出版社，2006：6.

4.1920 年至今——城镇群落的孕育和发展

1920 年之后，美国的城镇化进入成熟时期，一方面城镇人口超过了农村人口，另一方面城镇化的发展速度开始趋缓，但人口向城镇集中的趋势没有改变，并开始出现大量城市人口向中心城区外围迁移的现象，大都市区（Metropolitan Areas）的发展是这一阶段的一个重要特征。1940 年时美国的大都市区已发展到 140 个，大都市区人口占全国总人口的比例为 47.6%，几乎有一半的美国人居住在大都市区内[①]。

1940 年至今，伴随大都市区的进一步发展和增长，开始呈现出许多大都市区的分布日益密集及其连绵化的发展态势，城镇群落开始在美国不断涌现。J·戈特曼在经历了 1942 年 2 月从纽约到华盛顿的一次旅行之后，震惊于当时美国东北部地区众多的大城市沿着大西洋沿岸高密度的分布现象，从而于 1957 年在《经济地理》（Economic Geography）杂志上发表了著名的《大城市连绵区：美国东北海岸的城市化》一文[②]，提出了 Megalopolis 的概念，随后在全球范围内掀起一股 Megalopolis 研究的热潮。

① 王旭．美国城市发展模式——从城市化到大都市区化［M]：北京：清华大学出版社，2006：307.

② Gottmann J. 大城市连绵区：美国东北海岸的城市化［J]：李浩等译：国际城市规划，2007（5）：2-7.

经过几十年的蓬勃发展，美国当前的城镇群落发展已经进入成熟时期，成为城镇化的主体形态。根据 2005 年 7 月弗吉尼亚工学院大都市区学会（Metropolitan Institute at Virginia Tech）所公布的一项研究报告①，美国在 2040 之前将形成十大城镇群落（Megapolitan Areas，简称 Megas，目前已形成 8 个）——定义为“居住总人口超过 1000 万的大都市区集聚网络”（Clustered Networks of Metropolitan Areas That Exceed 10 Million Total Residents），其中有 6 个位于东部地区，其余 4 个位于西部（图 9-3）。

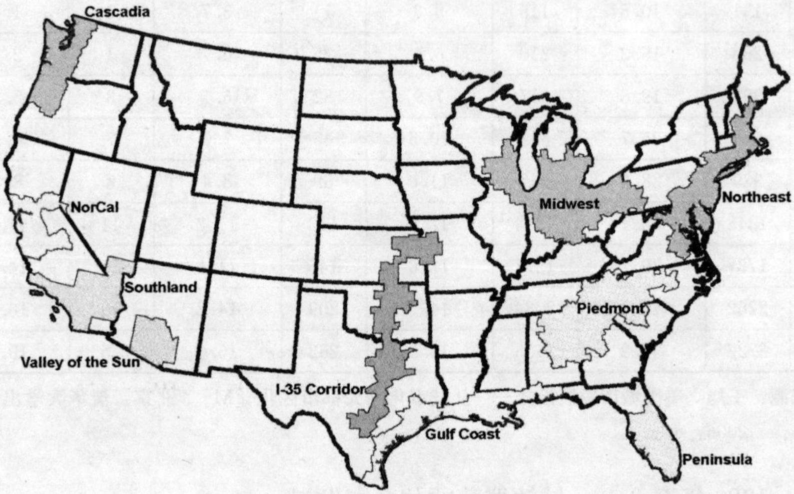

图 9-3　美国十大城镇群落的空间分布

来源：Lang R. E，Dhavale D. Beyond Megalopolis：Exploring America′s New “Megapolitan” Geography［R］. Metropolitan Institute Census Report，2005：13.

截至 2003 年底，10 个城镇群落的总人口已经超过美国总人口的 2/3，囊括了人口普查署“标准统计区”（Consolidated Statistical Areas）的 60%、全国 50 个人口最稠密的大都市区中的 39 个（表 9-2、表 9-3）。

美国十大城镇群落的人口增长情况　　表 9-2

城镇群落名称	2000 年人口			2003 年人口		人口变化（2000～2003 年）	
	人口数量（人）	占美国的比例（%）	排名	人口数量（人）	占美国的比例（%）	人口增长率	排名
Northeast	49182941	17.5	1	50427921	17.3	2.5	9
Midwest	39489865	14.0	2	40082288	13.8	1.5	10

① Lang R. E，Dhavale D. Beyond Megalopolis：Exploring America's New “Megapolitan” Geography［R］. Metropolitan Institute Census Report，2005.

续表

城镇群落名称	2000年人口			2003年人口		人口变化（2000-2003年）	
	人口数量（人）	占美国的比例（%）	排名	人口数量（人）	占美国的比例（%）	人口增长率	排名
Southland	20962590	7.4	3	22173291	7.6	5.8	4
Piedmont	18391495	6.5	4	19318992	6.6	5.0	5
I-35 Corridor	14465638	5.1	5	15315317	5.3	5.9	3
Peninsula	12837903	4.6	6	13708165	4.7	6.8	2
NorCal	11568172	4.1	7	12024173	4.1	3.9	8
Gulf Coast	11533241	3.7	8	12064600	3.7	4.6	6
Cascadia	7115710	2.5	9	7412248	2.6	4.2	7
Valley of the Sun	4095622	1.5	10	4486206	1.5	9.5	1
十大城镇群落合计	189643177	67.4	—	197013201	67.8	3.9	—
美国合计	281421906	100	—	290788976	100	3.3	—

来源：根据《Beyond Megalopolis》整理得到．参见：Lang R. E，Dhavale D. Beyond Megalopolis：Exploring America’s New “Megapolitan” Geography［R］. Metropolitan Institute Census Report，2005：15.

美国十大城镇群落的城镇化水平（2000） 表9-3

城镇群落名称	总人口（人）	城镇人口（人）	非城镇人口（人）	城镇人口比例（%）
Southland	20962590	20579606	382984	98.2
Valley of the Sun	4095622	3853392	242230	94.1
NorCal	11568172	10788790	779382	93.3
Peninsula	12837903	11805629	1032274	92.0
Northeast	49182941	43924756	5258185	89.3
Cascadia	7115710	6009614	1106096	84.5
Gulf Coast	11533241	9650988	1882253	83.7
I-35 Corridor	14465638	12074583	2391055	83.5
Midwest	39489865	32791908	6697957	83.0
Piedmont	18391495	12377286	6014209	67.3
合计	189643177	163856552	25786625	86.4

来源：根据《Beyond Megalopolis》整理得到．参见：Lang R. E，Dhavale D. Beyond Megalopolis：Exploring America’s New “Megapolitan” Geography［R］. Metropolitan Institute Census Report，2005：25.

正是由于城镇群落的发展是一个动态的演替过程，在城镇密集地区相关研究中，区域空间结构的发展演化一直是一个热门的话题。例如，希腊建筑师道萨迪亚斯对人类聚居形态的发展进化进行了研究，他认为18世纪工业革命以前的人类聚居，大致经历了从无组织的原始聚居到村落、集镇然后到静态城市的过程。工业革命以后，由于生产力的迅速发展，原来城市中的静态平衡被打破，城市以前所未有的速度增长，于是人类聚居便进入一个新的时期——动态城市，它最重要的特点是其动态变化趋势。随后，从20世纪40年代起，又出现了一种新的聚居形式——城市连绵区。道萨迪亚斯认为，从时间上，人类聚居的变化发展速度越来越快，变化也越来越频繁，人类聚居的四个发展阶段的时间跨度分别是：①第一阶段（无组织的原始聚居），数百万年；②第二阶段（有组织的原始聚居），10000～12000年；③第三阶段（静态的城市聚居），5000～6000年；④第四阶段（动态的城市聚居），约需400年。此外，HS（世界人居中心）的ELS（Ekistic Logarithmic Scale）从城市规模和城市形态的角度的研究显示，城市规模与城市发展形态存在着相互对应的关系。这一研究根据城市人口规模的大小，将城市的发展划分成15个不同的等级，并对应了7种不同的城市发展形态（图9-4）。应用这一研究成果，根据城市人口规模的大小，可以确定城市所处的发展阶段。

城镇群落空间发展的演替过程也引发了国内众多学者的研究兴趣。例如，王兴平（2002）曾提出在区域空间序列上，存在着“一般城市—都市区—城市密集区—城市群—大都市区—都市连绵区—都市带”的演化过程[①]；赵永革（1995）将大都市带的发展分为多中心孤立集聚、多中心郊区化扩展和乡村非农化发展、多中心强联系导致MIR形成、MIR扩展、两个或两个以上的大都市带或MIR聚合形成MIR联合体、国际性巨大MIR联合体的形成等六个演化阶段[②]；刘荣增（2003）则建构了城镇密集区发展阶段判定的指标体系，将城镇密集区划分为相对成熟阶段、过渡发展阶段、初级发展阶段，并对我国几个城镇密集区进行了判定[③]……

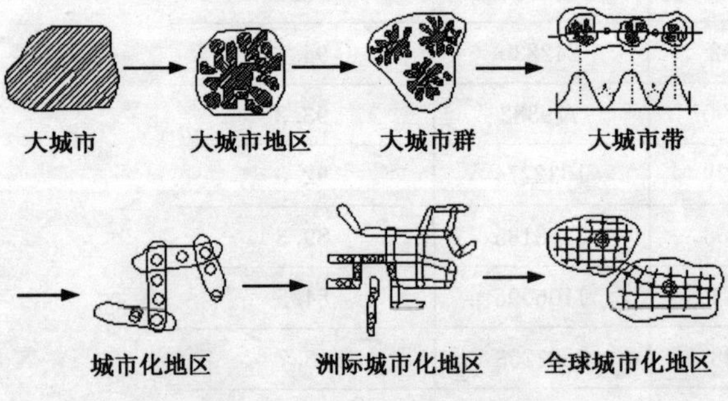

图9-4　国内外大城市发展形态演化图谱

来源：李红卫．Global-Region in China——以中国珠江三角洲为例的区域空间发展研究［D］．博士后研究工作报告上海：同济大学，2005.18.

① 王兴平．都市区化：中国城市化的新阶段［J］．城市规划汇刊，2002（4）：56-59.

② 赵永革．论中国都市连绵区的形成，发展及意义［J］．地理学与国土研究，1995，11（1）：15-22.

③ 刘荣增．城镇密集区发展演化机制与整合［M］．北京：经济科学出版社，2003.

总之，对城镇群落区域空间结构演化的研究，旨在从根本上把握城镇群落空间发展的某些规律性特征，从而对城镇群落发展的现状特征进行描述，并对其未来发展前景进行展望。

9.2.2 城镇群落发展演替的主要特征

尽管城镇群落是较一般生物群落更为复杂、更为宏观的一种巨系统，但就其发展演替的过程而言，城镇群落演替的特征也是鲜明的。就群落演替的基本形式而言，城镇群落的演替体现出次生演替、旱生演替、进展演替等主要特征：城镇群落的形成与发展往往要依赖于区域人口聚居和城镇化发展的基础条件，其发展环境更多的是一种“次生环境”，城镇群落的演替具有次生演替的特征；人类聚居和城镇发展主要在地球上的陆地环境中，可将城镇群落的演替形容为一种旱生演替，当然，由于人类聚居和城镇发展的“亲水性”，城镇群落的生境具有从陆地向水域过渡的“边缘区”特征，也可将城镇群落的演替形容为从旱生演替向水生演替过渡的中间类型；城镇群落的演替往往是城镇人口数量增多、城镇群落空间结构复杂化、城镇群落利用自然环境的生产力不断增强的过程，其演替过程自然是一种进展演替。

除此之外，城镇群落空间发展的演替还具有另外一个显著的特征，即它是一个可预见的线性演替过程。在生态学中，可以根据具体形式将演替划分为循环演替和线性演替两种类型。循环演替（Cyclic Succession）是指群落内部种类组成的循环变化。由于组成群落的生物有其出生、发展、成熟和衰亡的生命周期，当老年生物死亡后，在群落内留下的空间为其他物种的定居创造了条件，但当其发展到一定时期时，生境的改变又为原来的物种的重新生长提供了可能，如此反复交替，构成了循环演替（图 9-5）。

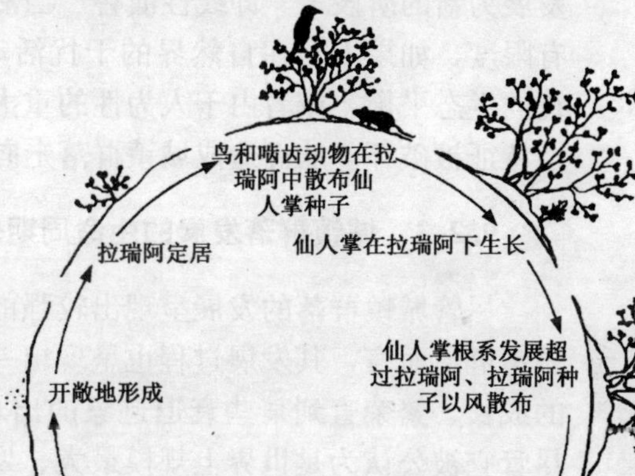

图 9-5 荒漠灌丛的循环演替

注：发生演替的两种主要物种分别是珊瑚仙人掌（Opuntia leptocaulis）和三齿拉瑞阿（Larrea tridentata）. 依据：Yeaton，1978. 转引自：宋永昌. 植被生态学［M］. 上海：华东师范大学出版社，2001：257.

与周期性的循环演替所不同，城镇群落空间结构的发展演化更多地呈现出一种线性演替。所谓线性演替（Linear Succession），又

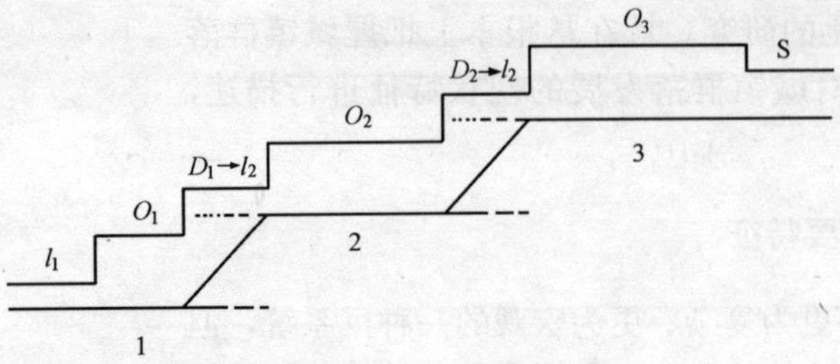

图 9-6　具有三个演替阶段的线性演替

注：三个阶段分别为 1、2、3，每个阶段再划分为起始（I）、最适（O）和衰退（D）。转引自：宋永昌．植被生态学［M］．上海：华东师范大学出版社，2001：257.

称定向演替（Directional Succession），是指在一个地段上，一个群落被另一个群落代替、有规律地向一定方向发展的过程（图 9-6）。由一个群落到另一个群落的整个取代序列称为演替系列，系列中各个阶段的群落多少具有一定的过渡性质，故称之为系列群落或演替阶段，演替的开始阶段称先锋期（Pioneer Stage），最后的稳定群落称为顶极群落（Climax）。

城镇群落空间结构演化呈现线性特征的主要原因，在于城镇群落是以人类的聚居为主，由于人类具有主观能动性和创造性，能够对城镇群落的发展演化趋势作出判断和预测，进而采取经济、技术、政策等多种手段对城镇群落发展进行调控，从而可以避免群落走向周期性的灭亡，而是不断发展为新的阶段——即线性演替。当然，城镇群落演替的线性特征并非没有限度，如果人类在自然界的干扰活动过于“猖獗”，有可能破坏地球系统的生态平衡，或者由于人为性的重大战争，将有可能招致城镇群落的线性特征被破坏，从而造成城镇群落走向灭亡。

9.2.3　城镇群落发展的生命周期规律

尽管城镇群落的发展呈现出较强的线性演替特征，但是就某一类型的城镇群落而言，其发展过程也呈现出一定的生命周期规律，即从城镇群落的成长、繁荣直到某些衰退迹象的出现。以美国东北海岸城镇群落为例，尽管它被公认为是世界上规模最大、发育最成熟、世界影响力最显著的城镇群落，但是，美国东北海岸城镇群落的发展过程也并非一直处于一种直线性的上升趋势，例如，1950 年～2000 年的 50 年间，尽管东北海岸城镇群落的人口绝对量从 3200 万增加至 4900 万，但其占全国人口的比重却从 21%下降到 17%；近 20 年来，该区域在全国就业和 GDP 总量中所占的分量也呈现下降的趋势，1990～2000 年，东北部 GDP 占全国比重从 20.16%下降到 19.48%，与此同时，美国所有大都市区的 GDP 占全国比重从 84.3%增加到 84.7%，特别是在加利福尼亚州南部（Southern California）、墨西哥湾区（Bay Area）等地区，经济增长速度比东北部要快得多①。这表明，美国经济和人口分布的重心已逐渐从东北部和中西部的“冰

① 陈熳莎．美国东北海岸大城市连绵区的发展与借鉴［D］．中国城市规划设计研究院硕士论文，2008：26.

雪地带”向西部和南部的“阳光地带”转移；尽管仍是全美规模最大、最发达的人口集聚地，但是东北海岸城镇群落在美国的国家社会经济体系中的地位，显然已有所下降。

这种情况充分说明，尽管一般来讲，城镇群落不会像生物个体那样遭遇“死亡”的命运，但是，在城镇群落的发展过程，也呈现出一定的盛衰演替规律，根据生物个体的生长规律，我们也可以将城镇群落的发展过程划分为幼年发育期、青年成长期、中年繁盛期、老年衰退期等不同的生命阶段。当然，城镇群落生命周期发展的趋向是朝着一种更高级的、更稳定的顶级城镇群落进化。认识城镇群落发展生命周期规律的意义在于，对于某一地区的城镇群落发展而言，我们应该对其发展阶段进行科学的识别，在城镇群落的空间规划工作中，应该有针对性地对城镇群落发展所面临的问题进行诊断，区分轻重缓急，辨别主要矛盾，以便制定出适应于不同发展阶段需要的城镇群落空间发展引导策略。

9.3 城镇群落发展演替的动因

群落的演替是群落内部关系（包括种内与种间关系）与外界环境中各种生态因子综合作用的结果，由于生物群落演替的动态性和复杂性，人们对演替机制的了解仍然较少，但也已积累了一些基本的认识。归纳起来，影响群落演替的主要因素在于[①]：①植物繁殖体的迁移、散布和动物的活动。任何一块裸地上生物群落的形成和发展，或是任何一个旧的群落被新的群落所取代，都必然包含有植物的定居过程，因而植物繁殖体的迁移和散布是群落演替的先决条件。对于动物来说，植物群落为其取食、营巢和繁殖的场所，每当植物群落的性质发生变化的时候，居住于其中的动物区系也必然随之作适当的调整，从而使生物群落内部的动物和植物又以一种新的联系方式统一起来。②群落内部环境的变化。这种内部环境的变化是往往由群落本身的生命活动造成的，如植物种群中优势种的发育导致群落内光照、温度、水分及土壤养分状况的改变而引发群落演替。此外群落内一些物种的生命活动为自己的生存造成了不良的生境改变，但却为其他生物的生存提供了有利的条件，也会引起群落的演替。③种内和种间关系的改变。群落内的物种关系并非静止不变的，而是随着群落内外部环境条件的改变而不断作出调整，在一些发育尚未成熟的生物群落中，种内和种间关系的变化是群落演替的重要动力。④外界环境条件的变化。虽然决定群落演替的根本原因在于群落内部，但即使在一些发育成熟、相对稳定的生物群落中，群落的外部环境条件如气候、地貌、土壤和火等的变化（包括自然灾害的发生），也会对生物群落的发展

---

① 林文雄．生态学［M］．北京：科学出版社，2007：154-155.

形成刺激，从而导致群落演替的发生。⑤人类的活动。人类活动是生物群落生存的一种特殊的外界环境条件，人类活动如放火烧山、砍伐森林、开垦土地等，对生物群落演替的影响远远超过其他所有的自然因子，可以迅速地改变生物群落的面貌。

就城镇群落的发展演替而言，上述五个方面也是其演替的主要动因，但进一步的思考，可以对城镇群落发展演替的基本动因和根本动因作出更清醒的认识。

9.3.1 城镇群落发展演替的基本动因

从美国城镇群落发展的历史进程来看，其发展演替的动因主要包括人口的增长、农业发展的“推力”和工业革命的“引力”、交通运输方式的变革、联邦政府的政策导向等几个方面。

1. 人口的增长

一般来说，城镇群落往往也是人口密集的地区，人口变化应是促使城镇群落发展的基础因素。对于美国而言，推动城镇群落发展的人口增长因素主要有三个方面：迅速上升的人口自然增长率、海外移民的增加、国内人口的迁移。从数量上讲，后两个方面的影响起着决定性的作用。

美国是一个典型的移民国家，有报道称，美国人口普查局有一个“人口时钟”（Population Clock），钟面上显示美国每 31 秒钟会有一个新移民入境①。美国的移民主要有两次高潮，一次是 19 世纪 80 年代至 20 世纪 20 年代，这些移民主要是来自英国、法国等欧洲国家。另一次是在 20 世纪的后 25 年间，主要包括来自波多黎各（Puerto Rico）的西班牙人，来自拉丁美洲、古巴（Cuba）以及东亚国家如中国大陆、中国台湾、朝鲜（Korea）、中国香港、越南（Vietnam）和菲律宾（Philippines）等的移民②。据统计，美国的海外移民数量，1961～1970 年为 332.17 万人，1971～1980 年为 449.33 万人，1981～1990 年为 733.81 万人，1990～2000 年间进入美国的移民近 1100 万，占同时期美国人口增长的 1/3（图 9-7）③。美国的海外移民，一方面主要流向大城市地区，促进了城镇群落的人口增长；另一方面，其主要是青年人④，为城镇的发展提供了充足的劳动力。

---

① 李焰．突破三亿大关，美国为人口增长拍手称庆［J］．华盛顿观察．2006（39），2006－10－25．转引自：http：//www.washingtonobserver.org/story.cfm？storyid＝1506&charid＝1［EB/OL］．［2007-05-03］．

② P. Hall. Urban and Regional Planning［M］．London：Routledge，2002：194.

③ 陈奕平．当代美国外来移民的特征及影响分析［J］．世界民族，2004（5）：53.

④ 据统计，1986～2002 年间，40 岁以下的移民占外来移民总数的 75.51％，40～64 岁的移民占 20.53％，65 岁以上的移民仅占 3.96％。转引自：陈奕平．当代美国外来移民的特征及影响分析［J］．世界民族，2004（5）：53.

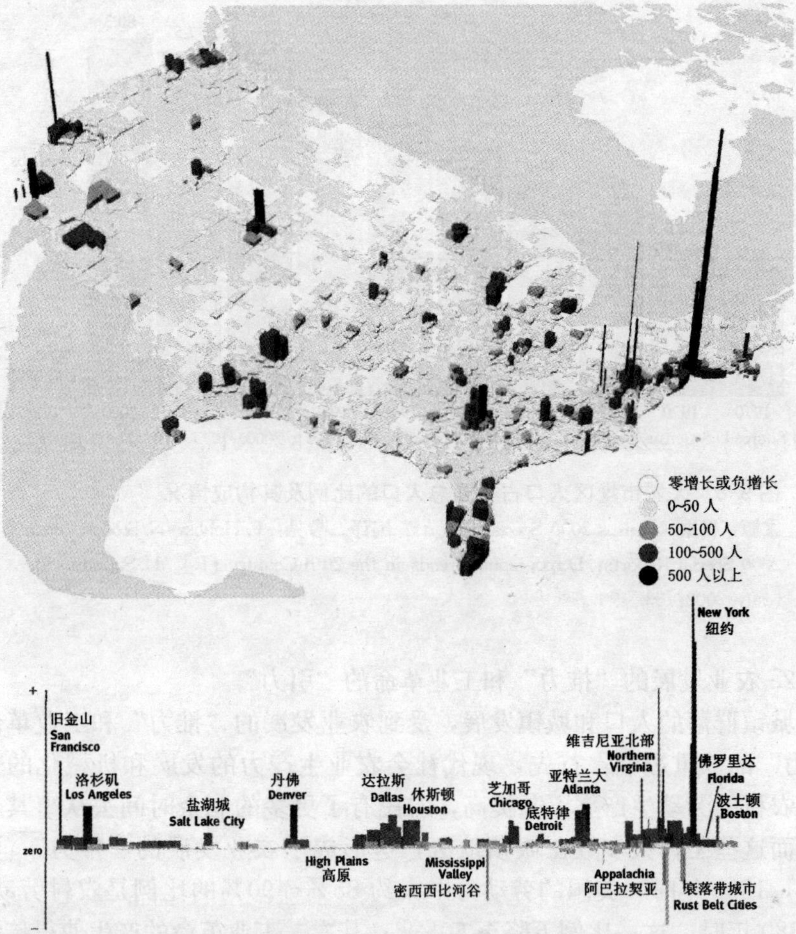

图 9-7　美国 1990～2000 年每平方英里人口变化

来源：根据《Toward an American Spatial Development Perspective》编译。参见：The Lincoln Institute of Land Policy，Regional Plan Association，The University of Pennsylvania School of Design. Toward an American Spatial Development Perspective：A policy roundtable on the federal role in metropolitan development［R］. 2004：13.

人口增长的另一个重要方面是国内人口的迁移流动，具体包括两个部分：一是黑人工人和他们的家庭从南方的主要农业地区迁移到北方的城市，二是白人家庭从大城市地区的中心城市迁移到郊区。据统计，来自南方的黑人移民在 1950～1960 年为 145.7 万人，1960～1970 年为 121.6 万人；白人移往城郊的数量相应约为 580 万人和 490 万人[①]。前一部分人口增长造成了中心城区的人口增长，后一部分人口增长推动了郊区的扩张（图 9-8）。

① P. Hall. Urban and Regional Planning［M］. London：Routledge，2002：194.

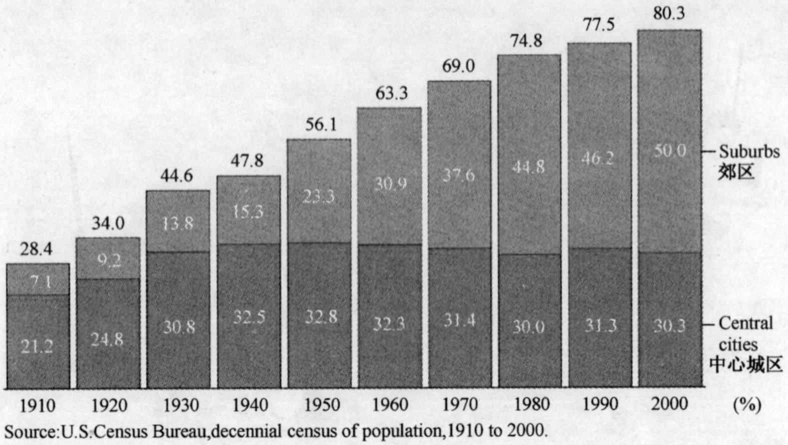

图 9-8 大城市地区人口占美国总人口的比例及其构成情况

来源：根据《Census 2000 Special Reports》编译。参见：F. Hobbs，N. Stoops. Census 2000 Special Reports：Demographic Trends in the 20th Century［R］. U. S. Census Bureau，2002：33.

2. 农业发展的“推力”和工业革命的“引力”

城镇群落的人口和城镇发展，受到农业发展的“推力”和工业革命的“引力”的双重影响：首先，现代社会农业生产力的发展和机械化的普及使得农村的劳动生产率不断提高，农民有了更多的剩余时间去从事其他工作，而这些工作大多数在城镇地区，这形成了农业发展的“推力”，资料显示，1800 年时，美国的劳动力中大约 85％～90％的比例是农村劳动力，到 1880 年时，这一比例下降至 50％①；其次，工业革命的产生使得传统的家庭手工业转变为大工业生产，创造了巨大的劳动力需求市场，大规模制造业增长的同时，也带来了现代企业的增长，致使大量管理者和劳动力在城镇某一地域的集中，此外，劳动力的集中自然导致了大量工人就近的居住地的集中，而人口和产业的集中则进一步导致了消费商品和服务业的集中。受农业发展的“推力”和工业革命的“引力”的影响，人口、工业、商品和服务业的集聚必然导致城镇的迅速发展。

3. 交通运输方式的变革

上述两点分析解释了城镇人口增长和集聚的诱因，但仍然不足以说明美国城镇群落的发展过程，这就必须对交通运输方式的变革加以讨论，它可以看作是城镇群落发展的最直接的推动力。

城镇的各项生产和生活活动，都需要依赖于一定的交通运输方式加以

① （美）J. M. 利维．现代城市规划［M］．北京：中国人民大学出版社，2003：9.

实现。现代交通运输方式包括陆运、水运和航空运输等三种类型，在美国城镇发展的初期，航空运输还没有出现，而陆运和水运相比，陆运的价格非常昂贵，19 世纪初时帆船的运输成本是马车运输成本的 1/10①，而海船的运输成本较帆船更低，这就造成美国大西洋沿岸一系列港口城市的率先发展。1815～1854 年是美国修建运河的高潮期，到 1840 年时美国已开凿运河 3000 英里，由于美国东北部河流众多，运河的修建使得水运可以直达内陆的一些城镇，直接促进了美国东北部城市的发展繁荣。此外，1807 年富尔顿（R. Fulton）成功发明了汽船，进一步提高了水运的运输效率，促进了水运可达地区城镇和生产生活的密集化发展。

在水运发展的同时，19 世纪 30 年代铁路技术获得了重大发展，美国铺设铁路的步伐开始加快，与运河相结合，完善了东北部的交通运输网。19 世纪后期，美国开始大量修建长线铁路（图 9-9），如 1869 年建成的第一条横贯北美大陆的“联合太平洋—中央太平洋铁路”、1883 年建成的北太平洋铁路、1885 年建成的圣菲铁路、1887 年建成的南太平洋铁路、1893 年建成的大北铁路，除连接大西洋沿岸外，还呈放射状伸向内陆，使得东北部的城镇开始与中西部和南部城镇的联系日益紧密，铁路沿线的城镇得到蓬勃发展，有学者形容“铁路公司神奇般地创建了众多城镇，其速度在美国历史上唯有矿业城镇方可与其媲美”②。由于水运和铁路的发展，城镇变得越来越普遍，而且越来越密集。

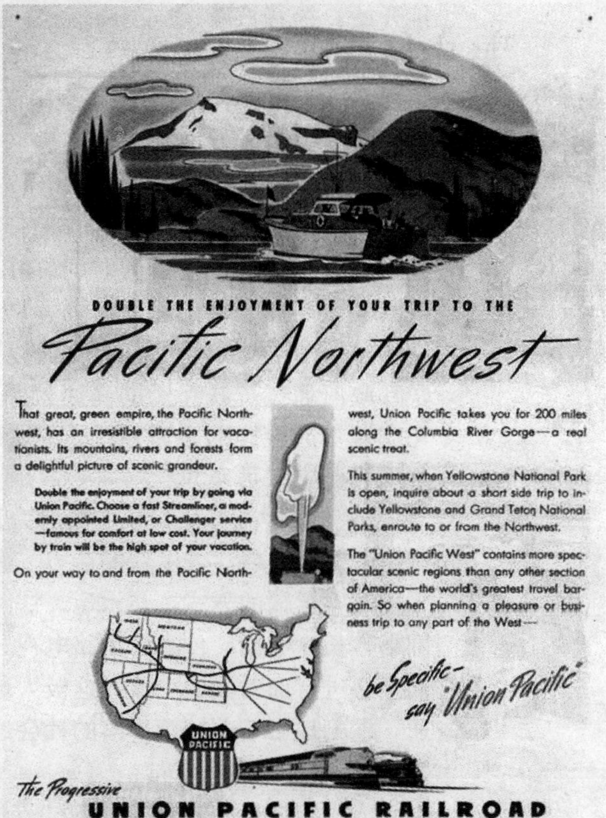

图 9-9　美国西北部铁路广告

来源：Portland State University. Cascadia Ecopolis［R］. 2006：14.

19 世纪末，一种新的力量致使城镇的分布开始走向分散，即 19 世纪 80 年代电力发动机和动力传送技术的发展使得有轨电车的出现和使用成为

① （美）J. M. 利维 . 现代城市规划［M］. 北京：中国人民大学出版社，2003：10.

② 转引自：王旭 . 美国城市史［M］. 北京：中国社会科学出版社，2000：81.

可能。比马车更快速、更便宜的有轨电车使得城市的影响范围成倍增长。传统意义上，人们在一个小时之内步行的适宜距离约为4～5km，有了有轨电车，城市的规模得以迅速扩张，“步行城市”逐步转变为大城市。同时，19世纪后期美国的居民收入得以提高，因此能够在土地、交通和房屋等方面花费更多的钱，以躲避城市中心的贫民窟和经济公寓，加之社会劳动生产率的提高缩短了劳动时间，人们可以有更多的时间花在日常通勤的路途上，因此城市的扩展和郊区化得以迅速发展。

继铁路的大发展之后，汽车的大量生产和使用又成为美国城镇群落发展的重要推动力。美国的第一辆汽车出现在19世纪90年代[①]。1908年开始，福特汽车公司开始大规模地批量生产“T”型汽车，由于价格的降低，汽车迅速得到普及。1915年时，平均每43.1个美国人拥有1辆汽车，1930年时，平均每5个美国人就拥有1辆汽车，1980年时，平均每2个美国人就拥有1辆汽车[②]。与传统的交通工具相比，汽车的优越性显而易见，它不仅速度较快，而且操作灵活，可以深入到地区或城镇的每一个角落。由于汽车的普遍使用，城镇的用地范围迅速扩展，内城人口向郊区迁移一度成为时尚。在汽车带动城镇向郊区扩展的同时，直接引发了高速公路的建设高潮。1916年，美国通过了“联邦资助道路建设法案”，推动洲际间道路改善以及建设高质量的高速公路。1956年，联邦政府通过“联邦资助高速公路法案”，计划在12年内拨款250亿美元完善贯通全国的高速系统。到20世纪70年代中期，美国的高速公路总里程已达5万英里[③]。

20世纪中期开始，一股新的力量——航空业和信息技术的发展——为城镇群落的发展注入了新的活力。大量的人口流动及小宗的货物运输开始采用航空运输的方式，与水运、铁路和高速公路等形成了贯通综合的交通网络，长途电话、传真、闭路电视、宽带网络等信息技术的发展，使得人们不必进行面对面的交流，这极大地促进了城镇群落的相互联系和城镇流通，深刻地影响着城镇群落的社会经济发展。

4. 政府的政策导向

人口的增长、农业发展的“推力”和工业革命的“引力”、交通运输方式的变革等，基本上是导致城镇群落发展的一些客观因素，而在主观因素方面，联邦政府的政策导向在城镇群落发展的过程中发挥了不可忽视的作用。

---

① （美）J.M. 利维．现代城市规划［M］．北京：中国人民大学出版社，2003：17.

② 王旭．美国城市史［M］．北京：中国社会科学出版社，2000：188.
以及：（美）J.M. 利维．现代城市规划［M］．北京：中国人民大学出版社，2003：20.

③ 王旭．美国城市史［M］．北京：中国社会科学出版社，2000：194.

首先是联邦政府对公路建设的支持政策，包括1916年的“联邦资助道路建设法案”（Federal Aid Road Act）、1956年的“联邦资助高速公路法案”（Federal Aid Highway Act）等，建设了一批由中心城市放射出去或是环绕中心城市的高速公路，使得中心城市周边廉价的郊区用地的可达性大大增加，为城镇扩展创造了有利条件。同时，联邦政府的补贴使得城镇扩展必需的基础设施建设成为可能，高速公路的免费使用大大提高了地区与城镇、中心城市与郊区等的流通性，第二次世界大战后联邦、州和市政府的办公机构纷纷向城镇外围迁移，美国的国防政策也鼓励厂商在城市中心以外建设新的工厂……这些政策都在积极地推动城镇的扩展和蔓延。

其次，白人向郊区迁移得到联邦政府的有力支援。1934年建立的联邦住宅局（The Federal Housing Administration，FHA），是罗斯福新政策的产物。1949年的住宅法产生了一个住宅和家庭财政署（Housing and Home Finance Agency，HHFA）来协调FHA和其他政府机构的活动，从一开始，HHFA就强调购置新住宅的贷款较易得到，根据FHA的规定，分期付款先付10%，且最初的利率很低。同时，FHA制定了建造和鉴定的标准，日益通行于整个建筑业，从而改进了新住宅建设的质量和耐久性，推动了郊区的住房建设。另外，联邦政府减少了申请住房贷款的家庭的所得税征收标准，该举措强有力地刺激了居民对住房的购买力，65%的住房拥有率成为世界之最，这样的税收减免大约每年要花费联邦财政500亿～900亿美元，成为美国涉及范围最广、花费最大的福利项目①。不仅如此，联邦政府还实行能源补贴政策，给城市的各项生产和生活提供了廉价的能源。这样，廉价土地、免费高速公路、住房和能源补贴就成为联邦政府推动城镇快速发展的重要动力。

以上从人口的增长、农业发展的“推力”和工业革命的“引力”、交通运输方式的变革、联邦政府的政策导向等几个方面分析了美国城镇群落发展演替的基本动因。应该讲，对于世界上其他地区的城镇群落的发展演替而言，这几个方面的影响同样都是决定性的，尽管在具体的影响方式和影响程度方面也许会有所差异。

9.3.2 城镇群落发展演替的根本动因

对于城镇群落的发展演替而言，上述几个方面仅仅是较为直接和表象的动因。从根本上讲，城镇群落的发展过程，是人类社会的聚居方式、聚居条件和聚居环境不断变迁的过程，城镇群落发展演替的根本动因，正是

---

① （美）D. Kelbaugh. 共享空间——关于邻里和区域设计［M］. 吕斌等译. 北京：中国建筑工业出版社，2007：8.

在于人类社会生产力水平的发展和生产关系的不断变革。

辩证唯物主义认为，生产力决定生产关系，有什么样的生产力，就会有什么样的生产关系，“手推磨产生的是封建主为首的社会，蒸汽磨产生的是工业资本家为首的社会”（马克思）①。在人类社会发展的历史进程中，以科学技术发展为代表的生产力发展水平和以社会经济体制为代表的生产关系形式，总是深刻地影响和决定着城镇的经济结构、社会结构和物质空间结构。在奴隶社会，由于生产力水平低下、商品交易不发达，我国传统城镇的空间形态主要呈现出封闭式的“里、坊”结构；到了封建社会，商品经济得以发展，商业市场的活动空间要求扩大和开放，城市的坊墙逐步被取消，街坊完全面向街道，并沿街设置商店、沿着通向街道的巷道布置住宅，城镇的空间结构逐步走向开放。尤其是18、19世纪以来，许多重大科技发明相继出现，如蒸汽机的发明（1768）、钢结构应用于房屋建筑（1870年）使高层建筑的出现成为可能、电话的问世（1877年）、电灯的发明（1879年）、电车的出现（1880年）、第一条地下铁道的建成（1886年，伦敦）、第一部电梯的安装（1889年，纽约）、汽车的正式使用（1907年）、电子计算机的出现（1946年）、互联网的出现（1969年）等等，这些科技成就为城镇的建筑、交通、通信等提供很大的方便，极大地改变了人类社会的空间方式，并促成了一些新型城镇空间形态的出现。仅以商业零售为例，一些新型业态②空间形式如超市、连锁店、购物中心、网上商店等在过去都是不曾有过的③（表9-4）。

无店铺零售业态分类和基本特点 **表9-4**

业态	基本特点			
	目标顾客	商品（经营）结构	商品售卖方式	服务功能
电视购物	以电视观众为主	商品具有某种特点，与市场上同类商品相比，同质性不强	以电视作为向消费者进行商品宣传展示的渠道	送货到指定地点或自提
邮购	以地理上相隔较远的消费者为主	商品包装具有规则性，适宜储存和运输	以邮寄商品目录为主向消费者进行商品宣传展示的渠道，并取得订单	送货到指定地点

① 中共中央马克思列宁恩格斯斯大林著作编译局．马克思恩格斯选集（第1卷）［M］．北京：人民出版社，1972：108.

② 所谓“业态”（Type of Operation），即“业务经营的形式、状态”（《现代汉语词典》）。就商业而言，商业业态指的是经营者向确定的顾客群提供确定的商品和服务的具体形态，是零售活动的具体形式，通俗理解，业态就是指零售店卖给谁、卖什么和如何卖的具体经营形式。

③ 2004年我国新修订的《零售业态分类》国家标准（GB/T18106—2004）对商业活动的一些新型业态的规范。

续表

业　态	基本特点			
	目标顾客	商品（经营）结构	商品售卖方式	服务功能
网上商店	有上网能力，追求快捷性的消费者	与市场上同类商品相比，同质性强	通过互联网络进行买卖活动	送货到指定地点
自动售货亭	以流动顾客为主	以香烟和碳酸饮料为主，商品品种在30种以内	由自动售货机器完成售卖活动	没有服务
电话购物	根据不同的产品特点，目标顾客不同	商品单一，以某类品种为主	主要通过电话完成销售或购买活动	送货到指定地点或自提

来源：商务部关于贯彻实施《零售业态分类》国家标准的通知，商建发［2004］390号。

人类社会生产力水平的发展和生产关系的不断变革，促使城镇和区域的空间结构发生了翻天覆地的变化，这些变化导致了城市区域化、区域城市化，城市全球化、全球城市化等的不断发展，加之工业化、市场化、信息化等多方面因素的共同影响和作用，促使特定地域环境中的诸多城镇逐渐改变了传统的单一发展模式，而逐渐形成一种群落式的空间关系组织模式和结构形态。同样，在城镇群落形成之后，由于人类社会生产力水平的进一步发展和生产关系的进一步变革，城镇群落仍然处于不断的运动和变化之中。当前人类社会的发展已经从第一次科技革命、第二次科技革命和第三次科技革命向信息革命迈进，城市和区域空间结构的特征经历翻天覆地的变化（表9-5），城镇群落的空间关系必然要进一步发育，共生组织更加发达，诸多因素从而使得城镇群落朝向一种更高级的状态持续发展演替。

不同生产力发展阶段的空间结构特征及其利益目标　　表9-5

生产力发展阶段	分水岭	生产力特征	空间结构特征	空间结构的利益目标
采集渔猎	火的发明	自然经济阶段（渔猎采集经济）	领地空间的邻接关系（边界的隔离特征）	安全与生存
原始农业	铜器的应用	向农业社会过渡阶段	形成自然村落，出现“城”和“市”的空间分异和空间集聚现象，区域间产生空间流动	开始获取地域分工利益

续表

生产力发展阶段	分水岭	生产力特征	空间结构特征	空间结构的利益目标
绿色革命（农业革命）	铁器、自然动力和役使动力的应用，良种繁育	农业社会阶段（手工业与商业成为附庸）	“城”和“市”融合，形成区域核心——城市，出现城乡分异，形成核心—外围的空间结构模式	获取增长极效益和集聚效益
第一次科技革命	蒸汽机的应用	大机器生产、煤铁时代	形成洲际地域分工，全球范围内的市场瓜分，形成全球范围的垂直型空间结构体系，确立了西欧的空间核心地位	通过最大限度地占有市场空间以达到获取规模经济效益的目的
第二次科技革命	电力的应用	石油与有色金属的应用	众多新工业部门的出现，水平分工迅速发展，新的空间结构形式出现	通过空间重组促使资源合理配置，最大限度地降低生产成本
第三次科技革命	核能与电子计算机的应用	石油时代	全球城市体系形成，政府、城市和投资者共同制约着全球空间结构的重组与演化，世界城市控制着全球的主要社会财富，全球空间分异加速	追求规模经济效益，开始重视生态环境效益和社会效益
信息革命	IT技术、生物技术	新经济时代，知识的生产、传播与利用时代	空间结构创新，全球空间联结，空间结构体系形成，全球的地表空间成为一个互动的有机共同体	PRED和谐发展，地表空间的永续利用

来源：陈修颖．区域空间结构重组——理论与实证研究［M］．南京：东南大学出版社，2005：135.

9.4　城镇群落演替的趋向

既然城镇群落是一个不断发展的动态过程，那么城镇群落未来的发展趋势如何？人类聚居学家道萨迪亚斯通过人类聚居学的研究，认为地球上的所有城市都是朝着规模日益扩大、联系越来越密切的趋势发展，因此大胆预测在21世纪末，整个地球上的所有城市都将连成一片，成为一个统一的“普世城”[①]。尽管道萨迪亚斯关于“普世城”的预想有其夸张的成分，甚至也有学者曾认为“‘普世城’主要是从技术的观点出发的，实际上是超级大城市、城市地球，忽视了世界文化的差异性，化零为整，带有技术乌托邦色彩”[②]，但是，道萨迪亚斯关于“普世城”的预想却应引发我们关于城镇群落发展趋势的深一步思考。

9.4.1 城镇群落演替的趋向——演变为人类聚居的一种“顶极群落”

同城镇群落一样，关于生物群落演替趋向的问题也是群落生态学研究的一个热门话题，这方面最具代表性的即是群落演替的顶极群落假说。

所谓顶极群落（Climax），一般是指“演替系列中最后的稳定的群落”，“它是与物理环境取得平衡的自我维持系统”（E. P. Odum，1971）。对于“顶极群落”这一术语，在生态学领域曾经产生过激烈的争论，虽然大家都承认演替群落不是不变的，但是“顶极”意味着发展的终结，常和某种不变事物的观念相联系，可能引起混淆，因此有人主张不采用这个术语，而使用“根本群落”或“成型群落”（雅罗申科，1946；1961）来表达群落的这种相对稳定状态[③]。但是，由于“顶极群落”一词沿用已久，影响十分广泛，它仍是现代生态学中的一个习惯用语。

在群落生态学的研究中，关于“顶极群落”有三种不同的理论观点，即单元顶极学说（Monoclimax Theory）、多元顶极学说（Polyclimax Theory）和顶极格局学说（Climax Pattern Theory）。单元顶极学说的代表人物是美国生态学家Clements，他认为在每一个气候地区，只有一种顶极群落，其他所有一切群落型都向这唯一的一种顶极群落发展着，同时，各地区的顶极群落是什么类型只决定于该地区的气候条件（Clements，1916；1936）。多顶极学说的早期倡导者是英国生态学家Tansely，他认为任何一个地区的顶极群落都是多个的，它决定于该地区的土壤湿度、土壤化学性质、动物的活动等因素（Tansely，1939）。顶极格局学说是由生态学家Whittaker提出的，他认为群落是由许多环境因素决定的，除气候外，还包括土壤、生物、火、风等因素的影响，在逐渐变化的环境梯度中，顶极群落类型也是连续地逐渐变化的，它们彼此之间是难以彻底划分开的（Whittaker，1953），这一学说又被称为多顶极学说的一个变型[④]。

以上三种学说之间，既有一些共同点，又存在一定的差异。三种学说的共同点主要包括：①都承认一个地区演替的多样性，以及演替中的部分

---

① 参见：吴良镛．环境科学导论［M］．北京：中国建筑工业出版社，2001：298.

② 黄光宇，陈勇．生态城市理论与规划设计方法［M］．北京：科学出版社，2002：43.

③ 宋永昌．植被生态学［M］．上海：华东师范大学出版社，2001：266.

④ 孙儒泳．动物生态学原理［M］．北京：北京师范大学出版社，2001：423.

会聚；②一个地区可以出现一些相对稳定的演替终点或顶极群落；③需要在这些相对稳定的群落中找出一个主要的群落，即区域顶极群落。这三种学说的分歧主要体现在：①单元顶极学说认为演替完全向气候会聚，多元顶极学说认为在景观的不同生境中可以有几个不同的顶极（但数量不会很多），而顶极格局学说则强调顶极类型的多样结合；②单元顶极学说认为只有气候是演替的决定性因素，其他因素只是第二位的，但可以阻止群落发展为气候顶极，其他两个理论强调生态系统中各个因素的综合影响，且其他因素也可以决定顶极群落；③单元顶极学说和多元顶极学说承认群落是一个独立的不连续的单位，而顶极格局学说则认为是连续的。尽管对于顶极群落存在有不同的理论观点，但是，目前大多数的学者都倾向于多元顶级学说或其变型（顶极格局学说）[①]。

由于城镇群落空间结构演化呈现出一定的规律性，其发展的一些主导因素可以加以判断，因此人类可以对城镇群落空间结构的演化趋势进行科学判断，从而促进城镇群落向着可持续的方向发展。例如，道萨迪亚斯将未来城市的发展演变划分为四个阶段：①近期未来（从道萨迪亚斯从事研究的 20 世纪 70 年代到 2000 年），这一时期内人类的生存环境条件将继续恶化；②中期未来（从 2000 年到 2075 年），人类聚居的危机将逐步得到缓解，人口的增长速度将减慢，环境不断恶化的趋势将被扭转过来；③远期未来（2075 年以后），人类聚居将逐步发展成为一个统一的全球城市系统，并进入一个相对静止的状态（图 9-10）；④遥不可知的未来（普世城形成以后），人类将进入一个崭新的阶段，这一时期的发展如何现在尚无法预测。

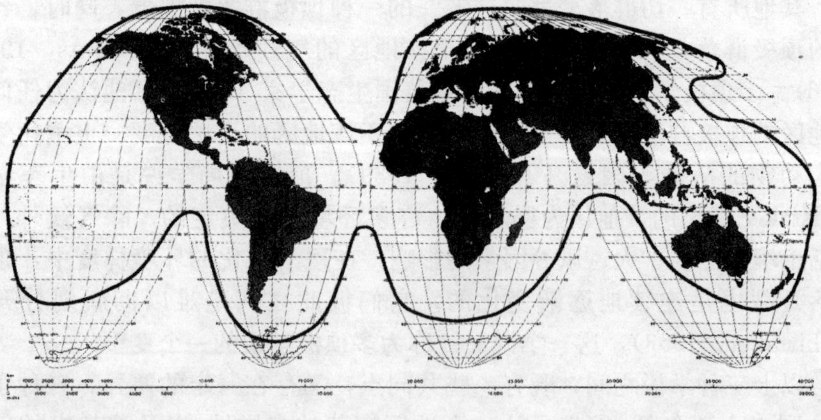

图 9-10　道萨迪亚斯设想在远期未来全球将成为一个日常城市系统

来源：吴良镛．人居环境科学导论［M］．北京：中国建筑工业出版社，2001：305.

① 孙儒泳．动物生态学原理［M］．北京：北京师范大学出版社，2001：423.

城镇群落作为一种人类的聚居环境，必然会受到一些自然环境和生物因素的影响和制约，然而更重要的是，城镇群落是一种人类活动的空间载体，其发展演替的主导因素更多地会受到人类活动状况的影响。因此，影响城镇群落空间结构演化的主导因素，最根本的是人类社会生产力水平的发展和生产关系的不断变革。由于人类社会的生产力水平和生产关系发展的阶段性特征，城镇群落发展的线性演替过程自然也就趋向于适应某一社会阶段的"顶极"状态。换句话说，不同的人类社会生产力水平和生产关系会产生各不相同的"顶极城镇群落"，城镇群落发展演替的趋向即是各个社会阶段所对应的"顶极城镇群落"。

9.4.2 顶极城镇群落的基本特征

既然城镇群落发展演替的趋向是演变为人类聚居的一种"顶极城镇群落"，那么，这种"顶极城镇群落"具有什么样的特征呢？

在一个特定的区域内如何区别顶极群落和阶段群落（演替过程中某一阶段的群落）是一个复杂的问题，根据群落生态学的有关研究，有关学者总结概括了群落演替的趋向及阶段群落和顶极群落的差异（表 9-6），这一认识对于我们认识顶极城镇群落的基本特征具有重要参考价值。

群落演替趋向及阶段群落和顶极群落的差异 表 9-6

群落特征		阶段群落	顶极群落
群落组成和结构	1. 种群结构	迅速变化	逐渐变化
	2. 物种多样性	一般较低、偶尔较高	相对较高
	3. 优势种替代	优势种不稳定	优势种稳定
	4. 分层性	简单	复杂
	5. 种间关系类型	简单	复杂
	6. 生活史特征	r 对策	k 对策
	7. 繁殖体寿命	长	短
群落的能流和物质循环	8. 群落总生物量（B）	较少	较多
	9. 总生产量与呼吸量之比（P/R）	大于 1 或小于 1	接近 1
	10. 总生产量与生物量之比（P/B）	高	低
	11. 生产量与单位能流之比（P/E）	低	高
	12. 群落净生产量（Pn）	高	低
	13. 矿质循环	开放	封闭
	14. 营养物质的主要存储库	土壤	生物体
	15. 有机残余物在养分还原中的作用	不重要	重要

续表

群落特征		阶段群落	顶极群落
群落生活与环境条件	16. 生境状况	极端	中生性
	17. 群落环境的重要性	较不明显	明显
	18. 土壤剖面	不成熟	成熟
	19. 地形部位	或高或低，较特殊	平缓高地
	20. 稳定性、抗干扰能力	不强	强

注：本表主要针对植物群落而言。虽然不是每一项特征对任何群落演替都是适用的，但它可作为区别初期演替阶段群落和后期成熟的顶极群落的参考。

来源：宋永昌．植被生态学［M］．上海：华东师范大学出版社，2001：260.

顶极城镇群落是相对于阶段城镇群落而言的，由于人类社会始终处于不断的发展变化之中，目前世界各地的城镇群落在某种意义上都还只是一种阶段城镇群落。根据生物群落演替的基本规律，考虑到城镇群落发展演替的特殊性，可以设想城镇群落发展演替所趋向的顶极城镇群落将具有下述基本特征：①城镇化发展速度降低。顶极城镇群落的发展相对成熟，人口和城镇发展趋于稳定，尽管城镇化水平高低皆有可能，但城镇化发展的速度必然相对较低；②共生关系更为发达。城镇群落内诸多城镇发展空间之间以及城镇发展空间与自然生态空间之间的共生关系是城镇群落赖以存在的基础，发展较为成熟的顶极城镇群落必然要具有比阶段城镇群落更为发达的共生关系；③时空联系更为便捷。城镇群落的功能组织、城乡空间之间的相互作用，都要借助于一系列的交通和通信设施才能实现，在未来的信息社会条件下，城镇群落共生关系发育的重要载体——即城镇群落的交通和通信手段也将更为发达；④城镇发展空间的多样性相对较高。随着城镇群落的发育成熟，城镇发展空间之间的竞争关系趋于更加激烈，由于城镇群落发展的生态位原理，不同的城镇发展空间必然要立足于适合自身生存与发展的生态位，城镇发展空间的多样性将随之提高。

由于城镇群落发展演替的根本动因在于人类社会生产力水平的发展和生产关系的不断变革，在不同的社会条件下，城镇群落会演化出不同的“顶极城镇群落”，这些各不相同的顶极城镇群落必然是适应特定社会制度条件下的一种相对稳定的人类聚居环境。同时，在不同的国家和地区，具有不同的国情，影响城镇群落发展演化的自然环境、人口状况、政治体制、资源条件等各不相同，必然会产生各不相同的顶极城镇群落。因此，关于顶极城镇群落基本特征的认识还需要深入分析社会发展的基本趋势。但这又是相当困难的事情，只能进行粗略的预测。

当前人类社会正处于从工业社会向信息社会转型的过程之中。如果说

1768年蒸汽机的发明使得家庭作为生产单位而被解体的话，那么1946年计算机的问世则引发了一场更为迅速的信息革命。继工业社会取代农业社会之后，人类又进入了一个新的信息社会。虽然信息革命仅有短短60年的时间，但电子货币、电子图像、电子声响、信息高速公路等新技术相继出现，电脑网络已经覆盖全球范围，人们的生活正逐步走向信息化。信息社会与农业社会、工业社会不同，它是以知识和信息为基础的社会，现代信息技术的出现和革新为其鲜明的技术特征。工业革命使人们离开家庭集中就业，信息革命则使人们重新回到家庭工作；工业革命使人们向城市集聚而疏远大自然，信息革命则使人们居住和工作空间扩散并亲近大自然；工业革命使人们在郊外居住到市中心工作，信息革命则使人们在郊外工作而到市中心娱乐、消费与社交……如果说工业革命使得城市由“马车时代”进入“汽车时代”，那么信息革命则带领人类由“汽车时代”走向“比特时代”（表9-7）。

工业化时代与信息时代的社会经济特征比较　　表9-7

内　容	工业化时代	信息时代
社会	国家主导的等级集权式	地区权力分散，自主性加强
经济	产业以重工业为主	以信息产业为主
管理	等级管理体制	扁平化的网络管理
生产	集中化、规模化大生产	弹性生产、精细生产、个性化生产
劳动力	体力劳动为主	脑力劳动日益主导，知识型工人出现
市场	面向大众的消费，适当的商品寿命	面向个体或部分的消费，商品寿命的短期化
范围	地方/区域	全球
竞争	土地、劳动力和资本	知识、信息

来源：甄峰．信息时代的区域空间结构［M］．北京：商务印书馆，2004：6.

由于信息化发展的影响，预计在未来的信息社会条件下，城镇群落的发展演替将出现一些新的特征。由于城镇空间组织分散化的态势，城镇群落的发展演替必将呈现空间结构的多极化趋势和空间形态的网络化态势，城镇发展空间的布局结构将从“单核心”、“双核心”等转向“多核心”，从“带型”、“星月型”、“轴向型”等非均衡空间形态转向相对均衡的网络化空间形态。与此同时，由于全球化的影响，不同城镇群落之间的联系将更加密切，城镇群落的发展演替将呈现一种全球化协作的空间格局。

9.5　成渝城镇群落的空间发展与演替

任何城市均是历史的继续，过去的发展不仅为今日之城市发展奠定了坚实的基础，而且许多过去促进或阻碍其发展的因素，今日或多或少地仍在发挥作用。成渝城镇群落的空间结构和空间形态，不是一蹴而就的，而是有着深厚的历史渊源。

9.5.1 古代巴蜀地区城镇发展的历史基础

城镇是在一定地理、历史和社会经济条件下产生和发展起来的，其发展演变具有阶段性和连续性的特点。号称"天府之国"的成渝地区，由于其优越的自然地理条件，较早地成为人类繁衍生息之所以及中国城镇起源较早之地。1986年在巫山县发现的更新世早期的人类化石，测定年代为距今204万～201万年，是我国迄今为止所发现的最古老的人类化石，在我国人类发展史上占有重要的地位[①]；更新世晚期四川的人类化石，以1951年发现的"资阳人"最为重要，测定年代为25100±400年，是我国在新中国成立后发现的最完整的"新人"化石头骨之一[②]；1995年以来，新津宝敦古城、温江鱼凫城、都江堰芒城（上芒城）、崇州双河古城（下芒城）等古城遗址先后被发现并得到确认，从而使人们认识到在史前时期长江上游地区已出现阶级分化，并产生了奴隶制国家，长江流域和黄河流域一样，同为中华民族的摇篮[③]。

早期人类文明的发展促进了川渝地区城镇的形成。早在商周之际，川渝地区就开始由原始氏族社会进入奴隶社会，并建立起了"蜀"和"巴"奴隶制国家（图9-11），前者的都城，先后置于湔山、郫邑，后徙成都；后者的都城，则先后置今重庆、垫江和阆中，以重庆为都时间最长。秦惠文王更元九年（公元前316年），已建立封建制度的秦王朝，统一了巴、蜀，为了统治和防卫需要，设置了蜀郡和巴郡，重点建设了成都城和重庆城，以及郫县、临邛、阆中等城邑，并"移秦民万家实之"，建设的成都城与当时的首都咸阳同制，当时在川渝地区共有约19个城镇。

西汉时，随着农业、手工业和商业的发展，川渝地区的城镇也随之发展壮大，至汉末，有16个郡、88个县，今天四川的一些重要城市绵阳、南充、内江等都诞生于此时，成都与洛阳等并列为全国五大都市，南方丝绸之路上的临邛、汉源、西昌等已十分繁荣。三国时，刘备在川渝地区建立"蜀汉"政权达43年（221～263年），建都成都。隋唐时，四川地区进入封建社会极盛时期。由于社会经济的发展和人口的众多，当时四川地区建置的州、县远较过去为多，县已近300个，许多县名如德阳、金堂、大邑、荥经、青川、乐至、通江、岳池、西充、大竹、开江等，一直沿用至

---

① 参见1998年11月19日《人民日报》以及《三星堆文化与巴蜀文明》第14页。

② 赵殿增．三星堆文化与巴蜀文明［M］．南京：江苏教育出版社，2005：14．

③ 何一民．论成都城市在中国历史发展进程中的地位和作用［J］．西南民族学院学报，2002(2)：83-94．

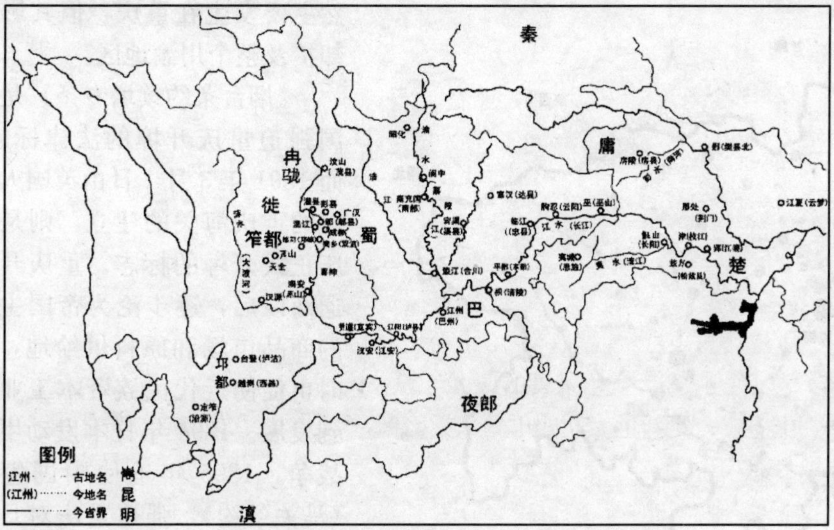

图 9-11　古代巴蜀示意图

来源：李和平．重庆历史建成环境保护研究［D］．重庆大学博士学位论文，2004：2.

今。元王朝为维护和巩固统一，除在首都大都（今北京市）建置中书省外，在全国各地建置行中书省，至元二十三年（1281 年）在今川渝地区建置了“四川行中书馆”，简称“四川行省”，这是“四川省”建省之始。明末清初，由于战乱，四川城镇的发展经历了大的动荡，人口锐减，城池多有废弃，一片荒芜。清代，战事平息，经济复苏，人口增加，城镇又重新兴建，由于清政府采取不断迁移两湖、广东、福建、江西和陕西的贫民到四川开垦的政策，使城镇建设中带来不少南方各省的建筑技术和风格，最为突出的是各城镇中的会馆。明清时期四川省制未改，但省境已达川西高原和凉山地区，从雍正至清末，又实行“改土归流”①，借以加强清王朝中央对四川边远地区的统治，不仅成都和重庆得到了经济的繁荣与发展，而且出现了一些中、小城市，川渝地区的城镇已呈现密集布局的空间格局（图 9-12）。

9.5.2　近代川渝地区城镇发展的繁荣

清道光二十年（1840 年）中英鸦片战争以后，中国社会进入半殖民地半封建社会，四川的社会性质也随之改变。帝国主义列强的势力沿长江进入川渝地区，使川渝地区的城镇发展出现新的变化和转型。这一时期最为重要的事件有两件，一是重庆开埠，二是重庆陪都十年建设，这两件事虽

---

① “改土归流”是指在少数民族地区废除土司，改由清政府临时任命的流官统治，实行与汉族地区相同的政治制度，以加强对原土司地区的控制。

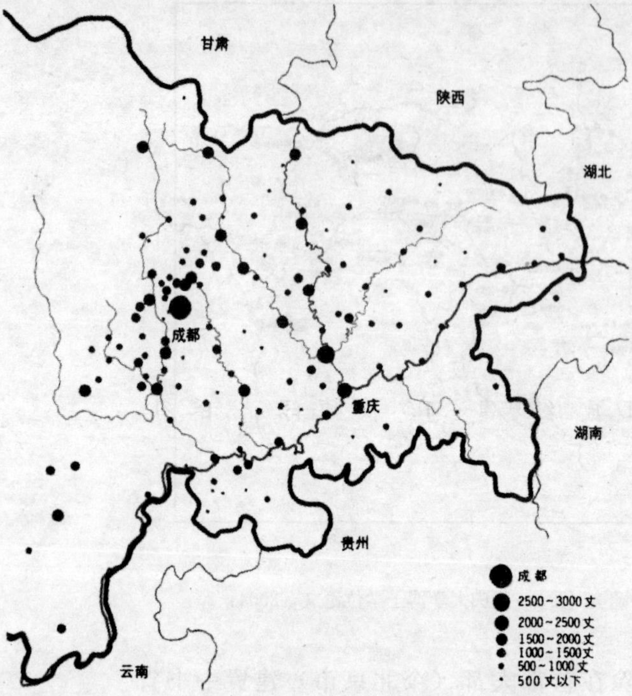

图 9-12　清代川渝地区的城镇空间分布格局

来源：杨宇振．清代四川城池的规模、空间分布与区域交通［J］．新建筑，2007（5）：45-47.

然主要发生在重庆，但其影响却扩及整个川渝地区。

《烟台条约续增专条》是英国强迫重庆开埠的法律标志，而 1891 年 3 月 1 日由英国人掌握的重庆海关的建立，则是重庆正式开埠的标志。重庆开埠通商以后，逐步沦为帝国主义的商品市场和原料供给地，同时也促使近代民族资本工业得到发展。1894 年日本发动甲午战争，1895 年迫使中国签订《马关条约》，强迫重庆对日本开放，这一方面扩展了外国列强侵略重庆的特权，实现了其通航川江、上驶重庆的夙愿，同时允许列强在通商口岸设立工厂，因而也促进了重庆近代工业的产生。重庆的近代工业在开埠以后出现，于 20 世纪初得到初步发展。到 1911 年，重庆已开办了一大批的各类新式工厂，逐渐成为川渝地区的工业中心和经济中心。在重庆城市发展的同时，川渝地区其他一些沿江城市也相继出现一批适应帝国主义侵略需要的加工工业、商社贸易、银行和交通运输等，成都、泸州、宜宾、南充等先后引进国外设备，办起了电厂，设立电灯公司等，机械和半机械化工业得到一定发展。与此同时，外国资本主义的侵入，打破了四川城市发展的传统的自然经济特征，破产农民也纷纷流入城市，城市规模因而也逐步扩大，在工业、商业、金融业方面具有重要作用的一些近代城市发展尤为迅速。

1937 年抗日战争爆发后，国民党在军事上接连失利，确定“政府第一期的工业政策，其中心工作就是协助厂矿内迁”①。内迁的第一目的地是武汉，武汉沦陷后，厂矿内迁工作的重点转向川渝地区。1940 年 9 月 6 日，国民政府定重庆为中华民国陪都。重庆成为中国的特别市和战时首都，全国的政治、军事、经济、文化中心，大批的机关、工厂、学校及事业单位内迁重庆，据统计，至 1940 年止，内迁川渝地区厂矿达 254 家，复工厂矿

① 周勇．重庆：一个内陆城市的崛起［M］．重庆：重庆出版社，1997：314.

达 184 家，内迁机料 45257t，技工 8105 人[①]，四川成为官僚资本集中的地方。一时间，成都、重庆、宜宾、泸州、江安、自贡等成为全国重要城镇，特别是重庆由于是四川和西南水陆交通的重要枢纽，重要的钢铁、机械、纺织、军火等工业均集中于此，有企业 1700 余家，工业职工 10 万人，从一座中等商业城市一跃成为拥有百万人口的特大工商业城市，至 1945 年抗战结束时成为“国统区”最大的工业基地和大后方唯一的工业门类齐全的综合性工业基地，掌握着全国的经济命脉。重庆的人口也由 1940 年的 39.4 万人增加到 1945 年的 124.6 万人。抗战胜利后，政治经济重心东移，许多工商企业纷纷迁离四川，一度繁荣的城镇又衰退下来。

9.5.3 新中国成立后大四川地区城镇统一建设与成渝城镇群落雏形的形成

1949 年 12 月 27 日，成都解放，为川西行政公署驻地。1952 年恢复四川省建制，成都为四川省省会至今。新中国成立后的“一五”、“二五”期间，四川省有计划地建设和发展了成都、重庆、自贡、泸州、绵阳、江油、广元、内江、纳溪等城镇，并将全省分别以成都、重庆、自贡为中心，划分为川西、川东和川南三个经济片，逐步形成了一批骨干城市。同时，先后依托一些小城镇分散建设了一大批地方企业和小矿山、小煤窑、小钢铁、小焦煤和小水泥等厂矿，并用小铁路和公路把它们串联起来，促进了一批小工矿城镇的发展。

1964～1974 年的“三线”建设时期是川渝地区的一个重要发展时期，国家把全国工业建设的重点转移到西部地区[②]，按照分散、靠山、隐蔽的布局方针，推进以重庆为中心进行工业布局的《重庆地区三线建设规划》，在祖国西南地区规划了以重庆为中心的常规兵器工业基地以及以长江上游的重庆至万县为中心的造船工业基地，成为中央三线建设的大后方工业基地（以军事工业为主）。“三线”建设期间，随着国家大规模的投资建设，新建了一大批重点工业企业，在成渝地区新形成及扩大了 70 多个城镇，包括举世瞩目的攀枝花钢城等，同时也大大推动了川渝地区城镇的基础设施建设。当然，由于受当时“散、山、洞”方针的影响，“三线”企业布局分散，没有很好地依托于基础较好的城镇，使得布局不尽合理，生产、生活不便，综合效益不是很高。

改革开放以后，四川省开始了大四川地区城镇的统一规划和建设，依

---

① 周勇．重庆：一个内陆城市的崛起［M］．重庆：重庆出版社，1997：316.

② 当时按照地理划分，在战略上以沿海地区为一线，以中部地区为二线，以西部地区为三线。其中三线分为两大片，一是包括云南、广西、四川三省区的全部或大部分及湖南西部、湖北西部的西南三线；二是包括陕西、甘肃、宁夏、青海四省区的全部或者大部分及河南西部、山西西部的西北二线。三线又有大小之分，西南、西北为大三线，中部及沿海地区的腹地为小三线。

托“两市”、抓好“两线”、开发“两翼”的空间发展战略，两市即成都市和重庆市，两线指“成都－重庆发展线”和“江油－峨眉山发展线”，两翼则是“川东及三峡库区发展翼”和“攀西及川南地区发展翼”（图 9-13），在这一发展战略中，成渝两地的发展轴线与江油－峨眉山发展线（即现在的绵阳－成都－乐山发展线）的地位棋鼓相当，极大地促进了川渝地区城镇的一体化发展与建设。这一时期，随着生产力的解放，经过大规模的经济建设，川渝地区的城镇得到了迅速发展，城镇规模、职能、空间分布和相互联系的内容、强度和方式都发生了深刻变化（表 9-8），逐步向一个有机的城镇网络体系迈进，出现了成渝城镇群落的雏形。

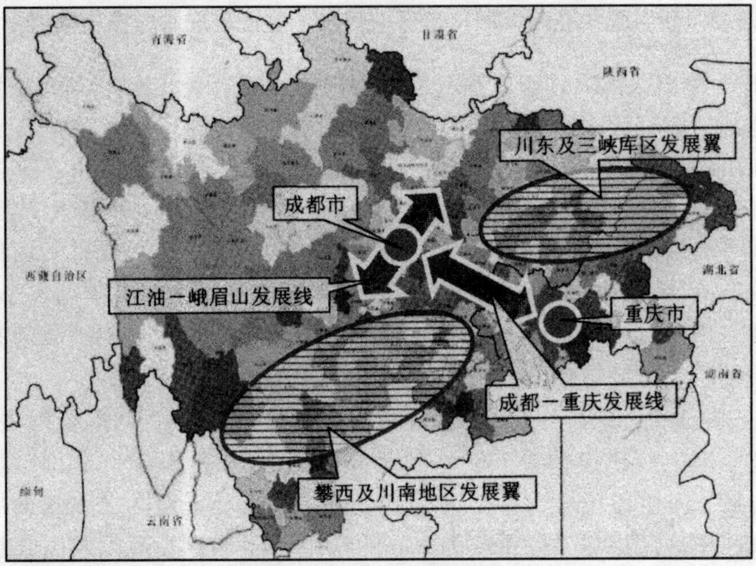

图 9-13　大四川时期川渝地区空间发展战略示意（1997 年以前）

大四川建设时期川渝地区城镇发展变化统计表　　表 9-8

年份	城镇总数	城市总数	地级以上市	县级市	县（区）	建制镇	乡镇
1949	283	3	3		183	280	4121
1954	405	10	3	7	159	395	11205
1960	239	8	3	5	188	231	6767
1978	319	11	4	7	203	308	8365
1993	2089	31	13	18	201	2058	3819
1994	2180	35	13	22	197	2145	3987

注：城镇总数未包括县（区）和乡镇数，此表数据由四川省民政厅民政处提供，含重庆市的数据。
来源：四川省人民政府．四川省城镇体系规划（2001—2020）专项研究报告［R］，2003-11：12.

9.5.4 重庆直辖给成渝城镇群落发展带来的新变化

1997 年 3 月 14 日，经八届全国人大五次会议审议批准，重庆市、万县市、涪陵市和黔江地区从四川省划出，成立中央直辖的重庆市。重庆直辖给成渝城镇群落发展带来的新变化，一方面是四川省省情的变化及省域发展战略的调整，另一方面则是重庆地区各级城镇的迅猛发展。

川渝分治后，四川省的地理位置西移；人口由原来的 11359 万人下降为 7357 万人，从全国第一位下降到第三位；经济总量在全国的位次后移，但仍是经济大省，“二三一”型产业结构的总体特征未变。原四川省的区域发展战略部署是“依托两点、发展两线、开发两翼、带动全省”，重庆成立直辖市后，四川省认为其带走了其中的“一点、一线、一翼”，使得“两点、两线、两翼”的发展战略格局发生了很大变化。根据新的省情特点，四川省将全省社会经济发展划分为六个片区，即成都经济区、川西南经济区、川南经济区、川东北经济区、川东经济区和川西北民族经济区，根据各个区域的自然、社会经济情况分别提出各自的发展方向和重点，总体部署即依托一点（成都）、构建一圈（成都平原经济圈）、开发两片（攀西、川南）、扶持三区（丘陵地区、盆周山区和民族地区），推动四川省经济整体发展。

重庆直辖后，成为我国中西部地区唯一的直辖市，在全国发展格局中的地位发生重大变化（表 9-9），尤其是国家在西部地区中倾向于对重庆的投入支持，重庆市近五年来各项投入部分的增长速度西部第一。重庆的经济社会发展取得了显著成效，保持了持续快速发展的势头，2003 年人均 GDP 超过 1000 美元，2006 年地区 GDP 达到 3486.2 亿元，是直辖前 1996 年的近 3 倍，财政收入达到 1996 年的近 10 倍。重庆的城市建设，特别是交通设施建设、市政基础设施建设、库区生态环境保护等方面也取得了令人瞩目的成就，已进入城镇化加快发展的重要时期。

重庆城市定位的变化 **表 9-9**

时　期	城市历史阶段	城市定位	开放程度
1890 年前	传统封建（奴隶）制城市	军政中心	封闭
1890～1949 年	近代半殖民地半封建制城市	商业、金融中心	被迫开放
1949～1978 年	近代社会主义城市	工业基地	半封闭
1978～1998 年	现代社会主义城市	长江上游的经济中心、水陆交通枢纽和对外贸易港口	全方位“主动”开放

续表

时　　期	城市历史阶段	城市定位	开放程度
1998 年以后	现代社会主义城市	长江上游经济中心，三中心、两枢纽、一基地，即：商贸中心、金融中心、科技文化信息中心，交通和通信枢纽，现代产业基地	全方位“主动”开放

来源：重庆市市域城镇体系规划办公室，重庆市规划设计研究院．重庆市市域城镇体系规划（2003—2020）综合报告［R］，2004-08：16.

对于成渝城镇群落而言，重庆直辖后的变化，一方面是重庆引领东部地区城镇发展的动力增强，城镇的经济辐射和集聚、扩散能力增强，成渝城镇群落东部地区城镇发展的活力得以释放；另一方面，重庆直辖则明显地造成川渝地区各以重庆都市区和成都市为区域发展的中心而谋求自我发展，致使成渝城镇群落呈现两极化发展的格局，这对于成渝城镇群落的区域整合发展产生了一定的消极影响。

9.5.5　未来成渝城镇群落发展的基本趋势

对于成渝城镇群落未来的发展而言，有两件事情值得特别的关注。一是 2007 年 4 月 2 日，四川省委副书记、省长蒋巨峰和重庆市委副书记、市长王鸿举共同签署了《关于推进川渝合作共建成渝经济区的协议》，根据该协议，成都及绵阳等 14 个沿高速公路、快速铁路、黄金水道的市和重庆 1 小时经济圈的 23 个区县进入“成渝经济区”的范围，此后，在建设部的牵头下，四川省政府和重庆市政府共同组织了“成渝城镇群协调发展规划”的研究工作，这对于成渝城镇群落的协调发展而言无疑将起到积极的推动作用。其次是国家发改委下发“［2007］1248 号”文件明确了“国家发改委批准重庆市和成都市设立全国统筹城乡综合配套改革试验区”，至此，成渝成为上海浦东新区和天津滨海新区之后的第三个综合配套试验区，也是中西部地区唯一一个“试验区”，未来成渝城镇群落的发展将不仅受益于国家财政与政策的扶持，还将在各方面具备创新试点的主动权，在一些重点领域可以大胆创新，探索实践，为全国的城乡统筹发展积累经验，成为西部乃至全国寻求解决城乡二元结构问题的示范区。可见成渝城镇群落未来的发展一方面面临着新的机遇，同时又必须探索基于城乡统筹的城镇群落发展新模式，可以预见成渝城镇群落未来的区域协调和产业协作将获得发展和进步，城镇群落的整体性将获得增强，同时成渝城镇群落的城乡空间也将获得良性互动和一体化发展。

9.6 小结

城镇群落处于不断的发展和变化之中。城镇群落的发展演替主要受到人口增长、农业发展的“推力”和工业革命的“引力”、交通运输方式的变革、政府的政策导向等因素影响，其最根本的动因在于人类社会生产力水平的发展和生产关系的不断变革。城镇群落发展演替的趋向是演变为人类聚居的一种“顶极城镇群落”，顶极城镇群落的空间结构特征主要取决于人类社会发展所处的阶段及其趋势，其基本的特征表现在人口和城镇发展趋于稳定、城镇化发展的速度相对较低，具有比阶段城镇群落更为发达的共生关系，更为发达的交通和通信设施，城镇发展空间的多样性相对较高等方面。

下　篇

“一种生命，如果除了维持呼吸和吞咽等机制外，再无任何其他意义、价值和目的，那它比靠铁肺生活的生命好不了多少，后者由于病人仍怀有恢复健康和逃避死亡的希望才维持下来。

……

现在在每一个有机体中，组成代谢过程与分解代谢过程、创造力量与破坏力量，两者都在起作用。生命和生长发展不取决于有没有不利因素，而取决于有足够程度的平衡，以及有足够多余的建设性力量去不断地纠正、恢复，去吸收新鲜事物，去调节数量，去与所有别的需要维持平衡的有机物体和社区建立平等交换的关系。”

——L·芒福德，《城市发展史》①

① （美）L.Mumford. 城市发展史——起源、演变和前景[M]. 宋俊岭,倪文彦译. 北京: 中国建筑工业出版社, 2005: 567-568.

10　城镇群落空间规划的引导

城镇群落与生物群落的一个重要区别，在于城镇群落是一种自然的力量和人类的力量共同作用的结果。城镇群落是人类改造自然和创造自然的产物，人类社会在其长期的发展过程中所形成的丰富的人类文明，推动着城镇群落的不断发展和进步。然而，人类活动对城镇群落发展的影响也有盲目性的一面，不良的人为干扰或人类干扰所诱发的自然灾害往往是城镇群落走向衰败的主要原因。认识城镇群落空间发展的自然演化规律，有利于我们科学认识城镇群落空间发展过程中的问题和矛盾，进而通过空间规划及管治等途径，谋求引导城镇群落空间健康发展的科学之策。

10.1　城镇群落空间结构发展中的主要问题

在对城镇群落空间发展的自然演化规律缺乏深入认识的情况下，过度人类意志主导下的城镇群落空间结构发展存在着诸多的问题，主要表现在以下方面：

10.1.1　城镇发展空间低密度蔓延，自然生态空间大量萎缩

城镇群落的出现，往往是某一地区进入快速城镇化发展阶段后的现象。在快速城镇化发展的态势下，更多地表现出城镇发展空间的低密度蔓延。这种情况以美国最为典型，美国城镇密集地区的发展过程也是一个郊区迅猛发展的过程，城镇发展呈现低密度的“蔓延式”扩张态势（图 10-1）。美国大城市地区的人口密度远远低于欧洲、亚洲等其他国家，而且这种密度至今仍在递减。美国的城镇群落发展基本上是由低密度的郊区化发展所支撑起来的空间形态。

根据宾夕法尼亚大学对美国东北海岸城镇群落的一项研究，1982～1997 年间，该地区的人口增长了 7%，然而城镇建设用地增长了 39%，致

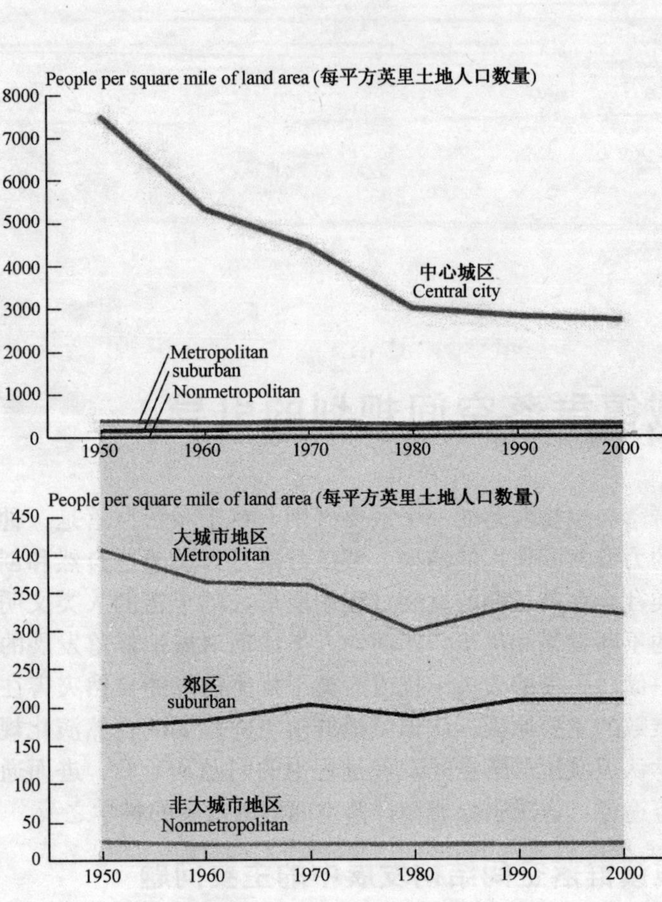

图 10-1 美国 1950～2000 年人口密度变化

数据对比：2005 年底我国人口密度约为 136 人/km^2≈352 人/平方英里，北京市域人口密度为 937 人/km^2≈2427 人/平方英里。

来源：F. Hobbs，N. Stoops. Census 2000 Special Reports：Demographic Trends in the 20th Century［R］. U. S. Census Bureau，2002：39.

使区域整体人口密度下降了 23%①。按照当前的发展态势，2000～2050 年该地区的人口将增长 40%，城镇建设用地将增长 154%，即 40339 平方英里（约 10.45 万 km^2），这将是该地区土地总面积的 16%，约为弗吉尼亚（Virginia）一个州的面积（图 10-2）。

① W. Fulton，R. Pendal，M. Nguyen，A. Harrison. Who Sprawls Most? ——How Growth Patterns Differ Across the U. S. ［R］The Brookings Institution，2001. 转引自：University of Pennsylvania. Reinventing Megalopolis：The northeast Megaregion［R］，2005：10.

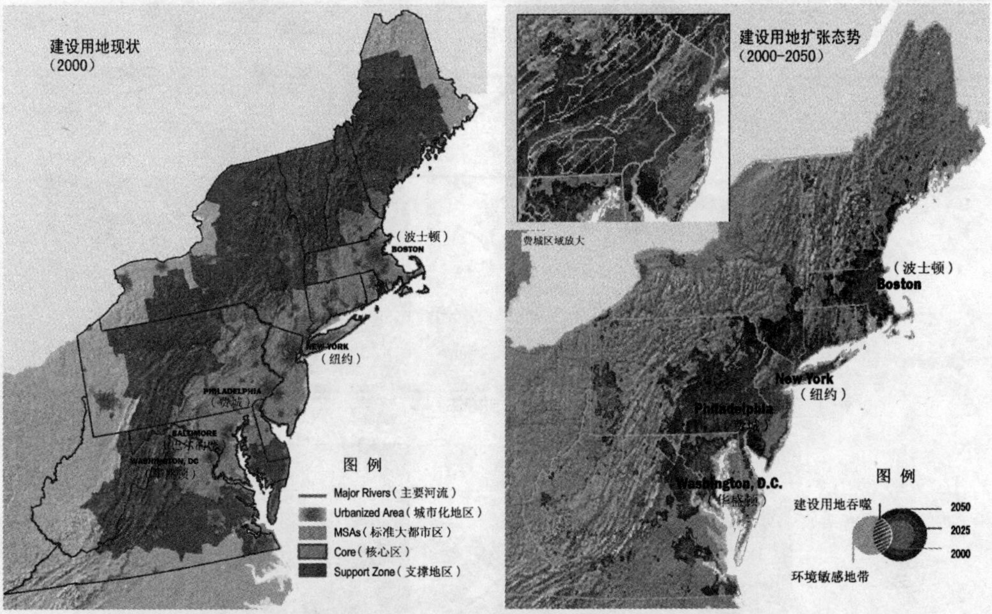

图 10-2 美国东北海岸城镇群落的建设用地扩张态势（2000～2050）

美国东北海岸城镇群落城镇建设用地的发展每年造成 198000 英亩（801km^2）的农田损失，这一数字恰好约是纽约市的面积。如果按照目前的发展趋势，到 2050 年时，该区域内的用地扩张将吞噬掉大部分生态环境最为敏感的用地。

来源：根据《Reinventing Megalopolis》编译改绘。University of Pennsylvania. Reinventing Megalopolis: The northeast Megaregion［R］. 2005：21.

近年来，随着我国城镇群落工业化和城镇化的快速发展，城镇建设用地也呈现出迅猛的扩张态势，未来发展空间已岌岌可危。以长三角城镇群落的苏州市为例，1986～2004 年间城镇建设用地扩张的态势也是非常惊人的，如果按照目前 GDP 每增加 1%就要消耗 4000 亩土地的态势，保持当前的土地使用效率和 GDP 年增长 14%的速度，不到 2020 年其可利用土地就将完全耗竭①（图 10-3）。再以珠三角城镇群落为例，该地区的总面积为 4.17 万 km^2，城镇建设用地面积 1990 年时为 1066.9 km^2，1995 年增加至 2673.7 km^2，2002 年已达 3862.7 km^2，短短 12 年间扩张超过了 3 倍，目前深圳等地已无任何城镇建设用地空间（表 10-1）②。

① 李迅，靳东晓等．中国工程院重大咨询项目《我国大城市连绵区的规划与建设问题研究》土地利用专题研究初稿，2007-03-28.

② 珠江三角洲城镇群协调发展规划工作组．珠江三角洲城镇群协调发展规划（2004～2020）说明书［M]，2005-04.

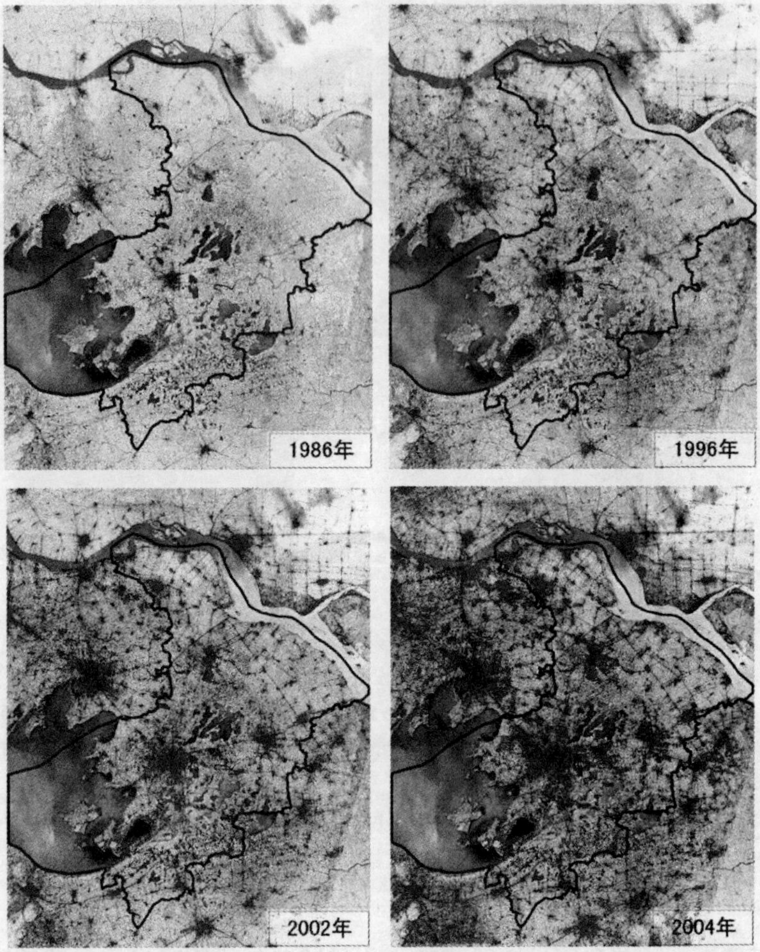

图 10-3 苏州地区近 20 年来城镇发展空间与自然生态空间的变化态势

来源：李迅，靳东晓等．中国工程院重大咨询项目《我国大城市连绵区的规划与建设问题研究》土地利用专题研究初稿〔R〕，2007-03-28.

珠三角城镇群落可建设用地潜力分析 **表 10-1**

市名	市域面积（hm²）	可建设用地（hm²）	城镇建设用地面积（遥感解译结果，hm²）	基本农田保护任务指标（hm²）	可建设用地潜力（hm²）	潜力百分比（%）
广州	728654	342514	80838	146900	114776	33.5
惠州	908900	318379	32044	114484	171851	54.0
肇庆	410200	144517	6622	68030	69865	48.3
佛山	384849	198050	61541	73100	63409	32.0
东莞	247170	147574	72594	40000	34980	23.7
深圳	194869	71148	68601	6000	—	—

续表

市名	市域面积（hm²）	可建设用地（hm²）	城镇建设用地面积（遥感解译结果，hm²）	基本农田保护任务指标（hm²）	可建设用地潜力（hm²）	潜力百分比（%）
江门	954060	443243	22293	187200	233750	52.7
中山	180014	90635	31795	48900	9940	11.0
珠海	159772	57595	24811	24700	8084	14.0
总计	4168488	1813656	401139	709314	703203	38.8

说明：①可建设用地按 1994 年广东省 1∶25 万地形矢量数据利用 GIS 技术分析而得，其等高线间距 50m。"可建设用地"采用的标准是坡度小于 10%，海拔低于 50m；②城镇建设用地面积按 2002 年卫星遥感数据分类解译而得；③"可建设用地潜力"指符合设定标准的"可建设用地面积"扣除已建设用地和基本农田保护区之后，可供未来发展使用的土地面积；④基本农田保护区任务指标参考"广东省土地利用总体规划"而得。

来源：珠江三角洲城镇群协调发展规划工作组．珠江三角洲城镇群协调发展规划（2004—2020）说明书［R］．2005-04，7.

城镇群落城镇空间的低密度发展，其结果是吞噬了许多肥沃的农田和旷野，并造成土地资源利用的低效率乃至巨大的浪费。以美国城镇群落为例，在 1950～1957 年的短短 7 年间，仅仅在底特律的一个郊区县——奥克兰（Oakland），就有 45 平方英里（约 117km²）的土地被占用，大约相当于两个曼哈顿的面积。另据统计，1970～1980 年的 10 年间，美国被占用的农业用地面积相当于佛蒙特（Vermont）、新罕布什尔（New Hampshire）、马萨诸塞（Massachusetts）、罗得岛（Rhode Island）、康涅狄格（Connecticut）、新泽西（New Jersey）、特拉华（Delaware）等 7 个州面积的总和[①]。

我国的一些城镇群落主要分布在平原、盆地等建设条件较为适宜的区域，而这些地区往往同时又是我国农业较为发达的地区，城镇发展与耕地保护的矛盾非常尖锐。近年来由于我国城镇建设用地的迅猛扩张，大面积耕地的迅速锐减已经严重威胁到国家的粮食安全。以长三角城镇群落为例，该地区素有我国的"粮仓"之称，然而近年来其耕地锐减的趋势是十分惊人的，1990～2000 年间的锐减速度达 0.78%[②]。再以珠三角城镇群落为例，1990 年的耕地面积为 15388.7 km²，1995 年减少为 11436.1 km²，到 2002 年仅剩 9864.1 km²[③]。根据国土资源部发布的《2006 年度全国土

① John Herbeis. The new heartland：America's flight beyond the suburbs and how it is changing our future［M］. New York：Times Books，1978：138. 转引自：孙群郎．美国城市郊区化研究［M］．北京：商务印书馆，2005：421.

② 许刚，佘之祥．长江三角洲地区农业可持续发展的问题与对策［J］．地域研究与开发，2000，19（4）：18-21.

③ 珠江三角洲城镇群协调发展规划工作组．珠江三角洲城镇群协调发展规划（2004—2020）说明书［M］，2005-04.

地利用变更调查结果》，截至 2006 年 10 月 31 日我国的耕地总面积已下降至 18.27 亿亩，严重逼近我国 18 亿亩的粮食安全底线①。当前我国的耕地问题已经到了十分危机的程度。

城镇群落城镇空间低密度蔓延反映出的另一个问题，即城镇建设用地更多的是一种粗放的利用方式。根据同济大学赵民教授主持的"紧凑型城镇发展的土地利用模式研究"，在长三角城镇群落的市县层面上，土地利用方式的粗放是普遍的，土地利用的相对集约状况仅集中在少数的几个地区，即便是上海，其中心城区周边的区域也是呈现较粗放的土地利用特征；而且，土地利用表现为较集约型的单元一个没有。这种分布表明，尽管区域层面的经济梯度已经形成，但经济竞争力的空间梯度还没有形成，这正是多年来地区之间同位竞争，无序低效供应土地的后果。当然，这种集约还只是整体层面上的判识，并没有触及市县单元内部的用地组织（图 6-5）②。

10.1.2 自然生态空间危机事件不断，区域生态服务功能严重退化

近年来，我国城镇群落的发展迎来了前所未有的机遇期，然而，与此形成鲜明对比的却是不断涌现的"生态危机"事件。特别是 2007 年 5 月 29 日，以经济发达闻名全国的江苏省无锡市突然闹起了"水荒"：大批市民发现家里的自来水发生了显著的变化，水质黏稠，带有极强的刺鼻腥臭味，不仅无法饮用，个别地段的自来水连洗脸都不能用，甚至空气中都弥漫着一股臭味（图 10-4）。一时间，群众的生活用水受到严重威胁，市内的很多餐馆也无法正常营业，社会上迅速掀起一股矿泉水的"抢购"热潮，18L 桶装纯净水一下子从平日的每桶 8 元上涨到每桶 50 元，就连一些长期积压的劣质矿泉水也被抢购一空。

图 10-4　无锡自来水总公司工作人员在打捞蓝藻

来源：韩瑜庆．当蓝藻汹涌袭来［N/OL］．新华网，2007-05-31．［2007-06-06］．http：//news3.xinhuanet.com/politics/2007-05/31/content_6181872.htm.

据专家分析，此次无锡"水危机"事件源于蓝藻的突然爆发，而蓝藻暴发的原因则是太湖的污染所造成的水体富营养化加剧。蓝藻是一门古

---

① 预计到 2020 年中国人口有可能达到 16 亿，考虑到我国的人均消耗粮食量、耕地质量以及平均亩产等要素，18 亿亩耕地是保障粮食安全的底线。参见：毕小曼，田春华．国务院新一轮土地规划修编，死守 18 亿亩耕地底线．瞭望新闻周刊，2007-05-30．［2007-06-08］．http：//news3.xinhuanet.com/house/2007—05/30/content_6171869.htm.

② 赵民，韦亚平等．紧凑型城镇发展的土地利用模式研究——"长江三角洲城镇群规划"专题研究报告［R］，2006-07：8.

老的藻类植物，当其大量繁殖时，水中的溶解氧浓度会迅速降低，造成鱼虾、螺蛳等水生生物的死亡，致使水体遭受污染。从实验结果来看，蓝藻对人体的肝、脾都有一定的影响[①]。今年入夏以来，太湖流域出现50年以来的最低水位，加上天气连续高温少雨，造成湖水的富营养化加重，诸多因素导致蓝藻提前爆发，因而城市供水水源受到严重的污染。据无锡市自来水公司的有关人员称，"（污染）这个问题是早晚要爆发的，现在的水质，只要是太湖的水，水质都有问题，这次污染是加净水器、活性炭、强氧化剂都没有效果，因为污染太严重。"[②]由于"水危机"事件的严重程度，无锡市政府甚至曾考虑将城市外围的大坝炸掉，引入长江水来稀释被污染的太湖水[③]。

太湖古称震泽，是古代滨海湖的遗迹，目前的面积约为2425km²（图10-5）。太湖是我国的第三大淡水湖，长三角城镇群落最重要的水源地。在历史上，太湖流域素以优美的湖光山色和灿烂的人文景观闻名中外，并有"太湖天下秀"之美称。无锡"水危机"事件的发生，使得人们对于太湖的美好印象荡然无存。虽然此次"水危机"尚未波及长三角的上海、南京等城市，然而毫无疑问，它已经敲响了我国城镇群落"生态危机"的警钟。

无独有偶，在无锡发生"水危机"事件的同时，武汉市则发生了超过1400余亩养殖水域的"死鱼"事件，超过30万斤死鱼凄惨地漂浮在湖面上(图10-6)，据报道，"死鱼"事件也与蓝藻暴发有关，同为水体污染所致。这不禁又让人联想起2005年11月发生的因硝基苯泄漏而引发的松花江流域重大水污染事件，同年12月发生的因镉超标而引发的广东北江严重污染事件，其数百万市民疯狂抢购矿泉水的情形与无锡"水危机"事件如出一辙。近来又闻听湖南省洞庭湖地区鼠害泛滥、东方田鼠的数量爆炸性增长至20亿之多[④]……类似的事件举不胜举。这些生态危机事件一度引起全国的震惊，甚至有不断加剧之势，据国家环保总局的调查，自2005年底的松花江事件以来（至2007年5月底）我国共发生了140多起水污染事故，平均每两三天便有一起水污染事故发生[⑤]。足见无锡"水危机"并非一个偶然性的事件。正如中国工程院刘鸿亮院士所指出的，"这次太湖事件是给我们点

① 魏皓奋．钱塘江首次爆发蓝藻污染　浙江关闭458家排污企业［N/OL］．新民网，2004-11-24［2007-06-07］．http：//www. people. com. cn/GB/huanbao/1073/3010036. html.

② 陈佳宜，黄杏莹．无锡考虑炸坝引入长江水稀释太湖受污染水体［N/OL］．新民网，2007-05-30［2007-06-06］．http：//env. people. com. cn/GB/5801555. html.

③ 陈佳宜，黄杏莹．无锡考虑炸坝引入长江水稀释太湖受污染水体［N/OL］．新民网，2007-05-30［2007-06-06］．http：//env. people. com. cn/GB/5801555. html.

④ 李振基等．生态学〔M〕．第三版．北京：科学出版社，2007：174.

⑤ 郭奔胜，顾瑞珍．无锡水危机难道仅仅是蓝藻之过？［N/OL］．新华网，2007-06-02［2007-06-06］．http：//www. sciencetimes. com. cn/htmlnews/20076292616828181035. html? id=181035.

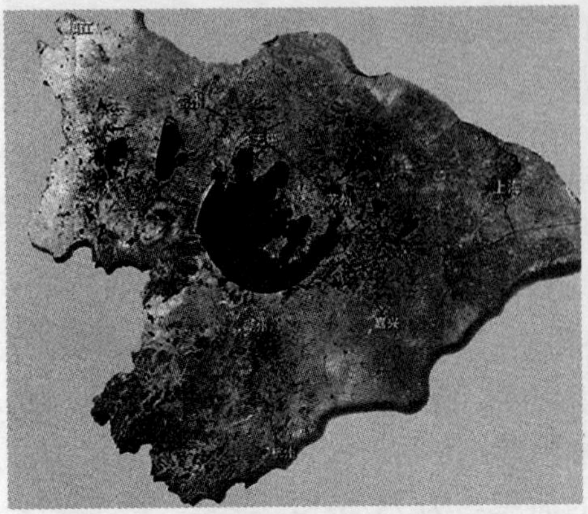

图 10-5　太湖被视作长三角地区的"心脏"

来源：邓建胜．"零点行动"后持续恶化　太湖污染依然触目惊心［N/OL］．华东新闻，2004-12-08.［2007-06-06］.

图 10-6　武汉出现的大面积"死鱼"事件

来源：戈尔巴乔妻．武汉死鱼：中国环境的一个通病［N/OL］．天涯社区，2007-06-05.［2007-06-06］. http：//www.tianya.cn/publicforum/Content/no01/1/323776.shtml.

'颜色'看看，实际上这个事件并不是偶然的，是长期潜伏的危机。"[①] 纵观各类生态危机事件，大部分主要集中在我国的一些人口和城镇分布较为密集的地区。环渤海湾、长三角、珠三角这三个城镇群落既是我国经济发展的核心地区，也是我国污染最为严重的地区（王凯，2006）。频频发生的生态危机事件，已经为我们敲响了城镇群落可持续发展问题的警钟，正如温家宝总理对太湖水污染治理工作的重要批示："太湖水污染事件给我们敲响了警钟，必须引起高度重视。"[②]

水是城镇各项活动所必需的重要物质资源。我国人均水资源量是世界人均水资源占有量的 1/4，且处在不断减少之中，加之水资源时空分布的不均衡，致使很多地区特别是城镇群落的水资源问题非常突出。以京津冀城镇群落为例，该区域 1956～2000 年平均降水量为 539mm，1997～2004 年连续经历了 8 个枯水年，其中 1997 年、1999 年、2001 年、2002 年均为特枯水年，该区域目前的人均水资源占有量只有 $317m^3$，相当于全国平均水平的 1/7，其中北京、天津的人均水资源占有量分别只有 $200m^3$ 和 160 m^3，不足世界人均水平的 1/50，早已成为严重缺水地区[③]。

---

① 郭奔胜，顾瑞珍．无锡水危机难道仅仅是蓝藻之过？［N/OL］．新华网，2007-06-02［2007-06-06］. http：//www.sciencetimes.com.cn/htmlnews/20076292616828181035.html? id=181035.

② 参见：唐克军．国务院太湖水污染防治座谈会召开 温家宝作批示［N/OL］．新华网，2007-06-11［2007-06-12］. http：//news3.xinhuanet.com/politics/2007-06/11/content_6228202.htm.

③ 国家发展和改革委员会地区经济司，水利部海河水利委员会．京津冀都市圈区域规划水资源专题研究报告（送审稿）［R］，2005-10.

城镇群落的水供应主要源自三个方面：外部输入的固态水（隐形在粮食、食品、蔬菜、衣物等商品之中）；江河湖泊地表水加以处理之后作为供水水源；是靠地下水的供应加以维持（城镇群落占有很大比例，北方尤为如此）。这三个方面的水资源供应都具有一定的风险性：外部输入出现中断的可能性、供水水源存在被污染的可能性、地下水存在枯竭的可能。

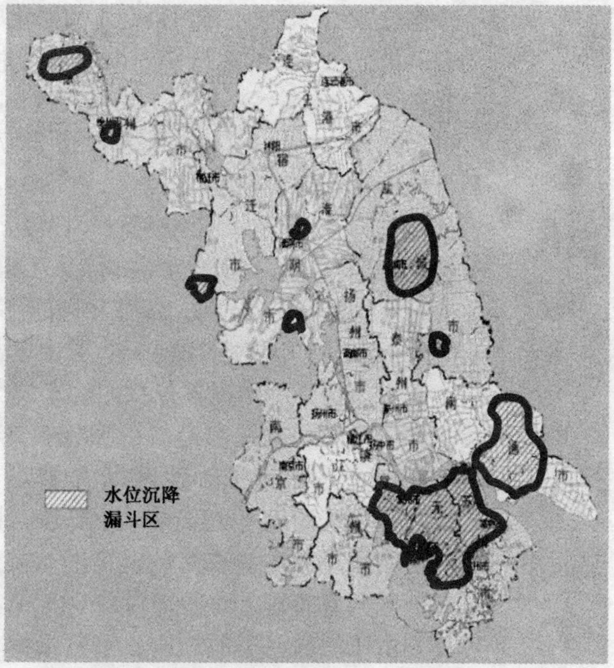

图 10-7　苏州市的地下漏斗不断扩大

来源：宋豫秦，张力小等．中国工程院重大咨询项目《我国大城市连绵区的规划与建设问题研究》生态环境专题研究报告初稿［R］．2007-03-28.

由于水资源的匮乏，很多城镇群落中常常使用地下水，然而，连续多年的地下水超量开采，则造成区域性的地下水位下降，并引发大面积“漏斗区”的出现。以长三角城镇群落为例，其地下水超量开采造成的地面沉降面积达 8000 km^2，从而形成了上海市区、苏锡常和杭嘉湖等三个区域性的沉降中心（图 10-7），无锡洛社是最严重的漏斗中心，其地下水已降至－84m。再以京津冀城镇群落为例，该区域 2004 年地下水超采量已达 41.55 亿 m^3，从而形成了面积达 7500m^3 的北京、唐山、保定、石家庄、肃宁等浅层地下水漏斗和 2.14 万 m^3 的唐山、天津、廊坊、冀枣衡、沧州等深层地下水漏斗，北京、石家庄浅层地下水漏斗中心埋深分别达到了 44m、48m，天津、冀枣衡、沧州深层地下水漏斗中心埋深分别达到了 98m、77m、95m①。大面积“漏斗区”的不断出现，且有连成一片之势，进一步导致了地面沉降、房屋断裂等灾害的发生，例如天津塘沽的地面已累计下降了 3m，沧州下降了 2m②。

与供水紧张并存的是水体污染现象。以长三角城镇群落为例，其太湖流域已有 70％以上的河长受到不同程度的污染，其中上海市污染河长约占 89％～92％，江苏省约占 82％～87％，浙江省约占 72％～79％，并呈逐年

① 国家发展和改革委员会地区经济司，水利部海河水利委员会．京津冀都市圈区域规划水资源专题研究报告（送审稿）［R］，2005-10.

② 国家发展和改革委员会地区经济司，水利部海河水利委员会．京津冀都市圈区域规划水资源专题研究报告（送审稿）［R］，2005-10.

恶化趋势[①]。造成水体污染和水质恶化的原因，在于工业污水的非达标排放、农田化肥和农药的大量使用以及居民生活污水量的增加等，比如珠三角城镇群落已是广东省污染物的主要排放区，2001 年污水排放总量 37.18 亿 t，占广东全省 72%，其中工业污水排放量 27.72 亿 t，占全省的 68%[②]。据 2007 年 6 月 5 日国家环保总局发布的《2006 年中国环境状况公报》，在国家环境监测网监测的 745 个地表水监测断面中，Ⅳ类、Ⅴ类和劣Ⅴ类水质的断面比例分别达到了 32%和 28%，七大水系中除珠江和长江的水质良好之外，松花江、黄河、淮河为中度污染，辽河、海河为重度污染，27 个国控重点湖（库）中有 5 个为Ⅴ类水质，13 个为劣Ⅴ类水质，其中巢湖水质为Ⅴ类、太湖和滇池为劣Ⅴ类[③]。

水体污染的情况不仅在内陆水域大量发生，沿海水域的污染问题也是非常突出的。就东部沿海的城镇群落而言，上海的劣Ⅳ类海水比例高达 92.3%，无机氮和活性磷酸盐普遍超标，浙江Ⅳ类和劣Ⅳ类海水占 62.2%，天津无Ⅰ类海水，Ⅳ类和劣Ⅳ类海水比例达 40.0%[④]。沿海城市的污染物排放是造成海域污染的直接原因，据调查，至 2004 年底我国沿海地区共有直排入海的排污口 643 个，共排入海域 224.32 亿 t 污水[⑤]。此外，由于海域污染的加剧，东部沿海城镇群落的海域频频发生赤潮现象，以渤海地区为例，20 世纪 60 年代以前曾出现 3 次赤潮，70 年代赤潮次数增加为 9 次，80 年代增加至 74 次，1990 年一年时间内就发生了 34 次[⑥]。赤潮，国际科学界称为有害藻类水华，是由于海水中某些微小的微型藻、原生动物或细菌在一定的环境条件下急剧增殖或聚集在一起而引起水体变色的一种生态异常现象，其大规模爆发不仅严重破坏正常的海洋生态系统，危害渔业资源和海产养殖业，而且直接或间接地威胁到人类的健康和生命安全[⑦]。足见我国城镇群落的水体污染已经到了十分严重的地步。

10.1.3 城镇空间布局过于密集，引发气候变暖及区域性复合型大气污染

近年来，我国城镇群落许多城市的夏季伏天日气温在 35℃以上的天数逐

---

① 黄卫良．太湖流域水资源状况及其保护［J］．中国水利，1999（7）：25.

② 珠江三角洲城镇群协调发展规划工作组．珠江三角洲城镇群协调发展规划（2004—2020）说明书［M］，2005-04.

③ 国家环境保护总局．2006 年中国环境状况公报［R］，2006.

④ 国家环境保护总局．中国近岸海域环境质量报告 2005［R］，2006-03，9.

⑤ 国家环境保护总局．中国近岸海域环境质量报告 2005［R］，2006-03，9.

⑥ 中国工程院“城市化”项目组．“我国城市化进程中的可持续发展战略研究”综合报告［R］，2005-09-23.

⑦ 孟红明．上海城市发展与其海域赤潮的关系分析［J］．灾害学，2006（12）：75-78.

渐增多，很多城市的日气温频频刷新当地的气象记录，夏季高温已经成为北京、上海、广州等的灾害性天气特征之一[①]。2006 年盛夏季节，成渝城镇群落更是遭受了 1891 年有气象资料记录以来最严重的高温天气，连续两个月的气温在 40℃左右，极端最高气温达 45℃，因高温干旱，长江、嘉陵江等水位急速下降，嘉陵江水位一度降至 1939 年有水文资料记载以来的最低水位[②]。

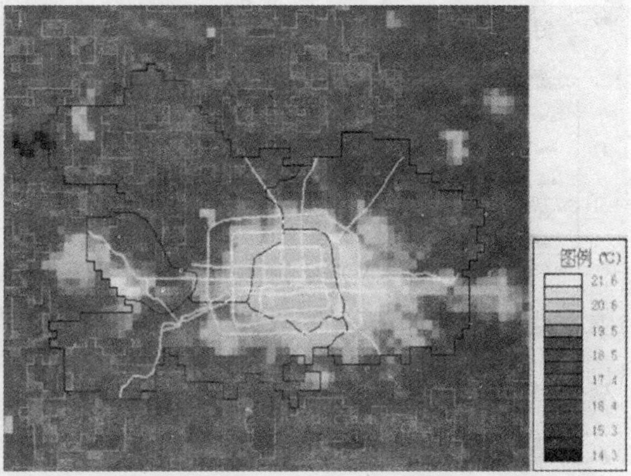

图 10-8　北京的城市热岛现象

来源：中国工程院“城市化”项目组．“我国城市化进程中的可持续发展战略研究”综合报告［R］. 2005-09-23.

之所以出现这样的高温天气，很大程度上因为城镇群落热岛效应的日益肆虐，即由于人口、建筑和城镇的密集分布及机动车的大量使用，工厂生产、交通运输和居民生活产生出大量的热能以及氮氧化物、二氧化碳和粉尘等排放物，加之大面积的混凝土、柏油路面、各种建筑墙面等不透水地表的存在，绿地、林木和水体的减少，从而导致了气温的不断上升（图 10-8）。

图 10-9　北京上空的大气灰霾

来源：唐孝炎，王如松，宋豫秦．我国典型城市生态问题的现状与对策［J］. 国土资源，2005（5）：4-9.

大气环境不断恶化的另一个突出表现是“大气灰霾”现象。所谓“大气灰霾”，即天空被灰色烟雾笼罩、能见度低下的大气现象[③]。近年来我国京津冀、珠三角、长三角等城镇群落的大气灰霾现象日益严重。据北京市近十年来的观测，北京市灰霾日的总天数每年均在 120 天左右，在市区有时甚至出现能见度低于 2km 的情况，特别是在冬季，北京市

---

① 王朝春．城市气候高温化的成因与对策——以福州市城区为例[J]. 城市问题，2006(9)：98-102.

② 参见重庆市水利局局长朱宪生在全市抗旱救灾工作紧急电视电话会议上的讲话：“以人为本、科学抗旱，全力夺取抗击严重春旱的全面胜利”．重庆市水利局网站，2007-03-6.［2007-10-08］. http：//www.cqwater.gov.cn/sjym/sjym.aspx? id=22&table=Water_slcw&dy=1.

③ 唐孝炎，王如松，宋豫秦．我国典型城市生态问题的现状与对策[J]. 国土资源，2005(5)：4-9.

上空好像笼罩着一个灰蒙蒙的盖子（图 10-9）。另据广东省环境气象中心的监测，广州市 2002 年的灰霾天气为 85 天，2003 年增加到 98 天，深圳市更为严重，2003 年的有霾天数共 124 天，创下 50 年以来的最高纪录，目前大气灰霾已成为珠三角城镇群落最主要的气候灾害和气象灾害之一①。灰霾天气的频繁出现，主要是由于气象条件及日益增高的细粒子浓度所诱导的，如人类活动排放的化石燃料细粒子、机动车尾气细颗粒、公路交通扬尘、建筑施工粉尘以及城市与区域排放的大量气态污染物经化学反应转化成的二次细粒子②，灰霾直接导致大气能见度降低，严重影响海陆空的交通安全，并容易引起呼吸道疾病，甚至影响区域气候及致使极端气候事件的发生。

除此之外，酸雨污染也是我国城镇群落大气环境方面的另一突出问题。长三角、珠三角、成渝等城镇群落存在着严重的酸雨污染问题（图 10-10）。

不仅如此，由于城镇群落城镇空间布局过于密集，城镇化程度较高、工业生产活动集中，城镇之间相互作用显著，污染物在城市间相互传送，造成各大城市污染相互影响、多种高浓度污染物叠加，并导致污染物在生成、输送、转化过程中危害放大，使污染区域复合污染态势加重，在京津唐、长三角、珠三角、辽中南等城镇密集地区尤为显著（柴发合等，2006）③。在我国，以颗粒物和二氧化硫污染为代表的煤烟型污染问题尚未得到解决，以臭氧、细粒子等为代表的二次污染物已成为现实威胁，城镇群落新老交织、错综复杂的区域性、复合型污染已经出现：二次污染导致大气能见度日趋下降，灰霾天数增加；大气氧化性增强，光化学污染潜在威胁增大；大气中有毒有害物质种类和浓度增加等（图 10-11）。发达国家在不同发展阶段出现的生态环境问题，我国却在近 20 年间集中爆发出来，当前我国生态环境问题的复杂性和严峻性是历史上任何国家的工业化过程中所不曾遇到过的（唐孝炎等，2005）。

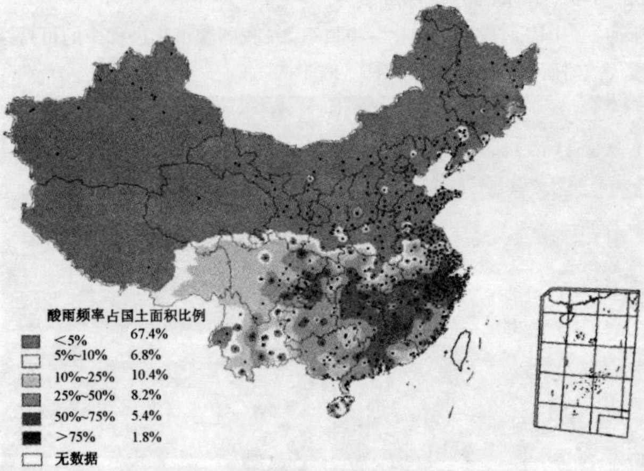

图 10-10　2006 年全国酸雨发生频率区域分布图

来源：国家环境保护总局．2006 年中国环境状况公报［R］．2006：48.

---

① 中国工程院“城市化”项目组．“我国城市化进程中的可持续发展战略研究”综合报告[R]，2005-09-23.

② 唐孝炎，王如松，宋豫秦．我国典型城市生态问题的现状与对策[J]. 国土资源，2005(5)：4-9.

③ 柴发合等，区域大气污染物总量控制技术与示范研究［J］．环境科学研究，2006（4）：163-171.

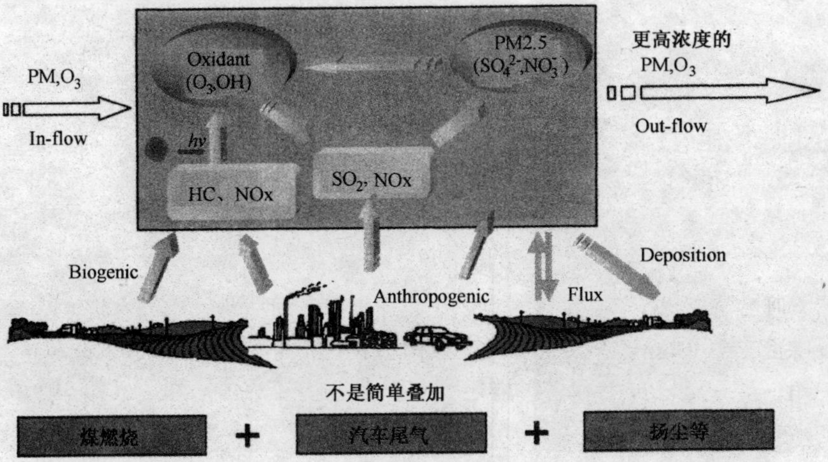

图 10-11 煤烟型与机动车尾气型污染共存并呈现出区域性复合型污染特征

来源：宋豫秦，张力小等．中国工程院重大咨询项目《我国大城市连绵区的规划与建设问题研究》生态环境专题研究报告初稿〔R〕，2007-03-28.

再以珠三角城镇群落为例，在《珠江三角洲城镇群协调发展规划》工作中，基于同样的气象条件和污染排放水平，利用气象模式和污染扩散模式对珠三角 20 世纪 90 年代和现状大气环境进行了数值模拟，结果表明：在现有城市格局下，珠三角大部分城市的地面气温比 20 世纪 90 年代城市格局下地面气温普遍升高 0.2～0.6℃，城市的热岛效应更加明显。热岛效应将会产生向城市汇合的大气环流，使污染物集中在城市上空。热岛效应越明显，对城市的大气环境改善能力越不利。此外，污染物的分布和浓度值表明现状城市格局下珠三角区域的大气环境比 20 世纪 90 年代恶化。在不利于污染扩散的天气下，在现状城市格局下氮氧化物、二氧化硫、臭氧等污染的影响范围已经从广州附近向南扩大到中山、江门、东莞一带，污染物浓度高值区范围也明显扩大（图 10-12）①。

10.1.4 顶位城市空间发展恶性膨胀，城镇群落空间发展两极分化严重

我国现有的长三角、京津冀、珠三角等城镇群落中顶位城市的发展，几乎千篇一律地走上了“摊大饼”的恶性发展道路，上海、南京、广州、天津等无不如此，北京尤为明显（图 10-13）。城镇群落顶位城市空间发展的恶性膨胀，最直接的表现即其日益严重的交通拥堵问题。

① 珠江三角洲城镇群协调发展研究大气环境课题组．珠江三角洲城镇群协调发展规划（2004—2020）——大气环境专题研究〔R〕，2003-07：3.

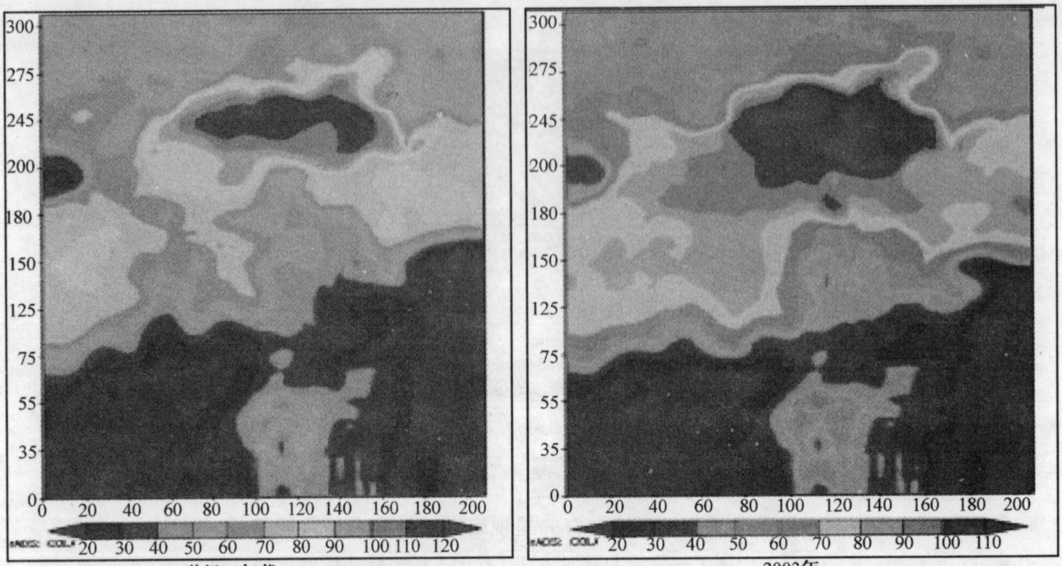

图 10-12 珠三角地区不利于扩散天气型条件下臭氧浓度分布

来源：珠江三角洲城镇群协调发展规划工作组．珠江三角洲城镇群协调发展规划(2004—2020)说明书[R].2005-04，5.

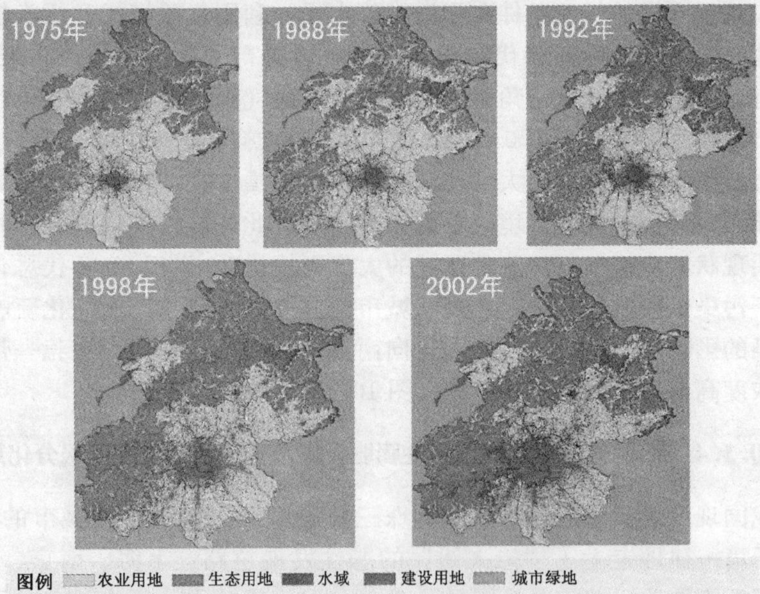

图 10-13 北京市城市空间发展的“摊大饼”态势

来源：北京市人民政府．北京城市总体规划（2004—2020）图集［R]，2004：43.

在城镇群落的形成和发展过程中，交通运输方式的变革往往具有决定性的重大影响，小汽车尤其如此，它不仅速度较快，而且操作灵活，可以深入到达地区或城镇的每个角落，从而会大大加剧城镇的扩张和郊区化发展态势。目前我国已经进入“汽车时代”，伴随着私人汽车的普及使用，城市的交通问题日益严重，出行难、停车难和交通拥堵已成为我国城镇群落特别是其大城市交通的一大“通病”。以京津冀城镇群落为例，2003 年 8 月北京市的机动车保有量超过了 200 万辆，2007 年 5 月这一数据已经突破 300 万辆，虽然近年来北京市每年用于城市道路建设的投资都在 30 亿元以上，四环、五环、六环相继通车，路越修越多、越修越宽，但与此同时，交通拥堵问题却越来越严重。据调查，交通高峰期北京市区一些主要道路的汽车均速在 11km/h 左右，职工上下班时间路途所占用的时间由 10 年前的 54 分钟延长到 65 分钟，原本便于出行的代步工具却成了制造交通堵塞的“移动路障”。“京石高速出京方向拥堵、京承高速出京方向拥堵、京津塘高速出京方向拥堵、八达岭高速出京方向拥堵……”在 2007 年“五一”黄金周期间，北京交通广播每天早上几乎都在重复播报着同样的交通信息，“早上 8 点钟出门，中午时分又回到家中，直到放弃驾车出行计划”成了不少北京人的无奈选择。交通问题已经成为制约北京市“宜居城市”建设的最大难题。不仅如此，汽车的大量使用也造成了严重的大气污染，据环保部门提供的数据，北京、上海、广州等大城市中机动车对一氧化碳、碳化氢、氧化氮的“贡献率”已超过 50%，机动车已成为我国大城市中大气污染的主要源头①。

为什么很多顶位城市的空间发展都会走上“摊大饼”的道路？丁成日（2005）从经济学动力机制的视角指出了“摊大饼”发展的几大理由：①一个靠近建成区或靠近交通干线的区域的土地开发成本相对比较低，城市发展必需的基础设施建设等投资较少，且由于规模经济的存在，土地成片开发的成本降低。②大且整合的劳动力市场和劳动力市场的规模递增形式是大城市存在和发展的内在动力，只有当新增的城市建设与已有的城市劳动力市场连接起来时，新增的城市建设的效率才能达到最大。由于城市边缘带的交通可达性较高，在同已有的劳动力市场联系方面，比其他地方具有地理上的优势。③城市就业结构和收入结构要求城市住房的多样化，而城市边缘地带的很多老建筑为低收入家庭或城市移民提供了享用可支付住宅的可能性②。正是由于这些因素的存在，“摊大饼”式恶性膨胀成为城镇群落顶位城市空间发展的普遍现象。就连成渝城镇群落中以“有机松散、分片集中、分区平衡、多中心、组团式”为特色的重庆市主城区的空间形态，也已经显著地向“摊大饼”的方向演变，其原本理想的适应山城、江城和炎热气候条件及自然地理特征的空间结构的优势已趋于泯灭。

---

① 郑海阳. 根治尾气污染需用禁入重典. 东方网—文汇报，2005-12-20. [2007-06-02]. http://auto.sina.com.cn/news/2005-12-20/0756158794.shtml.

② 丁成日. 城市“摊大饼”式空间扩张的经济学动力机制 [J]. 城市规划，2005，29 (4)：56-60.

顶位城市空间发展恶性膨胀的后果是城镇群落空间发展的两极分化日益严重。以京津冀城镇群落为例，京津冀是东部沿海农业人口最为密集的地区，同时也是城乡差距最大的地区，城乡居民收入比高达 3.08，远远高于长三角 2.54 的水平，直逼全国 3.22 的平均水平①。然而，这是一个整体数值，如果深入到每个城市内部，则可以发现这一数值与其说代表了京津冀“城乡二元化”特征，不如说是表现了“城市二元化”特征。事实上，京津冀每一个地级行政单元内部的城乡差距都不大，尤其在公共服务设施拥有情况上，比值远远低于长三角各省市。但是由于京津两市和河北城市之间差距过大，最终造成了整体落差。河北“城市”动力不足，已经成为京津冀区域发展的首要问题（《京津冀城镇群规划》，2008），它们无法起到增长极的作用，辐射和带动周边发展，导致广大农村地区的落后和贫困。同时，也正是因为河北城乡差距并不大，推动农村居民迁移到本地城区的能力不足，更多的农村人口选择向京津高度聚集，而不是向河北大城市就地迁移。

10.1.5 其他问题

除了上述土地、水、大气和交通等四个方面的问题之外，城镇群落空间结构发展过程中还面临着其他的一些可持续问题，例如：不同的城镇群落之间以及城镇群落内部的各个城市之间存在着产业发展的雷同现象和基础设施的重复投资问题；日益增长的城镇人口和高度频繁的社会经济活动，对城镇群落现有城市基础设施和公共设施的承载能力提出了严峻的挑战；城镇群落城乡居民及各社会阶层的贫富差距不断扩大，滋生了社会不稳定的安全隐患以及新的社会问题的出现；区域水土流失严重、生物多样性锐减、生态系统的功能退化等等。根据中国科协组织、中国城科会牵头的“中国城市承载力及其危机管理研究”②，我国的城镇群落发展已经面临不同类型和不同程度的承载力危机状态（表 10-2）。

典型城市要素承载状态一览表 **表 10-2**

城　市	水环境	大气状态	交通状态	用水状态
北京市	Ⅳ危机状态	Ⅲ警戒状态	Ⅲ中度拥堵	Ⅳ严重缺水
广州市	Ⅳ危机状态	Ⅳ危机状态	Ⅱ一般状态	Ⅰ用水富裕

① 中国城市规划设计研究院．京津冀城镇群规划阶段成果［R］，2008-01：14.

② 本研究主要从城市承载力的状态——压力——相应的角度入手，通过预警指标对城市承载力系统中的土地资源承载力、水资源承载力、交通承载力和环境承载力的承载状态进行评价，采用综合评价方法对京津冀城市群、长三角城市群、珠三角城市群、中原城市群和成渝城市群进行综合评价，借鉴“短板理论”揭示出城市群发展中的重要制约要素以及发展过程中存在的问题，进而对问题根源进行分析。

续表

城　市	水环境	大气状态	交通状态	用水状态
上海市	Ⅳ危机状态	Ⅳ危机状态	Ⅰ良好状态	Ⅱ用水紧张
郑州市	Ⅳ危机状态	Ⅲ警戒状态	Ⅱ一般状态	Ⅱ用水紧张
重庆市	Ⅲ警戒状态	Ⅳ危机状态	Ⅲ轻度拥度	Ⅱ用水紧张

来源：中国科协．中国城市承载及其危机管理研究总报告［R］．中国科协重大咨询项目，2007-03-29，66.

10.2　群落生态学视角下城镇群落空间结构发展的理想模式探讨

城市和区域规划通常意味着是一种空间或地域的规划，其一般的任务是为各种活动（或土地利用）提供空间结构，这种规划的核心是一种空间要素，它最终只能以空间的形象来表述（P. Hall，2002）[①]。正因如此，从城市和区域规划的角度，城镇群落生态安全研究的核心应在于城镇群落良好的区域空间结构。所谓“空间结构”，一般可通俗地理解为人类的各项活动作用于地球表面所形成的空间组合和空间组织形式，其中“空间”是指与时间相对的一种物质存在形式，由长度、宽度、高度表现出来，而“结构”则指系统诸要素所固有的、相对稳定的组织方式或连接方式[②]。城镇群落的空间结构，主要是从空间分析的角度来探讨城镇群落的空间形态，包括城镇空间之间、城镇空间与自然空间的相互作用关系，以及它们在一定的地域范围内所形成的空间格局和结构体系。城镇群落生态安全及可持续发展目标的实现，必须首先依赖于良好的空间结构秩序的建立。

基于群落生态学的视角，城镇群落空间结构发展的理想模式在于：

10.2.1　适度的城镇发展空间用地比例，集约、紧凑的土地利用模式

理论上讲，城镇群落对自然空间生态支撑的需求，部分可以从其他区域获取，如粮食、蔬菜等，在一定的经济条件下可从城镇群落以外获得。问题在于区域间的资源交换往往忽略了对于承载能力和可持续能力的考虑，在这种情况下，生态进出口交换有可能反而加快基础自然资源的消耗，从而削减全球承载能力。这种通过“进口”承载能力的发展，本质上是一种“生态侵略”或“生态殖民”（黄光宇等，2002）。

① （英）彼得·霍尔（Peter Hall）．城市和区域规划（第4版）［M］．邹德慈，李浩，陈熳莎译．北京：中国建筑工业出版社，2008.

② 结构体现为要素的组合，要素通过结构形成系统。参见：余颖．城市结构化理论及其方法研究［D］．重庆大学博士学位论文，2002：14.

基于群落生态学的视角，城镇群落中的城镇发展空间在根本上对自然生态空间具有“寄生”性的依赖要求，诸多城镇空间的健康发展，必须以一定用地比例的自然生态空间作为生态支撑。上述城镇群落土地、水、大气等各种生态危机的出现，实际上也就预示着自然空间对城镇发展空间的承载能力达到了极限，或者说城镇群落自然、社会、经济的生态系统平衡遭受破坏，自然空间对城镇发展空间的容纳、缓冲、净化、还原等生态调控和服务功能严重退化。从群落生态学的角度，为了获得良好的城镇群落空间结构和生态安全格局，首先必须强调对自然生态空间的保护和控制，城镇空间的发展必须局限在适度的用地比例范围。这就涉及到一个问题，在一个城镇群落内，城镇空间发展的“限度”（即占总用地比例的极限）究竟有多大？

在我国古代城市营建活动中，非常重视城镇布局与周边环境的资源条件（如土地等级等）的匹配与协调关系。管子主张“相地而衰其政”（《管子·小匡》)。《八观篇》曰：“凡田野万家之众，可食之地，方五十里，可以为足矣。万家以下，则就山泽可矣。”《乘马篇》曰：“上地方八十里，万室之国一，千室之都四。中地方百里，万室之国一，千室之都四。下地方百二十里，万室之国一，千室之都四。以上地方八十里，与下地方百二十里，通于中地方百里。”土地肥沃，耕地产量高，可供养的城镇人口则较多，那么城镇的分布密度就可以较大，反之则小。《管子》的这种主张，体现了宏观上对城市规划建设提出的要求，使城市布局能取得合理的分布，以保证城市的发展（贺业钜，1996)。《商君书·徕民篇》曰：“地方百里者，山陵处什一，薮泽处什一，溪谷流水处什一，都邑蹊道处什一，恶田处什二，良田处什四，以此食作夫五万，其山陵，薮泽，溪谷可以给其材，都邑蹊道足以处其民，先王制土分民之律也。”这说明当时商鞅对城乡布局结构的思想，已经考虑到了水源、能源、材料等因素，而且有了一定的用地比例关系和一个粗略的定额概念（周干峙，1997)。这些关于古代城市营建思想的论述，虽不尽科学，但却清晰地反映了古代人类对保持适宜的自然空间承载力的重视。

应该讲，讨论城镇发展空间占城镇群落总用地比例的极限，可能永远也得不到精确的答案，但这并不妨碍对这一问题思考的价值和意义。对于这一问题，可从两个方面着手思考。

一是“理论分析”的思维，比较可行的是采取近年来国际上兴起的一种“生态足迹”的量化方法。所谓生态足迹（Ecological Footprint)，是从生态学角度衡量区域可持续发展的一种方法，指一定人口和经济条件下，维持区域内人类生产与生活的资源消费与吸纳废弃物所需要的生物生产型土地面积。根据城镇群落的人口数量，可以对支撑这些人口所需的自然生态空间用地面积进行估算。生态足迹的计算公式为：

$$ef = \sum r_i \frac{c_i}{p_i}$$

其中，ef 为人均生态足迹；

r_i 为第 i 种商品所属于的土地类型的均衡因子；

c_i 为第 i 种商品的人均消费量；

p_i 为第 i 种商品的全球平均生产量。

其次可采取"经验统计"的方法，即通过对国际上典型城镇群落的城镇空间与自然空间的用地面积情况进行统计，以及对其可持续发展情况进行分析，以便获得较为"可靠"的城镇空间与自然空间构成比例。这一方法的难点在于获取统计数据的难度。根据笔者所掌握的资料，对美国东北海岸城镇群落城镇空间与自然空间的构成比例进行了统计，见表 10-3，城镇发展空间占美国东北海岸城镇群落总用地的比例约为 7.5%。笔者设想，城镇群落中较为理想的城镇发展空间用地比例宜保持在 10%的范围以内。

美国东北海岸城镇群落城镇空间与自然空间的构成比例统计　表 10-3

空间类型		人口占城镇群落的比例（%）	用地占城镇群落的比例（%）
城镇发展空间		74.8	7.5
其中：	中心城（Center Cities）	22.0	0.2
	内环（Inner Ring）	29.5	1.8
	郊区（Suburbs）	23.3	5.5
自然生态空间		25.1	92.4
其中：	外郊区（Exburbs）	11.8	11.9
	乡村（Rural）	12.2	50.0
	自然（Natural）	1.1	30.5

来源：根据《The northeast Megaregion》统计绘制。参见：University of Pennsylvania. Reinventing Megalopolis: The northeast Megaregion［R］. 2005: 20-21.

基于群落生态学的视角，城镇群落是人类聚居的一种高级形态。由于城镇群落独特的空间关系特征和空间结构组织形式，城镇群落内高度发达的竞争关系的存在，决定着城镇群落的发展模式必然要采取最为高效、最为充分的空间和资源利用方式。为了保证城镇群落良好的空间结构和生态安全格局，要求城镇发展空间在城镇群落总用地内所占比例必须局限在适度的范围之内，这也就意味着城镇群落内城镇空间的发展必须采取集约、紧凑的土地利用模式。以我国的长三角城镇群落为例，根据中科院资源所进行的遥感分析，1995～2005 年，三省一市城镇建设用地扩张 1.85 倍，年均增加建设用地 503 km^2，出现了建设用地快速扩张，尽管长三角地区正处于城镇化快速推进时期，但城镇人口从 1990～2005 年也只是增加了 1.18 倍，城镇建设用地的扩张速度大大超过城镇人口的增长速度，表明长三角地区城镇建设用地的集约水平大幅下降①。在长三角城镇群落未来的发展过程中，积极转变传统的以环境换发展的增长模式，走集约、紧凑的土地利用模式，已迫在眉睫。

10.2.2 自然生态空间与城镇发展空间相耦合的空间布局关系

适度的城镇发展空间用地比例，仅是从数量上对城镇群落空间结构的一种约束，然而，在数量一定的情况下，不同布局形态的自然生态空间对于城镇群落的生态支撑作用是各不相同的。在空间结构的布局形态上，还必须强调自然生态空间与城镇发展空间相耦合的空间布局关系，这对于理想的城镇群落空间结构模式而言也是至关重要的。所谓自然生态空间与城镇发展空间相耦合，即在城镇群落的复杂巨系统中，以追求效率、公平及活力（可持续）为目标，城镇发展空间与自然生态空间两个系统组织通过各自的耦合元素在社会、经济、自然子系统间产生相互作用、彼此影响、共同生长的动态过程。城镇发展空间与自然生态空间的生态耦合并不否定城镇发展空间与自然生态空间之间的差别，而是寻求两者之间的稳态，建立城镇发展空间与自然生态空间无对立、良性互动的共同生长耦合关系。图 10-14 为大北京地区大地园林化规划设想，其基本思路是：以大北京地区外围山地为主要的安全防护屏障，向山前地带延伸，形成二级及三级的生态防护；在京津保及京津唐两大三角的内部，天然形成生态枢纽及绿色生态组团；为防止交叉污染的可能性，在京津之间设置四道防护隔离绿带，城镇可在绿色组团的维护下发展。

10.2.3 多核心、网络化的城镇发展空间组织结构

“生物学中最简单的教训之一，是不加控制的数量生长将会导致像先天愚型症（Mongolism）或巨大症（Giantism）那样的机能失常”（Mumford，1964：graphic section 24）②。在城镇群落各种不同的空间形态类型中，单核心和双核心的空间结构模式都将导致顶位城市空间发展的恶性膨胀，必将引发一系列的城镇群落可持续发展问题。城镇群落应是一种能够

---

① 中国城市规划设计研究院．长江三角洲城镇群规划（2007—2020）［R］，2007-08，21.

② Mumford，L. The pentagon of power［M］．London：Secker and Warburg. 1964. 转引自：BAIGENT，E. 格迪斯，芒福德和戈特曼．关于“Megalopolis”的分歧［J］//李浩，华珺译．国际城市规划，2007（5）：8-16.

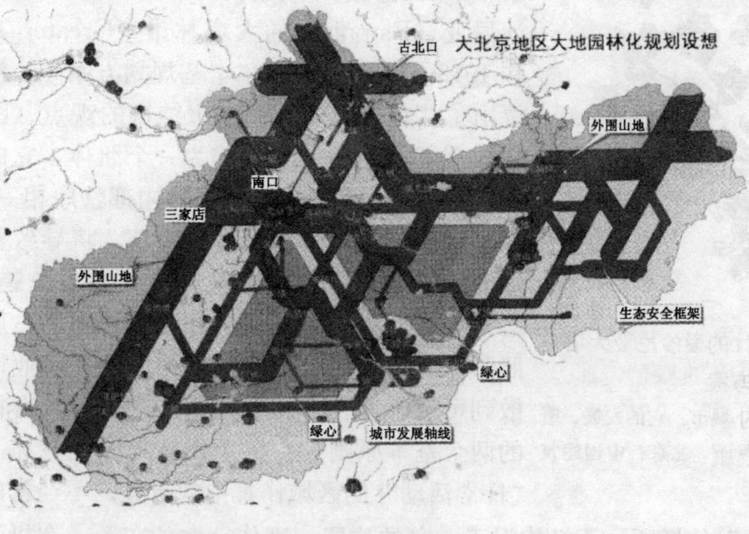

图 10-14　大北京地区大地园林化规划设想

来源：林文棋．景观生态学与人居环境建设［D］．清华大学博士学位论文，1999. 转引自：吴良镛．京津冀地区城乡空间发展规划研究［M］．北京：中国建筑工业出版社，2002：97.

自我调节和自我更新的作用机构，基于群落生态学的视角，理想的城镇群落空间结构应当采取多核心、网络化的城镇发展空间组织结构，以取得城镇空间发展的组织协调。

在城镇群落的发展进程中，顶位城市的“摊大饼”式空间扩展是一普遍性现象，国外不少城镇群落的发展大都有过类似的经历。一些有识之士及早认识到这一问题，并开始积极探索应对之策。霍华德提出“田园城市”(Garden City) 的设想，提倡将城市和周围乡村地区进行统一规划，打破传统的封闭式城市结构模式，提出了一种完全新型的、开敞式的、与周围地域空间结合起来的“社会城市”结构设想。艾伯克隆比所主持的大伦敦规划，提出了严格控制大城市中心市区的工业和人口的增长并有计划地把人口疏散到外围地区的设想：它建议伦敦市区不再新建工业，并用行政手段加以控制；伦敦的城市用地不再扩大，并围绕市区建一条 8km 宽的绿带，绿带内不准再建设；疏散市区内的 100 万人口和一部分工业，将其安置在绿带外围离市中心 30～55km 处的外圈城市和更远外圈的扩建城镇。这种空间发展模式的特点是“单核心—同心圆”加上“绿带—卫星城镇”的“控制—疏散”战略①。“有机疏散”(Organic Decentralization) 理论是芬兰建筑师E. 沙里宁为缓解由于城市过分集中所产生的弊病而提出的关

① 邹德慈．大城市空间发展战略的几种模式［J］．学习与研究，1986. 9

图 10-15　沙里宁设计的爱沙尼亚大塔林有机疏散方案

来源：[美] E. 沙里宁．城市：它的发展、衰败与未来 [M]．顾启源译．北京：中国建筑工业出版社，1986：175.

于城市发展及其布局结构的理论。在 1913 年的爱沙尼亚（Estonia）的大塔林市（Greater Tallin）和 1918 年的芬兰大赫尔辛基规划方案中，沙里宁提出了“有机疏散”的城市结构的观点（图 10-15）。沙里宁认为，城市作为一个肌体，它的内部秩序实际上是和有生命的肌体内部秩序相一致的。如果肌体中的部分秩序遭到破坏，将导致整个肌体的瘫痪和坏死。为了挽救今天城市免趋衰败，必须对城市从形体上和精神上全面更新，应当按照肌体的功能要求，把城市的人口和就业岗位分散到可供合理发展的离开中心的地域。有机疏散的两个基本原则是：把个人日常的生活和工作即“日常活动”的区域作集中的布置；不经常的“偶然活动”的场所，不必拘泥于一定的位置，则作分散的布置，有机疏散的城市发展方式能使人们居住在一个兼具城乡优点的环境中。

艾伯克隆比所主持的 1944 年大伦敦规划，除了建设新城（卫星城）之外，还有一项重要的内容，即在伦敦四周设置一条平均宽度为 5 英里（8km）的绿带，其位置正好就在 1939 年战争爆发时的城镇集聚区的边缘，从而构成一个制止城市蔓延的有效屏障，同时这也给伦敦居民提供了很好的游憩地带。此后，世界上的其他国家纷纷开始在自己国家的大城市周围建设类似功能的绿带，“绿带”逐渐成为世界上抑制特大城市空间无序蔓延的一个重要理论。20 世纪 70 年代开始，美国的一些大城市地区一度盛行在大城市的周边建立起一个实际存在的绿带，典型的案例是旧金山海湾地区（San Francisco Bay Area）的区域公园系统（Regional Park System）以及科罗拉多州的博尔德（Boulder in Colorado）等。

基于群落生态学的视角，理想的城镇群落空间结构可采取一种多核心、网络化的“群落组织、有机生长”的城镇空间组织结构。所谓“群落组织、有机生长”，是就城镇群落的空间结构而言，城镇群落中核心城市与其他城市的结构关系，不再是传统意义上的“等级规模结构体系”关系，或者“母城”与“卫星城”的关系，而是结成为一种“群落”式的“联盟”关系；城镇空间呈现出一种宏观上松散、微观上紧凑的形态特征，不同城镇空间之间通过适当的交通方式而取得高效、便捷的联系；核心城市的空间发展应当遵循“受控增长”的原则，其发展规模到达一定程度后（如人口接近 100 万时）应当停止“摊大饼”式的蔓延，其新的发展空间需求一方面可以对城镇内部的闲置土地进行整理和再开发，另一方面，新增城镇职能应当传递给城镇群落中核心城市周边地区一定空间距离内的其他城镇继续得以发展，就像细胞增殖那样，不同城镇空间的发展有效“接力”，从而实现群落内城镇空间发展的整体协调。

实际上，多核心、网络化的城镇空间组织结构模式，在国内外城镇群落空间规划的实践工作中已经提出过。以建设部组织的《珠江三角洲城镇群协调发展规划》为例，规划所确定的城镇群落空间结构就是一种多核心、网络化的模式，在城镇群空间发展战略的引导下，珠三角城镇群落将形成以全方位的发展轴带为主线，以多层次的中心城市和集群化的产业聚集区为节点，不同类型、不同规模的城镇地区和产业地区向“点轴”集聚，三大都市区呈“扇面”拓展的一体化、网络型、开放式的空间发展格局（图 10-16）。

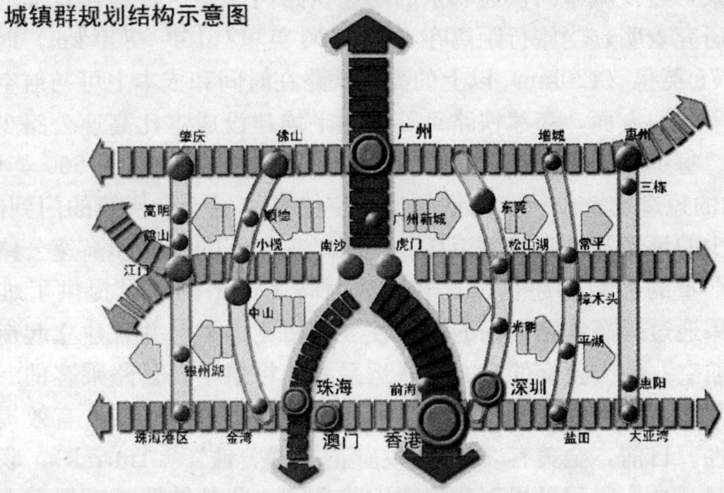

图 10-16　珠三角多核心网络化的城镇群落空间结构

来源：珠江三角洲城镇群协调发展规划工作组．珠江三角洲城镇群协调发展规划（2004-2020）说明书［M］，2005-04.

10.2.4　便捷、高效的综合交通运输支撑体系

城镇群落是人类进行各种活动的集中场所，通过交通和通信网络，物质、人口、信息等得以不断地在城镇群落的内部及不同城镇群落之间流动。城镇群落内部的功能组织、不同城镇发展空间之间及与自然生态空间之间的相互作用，也都要借助于一系列的交通和通信设施才能实现，交通和通信设施网络的水平在一定程度上影响和决定着城镇群落的性质、职能及其发育程度。从物质空间的角度，综合交通运输体系是城镇群落空间结构的骨架，良好的城镇群落空间结构，必须依赖于便捷、高效的综合交通运输体系作为支撑网络。

在便捷、高效的综合交通运输体系建设方面，区域大容量快速交通特

别是高速铁路的建设应是重中之重。以美国东北海岸城镇群落为例，在过去的几十年时间内，其基础设施的投资过度倾向了高速公路和航空，高速铁路建设相比欧洲、日本等国家则落后许多。然而，几年来美国规划界已经逐渐认识到，美国的空间增长已经到了一个新的阶段，未来的增长不再是简单地填充新土地、扩充新道路，而应重点关注城镇群落，尤其应增强城镇群落基础设施的承载力。因此，他们呼吁对国家基础设施投资进行全局的规划，重点建设贯穿城镇群落的高速铁路系统，并将铁路、机场、地方公交等系统有机衔接起来，以提供包括高速公路、航空、高速铁路、地方公交系统在内的平衡的交通系统，使人们能根据旅程的特点自由地选择交通方式，建设城市间快速联系的高速铁路网络是这种多模式交通体系的核心。研究表明，当旅行距离在 100～500 英里（160～800 km）时，时速至少在 75 英里（120km）以上的高速铁路在时间和成本上可与航空或机动车相竞争。一方面，高速铁路每英里的平均建设成本比高速公路少，在节约能源、每英里运量上都大大优于后者。另一方面，对于 500 英里（800 km）内的短途航空旅行，高铁相比航空能提供更安全便捷的门到门服务、产生更少的环境污染和能源消耗。当前，东北部的航空和高速公路正经历着日益严重的拥堵和超负荷运转，这为高速铁路的建设提供了难得的机遇。如果通过提高铁路运输的可靠性、价格竞争力，并且建立起衔接高速铁路、航空、地方公交的多方式联运系统，将航空、公路乘客的一部分转移到铁路中，将大大缓解航空运输和公路运输的交通压力，有效提高地区的可达性。目前，全美有 34 个州政府正与“美铁”（Amtrak）、联邦铁路管理署展开合作，积极规划和筹建铁路走廊。联邦铁路管理署在全国共规划 11 条高速铁路走廊，空间上覆盖大部分的城镇群落（图 10-17）。

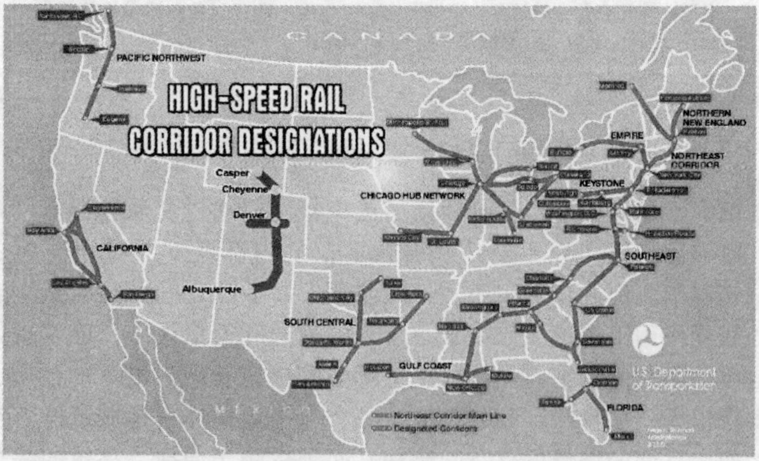

图 10-17　美国联邦铁路管理局规划建设的 11 条高速铁路

来源：Barnett，J. Smart Growth in a Changing World［M］. American Planning Association，2007.

10.2.5 其他方面

对于良好的城镇群落空间结构而言，除了上述几个方面之外，还需要形成有利于区域协作的政策和体制环境、分工有序的城镇空间发展职能体系、能够引领城镇群落健康发展的创新文化等。

10.3 城镇群落空间规划工作的应对思路

从国际范围来看，伴随着城镇群落在世界工业化国家中的不断涌现和迅速发展，它所伴生的一些可持续发展问题也日益凸显，是一个普遍的现象，例如在美国城镇群落的发展过程中，就曾出现了土地资源的巨大浪费、生态环境的污染与破坏、中心城区的衰落、郊区建设的非人性化、社会问题的恶化等诸多问题（李浩，2007）[①]，可见我国城镇群落诸多问题的出现绝非偶然。但是，我们必须注意到这样一个事实，即我国城镇群落发展的具体国情和时代背景是与西方国家显著不同的：我国实际上是以占全球7%的耕地和淡水资源、4%的石油、2%的天然气储量来支撑占全球21%人口的城镇化发展，而且又必须实行“关起门”来的城镇化（仇保兴，2007）[②]；不仅如此，近年来国际上关于生态环境保护与治理的呼声已日益高涨，如最近我国在参与减缓全球气候变化的外交谈判上正面临着空前的压力[③]，可见我国城镇群落发展所面临的形势是极为严峻的，西方发达国家“先污染、后治理”的城镇群落发展思路在我国是完全行不通的。随着我国社会经济的不断发展，人口和城镇化发展将进一步集聚（《全国城镇体系规划》，2006），城镇群落的进一步发展是不可避免的，怎么办？答案只能是努力实现可持续发展。

10.3.1 明确城镇群落的可持续发展目标导向

反思我国城镇群落发展所面临的各种“生态危机”，迫切需要我们对城镇群落的发展现象有进一步的清醒认识。实际上，在关于城镇群落发展现象的认识上，国内外学者一直持有两种截然不同的观点（见第1章）。因此，我们必须正视城镇群落发展的两面性。不可否认，城镇群落的发展在实现跨区域的综合协调、促进大型公共设施和基础设施的共建共享乃至提升国家或地区的竞争力等方面可以发挥不可替代的重要作用，然而其发展

---

① 李浩．美国城镇密集地区发展及其对我国的启示［J］．规划师，2007（12）：9-14.

② 仇保兴．实现我国有序城镇化的难点和对策选择［J］．城市规划学刊，2007（5）：1-15．同济大学出版社．

③ 丁一汇院士在2007年中国城市规划年会上所作的报告“全球气候变暖及其对全球和中国的影响”．2007中国城市规划年会会议资料．哈尔滨，2007-09-01，p26.

过程中也极易出现一系列的负面问题。因此，对于当前我国城镇群落的发展必须树立“辩证认识观”，客观地分析城镇群落发展的积极作用及其可能产生的各种负面影响，防止不顾一切地盲目追求发展而造成“后患”。

应当承认，城镇群落土地、水、大气等方面“生态危机”的出现，与城镇化的过快发展、大量城镇分布的过度密集以及人类活动的过度频繁等是有密切关联的。联合国环境规划署于2007年3月份公开的《太湖水环境状况及水质修复评估报告》指出，无论是蠡湖、梅梁湖，还是整个太湖流域，水质恶化都是伴随着城市化进程开始的，高密度人群的聚居、人类频繁的活动，对湖泊造成了重要的不良影响[①]。目前全国各地正在积极开展城镇群落的空间规划工作，如建设部门组织的“城镇群规划”、发改委系统主导的“区域规划”等，这些规划工作往往比较侧重于强调区域经济发展和提升国家或地区竞争力的目标。我国城镇群落日益严重的“生态危机”问题，警示我们必须对城镇群落的发展目标进行重新定位，以往单纯追求经济效益的发展思路已经难以为继。因此，各种类型的城镇群落空间规划工作必须实现其指导思想的转变，高度重视并牢固树立可持续发展的目标导向，将其摆在和提升区域竞争力目标同样的高度上加以研究，并切实采取强有力的管治措施加以应对。

可持续发展（Sustainable Development）的概念，是在18世纪产业革命以来世界工业化和城市化进程加速，人口、资源和环境的矛盾逐渐加剧的情况下，1987年世界环境与发展委员会在《我们共同的未来》报告中所提出的一个发展理念，即“既满足当代的需求，又不危及后代满足需求能力的发展”。自20世纪80年代以来，“可持续发展”的思想已逐步深入人心，且为很多国家所接受，我国政府已于1994年制定《中国21世纪议程》，将“可持续发展”和“科教兴国”作为国家的两大发展战略。针对我国城镇群落发展所存在的一些突出问题，迫切需要树立可持续发展的指导思想。在人们一般的印象中，“可持续发展”概念几乎可以指任何东西，似乎有点大而空的感觉。但正如霍尔（P. Hall）所言，“关键问题在于，可持续发展的各种含义都有一个共同点，即它们都是关于‘保护’（Conservation）的，其核心思想是我们应当使世界至少像我们发现它的时候一样美好，这对资源利用和污染等方面有明显的要求。”[②]所谓城镇群落的可持续发展，就是既要考虑城镇群落当前发展的需要，又要考虑其未来发展的需要，不能以牺牲后代人的利益为代价来满足当前的发展利益。城镇群落的可持续发展，就是要统筹人口、经济、社会、资源和环境的协调发展，即既要达到发展经济的目的，又要保护人

① 陈丽娟．无锡“水危机”：太湖之累与城市怪象．国际金融报，2007-06-04.［2007-06-06］.http：//news3.xinhuanet.com/politics/2007—06/04/content_6192993.htm.

② Peter Hall. 规划：新千年的回顾与展望［J］．王红扬译．国外城市规划，2004（4）：32-33.

类赖以生存的自然资源与环境，使我们的子孙后代能够永续发展、安居乐业。例如，在《美国 2050》的研究中，正是基于可持续发展的目标导向，从经济、空间、交通、环境、社会、管理等多个方面对东北海岸城镇群落的空间发展进行规划引导和管治（表 10-4）。

美国东北海岸城镇群落规划的目标与策略点　　表 10-4

目　标	策　略　点
增强经济	保护城乡文化景观，增强区域个性，发展旅游； 促进经济发达城市与经济衰退城市的一体化发展； 鼓励公共、私人等多投资主体的合作
管理增长	强调内充式发展（Infill）与精明增长； 指导内城复兴与改造； 改善城市基础设施和服务； 鼓励公交导向开发
改善交通	建设高速铁路； 增强公共交通； 改善货运铁路； 扩展职能交通系统； 增强多式联运
保护环境	营造开敞空间网络； 在城市改造中实行开发权转移； 改善水质； 开发可再生能源
促进平衡	增加低收入住宅； 吸引高收入人群迁入贫困地区
完善管治	促进多部门联合； 创造新的、强有力的区域性组织或联盟； 地方（州或城市）政府共建区域规划基金

来源：根据《Northeast Mega-region 2050》、《Reinventing Megalopolis》、《Megalopolis Unbound》整理。

参见：Regional Plan Association. Northeast Megaregion 2050：A common future [R]，2007.
University of Pennsylvania. Reinventing Megalopolis：The northeast Megaregion [R]，2005.
University of Pennsylvania. Uniting People，Places & Systems：Megalopolis unbound [R]，2006.

10.3.2　凝聚共赢意识，促进城乡空间发展的区域分工与协作

受投资多元化、发展主体的多元化、财税体制的影响，在城镇密集地区的发展过程中，常常出现各地区、各城镇以自我为中心来确定自己的发展定位和发展思路，孤立地打造各自的城市竞争力的现象，以环渤海地区的城镇发展为例，由于该地区的资源禀赋相近，传统资源依托型产业占主导且相似程度较高，加之长期条块体制的分割，诸多城镇在项目安排上呈

现产业结构的趋同现象，除了钢铁、煤炭、化工、建材、电力、重型机械、汽车等传统行业外，近年来又在竞相发展电子信息、生物制药、新材料等高新技术产业，甚至都要求有自己的出海口，区域内各省、市大多已形成自我循环的“都市经济圈”，区域联合的意向多于实质性行动，争当“龙头”的倾向非常突出①。城镇群落是一个整体的概念，它所追求的是一系列城镇空间发展的分工协作和共生共荣，而非城镇之间的无序和恶性竞争。城镇群落竞争力的提升，单靠各个城镇自身的力量简单相加是远远不够的，缺乏协作的内耗可能会抵消一部分优势，使整体效应小于个体之和，各地区、各城镇以自我为中心的发展思路，也是一种短视行为，将会导致对稀缺资源的滥用，造成共输而不是共赢的结局。对于城镇群落整个区域内的产业发展而言，必须要形成类似于生物群落的那种协作关系，通过各个城镇发展职能的有机分工和区域协作，产业链、市场链和城市链结为一体，一方面减少或避免城镇之间的无序和盲目竞争，另一方面则有效提高了城镇群落的整体性，以及城镇空间发展的适应力，这是在更高的层次上提升城镇群落的整体竞争力的必然要求。因此，在城镇群落的空间规划工作中，应当以区域分工与协作的思想为指导，科学确定各地区、各城镇的发展方向。在《珠江三角洲城镇群协调发展规划（2004—2020）》中，即提出“发挥香港在金融、保险、银行等高端服务业和管理等方面的优势，强化广州中心城市功能、加强其区域服务作用，加强深圳在高新技术研发、制造方面的优势，培育珠海在高新技术研发与制造、次高端服务业、旅游休闲度假、居住等方面的职能，加强东莞在制造业、惠州在基础产业等方面的优势，培育中山、江门制造业的发展，突出肇庆在生态旅游方面的优势”等区域分工协作的思路②，对于提升珠三角城镇群落的整体竞争力而言是极为重要的。

10.3.3 区划控制自然生态空间，维护城镇群落生态安全格局

区域空间结构是城镇群落的骨架，在根本上决定着城镇群落的发展方向。从空间分析的角度看，城镇群落不断发展的过程，也基本上是城镇空间迅猛扩张及自然空间大量萎缩的空间结构演化过程。城镇群落发展中的生态环境问题的实质就是复合生态系统的功能代谢、结构耦合及控制行为的失调，因此必须把人和人类活动看作生态系统的一个有机组分，综合考虑区域生态环境问题的生态、经济、和社会机制，才能提出切实的解决对策。在推动城镇群落发展方面，城市规划工作的作用主要有两个方面：一

① 中国城市规划设计研究院，辽宁省城乡建设规划设计院．辽宁沿海经济带开发建设规划（2006—2020 年）总报告［R］，2007-08：20.

② 珠江三角洲城镇群协调发展调研组．珠江三角洲城镇群协调发展研究总报告[R],2004-05：57-59.

方面是科学组织诸多城镇的产业活动，促进经济发展，增强区域的整合力和竞争力；另一方面则在于对城镇群落发展的盲目性和市场机制的缺陷进行调控，避免基础设施重复建设、生态环境恶化等一系列负面问题的出现。由于自然空间在促进城镇群落可持续发展方面重要的生态支撑作用，以及城镇群落发展过程中对自然空间的“强势”侵占和破坏，迫切需要通过规划的手段，发挥规划的力量，来实现对城镇群落生态格局的维护。城镇群落的生态安全格局，简而言之，即“能够保障城镇群落生态安全、实现对城镇群落生态环境问题有效控制和持续改善的区域空间结构”。从生态安全格局的角度出发，明确城镇群落可持续发展的指导思想，当前最紧要的任务在于深入研究城镇群落自然生态系统的保护和建设问题，研究城镇群落在土地、水源和环境容量上的“限度”，从而正确处理好人与环境的关系、城镇建设空间与自然生态空间的关系，这应当作为城镇群落发展的一个重要“前提”来对待。城镇群落内的城镇规划与建设活动必须结合自然，保持在自然资源与生态环境所允许的承载能力之内，要遵循自然演进的基本过程和规律，维护生态环境基本要素再生能力、自净能力和结构稳定性、功能持续性，保持区域自然生态系统支撑能力，城镇发展的理念应立足于是自然的一分子，而非自然的主宰，只有如此，才有可能实现城镇建设与资源、生态环境协调发展，创造高品质的人居环境。

为有效促进城镇群落的可持续发展，应当在“城镇群规划”（或类似规划）的编制工作中组织开展“城镇群落自然生态空间区划”（图 10-18），通过对自然空间的调查和承载力的评估，统筹城镇群落发展与区域环境容量的关系，开展自然空间的保护区和建设区的区划控制，促进城镇群落的建设活动与自然环境相协调，使自然空间的长期供给能力和承载能力保持动态平衡，与城镇群落的可持续发展相适应。“城镇群落自然空间生态规划”应是“城镇群规划”的一个专题规划内容，

图 10-18　长三角地区的生态功能体系

来源：中国城市规划设计研究院．长江三角洲城镇群规划（2007—2020）[R]，2007-08，98.

“城镇群规划”应以前期的“城镇群落自然空间生态规划”为指导。

开展城镇群落自然空间生态规划的几项基本原则是：①整体性与多样性的原则。必须对城镇群落内的各类森林、湿地、农田、河流湖泊、山体谷地、草场、果园等多种构成要素进行整体的调查、分析，并进行区域性的规划安排，而非形式上的“零星”规划。②定性分析与定量估算相结合的原则。城镇群落的自然空间，既要有合理的空间布局结构，又要有足够的环境容量，需在对其空间分布进行定性分析的同时，对自然空间的承载能力作出定量的估算。③前瞻性和留有余地的原则。“城镇群落自然空间生态规划”的期限应着眼长远，比“城镇群规划”的年限更长。笔者初步考虑，城镇群落的远景发展对自然空间的生态支撑需求分析与规划控制，至少应以“50年”为期限，从而给子孙后代的发展留有余地。④保护与建设并重的原则。对城镇群落自然空间的规划控制，不能仅有“保护”方法一种，对于特殊地段和重点区域，应根据需要划定自然空间“建设区”，通过土地整理、退耕还林、生态恢复等手段，促进城镇群落良好生态格局的形成。

城镇群落自然空间生态规划与近年来发展起来的城市生态规划和城市非建设用地规划等有所不同。后者主要着眼于城市层面，而城镇群落自然空间生态规划则是着眼于区域层面。由于空间分析的尺度不同，规划工作的内容、方法等也应有所区别。总体上讲，城镇群落自然空间生态规划的基本程序应包括以下步骤。①区域调查与资料搜集——规划工作的第一步是要开展区域调查，搜集各种资料。城镇群落区域范围的遥感影像（卫星照片或航空照片）是对地观测获取地球表面覆盖与结构信息的重要载体，在城镇群落的空间分析中是不可或缺的信息源。此外，应选择城镇群落的代表性或重点区域进行现场踏勘，以获得对区域现状的初步认识。②通过遥感手段，分析现状自然空间——借助 GIS 技术，对卫星照片或航空照片进行解析，辨别出城镇群落的森林、湿地、农田、河流湖泊、山体谷地、草场、果园等，绘制自然空间现状图。③对现状自然空间进行生态价值估算——根据各类自然空间的生态系统服务价值，估算城镇群落的“整体生态系统服务价值”。④对城镇群落的远景发展进行情景分析，估算其生态支撑需求——这一步骤可采取近年来国际上兴起的一种“生态足迹”的量化方法。⑤比较城镇群落现状的“整体生态系统服务价值”与远景发展的生态支撑需求，确定城镇群落自然空间的规划规模，并进行布局安排。⑥采用区划方法，划定城镇群落的“自然空间保护区”和“自然空间恢复建设区”，区划是对区域复合系统空间地域子系统的划分，一般来说：各子系统在地域上是连续的整体，并是多层次的有序系列；各区内的自然地理要素，如地貌、热量、水分、土壤等基本一致；各区由生态地理类型组合基本一致，或具有相同的生态地理类型地域结构；各区存在较为一致的生态经济系统问题，今后的改造利用方向是基本一致的；每个区在地域整体中它是一个特有的功能单位，区域复合系统应是各功能单位的最佳组合。⑦制定城镇群落“自然空间保护区”和“自然空间恢复建设区”的规划控制措施。

在“珠江三角洲城镇群协调发展规划”中，正是基于上述理念，以可持续发展理论和生态学理论为指导，将生态规划、环境规划与区域（城镇）规划有机结合，从地区自然与人工环境协调发展的角度，提出基于生态安全和资源可持续利用的城乡人居环境格局，以期寻求合理的区域生态保护体系网络与城镇空间发展脉络，达成城镇发展与生态保护的动态平衡以及城镇空间与自然空间之间的协调，促进珠江三角洲地区人口、经济、社会和环境、资源的协调、可持续发展（图 10-19）。

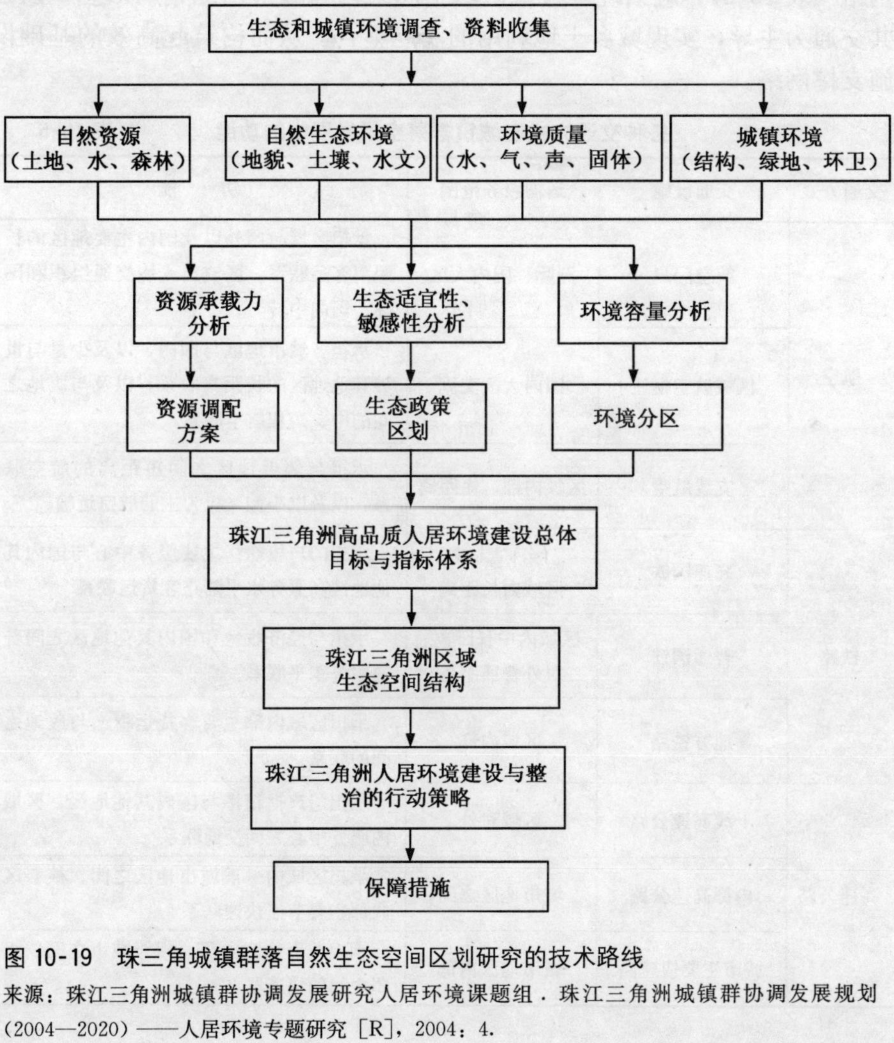

图 10-19　珠三角城镇群落自然生态空间区划研究的技术路线

来源：珠江三角洲城镇群协调发展研究人居环境课题组．珠江三角洲城镇群协调发展规划（2004—2020）——人居环境专题研究［R］，2004：4.

10.3.4 构建高效的综合交通体系，引导城镇发展空间的群落式布局

尽管交通方式的变革在助推城镇扩张和城镇群落的形成等方面具有决定性的影响，但是毫无疑问，交通体系的有效组织也是引导城镇群落可持续发展的关键途径之一。当前我国城镇群落的大城市空间发展普遍存在“摊大饼”的现象，由于人口布局的过度集中，造成了交通的拥堵和相互干扰，既降低了城市的流通效率，也不利于污染物的扩散与自然净化等。

针对这种情况，在城镇群落的发展过程中，应当通过便捷、高效的交通体系建设，积极引导城镇空间发展在区域范围内的合理布局。城镇群落交通体系的建设，应当打破各部门、各地区交通发展的“分散思维”，形成铁路、公路、水运、航空等多种方式相互衔接的区域性综合型交通运输网络（表 10-5）；应当统筹考虑区域空间结构和城市用地布局形态，以公共交通为主导，实现城乡土地利用的功能整合，从而构筑起高效的基础设施支撑网络。

各种交通方式在城镇群落空间发展中的功能　　表 10-5

交通方式	交通设施	运输服务范围	功　能
航空	航空门户	洲际、国内大区	承担区域与国外以及国内主要地区的长距离客运联系，区域出入境交通组织和国际、国内中转
	区域航空枢纽	国内大区交流	承担各城市地区与国内，以及少量与世界其他地区的长距离联系，以及与腹地之间的中、短程航空联系
	支线航空	区域内部、短距离	承担与邻近地区之间短距离的航空联系，以及以小型飞机为主的航空运输
铁路	高速国铁	国内大区、区域内长距离	承担门户枢纽、主要服务中心与国内其他地区高服务水平陆路客货运联系
	普通国铁	区域内中长距离、对外普通服务	承担与经济腹地和国内其他地区之间普通服务水平联系
	地方铁路	区域内部	承担区域内部主要客货运枢纽与腹地之间的联系
高速公路	干线高速公路	区域对外	承担门户枢纽港与国内其他地区，区域内服务中心之间交通联系
	内部高速公路	城市地区之间	承担区域内一般城市地区之间、核心区内部主要节点快速联系
	城市主要快速路	城市地区内部	承担城市地区内部、相邻城市之间、组团之间的快速联系

续表

交通方式	交通设施	运输服务范围	功　能
区域轨道与城市轨道	区域高速轨道	主要城市地区之间	承担区域内城市地区之间，主要门户客运枢纽之间高服务水平、长距离的客运联系
	区域快速轨道	城市地区之间	承担区域内城市地区内部、交通枢纽之间的中长距离客运联系
	城市轨道交通	城市地区内部	承担城市内部以及城市地区内部中短距离的客运
枢纽	门户枢纽	洲际	承担洲际客货运中转、集散的大型综合交通枢纽。衔接国际、国家综合交通干线
	区域Ⅰ级综合枢纽	国家大区	承担国家各大区联系，辅助承担国际地区性中转、集散的综合交通枢纽。衔接国家和区域综合交通干线
	区域Ⅱ级综合枢纽	区域内部	承担区域内部主要走廊联系以及国内中短距离的客货运交通枢纽。衔接区域综合交通干线
港口	门户枢纽港口	洲际、国内大区交流	承担长三角与国内其他地区以及中国、泛长三角地区与世界各地的远距离、大运量的区域对外货运交通联系
	区域枢纽港口	国内大区交流、门户枢纽喂给	承担与国内其他地区，以及部分与国外的货运交通联系
	支线港口	门户和区域枢纽喂给	承担门户枢纽港口喂给、短距离的货运交通

来源：中国城市规划设计研究院．长江三角洲城镇群规划（2007—2020）[R]，2007-08，112-113.

10.3.5　促进城镇群落边缘区空间的健康发展

在自然界中，人们常常观察到这样的一些现象：在一块麦田中，其边缘的产量常常高于中心部位；在森林和草地的连接区域，其生物种类和数量要明显多于森林或草地的中心地带；在荒漠等干旱地区，只要有河道出现，其边缘的生物种类和数量就会增加……这就是生物群落空间结构发展的“边缘效应”。当两个群落相接触时，它们相连接的地带，不论其宽窄如何，被称作“群落交错区”（Ecotone）①。“由于交错区生境条件的特殊性、异质性和不

① 赵志模，郭依良．群落生态学原理与方法［M］．重庆：科学技术文献出版社重庆分社，1990：9.

稳定性，使得毗邻群落的生物可能聚集在这一生境重叠的交错区域中，不但增大了物种的多样性和种群密度，而且增大了某些生物种的活动强度和生产力，这一现象称为边缘效应（Edge Effect）”（赵志模等，1990）。

群落交错区实际上是一个过渡地带，这种过渡地带有的狭，有的宽，有的变化很突然，有的则表现为逐渐地过渡，或两种群落相互交错形成镶嵌状，前者称为断裂状边缘，后者称为镶嵌状边缘（孙儒泳，2001），例如在森林带和草原带的交界地区，常有很宽的森林草原地带，在此地带中森林和草原相互镶嵌着出现。群落的边缘，有些是持久性的，有些则是暂时性的，前者主要是由于环境条件持久性的特征所决定的，如地形上的区别、冰河的沉积、土地的水系、土壤类型等，后者则往往是由于水灾、火灾、砍伐、土地管理等所引起的群落边缘改变。在群落交错区或两个群落的边缘，环境条件往往明显地区别于两个群落的内部核心区域，这一点同样反映在生物上，如在森林和草地的边缘，由于林缘的风速较大，促进蒸发，使边缘出现干燥。正是由于群落交错区的环境条件比较复杂，其植物种类也往往更加丰富多样，从而也能更多地为动物提供营巢、隐蔽和摄食的条件（孙儒泳，2001）。在鸟类群落中，有些鸟类在树上营巢、在地面上觅食，鸫便是一例典型，它喜好栖居于森林和草地的交错区；在草地与水池的交界地区，我们能见到许多邻近群落内部所没有的动物，如蛙、龟、鹭和许多无脊椎动物等，这些现象的出现，都是缘于群落交错区中生物种类和种群密度增加的道理。正是由于生物群落发展的这种独特的边缘效应，在野生动物管理工作中，人们常常利用群落交错区的边缘效应，以增加边缘长度和交错区面积的方法来提高野生动物的产量；在鹌鹑饲养工作中，也常常利用增加边缘长度的方法，在同样面积的土地上种植同样数量的植物，但却能有效提高鹌鹑的饲养群数；我国珠江三角洲的水网发达地区，农民有修建桑基鱼塘的传统，使水陆群落交界面增大，促进了池塘与桑林间的物质和能量交流，即以桑叶养蚕、以蚕粪蛹为鱼饵、以塘泥给桑林施肥，从而使得蚕桑鱼的产量都得到了提高。

边缘效应不仅在生物学和农业生产活动中受到重视，在政治经济学和城市规划学的相关研究中，也常常运用边缘效应有关思想。政治地理学家施比克曼曾提出世界上主要有三个力量中心，即北美洲大西洋沿岸地区、欧洲沿海地区和欧亚大陆的远东沿海地区，认为欧亚大陆的边缘区较之所谓的核心区更为重要，从而提出了“欲控制世界的命运，必须控制欧亚大陆，欲控制欧亚大陆，必须控制边缘区”的著名论断①；顾朝林认为“近年来，无论是在发达国家还是在发展中国家，城市化进程的最明显特征之

① 转引自：邢忠．边缘区与边缘效应［M］．北京：科学出版社，2007：32.

一是城市自身的近域推进和广域发展，反映到城市地域结构上，城市化最敏感、变化最快、最迅速的地区在城市边缘区（Urban Fringe)"①；邢忠将边缘效应的概念植入城乡生态规划领域，以城乡规划建设中的边缘问题为导向，尝试构建了相应的“边缘规划设计理论及方法”，例如，在某一确定面积的地块内，开辟更多的可相容性异质边缘区，进而产生大量的土地利用边缘效应，实现多种用地互补的集约经营效益等。

城镇群落的概念，必然要假定其在结构与种类组成上具有一定程度的一致性，这种一致性是与空间界限（或范围）相联系的，这就使得在城镇群落的空间结构上，也必然存在“群落交错区”和“边缘效应”。由于对城镇群落空间结构发展的边缘效应认识不足，常常导致城镇群落边缘区的空间发展陷入窘境，例如，在成渝城镇群落的空间结构中，内江、自贡以及遂宁、南充等地区，处于四川城镇群落和重庆城镇群落的“交错区”，根据城镇群落空间发展的“边缘效应”，内江、自贡以及遂宁、南充等地区的空间发展能够获得四川省和重庆市的双重优势，理应得到良好的发展，但由于1997年的重庆直辖，四川省和重庆市的城镇空间发展缺乏深入的协调和合作机制，导致这些地区的发展速度较重庆直辖以前更为缓慢。在城镇群落的空间规划中，应当深入认识城镇群落边缘区空间发展的各种问题，并采取各种积极有效的应对措施，从而引导城镇群落边缘区空间的健康发展。

10.4 关于成渝城镇群落空间结构的规划设想

10.4.1 从重大生态安全事件看成渝城镇群落空间结构调控的必要性

近些年来，川渝地区先后发生了一系列触目惊心的重大生态安全事件：①2006年盛夏季节，川渝地区遭受了1891年有气象资料记录以来最严重的高温天气（图10-20)，连续两个月的气温在40℃左右，极端最高气温达45℃，因高温干旱，长江、嘉陵江等水位急速下降，嘉陵江水位一度降至1939年有水文资料记载以来的最低水位②，大旱造成了川渝地区上千万人口饮水困难，并造成了多起森林大火；②2007年，川渝地区又发生了特大的暴雨灾害，以重庆主城区为例，2007年7月17日的日降水量达到266.6毫米，是重庆1892年有气象观测记录以来115年间的历史最高纪录（图10-21)，沙坪坝区的陈家桥镇是受灾最为严重的地区之一，全镇沦为一个“水城”，街道积水深达3m，此次暴雨洪涝灾害已造成重庆市613万人受灾，因灾死亡

① 转引自：邢忠．边缘区与边缘效应［M]．北京：科学出版社，2007：36.

② 参见重庆市水利局局长朱宪生在全市抗旱救灾工作紧急电视电话会议上的讲话：“以人为本、科学抗旱，全力夺取抗击严重春旱的全面胜利”[N/OL]．重庆市水利局网站，2007-03-6．［2007-10-08］．http：//www.cqwater.gov.cn/sjym/sjym.aspx？id=22&table=Water_slcw&dy=1.

37人，失踪14人，直接经济损失24亿元[①]，胡锦涛总书记于7月21日、22日亲自赴重庆视察灾情；③2008年5月12日，四川汶川发生8.0级特大地震（图10-22），截至6月12日12时，地震已造成69159人遇难，374141人受伤，失踪17469人[②]，据初步调查统计，受汶川地震的影响，四川省阿坝藏族羌族自治州、绵阳、成都、德阳、广元等地区倒塌和损毁房屋约440多万间[③]，部分城镇几乎夷为平地，数百万人无家可归……

图10-20 重庆2006年大旱

来源：《2006重庆大旱》开篇语[N/OL]．新浪网，2006-08-22．[2008-04-08]．http：//news.sina.com.cn/c/2006-08-22/030510788760.shtml.

图10-21 2007年暴雨袭击重庆主城

来源：暴雨成灾 重庆璧山县城已成“孤岛”[N/OL]．新华网，2007-07-18．[2008-04-08]．http：//news.xinhuanet.com/photo/2007—07/18/content_6393287.htm

需要承认，上述干旱、暴雨、地震等重大生态安全事件的发生，与成渝城镇群落的城镇化发展之间并没有直接的影响，其发生是多方面的各种因素共同作用的结果。但是也不可否认，城镇群落的城镇化发展模式对于区域的生态安全具有不可忽视的影响。反思川渝地区近年来频频发生的重大生态安全事件，警示我们必须慎重对待成渝城镇群落的可持续发展问题。空间结构是城镇群落发展的骨架，在城镇密集地区这一较为宏观的区域层次和空间尺度上，核心任务是必须对成渝城镇群落的空间结构进行科学的谋划和调控。

① 中国水利报社．川渝暴雨和三峡工程无关[N/OL]．2007防汛抗旱网，2007-07-20．[2007-10-08]．http://www.chinawater.com.cn/ztgz/xwzt/2007fxkhzt/7/200707/t20070720_209661.htm.

② 截至12日12时 四川汶川地震已造成69159人遇难[N/OL]．人民网，2008-06-12．[2008-06-12]．http：//society.people.com.cn/GB/41158/7374993.html

③ 中国地震局：汶川地区80%～90%房屋倒塌[N/OL]．科学网，2008-05-18．[2008-06-07]．http：//www.sciencenet.cn/htmlnews/2008518143221163206818.html? id=206818

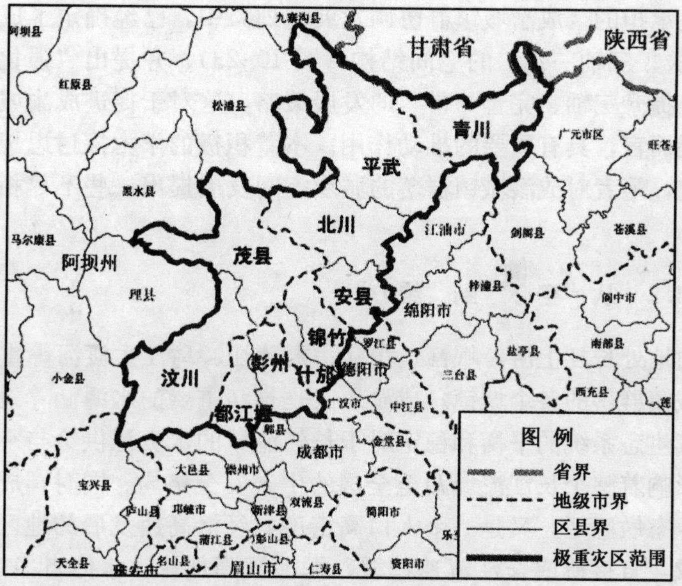

图 10-22　汶川地震极重灾区的区域范围

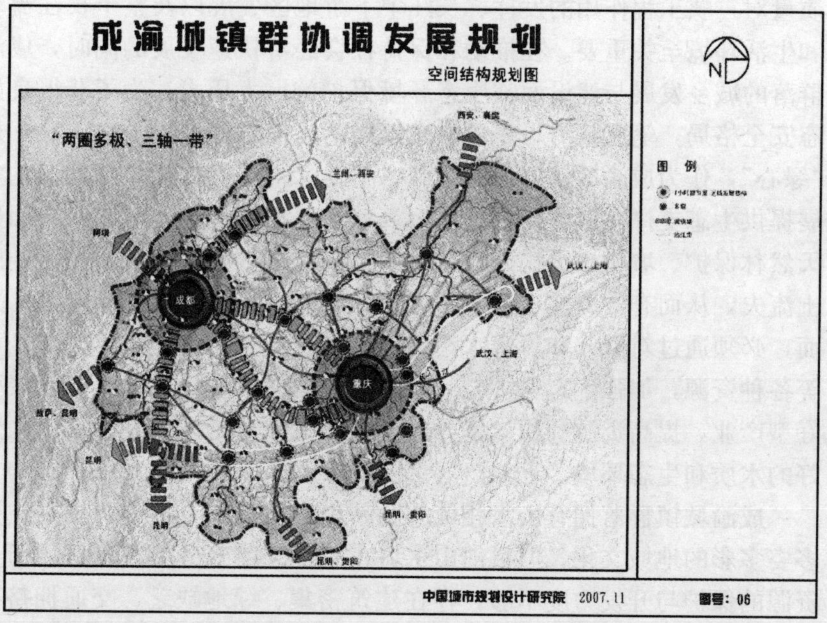

图 10-23　成渝城镇群空间结构规划图

来源：中国城市规划设计研究院．成渝城镇群协调发展规划总报告 [R]，2008-02：133.

实际上，在建设部、四川省政府和重庆市政府组织，中国城市规划设计研究院承担的《成渝城镇群协调发展规划》中，已经确定了成渝城镇群“两圈多极、三轴一带”的空间结构（图 10-23），并提出“强化两圈、培育多极、提升三轴、完善一带”的发展策略，这对于促进成渝城镇群落的健康发展而言，具有重要的推动作用。本着积极的学术探讨思想，结合本书的研究，笔者对成渝城镇群落的城乡空间发展提出一些不尽相同的规划设想：

10.4.2 从“空心”到“绿心”

成渝地处长江上游，岷江、沱江、嘉陵江、乌江大渡河等重要支流穿越成渝城镇群落的各个城镇，成渝地区是长江重要的水源涵养地和水源供给地，其生态系统的平衡和稳定对于长江流域的水资源供给与平衡都至关重要，影响着整个长江流域乃至全国的生态安全格局。同时，成渝地区是典型的生态敏感区，又是一个人口高密度、经济高速发展的地区。三峡工程的建成，直接造成长江流速趋缓，泥沙沉降加快，水体自净能力降低，水环境容量减小，对成渝地区的生态环境造成了更大的压力。成渝地区的发展面临着生态环境恶化、水土流失、土壤退化的现实瓶颈，其生态环境质量对三峡工程作用的发挥、长江中下游地区发展以及整个长江流域生产和生活环境至关重要。在推动和保持社会经济快速发展的同时，成渝城镇群落的城乡发展与建设面临生态环境保护的巨大压力。为了获得良好的生态安全格局，笔者认为可将成渝城镇群落当前空间发展的“空心”规划为“绿心”，作为成渝城镇群落的绿肺（图 10-24），为成渝城镇群落的空间发展提供生态支撑和服务。在推进城乡社会经济发展的同时，一方面要通过天然林保护、坡耕地退耕还林还草等措施，涵养水源，保护植被，防治水土流失，从而有效减少、减轻长江流域的泥沙淤积和洪涝灾害；另一方面，必须通过对沿江和库区水污染治理，合理利用土地、水、矿产、生物等各种资源，加强生态保护与修复，通过构建区域生态体系，发展生态友好型产业，提高资源利用效率，遏制城镇无序蔓延，保障三峡库区形成良好的水质和生态环境。

成渝城镇群落拥有山水相依的独特生态格局，丰富的历史文化资源和多姿多彩的地域文化。但目前山水城市特色未能充分展现，区域历史文化资源的保护与开发力度不够，存在建筑密集、绿地缺乏、交通拥挤以及热岛效应等一系列城市病，影响了人居环境质量的提升。成渝城镇群落的发展建设必须突出与自然环境的协调性，城镇建设宜组团式布局，切实保护城镇组团间的基本农田，保育区域内部的山、河、湖、田等生态资源，利用山地、农田、林地、水系等作为区域内永久性的绿色开敞空间，大力发

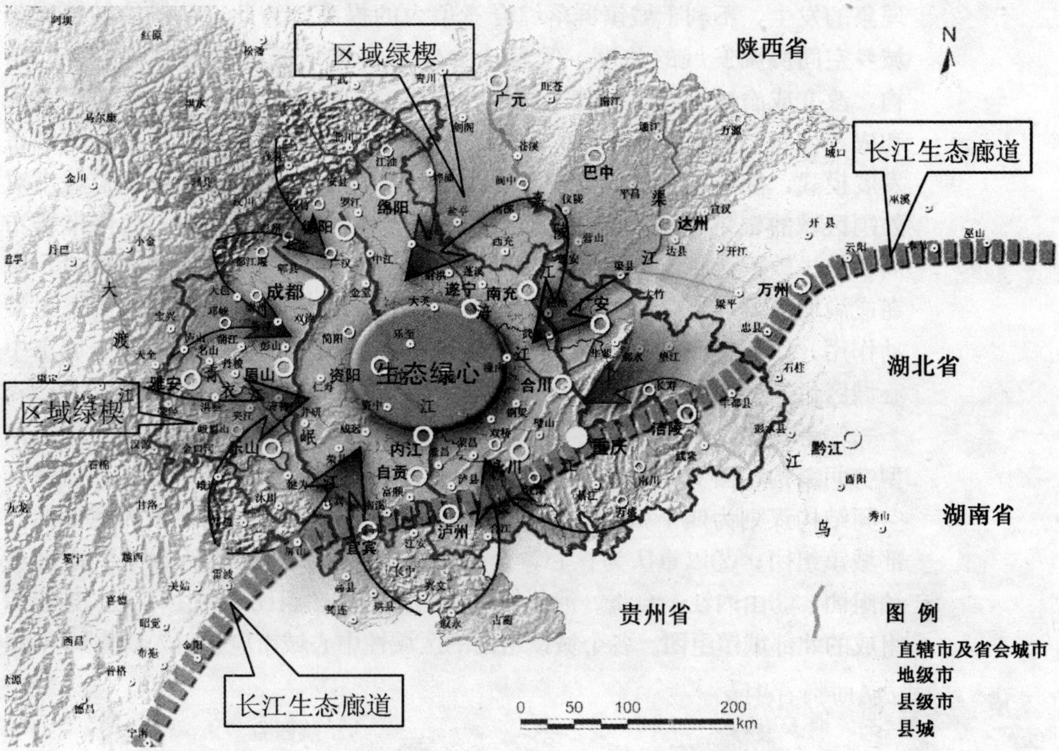

图 10-24 成渝城镇群落绿心生态结构设想

展低能耗、集约化、低污染、生态型产业，防治环境污染，加强水土保持，石漠化防治，切实保护耕地和农业，建立多样化多层次的生态控制系统，全面提升城乡居民的人居环境质量。在规划成渝城镇群落生态绿心的同时，还应选择区域城镇之间的适当用地规划为“区域绿楔”（图 10-21），同生态绿心以及长江、岷江、沱江、嘉陵江等生态廊道一起，共同构成成渝城镇群落的宏观生态系统，以维护成渝城镇群落乃至长江上游的生态安全。

10.4.3 从“双核”到“多极”

自我国实施改革开放 30 年以来，成渝地区的城镇得以迅速发展，尤其是成都和重庆，目前已发展成为国内重要的中心城市。然而，对于成渝城镇群落的区域发展而言，“双核型”的空间结构模式已经显现出诸多的弊端，一方面是重庆和成都的“摊大饼”趋势加剧，交通问题日益严重，热岛效应加剧，生态环境质量不容乐观；另一方面，重庆和成都周边城市发展速度相对较慢，翻过来制约了中心城市的产业转移与结构升级，形成了严重的“大城市问题”。从国内其他城镇群落的发展来看，如北京和武汉等城市的极化效应太强，导致“京畿贫困带”的产生以及武汉“鹤立鸡群”

现象的发生，不利于城镇群落综合竞争力的提高。为此，从成渝城镇群落城乡空间协调发展的角度，笔者认为应重新谋划成渝城镇群落的空间结构，改变成渝城镇群落目前的双核心结构为多核心的空间结构。对于重庆和成都而言，应实现从“做大”向“做优、做强”的转变，走紧凑型城市发展模式，同时积极进行产业结构的调整和升级换代，以增强顶位城市对外围区域的辐射带动职能和高端服务职能，强化产业整合、优化市场布局、推进政策调整，进而提升成渝城镇群落的国际竞争力。与此同时，应在成渝城镇群落培育新的区域性中心城市，发挥区域性中心城市的辐射带动作用，以点带面，扩大辐射影响范围，同时疏散重庆、成都两个城市中心城区过于密集的人口和产业，实现区域空间的相对均衡发展。

笔者认为，成渝城镇群落长远发展的理想模式应是一种多核心的组团型空间结构（图 10-25）。根据成渝城镇群落空间发展的基本特征，可将其空间结构谋划为四个城镇组团：①以成都为核心，乐山、绵阳为两翼的西部城镇组团；②以重庆为核心，合川、江津、永川、涪陵为辐射的东部城镇组团；③由内江、自贡、泸州等组成的南部城镇组团；④由南充、遂宁等组成的北部城镇组团。各个城镇组团的区域性中心城市应吸引人口集聚，壮

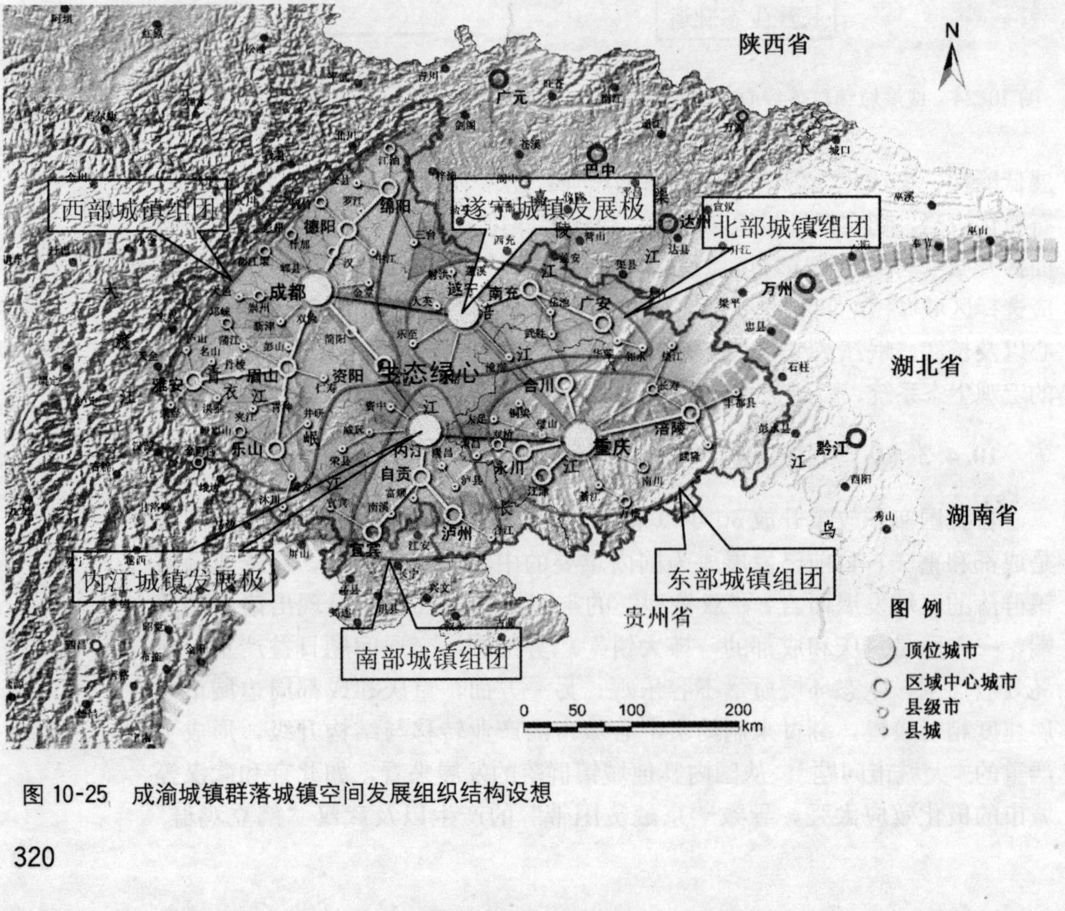

图 10-25 成渝城镇群落城镇空间发展组织结构设想

大城市规模，分担重庆、成都部分功能，大力发展专业化生产及中心功能，如永川为全国重要的职业教育基地，长寿是区域性化工产业基地，绵阳为全国电子信息产业和国防科研基地，乐山是全国重要的旅游城市，德阳市是重型装备工业基地，通过“多极”的培育，促使成渝城镇群落形成多中心的协调发展格局。在这四个城镇组团之中，目前应首先积极发展由内江、自贡、泸州等组成的南部城镇组团和由南充、遂宁等组成的北部城镇组团，从而培育新的区域中心，打破目前的“双核型”的空间结构。

10.4.4 从“边缘”到“中心”

在成渝城镇群落的空间结构中，内江、自贡以及南充、遂宁等城镇位于成渝城镇群落的中部地区。自1997年重庆直辖、川渝分治以后，成都与重庆之间的联系呈现弱化趋势，出现成渝中间联系的薄弱环节，导致成渝城镇群落中间地带的部分城市衰退和区域塌陷。目前，成渝南线、成渝北线两条轴线的发育还比较落后，这极大地阻碍了成渝城镇群落区域整体功能的发挥。内江、自贡以及南充、遂宁等中部地区是目前成渝地区发展的薄弱环节，也是成渝城镇群落未来发展最有增长潜力的地区。全面提升中部地区的空间功能，实现从“边缘”到“中心”的转变，既是成都和重庆等东、西城镇组团联系的纽带，也是实现成渝城镇群落城乡空间协调发展和资源合理配置以及提升成渝城镇群落整体实力的重要空间策略。内江、自贡以及南充、遂宁等中部地区的城镇发展，应当依托成渝铁路、成渝高速公路南线、成达铁路、遂渝铁路、成渝高速公路北线等重要交通干道，要强化成渝南、北两条城镇发展轴，加快沿线各级城市的培育，重视城市综合服务功能的培育，发挥其区域中心的作用，重视新兴产业区的培育，使其在区域产业结构提升与调整中发挥承接重庆、成都产业扩散的作用，构筑多核心、网络型的城镇群落空间结构。

10.4.5 从“蜀道难”到“便捷高效”

高效的综合交通运输体系是城镇群落健康发展的重要硬件条件。成渝地区自古有“蜀道难，难于上青天”的说法，交通的不便是长期制约成渝地区城镇发展的关键因素。由于复杂的山地地理环境，目前成渝城镇群落的交通基础设施网络的系统性和通达性，与国内其他城镇群落相比仍然较差。成渝城镇群落地处内陆，与长三角、珠三角、京津冀等相距都在2000 km以上，如成都到上海的铁路距离长达2351 km，重庆到广州的铁路距离达2023 km，而且沿山路而行，很难提速，导致货物运输成本高、时间长，削弱了产品的竞争力和对外来投资的吸引力。就成渝城镇群落所重点依托的长江航道而言，由于长江上游航道的疏浚整治缓慢，需要经过水运的重型机械装备运输常受到枯水季节的制约，上下游货运量很不均衡，到岸时间难以保证，低运费的优势难以发挥。由于交通条件落后，成渝地区工业活动的生产成本和运输成本要远远大于沿海地区的城镇，成为成渝地区吸引外来资本、发展经济的主要障碍。同时，由于区域整体交通体系的网络性较差，更缺乏高速的城际轨道交通，各城镇之间的联系薄弱，未能形成以发展走廊为“脊”，各类、各级交通线分工明确、脉络清晰的综合交通网络，难以形成以点带面的发展格局。在重庆的发展过程中，应当加强综合交通运输体系等基础设施建设，以成都和重庆为双核心，依托长江黄金水道，强化铁路运输，提升航空功能，发挥公路运输作用，积极建设长江上游的航运中心、西部地区的国际航空枢纽，构筑各种交通方式紧密衔接的区域一体化网络，建设成为辐射西部地区、联系国家西南国际通道、沟通西部地区和全国其他地区联系的国家级交通枢纽，形成有利于城乡统筹发展的高效支撑网络。

随着我国交通运输基础设施和运输装备水平的不断提高，高速铁路、快速轨道交通、高速公路等已经加快发展，特别是高速铁路和快速轨道交通的发展，直接拉近了区域内城镇的空间距离，使得城市之间、城乡之间的交通更加方便、快捷。在成渝城镇群落的发展过程中，应当加强大运量、高机动性的快速公共交通运输体系建设，通过建立与大型交通基础设施服务范围相一致的交通网络，实现大型交通基础设施服务范围与交通服务网络布局的一体化，推动区域城镇的分工细化、区域设施的共享和区域服务的合理布局。

10.4.6 从“地震极重灾区”到“生态保育区”

城镇群落的规划建设，不能“就群落论群落”、仅仅着眼于城镇群落的内部范围，而应当拓展区域视角，重视城镇群落边缘区空间的科学发展。就成渝城镇群落而言，其周边的很多区域都是成渝城镇群落发展的重要生态屏障，这些地区的健康发展，对成渝城镇群落的可持续发展具有重要的影响作用。

以“5·12”汶川地震的极重灾区为例，这一区域是成渝城镇群落及我国长江上游的重要水源地，区内岷江、沱江、涪江（嘉陵江上游的支流之一）等长江上游干支流水系纵横交织，形成长江上游重要的生态屏障（图 10-26）。然而，从现实的情况来看，这些区域的生态环境却极为脆弱，水土流失特别严重。以岷江为例，其上游沿岸的大部分地区是干旱河谷地带，山高坡陡，岩石破碎，土质疏松，加之植被稀疏，极容易发生崩塌、滑坡、泥石流等重力侵蚀和水力侵蚀。近代的人类活动更是加剧了岷江流域生态环境的恶化趋势，如发生在 20 世纪 50～90 年代的森林大砍伐，以及 20 世纪 90 年代后的水电大开发，给岷江干旱河谷本身脆弱的生态环境造成极大破坏。

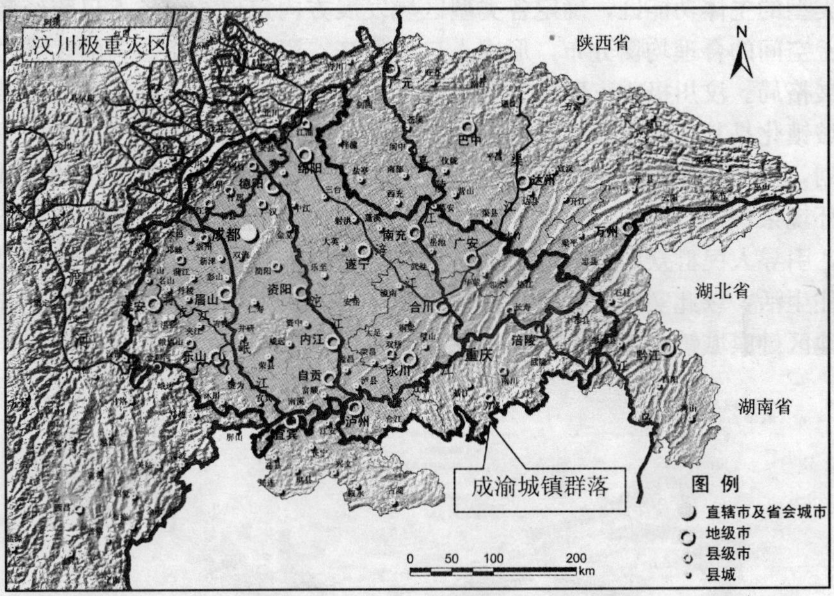

图 10-26 汶川地震极重灾区与成渝城镇群落的空间关系

由于汶川极重灾区地处我国第二阶梯向第三阶梯的过渡地带，地势上呈现出从东部海拔 500m 左右的成都平原向西部海拔 6000m 左右的青藏高原急剧攀升，山势险峻、沟壑纵横。山高、谷深、坡陡等多重因素的影响，使汶川极重灾区成为我国典型的滑坡、崩塌、泥石流等地质灾害高发区之一，不仅如此，汶川极重灾区还是我国地震活动的高发区域之一（图 10-27）。随着这些地区人口的急剧增长，近年来粮食、燃料、用材等需求量迅速增加，导致人类的掠夺式开发与经营，人地关系失调，处在自然生态的恶性循环之中。汶川特大地震的发生，引起许多塌方、泥石流，造成河流改道、河道堵塞、公路损坏、房屋倒塌，都是对这一区域生态环境的更深度破坏，从而加剧了人口、资源和环境的压力，使本来就十分脆弱的生态系统遭受更大的打击，区域人居环境条件极差，恢复重建难度巨大。联合国环境与发展大会 1992 年里约热内卢宣言曾指出："为了实现可持续的发展，使所有人都享有较高的生活质量，各国应当减少和消除不能持续的生产和消费的方式，并且推行适当的人口政策。"[①] 1982 年的世界自然宪章也曾倡导："因人类活动而退化的地区应予恢复，用于能配合其自然潜

① 联合国环境与发展大会. 里约热内卢宣言［R］，1992.

力并符合受损害居民福利的用途。”① 党的十七大报告明确了“推动区域协调发展，优化国土开发格局”的发展要求，提出应把把国土空间划分为不同类型的主体功能区，确定各类型区域发展方向定位，引导人口与经济在国土空间的合理均衡分布，形成人口、经济、资源环境相协调的区域协调发展格局。汶川极重灾区极为恶劣的生态环境条件，决定了区域人口转移和城镇化是其未来发展的必然方向。因此，汶川地震极重灾区的灾后重建规划，应当与成渝城镇群落的空间规划相结合，通过对极重灾区的区域生态环境条件进行评估，对其中不适合人类居住生活的某些区域实施生态移民，引导人民群众向成渝城镇群落迁移，在迁入地进行永久性住房建设和居住生活，以此实现灾区群众恢复生产生活、极重灾区生态环境保护和川渝地区健康城镇化发展等双重目标。

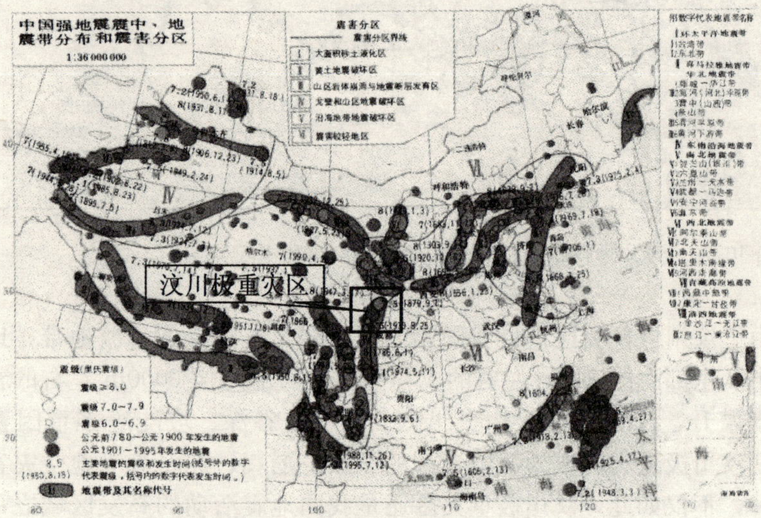

图 10-27　我国强地震震中和地震带分布图

就汶川极重灾区生态移民的安置地选择来看，较为理想的区域是内江—自贡和遂宁—南充地区。这些地区的城市地处成渝两地的中间位置，通过向这些地区进行生态移民，有利于内江城镇发展极和遂宁城镇发展极的快速发展，能够有效填补成渝城镇密集地区中部城镇空间发展的“断点”，发挥其对成渝两地城镇职能发展的传递、衔接等枢纽作用，促进成渝城镇密集地区多核心城镇空间网络的形成。此外，绵阳—成都—乐山城镇发展带的南翼和渝西地区的合川、永川等也是汶川极重灾区生态移民较为理想的承接区域。但应注意，不宜向成都、重庆大量移民，这是因为由于核心

① 联合国．世界自然宪章［R］，1982.

城市发展的“极化效应”，成都、重庆两个顶位城市的发展早已呈现恶性膨胀的态势，其下则缺乏承担人口和产业转移的二级特大城市，如若再向成都、重庆大量移民，不利于成渝城镇密集地区城镇空间的合理和均衡布局；另外，从维护区域生态安全格局的角度出发，也不宜向成渝城镇密集地区的生态绿心和区域绿楔的地区大量移民。对汶川极重灾区实施区域生态移民，是全面贯彻落实科学发展观，统筹人与自然和谐发展，调整贫困山区经济社会发展战略的一条根本性出路，也是汶川极重灾区解决自然环境条件恶化趋势、确保水土资源环境安全的内在要求。对地震极重灾区实施生态移民，旨在将这些区域作为成渝城镇群落的“生态保育区”，加强其生态环境的保护、恢复和建设，这不仅有利于减少极重灾区的人口压力，实现区域内资源、环境、人口与经济社会的协调与可持续发展，同时也有利于成渝城镇群落和长江上游地区的环境保护和生态安全格局的维护（参见附录C和附录D）。当然，从成渝城镇群落和三峡库区生态安全的角度出发，成渝城镇群落东北部属于三峡库区范围的某些区域，也理应实施区域生态移民政策。

10.5 小结

在对城镇群落空间发展的自然演化规律缺乏深入认识的情况下，过度人类意志主导下的城镇群落空间结构发展存在着诸多的问题，主要表现在：城镇发展空间低密度蔓延、自然生态空间大量萎缩，自然生态空间危机事件不断、区域生态服务功能严重退化，城镇空间布局过于密集、引发气候变暖及区域性复合型大气污染，顶位城市空间发展恶性膨胀、城镇群落空间发展两极分化严重等方面。基于群落生态学的视角，较为理想的城镇群落空间结构主要体现在适度的城镇发展空间用地比例，集约、紧凑的土地利用模式，自然生态空间与城镇发展空间相耦合的空间布局关系，多核心、网络化的城镇发展空间组织结构，便捷、高效的综合交通运输支撑体系等方面。在城镇群落空间规划的工作过程中，应当明确城镇群落的可持续发展目标导向，区划控制自然生态空间、维护城镇群落生态安全格局，构建高效的综合交通体系、引导城镇发展空间的群落式布局，促进城镇群落边缘区空间的健康发展。

11 结语

近年来，我国城镇密集地区的发展迎来了前所未有的机遇期：国家“十一五”规划中首次出现城市群的概念，党的十七大报告提出培育城市群的要求，“全国城镇体系规划”将城镇群作为我国城镇空间发展的重要载体……在全国上下呈现出一片“城市群热”的情况下，各地正在进行的城镇群规划工作也面临着一些亟待解决的问题，如城镇集群发展的模式存在一定的争议以及我国城镇群发展正面临着前所未有的“生态危机”等，但最基本的是对“城镇群”的基本特性和发展规律缺乏足够的认识，致使其规划与建设工作存在一定的盲目性。鉴于国内外城镇密集地区相关研究主要集中于地理学和经济学领域，尚缺少从社会、文化、生态等角度进行研究，另一方面，有关城市生态与可持续发展的研究工作（包括生态城市、城市规划生态化、城市非建设用地规划等），较多地关注于城市层面（或城市内部）问题的研究，对于区域层面尤其是城镇密集地区层面的研究相对缺乏，本书选择从生态学的视角对城镇密集地区的发展现象进行研究，将群落生态学中的“生物群落”概念拓展至城镇密集地区研究领域，提出“城镇群落”的概念，并借鉴生物群落的自然演化规律，对城镇群落空间发展的自然演化规律进行初探。行文至此，将本书研究工作总结如下：

11.1 主要研究结论

本书的研究工作主要围绕下述三个方面进行：城镇群落概念的提出、城镇群落空间发展的自然演化规律的初探、对城镇群落空间规划工作的思考。

11.1.1 城镇群落的概念

正如城市规划学科对人类聚居环境的研究包括建筑单体、社区（建筑群体）、城市片区、城市、区域乃至全球等不同的空间尺度一样，生态学中也有个体生态学、种群生态学、群落生态学、生态系统生态学等不同结构层次的研究对象。基于群落生态学的视角，城镇密集地区的发展现象呈现出一种“群落”的格局。本书研究所提出的“城镇群落”概念，是从生态学视角对城镇密集地区发展现象的一种解读，即在特定空间或特定生境下，由一定的人类聚居单元及其他生物种群所组成，表现出一定的形态特征和空间结构，与区域空间环境之间彼此影响、相互作用并具有特定功能的城乡空间集合体，它是一个相对完整的地域空间和生态学功能单位。

关于城镇群落的研究，有两个重要的逻辑命题需要首先讨论：从“生物群落”向“城镇群落”进行类比研究的方法是否科学？“城镇群落”的概念在逻辑上能否成立？亦即城镇是否是一个生物或者具有生物的一般特征？类比方法是以两个对象之间的类似、对象属性之间的相互联系和相互制约为基础的，但两个对象之间的类似不等于说两个对象的联系是必然的，因而类比推论属于或然性推论，它的结论只有一定程度的可靠性。然而，和归纳、演绎等科学方法一样，类比方法具有一定的客观基础。事物之间普遍联系的本质属性，正是类比方法具有科学性的重要体现。类比方法是立足于已有的知识基础，对陌生对象进行科学概括的试探方法，类比推动着假说的诞生。对于科学研究活动而言，类比方法具有重要的启发意义，“每当理智缺乏可靠论证的思路时，类比这个方法往往能指引我们前进”（康德）[①]。为了提高类比方法的科学性，可将类比方法与归纳方法、演绎方法等相结合，作进一步的验证，以弥补各自的不足，从而提高类比研究的效能和可靠性。城镇是以人为主体，人口、活动、设施、物质、科技、文化高度集中的开放性有机综合体，它在本质上是人类的一个聚居体，是与农村相对应的一种人类聚居形式而已。人是众多生物中的其中一员，由众多的人所组成的城镇（人类聚居）自然也就具有生物的属性，正如人类聚居学家道萨迪亚斯曾经指出的：“人类聚居是一些独特的、复杂的生物个体”。根据类比研究方法的固有特点，类比研究所依据的两个对象，其共有的属性越是典型的或本质的，那么类推的属性越是相关，类比研究的效能和可靠性越佳。由于人是组成城镇的基本细胞，人本身即是属于众多生物中的一种，人和生物具有同一性和本质上的一致性，从而保证了从“生物群落”向“城镇群落”类推研究的可靠性。

一旦将群落生态学的知识引入城镇密集地区的研究，提出城镇群落的概念，就意味着赋予了城镇群落以生命的智慧，而这一点，正是城镇群落概念区别于城镇群、大都市带、城市经济区、大城市连绵区等其他一些城镇密集地区相关概念的关键所在。城镇群落的核心思想在于：①追求诸多

---

① ［德］康德．宇宙发展史概论［M］．全培暇译．上海：上海人民出版社，1972：147.

城乡空间要素的群体、整体发展，而非少数城镇的做优、做大、做强；②追求多种城乡空间资源的多维度、纵深度充分利用和优化配置，而非对某种类型的空间资源利用有所偏爱；③追求一系列城镇空间发展的分工协作和共生共荣，而非城镇之间的无序和恶性竞争；④追求群落自身的自我调节和自我更新作用的维持及长期可持续发展利益，而非“先污染、后治理”等近期利益当先的短视行为。本书关于城镇群落的研究工作，属于城市规划学与区域科学、生态学相融合的多学科交叉研究，目的在于探索城镇群落和生物群落的同一性（类似性），为我们正确认识和判断城镇密集地区的发展现象提供思路，同时，在可能的情况下，尝试运用生物群落的一些经典理论，对城镇密集地区空间结构发展的自然演化规律进行初探，以期对当前的城镇密集地区空间规划工作提供有益的借鉴，进而推动城镇密集地区实现健康发展。

11.1.2 城镇群落空间发展的自然演化规律

在城镇密集地区的发展过程中，始终伴随着自然演进和人类干扰这样两个发展进程。在缺乏对城镇密集地区自然演进规律进行全面研究的情况下，人类对城镇密集地区的规划建设行为正在不知不觉地破坏着城镇密集地区的自然演进过程，过度的人类干扰极易导致城镇密集地区自然生态系统的结构破碎、功能退化与灾变，城镇密集地区发展的生态风险正日益增加。在这种情况下，积极探索和研究城镇密集地区空间发展的自然演化规律，进而谋求科学的规划与引导，是促进城镇密集地区健康与可持续发展的当务之急。本书所谓城镇群落的“自然演化规律”，是相对于“人为意志主导下”的城镇密集地区发展进程而言的，并非狭义地仅仅指代城镇密集地区发展的动态过程。针对城市规划工作所关注的空间结构问题，本书从城镇群落空间范围的界定、城镇群落空间环境的选择、城镇群落空间要素的构成、城镇群落空间形态的类型、城镇群落空间关系的组织、城镇群落空间发展的演替等几个方面对城镇群落空间发展的自然演化规律进行了初探。

城镇是大量人口、产业和社会活动高度集聚的场所，城镇的形成与发展是社会、经济、政治及自然环境等因素共同作用的结果，但自然环境的影响特别独特，且呈现显著的规律性。城镇群落是一系列城镇的复杂聚合，其形成与发展的空间环境要求较单个城镇更为苛刻。城镇群落赖以生存和发展的空间环境，具有鲜明的特征，平原（或盆地）的地形环境和近海（或大江大河）的地理区位是其基本的生境要求。尽管人们克服自然、改造自然的技术手段和技术力量日益强大，自然环境条件对于城市生存与发展的限制趋于降低，然而就人口规模极为庞大、城镇分布异常密集的城镇群落而言，仅凭人类的意志和科学技术的力量，尚难以“任意地”、“无拘无束地”规划建设城镇群落。因此应充分认识空间环境对于城镇群落形成与发展的重要影响，防止主观地、盲目地、不顾条件地追求和打造“城镇群”。

城镇群落空间主要由自然生态空间和城镇发展空间构成，二者是一种相互统一的耦合关系和连续体。城镇群落的城镇发展空间因其规模的大小不同而呈现出营养级别的变化，即从建制镇——县城——小城市——中等城市——大城市——特大城市——顶位城市，城镇性质具有如下变化趋势：城镇数量减少，种群水平渐低；用地规模增大，用地集约度提高；产业结构类型的高级化；取食的专一性降低，觅食范围增大，可利用空间资源的范围增加；经济辐射能力增强，空间的集聚和扩散能力加大；空间结构的复杂化，空间类型的多样化；空间发展的创新性增强，文化繁荣度提高。城镇群落的城镇发展空间也呈现出一定的层次变化性，可划分为城市郊区、传统城区、城市核心等三个空间层次，不同空间层次的城镇发展空间的土地利用具有不同的特征。

城镇群落是一定地域范围内的空间实体，其产生、生存及发展具有内在的空间秩序和特定的空间发展模式，城镇群落的空间形态是城镇群落各项社会经济活动在地球表面的投影，不同国家或地区内城镇群落的空间形态格局呈现出一定的规律性。基于城镇群落内城镇建设用地的组合形态，城镇群落的空间形态主要包括带型、环型、星月型、放射型、组团型等五种基本类型；基于顶位城市的数量，城镇群落的空间形态主要包括单核型、双核型、多核型等三种基本类型。影响城镇群落空间形态的关键要素主要包括自然地形环境、交通运输网络、顶位城市的性质以及城镇间的竞合关系等。了解和辨识城镇群落空间形态的基本类型，有助于我们科学认识城镇群落空间的自然演化规律。然而，“相似的形态背后，有各不相同的故事”。一些空间形态较为相似的城镇群落，其空间结构和空间形态的形成和演化机制往往是截然不同的，不可混为一谈。城镇群落的空间形态也不存在“孰优孰劣”的问题，没有绝对理想的城镇群落空间形态模式。不同国家或地区因各不相同的政治、社会、经济或自然条件，会产生出相似或不同的城镇群落空间形态，不同国家或地区在城镇群落空间形态方面的问题，只能通过深入研究和分析本国或本地区实际状况的手段而加以研究和解决。

共生是城镇群落空间关系组织的基本原理，城镇群落内各种空间要素之间复杂的共生关系是城镇群落赖以存在的基础，由于诸多空间要素的共生，导致城镇群落共生质的产生，即城镇群落具有任何单一城镇所无法具有的性质、职能和作用，从而才能成为某一国家或地区参与全球竞争的主体。城镇群落存在典型的寄生关系，一方面是不同城镇发展空间之间的寄生，另一方面则是所有城镇发展空间对城镇群落的自然生态空间的寄生。自然生态空间是城镇群落可持续发展的生态支撑系统，城镇群落的生态安全格局有赖于对城镇群落自然生态空间的严格保护。竞争是城镇群落一种普遍的空间关系类型，竞争关系导致城镇群落不同城镇空间发展“生态位”的产生，竞争也是导致城镇群落空间结构形成和空间形态发展的关键要素。

城镇群落处于不断的发展和变化之中。城镇群落的发展演替主要受到人口增长、农业发展的“推力”和工业革命的“引力”、交通运输方式的变革、政府的政策导向等因素影响，其最根本的动因在于人类社会生产力水平的发展和生产关系的不断变革。城镇群落发展演替的趋向是演变为人类聚居的一种“顶极城镇群落”，顶极城镇群落的空间结构特征主要取决于人类社会发展所处的阶段及其趋势，其基本的特征表现在人口和城镇发展趋于稳定、城镇化发展的速度相对较低，具有比阶段城镇群落更为发达的共生关系，更为发达的交通和通信设施，城镇发展空间的多样性相对较高等方面。

11.1.3 城镇群落空间发展的规划引导与调控

在对城镇群落空间发展的自然演化规律缺乏深入认识的情况下，过度人类意志主导下的城镇群落空间结构发展存在着诸多的问题，主要表现在：城镇发展空间低密度蔓延、自然生态空间大量萎缩，自然生态空间危机事件不断、区域生态服务功能严重退化，城镇空间布局过于密集、引发气候变暖及区域性复合型大气污染，顶位城市空间发展恶性膨胀、城镇群落空间发展两极分化严重等诸多方面。基于群落生态学的视角，城镇群落较为理想的空间结构主要体现在适度的城镇发展空间用地比例，集约、紧凑的土地利用模式，自然生态空间与城镇发展空间相耦合的空间布局关系，多核心、网络化的城镇发展空间组织结构，便捷、高效的综合交通运输支撑体系等方面。因此，在城镇群落空间规划的工作过程中，应当明确城镇群落的可持续发展目标导向，凝聚共赢意识、促进城乡空间发展的区域分工与协作，区划控制自然生态空间、维护城镇群落的生态安全格局，构建高效的综合交通体系、引导城镇发展空间的群落式布局，促进城镇群落边缘区空间的健康发展。

11.2 研究的创新点

本书的研究工作力求在以下两个方面实现创新：

1）用生物学中的“群落”概念和“城镇群”作类比研究，提出了

"城镇群落"的概念，并引入了生态学的共生、演替、灭亡等概念，对提高人们对城镇和城镇群的生态问题的认识有积极意义。

2）通过对成渝城镇密集地区的案例分析，实证了城镇群落的演化规律，提出了城镇群落规划调控对策，对成渝城镇密集地区的发展具有重要的参考价值。

11.3 研究的不足之处及后续研究工作设想

在本书的研究工作过程中，认识到存在下述不足之处：

1）由于项目研究工作所采用的是一种类比的方法，其研究结论属于或然性推论，只有一定程度的可靠性，因此本书研究所提出的一些理论观点并不十分成熟。

2）城镇群落是一个十分复杂的巨系统，与生物群落的发展相比，它具有显著的个性差异，本书关于城镇群落空间发展自然演化规律的研究尚较为肤浅，对城镇群落较为特殊的发展演化机制的研究广度和深度尚有待进一步拓展。

针对上述不足之处，设想在今后的学习和工作过程中进一步开展如下的持续研究：

1）对城镇群落空间发展的自然演化规律作更深层次的探究，特别是结合人类聚居的社会、文化、体制等特征，分析不同地区和不同社会发展条件下的城镇群落空间演化机制。

2）结合对生物群落的类比研究，进一步探讨将城镇群落空间发展的自然演化规律运用于城乡空间规划工作的实践途径和规划工作方法，如借鉴生物群落对空间资源的多维利用特征，尝试建立城镇群落城乡空间资源的科学利用机制；分析生物群落的自我调节、自我更新的作用机制，为城镇群落生态安全格局的维护提供借鉴；等等。

3）进一步加强成渝城镇群落空间结构发展的实证研究，特别是在当前全球金融危机的时代背景下，探索成渝内陆型城镇群落的自然演化规律，以及对国内其他内陆型城镇群落和"全国统筹城乡综合配套改革试验区"规划建设工作的借鉴。

附　　录

附录A 大城市连绵区：美国东北海岸的城市化（译文）

Megalopolis：or the Urbanization of the Northeastern Seaboard

（载于《国际城市规划》2007年第5期）

简·戈特曼 著 李浩 陈晓燕 译[①]

对于第一次来到美国东北部地区的外国人来讲，沿着大西洋海岸线广泛分布的一个个大城市非常引人注目，即使是在15年以前也是如此。1942年2月，笔者经历了从纽约到华盛顿的第一次旅行。之后，Isaiah Bowman在巴尔的摩市询问笔者，作为一个地理学家，这个国家在最初的几个月里给你带来的最突出的印象是什么？我的回答是："从波士顿到华盛顿一带大城市沿着海岸线高密度分布的现象。"

1950年，根据最新的人口普查情况，美国人口普查局（the Bureau of the Census）制作了一份地图，随后作为《国家经济区》（State Economic Areas）统计文献中的插图被出版发行。这份地图清晰地展现了从波士顿以北到华盛顿以南的区域内大城市经济分布区域的连续性，这一区域更准确地讲就是从新罕布什尔州的希尔斯布鲁县（Hillsborough County）到弗吉尼亚州的费尔法克斯县（Fairfax County）之间的范围。这似乎是第一个实实在在反映出城市和郊区相互连续发展情况的统计地图。在这个案例

① 作者：简·戈特曼（Jean Gottmann，1915年10月10日～1994年2月28日），法国地理学家，曾任巴黎大学政治科学学院教授，普林斯顿高级研修会（the Institute for Advanced Study，Princeton，N.J.）成员；受20世纪基金会（The Twentieth Century Fund）的委托，于1950～1960年代组织开展了有关大城市连绵区的研究项目。

译者：李 浩，重庆大学建筑城规学院在职博士研究生。

陈晓燕，英国卡迪夫大学硕士研究生。

中，该区域的东北—西南主轴线大约长600英里（约966km），1950年的时候大约居住着3000万居民。

从居住空间分布地理学的视角来看，规模这样巨大的都市带不仅在美国，甚至在世界范围内都是独一无二的。很明显这是一连串的都市区（Metropolitan Areas）通过集聚作用（Coalescence）在近期所形成，而每一个都市区都围绕着一个强大的城市核（Rrban Nucleus）而发展。这种大范围内的超级都市区特征（Super-metropolitan Character）是人类所能观察到的最宏伟的城市发展现象，需要用一个特别的名字来称呼它。为此，我们选择了“Megalopolis”（大城市连绵区）[①]一词，它源于希腊语，在韦氏词典（Webster's Dictionary）中是“一个非常大的城市”之意。

实际上，“Megalopolis”一词在现代希腊地图上特指伯罗奔尼撒半岛上的一片高原，古代曾有一个城市建在这里，建城者梦想它会有一个美好的将来，并设想它未来会形成一个巨大的规模。然而，希腊的“Megalopolis”一直没有像建城者所期望的那样发展成为一个巨大的城市。但是目前美国东北海岸出现的大城市连绵区现象，超越了过去的梦想家所曾设想过的任何一种情形。亚里士多德在《政治学》（Politics）一书中曾写道：“人们什么时候能够共同生活在一个单一城市（a Single City）之中？其界限是什么？这里当然不是指城市的围墙，因为你可以用围墙把整个伯罗奔尼撒半岛都给围起来。如此来说，巴比伦及每个城市都具有一种国家的界限而非城市的界限。”（Ⅲ，3，1276a，25）

几年前，一位评论家在点评一本关于东部铁路历史的著作时曾指出，从纽约到华盛顿之间，随着自宾夕法尼亚州经巴尔的摩至俄亥俄州铁路沿线城市用地的扩展，形成了国家的主干廊道（Main Street）。更准确地说，这样一种主干廊道应该会沿着铁路线从纽约一直延伸到波士顿。这种象征性的说法有着一定的道理。美国1号公路的这一部分在整个国家中开始负担起一种特殊的作用，或者说是一系列错综复杂的作用，这种现象在主干廊道概念下的低城市化地区（Less Urbanized Areas）中可以体现出来。

---

① “Megalopolis”一词是在仔细地考虑了使用其他词语的多种可能性之后所作出的最终选择。在此要感谢曾给予过帮助的普林斯顿高级研究协会几位著名古典主义（Classicists）学者，尤其是Harold Cherniss教授，Benjamin Merritt先生和已故的Jacob Hammer先生。“Megalopolis”一词曾被不同作者用于表达完全不同的意思：远古的哲学家有时用它来描述“思想世界”（World of Ideas），最近刘易斯·芒福德先生用它来形容大城市发展的一种整体趋势（the Whole Trend Towards Large Cities）。我们认为，Megalopolis一词适合于描述一个独特的地理区域，它比其他词语更能形象地刻画出巨大的城市和都市区发展现象的鲜明特征，适宜于评价美国东北海岸一带的辽阔区域的现状。本文地图上的统计说明参考了1951年由人口普查办公署在华盛顿出版的《国家经济区》中的附图，该书作者是Donald J. Bogue。

1. 研究大城市连绵区现象的意义是什么？

地理学者当然相信这样一项研究工作是有价值的：分析描述具有某种一致性和原创性的特定地理区域，进而把它从邻近区域中区分开来。尽管这样的一个区域有可能是世界上独一无二的，但调查研究它的特征、问题以及结构等，通常被认为是一件值得去做的事情。随着记述这一独特案例的数据逐步积累，地理界人士不断地努力探寻普遍性规律和开展案例分析。这一研究成果将直接体现出价值，因为其成果在某种程度上适用于不止一个范围或地区。

尽管目前还是一种独特的现象，但很明显大城市连绵区已经成为而且仍然将是一个特别引人注目的和鲜活的“实验室”。在这个实验室内部所发生的很多事物可能会慢慢被公认为20世纪后期先进文明的某种“常态”(Normalcies)。目前，在我们所勾勒的框架里来评述关于大城市连绵区研究的全部意义还为时过早，而研究工作应当首先开展起来。在这样一篇简短的文章中，大城市连绵区研究所涉及的许多问题不可能被一一列举，更不用说加以讨论了。然而，对于该项研究的意图和它所能够抓住的一些主要问题，我们可以给出一些线索。

就其尺度（Size）和集聚（Mass）情况而言，大城市连绵区既是一个异常的生长（Exceptional Growth）区域，又是一个具有先锋作用的区域。它的异常之处在于集聚了如此大量的人口、工商业设施、金融财富和文化活动，没有其他地区能够与之比拟。当然，在美国的其他一些地方以及美洲以外的其他大陆，也可以观察到城市化空间的连续性发展现象。更多这种巨大的“都市区”有望进一步地发展演变：纽约、费城、波士顿和华盛顿等城市的内部和周围地区已经十分发达，并且这种发展也扩散到了其他的城市及其郊区。在这个意义上，大城市连绵区是一个具有先锋作用的区域：这里的发展进程将有助于理解和预见其他地区的城市发展道路和障碍。

在相当长的一段时期内，大城市连绵区实际上已经成为城市生活肌体的先锋。像摩天大楼、电梯（Building Elevators）、城市及郊区的火车网络、交通红绿灯（Traffic Lights）和单行道（One-way Streets）等这样一些特征，都是首先在这里出现，随后才在世界范围内被应用和普及。大城市连绵区是由早期迅速发展的众多海洋贸易城镇所形成的网络发展起来的。这些城镇分布在从波士顿到纽约的海岸沿线，进而沿着纽约到华盛顿的海岸线伸展。大城市连绵区中主要城市核心区的大尺度，尤其是纽约和费城，导致大城市之间郊区空间的迅速增长。James Madison 定义新泽西州是一个“两端开口的接管”(Barrel Tapped At Both Ends)。这位明智的观察者在18世纪末期已经清楚地认识到，新泽西州的主要作用是将纽约和费城两个地区连接起来。大城市连绵区的多核结构开始在其他地方重演。例如，一个巨大的城市地区和郊区正在洛杉矶周围迅速地扩展开来，实际上已经到达了处于内陆的圣贝纳迪诺市（San Bernardino），而且可能会在沿海一带与圣迭戈连接起来。在位于芝加哥附近的密歇根湖（Lake Michigan）的湖滨地带，另外一个令人印象深刻的城市连绵区正在形成。俄亥俄州境内克利夫兰和匹兹堡之间正在扩展的都市区已经接近于连成一片；而圣劳伦斯海上航道（the St. Lawrence Seaway）一旦开放后，这个趋势可能将加速扩展到伊利湖（Lakes Erie）和安大略湖（Ontario）的南部。在全美范围内，越来越多的大都市区将扩张触角伸向了一个个的郊区；与此同时，另外一些比较小的类似于大城市连绵区的城市群（Megalopolis-like Clusters）也将会形成。这一过程将使美国的生活方式发生相当大的改变。一旦这个最大的、最发达的城市连绵发展的案例——即本文所介绍的大城市连绵区的情况得到彻底的分析，这种趋势将会更容易被人们所理解。

2. 大城市连绵区的问题是什么？

当然，在如此大的一个地区内，大城市连绵区所产生的问题是大量而且多样的。我们没有必要对大城市连绵区中众多不同区域一一进行调查和研究，这样做不会有特别重要的意义。然而，一些基本的问题必须提及：大城市连绵区是如何出现的，其形态是如何形成的？这一地区当前的主要作用有哪些，它在美国经济体系和北大西洋系统中扮演何种角色？大城市连绵区的内部组织当前存在什么问题，已经尝试过哪些解决方案？

以上问题可以分为三组，我们对每一组问题都需要仔细思考，并需要进行大量的调查研究。

过去一段时期内，大城市连绵区的成长是美国经济发展历史中正面部分的缩影。我们很少研究在国家发展过程中产生的事件和趋势是如何对地方发展产生影响。尽管大城市连绵区只存在于美国东北部的一小部分区域内，但在决定国家趋势方面起着至关紧要的作用。从另一方面来讲，大城市连绵区历史上的主要变动也经常是国家政策变化的结果。

为什么在历史上大城市连绵区的发展要比世界其他城市区域发展得更快、更连续呢？这个疑问引发了对于某一特定区域内激发或决定城市扩展的影响因素的研究。几年前作者对这一问题进行初次调查时，曾经列举出大约 40 多项从不同方面和在不同时期推动大城市连绵区形成的影响因素。在这些影响因素中似乎有两个因素是最主要的，一个因素是多核心结构的起源（the Polynuclear Origin），另一个因素是东海岸一连串的城市在美国经济中所扮演的“铰链”（Hinge）作用。政府的联邦分权制（the Federal Organization of Government）和被大西洋海岸分割出的许多州（每个都有出海通道）的存在，促成核心城市相互之间一种富有成效的竞争状态，一直到随着发展它们的空间连接起来。

“铰链”的角色是比较难以感知的，但可以很容易地通过区域经济发展历史中资本的集聚状况加以证实。自从美国成立之初，沿海一带就具有发展机遇和服务职能的双重特点，既要作为发展海外关系的对外开放窗口，又要作为内陆地区定居和发展的跳板。在不同时期，东北海岸发展的主重心来回变动，从海上贸易转向陆地发展，继而又转回海上贸易。19世纪初期，新英格兰在发展过程中的一次变动出现在“从码头转向内陆”（From the Wharf To the Waterfall）的那个时期。位于沿海地区的许多小城镇随后融入了大城市连绵区，于是，码头和内陆地区已经彼此非常接近。不论美国经济的总体发展趋势是向海外展开，还是转向内陆建设，“铰链”的作用始终牢牢地掌握在从波士顿到华盛顿的一系列东部城市手中。这些城市有着独一无二的地理位置、强有力的政府以及资本和技能，能够潜心演绎这样的政策并付诸实践[①]。

过去历史的印记仍然深刻地影响着当前的情形和趋势。在圣劳伦斯海上航道建成之后，东海岸能否继续独占“铰链”优势？这仍然是一个重要且亟待研究的问题。然而，直通大海的优势仅是推动大城市连绵区发展的诸多影响因素之一，其他的因素将在未来发挥作用。这些各种各样的影响因素在塑造当前大城市连绵区时所起到的相关作用，将构成大城市连绵区历史背景研究中重要的、有启发意义的内容。

大城市连绵区在当前所发挥的功能将会是下一步计划中的研究内容。这些功能有几种，例如，居住的功能可以反映出总人口数。然而，这里的居住者如何谋生呢？为什么他们会集中在这个区域？

大城市连绵区是作为美国的主要海港城市、商贸中心和制造业活动中心等所构成的一个组群而出现。在很大程度上，海运方面的功能仍然在起作用，美国大多数的海上对外贸易都要通过大城市连绵区的海港。尽管许多产业已经转向美国其他一些地区，但大城市连绵区这一区域内的制造业从未停止过发展。大城市连绵区似乎在许多精加工产业（Delicate Finishing Industries）以及涉及大量实验室作业和科研工作的行业有着专门化的发展。然而，在同一区域内，最近20年建立起许多大型工厂（钢铁、化学和冶金产业）。这两者之间是如何平衡的？专业化的实际发展程度如何？这些问题都还有待确定。

---

① 参见“the historical sketch of the ‘hinge’ function”，in J. Gottman：“La region charniere de l'economie americaine”，Revue de la Porte Oceane，Le Havre，VII，Nos. 71 and 72，March，1951，pp. 9-14，and April，1951，pp. 11-20.

对于大城市连绵区来讲，商贸和金融方面的作用一直都非常重要。尽管多次强调和提倡分散化（Decentralization）趋向，大城市连绵区仍然是美国经济乃至世界金融体系中决定性的一环。如果说纽约市已经不再是20世纪早期那样的金融中心，这是因为联邦机构在管理国家商业领域中的权力日益增长，纽约在金融方面的许多职能转向了华盛顿。作为一个市场，不管在货物和资金上，大城市连绵区在总体上仍旧对美国其他地区起着支配性的作用。它不仅占到整个国家面积的1/5，而且很明显也是美国薪金最高和经济最富裕的地区。尽管一些财富积聚中心已经在其他地方兴起并得以发展，尤其是在西海岸和五大湖滨水地区一带，然而没有其他地区能够自夸其积聚程度已经接近波士顿—华盛顿区域。其他地区也不会像纽约那样，拥有一系列从事传统的金融和社会活动的大街，如华尔街、派克大街、第五街等，反映出国家经济发展主廊道的方方面面。

不论是否涉及到这一地区的社会阶层分化（Social Stratification）和财富充裕程度，大城市连绵区已经获得并保持着一种十分显著的"文化导向作用"，尽管美国人一直努力倡导分散化（Decentralization）。这里有在北美洲，也许是世界范围内最著名的大学、设备先进的实验室、高密度的学术研究机构以及大规模的图书馆。大多数的全国性期刊和重要的出版物都把它们的编辑部门建在大城市连绵区；这个地区的一些新闻报纸甚至在全国发行，特别是周日版。文化导向功能的集聚使得像福特基金会或R. C. A. 研究工作实验室这样的机构如果将总部设立在远离大城市连绵区的地区就将难以进行运作。在艺术方面，这种文化导向作用甚至更加明显：无论是影剧院、音乐厅或者画廊等，它们在大城市连绵区的集聚程度是美国其他地方无法与之比拟的。

最后提出的问题更加难以回答，那就是大城市连绵区在国家政治生活中所具有的实际分量。尽管美国首都是大城市连绵区的一部分，但是大城市连绵区的面积范围仅占美国的1/5，其投票不一定能够左右那些主要的州的决定，即使这些州中有一部分位于大城市连绵区，如纽约州和宾夕法尼亚州。然而，大城市连绵区具有一些特定的政治模式，与美国东北部周边的地区不同。

分析过大城市连绵区过去的成长经历以及当前所发挥的作用后，我们开始讨论它的一些实际问题。实际问题是很多的。其中的两类问题分别是交通问题和贫民窟现象，特别是当它们出现在所有的现代城市中心区时，引起了相当的关注并且已经进行了大量研究。另外两个问题目前也引起越来越多的关注：供水和有关地方政府的问题。这两个方面似乎难以从容应对巨型城市及其迅速扩张的郊区在当前的需求。迅速激增的都市区机构（Metropolitan Commissions and Committees）似乎已经预示着地方行政管理的传统概念和实践即将面临深刻的变革；旨在帮助解决交通问题的州际协定（Interstate Compacts）也即将出台（例如纽约港口协议）。在大城市连绵区开展都市区管理方面的试验将会比较困难，因为大量的、来自各方的利益受到了挑战——但是这些困难将会使每一次的努力都更加有意义。

只是在最近几年内，大城市连绵区作为一个整体单元最终形成；而它的法律和习俗则需要花费更长的时间来逐步发展并适应这样一个巨大的都市区的需求和资源。对各种各样的新问题进行调查研究，即使在这个时候仍然应该是有很大帮助的。立法制度和社会事业机构在慢慢地改变，而生活的方式则变化迅速。小说家曾以讽刺的口吻提起某种大城市连绵区中的生活："关于'住在大城市公寓中的居民'（Cliff-dwellers）的说法已经在纽约第五大街和派克大街得到明确印证，25 年之后，我们又听到了'住在城市远郊的居民'（Exurbanites）的说法。"这个说法是基于大城市发展的双重趋势：一部分人口迁离市区，住到 50 英里（约 80km）以外的"远郊"（Outer Suburbia），但仍回市区工作；而城市部分地区被转变成了漫无边际的公寓式住宅组团（有时荒谬地称之为"城中村"）。在曼哈顿和华盛顿可以清晰地看到这两种趋势，而这两种趋向也正在向其他大城市连绵区的核心城市蔓延。近来受到青少年不良行为呈蔓延趋势的威胁，举家搬迁到大城市外围地区的现象似乎在增加。新的生活方式造成了更多的日常性出行、更多的交通阻塞和更多处于市区外的高速公路，也带来了市场销售渠道的重新分配（例如购物中心和百货市场郊区分店的增加）、需求货物类型的改变，以及对于土地区划、园艺和自然保护等方面越来越多的关注。

由于更多的大城市连绵区的出现，部分居民的生活方式变得更加乡村化，这部分人在总人口中所占的比例越来越大，尽管这种生活方式还算不上是真正的乡村生活。人口普查局已经不得不多次修改都市区的界定标准，衡量是否将某地区纳入城市中心区的范畴也有了新的标准，包括通勤人口的比例、由郊县打到市中心的平均通话数量等等。1950 年人口普查局甚至不得不修改"城市地域"（Urban Territory）的定义，引入"城市化地区"（Urbanized Areas）的名词，从而更好地对大城市周边地区，尤其是位于大都市区范围内的城市和农村地域加以区分。新的郊区农业生产方式也在不断发展中，包括一小部分高度机械化和专业化的大型企业，例如长岛的商品蔬菜农场（Truck Farming），以及零星散布的众多小型农场。这些农场的居民在城市工作，以非农职业为生。

昔日的城市是有明确界定的、高密度的居住领域，通常被围墙或栅栏所环绕。不久前，它打破了这种固定的框架，向城市外的边远地区发展。在近期的发展阶段中，已经呈现出了大城市连绵区的特征。城市沿着高速公路和乡村道路迅速向外部扩展，土地的混合使用使它们看上去既不像乡村也不像城市，被围绕着的广阔地区依旧保留着“绿色”（一些明智人士致力于保护这些区域作为将来的休闲娱乐空间），一种全新的生活方式以及社区之间区域相互依赖的格局正在形成。

除了立法、交通、工程技术和市场方面的问题之外，大城市连绵区时代的到来还造成了一些新的心理问题：当来自不同州的地区形成大城市连绵区，比起那些与它们同在一个州内的边远地区，这些地区在日常生活中更加融合并形成一个整体，这时人们很难想起各州之间传统的分界线，人们也有点难以适应这种混乱的生活。政府官员在试图根据传统分类标准去划分城市、乡村、非农业乡村、农业等类型时，则常常会感到迷惑。综上所述，我们非常简要地回顾了大城市连绵区的各种不同问题，这对于我们得出下文中的一些结论是非常有价值的。

3. 从大城市连绵区发展历程分析中得到的启示是什么?

尽管目前看来大城市连绵区地区的特征具有惟一性，但对大城市连绵区进行详细的分析还是值得的。依据大城市连绵区在经济和社会生活各方面中占有的绝对地位和分量，其发展趋势将直接引致全国性（有时是世界性）的重要影响。大城市连绵区也是城市化发展中的一个先锋区域，这正如它已经展现的那样。在这里所观察到的现象和所开展的试验是发生在一个小范围内，并且完成的时间也没有多久，但它们仍然可以帮助那些正在发展中的城市化地区避免走弯路。对于大城市连绵区的研究将会有助于提高我们对于复杂的城市化进程的管理能力。

正如许多作者曾经指出的那样，大城市连绵区的发展是一个古老的进程，而且已经对西方文明的进步作出了巨大贡献。在20世纪中期，尽管还没有达到顶峰时刻，但城市化进程加快了发展的步伐。美国已经证实，通过仅占总人口1/8的劳动力，就能够给一个人口稠密的国家生产出足够的、多样的农产品，并达到一个较高的生活水准；而且，美国农业人口的比例很可能将会更进一步地减少。这样，在一个繁荣昌盛的国家中，90%的人口必须从事非农行业，当然他们不是居住在拥挤的城市贫民窟里。这个导致不完全城市化状态的重大演变对大城市连绵区有着最大意义的推进，也是美国在20世纪的重要贡献之一[①]。

因此，对于大城市连绵区中已经产生的新形态、已经出现的各种严重问题，以及已经尝试过的各种解决办法，都必须与在美国或加拿大的其他主要大都市区内所产生的同一类型的问题放在一起，进行比较研究。这样，

---

① 参见 J. Gottmann. L'Amerique，Paris，Hachette，1954，第2版，pp. 170-177 and 244-246；参见 La ville americaine，in Geographia，Paris，No. 48，September 1955，pp. 9-14；参见 Virginia at Mid-Century，New York，1955，pp. 473-479.

一个分类模式就可以建立起来，对出现的问题和可能的解决方法都能够进行更清晰的分类。这个模式是基于实际的观察，而非不切实际的理论。整个研究工作将会有助于评估美国经济的新拓展领域：国土城市化（the Urbanization Of the Land）。

在北美洲之外，许多其他的国家已经面临着与美国相似的加速城市化进程。通过对大城市连绵区的整体研究以及与美国其他城市发展现象的比较研究，这些国家在制定相关政策时可以得到极大的启示。无论在尺度和形态上，世界上还没有哪一个地区可以形成能够与美国大城市连绵区相比较的大都市区连绵带（the Continuous Chains Of Metropolitan Areas）或都市群（Conurbations）。根据我们的判断，最接近于美国的一个大城市连绵区将可能出现在欧洲西北部地区：从阿姆斯特丹到巴黎，或许也包括沿着莱茵河（Rhine River）和默兹河（Meuse River）向东延伸至鲁尔（Ruhr）和科隆（Cologne）一带，这一地区有可能在接下来的 20 年中连接起来形成一个整体。

另外一个超级都市区系统有可能会在英格兰形成。一个围绕着奔宁山脉（Pennines）南部形成的巨大的 U 字形城市链，从利物浦和曼彻斯特，经伯明翰和谢菲尔德一直延伸到利兹和布拉德福（Bradford）。这个 U 字形地区可能会在某一天南下，与扩展中的大伦敦（Greater London）郊区相连，然后整个系统将会进入大城市连绵区的行列。然而，它将与美国东北海岸的大城市连绵区有很大的不同。受到历史和特定区域中文化的影响，每个这样的大地区将会长期保留它的原始特征。然而，根据大都市区组织机构从美国大城市连绵区中总结的经验，大型城市化地区并不都需要发展成大城市连绵区的尺度才能得到收益。

4. 大城市连绵区能够发展到多大尺度?

关于纽约和费城周边都市区的一些重要研究工作，目前正在进行之中。通过计算并描画未来 10～25 年的城市发展曲线，这些研究工作将尝试预测未来的城市发展情况。在美国，城市和郊区正在以很快的速度扩展，这种速度最近几年在明显加快。脱离这个发展背景，如大城市连绵区一般的巨大区域是不会出现的。或许已经到了再次提出这个问题的时候：大城市连绵区能够发展到多大的尺度？它会朝着哪个方向发展？

1955 年，耶鲁大学的一群城市规划师开始对一个类似城市的、密切连接的系统进行讨论，它是从缅因州的波特兰一直延伸到弗吉尼亚州的诺福克（Norfolk）。从道路交通地图上来看，这个系统可能更加令人印象深刻。1955 年 1 月完成的关于弗吉尼亚州的研究成果，似乎反映出只有弗吉尼亚北部的一些县被纳入大城市连绵区之内，里士满（Richmond）和汉普顿港

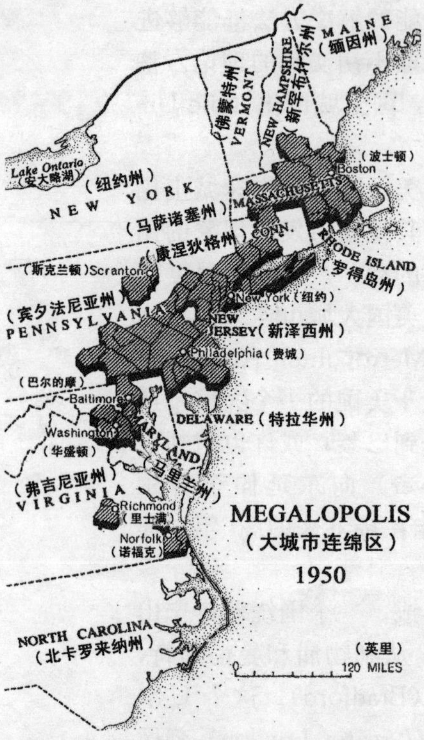

附图 A-1　美国东北海岸大城市连绵区

口区（the Hampton Roads）还没有被纳入更密集的华盛顿—波士顿城市化系统中。越过马萨诸塞州东部向北延伸的区域，主要是在夏季才会感觉到城市化，那是由于来自大城市连绵区的居民度假或半度假而引发的一种季节性迁移。然而，不可否认大城市连绵区每天都在扩展其地域范围。对 1957 年这些地区的实际情况来讲，我们基于 1950 年人口普查所进行的解释说明（附图 A-1）显然是一种低估。

城市的扩张向许多方向进行，当然都是围绕着城市外围区域的。与此同时，城市土地使用也在 1950 年的限制条件下继续进行调整。从现有的人口密度（附图 A-2）和各县近期人口密度增长趋势（附图 A-3）中，都反映出从费城到波士顿之间的大城市连绵区内大多数区域皆呈现出一个相对饱和的状态。尽管在这些地区仍然有大量新的建设，但更加显著的增长出现在大城市连绵区的南部区域，而在弗吉尼亚州海岸（Virginian Tidewater）和皮德蒙特高原（Piedmont）北部的扩展也似乎是不可避免的。

大城市连绵区正在向南部和西南部方向扩展。可以想见在未来的某一天，它可能将会真正到达里士满和诺福克。另外的发展方向是转向内陆地区，偏离美国历史上的头号经济发展主轴线。这一点可

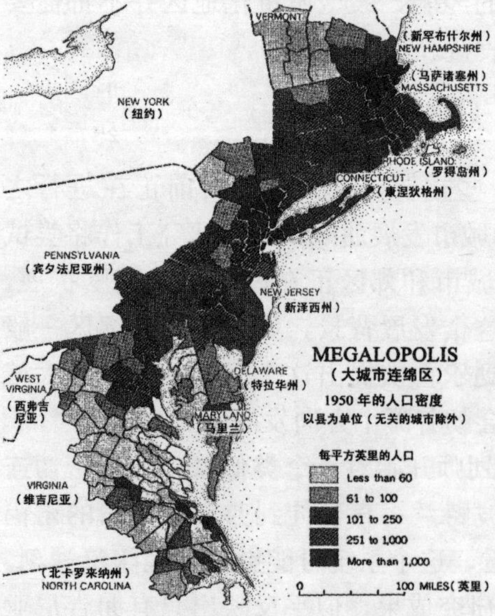

附图 A-2　大城市连绵区人口密度图

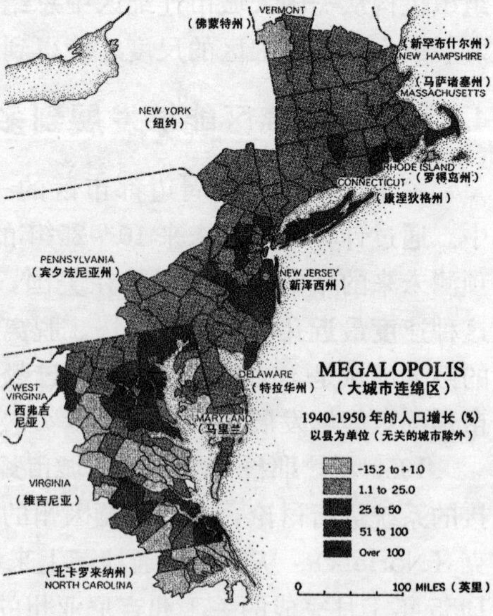

附图 A-3　大城市连绵区人口增长图

以通过1950年对大西洋沿岸与五大湖、俄亥俄州山谷之间美国东北部都市区分布情况（附图A-4）的细致研究而得出推断。一个相当不寻常的高密度都市区出现在内陆，它沿着纽约中心铁路向上，到达哈得逊-莫霍克（Hudson-Mohawk）铁路，直至伊利湖和安大略湖的南部；然后从克利夫兰向南，有部分间断地朝着宾夕法尼亚州的匹兹堡方向扩展。在大城市连绵区以及穿越阿巴拉契亚山脉（Appalachian）的城市化和工业化地区之间，在阿巴拉契亚山脉的谷地和山脊处出现一个清晰的断裂。如果匹兹堡-克利夫-锡拉丘兹-奥尔巴尼的城市链（the Pittsburgh-Cleveland-Syracuse-Albany chain）能够得以巩固，即使是山脉也能被穿越，一个巨大的环形大城市连绵区系统将会形成。如果圣劳伦斯海上航道发展成为一个主要的航海通道，这将会加速这一趋势。

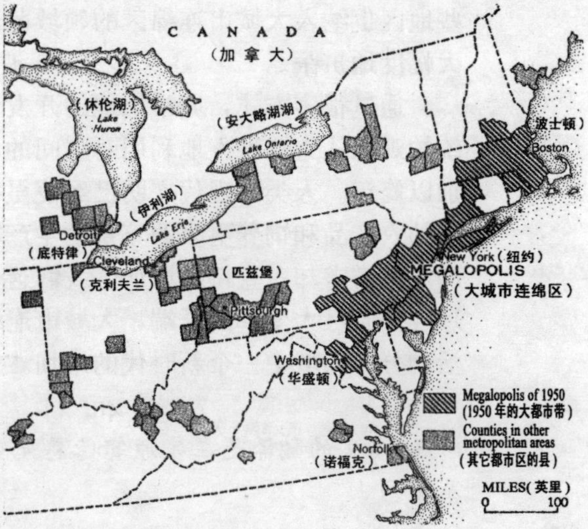

附图 A-4　1950年的大城市连绵区

在荷兰，一个规模小很多但不寻常的"环形"城市系统已经在形成。沿着从阿姆斯特丹到鹿特丹的荷兰主要沿海轴线，各城市逐渐连接起来之后，城市化进程开始沿莱茵河从鹿特丹到达了阿纳姆（Arnhem），并且沿着公路和运河从阿姆斯特丹到达了乌得勒支（Utrecht），向内陆地区加快推进。从阿纳姆到乌得勒支之间的城市接合正在进行中。在英格兰，从曼彻斯特到利兹形成的U形都市链区域还没有被这两大城市沿着最短的通达路线所填满，由于奔宁山脉的地形障碍，这里还是一片空地。尽管其尺度比较小，但这里的地理障碍可以同美国大城市连绵区背后的阿巴拉契亚山脉进行比较。

大城市连绵区用地扩张的其他一些趋势，或向多山地带的内部发展，或是朝东北方向的沿海地区发展。但是，这些发展趋势具有明确的季节性特点。在过去一段时间内，通过吸引农村地区缺少发展机会的数百万人口，大城市连绵区事实上已经吞噬了邻近的山脉地区，例如新英格兰的北部，在某种程度上加拿大的魁北克省也是如此。现在，随着生活标准的提高，更多的人获得了更长时间的夏季假期。凉爽的新英格兰海滨或山区以及阿巴拉契亚高原，引发了城市居民向夏季牧场的一种季节性迁移。这种季节性迁移似乎不断呈上升趋势，并造成了在夏季的长途通勤问题。在这些毗邻地区，大多数永久性居民的收入来自于夏季住户和游客。如果将这些地区也纳入大城市连绵区的领域范围，那么我们所限定的区域将很快并大幅度地扩张。

通过很多方式，城市土地的开发利用确实在迅速地吞噬土地资源。传统的观念认为这种土地利用对空间的占用比较少，但对这种观念必须及早加以修正。人类的现代文明已经使得我们寻找到了在较小的空间内生产更多的农产品和饲养更多的家畜的生产方式，但是工业、商贸业和居住用途的空间需求却一直持续增加。我们这一代人或许正在目睹一场土地利用地理性分布巨大变革的开端，大城市连绵区的出现预示着在人类聚居和经济活动分布领域中一个新时代的来临。

（本文的翻译是在导师邹德慈先生的支持和帮助下进行的，在此特致感谢。）

附录 B 格迪斯、芒福德和戈特曼：关于“Megalopolis”的分歧（译文）

Patrick Geddes，Lewis Mumford and Jean Gottmann：divisions over “megalopolis”

（载于《国际城市规划》2007 年第 5 期）

Elizabeth Baigent 著 李 浩 华 珺 译[①]

1. 引言

地理学家通常将 megalopolis 一词与戈特曼相提并论，戈特曼最著名的一部著作是《大都市带：城市化的美国东北海岸带》（Megalopolis：the urbanized northeastern seaboard of the United States，1961）。在《牛津国家传记词典》（Oxford dictionary of national biography，Peach，2004）对“戈特曼”条目的编纂过程中，发现 megalopolis 一词的定义在地理学以外的学科中几乎不为人知，大多数非地理学专业的学者使用该词时所指意义完全不同。本文将介绍这一词语在地理学界内外的用法，以及非地理学文献中对于戈特曼用法的刊载情况。笔者建议地理学词典修正它们的定义，肯定它们完全依赖于戈特曼对该词的特殊用法[②]，以便指引读者理解有关大城市问题的更丰富的文献资料。

除了戈特曼之外，大多数的地理学者并没有注意到 Megalopolis 的存在：它是伯罗奔尼撒半岛（Peloponnese）的一个城市，至少曾经是这样。

---

① 作者：Elizabeth Baigent，博士，牛津大学地理学院高级助理研究员，《牛津国家传记词典》研究总监。elizabeth. baigent@wycliffe. ox. ac. uk

译者：李 浩，重庆大学建筑城规学院在职博士研究生。jianzu50@163. com

华 珺，重庆大学建筑城规学院在职博士研究生。huajun0106@126. com

② 它们对该词的其他用法过于排斥。——译者注

这个城市由底比斯（Thebes）的统治者伊巴密农达（Epaminondas）于公元前371～公元前368年建立，并将其作为阿卡迪亚（Arcadian）联盟的驻地。它被规划了一个宏伟的尺度，有9km的围墙，有40个当地村庄的居民整批迁移来此居住。这个城市在罗马时代的后期逐渐衰落，在中世纪的时候它的居民逐渐分散到附近的地区居住（OED Online，draft entry June 2001；www. culture. gr，consulted 11 June 2003）。形容词Megalopolitan则是用来形容这座城市的居民（OED Online，draft entry June 2001）。最初的Megalopolis城具有非常大的，或许是过于巨大的尺度特征，依赖于高压政治而存在，后由于衰落而逐渐不为人知。无论是在学术刊物或一般刊物中，凡是提到Megalopolis一词的非地理学者，尽管他们可能并没有意识到这个真实城市的存在，但还是赋予了Megalopolis一词以相似的负面色彩。最早使用Megalopolis一词的是格迪斯（Patrick Geddes）。

2. 格迪斯（Patrick Geddes，1854～1932）

格迪斯是一个博学且富于幻想的苏格兰人，他的工作领域远远超脱了城镇规划和教育学的领域，试图将自然科学尤其是生物学的思想应用于社会科学之中。他对进化论非常感兴趣，曾经是生物学家、进化论研究的学术权威和倡导者T·赫胥黎（Thomas Huxley，1825-1895）的学生（Meller，1990；2004；Boardman，1978）。格迪斯使用megalopolis一词指代他所研究的人类现象的发展阶段或者说是进化现象，以及那些制约人类社会发展的内在规律。1915年，在他所著的《进化中的城市》（Cities in evolution）一书中，格迪斯在戈特曼之前就曾提出“这样的预言并非是荒谬的，即在不久的未来，人们将会真实地看到一个沿着大西洋海岸线、长达500英里的巨大的城市链条（City-line），在许多地方向后伸展，总共会有……数百万的人口规模”。但是，与戈特曼不同的是，在他看来，这些巨型城市（Vast Cities）具有“压抑的生活”……充满“疾病和愚蠢”……“堕落而冷漠……懒散而罪恶……”，“解救的办法是远离（这些城市）而寻找一些小规模的、简单的、真正健康和幸福的社会发展模式”（Geddes，1915：48-49，86）。格迪斯认为需要用一个新的名词来形容这种城市联合体（Urban Complexes），然而在1915年的作品中，他选择的是“Conurbation”一词而不是“Megalopolis”（OED Online，draft entry June 2001）。在格迪斯的著作中，Megalopolis一词最初是作为形容词[①]来使用的：1904年，在一本题为《科学与信仰的理想》（Ideals of science and faith）的论文集中，收录了他的一篇不太有条理的，关于新的教育方法的

① 即megalopolitan。——译者注

文章，格迪斯在文中有点讽刺性地指出，市民从阅读小说逐渐转向阅读化学、工程尤其是经济学，“从工作方面来看，科学本来是低调的事情，但是现在却鲜明地、厚颜无耻地被赋予军事的象征，因而它会准备在将来辉煌的税收方面扮演它的爱国角色。有赖于此，巨型城市的（Megalopolitan）财富和帝国般的伟大得以保证，并依靠这种方式，对我们的敌人适时地给予复仇，然后他们将会顺从地在我们的脚下生活和工作”（Geddes，1904：201）。这篇评论并不是对巨型城市彻底的分析，但就在那个时候，格迪斯已经把经济上的发展和精神上的萎缩相联系。1917 年，在《未来的政治组织》（The coming polity）一书中，格迪斯和他的合著者社会学家 Victor Branford 写到“高度集中的国家及其巨型城市的敌对状态”，这是另一个不太具体的，但是有点轻蔑性的用法（Branford 和 Geddes，1917，引自 Mumford，1938：352）。尽管格迪斯在表述观点方面有点混乱，这是众所周知的，也尽管在之前的演讲中他原本就可以使用该词，但是格迪斯对“Megalopolis”一词的用法在出版物中首次出现却是在 1927 年。作为和学生谈话的文字记录，1927 年的用法仍是不连贯的，它具有继发的特征[①]：“起初是 Polis——即城市，然后发展为 Metro-polis——即大城市，但是又发展成为 Megalo-polis——或者说是畸形发展的城市（City Overgrown），源自妄自尊大。接下来，随着‘食物和演出’（今天称作‘预算’）方面的充分供给而成为 Parasito-polis（寄生城市），从而恶化。由于身体的、精神的、道德的各种弊病，变为 Pathalo-polis（病态城市），最后变成 Necro—polis——死亡之城，其长期掩埋的纪念物遗存下来，昭示这一切。”我们并不清楚格迪斯是在谈论当前的现实还是未来的前景，或者仅仅是勾画一个理论上或精神上的图解，因为他在下文接着又说道“但是从巴黎、纽约、伦敦来看，很可能会出现一种革新的生活和一种新生的精神景象——由于这些城市处于极其重要的地位，不能够真的灭亡”（Defries，1927：199-200）直到这里，和他在其他著作中一样，格迪斯抵制一种进化环境论的宿命说，展示出一种拉马克式（Lamarckian）信仰，相信人们对环境并非是被动的反应，而应是积极的回应。格迪斯对人类精神和他所谓的城市“集体灵魂”方面所具有的不可磨灭的信念，以及他的“生机说”（Vitalism），使得他在 Megalopolis 是否会死亡的观点上最终有点自相矛盾（Livingstone，1992：274）。

3. 芒福德 (Lewis Mumford，1895～1990)

一般而言，就 Megalopolis 而论，格迪斯最重要的一位追随者是芒福

---

① 体现出不断演进的特点。——译者注

德（Lewis Mumford），芒福德尊称格迪斯是他的导师（1946：475），尽管在后来的生活中，芒福德曾经承认“虽然我非常赞赏格迪斯，但是我永远不能成为他所喜欢的那种虔诚的、忠实的信徒，去贯彻他所无法实现的理想和抱负。”（给 F. J. Osborn 的信，1970 年 11 月 23 日，引自 Hughes，1972：485-86）数十年来，芒福德经常使用来自格迪斯的术语“Megalopolis”，不过有所发展。例如，芒福德所著《城市文化》（1938）一书第 4 章的标题是“Megalopolis 的兴衰”，其中包括“地狱概要”，这是对格迪斯城市进化思想的修正和发展。芒福德定义了城市进化的六个阶段，从“原始城市”（Eopolis，村落）到“城邦”（Polis，村落的集合）到“大城市”（Metropolis，重要的城市出现），再到“巨型城市”（Megalopolis，衰落的开始）和“专制城市”（Tyrannopolis，城市系统基于经济发展而产生的过度膨胀），最后到“死亡之城”（Nekropolis，战争和饥荒，城市被废弃）。一些似乎是被格迪斯用来形容未来事件的地方，芒福德却用来描述现在。他有意回应了斯宾格勒（Oswald Spengler，1880-1936）的《西方的没落》（Untergang des Abendlandes，1918-1922），宣称“关注于西方文明的现实状态”。格迪斯对 Megalopolises 是否真的会灭亡这一问题的认识有点自相矛盾，但是芒福德对此则似乎是确信无疑的（Mumford，1938：272，284-92）。

芒福德对于这一词语的使用及其悲观的预言一直持续到《城市发展史》（The city in history，1961）一书，该书第 8 章的标题是“巨型城市变成死亡之城”（Megalopolis into necropolis），第 17 章的标题是“巨型城市的神话”（The myth of megalopolis），芒福德指出了一个“不断重复的城市生长、发展进而灭亡的循环”。他认为巨型城市象征着城市发展的一个最后阶段，它的“以深重灾难取得的成功”为它埋下了自我毁灭的种子，这些种子会慢慢发育，除非是有足够多的进步人士响应号召，采取根本性的行动措施加以变革（Mumford，1961：599）。毁灭并不仅仅是理论上的威胁，“今天每一个畸形发展的巨型城市的核心，以及它的生活所触及到的每一个外部地区，表现出同样的解体性征兆，伴随着同样的暴力和道德衰败的病态特征（和衰亡之前的罗马帝国一样）”。正如罗马衰败和灭亡一样，其他的巨型城市也将会衰败并走向灭亡（Mumford，1961：277-78）。

芒福德厄运论的预言在 1964 年出版的《五角大楼》（The pentagon of power）一书中达到一个顶峰。可怕的是，索引项“megalopolis：危机的预言”引导读者联想到纽约世贸中心双子大楼的场景，这正是巨型城市的“毫无目的的巨大症”和“科学技术的裸露癖”的范本（Mumford，1964：graphic section 20）。芒福德警告说：“生物学中最简单的教训之一，是不加控制的数量生长将会导致像先天愚型症（Mongolism）或巨大症（Giantism）

那样的机能失常”（Mumford，1964：graphic section 24）[①]。

4. 戈特曼（Jean Gottmann，1915～1994）

芒福德出版《城市发展史》一书的同一年，戈特曼出版了他自己的一本非常不同的著作《大都市带》（Megalopolis）。书中戈特曼描写道“一群古代的人们，在希腊的伯罗奔尼撒半岛规划了一个新的城邦，取名为 Megalopolis，因为他们梦想它将会有一个伟大的未来，并希望它成为希腊最大的城市……多少个世纪以来 Megalopolis 一词曾被不同的人们赋予许多含义……但是这一词语的使用并没有变得非常的普遍化，以至于我们可以赋予它一种新的意义，并把它作为地理学中的一个地名，来指代美国东北海岸的独特的大都市带”，“这一词语被应用于这个领域……作为一个地名来说它可能是新颖的，但是作为一种人类长期的渴望和拼搏的历史传统的象征来说，它则是古老的”（Gottmann，1961：4，原文是斜体字）。这项研究工作受到了美国的一个进步的公共政策研究组织——20 世纪基金（现在称世纪基金）的资助并得以出版[②]。据说早在 1950 年，20 世纪基金的两名官员 Abraham Flexner 和 Robert Oppenheimer 就曾经向戈特曼提议使用 Megalopolis 一词（Corey，1995：361；Anon，1995：87；Clout and Hall，2004）。戈特曼很早地就将他的学术观点付梓出版（Gottmann，1955；1957），但引起大家广泛关注的却是 Megalopolis 一词。戈特曼所使用的术语及其代表的含义被当代人尤其是美国人所狂热地接纳，人们高兴地发现他们所在的城市正处于时代发展的前列。《大都市带》一书的一本姊妹篇——《大都市带的挑战：关于城市化的美国东北海岸的图解》（The challenge of Megalopolis：a graphic presentation of the urbanized northeastern seaboard of the United States），作为一本面向更加普通和广泛的读者的书籍，于 1964 年由 20 世纪基金出版。这本书的署名作者是 Wolf Von Eckardt，但是戈特曼非常积极地为该书准备书稿。书中清楚地表达了（戈特曼）使用 Megalopolis 的思想主张，该书宣称：“今天，（大都市带的）梦想已经在我们的国家变成了现实”（Von Eckardt，1964：5）。

通过戈特曼的一份演讲稿（1987）中的脚注和参考文献，人们可以对

---

① 尽管是这样一种预言，芒福德自己认为《城市发展史》一书“最后是一个快乐的结局，至少是我所能够真诚地做到的那样快乐”（给 F. J. Osborn 的信，1970 年 10 月 25 日，引自 Hughes，1972：483），这不是就大都市带自身而言，而是针对人类的环境，因为该书提供了勇敢的、进步的一个可供选择的景象。

② 该组织建立于 1919 年，作为“一个无党派的、非中立的组织，我们的根本宗旨是将政治作为一种手段，而不是人民的敌人”。它的任务是“为了经济、工业、市民、文化和教育条件的改善而努力”（www. tcf. org，consulted 20 June 2003）。

他所推崇的 megalopolis 一词的用法有一定的认识，它们涉及的多半是地理学和城市研究方面的英文著作。戈特曼对 megalopolis 一词的用法今天被美国国家国际信息规划部门（the US Department of State International Information Program）所遵循，该部门在“美国地理概况”中将第 4 章留作介绍 Megalopolis，并指明是引用戈特曼的研究来作为参考资料。对于该部门来讲，Megalopolis（通常第一个字母大写）指的是那些“出现了很大程度的变化，世界上其他任何地区都无法与之相比”的地方，仅有的一些问题被认为是交通拥堵以及周围地区家庭农场的生存压力（www.usinfo.state.gov，2003 年 6 月 12 日引用）。

戈特曼和芒福德两人都持续使用 Megalopolis 一词去表达他们自己关于城市发展的认识，很少提及另外一方的相冲突的用法。芒福德在与 Osborn 的通信中只有一处间接的参考文献来自于戈特曼：在给 Osborn 的《新城》（The new towns，Osborn and Whittick，1963）一书所写的序言中，芒福德谈到，“我赞成这个新的标题——尤其是将‘对大都市带的回答’作为一个副标题”[1]（1963 年 3 月 7 日的信件，引自 Hughes，1972：336）。在《城市发展史》再版时，芒福德引用戈特曼的大都市带观点（e.g. Mumford，1975：658），并对戈特曼进行猛烈的抨击，书中写到他们“自欺欺人”，“将作为结果而产生的聚集（城市相互联结）称作 Megalopolis，或者……建议在空间尺度上加以改变……自身有能力产生一种新颖的、更好的城市形态……（这）事实上并不是一种新的城市类型，而是一个反城市。因为在反物质的概念中，城市一旦与之发生冲突，反城市便会将其消灭”（Mumford，1975：575）。

就我所能发现的而言，戈特曼对于芒福德对 Megalopolis 一词用法的认可只有一次。戈特曼在 1957 年的一篇论文中[2]，陈述他的大都市带研究项目，并在论文的脚注中解释到：“最近芒福德用（这一词语）来形容朝向大城市发展的一种整体趋势”，这里对芒福德用法的描述不痛不痒，毫无诚意（Gottmann，1957：189 页脚注；Champion，1995：118）。在戈特曼《大都市带》一书中，芒福德的用法显然只是早期诸多用法的其中一个，戈特曼认为其无足轻重，并不影响对这一词语赋予一种新的用法（1961：4）。戈特曼解释他之所以选择 Megalopolis 一词，是“在仔细地考虑了多种可能性之后”，却没有顾及芒福德的用法，而是听从了普林斯顿高级研究协会（the Institute for Advanced Study at Princeton）的几位古典主义学者的建议（Gottmann，1957：189 页脚注）。戈特曼通过 Von

① 该书标题的全称是《The New Towns：The Answer to Megalopolis》。——译者注

② 即 1957 年所发表的《大都市带：美国东北海岸的城市化》一文。——译者注

Eckardt 指出“规划的目标不是为了秩序或者存活率。所有城市功能的疏散是不可避免的，这一断言将有助于说明这一点”（1964：122），这里他可能是指芒福德和格迪斯关于城市发展重大衰落的预言，或者是指向他们的观点，即导致居住和生产活动自然集聚的“旧技术”阶段（以煤为基础）正在让位给“新技术”秩序，在“新技术”秩序中，电力和内燃机促使居住和生产活动分散化（Geddes，1912；Mumford，1961）。无论如何，当戈特曼重新赋予这个词语以新的含义时，他并不了解格迪斯的优先权（尽管他知道格迪斯的著作，比如将《进化中的城市》一书描述为“非常有趣……完全过时了”；Gottmann 和 Harper，1990：257）；很明显，戈特曼觉得芒福德的用法没有太大价值，不会影响他对这个词的用法。

戈特曼对这一词语的回顾出现在 1986 年的一次演讲中，这次演讲的内容被马里兰城市研究学院以《大都市带回顾：25 年之后》（Megalopolis revisited：25 years later）为书名而出版（Gottmann，1987）。他写道：“Megalopolis 一词已经被美国和海外的其他机构加以应用，这是合情合理的。它已经成为一个普遍性的概念”（1987：18），但没有提到他自己对此产生的影响。他的观点受到了邀请他演讲的人们的赞同：（马里兰）城市研究学院院长 Kenneth E. Corey 在为戈特曼所写的序言中指出，在《大都市带》一书中有“许多预言性的结论”（Corey，1987）。演讲中戈特曼所谈到的 Megalopolis，是一个充满各种“机会”的地方，“有利于创新、实验以及知识与观点的相互交流”（1987：2）。戈特曼坚持这个词语的中性色彩：“这样的集聚成为导致许多趋势、创新与发展的原因。我认为没有必要去判定这一进程的结果是好是坏”（1987：6）。这种表面上的评判自由与戈特曼对 Megalopolis 的描述相似，即 Megalopolis 是“一个特别有趣的、‘鲜活的’实验室”（Gottmann，1957：190）以及一个“研究新事物的实验室”（Von Eckardt，1964：9）。然而，透过戈特曼貌似中立的讨论，城市学家发现戈特曼对于 Megalopolis 所持的是一种明显的赞赏态度。对于大都市带中的图书馆、影剧院和夜总会等所提供的新的文化机遇，他大为赞赏（1987：40-42）。戈特曼承认“大都市带这一概念……在许多方面引起了反抗和怨恨”（1987：52），他产生了些微的嫉妒感。如果他想到过格迪斯和芒福德，他或许会感到，他们激动的、说教式的语言与他自己简洁的散文式语言和观点自由的评论相比较是乏味的。他对于城市的态度体现在他的一本文集的题目中：《不可战胜的异食癖》（La città invincible，1984），文章直接针对包括格迪斯和芒福德在内的那些预言城市之死的人。

戈特曼是一个十足的现代主义者：使用多种语言，具有超越民族和地域的广阔眼界，而且彬彬有礼。他的国际性使他成为所有资本主义城市中的中坚分子，尽管在地理学界有点孤立（Clout 和 Hall，2004；Peach，2004）。他不屑于做浪漫的反城市规划专家。有点特别的是，戈特曼对于东方的兴趣集中在现代化的日本，而格迪斯则关注神秘的印度（Gottmann 和 Harper，1990：ix；Clout 和 Hall，2004）。戈特曼相信发展和进步，有时如同他对于纽约的信用卡文化（Credit-card Culture）的欢喜一样显得有点天真烂漫，但也是引人注目的。他描述手工劳动被非手工劳动所取代，“这种从肢体向大脑的进化，标志着一个远古梦想的实现：人类从被迫的艰苦劳作中解放出来”（1987：35）。格迪斯提倡将回归木工和园艺工作作为一项全盘的精神激励教育的核心（Geddes，1904），芒福德热爱园艺工作并将其作为与自然相协调的手段（Casillo，1999）。相比之下，戈特曼与他们是多么的不同。戈特曼认为包括有大量白领阶层的城市的生长，给普通市民提供了享受更好的住房以及更广泛的文化教育的机会，而这些机会在历史上只有精英阶层才能享受。“在城市发展给大众带来希望方面，新近的趋势提供了一些新的领域和推动力”（1987：38）。对于格迪斯和芒福德而言，城市威胁着整个人类，而对于戈特曼来说，城市则预示着个人价值的实现以及物质的满足，在这个问题上，戈特曼的确是引发了许多美国人的共鸣，他们的祖先是离开欧洲的乡村或集镇而来到美国的城市。

戈特曼的确承认大都市带存在一些问题，有点讽刺性的是，他所提出的对于这些问题的解决办法，至少在表面上是与格迪斯和芒福德相似的：即通过规划的方法，对私人企业发展进行一些限制，从而创造一个更加令人满意的建筑环境。戈特曼的规划思想是科学的、技术的、理性的和经济的，遵循一种法国模式（Gottmann 等，1952），而格迪斯和芒福德的想象则以救世主自居、呼吁精神上的转变和变革（Meller，1980；Johnson，1996；Hall，1996：148-55）。然而，三个人都倡导综合性的区域规划，基于区域的研究，而不是局限于城市的零碎规划（Piecemeal Planning）（Robson，1981：200-201；Hall，1996：148-55；Von Eckardt，1964：121）。三个人都希望能够将他们的思想付诸实践：格迪斯通过他与城镇规划协会（the Town Planning Association）的工作以及在苏格兰和印度所作的城镇规划（Robson，1981：200-201；Geddes，1917），芒福德通过他在美国区域规划协会（the Regional Planning Association of America）的开拓性工作（Hughes，1972：viii；Hall，1996：148-55；Johnson，1996），戈特曼则是在较小的程度上通过在战后法国的国立经济协会（the Ministre de l'Economie nationale）的工作（Clout 和 Hall，2004）。

虽然描写格迪斯和芒福德的作者承认他们二人所具有的必然的复杂性，但是戈特曼的贡献却常常被过分地简单化。戈特曼的父母在俄国革命中被杀害，随后他由俄国逃向法国，目睹了纳粹对犹太人的迫害，他在纳粹力量到来之前从法国逃到了英国。这些都有助于更好地理解戈特曼对城市所提供的个人自由的赞赏（Peach，2004；Clout 和 Hall，2004）。作为这些重大事件的一个受害者，他一定对格迪斯和芒福德喜欢于对重大事件作出预言以及芒福德对斯宾格勒（Oswald Spengler）的热爱感到不快。斯宾格勒的《西方的没落》（Untergang des Abendlandes）（1918-1922）一书描述了西方文明发展到颓废和堕落阶段的临死的剧痛，得到纳粹党人普遍的钦佩。斯宾格勒有所保留地支持纳粹，尽管他不是纳粹党员。芒福德是一个终身的社会主义者，具有一半的犹太人血统，不过直到1942年他才知道此事，那时他的思想已经形成，并被一个德国新教徒家庭抚育成人（Casillo，1999）。虽然如此，芒福德认为斯宾格勒的作品具有远见卓识，他经常引用斯宾格勒的作品来举例说明一个社会的道德堕落将会产生出 Megalopolis（e. g. Mumford，1938：283）。戈特曼和芒福德都不能够被轻易地贴上意识形态的标签，而事实上他们和格迪斯具有一些共同的品质。这三个人都被发展阶段的思想所吸引，每个阶段有其基本的特征，三个人都或多或少地使用了进化的类推原理（e. g. Geddes，1915；Mumford，1938；Gottmann，1979a；1979b；1986）。

5. 词典中的"Megalopolis"

伟大的词典编纂家 Samuel Johnson 曾经建议从事他的《词典》（Dictionary）编纂工作的一名抄写员 Alexander Macbean 去编辑一本地理学词典。在 Johnson 看来，Macbean 完成这项任务的资格是他对生活的完全"无知"（Seccombe，1885 - 1901）。Macbean 接受了建议并于 1773 年出版了一本《古代地理学词典》，并由 Johnson 写了序言。尽管是这样的一种"不幸"的开端，地理学词典却得以繁荣。像 Macbean 的词典一样，最初的地理学词典大多是关于现代和远古（圣经的或古典的）地名和地理特征的百科全书，其被恰当地描述为"地理名词词典"或"地名词典"。随后，词典对地理学领域中最新的一些专业词汇进行了定义，记载了地理学机构赋予某些通用词汇的特殊含义，从而将逐渐形成的"地理学知识"编成法典（Harvey，1984：1）。这些词典通常被称作"地理学词典"，从而区别于那些地名词典，尽管其在内容构成上有点混杂。地理学词典通常被认为是地理学专业学生的学习工具，但是它们在建立一个"共同语言"和"共同话语"方面具有更为广泛的作用，没有它们地理学将会萎缩（Harvey，1984）；而且，它们作为课本被解读可以使地理学的编史工作更加清晰。

词典对编史工作的作用在《人类地理学词典》（Dictionary of human

geography）中可以充分地认识到，那些曾经不得要领的条目得到标注，投稿者的观点清楚地呈现出来。像所有的优秀词典一样，作者们必须要避免争论，但是提供一组均衡的观点，这种做法并不影响观点自由。通过罗列存在于学术研究和科学著作中的一系列解释，他们把读者引向他们认为最恰当的地理学用法，虽然它并非总是最普通的用法，但却是他们觉得最严密的用法，或者是对地理学现象充分了解的用法。词典的编辑工作往往是有争议的，在对条目和作者进行选择时，在掌控每个条目的具体内容以及判定这些定义怎样得以证实方面，往往需要编辑者作出自己的判断。在编辑与历史内容有关的词典如有许多引语的牛津英语词典（OED），或者编辑许多需要提供参考文献或"补充读物"的专业字典的时候，情况尤为如此。牛津词典的助理编辑 Peter Gilliver 指出，虽然所有的字典都具有选择性，但专业字典通常是规定性的，而一般性的词典则是描述性的。专业字典提供给读者一些首选的用法、禁止的用法和所排斥的其他用法；一般性字典则反映出广泛的使用范围。在起草一个词典中的专业术语的定义时，常常有充分的实际理由采用规范化的办法：在一个特定的领域内，人们应当对课本和讨论获得相同的理解（P. Gilliver，personal communication，2004）。更为普遍的是，对于专业地位的追求经常需要开拓出一套专门的词汇，最好是让外行感到晦涩难懂的词（McConchie，1997）。把普通字典和专业字典对"Megalopolis"的处理方式进行比较，将会对该词语用法的编撰工作具有启迪作用。

直到 1976 年出版增补本的时候，《牛津英语词典》（OED：Oxford English dictionary）才开始收录"Megalopolis"一词。最近的一个版本——2001 年 6 月更新的在线式牛津英语词典，指出这一词语最早出现在 1828 年韦伯斯特（Webster）所编辑的《美国英语词典》（American dictionary of the English language），该词典将"Megalopolis"定义为"一个重要的城市；大城市"（OED Online，draft entry June 2001）。韦伯斯特的定义带有不同寻常的中性色彩，但却证实这一词语在北美洲比在英国更为通用。牛津英语词典引用了最早出现在非字典中的"Megalopolis"，该词出现在《象牙大门》（The ivory gate，1869）一书中，这是记者兼小说家（Edward James）Mortimer Collins（1827-1876）所写的一本半自传体小说（Anon，1885 - 1901；Sutherland，1988）。书中格迪斯的用法很突出，"Megalopolitan"（dated to Geddes，1904）和"Megalopolis"（dated to Defries，1927）两个词被提及，前者是格迪斯最早的用法，并不是指希腊的那个城市，后者则是格迪斯最早的科学用语。

芒福德的用法被牛津英语词典所收录，是通过 1945 年的一篇似乎是为《建筑评论》（Architectural Review）而写的特邀评论文章（OED Online， draft entry June 2001)[①]。这篇评论囊括了很多的“Megalopolis”用法，包括下面这个被引用的用法：“常规推动力，在巨型城市（Megalopolis）中被压制和挫败，以一种集体进攻的形式作为回报”，芒福德使用这一用法，将希特勒的出现归因于巨型城市文化的堕落（Mumford，1945：5）。虽然校样中的一个记录指出“我们必须理解芒福德的用法”，并且给出了早期的用法（e. g.，Mumford，1938），但不幸的是，出版时引用的是1945年的作品，所注明的参考文献来源提及的是那本杂志而不是芒福德本人[②]。在《建筑评论》登出之时，一般刊物中已经出现“Megalopolis”一词，有时仅仅指“一个非常大的城市”，但是逐渐地反映出格迪斯和芒福德的负面性用法。牛津英语词典档案文件中记录了它在1945年的用法，例如，在《Theology》（神学）第48、172页中提到“针对巨型城市（Megalopolis）中标准化的千篇一律，世界教堂作为一个充分享受自由、个性和协调的乐趣的人类社会而被建立”，这段话与《建筑评论》的用法如此相似，以至于《Theology》中的用法并没有被纳入牛津英语词典的出版的版本中[③]。

尽管戈特曼声称他关于“Megalopolis”的用法已经变成“普遍用法”（1987：18），但是他的用法并没有被牛津英语词典所引用。牛津英语词典的档案文件表明不曾考虑过采纳来自戈特曼的引语[④]。戈特曼同样地被社会学词典所忽视，例如《牛津社会学词典》（Oxford Dictionary of sociology）将“Megalopolis”定义为一个“被芒福德所使用”的词汇……“意指一个难以控制地生长的巨大城市”（Marshall，1998）。虽然如此，地理学词典的编辑者则将戈特曼的用法作为惟一的用法，尽管并没有采纳他一贯将第一个字母大写的做法。在《人类地理学词典》（Johnston，1981）的第一版中，Ron Johnston将“Megalopolis”定义为“一个（从希腊语的‘great’和‘city’所衍生出来的）被戈特曼用来形容美国东北海岸的城市模式的词语”，这个定义在后来的几个版本中基本保持不变（e. g.，Johnston等，1994）。牛津地理学词典遵循了戈特曼的用法，将东北海岸作为一种原始的模型，把复杂性而不仅仅是尺度作为其定义的特征，指出这一词

① 芒福德的观点登在《建筑评论》上也是挺奇怪的，尤其是在现代主义者Niklaus Pevsner的编辑指导下（1942-1945），总的来说和芒福德的浪漫主义、对传统观念的攻击和太平盛世的风格并不相同（Murray，1984；Harrison，2004）。

② OED slips，OED Supplement 1976，Oxford University Press archive，box OED55/100.

③ Quotation slip，OED Supplement 1976，Oxford University Press archive，box OED55/100. OED在线（公共译本）中有普通用法，受到“受限的引用语”的支持（搜集到这些引用语但并不作为出版使用，因为它们和被引用的用法大体相同）。感谢Peter Gilliver提供了这些“受限的引用语”的信息。

④ OED slips，OED Supplement 1976，Oxford University Press archive，box OED55/100. Working papers，OED，OUP，Oxford.

语目前能够被恰当地应用于其他地区，如同戈特曼所预期的那样（Mayhew，1997）。《企鹅地理学词典》(Penguin Dictionary of geography）同样也提到了复杂性和尺度，它的第一个例子是戈特曼的东北海岸（Clark，1998）。一本《现代地理学词典》(Modern Dictionary of Geography）将戈特曼单独命名，并引用他的例子作为最佳的例证（Small 和 Witherick，1995）。在非地理学词典中，我所发现的惟一一个由地理学家对“Megalopolis”的定义，是在《新版坊塔纳现代思想词典》（The new Fontana dictionary of modern thought）中，这个定义是由戈特曼提供给编辑 Alan Bullock 的，这个编辑是他在牛津大学的校友（Bullock 和 Trombley，1999），这本字典中没有提到任何其他的用法。除此之外，地理学词典、普通词典和社会学词典中的定义各自发展，互不理睬。更古怪的是，一些地理学家至少宣称格迪斯属于这个学科，更多的地理学家则指出格迪斯对该学科产生的深远影响，这些影响通过 A. J. Herbertson 和 H. J. Fleure 等地理学家和他们的学生，以及格迪斯的“瞭望塔”[1]、演讲、著作和暑期学校等体现出来（Baigent，2004：Livingstone，1992：271-90）；但是，当地理学家热衷于将格迪斯的“综合区域”思想作为一种方法时，如果不是经常地作为一种解释性的概念、精神上的滋补以及规划工作的需要，他们几乎完全忽视了他关于城市毁灭的预言——这正是 Robson 所称格迪斯的“微薄遗产”中的一部分（Robson，1981：200-204；Agnew 等，1996：Chapters 22 和 23）。

怎么办？我希望给《牛津英语词典》一个建议，即使用比目前这个引语时间更早而且标明芒福德名字的引语，这将会确保这一用法与芒福德本人紧密地联系在一起，同时还要认可戈特曼的用法[2]。我希望地理学词典的编辑者能对他们的定义进行修订，从而不只包含戈特曼的观点，还能包括格迪斯和芒福德的观点。这样做并非仅仅是对词源记录的正本溯源，也是为了提醒地理学家关注特大城市的发展所激起的各种不同的情感和理性反应，以及戈特曼写作的学术背景，同时提醒他们注意目前为止地理学的使用已经过多地受到现代主义的影响，对其他学科的实践并没有很好地关注。

6. “Megalopolis”：空洞的幻想或是被忽视的概念？

通过上文的回顾逐渐清楚，无论是被谁所使用，Megalopolis 一词并没有解释力(ExplanatoryForce)。格迪斯通过从生物学类推的方法加以讨论：

① Outlook Tower，格迪斯所创立的一个科普和研究基地。——译者注

② 感谢助理编辑 Peter Gilliver 提供的建议。

有机体发展并衰退，城市因为是有机体所以也将如此[①]。或许根本就不该指望从格迪斯那儿得到解释。格迪斯更加推崇直觉和灵感，而不是分析和辩论，导致他的作品成为“不实际的痴心妄想和有机体具体化的混合物”，一旦与他超凡的个人魅力相分离就失去了不少分量（Robson，1981：192-193）。芒福德追随格迪斯，采取从自然界类推的方法进行讨论，使得格迪斯的阶段模型（Stage Model）减少了一些混乱，而且也更具说明性：对于芒福德而言，这一阶段模型的制定自然是一种有目的的前进，人类的反应更多的是被动而不是主动（Robson，1981：192；Livingstone，1997：274）。对于格迪斯的类推式讨论，芒福德补充了一种外推法的争论：因为城市过去曾经衰落，所以它们将来也会衰落（1961：277-78）。尽管芒福德尝试进行因果关系的解释说明：他结合古典经济学和马克思主义著作进行分析，认为经济和技术的发展是城市发展的铺垫，指出城市的过分集中将带来成本的急剧增长。他形容处于“专制城市”阶段的发展策略应在一个宽广的地理区域中追求，从而避免利润率方面的无情下滑（1938：289）。这种分析适合于一个共产主义者在他生命中的某些特定时刻的自我形容（Casillo，1999）。

尽管在选择用词方面费尽心思，但戈特曼从来没有提出过对于“Megalopolis”解释性的确切含义。他从早期开始就因为没有对“Megalopolis”一词的使用意图作出足够的详细说明而受到地理学派的批评。尤其是他在这一词语具体指代一个功能性的定义或者是一个物质性的定义这两者之间摇摆不定。P・霍尔（Peter Hall）曾质疑戈特曼的 Megalopolis 一词“仅仅是一个方便的虚构、一个用来分析的工具，还是具有深刻的作用或物质性的真实?”（Hall，1973：46）。戈特曼将 Megalopolis 定义为“城市和郊区连续的延伸，从新罕布什尔州的南部到弗吉尼亚州的北部，从大西洋沿岸到阿巴拉契亚山麓”，P・霍尔认为这样一个定义“在物质空间意义上，是明显不真实的。戈特曼不久解释说尽管他没有精确地定义 Megalopolis，但他所考虑的不是一个物质空间的概念，而是……城市化和城市增长的一个功能性定义”（Hall，1973：296）。P・霍尔自己的研究表明，“英国大都市带”（Megalopolis England）是一个功能性、而非物质性的存在，后者已经被旨在限制实体无限增长的规划方法所“拒绝”，但是这并不能阻止大城市和其他区域之间相互作用的增长（Hall，1973）。戈特曼对于他的概念是功能性的还是物质性的一直含糊不清，这影响到这一词语作为一个分

① 有趣的是，他用有机体类推方法“解释”城市的生长和衰落很大程度上没有被地理学中关于这一主题的讨论所关注，他们几乎完全依赖于从政治地理学和有机体状态中进行例证。这个观点主要依据 Friedrich Ratzel (1844-1904) 的著作，可以参考 Agnew 等，1996：Chapter 32 中的英文叙述。

析工具的使用，尽管有P·霍尔在1973年所进行的新的研究工作，但是，并没有迹象表明戈特曼是将其作为一种分析工具。戈特曼将自己的研究设想为一项典型的法国区域专论，关于一个独特区域的描述并以此为目标，尽管选择这一地区是由于该地区固有的吸引力以及地理上的相关性，但这项研究同样有助于相似区域的研究，能够帮助那些出现大都市带的区域消除（不明确的）难题（1957：190）。“Megalopolis”仅仅是不同作者给各种非常巨大的城市地区所贴的标签，一种赠与，不过，戈特曼显然对此深感满足（Gottmann和Harper，1990：3）。

解释力并不是使用一个词语的惟一原因，而这三个人都非常擅长于使用语言去吸引读者的情感和理解。格迪斯是一个熟练的修辞学家（Rhetorician），善于有效地使用一些能唤起感情的词语，在必要的情况下还能创造出一些这样的词语。当他希望在他的著作中引起一些积极的反应的时候，他使用一些古语和源自盎格鲁撒克逊语[1]的一些词语，例如带有纯粹泥土气息的“Burgher”（市民）和“Folk”（人们）等词，这些词语来自自然界和风俗，经受了时间上的考验（Defries，1927：218-19；Robson，1981：195），相比之下，他发明的新词，如“Conurbation”（有卫星城的大城市）和“Megalopolis”（巨型城市），使用希腊语和拉丁文的词素，旨在唤起人们消极的反应，特别是对人造的、不知名的、外来事物的猜疑。芒福德小心地选择词汇（他是一个诗人、一个传记作者，同时也是一个规划师），在被排挤之后，他通过对语言的恰当使用来打动大众的心（例如1961年12月3日写给F. J. Osborn的一封鸣不平的信，引自Hughes，1981：315）。他选择词语来激发和吸引民众的想象力，甚至使从事学术和专业研究的人也加入到讨论中来。在得知自己的《五角大楼》（Pentagon of power）一书将以便宜的、流行的“每月一书俱乐部”版本（Book of the Month Club）出版时，芒福德非常高兴并评论说即使它遭受到“恶意的”评论，“批评家们……也无法将我与俱乐部的庞大读者群隔离开来”（1970年9月18日给F. J. Osborn的信，引自Hughes，1972：479）。在争取美国人的支持的过程中，令他欣慰的是，他发现越来越多的美国人宁愿选择小城市或者乡下，而并非是大城市。他心满意足地对Osborn说：“对巨型结构和巨型城市夸夸其谈的人们该到此为止了！”（1969年10月10日的信函，引自Hughes，1972：463）。和格迪斯一样，芒福德使用新词语去形容和唤起对陌生事物的恐惧，使用盎格鲁撒克逊语的词语去形容那些他所赞美的事物。

---

① Anglo-Saxon，又名古代英语。——译者注

戈特曼同样擅长于借助情感和理性。作为一个熟练的语言学家，他知道词语在几个层次上发挥作用，他喜欢用一些神秘的词语以显示出他的博学（个人回想起来，大学时曾听过他的一次有关“替代品”的晦涩难懂的演讲）。像格迪斯一样，他选择“Megalopolis”一词是由于它的古典主义联想，然而，对于格迪斯来讲，这些联想是负面性的，但对于戈特曼而言，这些联想则使他成为古典主义传统的中坚分子和国际支持者中的一员，成为以古典元素为基础提出专业词汇的价值中立（value-free）的科学家团体中的一员。那些采用他的用法的人们，特别是日本的城市学家，明显感觉到成为第一个字母大写的 Megalopolis，给他们的城市和文化带来了一定的地位。

不论它的反响如何，解释力的缺失注定了“megalopolis”一词在地理学界的含糊地位，但颇具讽刺性的是，这一词语在地理学之外得以繁荣发展。在日本的动画系列片（1992）《命中注定的大都市带》（Doomed megalopolis）里面，邪恶而神秘的卡塔（Kato）密谋了东京的毁灭，这可能引起了格迪斯和芒福德的兴趣，尽管他们可能会感觉到没有必要安排一个外国城市的毁灭为代表，他们本国的巨型城市就可以体现出这一点。Francis Ford Coppola 公司定于 2004 年发布的、以同样名字命名的电影，可能会让戈特曼感到更多的安慰。影片处于保密状态，但很显然是以纽约为背景的，讲述了城市未来的竞争景象，包括将其变成一个乌托邦的梦想。学者和科学家们为了自己的研究目的而使用了这一词语，可是现在他们已经失去对它的控制能力，而只能任由大众去尽情发挥对于这一词语的想象力。

致谢

感谢 Martin Maw（牛津大学出版社案宗保管员）、Peter Gilliver（牛津英语词典副编辑），Matthew Kilburn（研究编辑）和牛津国家传记词典的校对组，Jack Langton 和牛津大学地理学院和环境学院的图书管理员，感谢他们对于本文研究工作给予的帮助，感谢他们对本文的审查和非常有帮助的注释，感谢 Peter Hall 和 Hugh Clout 两位先生，他们把即将在英国研究学报（Proceedings of the British Academy）刊载的关于戈特曼的研究报告提供给作者阅读。

参考文献

[1] Anon. 1885-1901：Collins，Edward James Mortimer. In Stephen，L. and Lee，S. editors，Dictionary of national biography，Oxford：Oxford University Press.

——1995：Obituary. Irish Geography 28 (1)，86-87.

[2] Agnew, J., Livingstone, D. N. and Rogers, A., editors 1996: Human geography: an essential anthology. Oxford: Blackwell.

[3] Baigent, E. 2004: Herbertson, Andrew John. In Matthew, H. C. G. and Harrison, B., editors, Oxford dictionary of national biography, Oxford: Oxford UniversityPress.

[4] Boardman, P. 1978: The works of Patrick Geddes: biologist, town—planner, reeducator, peace—warrior. London: Routledge and Kegan Paul.

[5] Branford, V. V. and Geddes, P. 1917: The coming polity: an essay in reconstruction. London: Williams and Norgate.

[6] Bullock, A. and Trombley, S., editors 1999: The new Fontana dictionary of modern thought (third edition). London: Collins.

[7] Casillo, R. 1999: Mumford, Lewis. In Garraty, J. A. and Carnes, M. C., editors, American national biography, New York: Oxford University Press.

[8] Champion, T. 1995: Obituary. Transactions of the Institute of British Geographers NS 20, 117-21.

[9] Clark, A. N., editor 1998: Penguin dictionary of geography(second edition). London: Penguin.

[10] Clout, H. and Hall, P. 2004: Jean Gottmann. Proceedings of the British Academy, in press.

[11] Corey, K. E. 1987: Foreword. In Gottmann, J., Megalopolis revisited: 25 years later, College Park, MD: University of Maryland Institute for Urban Studies.

—— 1995: In memoriam: Jean Gottmann 1915-1994. Annals of the Association of American Geographers 85 (2), 356-65.

[12] Defries, A. D. 1927: The interpreter Geddes: the man and his gospel. London: Routledge and Sons Ltd.

[13] Geddes, P. 1904: An educational approach - a technical approach. In Hand, J. E., editor, Ideals of science and faith, London: George Allen, 170-216.

—— 1912: The twofold aspect of the industrial age: paleotechnic and neotechnic. Town Planning Review 31, 176-87.

—— 1915: Cities in evolution: an introduction to the town—planning movement and the study of cities. London: Williams and Norgate.

—— 1917: Town planning in Lahore: a report to the municipal council. Lahore: Commercial Printing Works.

[14] Gottmann, J. 1955: Virginia at mid—century. New York: Holt.

——1957: Megalopolis or the urbanisation of the Northeastern seaboard. Economic Geography 33, 189-200.

—— 1961: Megalopolis: the urbanized northeastern seaboard of the United States. New York: Twentieth Century Fund.

—— 1979a: Office work and the evolution of cities. Ekistics 274, 4-7.

—— 1979b: The recent evolution of Oxford. Ekistics 274, 33-36.

—— 1984：La citta` invincible：una confutazione dell' urbanistica negativa. Milan：F. Angeli.

—— 1986：Transactional orbits：the interplay in the evolution of cities. In Conzen, M. P.，editor，World patterns of modern urban change，University of Chicago Department of Geography Research Paper 217-18，457-72.

——1987：Megalopolis revisited：25 years later. College Park，MD：University of Maryland Institute for Urban Studies.

[15] Gottmann，J. and Harper，R. A.，editors 1990：Since Megalopolis：the urban writings of Jean Gottmann. Baltimore：Johns Hopkins University Press.

[16] Gottmann，J.，Sestini，A.，Tulippe，O. and Willats，E. C. 1952：L' Ame? nagement de l' espace：planification re? gionale et ge? ographie. Paris：Colin.

[17] Hall，P. G. 1973：The containment of urban England (two volumes). London：George Allen and Unwin.

——1996：Cities of tomorrow：an intellectual history of urban planning and design in the twentieth century. Oxford：Blackwell.

[18] Harrison，B. 2004：Pevsner，Nikolaus Bernhard Leon. In Matthew，H. C. G. and Harrison，B.，editors，Oxford dictionary of national biography，Oxford：Oxford University Press.

[19] Harvey，D. 1984：On the history and present condition of geography：an historical materialist manifesto. Professional Geographer 3，1-11.

[20] Hughes，M.，editor 1972：The letters of Lewis Mumford and Frederic J. Osborn：a transatlantic dialogue，1938-70. New York and Washington：Praeger Publishers.

[21] Johnson，D. A. 1996：Planning the great metropolis：the 1929 regional plan of New York and its environs. London：E and FN Spon.

[22] Johnston，R. J.，editor 1981：Dictionary of human geography. Oxford：Blackwell Reference.

[23] Johnston，R. J.，Gregory，D. and Smith，D. M.，editors 1994：Dictionary of human geography (third edition). Oxford：Blackwell Reference.

[24] Livingstone，D. N. 1992：The geographical tradition：episodes in the history of a contested enterprise. Oxford：Blackwell.

[25] Marshall，G.，editor 1998：A dictionary of sociology. Oxford：Oxford University Press.

[26] Mayhew，S.，editor 1997：Dictionary of geography. Oxford：Oxford University Press.

[27] McConchie，R. W. 1997：Lexicography and Physicke：the record of sixteenth-century English medical terminology. Oxford：Clarendon.

[28] Meller，H. E. 1980：Cities and evolution：Patrick Geddes as an international prophet of town planning before 1914. In Sutcliffe，A.，editor，The rise of modern ur-

ban planning，1800-1914，London：Mansell，199-223.

—— 1990：Patrick Geddes：social evolutionist and city planner. London：Routledge.

—— 2004：Geddes，Patrick. In Matthew，H. C. G. and Harrison，B.，editors，Oxford dictionary of national biography，Oxford：Oxford University Press.

［29］Mumford，L. 1938：The culture of cities. London：M. Secker and Warburg.

—— 1945：Lewis Mumford on the future of London. Architectural Review 97 (577)，January，3-10.

—— 1946：Technics and civilization. London：G. Routledge.

—— 1961：The city in history：its origins，its transformations，and its prospects. London：Secker and Warburg.

—— 1964：The pentagon of power. London：Secker and Warburg.

—— 1975：Cities in history：its origins，its transformations，and its prospects. Harmondsworth：Penguin.

［30］Murray，P. 1984：Nikolaus Bernhard Leon Pevsner. Proceedings of the British Academy 70，501-14.

［31］Osborn，F. J. and Whittick，A. 1963：The new towns：the answer to megalopolis. London：Leonard Hill.

［32］Peach，C. 2004：Gottmann，（Iona）Jean. In Matthew，H. C. G. and Harrison，B.，editors，Oxford dictionary of national biography，Oxford：Oxford University Press.

［33］Robson，B. T. 1981：Geography and social science：the role of Patrick Geddes 186-207. In Stoddart，D. R.，editor，Geography，ideology and social concern，Oxford：Blackwell.

［34］Seccombe，T. 1885 - 1901：MacBean，Alexander. In Stephen，L. and Lee，S.，editors，Dictionary of national biography，Oxford：Oxford University Press.

［35］Small，J. and Witherick，M.，editors 1995：A modern dictionary of geography (third edition)．London：Edward Arnold.

［36］Spengler，O. 1918-22：Untergang des Abendlandes：Umrisse einer Morphologic dcr Weltgeschichte (two volumes)．Vienna，Munich：Braumu¨ller，Beck.

［37］Sutherland，J. 1988：The Longman companion to Victorian fiction. London：Longman.

［38］Von Eckardt，W.，with the assistance of Gottmann，J. 1964：The challenge of Megalopolis：a graphic presentation of the urbanized northeastern seaboard of the United States：a Twentieth Century Fund report. London：Macmillan.

在线资源（Online resources）

［39］OED Online，June 2001. http：//dictionary. oed. com. Oxford：Oxford University Press.

［40］www. culture. gr，consulted 11 June 2003. Website of the Hellenic Ministry of

Culture.

[41] www. tcf. org，consulted 20 June 2003. Website of the Century Foundation (formerly the Twentieth Century Fund).

[42] www. usinfo. state. gov，consulted 12 June 2003. Website of the US Department of State International Information Program.

附录C　区域生态移民——基于长远目标的汶川重灾区重建模式浅论

（载于《城市规划》2008年第7期）

李　浩

2008年5月12日，在我国四川省汶川县发生里氏8.0级强烈地震，截至6月12日12时，地震已造成69159人遇难，374141人受伤，失踪17469人[1]，全国上下为之震惊，并迅速掀起一场抗震救灾的战斗。随着时间的推移，当前抗震救灾的工作重点逐渐从抢救受灾人员转向灾后恢复重建工作。灾后重建不只是要给灾区人民一个遮风避雨的居所，而且要通过长远的规划和具体的建设，使灾区的各项生产和生活逐渐恢复正常运转，灾后重建将是一项长期而艰巨的任务。对于灾后重建而言，一个首先需要回答的基本问题是：汶川地震的灾后重建究竟应当采取什么样的模式？

谈到汶川地震，人们自然都会联想到32年前的唐山大地震：24万人罹难、百年工业城市瞬间被夷为废墟……唐山地震的灾后重建选择了原地重建的模式，有些地区没有完全避开地震断裂带，这成为唐山震后重建无法弥补和改变的三大遗憾之一[2]。当然，唐山灾后重建工作受到当时的认识能力、科技水平及社会经济条件等所局限，其原地重建模式的选择有其时代的合理性，但是毫无疑问，唐山灾后重建工作也恰好成为汶川地震灾后重建的一面镜子。地震是残酷的，但从城市规划和建设角度来说，也是一个机会，让城市所有弊端都可以在重建中得到弥补[3]。人们常常谈论建筑要讲究“百年大计”，然而，对于一个城市的重建而言，仅考虑“百年”是不够的，必须要有更长远的甚至于“千年大计”的战略考量。时至今日，随着我国综合国力的大大提升，汶川地震灾后重建工作所能够依托的社会经济条件已非唐山灾后重建所能比拟，同时，科学技术的飞速发展以及国内外的历史经验，为灾后重建工作提供了十分重要的科学技术支撑，因此，对于汶川地震的灾后重建工作，具有探讨理想重建模式的必要性和现实可能性。本文试从区域生态移民的视角，探讨汶川地震灾后重建模式的一种可能选择，期望抛砖引玉，引起更多的人参与对汶川地震灾后重建问题的关注和讨论。

1. 区域生态移民——汶川重灾区重建的理想模式断想

1.1 汶川地震重灾区的基本情况

无论从破坏性，还是从波及范围来说，四川汶川地震都是新中国成立以来最大的，超过了唐山大地震。地震造成四川、甘肃、陕西、重庆等省市大量人员伤亡和房屋受损，全国除黑龙江、吉林、新疆外均有不同程度的震感。所谓汶川地震重灾区，即受汶川地震影响受损最为严重的地区，但是对于这一地区的具体范围，尚未有正式的官方公开资料。根据媒体的相关报道，可知这些地区大致上是四川省的阿坝藏族羌族自治州和绵阳、德阳、成都、广元等地级市，以及甘肃省的陇南市和陕西省的汉中市等地区，面积超过 10 万 km^2，不过这一范围较为宽泛，在对地震灾害影响的分析方面尚不具体，例如同样属于阿坝藏族羌族自治州，其东南部地区和西北部地区的县市就存在显著的差异。本文试图对汶川地震重灾区作进一步的具体界定，由于区域分析和研究的实际目的，主要依据媒体所公布的各地伤亡情况进行统计分析，并以县级行政单元为基本的分析单元。研究表明，汶川地震重灾区位于川渝地区中北部的四川省境内（附图 C-1），北与甘肃、陕西两省交界，具体包括阿坝藏族羌族自治州的汶川县、茂县、理县，绵阳市的北川县、平武县、安县、江油市，德阳市的什邡市、绵竹市，成都市的都江堰市、彭州市，以及广元市的青川县（附图 C-2）。根据《四川省统计年鉴 2007》，汶川地震重灾区（下文简称汶川重灾区）的总面积为 3.34 万 km^2，地震发生以前的区域总人口为 457.1 万人，其中非农业人口 107.7 万人，GDP 产值 639.9 亿元，人均 GDP 为 1.4 万元。这一地区在地震中死亡和失踪的总人数为 6.68 万人，占汶川

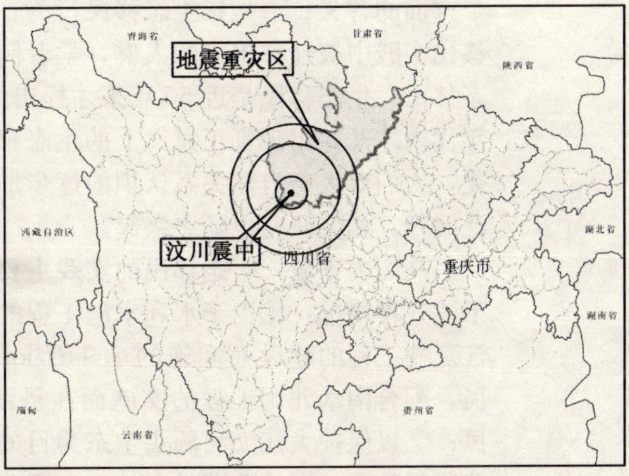

附图 C-1　汶川地震重灾区在川渝地区的区位

地震全国死亡和失踪总人数（8.66万）的77.1%（截至6月12日12时）。

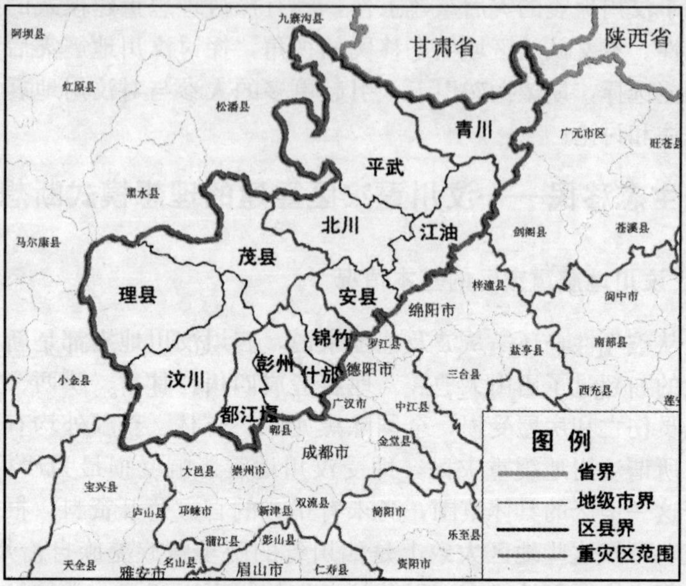

附图 C-2　汶川地震重灾区的区域范围

1.2　生态移民的概念

关于移民古已有之，它是指跨越一定空间距离的移居人群，在原始狩猎时代，人类一直是跟随动物的迁徙以维持生存，直到农业生产技术发明以后才逐渐转向定居生活，可见移民现象自古以来就与人类生存相伴相随。由于生态环境问题而实行的移民，被称作生态移民[4]，它主要包括两个方面的含义：一是指生态移民行为；二是指移民的主体，即那些在生态移民实践中被迁移出来的人群，学者们大多是从移民行为的角度来研究生态移民。生态移民是近50年来才提出的一个概念，在我国直到20世纪90年代末才开始出现真正意义上的生态移民，当前，随着生态环境的日益恶化，人们对人与自然关系认识的逐步加深，生态移民的实践在全国各地广泛展开，相关研究也随之兴起。

从国内来看，生态移民的实践主要出现在我国的西部地区，大致包括下述几种情况：①由于水利水电工程的建设而引起的生态移民，如配合长江三峡工程的建设而实施的7.9万km^2长江库区范围内的120万城乡移民，配合南水北调工程的实施而在丹江口水库地区实施的22万人生态移民；②以保护大江大河源头生态为目的的生态移民，如青海三江源地区是我国最重要、影响范围最大的生态调节区和淡水资源补给线，为保护这一地区极为脆弱和日益恶化的生态环境，国家对海拔4500m以上的牧民实行生态移民；③以防洪减灾、根治水患为目的的生态移民，如1998年长江中下游地区特大洪涝灾害过后，国家在湖北、湖南、江西、安徽4省实施平垸行洪、移民建镇工程，共计移民245万人左右；④以防沙治沙、保护草原为目的的生态移民，如作为我国沙尘暴源头的内蒙古，计划用6年时间生态移民65万人，从根本上解决人畜活动对生态脆弱地区的破坏问题。除此之外，还有以保护自然保护区内稀有动植物资源或风景名胜区生态系统为目的的生态移民，以及以扶贫为主要目的的生态移民等等。总而言之，生态移民是由于区域生态环境恶化，导致人们的短期或长期生存利益受到损失，从而迫使人们更换生活地点、调整生活方式的一种经济行为，在我国生态环境日益恶化的现实和西部大开发的政策背景下，生态移民成为解决我国生态环境问题和促进西部发展的一项必然举措[4]。

1.3 汶川重灾区生态移民重建模式的构想

受地震影响，汶川重灾区倒塌和损毁房屋已数百万间，部分城镇几乎夷为平地，为使灾区群众逐渐恢复生产和生活，灾后重建工作已紧锣密鼓地展开。回顾唐山大地震后的灾后重建，曾先后出现了三种不同形态的城市——窝棚城市、简易城市和新型城市，对比汶川地震的灾后重建工作，也必然要经过应急安置期、安置过渡期、永久性安置等不同的发展阶段。由于应急性、临时性和阶段性等特征，目前的过渡安置房规划与建设并无太大争议。问题的关键集中在，对于长远发展的永久性城镇的重建而言，究竟应当采取何种模式?

从国内外的实践经验来看，灾后重建主要有三种模式：一是“原址重建”，即在受灾城镇原来的地方进行恢复和重新建设；二是“迁址新建”，即舍弃原来的城址，寻找新的合适的场所重新建设；三是混合模式，即将“原址重建”和“迁址新建”相结合。据报道，就汶川地震的灾后重建而言，除损毁极其严重的北川县城将选择异地重建外，汶川重灾区的很多县市如汶川、茂县、理县等属于山区县，可以选择的平地不多，异地重建几乎没有可能性，而假若进行行政区划调整，行政合并后原本面积已经较大的县域面积会过大，也不现实，因此原地重建可能是三个县城的唯一选择[5]。实际上，就北川县城的异地重建模式而言，目前主要有两个方案，一是在其邻近的安县安昌镇，距北川县城20km左右；另一个选择是北川县擂鼓镇[6]，可见这两种方案也只是相对于原有城址的异地选址，是一种就近的异地安置，其思维仍然局限于汶川重灾区的视野之内。这就不仅让人们产生一个疑问，如果这些城镇选择原址重建的方式，或者说在地震重灾区的区域范围之内迁址新建，那么它们基本上还是建设在这次地震的“地震断裂带”上，这些区域次生灾害频发，基础设施、地表覆被损毁严重，基本生活生产设施基本丧失，虽然重建以后房屋建筑和设施在防震性能上有望得到大大加强，但谁又能保证将来在这个地震断裂带上不会出现更大破坏性的地震？那么，这样的重建模式究竟是否可取？

众所周知，一个城市的建设是一项十分重大的社会工程，其规划和建设关系大量人民群众及子孙后代的长远发展和福祉利益。因此，对于汶川重灾区的灾后重建，必须要有战略眼光，要从长远的视角着手城镇的规划和建设工作。笔者认为，汶川重灾区的灾后重建必须“跳出灾区看灾区”，避免一时、一地的思维局限而造成长远的后患，从区域的视角来看，生态移民就是一个可供选择且较为理想的重建模式。本文所提出的汶川重灾区生态移民重建模式，是指以“区域生态移民”的思路着手汶川重灾区的灾后重建工作，即在汶川重灾区的重建过程中，应对其区域生态环境条件进行评估，对其中不适合人类居住生活的某些区域实施生态移民，引导人民群众向地震重灾区之外的区域迁移，在迁入地进行永久性住房建设和居住生活，以此实现灾区群众恢复生产生活和重灾区生态环境保护的双重目的。这就又涉及到两个方面的问题首先需要给予回答：①汶川重灾区的哪些区域应实行生态移民？②汶川重灾区的生态移民应迁往何处？

从第一个问题来看，笔者认为汶川重灾区实施生态移民的区域应包括阿坝藏族羌族自治州的汶川县、茂县、理县，绵阳市的北川县、平武县，以及广元市的青川县。提出这一判断的依据主要有三个方面：首先，这一区域的范围大致上即为国家地震局所监测的汶川地震“余震区”的范围[7]，地震发生频率较高，地震破坏程度较大；其次，这些地区均处于山地环境之中，地形复杂（附图 C-3），地质条件恶劣，不利于人类的居住和生存；再次，这一区域的人口密度较低，属于典型的地广人稀地区，总人口不过几十万，具备区域生态移民的现实可能性（附图 C-4）。根据《四川省统计年鉴 2007》，这一地区的总面积为 2.46 万 km^2，地震发生以前的总人口为 85.2 万人，其中非农业人口 14.4 万人，GDP 产值 73.4 亿元，人均 GDP 为 0.86 万元。这一地区在地震中死亡和失踪的总人数为 4.32 万人，占汶川地震全国死亡和失踪总人数的 49.9%（附表 C-1）。当然，这里所提出的针对汶川重灾区中属于余震区范围的 6 个县进行区域生态移民，还仅仅是一种理论上的粗略构想，在区域生态移民重建模式的具体实践中，其实施区域的划定尚需要更加深入的分析和研究，譬如，既有可能只需要对余震区 6 个县中的部分乡镇或部分村社实施生态移民，也有可能还需要对余震区之外的其他地区（如安县、锦竹、什邡、彭州等县西北部的乡镇）同样实行生态移民。出于学术讨论的需要，下文所要讨论的汶川重灾区生态移民，重点即针对汶川、茂县、理县、北川县、平武、青川等 6 县而言。

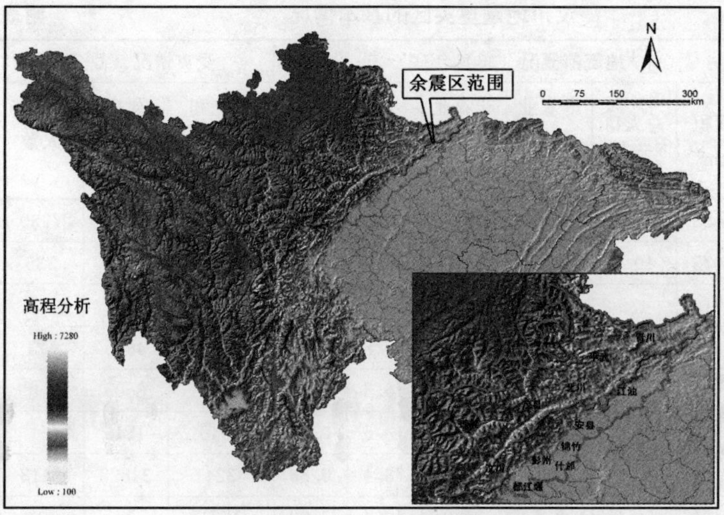

附图 C-3　汶川地震重灾区及川渝地区的高程分析图

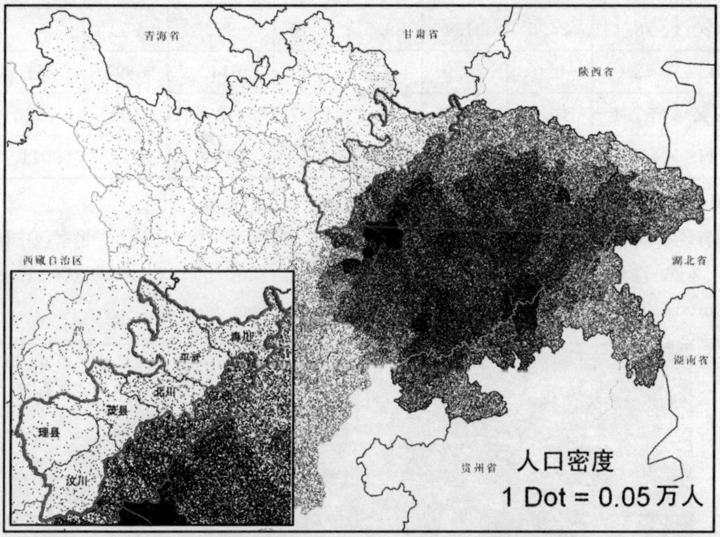

附图 C-4　汶川地震重灾区及川渝地区的人口密度图

从汶川重灾区生态移民的安置地选择来看，大致有两种可能性，一是移民至汶川重灾区的附近地区，如限于四川省的省域范围之内；另一种选择则是向全国各省区广泛移民。两者比较，如果向国内各省区广泛移民，有利于充分发挥全国各省区的经济力量，对口支援，共同参与汶川重灾区的灾后重建，不利之处则在于组织工作复杂，各省区不一定具有很高的积极性，广大灾民也可能不一定会适应迁入地（外省区）的生活。笔者认为，汶川重灾区生态移民安置地的理想区域应是成渝城镇密集地区（附图C-5），这一区域

汶川地震重灾区的基本情况 附表 C-1

严重受灾地区（主要县市）			地震前概况（2006 年底）						受灾情况（截至 6 月 12 日）			
			面积（km²）	总人口（万人）	非农业人口（万人）	非农业人口比重（%）	GDP（亿元）	人均 GDP（万元）	死亡和失踪总人数（人）	死亡人数（人）	失踪人数（人）	受伤人数（人）
余震区	阿坝藏族羌族自治州	汶川县	4083	10.6	3.9	36.8	25.0	2.26	23871	15941	7930	34583
		茂县	4075	10.7	1.6	15.0	7.8	0.74	4269	3933	336	8183
		理县	4318	4.5	1.0	22.2	5.5	1.12	131	103	28	1612
	广元市	青川县	3269	24.7	3.4	13.8	10.8	0.46	4819	4695	124	15453
	绵阳市	北川县	2869	16.0	2.1	13.1	10.8	0.71	8605	8605	—	9693
		平武县	5974	18.7	2.4	12.8	13.5	0.78	1546	1546	—	32145
余震区小计			24588	85.2	14.4	16.9	73.4	0.86	43241	34823	8418	101669
其他重灾区	绵阳市	安县	1404	50.3	7.5	14.9	40.4	0.82	1571	1571	—	13476
		江油市	2720	87.8	24.3	27.7	116.0	1.39	438	394	44	10016
	成都市	都江堰市	1208	61.0	17.1	28.0	96.5	1.52	3069	3069	—	4388
		彭州市	1420	78.4	24.6	31.4	89.5	1.16	952	952	—	5770
	德阳市	什邡市	863	43.0	9.0	20.9	106.8	2.49	6142	5891	251	31990
		绵竹市	1245	51.4	10.8	21.0	117.3	2.37	11396	11098	298	36468
总计			33448	457.1	107.7	23.6	639.9	1.40	66809	57798	9011	203777

注：关于地震受灾情况，因灾情复杂，统计渠道不一，汇总数据会有一定差异。

数据来源：[1]．四川省统计局，国家统计局四川调查总队．四川省统计年鉴 2007 [M]．北京：中国统计出版社，2007. [2]．汶川地震伤亡汇总 [N/OL]．腾讯网，2008-06-12. [2008-06-12]．http://news.qq.com/zt/2008/dizhen/newdata.htm

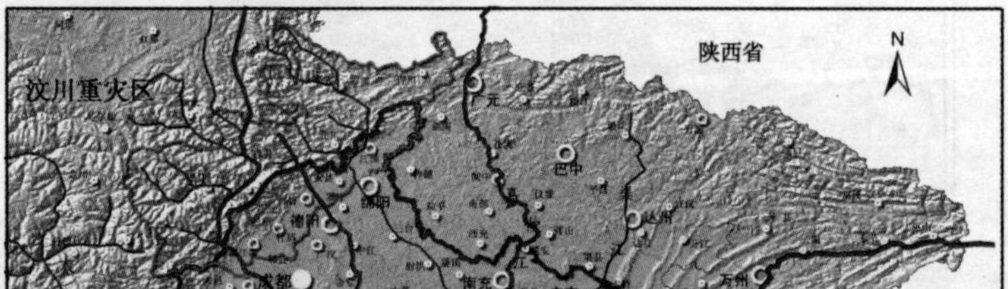

附图 C-5 成渝城镇密集地区的空间范围

大致即为自然地理上的四川盆地范围，是川渝地区人居环境和城镇发展建设条件最佳的地区，并且同属巴蜀文化的影响区，在新中国成立后曾经历近半个世纪的“大四川”同治历史，共同的文化背景，共同的民情风俗、共同的“四川话”和共同的意识取向，有利于汶川重灾区移民迁居之后的生活适应和可持续发展。通过实施区域生态移民，使汶川重灾区的居民从恶劣的环境条件搬迁到生存条件更好的地区，一方面可以通过异地开发建设，逐步改善灾区贫困人口的生存状态和生活质量；另一方面则可以减少人类活动对汶川重灾区原本脆弱的生态环境的继续破坏，使区域生态系统得以恢复和重建。

2. 汶川重灾区生态移民重建模式的科学理性分析

以区域生态移民的思路着手汶川重灾区的灾后重建，并非一种乌托邦式的梦想，而是具有一定的科学理性，突出表现在以下方面：

2.1 区域生态移民是汶川重灾区极恶劣生态环境条件的内在要求

汶川特大地震发生在青藏高原东缘的龙门山断裂带，属于印度板块向亚洲板块俯冲、青藏高原快速隆升而形成的逆冲、右旋、挤压型断层地震[8]。从我国的地震分布情况来看，汶川重灾区正是属于我国地震活动的高发区域（附图 C-6）。同时，汶川重灾区地处我国第二阶梯向第三阶梯的过渡地带，地势上呈现出从东部海拔500m左右的成都平原向西

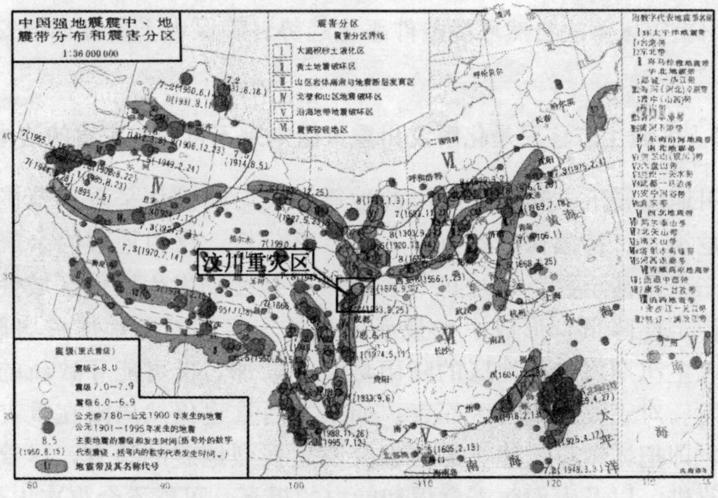

附图 C-6　我国强地震震中和地震带分布图

注：根据《中国自然地理图集》加工。参见：刘明光．中国自然地理图集［M］．北京：中国地图出版社，1998. 211

部海拔6000m左右的青藏高原急剧攀升，山势险峻、沟壑纵横。山高、谷深、坡陡等多重因素的影响，使汶川重灾区成为我国典型的滑坡、崩塌、泥石流等地质灾害高发区之一。据报道，在汶川地震发生之前，国土资源部曾对受灾区域中的41个县的地质灾害隐患点进行过普查，查出地质灾害隐患点4929处，其中特大型地质灾害隐患点158处、大型地质灾害隐患点1271处、中型地质灾害隐患点1817处[9]。这样的自然地理环境，使得汶川重灾区的生态环境极为敏感和脆弱，不仅资源承载力较低，而且城镇建设的难度较大、投资成本较高，即使对于已建成的城镇而言，也存在着基础设施抵抗自然灾害的防御能力严重不足、安全维护成本过高等不利因素。这次强烈地震引起的塌方、泥石流，造成河流改道、河道堵塞、公路损坏、房屋倒塌，都是对这一区域生态环境的更深度破坏，从而加剧了人口、资源和环境的压力，使本来就十分脆弱的生态系统遭受更大的打击，区域人居环境条件极差，恢复重建难度巨大。联合国环境与发展大会1992年里约热内卢宣言曾指出："为了实现可持续的发展，使所有人都享有较高的生活质量，各国应当减少和消除不能持续的生产和消费的方式，并且推行适当的人口政策。"[10]1982年的世界自然宪章也曾倡导："因人类活动而退化的地区应予恢复，用于能配合其自然潜力并符合受损害居民福利的用途。"[11]对汶川重灾区实施生态移民，是全面贯彻落实科学发展观，统筹人与自然和谐发展，调整贫困山区经济社会发展战略，保护和改善川渝生态环境严重损坏地区恢复良好生态环境及居民易地扶贫的一条根本性出路，也是汶川重灾区解决自然环境条件恶化趋势、确保水土资源环境安全的内在要求。

2.2 区域生态移民是化解汶川重灾区未来不可预知灾害的治本之策

汶川地震属于主震余震型浅源地震，其影响破坏呈现出范围广、程度深、危害大、持续长等特点[9]。据专家分析，汶川地震的余震还将会持续两三个月甚至数年的时间[12]。另外，地震的发生已使区域性大面积山体的稳定性降低，形成了大量新的地质灾害和新的地质灾害隐患点，加上进入主汛期后这些地区的降雨量又在增加，极可能导致新的地质灾害的频发。对于汶川重灾区而言，如果灾后重建仍然局限在重灾区的范围之内，即把城镇再次建于那些容易发生强烈地震的地方，尽管因为各方面的改进，以及人们防震意识和能力的提高，可能不会再次出现"5·12"这样的惨剧，但是，从总体上来看，重灾区的发展还是处在一个周而复始的恶性循环中，地震将是一个长期挥之不去的阴影。不仅如此，在市场经济的条件下，改革开放是当代城市经济发展的重要方针，如果灾后重建仍然局限在汶川重灾区的范围之内，这样的城镇在建成后，必然会对地方的招商引资和经济发展产生不容忽视的负面影响，使城市的对外开放受到很大的局限性。从历史的经验来看，这也是唐山震后重建无法弥补和改变的三大遗憾之一[2]，在汶川重灾区的重建过程中，对此应有更加深入的认识和更加理性和分析。因此，笔者认为汶川重灾区的灾后重建工作，一定要从治本考虑，从整体利益、长远利益来考虑，而采取区域生态移民的重建模式，正是防患于未然、化解汶川重灾区未来不可预知灾害的治本之策。在汶川重灾区的重建工作中，应当打破行政区域的界线，尽量将城镇避开"地震断裂带"进行建设，统一科学的规划，在相对安全的区域重新建设，这将有利于汶川重灾区的长治久安，有利于地方经济的长期健康发展。此外，汶川重灾区群众的心理受创严重，采取区域生态移民的灾后重建模式，也有利于灾区群众的心理调整和健康发展。

2.3 汶川重灾区生态移民有利于长江上游地区的生态环境保护

长江上游是全流域乃至全国重要的生态支撑体系、可持续发展的重要依托与保障，汶川重灾区是我国长江上游重要的水源地，区内岷江、沱江、涪江（嘉陵江上游的支流之一）等长江上游干支流水系纵横交织，形成长江上游重要的生态屏障。然而，从现实的情况来看，这些区域的生态环境却极为脆弱，水土流失特别严重。以岷江为例，其上游沿岸的大部分地区是干旱河谷地带，山高坡陡，岩石破碎，土质疏松，加之植被稀疏，极容易发生崩塌、滑坡、泥石流等重力侵蚀和水力侵蚀。近代的人类活动更是加剧了岷江流域生态环境的恶化趋势，如发生在 20 世纪 50～90 年代的森林大砍伐，以及 20 世纪 90 年代后的水电大开发，给岷江干旱河谷本身脆弱的生态环境造成极大破坏。随着这些地区人口的急剧增长，近年来粮食、燃料、用材等需求量迅速增加，导致人类的掠夺式开发与经营，人地关系失调，处在自然生态的恶性循环之中。对汶川重灾区实施区域生态移民，能够减少人口压力，实现区域内资源、环境、人口与经济社会的协调与可持续发展，有利于长江上游地区的生态环境保护，将是西部大开发生态屏障建设的重要战略举措。

2.4 汶川重灾区生态移民能够推动川渝地区城镇化发展和主体功能区优化

城镇化是农村人口向城镇转化和集中的过程，从历史的眼光来看，我国古代不少城镇的发展都与移民有着密切的联系，如春秋战国时期各诸侯国的都城，大多即为移民的产物[13]，可见移民往往是城镇化发展的一种特殊形式。汶川特大地震的发生，虽然是极其残酷的，但却为川渝地区的城镇化发展提供了难得的机遇。党的十七大报告明确了“推动区域协调发展，优化国土开发格局”的发展要求，提出应把把国土空间划分为不同类型的主体功能区，确定各类型区域发展方向定位，引导人口与经济在国土空间的合理均衡分布，形成人口、经济、资源环境相协调的区域协调发展格局。汶川重灾区极为恶劣的生态环境条件，决定了区域人口转移和城镇化是其未来发展的必然方向。在《四川省城镇体系规划（2001—2020）》中，汶川重灾区属于“川西高原山地区”的范畴，定位于“长江上游主要水源涵养区、四川天然林资源保护重点区域和长防林建设主要地区”、规划确定“2020 年城镇化水平达到 45%左右”[14]。在汶川重灾区的重建过程中，按照区域生态移民的思路，通过科学的规划与调控，可以积极引导灾区居民向成渝城镇密集地区的城镇发展空间进行有序转移，同时积极开展产业结构调整和重组，将有力推动川渝地区的城镇化健康发展和主体功能区优化。

2.5 汶川重灾区生态移民具有一定的经济可行性

生态移民的经济成本大致包括三部分费用：安置地移民搬迁和生产安置费用、迁出地生态环境恢复和建设费用、移民就业技能培训费等。据相关研究，生态移民的经济成本约为 2 万元/人[15]，另外，就三峡工程的百万移民而言，其水库淹没处理及移民安置的总费用约为 400 亿元，对于汶川重灾区而言，假设将余震区内的 80 万群众全部转移，参照《三峡工程水库淹没处理及移民安置规划报告》的标准，考虑物价上涨等因素，估算其生态移民的投资大约也在 400 亿元左右。生态移民资金的筹集主要有中央财政拨款、地方财政拨款、国内外捐赠资金、灾区群众自身筹集等途径。据报道，截至 6 月 12 日 12 时，国内外社会各界向汶川地震灾区捐款的金额已达 448.51 亿元[1]；另外，5 月 21 日的国务院常务会议已经作出决定，中央财政今年将安排 700 亿元的灾后恢复重建基金，明后年继续作相应安排[16]。对于全国的抗震救灾工作而言，尽管除灾后重建之外还需要在许多方面投入资金，但是毫无疑问，实施汶川重灾区的生态移民，在经济上是完全可行的。

3. 汶川重灾区生态移民的实施难点预测

以区域生态移民的方式开展汶川重灾区的灾后重建工作，尽管具有多个方面的科学理性和现实可能性，但是在其具体的实施操作中，也可能会出现不少困难，尤其需要注意并研究解决以下问题：

3.1 移民意愿问题

人们在长期的生活过程中总会形成对居住地的一种归属感，特别是对于中国的农民而言，更是具有浓郁的乡土观念。移民是“背井离乡”、“流离失所”的一个痛苦过程。在当代的移民实践中，往往由于对生态移民的认识不足，或政府的单方意志主导，或经济与管理等方面的失误，使移民组织者与迁移者之间存在着一定的对立情绪。由于移民工作一些后遗症的存在，谈及移民问题时人们总是有所畏惧，在汶川重灾区的生态移民过程中，难免会遇到一些灾区群众不愿移民的情况。如何应对部分灾区群众的抵触情绪，是汶川重灾区生态移民工作的难题之一。

3.2 长远致富问题

从“迁得出”到“稳得住”再到“逐步能致富”，移民工作目标实现的难度往往逐渐增加。汶川重灾区特别是余震区的很多县市经济本身就较为落后（见附表B-1），这次地震又使当地的经济遭受重创。虽然区域生态移民对于灾区群众的脱贫致富总体上是有利的，但是从实际的情况来看，生态移民的安置必然应当立足于非农化、城镇化安置，而成渝城镇密集地区一些城镇中的下岗、失业、不充分就业等现象本来就已较为严重，就业压力已经较大，生态移民的迁入无疑将加剧他们的就业竞争压力。而对于一些来自贫困山区的移民而言，他们则难以在短期内熟悉城市的生活环境，加上自身的文化素质与劳动技能偏低，很难适应城市的就业需求。如何使生态移民长远真正地走上致富和小康的道路，是汶川重灾区生态移民工作必须解决的又一难题。

3.3 社区重构问题

广大移民迁入安置地以后，实际上即进入一个新的社会环境，在新的社区中面临着适应和被认同的过程，安置地的原居民和灾区生态移民在社区内部有一个整合或重构的过程。移民被安置以后，原有的初级社会关系，如血缘关系、地缘关系、业缘关系等被不同程度地破坏了，有的甚至无法恢复起来。在汶川重灾区的生态移民过程中，如何减少安置地的原居民和灾区生态移民之间的冲突和矛盾，避免社会不稳定因素的发生和发展，从而实现和睦相处和社会融合，对汶川重灾区的生态移民工作具有相当大的挑战。

3.4 民族宗教问题

汶川重灾区属于羌族、藏族等少数民族聚居区，各个少数民族都有自己独特的文化与传统，如语言、文字、风俗、宗教信仰等。尤其是宗教这一复杂的文化现象，既渗透到民族传统文化的诸多方面，又具有维系社会稳定和民族内聚、传播与发展民族文化的重要功能，对社区重构、关系整合和发展具有十分重要的意义[17]。在生态移民中，难免会或多或少地对少数民族的文化传统形成破坏，这对羌族文化的发展繁荣会有一定的负面影响。如何既要实现生态移民，又能避免民族宗教问题的出现，是摆在汶川重灾区生态移民工作面前的另一个难题。

4. 对汶川重灾区灾后重建工作的若干建议

综上所述，以区域生态移民的思路着手汶川重灾区的灾后重建工作，具有多个方面的科学理性和显著的社会、经济及环境效益，但是在具体的实践中也会遇到一系列的难题，这些难题主要集中体现在社会、民族等方面。因此，对于汶川重灾区的生态移民，也必须采取谨慎的态度，需要进行区域性的统筹分析和整体性的规划设计。限于篇幅，在本文的最后提出如下建议：

4.1 坚持自愿移民的基本原则，尽快着手调查研究，切实了解灾区居民的真实意愿

生态移民有自愿移民和强制移民两种方式，对于汶川重灾区的生态移民而言，应当坚持群众自愿、市场引导、政府帮助的基本原则。当务之急是应组织有关力量，以科学的态度和方法开展调查研究，充分了解灾区居民是否愿意移民的实际愿望，同时也要加强宣传，提高灾区群众对生态移民的认识，以此为基础着手编制汶川重灾区生态移民规划。在生态移民的具体组织与安置过程中，也必须重视移民的意愿、心理承受能力以及风俗习惯等方面的问题，有关移民问题的管理和决策应当组织广大移民的广泛参与，并且充分尊重移民的意见，坚决杜绝以政府意志主导、强制移民现象的发生。

4.2 广泛总结生态移民经验，积极开展生态移民试点，探索多种模式相结合的灾后重建道路

从国内外的发展情况来看，近几十年已经开展了一系列的生态移民实践，特别是我国已成功实现长江三峡的百万移民，其历史经验对于汶川重灾区的生态移民工作而言，是极其宝贵的。因此，建议对国内外生态移民的理论和实践经验进行系统的总结，研究汶川重灾区生态移民的具体思路，进而积极开展汶川重灾区生态移民的试点。汶川特大地震的系统性和复杂性，决定了灾后重建工作不可能只采取某一种模式。对于汶川重灾区的灾后重建而言，比较理想的情况是对汶川、茂县、理县、

北川、平武、青川等 6 个县实行整体生态移民，但考虑到自愿移民的基本原则，部分灾区群众不一定能够接受生态移民的政策，因此应当采取区域生态移民与原址重建等多种重建模式相结合的思路，探索和实践多样化的灾后重建道路。

4.3 深入研究相关政策，解除灾区移民的后顾之忧，实现灾后重建的可持续发展

汶川重灾区的生态移民是一项十分庞大的系统工程，涉及诸多较为复杂的实际问题，为了解除灾区移民的后顾之忧，必须对生态移民的相关政策进行深入研究，制定汶川重灾区生态移民在土地、房屋交换、基础设施建设、项目扶持、就业培训、资金筹措与使用、移民权益保障、基本生活保障等方面的政策法规和管理办法，从而使汶川重灾区的生态移民实现依法移民及灾后重建的可持续发展。另外，重庆市和成都市已成为全国统筹城乡综合配套改革试验区，汶川重灾区生态移民的相关政策研究应注意与成渝地区的统筹城乡综合配套改革相结合。

4.4 区域生态移民与成渝城镇密集地区空间规划相结合，有力推动成渝地区的城镇化健康发展

尽管区域生态移民在总体上对川渝地区的城镇化发展进程是有利的，

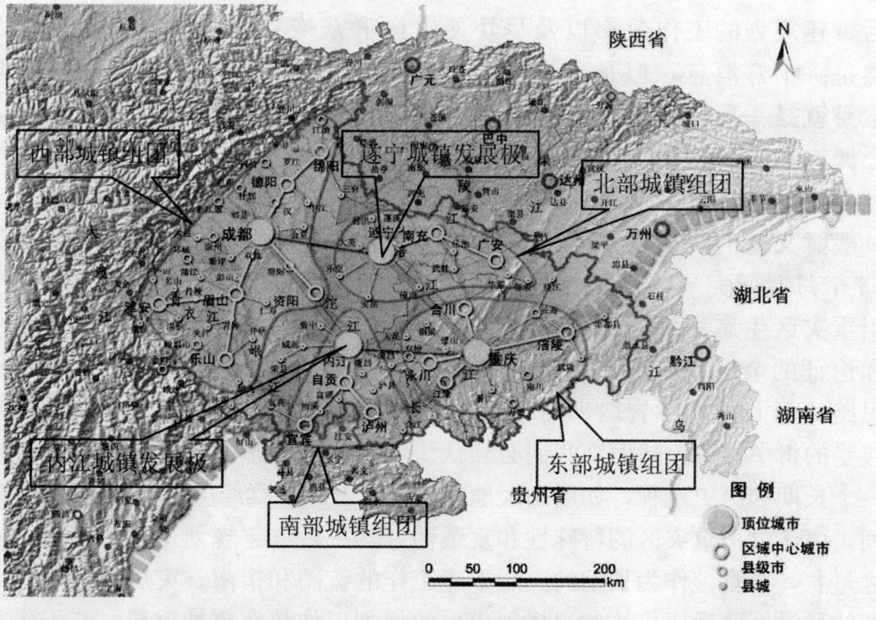

附图 C-7 成渝城镇密集地区城镇空间发展组织结构设想

但如果规划、组织不当，也可能会对川渝地区的城镇化发展形成负面的影响，因此，汶川重灾区的生态移民必须与成渝城镇密集地区的空间规划相结合，以此达到双赢的目的。从成渝城镇密集地区的空间结构来看，目前存在的突出问题是由于成都和重庆相距较远（直线距离约268km），以及1997年重庆直辖、川渝分治的行政体制影响，川渝两地城镇发展呈现出以自我为中心的"离心化"态势，尚未形成一体化发展的格局。在汶川重灾区的生态移民过程中，应积极引导灾区群众向内江—自贡和遂宁—南充地区有序迁移。这些城市地处成渝两地的中间位置，通过向这些地区进行生态移民，有利于内江城镇发展极和遂宁城镇发展极的快速发展，能够有效填补成渝城镇密集地区中部城镇空间发展的"断点"，发挥其对成渝两地城镇职能发展的传递、衔接等枢纽作用，促进成渝城镇密集地区多核心城镇空间网络的形成（附图C-7）。此外，绵阳—成都—乐山城镇发展带的南翼和渝西地区的合川、永川等也是汶川重灾区生态移民较为理想的承接区域。

5. 结语

据报道，根据国务院抗震救灾总指挥部的决定，国家汶川地震灾后重建规划组已于近日成立，主要负责组织灾后恢复重建规划的编制和相关政策的研究，计划用3个月的时间完成前期工作和灾后重建的总体规划，用3年时间基本完成灾后重建的主要任务[18]。对于提高灾后重建规划的工作效率以及尽快使灾区群众恢复生产生活而言，这固然是一个好消息，但是这也不免让人产生忧虑。众所周知，城镇规划本身就是一项任务十分庞杂的综合性工作，需要足够的时间来保证社会调查和资料搜集、规划设计和方案比较、成果公示和专家论证，以及最终的规划决策和审批等各个环节的工作的深入开展，实际上仅就一般意义上的规划项目而言，也常常至少需要3个月以上的时间保证。"3个月时间完成前期工作和灾后重建总体规划"口号的提出，对于汶川重灾区生态移民重建模式而言，无疑，将基本上没有什么可以研讨和论证的余地：实施区域生态移民并不是一件在短期内就容易操作的思路，与其这样"冒险"，倒不如"务实地"拿出一个能让各方面都普遍接受的折中方案。然而，我们必须认识到，灾区城镇的恢复和重建，将是一个长期的历史过程，如唐山大地震的灾后重建，就经历了长达10年的时间，由于汶川重灾区的特殊性和复杂性，其灾后重建规划工作万万不可操之过急，毕竟，作为长期的灾后重建工作的蓝图和指南，灾后重建规划方案的科学性要远比尽快拿出规划成果的规划工作效率更加重要。鉴于生态移民灾后重建模式存在有诸多方面的科学理性，当前各地震灾区正如火如茶地开展的灾后重建规划工作，不妨放慢一些步伐，静下心来，思考一下将区域生态移民与其他重建模式相结合的现实可能性，首先制定出一份在城镇总体规划之上的“区域规划”，进而再通过一些更深入的调查，更谨慎的论证，提交出更为合理的城镇规划方案。

（本文的主要观点是在与导师邹德慈先生的讨论和交流中形成的，论文的写作过程中也得到了先生的支持和帮助，在此谨致谢忱！）

参考文献

[1] 截至12日12时 四川汶川地震已造成69159人遇难 [N/OL]. 人民网，2008-06-12. [2008-06-12]. http://society.people.com.cn/GB/41158/7374993.html

[2] 唐山“三大遗憾”应成为汶川重建的镜子 [N/OL]. 四川在线，2008-05-27. [2008-06-07]. http://www.scol.com.cn/comment/zjsp/20080527/2008527144712.htm

[3] 城市规划应有当地人参与 [N/OL]. 燕赵都市报网站，2008-05-27. [2008-06-08]. http://yzdsb.hebnews.cn/20080527/ca838998.htm

[4] 孟琳琳，包智明. 生态移民研究综述 [J]. 中央民族大学学报（哲学社会科学版），2004，(6)：48-52.

[5] 阿坝三个县城将在原地重建 [N]. 南方日报，2008-05-26 (A05).

[6] 专家建议灾区恢复重建应遵循就地、就近原则 [N/OL]. 新华网，2008-05-30. [2008-06-07]. http://news.xinhuanet.com/newscenter/2008-05/30/content_8287000.htm

[7] 汶川地震余震区位于龙门山断裂带 [N/OL]. 腾讯网，2008-05-20. [2008-06-07]. http://news.qq.com/a/20080520/002910.htm

[8] 地质专家析汶川地震成因机理：印度板块惹的祸 [N/OL]. 科学网，2008-05-18. [2008-06-07]. http://www.sciencenet.cn/htmlnews/200851815100928206820.html?id=206820

[9] 汶川地震引发地质灾害特点：范围广、程度深、危害大、持续长 [N/OL]. 新华网，2008-05-22. [2008-06-07]. http://news.xinhuanet.com/politics/2008-05/22/content_8227301.htm

[10] 联合国环境与发展大会. 里约热内卢宣言 [R]. 1992.

[11] 联合国. 世界自然宪章 [R]. 1982.

[12] 英媒称汶川地震为最强陆震 余震或持续数年 [N/OL]. 腾讯大成网，2008-05-30. [2008-06-07]. http://cd.qq.com/a/20080530/000012.htm

[13] 葛剑雄. 移民与中国城市发展 [J]. 城市规划学刊，2007 (6)：25-28.

[14] 四川省人民政府. 四川省城镇体系规划（2001-2020）总报告 [R]. 2003：78，110.

[15] 梁福庆. 三峡工程库区生态移民研究 [J]. 中国科技论坛，2007 (10)：29-32.

[16] 中央财政设基金700亿！吹响灾后重建“集结号” [N/OL]. 新华网，2008-06-02. [2008-06-07]. http://news.xinhuanet.com/fortune/2008-06/02/content_

8297439. htm

[17] 郭大烈．论当代中国民族问题［M］．北京：民族出版社，1994.

[18] 国家汶川地震灾后重建规划工作正式启动［N/OL］．新华网，2008-06-01.［2008 - 06 - 07］．http：//news. xinhuanet. com/newscenter/2008 - 06/01/content _ 8294081. htm

附录 D　汶川地区城镇发展历史地理考

（载于《城市规划》2008 年第 11 期）

按语：汶川大地震的灾后重建规划正在进行中。对于极重灾区城乡恢复重建的科学规划，必须建立在对灾区城镇和所在区域的系统调查的基础上。只有对该地区城镇的发展历史、发展过程的详尽了解，才能充分认识地域自然、经济、社会、人文的特点，以致受灾的原因，做到有针对性地恢复重建。李浩等同志在我的授意下，对汶川地区城镇发展的历史地理作了一番考证，写了一篇很好的研究报告，颇有参考价值，特此推荐。

邹德慈[①]

2008 年 8 月 24 日

李　浩，马克尼[②]

1. 问题的提出

当前，汶川灾后重建工作已成为全国上下的一个热门话题。根据民政部、国家发改委等联合公布的《汶川地震灾害范围评估报告》，5·12 特大地震的灾害范围被划分为极重灾区、重灾区、一般灾区和影响区等 4 个层

① 邹德慈（1934—），中国城市规划设计研究院学术顾问、中国工程院院士、中国城市规划学会常务副理事长。

② 中国工程院重大咨询项目《我国抗灾救灾能力建设和灾后重建策略研究》“汶川地震灾后重建的对策与建议”之灾后重建规划专题。

作者简介：李　浩（1979—），男，重庆大学建筑城规学院讲师、在职博士研究生，中国城市规划学会会员，重庆大学城市科学研究会副秘书长；

马克尼（1979—），中国城市规划设计研究院规划师

次①，其中极重灾区共 10 个县（市）、面积 2.6 万 km^2，是受地震影响和破坏最为严重的区域（附图 D-1）。在 10 个极重灾区的县（市）中，汶川、茂县、平武、北川、青川等 5 县的地形环境十分复杂，经济发展水平较为落后，人地矛盾最为尖锐、恢复重建难度最大，是当前社会上对汶川灾后重建工作关注的焦点所在（附图 D-2、附图 D-3）。特别是对于汶川县的重建，究竟应当选择“原址重建”或是“异地重建”，众多专家学者的认识和主张存在较大分歧；关于北川新县城的选址，也存在广泛的争论……不难注意到，社会各界对于灾后重建问题的辩论，目前主要集中于地震破坏情况、地区自然环境条件、城镇建设适宜性等“现实性”内容，而对于灾区城镇发展的历史问题，尚涉及较少或探讨不足。这就使得人们常常会自觉或不自觉地产生一些疑问：既然地震灾区的生存条件相当恶劣，为什么还会集聚了那么多的人口（汶川、茂县、平武、北川、青川 5 县地震前的总人口均在 10 万人以上，其人口密度与我国西部地区的平均水平大致相当）?②这些地区的城镇是什么时候形成的？是什么因素在支撑着它们的发展？……作为人类聚居与活动的主要场所，城镇必然是历史发展的产物，如果对其历史发展问题认识不足，那么其重建规划工作难免会有失偏颇。“历史者，记载已往社会之现象，以垂视将来者也”（蔡元培），“欲知

附图 D-1　汶川极重灾区的区域范围

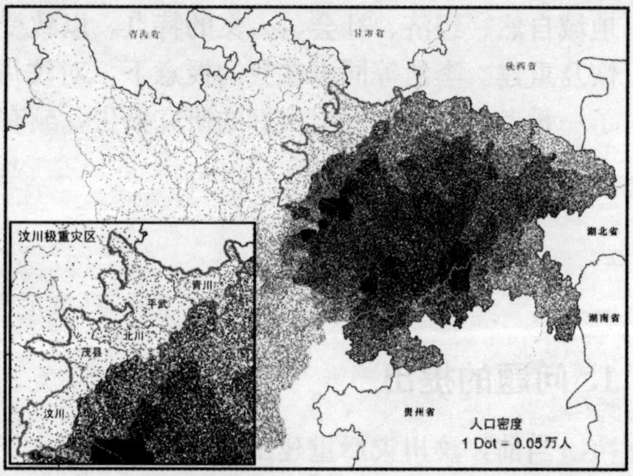

附图 D-2　汶川极重灾区及川渝地区的人口密度

① 汶川地震共有 417 个受灾县（市、区），涉及四川、甘肃、陕西、重庆等 8 个省（市、区），其中重灾区涉及 41 个县（市、区）、面积 9 万 km^2，一般灾区涉及 186 个县（市、区）、总面积 38.4 万 km^2，影响区包括 180 个县（市、区）。

② 根据《四川统计年鉴 2007》，2006 年底汶川、茂县、平武、北川、青川 5 县的人口密度分别为 26.0 人/km^2、26.3 人/km^2、31.3 人/km^2、55.8 人/km^2、75.6 人/km^2。与之相比，我国总人口的平均密度为 136 人/km^2，其中西部地区人口密度约为 51 人/km^2，西藏自治区人口密度为 2.1 人/km^2，青海省人口密度为 7.2 人/km^2，四川省阿坝藏族羌族自治州和甘孜藏族自治州的人口密度分别为 10.3 人/km^2、6.1 人/km^2。

大道，必先为史”（龚自珍），汶川灾后重建工作理应对区域城镇发展的历史有清醒的认识，这不仅有助于更加客观地对其发展现状作出全面评价，也有助于更长远地预测其未来可能的发展趋势。为此，本文试从历史地理的视角，全面回顾地震灾区的城镇发展历程，希望抛砖引玉，引起广大读者对这一问题的关注和讨论。限于论文研究的实际目的，主要以汶川、茂县、平武、北川、青川5县为讨论对象，下文简称汶川地区。

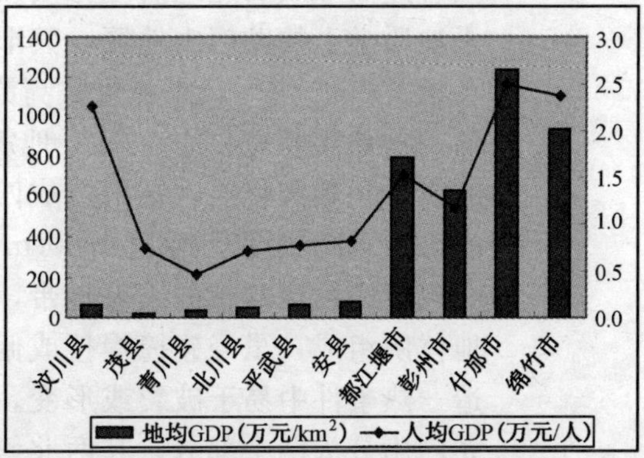

附图 D-3　汶川极重灾区各县市地均 GDP 和人均 GDP 的比较

论文研究主要采用史料分析的方法。需要指出，在“5·12”地震发生之前，汶川地区的城镇发展问题一直是鲜为人知的，同时由于这些地区的社会经济发展较为落后，其自身的历史研究和文献传承十分有限，加之地震的发生也形成对当地文献资料的巨大破坏，使得汶川地区的历史地理研究难上加难。不过，在北京的国家图书馆及成渝两地的地方图书馆中，笔者曾觅得汶川、茂县、平武、北川、青川 5 县的地方志（其中茂县地方志名为《茂汶羌族自治县志》）等典藏文献[1~6]，解了历史地理研究的燃眉之急。除此之外，还找到《四川通史》、《四川地震资料汇编》、《四川省经济地理》、《四川人口史》、《四川盆地形成与演化》、《四川岷江上游地区历史文化研究》、《四川省县级农业地貌区划及耕地分布规律研究》、《四川近代贸易史料》[7~14]，以及《华阳国志》、《四川通志》、《尚书》、《汉书》、《方舆胜览》等古籍，也是本文研究的重要文献来源。本文研究主要涉及三个方面的内容：远古时期——追溯汶川地区空间环境的生成机制，古代——梳理城镇发展的历史脉络，近现代——分析城镇发展的主要变化。期望通过历史回顾，能对当前的汶川灾后重建工作提供有益的借鉴。

2. 远古时期区域空间环境的生成

城镇的形成、发展及繁荣，是依托于一定的环境条件而进行的，“任何历史记载都应当从这些自然基础以及它们在历史进程中由于人们的活动而发生的变更出发”[15],p67，研究汶川地区城镇发展的历史，自然不能例外。汶川地区位于四川盆地西部、青藏高原东缘，在地理学上常常被称作“四川盆地西北缘”。根据地质学的研究，四川盆地是在中三叠世前（大约距今 300 多万年）碳酸盐岩台地基础上、经过对前期陆相沉积盆地的改造而形成的构造盆地（或称压性盆地），青藏高原是印度板块和亚洲板块的相互碰撞而形成的隆起高地，汶川地区则处于二者的过渡地带，大致上属于地质学上的龙门山地区，其形成演化机制与褶皱山系的发生、发展息息相关[11],p43,89-120，是在青藏高原积压四川盆地的特殊地壳活动下所形成的一种地貌环境，“5·12”地震的发生，即源于二者的相对运动所产生的能量积累和释放，结果造成四川盆地的相对下降，安县、都江堰一带的最大下降幅度达到30～60cm[16]。龙门山地区是稳定的上扬子台地与西部活动性褶皱带的镶嵌地带，其基底为中、晚元古代性质不尽相同的地体所组成，虽经碰撞焊接或俯冲缝合，但固结强度较差，在其后的构造—热事件中易于破裂或形变。地质学家常常根据北川—映秀断裂带将龙门山分为两个部分，其西北侧称后龙门山，东南侧称前龙门山，两个部分的地质构造存在较大的差异：后龙门山为变质岩系，常被划为松潘—甘孜褶皱系；前龙门山则是正常沉积岩系，属于四川盆地的范畴。汶川、茂县、平武、北川、青川5县的县域范围较多属于后龙门山的范畴，因而地质构造极易破裂，这是它们在“5·12”地震中破坏最为严重的一个重要原因。

远古以来的地壳活动造就了汶川地区特殊而复杂的区域空间环境，其中有三个最基本的空间要素——山脉、水系、断裂带——最为突出，其空间格局可用“三山雄秀、三水争流、三带潜伏”加以形容（附图D-4）：“三山”即龙门山、岷山和邛崃山，它们并非某个单一的山体，而是由一群的山脉共同构成，汶川地区的东侧主要是龙门山山脉，西北侧包括了岷

附图D-4 汶川地区的空间环境

山山脉的一部分，西南侧则属于邛崃山的范畴；“三水”即岷江、涪江和白龙江。岷江源于松潘县的弓杠岭，流经松潘、茂县、汶川和都江堰等县市。涪江源于松潘县雪宝顶北坡三岔子，流经松潘、平武、江油、绵阳等县市，北川境内的主要河流是湔江，为涪江的支流。白龙江又名白水江，源于甘肃文县碧口，流经文县、青川、广元等县市。由于涪江和白龙江均为嘉陵江的支流，因此茂县、汶川归属岷江水系，平武、北川、青川则为嘉陵江水系；“三带”即汶川地区潜伏着的三条主干逆冲断裂带，自西向东依次是茂汶韧性断裂带、北川韧性—脆性断裂带和安县脆性断裂带，三条断裂带在剖面上呈叠瓦状排列，深层次的茂汶韧性断裂带逆冲推覆在北川韧性—脆性断裂带的上盘推覆席之上，而北川韧性—脆性断裂带则逆冲推覆在浅层的安县脆性断裂带上盘之上[11],p98。

从历史地理的角度来看，汶川地区自古以来一直是我国地震活动频发地区之一。根据《四川地震资料汇编》，在汶川地区5县的境域范围内，有史料记载的强震即在数十次以上，其中6级以上的地震如1657年汶川6级地震、1713年叠溪6.5级地震、1748年茂汶6级地震、1933年叠溪7.5级地震、1958年北川6.2级地震、1976年平武7.2级地震等等[8]。如果算上邻近地区的地震，则数量更多。另外，由于其复杂的地质构造，不仅有地槽型与槽—台过渡性的沉积建造，而且有多期性的、多种类的岩浆侵入和喷发活动，为内、外生矿床的形成提供了有利的条件，使得汶川地区具有较为丰富的矿产资源，如汶川县的花岗石矿储量约75亿m^3，铁矿储量约25445万t，铁铝石榴石储量约5000万t；平武的沙金、岩金储量约20t，铅锌矿约14万t，锰矿约300万t，磁铁矿约2500万t，赤铁矿约5300万t；北川的赤铁矿C1（C）级储量约7万t，C2（D）级储量约81万t①……这是汶川地区十分宝贵的地下财富。

3. 古代城镇发展的历史脉络

通过电视、报纸等新闻媒介，人们对汶川地区的环境状况已有所了解，一般印象是这些地区的生存条件非常恶劣，不大可能有很长的发展历史，然而事实却并非如此。据《尚书·禹贡》记载，汶川地区在夏商时期属梁州之域，周时则为冉駹部落属地。今汶川地区先后发现以彩陶为代表的文物及不少石棺葬古墓，彩陶与新石器时代中期（公元前6000～公元前8000年）甘肃、青海地区的马家窑文化极为相似，证明与黄河上游氐羌先民迁徙相关，而石棺古墓则与蜀族葬俗相缘，表明岷江上游是古老蜀族最

① 数据引自汶川、茂县、平武、北川、青川5县的县志。

早生活的地方[1],p59。另有古籍记载，北川乃大禹降生之地①，今有大禹庙等众多历史遗迹存于大禹故里风景名胜区，亦可佐证汶川地区颇为悠久的发展历史。

3.1 城镇发展的历史沿革

就城镇的发展而言，据《汉书》等文献记载，西汉高帝六年（前201年）置刚氐道（县级政区，治所在今平武县古城乡）和白水县（治所在今青川县沙州乡），汉武帝元鼎六年（前111年）置汶山郡辖绵虒、汶江、蚕陵等5县（汶山郡及绵虒县治所同在今汶川县威州镇姜维城，汶江县和蚕陵县的治所分别在今茂县的风仪镇和较场乡），北周天和元年（566年）置北川县（治所治城在今禹里乡），分别是平武、青川、汶川、茂县、北川5县的置县之始，距今分别已有2209年、2119年、1442年之久。此后，在长期的历史进程中，5县的治所多有变更，威州、绵虒、风仪、叠溪、龙安、南坝、曲山、治城、乔庄、青溪等都曾作为州、郡、县的治所进行建设（附表D-1），其发展演化脉络有据可鉴。此外，南朝齐建元元年（449年）杨广香袭封“阴平郡公”授沙州刺史，又号称“阴平国”，历齐、宋、梁、陈、北周五朝，氐杨先后都在白水（今青川县沙州乡）建号称国（百余年时间），是这一地区非同凡响的一段历史。

汶川5县的行政区划及主要历史城镇概况 **附表D-1**

<table>
<tr><th rowspan="3">今县名</th><th rowspan="3">行政区划（地震前）</th><th colspan="4">历史上曾作为县级以上行政区治所的主要城镇</th></tr>
<tr><th rowspan="2">治所</th><th rowspan="2">建置情况（历史时期）</th><th colspan="2">地震前总人口（万人）</th></tr>
<tr><th>镇域</th><th>镇区</th></tr>
<tr><td rowspan="2">汶川</td><td rowspan="2">6镇（威州、漩口、水磨、映秀、绵虒、卧龙），7乡，118个行政村</td><td>威州（今县城）</td><td>汶山郡（西汉，西晋～东晋，南北朝［北周］）、茂州（唐，元～明）；绵虒县（西汉～三国蜀汉）、汶山县（西晋～东晋）、汶川县（南北朝［梁］～元，新中国［1953年至今］）、茂汶羌族自治县（1958～1963年）</td><td>2.92</td><td>约2.04</td></tr>
<tr><td>绵虒</td><td>汶川县（明～民国，新中国［1949～1953年］）</td><td>0.94</td><td>约0.75</td></tr>
</table>

① 战国《竹书纪年·帝禹夏后氏》载：“母曰修巳，出行，见流星贯昴，梦接意感，既而吞神珠，修巳背剖面生禹于石纽”；《史记·六国年表》载：孟子称“禹生石纽，西夷人也”；《华阳国志》载：“石纽，古汶山郡也。崇伯得有莘氏女，治水行天下，而生禹于石纽刳儿坪”；《后汉书·戴良传》云：“仲尼长东鲁，大禹出西羌”；《四川通志》载：“石泉县北二十里，山势嶙峋，排列九岭，如龙起伏状。第五岭下即刳儿坪，禹生于此，血石满溪。李白书‘禹穴’二大字，镌于山顶（山腰）”。清乾隆《石泉县志》对石泉县（今北川）内有关大禹的遗迹、民间祭禹的习俗、禹庙的修建情况等有详细记载。

续表

今县名	行政区划（地震前）	历史上曾作为县级以上行政区治所的主要城镇			
		治所	建置情况（历史时期）	地震前总人口（万人）	
				镇域	镇区
茂县	3镇（凤仪、南新、叠溪），19乡，149个行政村	凤仪（今县城）	北部冉駹都尉（西汉）、汶山郡（东汉～三国蜀汉，隋～民国）、北部都尉（东晋～南北朝［南齐］）、绳州北部都尉（南北朝［梁］）、北部郡（南北朝［西魏～北周］）； 汶江县（西汉～三国蜀汉）、广阳县（西晋～南北朝［北周］）、汶山县（隋～明）、茂县（清～民国，新中国［1950～1953年，1987年至今］、茂汶羌族自治县（1963—1987年）	2.78	约2.20
		叠溪	蚕桑县（西汉，三国蜀汉～南北朝［南齐］）、八陵县（东汉）、翼针县（南北朝［北周］～隋）、卫山县（唐）	0.27	约0.20
		石大关（今石大关乡）	龙求县（［北周］）、翼水县（隋～唐）	0.22	约0.19
		回龙（今回龙乡）	真符县（唐）	0.19	约0.15
平武	9镇（龙安、古城、南坝、响岩、平通、豆叩、大印、大桥、水晶），16乡，249个行政村	龙安（今县城）	宁武县（明）、平武县（民国2年至今）	3.63	约2.20
		南坝	龙州（西魏～隋，唐～北宋，明）、政州（北宋～南宋）、龙州宣抚司（明）、龙安府（明～民国2年）； 江油郡（魏～隋，唐）、平武郡（隋～唐）、西龙门郡（唐）、应灵郡（唐）； 广武县（三国蜀汉～西晋）、平武县（西晋～齐）、江油县（魏～唐）	2.05	约0.60
		古城	刚氐道（西汉～三国蜀汉）、刚氐县（三国蜀汉～西魏）、平武县（西魏～宋）	1.44	约0.60

续表

今县名	行政区划（地震前）	历史上曾作为县级以上行政区治所的主要城镇			
		治所	建置情况（历史时期）	地震前总人口（万人）	
				镇域	镇区
北川	3 镇（曲山、擂鼓、通口），17 乡，278 个行政村	曲山（今县城）	北川县（新中国［1952 年至今］）	2.15	约 1.30
		治城（今禹里乡）	北川县（南北朝［北周］～唐，民国，新中国［1950－1952 年］）、石泉县（唐～民国 3 年）	1.42	约 0.56
青川	9 镇（乔庄、青溪、木鱼、竹园、房石、关庄、凉水、沙州、姚渡），28 乡，271 个行政村	乔庄（今县城）	建阳郡（南北朝）；方维县（隋）、秦兴县（南北朝［西魏］～隋）、景谷县（隋）、青川县（新中国［1951 年至今］）	2.48	约 2.15
		青溪	马盘郡（南北朝）、青川守御千户所（明，清）；马盘县（南北朝［梁］～隋）、清川县（唐～元）、青川分县（清～民国）、赤水县（民国［1942 年止］）、青川县（民国［1942 年起］～新中国［1951 年止］）	1.46	约 0.36
		沙州	白水县（西汉～隋）、景谷县（唐～北宋）	1.15	约 0.52

注：根据各县县志及相关文献进行整理。“地震前总人口”一栏中，镇域人口数据来源于第五次全国人口普查资料（2000 年），镇区人口数据部分以该镇近年来的非农业人口或城镇人口数据代替，因统计口径不一，人口数据存在一定误差。

此外，地区人口状况对于认识城镇发展的历史地理也有很大帮助。据史料记载，宋太宗雍熙时（984～987）茂州①有 1155 户，其中茂州城（今茂县凤仪镇）有汉户 326 户，按每户 5 人计共约 1600 人；而《茂州志》载，清道光十一年（1831 年）“（茂州原）一万六千四百零八户，男四万九千六百五十七丁，妇四万九千三百六十三口……（后来）新收八百一十一户，男三千一百五十八丁，妇二千八百一十四口，又新收五土百户归流番民一千零七十七户，男三千四百四十一丁，妇二千九百八十三口”，当时已有 18296 户、111416 人。另据《隋书·地理志》记载，平武郡辖 4 县，

① 茂州前身为汉武帝元鼎六年（前 111 年）所置汶山郡，辖绵虒、汶江、蚕陵、广柔、湔县等 5 县，唐至清时改称茂州。参见：参考文献［3］，p58-61，108.

共5420户，按每户5人计共约27100人；而《近代四川人口》载，清嘉庆十七年（1812年）龙安府共有91757户，579214人，时龙安府境域包括今平武县、青川县全部及北川县、江油市的一部分，治所在今平武县龙安镇。可见，汶川地区在历史上一直聚居着数量可观的人口。而人口的集聚，必然推动着当地城镇的建设与发展。

3.2 城镇生存之经济命脉

在地形极为复杂、地震活动频发的环境条件下，汶川地区为什么还集聚了为数众多的人口呢？究竟是什么因素在维持着汶川地区的城乡空间发展？这还要从区域空间环境谈起。汶川地区的空间环境，既不同于其东部的四川盆地，也显著区别于西部的青藏高原，而是处于二者的过渡地带。在生物地理学上，这样的区域属于“群落交错区”的范畴，这就有利于产生十分独特的“边缘效应”。汶川地区的用地结构大体是“四水七六山，二十地和田”，属于典型的山地环境，并且地形高低落差和变化十分显著，如汶川西部最高峰四姑娘山海拔6250m，东南河谷最低处漩口镇海拔780m；茂县西部最高峰万年雪峰海拔5230m，东部土门河河谷海拔890m；北川西部最高峰插旗山海拔4769m，东部河谷最低处香水渡海拔540m；平武西北部最高峰雪包顶海拔5400m，东南部河谷最低处椒园子海拔600m；青川西北部最高峰大草坪海拔3837m，东南部最低处甘溪河谷海拔495m①。5县的海拔落差少则3342m（青川）、多则5470m（汶川）。在这种情况下，由于阳光、水分、温度在各种地形上的垂直变化，其立体气候特征十分显著，随着海拔的升高，汶川地区从低山河谷的亚热带山地季风气候逐渐演变为海拔更高地区的暖温带、温带、寒温带、亚寒带，以致山顶终年积雪的寒带气候（附图D-5），往往低海拔的河谷地区早已春暖花开，而高山地带尚是一片冰雪世界，“摩天岭上飘雪花，白龙江畔开桃花”，即为青川境内气候变化的真实写照。此外，气候的垂直分异，也影响到土壤的类型和垂直分布带，汶川地区的民谚素有“山高一丈，土冻八尺”、“十里不同天”之说，自然土壤和植被随着海拔的升高，由低山河谷地区的高原潮土、黄壤和亚热带常绿阔叶林，向上渐次演替为黄棕壤和常绿阔叶落叶混交林，棕壤和针叶阔叶混交林，山地灰化土和暗针叶林，山地草甸土和高山草甸，山地冷冻土和流石滩植被等等（附图D-6）。这样，不同的生境条件，加上东、南、西、北等方位之不同，大大增加了植物分布的多样性，进而为各类动物也提供了各种各样的繁衍生息地，因此，汶川地区的动植物资源是极为丰富的。以汶川县为例，林地面积共26.7万hm^2，占县

---

① 数据引自汶川、茂县、平武、北川、青川5县的县志。

域总面积的65.5%；森林活立木总蓄积量2123.8万m³，人均244.5m³（按1985年全县总人口8.69万人计算）；野生动物有兽类56种、鸟类225种、两栖爬行动物17种、鱼类6种、昆虫1700种，共计2000余种[1],p150～156。

不仅如此，汶川地区的动植物资源除了数量丰裕外，其特色也是极为鲜明的。据统计，汶川地区有数百种野生动物，其中大熊猫、金丝猴、白唇鹿（野驴）、牛羚（野牛）等为国家一级保护之珍稀动物；有野生高等植物数千种，其中珙桐、铁杉、麦吊杉、歧棕、楠木等为珍贵稀有树种；有中药材上千种，其中竹荪、冬桃等为稀有珍品，平武等县素有“土产唯宜药”之称。如此丰富的山区特色经济资源，是四川盆地、青藏高原等其他地区所不能比拟的，也是成都平原等周边地区经济发展的重要补充。汶川地区山区特色经济及其“不可替代性”，正是诸多城镇赖以长期存在和发展的根本命脉。同时，由于汶川地区生态环境的独特与重要，国家在这一地区还大力建设了卧龙、唐家河等国家级自然保护区，特别是卧龙自然保护区，是世界上首屈一指的大熊猫研究基地和主要繁殖地，为全球所瞩目。

另一方面，汶川地区是全国最重要的羌族聚居区，羌族大多生活于高山峡谷地区，被誉为“云朵上的民族”，在长期的民族发展和社会生活过程中，形成了对高山资源开发与利用的民族智慧和道德习惯，对汶川地区生境条件具有良好的适应性，也极大地促进和推动了区域城乡空间的健康和协调发展。

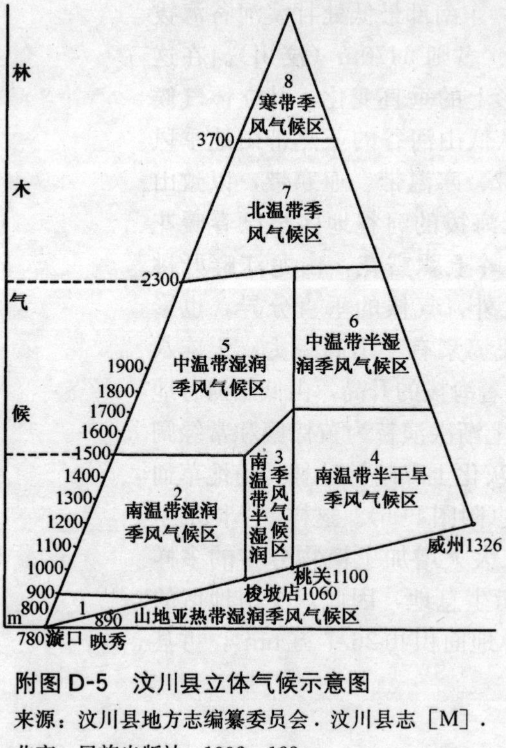

附图 D-5　汶川县立体气候示意图

来源：汶川县地方志编纂委员会．汶川县志［M］．北京：民族出版社，1992：128.

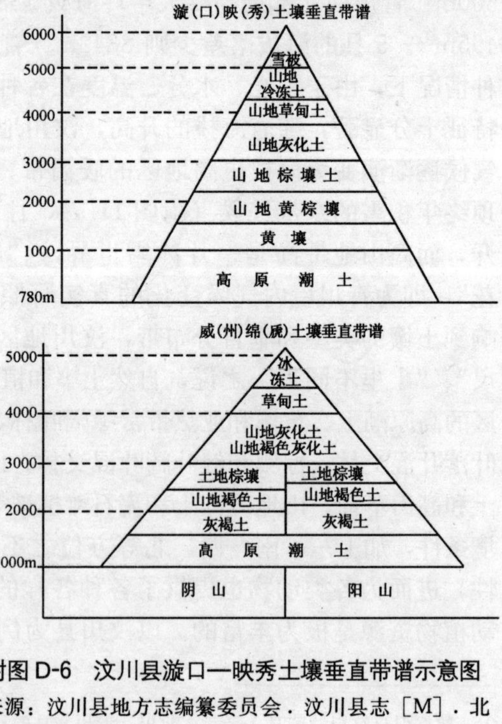

附图 D-6　汶川县漩口—映秀土壤垂直带谱示意图

来源：汶川县地方志编纂委员会．汶川县志［M］．北京：民族出版社，1992：147.

3.3 军事交通因素的影响

汶川地区城镇发展的另一命脉，在于其军事交通地位之重要。在汶川地区北部的青川、平武境内，有两条著名的古栈道①，其一为蜀栈道，其二为阴平古道。蜀栈道又称石牛道、金牛道、剑阁道、南栈道，相传自战国始建[17]，《汉中府志·古迹》记载“石牛道由白龙江右岸，直抵七盘山下，昔秦欲伐蜀，曰褒斜道中有石牛，能粪金，蜀即命五丁力士凿道取之”；《华阳国志·校注》曰“石牛道指今陕西眉县经斜谷、褒谷入汉中，复至勉县而西，出阳平关（今陕西勉县武侯镇莲水村），由山道抵白水关（今青川县永红乡五里垭），然后沿白龙江河谷至广元昭化，再溯清水河西至沙溪坝，转而南，经剑南道入剑门（今广元剑阁县剑门关镇），此即秦汉至南北朝间由关中入蜀的主道”，同书卷二白水县注云“白水县（今青川县）之西隍坝，城垣故迹犹存，扼阴平阳平之要……古代的白水关为陕入蜀之孔道”。蜀栈道的走向如附图 D-7 所示，其中白水关（青川）至葭萌（昭化）一段，又称马鸣阁栈道。关于阴平古道的具体线路，未有明确的文献记载，但据专家考证，阴平古道起于阴平关（今甘肃陇南文县），翻越青塘岭（今摩天岭，四川青川与甘肃文县的界山），经白水关，沿涪

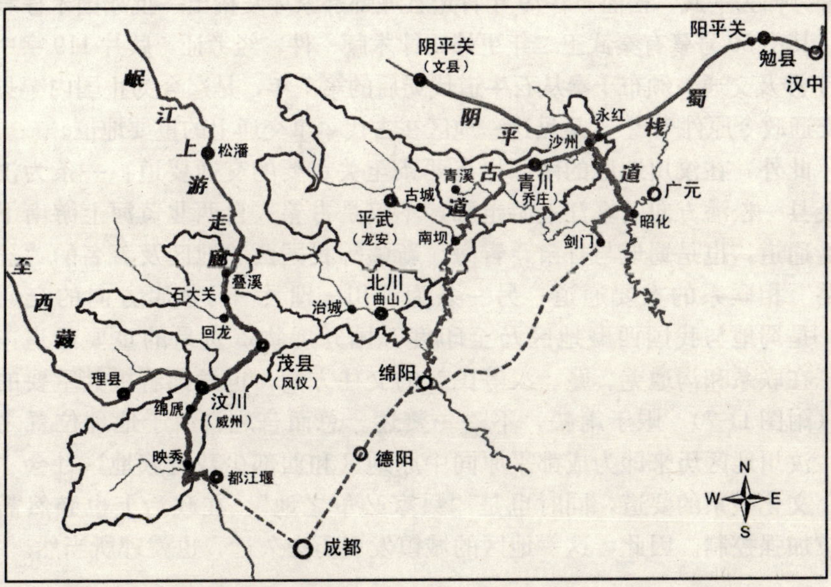

附图 D-7　汶川地区主要历史城镇及交通廊道示意图

① 沿悬崖峭壁修建的一种道路，又称阁道、复道，主要形式是在悬崖峭壁上凿孔，插入木梁，上铺木板或再覆土石而成的路；也有在石崖上凿成台级，形成攀援上下的梯子崖；还有在陡岩上凿成的隧道或半隧道。一条栈道常可因地制宜分段采取不同形式。

江支流，止于江油关（今平武县南坝镇）。其中青川境内道窄崎岖，又称阴平左担道，《方舆胜览》曰“自文州界青塘岭至龙州（江油关），一百五十里，自北而南者，右肩不得易其所负，故谓之左担路”，清雍正《四川通志》亦有相同记载。蜀栈道和阴平古道是古代蜀国与甘陕及中原地区的主要联系通道，在我国的古代交通史中具有显赫的地位。历史上诸葛亮五伐中原、秦国伐蜀等均由此道而过，特别是魏景元四年（263年），邓艾率军三万，追姜维至阴平，亦循此道而一举伐蜀，《古今图书集成》曰“青川城古马盘县地摩天岭即此，邓艾由此道伐蜀”，为千古所流传。“明修栈道，暗渡陈仓”的典故，也缘于此地。古栈道的修建，一方面为各民族的交往及祖国统一提供了可能性，另一方面则大大促进了区域城镇的经济繁荣。汉唐时期，蜀栈道和阴平古道曾是蜀锦、川茶等商品运输与贸易的主要线路，是西域丝绸之路的联系通道之一，《旧唐书·王涯传》载“从青川城入蕃界，经抵故松州城”；宋熙宁五年（1061年）立茶法，设茶马司，以茶易马，青川茶坝曾设茶场，商品经济和城镇建设也得到很大的发展。特别是青川县，自古以来为蜀栈道和阴平古道的必经之地，交通枢纽地位极为险要，曾一度作为重要的驿道①进行建设，据《四川通志》载，曾以青川城铺为枢纽，西南行经高桥寺铺至桅杆坪入平武界，至新道口铺，达涪江南岸，与四川北大路支线衔接，南去成都，西去平武、松潘。1979年青川县城郊郝家坪发掘出一批战国木椁墓葬群，其中50号墓有秦武王二年更修田律木牍一件，经考证，牍片119字中有84字涉及交通，颁布于秦从石牛道伐蜀后的第7年，是迄今为止国内罕见的古交通政令原件[6],p591，足见这一地区在古代军事交通上的重要地位。

此外，在汶川地区的南部也有两条至关重要的交通要道：一条为汶川—茂县—松潘方向的岷江上游走廊，不仅是古羌人自西北黄河上游南下的迁徙通道，也是蜀地与甘肃、青海、新疆等我国西北地区及著名的“丝绸之路”相联系的重要通道；另一条为汶川—理县—马尔康方向的交通要道，是蜀地与我国西藏地区乃至印度等国开展物资贸易的重要通道，同时，在联系和沟通羌、藏、汉等民族的交往方面，也发挥着极其重要的作用（附图D-7）。限于篇幅，不一一赘述。总而言之，由于地理位置之重要，汶川地区历来即为成都平原同中原地区和西部少数民族地区社会、经济、文化联系的要道，同时也是“兵家必争之地”，在政治上也必然需要相应加强控制。因此，这一地区的城镇发展历史久远，也就理所当然。

4. 近现代城镇发展之嬗变

回顾汶川地区的城镇发展历史，两千年来一直是以山区农林经济为依

① 古代由京城通往省会、重镇及边塞的重要道路。

托，城镇发展一方面为广大的乡村地区提供服务，另一方面则为政治军事所控制，并且因交通地位之重要而发展起来一些物资流通和商业贸易的职能。但是，历史进入近现代以来，汶川地区的城乡空间发展出现了一些新的嬗变，这种嬗变既有工业化发展浪潮入侵中国的国际因素的外在影响，也掺杂着地方有关机构和人员在追求大发展与大建设方面的内在驱动，其结果是促使了城镇发展日益朝向工业化目标迈进。

4.1 经济结构的工业化发展趋势

在20世纪中期以前，汶川地区几乎是清一色的农业县，农业经济占据绝对的优势地位。以汶川为例，1949年全县仅有个体手工业工人267人，有工做工，无工务农，1950年全县社会总产值456万元，其中农业占97.9%、工业占0.4%、建筑业占0.2%、商业占0.4%、运输邮电业占1.1%。但此后的半个世纪内，基于当地丰富的矿产资源和良好的区位交通优势，工矿产业开始逐步发展起来。首先是以“五匠”（泥匠、木匠、漆匠、船匠和铜匠）为基础，建立起五小工业（小钢铁、小机械、小化肥、小煤窑、小水泥工业），同时利用矿产资源兴办地方国营工业。1957年建成漩口方解石（麻石）厂、雁门煤矿，工业年总产值达38万元，占全县总产值的4.6%。后来随着电能开发的推进，工业产值逐步提高，1976年已占工农业总产值（1421万元）的27.6%。1978年后以经济建设为重点，实行农、工、商全面发展，建立起以水电、建材、煤炭、采矿、加工为主的工业体系，1985年工业总产值已达1613万元，占全县工农业总产值（3822万元）的42.2%；乡村企业更是异军突起，建材、加工、运输、小水电、采矿（煤、金刚砂、大理石、石英、石膏等）、造纸等一大批中小企业遍及乡村各地，如岷山机械厂生产的小四轮拖拉机、牛奶分离器均为省优、部优产品，畅销国内外，1985年乡村企业总产值已达1098万元，占工农业总产值的1/3[1],p315-325。

与汶川类似，北川、平武、茂县、青川等其他4县的工矿产业也都有不同程度的发展，如北川县1949年时工业产值94万元，占当年社会总产值的5.2%，1987年工业企业增加到1212家，工业总产值达到2688万元，占当年社会总产值的28.7%；平武县1949年时工业产值77万元，占当年社会总产值的2.6%，1990年工业总产值达到7775万元，占当年社会总产值的37.3%；茂县工业产值占工农业总产值的比例，1952年时为8.1%，1987年增长至37.8%；青川县工业产值占工农业总产值的比例，1949年时为3%，1985年增长至26%①。附图D-8为汶川地区2006年底的产业结

① 数据引自汶川、茂县、平武、北川、青川5县的县志。

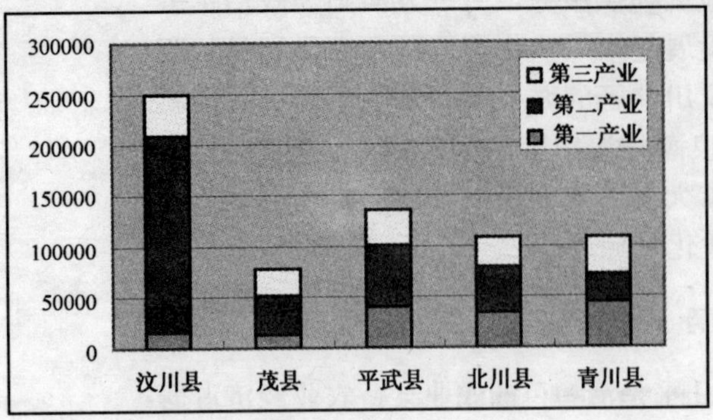

附图 D-8　汶川地区 5 县的产业结构比较（2006 年底）

数据来源：四川省统计局，国家统计局四川调查总队．四川省统计年鉴 2007［M］．北京：中国统计出版社，2007.

构情况，可以看出汶川、茂县、平武、北川 4 县的工业发展比例已经较为突出。

工矿产业发展的结果，无疑是大大增加了地方的财政收入，借用《汶川县志》的话，即“结束了汶川县财政收入靠农业税的历史，工商税由 1950 年的 1.44 万元上升到 1985 年的 720.59 万元，增长了 500 倍。县财政也由仰赖国家补贴变为基本自给”[1],p4。对比汶川、茂县、平武、北川、青川 5 县的国内生产总值及其人均收入，汶川县要显著高于其他 4 县，也正是与汶川县十分突出的工矿产业发展优势密切相关。由于工矿产业发展的用地重点是在城镇地区，自然也就促进了城镇规模的扩张和城镇职能的工业化发展，特别是汶川县，截止 2000 年已有大小工业企业 328 个，其中轻工业 53 个、重工业 275 个，工业总产值 1.26 亿元，占工农业总产值的比例为 60.9％[2],p193，汶川县的威州（今县城）、漩口、映秀等城镇，迄今已经从传统的农业商贸型城镇，转型而成为典型的现代化工业城镇。

4.2　区域生态环境逐步恶化

工业化发展的结果，虽然使地方经济获得了前所未有的驱动力，取得了前所未有的增长，然而却在无形中付出了巨大的代价，这一代价即区域生态环境的逐步恶化。一个十分重要的原因在于，汶川地区的地形环境十分复杂，坡度极大，以青川县为例，坡度在 25 以上的用地占县域总面积的比例达 73.8％[6],p58；就汶川县而言，73.5％的用地为 3500～5000m 以上的高山、极高山，16％的用地为中高山，而海拔 2000m 以下的中山、低山及河谷用地只有 10％的面积[1],p119-120，其中地貌平缓的用地也多为耕地。由于工业用地的使用一般要求场地平坦、开阔，其大规模发展必然要大量占用耕地，耕地不足时则只能采取坡地平整改造的办法，这就必然会破坏掉大量的林地、草地等山体植被，造成植被稀疏，加之该地区岩石破碎，土质疏松，极易发生崩塌、滑坡、泥石流等重力侵蚀和水力侵蚀。因此，在汶川地区高山峡谷的地貌环境条件下，近现代的工矿业大发展无疑是对区域生态环境的重创。

除了工矿业大发展之外，近现代历史上的两个重大历史活动也在严重地破坏着区域的生态环境，其一为20世纪50～90年代的森林大砍伐，其二则是20世纪90年代后的水电大开发。

森林砍伐自民国时期就已开始，以汶川为例，民国时期就兴办了一些伐木厂，年有工人在100～200人，年产方木2000m³[1],p315。20世纪中期后，森林砍伐逐渐走向高潮。据《汶川县志》记载，1951年岷江木材水运处在白岩、甘仓修羊圈，就地砍伐杂木，砍尽了白岩鹅颈项山的大杂木；1952年修成阿（成都—阿坝）公路时，筑路军、民工数千人，搭工棚、烧柴、架桥等所需木材均沿岷江东岸就地解决，砍伐各种树木数十万株，后来的砍伐活动甚至波及到许多名贵树种，如绵虒修粮仓时在河坪村沿山砍柏木200多株、威州修建机关时在七盘沟的桐麻槽一带大量砍伐杉原木；1958年"大跃进"时期，在茅岭山砍伐云杉和冷杉原木万余立方米；1964年黑炭坡州煤矿年需坑木1000 m³，于是划二河杂木林区由州煤矿自办坑木场自行采伐……著名的七盘沟雪花坪林场，因建场修路、连年砍伐森林、采伐后集材等，造成松散物堆积河岸，雨后形成泥石流，危及下游安全，于1978年被迫报请阿坝藏族羌族自治州政府批准予以撤销（附表D-2）。据调查，到20世纪90年代末期，岷江两岸山顶以下基本全部砍完，剃光头，严重破坏了两岸植被[18]。

汶川县七盘沟雪花坪林场历年采伐林木情况一览表　　附表D-2

年　度	采伐迹地地名	采伐量（m³）
1970	水沟、黄土槽、转转桥	800
1971	转转桥、飞沙槽、铁箭炉、大岩窝	1754
1972	雪花坪、二坪、长板沟、红旗坪	2404
1973	长板沟、桐麻槽、红旗坪	5400
1974	小塘沟、桐麻槽、杉板沟	7270
1975	洪石槽、小塘沟、干河、撮箕槽	5200
1976	马鞍槽、干河、小塘沟、土龙槽	9000
1977	土龙槽、干沟、土地岩窝	5000
1978	土地岩窝、土龙槽、小塘沟	6326
1979	干河、长板沟	6200
1980	小塘沟、土地岩窝、干沟	5344
1981	洪水沟、干沟、老君沟	8990
1982	土棚子沟、蒋三麻子沟	8794
1983	长乾沟、土棚子沟、蒋三麻子沟	11857
1984	洪水沟、土棚子沟、长乾沟	14000
1985	洪水沟、长乾沟、蒋三麻子沟	15283

来源：汶川县地方志编纂委员会．汶川县志［M］．北京：民族出版社，1992：407.

由于汶川地区地形落差大，山高谷深，水能资源蕴藏极为丰富。据统计，汶川、茂县、平武、北川、青川 5 县的水能蕴藏量分别为 340.9 万 kW、127.5 万 kW、142.0 万 kW、34.9 万 kW、48.55 万 kW（其中北川、青川的数据为水能可开发量）①。20 世纪 80 年代以来，随着我国水电开发事业的兴起，汶川地区也掀起了水电建设与大开发的热潮。以汶川为例，1986 年时已有省、州、县属水力发电站 14 座，装机 32 台，总容量 30.65 万 kW；1986～2000 年，又新修建省、州、县（股份制、民营企业）电站 48 座，装机 106 台，总容量 64.41 万 kW[2],p311。汶川县域的总面积不过 $4083km^2$，其中又有 48.9%的用地属于卧龙国家自然保护区[2],p546，60 多个电站的建设开发密度是可想而知的。如此高密度的梯级开发，不仅造成江河的水流速度大大降低、部分河段断流，致使流域生态服务功能严重退化；还使得干旱河谷更加干旱，河岸土质更加疏松，在暴雨期滑坡、泥石流等地质灾害严重，在干旱期则森林火灾频发；此外，电站开发建设产生大量的弃渣，多数直接入河，严重影响汛期排洪。

总之，近现代历史时期的工矿业大发展、森林大砍伐、水电大开发，形成对汶川地区生态环境的严重破坏，加之人多地少的矛盾，土地垦殖、放牧和砍柴过度，以及近年的村村通公路等建设，区域生态环境恶化已经到了极点。当然，这样的情况并不仅仅在汶川、茂县、平武、北川、青川 5 县发生，在周边的其他地区，近现代人类活动对山地生态环境的破坏都是普遍存在的。据报道，在汶川地震发生之前，国土资源部曾对受灾区域中 41 个县的地质灾害隐患点进行过普查，查出地质灾害隐患点 4929 处，其中特大型地质灾害隐患点 158 处、大型地质灾害隐患点 1271 处、中型地质灾害隐患点 1817 处[19]。显而易见，如此背景下所发生的“5·12”汶川大地震，已经不是单纯意义上的单一自然灾害，而是多种因素共同作用和相互累加下的复合型破坏。不仅如此，多种因素的共同作用和相互累加，绝不是简单的加减法，而是有着复杂的“乘数效应”，其危害之惨烈，必然不可估量。

5 关于汶川灾后重建的几点思考

本文关于汶川地区城镇发展历史地理的回顾，旨在对今天的灾后重建工作提供有益借鉴。因篇幅所限，仅提出如下四个方面的思考。

5.1 对重建模式的再认识

从历史的角度来看，一方面，地震活动对于汶川地区而言是常有之事，

① 数据引自汶川、茂县、平武、北川、青川 5 县的县志。

当地居民在长期的生活中形成了一些固有的防震观念，地方建筑——羌寨碉楼——也具有较好的抗震性能，《汶川县志》甚至还以地震机构的四个“第一”为自豪①；另一方面，汶川地区的城镇发展历史颇为悠久，城镇存在意义往往已超越自身范畴，具有更多的国家政治、军事、民族等内涵。因此，汶川地区的城镇灾后重建须慎之又慎，不宜盲目采取异地重建的方式，特别是对于几条交通廊道（今天的 212 国道、213 国道、317 国道等）的恢复，不仅是必要的，也是必需的；未来以这些交通廊道为依托而发展一些规模适度的小城镇，也是自然之事，当前的城镇重建规划工作也应当充分考虑和论证与这些交通廊道的布局关系。与此同时，由于汶川地区已十分恶劣的现实环境条件，城镇的恢复重建应当控制在一定的规模之内，因而必须采取必要的人口疏散措施，缓解目前人地关系的紧张局面。

5.2 未来城镇发展的方向

由于丰富的矿产资源和良好的交通区位，汶川地区的某些城镇具备工业化发展的基本条件。然而，考虑到其特殊的地理、地质和生态环境条件，汶川地区的生态环境状况要远远比工业化发展的经济利益更为重要，特别是这些地区属于长江上游的重要水源地，生态安全意义重大。反思汶川地区的发展历史，需要清醒地认识到近代人类活动在加剧“5·12”地震灾害破坏等方面所应承担的难以推卸的责任。正如 20 世纪 70 年代初北川县委在总结经济发展经验教训时所曾指出的，“过去失误在山，今后希望在山”[5],p3，汶川地区未来城镇发展最根本、最核心的命题在于，必须把经济发展模式的转型作为第一要务，回归当地传统的以山区农林经济等第一产业为主导的发展模式。当务之急，应当采取工矿产业的“休养生息”政策　对于在本次地震中已遭受破坏的企业（包括一些军工企业），应引导其向东部平原地区转移；对于没有受到地震影响的企业，也应积极引导其尽快关停产；对于该地区的一些采矿企业，则应当禁止其继续进行开采活动。通过发展模式的转型，从根本上协调城乡空间发展与自然环境的关系，建设生态文明，促进汶川地区走可持续发展的道路。

5.3 区域生态环境的恢复

对于地震活动的破坏而言，区域生态环境状况具有不容忽视的重要影响，特别是山区的森林植被，在某种程度上可被看作是城乡聚居场所的一

---

① 《汶川县志（1986—2000）》曰：“全国县级地震机构中，汶川有四个第一，即：监测仪器数量第一，人员总数第一，监测预报效果第一，科技成果第一”。参见：参考文献 [2]，p498.

层“避震衣”。“5·12”汶川地震的一个突出特征，即大规模次生地质灾害的发生，试想，如果地震发生前汶川地区具有发达的森林植被系统，那么这次地震的破坏和灾害损失必定会减轻不少，灾后城镇重建工作的难度也将大大降低。在“5·12”汶川地震之前，虽然国土资源部已经排查出大量的地质灾害隐患点，然而却并没有引起人们的重视及采取可能的应对措施；针对汶川地震后又产生的一些新“堰塞湖”，不少地方又开始积极“谋划”水电站建设开发的“利用之策”……这些情况，一方面说明我们的“忧患”意识薄弱，另一方面则深刻反映出对于区域生态环境的重要性认识不足。区域生态环境的恢复是汶川地区城乡空间协调发展的重要前提和基础，脱离开区域生态环境保障的城镇恢复和重建，一切只能是空谈。因此，汶川地区的城镇重建工作，必须将区域生态环境的恢复作为一项十分重要的工作目标。当然，真正能够对地震活动破坏起到缓解作用的植被，其生态恢复和建设不可能一蹴而就，应当认识到汶川地区生态环境恢复的困难程度和长期性，做好为之不懈地长期努力的准备。另外，在区域生态环境恢复的目标基本实现之后，还要采取最为严厉的管治措施予以控制，以避免再次的人为性破坏。

5.4 城乡空间的布局形态

由于汶川地区十分特殊的生态环境条件，其未来发展的合理方向应以山区农林经济等第一产业为主导，配以旅游业和服务业为补充。这样的城镇发展职能，既不同于平原地区的城镇，也在很大程度上区别于一般的山地城镇（如重庆），因此，汶川地区的城镇重建规划工作，不能简单采取常规的城镇规划方法和空间布局形态，而应当把科学的农林产业发展规划作为重要的依据。通过对产业发展的分析和研究，掌握地方产业发展的实际情况和农林生产活动的客观规律，如汶川地区地貌起伏变化大、农林产业缺乏机械化发展条件等，进而在合理组织产业结构和产业布局的基础上，根据生产力布局的基本原则，科学进行城乡居民点的布局和规划，从而防止城乡空间规划脱离地方产业活动实际的“无效规划”的发生。此外，汶川地区聚居了国内绝大多数的羌族人口，他们在长期的生产生活中，形成了地域化的传统聚居空间模式，特别是羌族居民和民俗保存较为古老的汶川县萝卜寨村，素有“云朵上的街市”、“古羌王的遗都”之称[2],p604，其空间聚居模式与当地山区农林经济的生产方式之间具有高度的适应性，空间表现特征即“大分散、小聚居，乡村化”，对于汶川地区的城乡空间发展和人口布局，有十分积极的借鉴意义。同时，采取该种类型的空间布局形态，也有利于少数民族文化遗产的继承和发展。

参考文献

[1] 汶川县地方志编纂委员会．汶川县志［M］．北京：民族出版社，1992.

[2] 汶川县史志编纂委员会．汶川县志（1986—2000）［M］．成都：四川出版集团巴蜀书社，2007：193.

[3] 茂汶羌族自治县地方志编纂委员会．茂汶羌族自治县志［M］．成都：四川辞书出版社，1997：127-131.

[4] 平武县县志编纂委员会．平武县志［M］．成都：四川科学技术出版社，1997：419-420.

[5] 北川县志编纂委员会．北川县志［M］．北京：方志出版社，1996：3-4.

[6]《青川县志》编纂委员会．青川县志［M］．成都：成都科技大学出版社，1992：8.

[7] 段渝．四川通史（第一册）［M］．成都：四川大学出版社，1993.

[8]《四川地震资料汇编》编辑组．四川地震资料汇编（第二卷）［M］．成都：四川人民出版社，1981.

[9] 刘清泉，高天宇．四川经济地理［M］．北京：新华出版社，1997.

[10] 李世平．四川人口史［M］．成都：四川大学出版社，1987.

[11] 郭正吾，邓康龄，韩永辉等．四川盆地形成与演化［M］．北京：地质出版社，1996.

[12] 冉光荣．四川岷江上游地区历史文化研究［C］．成都：四川大学出版社，1996.

[13] 刘淑珍，沈镇兴．四川省县级农业地貌区划及耕地分布规律研究［M］．成都：地图出版社，1990.

[14] 游时敏．四川近代贸易史料［M］．成都：四川大学出版社，1990.

[15] 马克思恩格斯全集（第1卷）［M］．北京：人民出版社，1995：67.

[16] 新华社．专家详解四川汶川特大地震的特征与成因［N/OL］．中央政府门户网站，2008-06-27.［2008-08-03］．http：//www.gov.cn/fwxx/kp/2008-06/27/content_1029249.htm

[17] 冯汉镛．栈道考［J］．人文杂志，1957（3）.

[18] 长江水土保持局．长江上游及西南诸河区科考组深入岷江上游生态脆弱区考察［N/OL］．长江水土保持局网，2005-10-24.［2008-06-07］．http：//www.cjstbc.com/POP-article/14/1001.Html

[19] 汶川地震引发地质灾害特点：范围广、程度深、危害大、持续长［N/OL］．新华网，2008-05-30.［2008-06-07］．http：//news.xinhuanet.com/newscenter/2008-05/30/content_8287000.htm

参 考 文 献

[1]《长江上游经济带协调发展研究》课题组．长江上游经济带协调发展研究［R］，2005.

[2]《中国自然地理》编写组．中国自然地理［M］．北京：高等教育出版社，1979.

[3] 北京大学，兰州大学，南京大学等．植物地理学［M］．北京：人民教育出版社，1980.

[4] 蔡晓明．生态系统生态学［M］．北京：科学出版社，2000.

[5] 曹凑贵等．生态学概论［M］．北京：高等教育出版社，2002.

[6] 曹小曙，阎小培．珠三角城际间运输联系的特征分析［J］．人文地理，2003（1）：87-90.

[7] 曹小曙等．穗深港巨型城市走廊空间演化研究［M］．北京：商务印书馆，2006.

[8] 曹新向．区域土地资源持续利用的生态安全研究［J］．水土保持学报，2004，18（2）：192-195.

[9] 柴彦威，史育龙．日本东海道大都市带的形成、特征及其研究动态［J］．国外城市规划，1997（2）：16-22.

[10] 陈波，包志毅．生态规划：发展、模式、指导思想与目标［J］．中国园林，2003（1）：48-51.

[11] 陈凡，胡涓．中外城市群与辽宁带状城市群的城市化［J］．自然辩证法，1997，13（10）：48-53.

[12] 陈立人，王海斌．长江三角洲地区准都市连绵区刍议［J］．城市规划汇刊，1997（3）：31-36.

[13] 陈品健．动物生物学［M］．北京：科学出版社，2001.

[14] 陈天乙．生态学基础教程［M］．天津：南开大学出版社，1995.

[15] 陈修颖．区域空间结构重组-理论与实证研究［M］．南京：东南大学出版社，2005.

[16] 陈耀．中国三大城市经济圈及其发展前景［N］．中国经济时报，2003-09-01.

[17] 陈阅增．普通生物学-生命科学通论［M］．北京：高等教育出版社，1997.

[18] 陈祯耀．城市规划术语浅谈［J］．城市规划汇刊，1984（2）：8-11.

[19] 陈祯耀等．城市规划术语正名谈［J］．城市规划汇刊，2000（5）：30-33.

[20] 成都市规划设计研究院．成都平原城市群发展规划（2007-2020）［R］，2007.

[21] 程玉鸿，许学强．珠江三角洲三次产业演变及广州区域地位的变化［J］，经济地理，2003（5）：671-677.

[22] 重庆市人民政府．重庆市城乡总体规划（2007-2020）［R］，2007.

[23] 重庆市市域城镇体系规划办公室，重庆市规划设计研究院．重庆市市域城镇体系规划（2003-2020）[R]，2004.

[24] 褚劲风．试论全球城市的基本特征［J］．人文地理，1996（2）：33-36.

[25] 崔功豪，王本炎．城市地理学［M］．南京：江苏教育出版社，1992.

[26] 崔功豪．中国城镇发展研究［M］．北京：中国建筑工业出版社，1992.

[27] 崔功豪等．区域分析与规划［M］．北京：高等教育出版社，1999.

[28] 代合治．中国城市群的界定及其分布研究［J］．地域研究与开发，1998，17（2）：40-43，55.

[29] 戴学珍，蒙吉军．京津空间一体化研究［J］．经济地理，2000，20（6）：56-60.

[30] 单锦炎．浅谈城镇密集地区实施城镇群规划的措施保障［J］．城市规划，1999，23（9）：19-20.

[31] 邓波等．区域承载力量化方法研究述评［J］．甘肃农业大学学报，2003，38（3）：281-289.

[32] 丁成日．城市“摊大饼”式空间扩张的经济学动力机制［J］．城市规划，2005，29（4）：56-60.

[33] 丁圣彦，宋永昌．浙江天童山国家级森林公园常绿阔叶林演替前期的群落生态学特征［J］．植物生态学报，1999，23（2）：97-107.

[34] 董全．西方生态学近况［J］．生态学报，1996，16（3）：315-316.

[35] 方精云．全球生态学-气候变化与生态响应［M］．北京：高等教育出版社，2000.

[36] 冯春萍，宁越敏．美日大都市带内部的分工与合作［J］．城市问题，1998（2）：59-63.

[37] 傅伯杰等．景观生态学原理及应用［M］．北京：科学出版社，2001.

[38] 盖文启．胶济铁路沿线城市群的空间模式及发展研究［J］．地域研究与开发，1997，16（1）：67-69.

[39] 盖文启．我国沿海城市群可持续发展问题探析［J］．地理科学，2000，20（3）：274-228.

[40] 高吉喜．可持续发展理论探索-生态承载力理论、方法与应用［M］．北京：中国环境科学出版社，2001.

[41] 戈峰等．现代生态学［M］．北京：科学出版社，2002.

[42] 谷人旭，殷为华．论长江三角洲都市经济圈的形成及其核心城市上海的功能定位［J］．地域研究与开发，2001，20（1）：27-31.

[43] 顾朝林，张敏．长江三角洲城市连绵区发展战略研究［J］．城市问题，2000（1）：7-11.

[44] 顾朝林，于涛方等．城市群规划的理论与方法［J］．城市规划，2007（10）：40-43.

[45] 顾朝林．城镇体系规划-理论 o 方法 o 实例［M］．北京：中国建筑工业出版社，2005.

[46] 顾朝林．经济全球化与中国城市发展-跨世纪中国城市发展战略研究［M］．北京：商务印书馆，1999.

[47] 顾朝林．中国城镇体系——历史·现状·展望［M］．北京：商务印书馆，1992.

[48] 顾朝林等．集聚与扩散–城市空间结构新论［M］．南京：东南大学出版社，2000.

[49] 顾朝林等．中国城市地理［M］．北京：商务印书馆，1999.

[50] 顾朝林等．中国大城市边缘区研究［M］．北京：科学出版社，1995.

[51] 官卫华，姚士谋，朱英明等．关于城市群规划的思考［J］．地理学与国土研究，2002，18（1）：54-58.

[52] 广东省建设委员会．珠江三角洲经济区城市群规划–协调与持续发展［M］．北京：中国建筑工业出版社，1996.

[53] 国家发展和改革委员会地区经济司，水利部海河水利委员会．京津冀都市圈区域规划水资源专题研究报告（送审稿）［R］，2005-10.

[54] 国家环境保护总局．2006年中国环境状况公报［R］，2006.

[55] 国家环境保护总局．中国近岸海域环境质量报告2005［R］，2006-03.

[56] 哈尔滨市规划局等．哈尔滨都市圈总体规划纲要［R］，2005-08-27.

[57] 何枚林，陈伟明，黄幼朴等．城镇密集地区的规划研究［J］．城市规划，1996（4）：40-43.

[58] 侯晓虹．福厦城市群体的发展与空间结构［J］．经济地理，1992，12（3）：72-77.

[59] 侯学煜．植物生态地理学的内容、任务、概念和研究方法［M］．北京：科学出版社，1956.

[60] 胡刚，姚士谋．构建环杭州湾巨型组合城市研究［J］．经济地理，2002，22（2）：174-178.

[61] 胡序威，周一星，顾朝林等．中国沿海城镇密集地区空间集聚与扩散研究［M］．北京：科学出版社，2000.

[62] 胡序威．对城市化研究中某些城市与区域概念的探讨［J］．城市规划，2003，27（4）：28-32.

[63] 胡序威．区域和城市研究［M］．北京：科学出版社，1998.

[64] 胡序威．沿海城镇密集地区空间积聚与扩散研究［J］．城市规划，1998，22（6）：22-28.

[65] 华东师范大学等．动物生态学［M］．北京：高等教育出版社，1981.

[66] 华生，郅倍．植被演替研究中的若干问题［J］．植物学报，1977，19（2）：147-155.

[67] 黄炳康，李忆春，吴敏．成渝产业带主要城市空间关系研究［J］．地理科学，2000，20（5）：411-415.

[68] 黄光宇，陈勇．生态城市理论与规划设计方法［M］．北京：科学出版社，2002.

[69] 黄光宇．区域规划概论［M］．北京：中国建筑工业出版社，1984.

[70] 黄璜，叶裕民．美国和加拿大都市区的划分及中国的借鉴［J］．现代城市研究，2004（12）：45.

[71] 黄鹏．国外大都市区治理模式［M］．南京：东南大学出版社，2003.

[72] 黄青，任志远．论生态系统承载力与生态安全［J］．干旱区资源与环境，2004，18（2）：11-17.

[73] 黄卫良．太湖流域水资源状况及其保护［J］．中国水利，1999（7）：25.

[74] 黄亚平．城市空间理论与空间分析［M］．南京：东南大学出版社，2002.

[75] 建设部．全国城镇体系规划（2006-2020）说明书［R］，2006-05-28.

[76] 建设部．我国城镇群发展研究报告-全国城镇体系规划（2006—2020）专题研究报告七［R］，2006-2-22.

[77] 建设部．我国生态环境支撑条件与城镇发展空间布局研究-全国城镇体系规划（2006-2020）专题研究报告二［R］，2006-2-22.

[78] 建设部城乡规划司，建设部城乡规划管理中心．二OO六年全国设市城市及其人口统计资料［R］，2007.

[79] 姜恕，陈昌笃．植被生态学研究［M］．北京：科学出版社，1994.

[80] 金经元．近现代西方人本主义城市规划思想家（霍华德、格迪斯、芒福德）［M］．北京：中国城市出版社，1998.

[81] 金岚等．环境生态学［M］．北京：高等教育出版社，1992.

[82] 孔红梅等．生态系统健康与环境管理［J］．环境科学，2002，23（1）：1-5.

[83] 孔令斌等．中国工程院重大咨询项目《我国大城市连绵区的规划与建设问题研究》综合交通体系专题研究.［R］，2007-06.

[84] 黎晓亚等．区域生态安全格局：设计原则与方法［J］．生态学报，2004，24（5）：1055-1062.

[85] 李博．生态学［M］．北京：高等教育出版社，2000.

[86] 李浩，邹德慈．当前“城镇群规划”热潮中的几点“冷思考”［J］．城市规划，2008（3）：79-86.

[87] 李浩．美国城镇密集地区发展及其对我国的启示［J］．规划师，2007（12）：9-14.

[88] 李浩．区域生态移民-基于长远目标的汶川重灾区重建模式浅论［J］．城市规划，2008（7）：25-33.

[89] 李浩，马克尼．汶川地区城镇发展历史地理考［J］．城市规划，2008（11）：78-86.

[90] 李浩．我国城镇密集地区的可持续发展问题［J］．城市规划学刊，2008（1）：83-89. 同济大学出版社．

[91] 李浩．试论秦咸阳城市营建之区域观念-由《阿房宫赋》所引发的思考［J］．规划师，2008（2）：89-92.

[92] 李红卫．Global-Region in China-以中国珠江三角洲为例的区域空间发展研究［D］．博士后研究工作报告 上海：同济大学，2005.

[93] 李继侗．植物地理学、植物生态学和地植物学的发展［M］．北京：科学出版社，1958.

[94] 李建华．科学哲学［M］．北京：中共中央党校出版社，2004.

[95] 李难．生物进化论［M］．北京：人民教育出版社，1982.

[96] 李铁立．边界效应与跨边界次区域经济合作研究［M］．北京：中国金融出版社，2005.

[97] 李王鸣，陈秋平，陈秋晓．浙江沿海都市连绵区分析［J］．经济地理，1996，16（3）：16-20.

[98] 李文华，赵景柱．生态学研究回顾与展望［M］．北京：气象出版社，2004.

[99] 李迅，靳东晓等．中国工程院重大咨询项目《我国大城市连绵区的规划与建设问题研究》土地利用专题研究初稿，2007-03-28.

[100] 李耀新．长江地区产业经济与可持续发展［M］．武汉：武汉出版社，1999.

[101] 李兆汝，曲长虹．区域规划：部门的？空间的？—访中国城市规划学会原副理事长、区域规划资深专家胡序威［N］．中国建设报，2006-09-05（2）.

[102] 李振基等．生态学（第三版）［M］．北京：科学出版社，2007.

[103] 梁士楚．广西英罗湾红树植物群落的研究［J］．植物生态学报，1996，20（4）：310-321.

[104] 梁天干．植物细胞学［M］．福州：福建科学技术出版社，1984：13.

[105] 林凌．共建繁荣：成渝经济区发展思路研究报告—面向未来的七点策略和行动计划［M］．北京：经济科学出版社，2005.

[106] 林凌．四川经济地理［M］．成都：四川科学技术出版社，1985.

[107] 林鹏．植物群落学［M］．上海：上海科学技术出版社，1985.

[108] 林文雄．生态学［M］．北京：科学出版社，2007.

[109] 林先扬，陈忠暖，蔡国田．国内外城市群研究的回顾与展望［J］．热带地理，2003，23（1）：44-49.

[110] 刘成昆．城市群整体效益刍议［J］．城市问题，1996（2）：9-12.

[111] 刘大椿．科学技术哲学导论［M］．北京：中国人民大学出版社，2005.

[112] 刘建国．当代生态学博论［M］．北京：中国科学技术出版社，1992.

[113] 刘建军等．生态系统健康研究进展［J］．环境科学研究，2002，15（1）：41-44.

[114] 刘金福，洪伟．格氏栲群落生态学研究—格氏栲林主要种群生态位的研究［J］．生态学报，1999（3）：30-36.

[115] 刘力．国外城市生态研究的主要方向与研究进展［J］．世界地理研究，2001，10（3）：86-91.

[116] 刘茂松，张明娟．景观生态学：原理与方法［M］．北京：化学工业出版社，2004.

[117] 刘敏．大都市连绵带：美国城市化的新舞台—以“BosWash”为例［J］．浙江学刊，2005（5）：18.

[118] 刘明光．中国自然地理图集［M］．北京：中国地图出版社，1998.

[119] 刘青昊．关于沪宁城市带的思考［J］．城市规划汇刊，1995（3）：17-21.

[120] 刘荣增．城镇密集区发展演化机制与整合［M］．北京：经济科学出版社，2003.

[121] 刘卫东．中国西部开发重点区域规划前期研究［M］．北京：商务印书馆，2003.

[122] 刘兴良．川西巴郎山川滇高山栎林群落生态学的研究［D］．北京林业大学，2006.

[123] 刘韵冀．普通逻辑学简明教程［M］．北京：经济管理出版社，2006：21、24.

[124] 刘兆德，陈素青．城市经济区划分方法的初步研究［J］．人文地理，1996（10）：38-40.

[125] 龙彬．中国古代山水城市营建思想研究［M］．南昌：江西科学技术出版社，2001.

[126] 龙彬等．重庆东北部城镇发展区协调发展专题研究-《重庆市域城镇体系规划实施纲要》基础课题之三［R］，2005.

[127] 鲁敏等．城市生态学与城市生态环境研究进展［J］．沈阳农业大学学报，2002，33（1）：76-81.

[128] 陆玲．企业群落与企业群落学［J］．生态科学，2001（6）：162-164.

[129] 罗涛．重庆地区野生春兰的种群分布、群落特征及形态结构分化研究［D］．西南大学，2007.

[130] 马尔科夫．社会生态学［M］．北京：中国环境科学出版社，1989.

[131] 马交国等．生态城市理论研究进展［J］．地域研究与开发，2004，23（6）：41.

[132] 马克明等．区域生态安全格局：概念与理论基础［J］．生态学报，2004，24（4）：761-768.

[133] 马世骏，王如松．社会-经济-自然复合生态系统［J］．生态学报，1984，4（1）：1-9..

[134] 马世骏等．现代生态学透视［M］．北京：科学出版社，1990.

[135] 孟红明．上海城市发展与其海域赤潮的关系分析［J］．灾害学，2006（12）：75-78.

[136] 宁越敏，施倩，查志强．长江三角洲都市连绵区形成机制与跨区域规划研究［J］．城市规划，1998（1）：16-20.

[137] 欧阳志云，王如松．生态规划的回顾与展望［J］．自然资源学报，1995，10（3）：203-213.

[138] 庞雄飞，尤民生．昆虫群落生态学［M］．北京：中国农业出版社，1996.

[139] 齐康，段进．城市化进程与城市群空间分析［J］．城市规划汇刊，1997（1）：1-4.

[140] 齐康．我看城市［J］．现代城市研究，2002（6）：4-7.

[141] 裘新生．苏联城市集聚区研究［J］．人文地理，1990，5（1）：68-74.

[142] 仇保兴．城市定位理论与城市核心竞争力［J］．城市规划，2002（7）：11-13.

[143] 仇保兴．实现我国有序城镇化的难点和对策选择［J］．城市规划学刊，2007（5）：1-15. 同济大学出版社．

[144] 曲亮，郝云宏．基于共生理论的城乡统筹机理研究［J］．农业现代化研究，2004，25（5）：371-374.

[145] 曲仲湘，吴玉树等．植物生态学［M］．北京：人民教育出版社，1983.

[146] 尚玉昌．普通生态学［M］．北京：北京大学出版社，2002.

[147] 尚玉昌．现代生态学中的生态位理论［J］．生态学进展，1988，5（2）：77-84.

[148] 申玉铭．经济全球化、知识化对全球可持续发展的影响［J］．经济地理，1999，19（3）：13-17.

[149] 深圳市城市规划设计研究院．珠江三角洲城镇群协调发展规划（2004-2020）-调控机制专题研究［R］，2004：38-39.

[150] 沈建法．跨境城市区域中的城市管治［J］．城市规划，2002，26（9）：45-50.

[151] 沈洁，张京祥．都市圈规划：地域空间规划的新范式［J］．城市问题，2004（1）：23-27.

[152] 沈清基，傅博．生态思维与城市生态规划［J］．规划师，2002，18（11）：73-76.

[153] 沈清基．城市生态与城市环境［M］．上海：同济大学出版社，1999.

[154] 沈银柱．进化生物学［M］．北京：高等教育出版社，2002.

[155] 沈玉芳，张超．论长江三角洲未来产业整合战略［J］．上海经济，2001（6）：21-23.

[156] 石忆邵，张洪武．长江三角洲城市综合竞争力与区域优势分析［J］．城市规划汇刊，2002（1）：17-21.

[157] 石忆邵，章仁彪．从多中心城市到都市经济圈-长江三角洲地区协调发展的空间组织模式［J］．城市规划汇刊，2001（4）：51-54.

[158] 石忆邵，朱红燕．市场群落、企业群落与城镇网络-兼论长江三角洲都市经济圈联动发展模式［J］．城市规划汇刊，2000（2）：35-37.

[159] 史育龙，周一星．戈特曼关于大都市带的学术思想评价［J］．经济地理，1996，16（3）：32-36.

[160] 史育龙，周一星．关于大都市带（都市连绵区）研究的论争及近今进展述评［J］．国外城市规划，1997（2）：2-11.

[161] 四川省人民政府．四川省城镇体系规划(2001—2020)专项研究报告[R],2003.

[162] 四川省人民政府．四川省城镇体系规划（2001—2020）总报告［R］，2003.

[163] 四川师范大学，山东大学．生态学概论［M］．济南：山东大学出版社，1989.

[164] 宋家泰．城市-区域与城市区域调查研究-城市发展的区域经济基础调查研究［J］．地理学报，1980，35（4）：277-287.

[165] 宋永昌，由文辉，王祥荣．城市生态学［M］．上海：华东师范大学出版社，2000.

[166] 宋永昌．植被生态学［M］．上海：华东师范大学出版社，2001.

[167] 宋豫秦，张力小等．中国工程院重大咨询项目《我国大城市连绵区的规划与建设问题研究》生态环境专题研究报告初稿［R］，2007-03-28.

[168] 苏智先等．生态学概论［M］．北京：高等教育出版社，1993.

[169] 隋金玲等．北京绿化隔离地区鸟类群落与环境因子关系研究［J］．北京林业大学学报，2007，29（5）：121-126.

[170] 孙群郎．美国城市郊区化研究［M］．北京：商务印书馆，2005.

[171] 孙儒泳．动物生态学原理［M］．北京：北京师范大学出版社，2001.

[172] 孙儒泳．普通生态学［M］．北京：高等教育出版社，1993.

[173] 孙铁珩等．污染生态学［M］．北京：科学出版社，2000.

[174] 孙一飞．城镇密集区的界定-以江苏省为例［J］．经济地理，1995（9）：36-40.

[175] 孙胤社．大都市区的形成机制及其定界-以北京为例［J］．地理学报，1992，47（6）：552-560.

[176] 汤可可．江苏沿江城市群可持续发展的制约因素与取向［J］．中国人口资源与环境，1999，9（1）：38-43.

[177] 唐建维．西双版纳热带次生植被不同抚育方式下的群落学分析［J］．应用生态学报，1999，10（2）：135-139.

[178] 唐孝炎，王如松，宋豫秦．我国典型城市生态问题的现状与对策［J］．国土资源，2005（5）：4-9.

[179] 陶松龄，甄富春．长江三角洲城镇空间演化与上海大都市增长［J］．城市规划，2002，26（2）：43-48.

[180] 王伯荪，彭少麟．植被生态学-群落与生态系统［M］．北京：中国环境科学出版社，1997.

[181] 王伯荪．植物群落学［M］．北京：高等教育出版社，1987.

[182] 王朝春．城市气候高温化的成因与对策-以福州市城区为例［J］．城市问题，2006（9）：98-102.

[183] 王德，刘锴，耿慧志．沪宁杭地区城市一日交通圈的划分与研究［J］．城市规划汇刊，2001（5）：38-44.

[184] 王光振，张炳申，赵瑞彰．珠江三角洲经济社会文化发展研究［M］．上海：上海人民出版社，1993.

[185] 王荷生．植物区系地理［M］．北京：科学出版社，1992.

[186] 王晖．科学研究方法论［M］．上海：上海财经大学出版社，2004.

[187] 王建．九大都市圈区域经济发展模式的构想［J］．宏观经济管理，1996（10）：21-24.

[188] 王凯．从国土看我国城镇空间发展［D］．清华大学博士学位论文，2006.

[189] 王凯．国家空间规划体系的建立［J］．城市规划学刊，2006（1）：6-10.

[190] 王凯．全国城镇体系规划的历史与现实［J］．城市规划，2007（10）：9-15.

[191] 王兰洲，阮红．人文生态学［M］．北京：国防工业出版社，2006.

[192] 王如松等．现代生态学的热点问题研究［M］．北京：中国科学技术出版社，1999.

[193] 王兴平．城市企业化与城市战略规划［J］．城市规划，2002（6）：70.

[194] 王兴平．都市区化：中国城市化的新阶段［J］．城市规划汇刊，2002（4）：56-59.

[195] 王旭．美国城市发展模式-从城市化到大都市区化［M］．北京：清华大学出版社，2006.

[196] 王旭．美国城市史［M］．北京：中国社会科学出版社，2000.

[197] 王学锋．城镇密集地区规划编制与管理［M］．北京：中国建筑工业出版社，2007.

[198] 王雅娟．国外城镇密集地区形态发展现象综述［J］．城市规划汇刊，1994（6）：40-43.

[199] 王一鸣．长江三角洲区域经济整合的体制和机制问题［J］．宏观经济研究，2004（3）：20-24.

[200] 魏清泉．珠江三角洲经济区的城市发展研究［J］．地域研究与开发，1997（6）：41-46.

[201] 邬建国．景观生态学-格局、过程、尺度与等级［M］．北京：高等教育出版社，2000.

[202] 吴良镛．城市地区理论与中国沿海城市密集地区发展［J］．城市规划，2003（2）：12-16，20.

[203] 吴良镛．发达地区城市化进程中建筑环境的保护与发展［M］．北京：中国建筑工业出版社，1999.

[204] 吴良镛．人居环境科学导论［M］．北京：中国建筑工业出版社，2001.

[205] 吴启焰．城市密集区空间结构特征及演变机制-从城市群到大都市带［J］．人文地理，1999，14（1）：11-16.

[206] 吴人坚等．生态城市建设的原理和途径［M］．上海：复旦大学出版社，2000.

[207] 吴文妍．大沟流域植物群落物种组成、群落结构及物种多样性的研究［D］西南大学，2007.

[208] 向前．"生物共生"理论及其在实践上的意义［J］．湖南第一师范学报，2004，4（4）：89-91.

[209] 谢守红，宁越敏．中国大城市发展和都市区的形成［J］．城市问题，2005（1）：11-15.

[210] 邢喜云，段树森，肖柏辉．森林的生态功能［J］．内蒙古林业调查设计，2005（6）：10-11.

[211] 邢忠．边缘区与边缘效应［M］．北京：科学出版社，2007.

[212] 徐晋铭等．生物学［M］．北京：人民教育出版社，1981.

[213] 徐良．世界唯一胡桃目单叶化香树植物群落学特点的研究［J］．西北林学院学报，1997，（4）：1-6.

[214] 徐清梅，张思锋，牛玲等．中国城市群几个基本问题的观点述评［J］．城市问题，2002（1）：18-22.

[215] 徐汝梅，成新跃．昆虫种群生态学-基础与前沿［M］．北京：科学出版社，2005.

[216] 徐永健，许学强，阎小培．中国典型都市连绵区形成机制初探-以珠江三角洲和长江三角洲为例［J］．人文地理，2000，15（2）：19-23.

[217] 许丰功，易晓峰．西方大都市政府和管治及其启示［J］．城市规划，2002（6）：77-79.

[218] 许刚，佘之祥．长江三角洲地区农业可持续发展的问题与对策［J］．地域

研究与开发，2000，19（4）：18-21.

［219］许学强，张蓉．珠江三角洲的工业化与城市化［J］．地理学与国土研究，1995（1）：1-8.

［220］许学强，周春山．论珠江三角洲大都会的形成［J］．城市问题，1994（3）：3-6.

［221］许学强等．城市地理学［M］．北京：高等教育出版社，1997.

［222］薛东前，王传胜．城市群演化的空间过程及土地利用优化配置［J］．地理科学进展，2002，21（2）：95-102.

［223］薛东前，姚士谋，张红．城市群形成演化的背景条件分析-以关中城市群为例［J］．地域研究与开发，2000，19（4），50-53.

［224］薛凤旋，蔡建明．中国三大都会经济区的演变及其发展战略［J］．地理研究，2003，22（5）：532-533.

［225］薛凤璇．都会经济区：香港与广东共同发展的基础［J］．经济地理，2000（1）：37-42.

［226］薛新力．重庆文化史（远古—1949年）［M］．重庆：重庆出版社，2001.

［227］阎小陪，郭建国，胡宇冰．穗港澳都市连绵区的形成机制研究［J］．地理研究，1997，16（6）：22-29.

［228］阎小培，方远平．全球化时代城镇体系规划理论与模式探新［J］．城市规划，2002，26（6）：40-45.

［229］阎小培，刘筱．珠江三角洲乡村城市化特征分析［J］．地理学与国土研究，1997（2）：29-35.

［230］杨汝万．全球化背景下的亚太城市［M］．北京：科学出版社，2004.

［231］杨士尧．系统科学导论［M］．北京：农业出版社，1986.

［232］杨小波等．城市生态学［M］．北京：科学出版社，2002.

［233］杨宇振．清代四川城池的规模、空间分布与区域交通［J］．新建筑，2007（5）：45-47.

［234］杨忠伟，范凌云．中国大都市郊区化［M］．北京：化学工业出版社，2006.

［235］姚士谋，J. Nipper. 沪宁杭城市群区发展趋势探讨［J］．人文地理，1995，10（4）：10-16.

［236］姚士谋，年福华，陈振光．上海与香港大都市定位发展的比较研究［J］．城市规划汇刊，2003（2）：28-31.

［237］姚士谋，帅江平．城市用地与城市生长-以东南沿海城市扩展为例［M］．安徽：中国科学技术大学出版社，1995.

［238］姚士谋，朱英明，陈振光．信息环境下城市群区的发展［J］．城市规划，2001，25（8）：16-18.

［239］姚士谋，朱英明，陈振光．中国城市群［M］合肥：中国科学技术出版社，2001.

［240］姚士谋．我国城市群的特征、类型与空间布局［J］．城市问题，1992（1）：10-15.

[241] 姚士谋．中国大都市的空间扩展［M］．合肥：中国科学技术大学出版社，1998.

[242] 冶民生．岷江上游植被群落特征研究［D］．北京林业大学，2007．

[243] 于泓．德国鲁尔区城市群-我国大城市连绵区的规划与建设问题研究国外案例［R］.2007-09-18.

[244] 于洪俊，宁越敏．城市地理概论［M］．合肥：安徽科学出版社，1983.

[245] 于涛方，吴志强．长江三角洲都市连绵区边界界定研究［J］．长江流域资源与环境，2005（7）：397.

[246] 于涛方．城市竞争与竞争力［M］．南京：东南大学出版社，2004.

[247] 于志熙．城市生态学［M］．北京：中国林业出版社，1992.

[248] 余颖．城市结构化理论及其方法研究［D］．重庆大学博士学位论文，2002.

[249] 云南大学生物系．植物生态学［M］．北京：人民教育出版社，1980.

[250] 曾坤生．区域经济论［M］．长沙：湖南人民出版社，1998.

[251] 张京祥，崔功豪．区域与城市研究领域的拓展：城镇群体空间组合［J］．城市规划，1999，23（6）：37-39.

[252] 张京祥，沈建法，黄钧尧等．都市密集地区区域管治中行政区划的影响［J］．城市规划，2002，26（9）：40-44.

[253] 张京祥，吴缚龙．从行政区兼并到区域管治-长江三角洲的实证与思考［J］．城市规划，2004（5）．

[254] 张京祥，邹军，吴启焰，陈小卉．论都市圈地域空间的组织［J］．城市规划，2001（5）：19-24.

[255] 张京祥．城镇群体空间组合［M］．南京：东南大学出版社，2000.

[256] 张京祥．西方城市规划思想史纲［M］．南京：东南大学出版社，2005.

[257] 张京祥．西方城镇群体空间研究之评述［J］．国外城市规划，1999（1）：31-33.

[258] 张俊．成渝城镇密集区建设与西部大开发［J］．城市规划汇刊，2000（4）：17-20.

[259] 张尚武．长江三角洲城镇密集地区形成及发展的历史特征［J］．城市规划汇刊，1999（1）：40-46.

[260] 张尚武．长江三角洲地区城镇空间形态协调发展研究［J］．城市规划汇刊，1999（3）：32-35.

[261] 张尚武．城镇密集地区城镇形态与综合交通［J］．城市规划汇刊，1995（1）：35-37.

[262] 张颖，王万茂．中国省（市）区生态足迹差异实证分析［J］．中国土地科学，2004，18（4）：19-24.

[263] 张勇强．城市空间发展自组织与城市规划［M］．南京：东南大学出版社，2006：45.

[264] 赵殿增．三星堆文化与巴蜀文明［M］．南京：江苏教育出版社，2005.

[265] 赵亮．京津大城市走廊空间发展研究-历史、现实与未来［D］．清华大学

博士学位论文，2005.

[266] 赵民，韦亚平等．紧凑型城镇发展的土地利用模式研究–“长江三角洲城镇群规划”专题研究报告［R］，2006-07.

[267] 赵永革，周一星．辽宁都市区和都市连绵区的现状与发展研究［J］．地理学与国土研究，1997，13（1）：36-43.

[268] 赵永革．论中国都市连绵区的形成，发展及意义［J］．地理学与国土研究，1995，11（1）：15-22.

[269] 赵运林，邹冬生．城市生态学［M］．北京：科学出版社，2005.

[270] 赵志模，郭依良．群落生态学原理与方法［M］．重庆：科学技术文献出版社重庆分社，1990.

[271] 郑师章等．普通生态学–原理方法和应用［M］．上海：复旦大学出版社，1994.

[272] 郑卫民等．城市生态规划导论［M］．长沙：湖南科学技术出版社，2005.

[273] 中共中央关于制定国民经济和社会发展第十一个五年规划的建议［N］．人民日报，2005-10-19（1）.

[274] 中国城市规划设计研究院，成都市规划设计研究院．成都市城市总体规划（2004—2020）［R］，2005.

[275] 中国城市规划设计研究院．长江三角洲城镇群规划（2007—2020）［R］.2007.

[276] 中国城市规划设计研究院．成渝城镇群协调发展规划总报告［R］.2008.

[277] 中国城市规划设计研究院．京津冀城镇群规划阶段成果［R］.2008-01.

[278] 中国城市规划学会学术工作委员会．中国城市规划学术研究进展年度报告（2006）［M］．北京：中国建筑工业出版社，2006.

[279] 中国工程院“城市化”项目组．“我国城市化进程中的可持续发展战略研究”综合报告［R］.2005-09-23.

[280] 中国科协．中国城市承载及其危机管理研究总报告［R］．中国科协重大咨询项目，2007-03-29，66.

[281] P·霍尔．世界大城市［M］．中国科学院地理研究所译．北京：中国建筑工业出版社，1982.

[282] 中国科学院研究生教学丛书．生态系统生态学［M］．北京：科学出版社出版，2002.

[283] 中国林科院昆明植物研究所．云南植物志［M］．北京：科学出版社，1984.

[284] 中国植被编委会．中国植被［M］．北京：科学出版社，1980.

[285] 周干峙．城市及其区域——一个开放的特殊复杂的巨系统［J］．城市规划，1997（2）：4-7.

[286] 周干峙．高密集连绵网络状大都市地区的新形态——珠江三角洲地区城市化的结构［J］城市发展研究，2003，10（2）：10-11.

[287] 周国法，徐汝梅．空间分布型的形成过程研究［J］．生态学报，1998，18（5）：516-522.

[288] 周国华，唐承丽，朱翔等．长株潭城镇群体空间结构优化研究［J］．热带

地理，2002，22（4）：330-334.

［289］周鸿．人类生态学［M］．北京：高等教育出版社，2001.

［290］周建明．欧美城市连绵区的理论研究［J］．国外城市规划，1997（2）：12-15.

［291］周玲强．长江三角洲国际性城市群发展战略研究［J］．浙江大学学报（理学版），2000（3）：201-204.

［292］周一星，杨焕彩．山东半岛城市群发展战略研究［M］．北京：中国建筑工业出版社，2004.

［293］周一星．城市地理学［M］．北京：商务印书馆，1995.

［294］周一星．城市研究的第一科学问题是基本概念的正确性［J］．城市规划学刊，2006（1）：1-5.

［295］周勇．重庆：一个内陆城市的崛起［M］．重庆：重庆出版社，1997.

［296］朱喜钢．城市空间集中与分散论［M］．北京：中国建筑工业出版社，2002.

［297］朱英明，孙钦秋，李玉见．我国城市群发展特征与规划发展设想［J］．规划师，2001，17（6）：78-82.

［298］朱英明，姚士谋．我国城市群发展方针研究［J］．城市规划汇刊，1999（5）：28-30.

［299］朱英明，于念文．沪宁杭城市密集区城市流研究［J］．城市规划汇刊，2002（1）：31-33.

［300］朱英明．城市群经济空间分析［M］．北京：科学出版社，2004.

［301］朱英明．我国城市群地域结构特征及发展趋势研究［J］．城市规划汇刊，2001（4）：55-57.

［302］朱英明．我国城市群区域联系发展趋势［J］．城市问题，2001（6）：22-24.

［303］珠江三角洲城镇群协调发展规划工作组．珠江三角洲城镇群空间结构演变分析——珠江三角洲城镇群协调发展规划（2004-2020）专题研究［R］，2005-04.

［304］珠江三角洲城镇群协调发展规划工作组．珠江三角洲城镇群协调发展规划（2004—2020）说明书［R］，2005-04.

［305］珠江三角洲城镇群协调发展研究大气环境课题组．珠江三角洲城镇群协调发展规划（2004—2020）——大气环境专题研究［R］，2003-07.

［306］珠江三角洲城镇群协调发展研究人居环境课题组．珠江三角洲城镇群协调发展规划（2004—2020）——人居环境专题研究［R］，2004.

［307］祝廷成，钟章成，李建东．植物生态学［M］．北京：高等教育出版社，1989.

［308］祝廷成等．生态系统浅说［M］．北京：科学出版社，1983.

［309］庄悦群．从生态位到可持续发展位：概念的演进［J］．中国人口资源与环境，2005，15（4）：1-4.

［310］宗传宏．大都市带：中国城市化的方向［J］．城市问题，2001（3）：8-12.

［311］邹德慈．城市规划导论［M］．北京：中国建筑工业出版社，2002.

［312］邹军，王学峰．都市圈规划［M］．北京：中国建筑工业出版社，2005.

［313］邹军等．城镇体系空间规划再认识--以江苏为例［J］．城市规划，2001（1）：30-33.

[314]（英）Baigent，E.“megalopolis”与戈特曼、芒福德和格迪斯：争论仍在继续［J］．李浩，华珺，陈熳莎译．国际城市规划，2007（5）：17-23.

[315]（英）Baigent，E. 格迪斯、芒福德和戈特曼：关于“Megalopolis”的分歧［J］．李浩，华珺译．国际城市规划，2007（5）：8-16.

[316]（英）Cox，C. B.，Moore，P. D. 生物地理学（第7版）［M］．赵铁桥译．北京：高等教育出版社，2007：75.

[317]（英）Darwin，C. 物种起源［M］．谢蕴贞译，北京：科学出版社，1972.

[318]（英）Hall，P. 城市和区域规划［M］．邹德慈，金经元译．北京：中国建筑工业出版社，1985.

[319]（英）Hall，P. 规划：新千年的回顾与展望［J］．王红扬译．国外城市规划，2004（4）：32-33.

[320]（英）Hall，P. 城市和区域规划（第4版）［M］．邹德慈，李浩，陈熳莎译．北京：中国建筑工业出版社，2008.

[321]（英）Howard，E. 明日的田园城市［M］．金经元译．北京：商务印书馆，2002.

[322]（英）J·M·安德森．环境生态学［M］．蒋志学，温世生译．沈阳：辽宁大学出版社，1987.

[323]（英）Mackenzie. A. 等．生态学（第2版）［M］．孙儒泳等译．科学出版社，2004.

[324]（英）Oosting，H. J. 植物群落的研究［M］．吴中伦译．北京：科学出版社，1962.

[325]（英）Oosting，H. J. 植物群落学［M］．欧斯汀等译．北京：科学出版社，1956.

[326]（英）Taylor，N. 1945年后西方城市规划理论的流变［M］．李白玉，陈贞译．北京：中国建筑工业出版社出版，2006.

[327]（英）W·I·贝弗里奇．科学研究的艺术［M］．陈捷译．北京：科学出版社，1979.

[328]（美）McHarg，I. 设计结合自然［M］．芮经纬译．北京：中国建筑工业出版社，1992.

[329]（美）Daubenmire，R. 植物群落-植物群落生态学教程［M］．陈庆诚译．北京：人民教育出版社，1968.

[330]（美）Gottmann，J. 大城市连绵区：美国东北海岸的城市化［J］．李浩，陈晓燕译．国际城市规划，2007（5）：2-7.

[331]（美）Kelbaugh，D. 共享空间-关于邻里和区域设计［M］．吕斌等译．北京：中国建筑工业出版社，2007.

[332]（美）Levy，J. M. 现代城市规划［M］．北京：中国人民大学出版社，2003.

[333]（美）May，R. 理论生态学［M］．孙儒泳等译．北京：科学出版社，1980.

[334]（美）McIntosh，R. P. 生态学概念和理论的发展［M］．徐嵩龄译．北京：中国科学技术出版社，1992.

［335］（美）Mumford，L. 城市发展史——起源、演变和前景［M］. 宋俊岭，倪文彦译 . 北京：中国建筑工业出版社，2005.

［336］（美）Odum，E. 生态学基础［M］. 孙儒泳等译 . 北京：人民教育出版社，1981.

［337］（美）Park，R. E. 等 . 城市社会学［M］. 宋俊岭，吴建华译 . 北京：华夏出版社，1987.

［338］（美）Saarinen，E. 城市：它的发展、衰败与未来［M］. 顾启源译 . 北京：中国建筑工业出版社，1986.

［339］（美）Thomas，L. 细胞生命的礼赞［M］. 李绍明译 . 长沙：湖南科技出版社，1992.

［340］（美）Whittaker，R. H. 群落与生态系统［M］. 姚璧君等译 . 北京：科学出版社，1977.

［341］（美）Whittaker，R. H. 植物群落动态［M］. 宋永昌等译 . 北京：科学出版社，1979.

［342］（美）Whittaker，R. H. 植物群落分类［M］. 周纪纶等译 . 北京：科学出版社，1985.

［343］（美）Whittaker，R. H. 植物群落排序［M］. 王伯荪译 . 北京：科学出版社，1986.

［344］（加）Jacobs，J.　美国大城市的死与生［M］. 金衡山译 . 南京：译林出版社，2005.

［345］（苏）拉甫连科，E. M. 植物群落的基本规律及其研究途径［M］. 中国科学院植物研究所生态地植物学组译 . 北京：科学出版社，1959.

［346］（苏）波布林斯基 . 动物地理学［M］. 王岌译 . 北京：高等教育出版社，1959.

［347］（法）Dajoz，R. 生态学概论［M］. 张绅等译 . 兰州：甘肃人民出版社，1981.

［348］（丹）Warming，E. 植物生态学：植物群落研究引论［M］. 陈庆诚，陈泽霖译 . 北京：科学出版社，1965.

［349］（德）H·雷默特 . 生态学［M］. 庄吉珊译 . 北京：科学出版社，1988.

［350］（德）Kant，I. 宇宙发展史概论［M］. 全培椴译 . 上海：上海人民出版社，1972.

［351］Asheim，B.，Cooke，P.，Martin，R. Clusters and Regional Development：Critical reflections and explorations［M］. London：Routledge，2006.

［352］Baigent，E. Patrick Geddes，Lewis Mumford and Jean Gottmann：divisions over 'megalopolis'［J］. Progress in Human Geography，2004，24（6）：687-700.

［353］Barnett，J. Smart Growth in a Changing World［M］. American Planning Association，2007.

［354］Boardman，P. The works of Patrick Geddes：biologist，town-planner，reeducator，peace-warrior［M］. London：Routledge and Kegan Paul，1978.

［355］Calthorpe，P. The Next American Metropolis：Ecology，community，and the American dream［M］. New York：Princeton Architectural Press，1993.

［356］ Calthorpe, P., Fulton, W. The Regional City: Planning for the End of Sprawl［M］. Island Press, 2001.

［357］ Castells, M. The Rise of the Network Society［M］. Cambridge, MA: Blackwell Publishers, 1996.

［358］ Castells, M., Hall, P. Technopoles of the World: the Making of Twenty-First Century Industrial Complexes［M］. London; New York: Routledge, 1994.

［359］ Clout, H., Hall, P. Jean Gottmann［M］. Proceedings of the British Academy in press. 2004.

［360］ Corbusier, L. Urbanisme［M］. Paris: Les ? ditions Arthaud, 1980.

［361］ Corey, K. E. In memoriam: Jean Gottmann 1915-1994［J］. Annals of the Association of American Geographers, 1995, 85 (2): 356-365.

［362］ Dansereau, P. Challenge for Survival: Land, air, and water for man in megalopolis［M］. New York: Columbia University Press, 1970.

［363］ Defries, A. D. The interpreter Geddes: the man and his gospel［M］. London: Routledge and Sons Ltd. Defries, 1927.

［364］ Dewar, M., Epstein, D. Planning for "Megaregions" in the United States［R］. University of Michigan, 2006.

［365］ Doxiadis, C. A. Ekistics: An introduction to Science of Human Settlements［M］. New York: Oxford University Press, 1968.

［366］ Doxiadis, C. A. Man's Movement and His Settlements［J］. Ekistrics. 1970, 29 (1): 173-175.

［367］ Eckardt, W. V. The Challenge of Megalopolis: A graphic presentation of the urbanized northeastern seaboard of the United States［M］. New York: Macmillan, 1964.

［368］ Fishman, R. 1808-1908-2008: National Planning for America［R］. Regional Plan Association, 2007.

［369］ Friedmann, J. The World City Hypothesis: Development &Change［J］. Urban Studies. 1986. 23 (2): 59-137.

［370］ Friedmann, J. Urbanization, Planning and National Development［M］. London: Sage Publication, 1973.

［371］ Friedmann, J., Miller, J. The Urban Field［J］. Journal of the American Institute of Planners, 1965 (31): 312-320.

［372］ Friedmann, J., Wolff, G. World City Formation［J］. International Journal of Urban and Regional Research, 1982 (6): 3.

［373］ Garreau, J. Edge city: Life on the new frontier［M］. New York: Doubleday. 1991.

［374］ Geddes, P. Cities in evolution: an introduction to the town-planning movement and the study of cities［M］. London: Williams and Norgate, 1915.

［375］ Ginburg, N., Koppel, B., McGee, T. G. The extended metropolis: Settlement transition in Aisa［M］. Honolulu: University of Hawaii press, 1991.

[376] Gottmann, J., Harper, R. A. Since Megalopolis: the urban writings of Jean Gottmann [M]. Baltimore: Johns Hopkins University Press, 1990.

[377] Gottmann, J. Mealopolis: or the urbanization of the northeastern seaboard [J]. economic geography, 1957 (3): 189-200.

[378] Gottmann, J. Megalopolis Revisited: Twenty-Five Years Later [M]. Maryland: University of Maryland, Institute for Urban Studies, 1987.

[379] Gottmann, J. Megalopolis system around the world [J], Ekistics, 1976 (243): 109-113.

[380] Gottmann, J. Megalopolis: The Urbanized Northeastern Seaboard of the United States [M]. New York: The Twentith Century Fund, 1961.

[381] Gottmann, J. Metropolis on the move: Geographers look at Urban sprawl [M]. New York, John Wiley, 1967.

[382] Greig-Smith, P. The use of random and contiguous quadrates in the study of the structure of plant communities [J]. Annals of Botany, 1952 (16): 293-316.

[383] Grinnel, J. Geography and evolution [J]. Ecology, 1924 (5): 225-229.

[384] Hall, P. Cities of Tomorrow: An Intellectual History of Urban Planning and Design in the Twentieth Century [M]. Oxford: Blackwell Publishers Ltd, 1996.

[385] Hall, P. Urban and Regional Planning [M]. London: Routledge, 2002.

[386] Hall, P. World Cities, Mega-Cities and Global Mega-City-Regions. GaWC Annual Lecture, 2004 (http://www.lboro.ac.uk/gawc/rb/al6.html).

[387] Hall, P., and Pain, K. Polycentric Metropolis: Learning From Mega-city Regions In Europe [M]. UK: Earthscan, 2006.

[388] Hans van der Cammen. Four Metropolises in Western Europe: Development and urban planning of London Paris Randstad Holland and the Ruhr region [M]. Assen: Van Gorchum, 1988: 123.

[389] Herbeis, J. The new heartland: America's flight beyond the suburbs and how it is changing our future [M]. New York: Times Books, 1978.

[390] Hobbs, F., Stoops, N. Census 2000 Special Reports: Demographic Trends in the 20th Century [R]. U. S. Census Bureau, 2002.

[391] Kern County Council of Governments, San Diego Association of Governments, Southern California Association of Governments. The Southern California Mega-region—A case study of Global Gateway Regions: America's third century strategy [R], 2005.

[392] Konx, P. L. The Restless Urban Landscape: Economic and Sociocultural Change and the Transformation of Metropolitan Washington, D. C [J]. Annals of the Association of American Geographers, 1991 (81/2): 181-209.

[393] Lang, R. E. Edgeless Cities: Exploring the Elusive Metropolis [M]. Washington, D. C.: Brookings Institution Press, 2003.

[394] Lang, R. E., Dhavale, D. Beyond Megalopolis: Exploring America's New "Megapolitan" Geography [R]. Metropolitan Institute Census Report, 2005.

[395] Meller, H. E. Patrick Geddes: social evolutionist and city planner [M]. London:

Routledge, 1990.

[396] Morrill, R. Classic Map Revisited: The Growth of Megalopolis [J] . The Professional Geographer, 2006, 58 (2) .

[397] Mumford, L. Cities in history: its origins, its transformations, and its prospects [M] . Harmondsworth: Penguin, 1975.

[398] Mumford, L. The City in History: Its Origins, Its Transformations, and Its Prospects [M] . New York: Harcout Brace and world, 1961.

[399] Mumford, L. The culture of cities [M] . London: M. Secker and Warburg, 1938.

[400] Office of Management and Budget. Standards for Defining Metropolitan and Micropolitan Statistical Areas [R], 2000.

[401] Orfield, M. American Metropolitics: The New Suburban Reality. Washington, DC: Brookings Institution Press, 2002.

[402] Osborn, E. J. , Whittick A. The new towns: the answer to megalopolis [M] . London: Leonard Hill, 1963.

[403] Outen, D. C. From the URDL to Green Renaissance: Smart growth and environmental management in Baltimore county [R], 2007.

[404] Park, R. E. The city: Suggestions for the investigation of human behavior in the city environment [J] . American Journal of Sociology, 1915: 20, 577-612.

[405] Portland State University. Cascadia Ecopolis [R], 2006.

[406] Portland State University. Ecolopolis: Making the case for a Cascadian Super-city [R], 2005.

[407] Pressman, N. Forces for Spatial Change. In The Future of Urban Form: The Impact of New Technology [M], ed. John Brotchie. London: Croom Helm, 1985.

[408] Regional Plan Association. Northeast Megaregion 2050: A common future [R], 2007.

[409] Rondinelli, D. A. The Crisis of Urbanization in Asia: Finding Alternatives to Megalopolitan Growth [J] . Journal of Soczal, Political and Economic Studies, 1985 (10): 69-86.

[410] Scott, A. J. Global City-Regions: Trends, Theory, Policy. Oxford: Oxford University Press, 2001.

[411] Short, J. R. Liquid City: Megalopolis and the Contemporary Northeast [M] . Washington, DC: Resources for the Future, 2007.

[412] Soja, E. W. Postmetropolis: critical studies of cities and regions [M] . Great Britan: Blackwell Publishers Inc. 2000.

[413] Sugibara, G. , May, R. M. Applications of fractals in ecology [J] . Trends in Ecology & Evolution, 1990 (5): 79-86 .

[414] The Brookings Institution Metropolitan Policy Program. The Vital Center: A federal-state compact to renew the Great Lakes Region [R], 2006.

[415] The Lincoln Institute of Land Policy, Regional Plan Association, The University of Pennsylvania School of Design. Toward an American Spatial Development Perspective: A policy roundtable on the federal role in metropolitan development [R], 2004.

[416] The National Committee for America 2050. America2050: A Prospectus [R], 2007.

[417] University of Pennsylvania, Department of City and Regional Planning. Reinventing Megalopolis [R], 2005.

[418] University of Pennsylvania, Department of City and Regional Planning. Uniting People, Places and Systems: Megalopolis Unbound [R], 2006.

[419] Vance, J. E. The Continuing City: Urban Morphology in Western Civilization [M]. The Johns Hopkins University Press, 1990.

后　记

能够师从邹德慈先生攻读博士学位，这可能是我一生中最大的幸运。先生年事已高，工作繁忙，却依然能够收晚辈为徒，无形之中增添诸多麻烦，令我备感愧疚。先生在北京工作，我在重庆求学，师徒二人不能经常相见，于是先生创造各种条件，使我能够在寒暑假期间跟随左右，聆听教诲。先生豁达乐观，风趣幽默，和先生在一起的时候总是笑声不断。先生平易近人、和蔼可亲，对晚辈学习、生活和工作都倍加关心。先生引导我先学做人，后做学问，使我以正确的心态投入论文研究工作。先生鼓励我从本科时侧重于“规划设计”内容的学习及硕士阶段侧重于“规划管理”问题的分析，过渡到更加宏观的“区域”层面的研究，这大大开阔了我的视野。先生支持我及早确定选题，提高写作效率，同时也提醒我不可急于求成而忽视论文质量。本书的完成，从选题、制定研究计划，直到明确论文框架、提炼学术观点及论文的撰写，时刻都离不开先生的辛勤指导和耐心帮助。同时，万分感谢师母梁文老师，虽然与师母见面的机会比较有限，然而每次的接触都给我留下了深刻的印象，慈母般的关心和爱护让学生深深感动。我愿将本书的完成献给两位先生。同时需要声明，书中的所有错误都属于我自己。

感谢重庆大学建筑城规学院的领导和城市规划系的各位老师。特别要感谢张兴国院长，支持我师从邹德慈先生以及在寒暑假期间赴京协助先生开展工作；感谢赵万民教授和李和平教授，自我本科阶段参加学生竞赛活动开始，两位先生在专业方面一直给予我辛勤的教导，李和平教授还是我博士阶段的副导师，在许多方面给我以无私的支持和帮助。

感谢中国工程院重大咨询项目《我国大城市连绵区的规划与建设问题研究》课题组的各位专家，该项目的研究工作为我提供了绝好的学习机会，特别是多次有机会聆听吴良镛先生、周干峙先生和邹德慈先生在课题研讨会上的发言，使我获益良多。感谢项目执行负责人、中国城市规划设计研究院王凯副总规划师，以及李迅副院长等，对我的论文研究工作提供了热情的帮助。此外，北京大学宋豫秦教授所负责的生态专题的研究工作，给我的论文写作以难得的启发。

感谢我硕士阶段的导师黄光宇教授。正是黄先生的大力推荐，我后来才得以师从邹德慈先生，但不幸的是，黄先生已经过早地离开了我们，作为他的学生，我们无一不感到万分之痛心。黄先生对我从生态学的视角研究城镇密集地区发展现象的博士论文选题大为支持，曾将他珍藏多年的《群落生态学原理与方法》一书送我阅读，就在他离去的前一天，我们去医院探望时，在病床上的他还对我的学习情况念念不忘……也正是在重庆市规划局的支持下，自2001年以来，我能够多次参与重庆市规划局的科研课题，特别是参与和承担《成渝城镇群城乡空间协调发展研究》课题研究工作，大大提高了我对成渝地区城乡空间发展的实践认识。

感谢同济大学吴志强教授、赵民教授，清华大学毛其智教授、顾朝林教授，北京大学吕斌教授以及重庆大学赵万民教授等在论文开题论证阶段对本书研究工作的各种建议。感谢黄天其教授、龙彬教授、邢忠教授等对论文草稿的修改意见。感谢张兴国教授、赵万民教授、龙彬教授、李和平教授、邢忠教授等预答辩评委对论文预答辩稿的修改意见。感谢论文通讯评阅专家周干峙院士、吕斌教授、顾朝林教授等的指导和帮助。感谢论文答辩委员会周干峙院士、吕斌教授、张兴国教授、黄天其教授、龙彬教授的指导和帮助。

感谢师兄于泓（同济大学）、师妹陈熳莎（中规院），同窗好友华珺、戴秋思、李永辉、叶林、孙旭东、关丹、杨斌、李长波、陈晓燕等，本书的撰写得到了他们的很多帮助。

感谢家人对我学习和工作的理解和支持。由于我的原因，家里的处境一直颇为艰难，希望本书的完成能够使他们感到些许安慰。在苦苦求索的论文写作过程中，女儿——悄然降临在我的身旁，给我以无限的幸福和喜悦。

李　浩

2008年12月18日初稿于重庆

2009年1月12日定稿于北京